Neben den drei Wagner-Schriften *(Richard Wagner in Bayreuth, Der Fall Wagner, Nietzsche contra Wagner)* sind hier Auszüge aus anderen Werken Nietzsches, nahezu sämtliche nachgelassene Aufzeichnungen, die um Richard Wagner kreisen, Briefe und wichtige Dokumente (darunter die Äußerungen über Nietzsche in Cosima Wagners Tagebüchern) zusammengestellt. Das Nachwort zeichnet Konstanten und Wandlungen von Nietzsches Wagner-Bild nach, dessen Ambivalenz jede eindeutige Festlegung auf Gefolgschaft oder Gegnerschaft verbietet. Nietzsche ist vor dem persönlichen Bruch ebensowenig unbedingter Anhänger wie später rigoroser Widersacher Wagners. Faszination und Kritik bleiben stets untrennbar miteinander verschränkt. In der vorliegenden Auswahl wird eine der bedeutendsten und folgenreichsten geistigen Begegnungen der neueren Kulturgeschichte zum erstenmal umfassend dokumentiert.
»Die Passion für Wagners zaubervolles Werk begleitet mein Leben, seit ich seiner zuerst gewahr wurde . . . Die Zweifel, Einwände, Beanstandungen taten ihr so wenig Abbruch wie die unsterbliche Wagnerkritik Nietzsches, die ich immer als einen Panegyrikus mit umgekehrtem Vorzeichen, als eine andere Form der Verherrlichung empfunden habe. Sie war Liebeshaß, Selbstkasteiung. Wagners Kunst war die große Liebesleidenschaft von Nietzsches Leben.« *Thomas Mann*

insel taschenbuch 686

Nietzsche

Der Fall Wagner

Friedrich Nietzsche
Der Fall Wagner

Schriften – Aufzeichnungen – Briefe

Herausgegeben und mit einer Chronik
sowie einem Nachwort versehen von
Dieter Borchmeyer

INSEL VERLAG

insel taschenbuch 686
Erste Auflage 1983.

Vertrieb durch den Suhrkamp Taschenbuch Verlag.
Umschlag nach Entwürfen von Willy Fleckhaus.
Satz: LibroSatz, Kriftel.
Druck: Nomos Verlagsgesellschaft, Baden-Baden.
Printed in Germany

1 2 3 4 5 6 – 88 87 86 85 84 83

Inhalt

An Stelle einer Vorrede 9

Die Wagner-Schriften

Mahnruf an die Deutschen (1873) 13
Unzeitgemäße Betrachtungen. Viertes Stück:
Richard Wagner in Bayreuth (1876) 18
Der Fall Wagner (1888) 93
Nietzsche contra Wagner (1889) 130

Aus anderen Schriften

Das griechische Musikdrama (1870) 153
Aus: Die Geburt der Tragödie (1872) 170
Aus: Menschliches, Allzumenschliches. Zweiter Band (1886) 207
Aus: Morgenröte (1881) 215
Aus: Die fröhliche Wissenschaft (1882) 218
Aus: Jenseits von Gut und Böse (1886) 227
Aus: Zur Genealogie der Moral (1887) 233
Aus: Ecce homo (1889) 240

Fragmente aus dem Nachlaß

Aus dem Umkreis der »Geburt der Tragödie« (1870/71) . . 267
Aus dem Umkreis der »Unzeitgemäßen Betrachtungen«
(1872-76) 298
»Loslösung« von Wagner (1877-83) 385
Späte Wagner-Aphorismen (1883-88) 414

Briefe

Briefwechsel Nietzsches mit Wagner bis zum Erscheinen
der »Geburt der Tragödie« 477

Richard Wagners Verteidigung der »Geburt der Tragödie« gegen Wilamowitz-Möllendorffs Pamphlet »Zukunftsphilologie«. Öffentlicher Brief an Nietzsche 502
Briefe Nietzsches an Richard Wagner, Januar 1872-September 1876 510
Briefe Nietzsches über Richard Wagner (1877-88) 521
Nietzsche in den Tagebüchern Cosima Wagners 536

Chronik der Beziehungen Nietzsches zu Richard Wagner . 587
Nachwort 619

AN STELLE EINER VORREDE

Ich bin meiner Art nach kriegerisch. Angreifen gehört zu meinen Instinkten. Feind sein *können,* Feind sein – das setzt vielleicht eine starke Natur voraus, jedenfalls ist es bedingt in jeder starken Natur. Sie braucht Widerstände, folglich *sucht* sie Widerstand: das *aggressive* Pathos gehört ebenso notwendig zur Stärke als das Rach- und Nachgefühl zur Schwäche. Das Weib zum Beispiel ist rachsüchtig: das ist in seiner Schwäche bestimmt, so gut wie seine Reizbarkeit für fremde Not. – Die Stärke des Angreifenden hat in der Gegnerschaft, die er nötig hat, eine Art *Maß;* jedes Wachstum verrät sich im Aufsuchen eines gewaltigen Gegners – oder Problems: denn ein Philosoph, der kriegerisch ist, fordert auch Probleme zum Zweikampf heraus. Die Aufgabe ist *nicht,* überhaupt über Widerstände Herr zu werden, sondern über solche, an denen man seine ganze Kraft, Geschmeidigkeit und Waffen-Meisterschaft einzusetzen hat – über *gleiche* Gegner ... Gleichheit vor dem Feinde – erste Voraussetzung zu einem *rechtschaffnen* Duell. Wo man verachtet, *kann* man nicht Krieg führen; wo man befiehlt, wo man etwas unter sich sieht, *hat* man nicht Krieg zu führen. – Meine Kriegs-Praxis ist in vier Sätze zu fassen. Erstens: ich greife nur Sachen an, die siegreich sind – ich warte unter Umständen, bis sie siegreich sind. Zweitens: ich greife nur Sachen an, wo ich keine Bundesgenossen finden würde, wo ich allein stehe – wo ich mich allein kompromittiere ... Ich habe nie einen Schritt öffentlich getan, der nicht kompromittierte: das ist *mein* Kriterium des rechten Handelns. Drittens: ich greife nie Personen an – ich bediene mich der Person nur wie eines starken Vergrößerungsglases, mit dem man einen allgemeinen, aber schleichenden, aber wenig greifbaren Notstand sichtbar machen kann. So griff ich David Strauß an, genauer den *Erfolg* eines altersschwachen Buchs bei der deutschen »Bildung« – ich ertappte diese Bildung dabei auf der

Tat ... So griff ich Wagner an, genauer die Falschheit, die Instinkt-Halbschlächtigkeit unsrer »Kultur«, welche die Raffinierten mit den Reichen, die Späten mit den Großen verwechselt. Viertens: ich greife nur Dinge an, wo jedwede Personen-Differenz ausgeschlossen ist, wo jeder Hintergrund schlimmer Erfahrungen fehlt. Im Gegenteil, angreifen ist bei mir ein Beweis des Wohlwollens, unter Umständen der Dankbarkeit. Ich ehre, ich zeichne aus damit, daß ich meinen Namen mit dem einer Sache, einer Person verbinde: für oder wider – das gilt mir darin gleich. Wenn ich dem Christentum den Krieg mache, so steht dies mir zu, weil ich von dieser Seite aus keine Fatalitäten und Hemmungen erlebt habe – die ernstesten Christen sind mir immer gewogen gewesen. Ich selber, ein Gegner des Christentums *de rigueur,* bin ferne davon, es dem einzelnen nachzutragen, was das Verhängnis von Jahrtausenden ist. –

Aus: *Ecce homo* (Warum ich so weise bin: 7)

DIE WAGNER-SCHRIFTEN

MAHNRUF AN DIE DEUTSCHEN
(1873)

Wir wollen gehört werden, denn wir reden als Warner, und immer ist die Stimme des Warners, wer es auch sei und wo sie auch immer erklinge, in ihrem Rechte; dafür habt ihr, die angeredet werden, das Recht, euch zu entscheiden, ob ihr eure Warner als ehrliche und einsichtige Männer nehmen wollt, die nur laut werden, weil ihr in Gefahr seid, und die erschrecken, euch so stumm, gleichgültig und ahnungslos zu finden. Dies aber dürfen wir von uns selbst bezeugen, daß wir aus reinem Herzen reden und nur soweit dabei das Unsere wollen und suchen, als es auch das Eure ist – nämlich die Wohlfahrt und die Ehre des deutschen Geistes und des deutschen Namens.

Es ist euch gemeldet worden, welches Fest im Mai des vorigen Jahres zu Bayreuth gefeiert wurde: einen gewaltigen Grundstein galt es dort zu legen, unter dem wir viele Befürchtungen auf immer begraben, durch den wir unsere edelsten Hoffnungen endgültig besiegelt glaubten – oder vielmehr, wie wir heute sagen müssen, besiegelt wähnten. Denn ach! Es war viel Wahn dabei: jetzt noch leben jene Befürchtungen; und wenn wir auch keineswegs verlernt haben zu hoffen, so gibt doch unser heutiger Hilf- und Mahnruf zu verstehen, daß wir mehr fürchten als hoffen. Unsre Furcht aber richtet sich gegen euch: ihr möchtet gar nicht wissen, was geschieht, und vielleicht gar aus Unwissenheit verhindern, daß etwas geschieht. Zwar ziemt es sich längst nicht mehr, so unwissend zu sein; ja fast scheint es unmöglich, daß jemand es jetzt noch ist, nachdem der große, tapfere, unbeugsame und unaufhaltsame Kämpfer *Richard Wagner* schon jahrzehntelang unter dem gespannten Aufmerken fast aller Nationen für jene Gedanken einsteht, denen er in seinem Bayreuther Kunstwerk die letzte und höchste Form und eine wahrhaft siegreiche Vollendung gegeben hat. Wenn ihr ihn jetzt noch hindern würdet, den Schatz auch nur zu heben, den er willens ist euch zu schenken: was meint ihr wohl damit für euch erreicht zu haben? Eben dies muß euch noch einmal und immer wieder öffentlich und eindringlich vorgehalten werden, damit ihr wisset, was an der Zeit sei, und damit auch nicht einmal das mehr in eurem Belieben steht, die Unwissenden zu spielen. Denn von jetzt ab wird das Ausland Zeuge und Richter im Schauspiele sein, das ihr gebt; und in seinem Spiegel werdet ihr ungefähr euer eigenes Bild wiederfinden können, so wie es die gerechte Nachwelt einmal von euch malen wird.

Gesetzt, es gelänge euch, durch Unwissenheit, Mißtrauen, Sekretieren, Bespötteln, Verleumden den Bau auf dem Hügel von Bayreuth zur zwecklosen Ruine zu machen; gesetzt, ihr ließet es in unduldsamem Mißwollen nicht einmal zu, daß das vollendete Werk Wirklichkeit werde, Wirkung tue und für sich selber zeuge, so habt ihr euch vor dem Urteile jener Nachwelt ebenso zu fürchten als vor den Augen der außerdeutschen Mitwelt zu schämen. Wenn ein Mann in Frankreich oder in England oder in Italien, nachdem er allen öffentlichen Mächten und Meinungen zum Trotz den Theatern fünf Werke eines eigentümlich großen und mächtigen Stiles geschenkt hätte, die von Norden bis zum Süden unablässig verlangt und bejubelt werden – wenn ein solcher Mann ausriefe: »Die bestehenden Theater entsprechen nicht dem Geiste der Nation, sie sind als öffentliche Kunst eine Schande! Helft mir, dem nationalen Geiste eine Stätte zu bereiten!«, würde ihm nicht alles zu Hilfe kommen, und sei es auch nur – aus Ehrgefühl? Und wahrlich! Hier täte nicht nur Ehrgefühl, nicht nur die blinde Furcht vor der schlechten Nachrede not; hier könntet ihr mitfühlen, mitlernen, mitwissen, hier könntet ihr euch aus tiefstem Herzen mitfreuen, indem ihr euch entschlösset, mitzuhelfen. Alle eure Wissenschaften werden von euch freigebig mit kostspieligen Versuchs-Werkstätten ausgerüstet: und ihr wollt untätig beiseite stehen, wenn dem wagenden und versuchenden Geist der deutschen Kunst eine solche Werkstatt aufgebaut werden soll? Könnt ihr irgendeinen Moment aus der Geschichte unserer Kunst nennen, in dem wichtigere Probleme zur Lösung hingestellt und reicherer Anlaß zu fruchtbaren Erfahrungen geboten wurde als jetzt, wo der von Richard Wagner mit dem Namen »Kunstwerk der Zukunft« bezeichnete Gedanke leibhafte und sichtbare Gegenwart werden soll? Was für eine Bewegung der Gedanken, Handlungen, Hoffnungen und Begabungen damit eingeleitet wird, daß vor den Augen mitwissender Vertreter des deutschen Volkes der viergetürmte Nibelungen-Riesenbau nach dem allein von seinem Schöpfer zu erlernenden Rhythmus sich aus dem Boden hebt, welche Bewegung in die fernste, fruchtbringendste, hoffnungsreichste Weite hinaus – wer möchte kühn genug sein, hier auch nur ahnen zu wollen! Und jedenfalls würde es nicht an dem Urheber der Bewegung liegen, wenn die Welle bald wieder zurücksinken und die Fläche wieder glatt werden sollte, als ob nichts geschehen sei. Denn wenn es unsere erste Sorge sein muß, daß das Werk überhaupt getan werde, so drückt uns doch als zweite Sorge nicht minder schwer der Zweifel, wir möchten nicht reif, vorbereitet und empfänglich genug befunden werden, um die jedenfalls ungeheure allernächste Wirkung in die Tiefe und in die Weite zu leiten.

Wir glauben, bemerkt zu haben, daß überall, wo man an Richard Wagner Anstoß genommen hat und zu nehmen pflegt, ein großes und fruchtbares Problem unserer Kultur verborgen liegt; aber wenn man daraus immer nur einen Anstoß zum dünkelhaften Bekritteln und Bespötteln genommen hat und nur so selten einen Anstoß zum Nachdenken, so gibt dies uns bisweilen den beschämenden Argwohn ein, ob vielleicht das berühmte »Volk der Denker« bereits zu Ende gedacht und etwa den Dünkel gegen den Gedanken eingetauscht habe. Welchen mißverständlichen Einreden hat man zu begegnen, nur um zu verhüten, daß das Bayreuther Ereignis vom Mai 1872 nicht mit der Gründung eines neuen Theaters verwechselt wird, um andererseits zu erklären, warum dem Sinne jener Unternehmung kein bestehendes Theater entsprechen kann: welche Mühe kostet es, die absichtlich oder unabsichtlich Blinden darüber hellsehend zu machen, daß bei dem Worte »Bayreuth« nicht nur eine Anzahl Menschen, etwa eine Partei mit spezifischen Musikgelüsten, sondern die Nation in Betracht komme, ja daß selbst über die Grenzen der deutschen Nation hinaus alle diejenigen zu ernster und tätiger Beteiligung angerufen sind, denen die Veredlung und Reinigung der dramatischen Kunst am Herzen liegt und die Schillers wunderbare Ahnung verstanden haben, daß vielleicht einmal aus der Oper sich das Trauerspiel in einer edleren Gestalt entwickeln werde. Wer nur immer noch nicht verlernt hat, nachzudenken – und sei es wiederum auch nur aus Ehrgefühl –, der muß eine künstlerische Unternehmung als *sittlich* denkwürdiges Phänomen empfinden und begünstigen, die in diesem Grade von dem opferbereiten und uneigennützigen Willen aller Beteiligten getragen wird und dem ernst ausgesprochenen Bekenntnis derselben geweiht ist, daß sie von der Kunst hoch und würdig denken und zumal von der deutschen Musik und ihrer verklärenden Einwirkung auf das volkstümliche Drama die wichtigste Förderung eines originalen deutsch ausgeprägten Lebens erhoffen. Glauben wir doch sogar noch ein Höheres und Allgemeineres: ehrwürdig und heilbringend wird der Deutsche erst dann den anderen Nationen erscheinen, wenn er gezeigt hat, daß er furchtbar ist und es doch *durch Anspannung seiner höchsten und edelsten Kunst- und Kulturkräfte vergessen machen will, daß er furchtbar war*.

An diese unsere deutsche Aufgabe in diesem Augenblick zu mahnen hielten wir für unsere Pflicht, gerade jetzt, wo wir auffordern müssen, mit allen Kräften eine große Kunsttat des deutschen Genius zu unterstützen. Wo nur immer Herde ernsten Nachsinnens sich in unserer aufgeregten Zeit erhalten haben, erwarten wir einen freudigen und sympathischen Zuruf zu hören, insbesondere werden die deutschen Universitäten, Akademien und Kunstschulen nicht umsonst aufgerufen sein, sich der geforderten Unterstützung gemäß, einzeln oder zusammen, zu erklären: wie ebenfalls die politischen Vertreter deutscher Wohlfahrt in Reichs- und Landtagen einen wichtigen Anlaß haben, zu bedenken, daß das Volk jetzt mehr wie je der Reinigung und der Weihung durch die erhabenen Zauber und Schrecken echter deutscher Kunft bedürfe, wenn nicht die gewaltig erregten

Triebe politischer und nationaler Leidenschaft und die der Physiognomie unseres Lebens aufgeschriebenen Züge der Jagd nach Glück und Genuß unsere Nachkommen zu dem Geständnisse nötigen sollen, daß wir Deutsche uns selbst zu verlieren anfingen, als wir uns endlich wiedergefunden hatten.

Hier, geliebter Meister, ist mein Entwurf. Eigentlich war es mein Wunsch, Ihnen denselben recht pathetisch vorlesen zu können; aber es scheint mir heute besser, daß er möglichst bald in Ihre Hände kommt. Entspricht er ungefähr seinem Zweck (die Bösen zu erzürnen und die Guten *durch diesen Zorn* zu sammeln und anzufeuern), so läge mir viel an der schnellen Anfertigung einer französischen, italienischen und auch wohl englischen Übersetzung, aus ersichtlichen Gründen. Zur *Unterschrift* geeignet scheint mir weniger ein Patronats-Ausschuß als vielmehr eine *von uns auszuwählende* kleinere Schar von Männern aus den verschiedensten Klassen und Ständen (Adel, Beamte, Politiker, Priester, Gelehrte, Geschäftsleute, Künstler). An jeden der Ausgewählten wäre ein Exemplar dieses Aufrufs zu versenden mit der Anfrage, ob er seine Unterschrift hergeben wolle. Ich bringe genug Exemplare mit, um dies zu ermöglichen. Sobald die Antworten zurückgekommen sind, ist dann der definitive Druck so schnell wie möglich vorzunehmen. Ein kurzer geschäftlich-praktischer Nachsatz müßte dem Aufruf unterhalb des Striches und der Namen beigefügt werden, wie dies alles am Freitag zu besprechen ist. Ich komme Donnerstag nachmittag.

In Treue und Liebe Ihr F. N.

UNZEITGEMÄSSE BETRACHTUNGEN

Viertes Stück

Richard Wagner in Bayreuth

(1876)

1

Damit ein Ereignis Größe habe, muß zweierlei zusammenkommen: der große Sinn derer, die es vollbringen, und der große Sinn derer, die es erleben. An sich hat kein Ereignis Größe, und wenn schon ganze Sternbilder verschwinden, Völker zugrunde gehen, ausgedehnte Staaten gegründet und Kriege mit ungeheuren Kräften und Verlusten geführt werden: über vieles der Art bläst der Hauch der Geschichte hinweg, als handele es sich um Flocken. Es kommt aber auch vor, daß ein gewaltiger Mensch einen Streich führt, der an einem harten Gestein wirkungslos niedersinkt; ein kurzer scharfer Widerhall, und alles ist vorbei. Die Geschichte weiß auch von solchen gleichsam abgestumpften Ereignissen beinahe nichts zu melden. So überschleicht einen jeden, welcher ein Ereignis herankommen sieht, die Sorge, ob die, welche es erleben, seiner würdig sein werden. Auf dieses Sich-Entsprechen von Tat und Empfänglichkeit rechnet und zielt man immer, wenn man handelt, im kleinsten wie im größten; und der, welcher geben will, muß zusehen, daß er die Nehmer findet, die dem Sinne seiner Gabe genugtun. Eben deshalb hat auch die einzelne Tat eines selbst großen Menschen keine Größe, wenn sie kurz, stumpf und unfruchtbar ist; denn in dem Augenblicke, wo er sie tat, muß ihm jedenfalls die tiefe Einsicht gefehlt haben, daß sie gerade jetzt notwendig sei: er hatte nicht scharf genug gezielt, die Zeit nicht bestimmt genug erkannt und gewählt: der Zufall war Herr über ihn geworden, während groß sein und den Blick für die Notwendigkeit haben streng zusammengehört.

Darüber also, ob das, was jetzt in Bayreuth vor sich geht, im rechten Augenblick vor sich geht und notwendig ist, sich Sorge zu machen und Bedenken zu haben, überlassen wir willig wohl denen, welche über Wagners Blick für das Notwendige selbst Bedenken haben. Uns Vertrauensvolleren muß es so erscheinen, daß er ebenso an die Größe seiner Tat als an den großen Sinn derer, welche sie erleben sollen, glaubt. Darauf sollen alle jene stolz sein, welchen dieser Glaube gilt, jene vielen oder wenigen – denn daß es nicht alle sind, daß jener Glaube nicht der ganzen Zeit gilt, selbst nicht einmal dem ganzen deutschen Volke in seiner gegenwärtigen Erscheinung, hat er uns selber gesagt, in jener Weihe-Rede vom 22. Mai 1872, und es gibt keinen unter uns, welcher gerade darin ihm in tröstlicher Weise widersprechen dürfte. »Nur Sie«, sagte er damals, »die Freunde meiner besonderen Kunst, meines eigensten Wirkens und Schaffens, hatte ich, um für meine Entwürfe mich an Teilnehmende zu wenden: nur um Ihre Mithilfe für mein Werk konnte ich Sie angehen, dieses Werk rein und unentstellt denjenigen vorführen zu können, die meiner Kunst ihre ernstliche Geneigtheit bezeigten, trotzdem sie ihnen nur noch unrein und entstellt bisher vorgeführt werden konnte.«

In Bayreuth ist auch der Zuschauer anschauenswert, es ist kein Zweifel. Ein weiser betrachtender Geist, der aus einem Jahrhundert ins andre ginge, die merkwürdigen Kultur-Regungen zu vergleichen, würde dort viel zu sehen haben; er würde fühlen müssen, daß er hier plötzlich in ein warmes Gewässer gerate, wie einer, der in einem See schwimmt und der Strömung einer heißen Quelle nahe kommt: aus anderen, tieferen Gründen muß diese emporkommen, sagt er sich, das umgebende Wasser erklärt sie nicht und ist jedenfalls selber flacheren Ursprungs. So werden alle die, welche das Bayreuther Fest begehen, als unzeitgemäße Menschen empfunden werden: sie haben anderswo ihre Heimat als in der Zeit und finden anderwärts sowohl ihre Erklärung als ihre Rechtfertigung. Mir ist immer deutlicher geworden, daß der »Gebildete«, sofern er ganz und völlig die Frucht dieser Gegenwart ist, allem, was Wagner tut und denkt, nur durch die Parodie beikommen kann – wie auch alles und jedes parodiert worden ist – und daß er sich auch das Bayreuther Ereignis nur durch die sehr unmagische Laterne unsrer witzelnden Zeitungsschreiber beleuchten lassen will. Und glücklich, wenn es bei der Parodie bleibt! Es entladet sich in ihr ein Geist der Entfremdung und Feindseligkeit, welcher noch ganz andre Mittel und Wege aufsuchen könnte, auch gelegentlich aufgesucht hat. Diese ungewöhnliche Schärfe und Spannung der Gegensätze würde jener Kultur-Beobachter ebenfalls ins Auge fassen. Daß ein einzelner, im Verlaufe eines gewöhnlichen Menschenlebens, etwas durchaus Neues hinstellen könne, mag wohl alle die empören, welche auf die Allmählichkeit aller Entwicklung wie auf eine Art von Sitten-Gesetz schwören: sie sind selber langsam und fordern Langsamkeit – und da sehen sie nun einen sehr Geschwinden, wissen nicht, wie er es macht, und sind ihm böse. Von einem solchen Unternehmen wie dem Bayreuther gab es keine Vorzeichen, keine Übergänge, keine Vermittlungen; den langen Weg zum Ziele und das Ziel selber wußte keiner außer Wagner. Es ist die erste Weltumsegelung im Reiche der Kunst: wobei, wie es scheint, nicht nur eine neue Kunst, sondern die Kunst selber entdeckt wurde. Alle bisherigen modernen Künste sind dadurch, als einsiedlerisch-verkümmerte oder als Luxus-Künste, halb und halb entwertet; auch die unsicheren, übel zusammenhängenden Erinnerungen an eine wahre Kunst, die wir Neueren von den Griechen her hatten, dürfen nun ruhen, soweit sie selbst jetzt nicht in einem neuen Verständnis zu leuchten vermögen. Es ist für vieles jetzt an der Zeit, abzusterben; diese neue Kunst ist eine Seherin, welche nicht nur für Künste den Untergang herannahen sieht. Ihre mahnende Hand muß unsrer gesamten jetzigen Bildung von dem Augenblick an sehr unheimlich vorkommen, wo das Gelächter über ihre Parodien verstummt: mag sie immerhin noch eine kurze Weile Zeit zu Lust und Lachen haben!

Dagegen werden wir, die Jünger der wiederauferstandenen Kunst, zum Ernste, zum tiefen heiligen Ernste, Zeit und Willen haben! Das Reden und Lärmen, welches die bisherige Bildung von der Kunst gemacht hat – wir müssen es jetzt als eine schamlose Zudringlichkeit empfinden; zum Schweigen verpflichtet uns alles, zum fünfjährigen pythagoreischen Schweigen. Wer von uns hätte nicht an dem widerlichen Götzendienste der modernen Bildung Hände und Gemüt besudelt! Wer bedürfte nicht des reinigenden Wassers, wer hörte nicht die Stimme, die ihn mahnt: Schweigen und Reinsein! Schweigen und Reinsein! Nur als denen, welche auf diese Stimme hören, wird uns auch der *große Blick* zuteil, mit dem wir auf das Ereignis von Bayreuth hinzusehn haben: und nur in diesem Blicke liegt die *große Zukunft* jenes Ereignisses.

Als an jenem Maitage des Jahres 1872 der Grundstein auf der Anhöhe von Bayreuth gelegt worden war, bei strömendem Regen und verfinstertem Himmel, fuhr Wagner mit einigen von uns zur Stadt zurück; er schwieg und sah dabei mit einem Blick lange in sich hinein, der mit einem Worte nicht zu bezeichnen wäre. Er begann an diesem Tage sein sechzigstes Lebensjahr: alles Bisherige war die Vorbereitung auf diesen Moment. Man weiß, daß Menschen im Augenblick einer außerordentlichen Gefahr oder überhaupt in einer wichtigen Entscheidung ihres Lebens durch ein unendlich beschleunigtes inneres Schauen alles Erlebte zusammendrängen und mit seltenster Schärfe das Nächste wie das Fernste wiedererkennen. Was mag Alexander der Große in jenem Augenblicke gesehn haben, als er Asien und Europa aus einem Mischkrug trinken ließ? Was aber Wagner an jenem Tage innerlich schaute – wie er wurde, was er ist, was er sein wird – das können wir, seine Nächsten, bis zu einem Grade nachschauen: und erst von diesem Wagnerischen Blick aus werden wir seine große Tat selber verstehen können – *um mit diesem Verständnis ihre Fruchtbarkeit zu verbürgen.*

2

Es wäre sonderbar, wenn das, was jemand am besten kann und am liebsten tut, nicht auch in der gesamten Gestaltung seines Lebens wieder sichtbar würde; vielmehr muß bei Menschen von hervorragender Befähigung das Leben nicht nur, wie bei jedermann, zum Abbild des Charakters, sondern vor allem auch zum Abbild des Intellektes und seines eigensten Vermögens werden. Das Leben des epischen Dichters wird etwas vom Epos an sich tragen – wie dies beiläufig gesagt mit Goethe der Fall ist, in welchem die Deutschen sehr mit Unrecht vornehmlich den Lyriker zu sehen gewohnt sind – das Leben des Dramatikers wird dramatisch verlaufen.

Das Dramatische im *Werden* Wagners ist gar nicht zu verkennen, von dem Augenblicke an, wo die in ihm herrschende Leidenschaft ihrer selbst bewußt wird und seine ganze Natur zusammenfaßt: damit ist dann das Tastende, Schweifende, das Wuchern der Nebenschößlinge abgetan, und in den verschlungensten Wegen und Wandlungen, in dem oft abenteuerlichen Bogenwurfe seiner Pläne waltet eine einzige innere Gesetzlichkeit, ein Wille, aus dem sie erklärbar sind, so verwunderlich auch oft diese Erklärungen klingen werden. Nun gab es aber einen vordramatischen Teil im Leben Wagners, seine Kindheit und Jugend, und über den kann man nicht hinwegkommen, ohne auf Rätsel zu stoßen. Er *selbst* scheint noch gar nicht angekündigt; und das, was man jetzt, zurückblickend, vielleicht als Ankündigungen verstehen könnte, zeigt sich doch zunächst als ein Beieinander von Eigenschaften, welche eher Bedenken als Hoffnungen erregen müssen: ein Geist der Unruhe, der Reizbarkeit, eine nervöse Hast im Erfassen von hundert Dingen, ein leidenschaftliches Behagen an beinahe krankhaften hochgespannten Stimmungen, ein unvermitteltes Umschlagen aus Augenblicken seelenvollster Gemütsstille in das Gewaltsame und Lärmende. Ihn schränkte keine strenge erb- und familienhafte Kunstübung ein: die Malerei, die Dichtkunst, die Schauspielerei, die Musik kamen ihm so nahe als die gelehrtenhafte Erziehung und Zukunft; wer oberflächlich hinblickte, mochte meinen, er sei zum Dilettantisieren geboren. Die kleine Welt, in deren Bann er aufwuchs, war nicht derart, daß man einem Künstler zu einer solchen Heimat hätte Glück wünschen können. Die gefährliche Lust an geistigem Anschmecken trat ihm nahe, ebenso der mit dem Vielerlei-Wissen verbundene Dünkel, wie er in Gelehrten-

Städten zu Hause ist; die Empfindung wurde leicht erregt, ungründlich befriedigt; so weit das Auge des Knaben schweifte, sah er sich von einem wunderlich altklugen, aber rührigen Wesen umgeben, zu dem das bunte Theater in lächerlichem, der seelenbezwingende Ton der Musik in unbegreiflichem Gegensatze stand. Nun fällt es dem vergleichenden Kenner überhaupt auf, wie selten gerade der moderne Mensch, wenn er die Mitgift einer hohen Begabung bekommen hat, in seiner Jugend und Kindheit die Eigenschaft der Naivität, der schlichten Eigen- und Selbstheit hat, wie wenig er sie haben kann; vielmehr werden die Seltenen, welche, wie Goethe und Wagner, überhaupt zur Naivität kommen, diese jetzt immer noch eher als Männer haben, als im Alter der Kinder und Jünglinge. Den Künstler zumal, dem die nachahmende Kraft in besonderem Maße angeboren ist, wird die unkräftige Vielseitigkeit des modernen Lebens wie eine heftige Kinder-Krankheit befallen müssen; er wird als Knabe und Jüngling einem Alten ähnlicher sehen als seinem eigentlichen Selbst. Das wunderbar strenge Urbild des Jünglings, den Siegfried im Ring des Nibelungen, konnte nur ein Mann erzeugen, und zwar ein Mann, der seine eigne Jugend erst spät gefunden hat. Spät, wie Wagners Jugend, kam sein Mannesalter, so daß er wenigstens hierin der Gegensatz einer vorwegnehmenden Natur ist.

Sobald seine geistige und sittliche Mannbarkeit eintritt, beginnt auch das Drama seines Lebens. Und wie anders ist jetzt der Anblick! Seine Natur erscheint in furchtbarer Weise vereinfacht, in zwei Triebe oder Sphären auseinandergerissen. Zuunterst wühlt ein heftiger Wille in jäher Strömung, der gleichsam auf allen Wegen, Höhlen und Schluchten ans Licht will und nach Macht verlangt. Nur eine ganz reine und freie Kraft konnte diesem Willen einen Weg ins Gute und Hilfreiche weisen; mit einem engen Geiste verbunden, hätte ein solcher Wille bei seinem schrankenlosen tyrannischen Begehren zum Verhängnis werden können; und jedenfalls mußte bald ein Weg ins Freie sich finden und helle Luft und Sonnenschein hinzukommen. Ein mächtiges Streben, dem immer wieder ein Einblick in seine Erfolglosigkeit gegeben wird, macht böse; das Unzulängliche

kann mitunter in den Umständen, im Unabänderlichen des Schicksals liegen, nicht im Mangel der Kraft: aber der, welcher vom Streben nicht lassen kann, trotz diesem Unzulänglichen, wird gleichsam unterschwürig und daher reizbar und ungerecht. Vielleicht sucht er die Gründe für sein Mißlingen in den anderen, ja er kann in leidenschaftlichem Hasse alle Welt als schuldig behandeln; vielleicht auch geht er trotzig auf Neben- und Schleichwegen oder übt Gewalt: so geschieht es wohl, daß gute Naturen verwildern, auf dem Wege zum Besten. Selbst unter denen, welche nur der eignen sittlichen Reinigung nachjagten, unter Einsiedlern und Mönchen, finden sich solche verwilderte und über und über erkrankte, durch Mißlingen ausgehöhlte und zerfressene Menschen. Es war ein liebevoller, mit Güte und Süßigkeit überschwenglich mild zuredender Geist, dem die Gewalttat und die Selbstzerstörung verhaßt ist und der niemand in Fesseln sehen will: dieser sprach zu Wagner. Er ließ sich auf ihn nieder und umhüllte ihn tröstlich mit seinen Flügeln, er zeigte ihm den Weg. Wir tun einen Blick in die andre Sphäre der Wagnerischen Natur: aber wie sollen wir sie beschreiben?
Die Gestalten, welche ein Künstler schafft, sind nicht er selbst, aber die Reihenfolge der Gestalten, an denen er ersichtlich mit innigster Liebe hängt, sagt allerdings etwas über den Künstler selber aus. Nun stelle man Rienzi, den fliegenden Holländer und Senta, Tannhäuser und Elisabeth, Lohengrin und Elsa, Tristan und Marke, Hans Sachs, Wotan und Brünnhilde sich vor die Seele: es geht ein verbindender unterirdischer Strom von sittlicher Veredelung und Vergrößerung durch alle hindurch, der immer reiner und geläuterter flutet – und hier stehen wir, wenn auch mit schamhafter Zurückhaltung, vor einem innersten Werden in Wagners eigner Seele. An welchem Künstler ist etwas Ähnliches in ähnlicher Größe wahrzunehmen? Schillers Gestalten, von den Räubern bis zu Wallenstein und Tell, durchlaufen eine solche Bahn der Veredelung und sprechen ebenfalls etwas über das Werden ihres Schöpfers aus, aber der Maßstab ist bei Wagner noch größer, der Weg länger. Alles nimmt an dieser Läuterung teil und drückt sie aus, der Mythus nicht nur, sondern

auch die Musik; im Ring des Nibelungen finde ich die sittlichste Musik, die ich kenne, zum Beispiel dort, wo Brünnhilde von Siegfried erweckt wird; hier reicht er hinauf bis zu einer Höhe und Heiligkeit der Stimmung, daß wir an das Glühen der Eis- und Schneegipfel in den Alpen denken müssen: so rein, einsam, schwer zugänglich, trieblos, vom Leuchten der Liebe umflossen erhebt sich hier die Natur; Wolken und Gewitter, ja selbst das Erhabne sind unter ihr. Von da aus auf den Tannhäuser und Holländer zurückblickend, fühlen wir, wie der Mensch Wagner wurde: wie er dunkel und unruhig begann, wie er stürmisch Befriedigung suchte, Macht, berauschenden Genuß erstrebte, oft mit Ekel zurückfloh, wie er die Last von sich werfen wollte, zu vergessen, zu verneinen, zu entsagen begehrte – der gesamte Strom stürzte sich bald in dieses, bald in jenes Tal und bohrte in die dunkelsten Schluchten: – in der Nacht dieses halb unterirdischen Wühlens erschien ein Stern hoch über ihm, mit traurigem Glanze, er nannte ihn, wie er ihn erkannte: *Treue, selbstlose Treue!* Warum leuchtete sie ihm heller und reiner als alles? Welches Geheimnis enthält das Wort Treue für sein ganzes Wesen? Denn in jedem, was er dachte und dichtete, hat er das Bild und Problem der Treue ausgeprägt, es ist in seinen Werken eine fast vollständige Reihe aller möglichen Arten der Treue, darunter sind die herrlichsten und selten geahnten: Treue von Bruder zu Schwester, Freund zu Freund, Diener zum Herrn, Elisabeth zu Tannhäuser, Senta zum Holländer, Elsa zu Lohengrin, Isolde, Kurwenal und Marke zu Tristan, Brünnhilde zu Wotans innerstem Wunsche – um die Reihe nur anzufangen. Es ist die eigenste Urerfahrung, welche Wagner in sich selbst erlebt und wie ein religiöses Geheimnis verehrt: diese drückt er mit dem Worte Treue aus, diese wird er nicht müde, in hundert Gestaltungen aus sich heraus zu stellen und in der Fülle seiner Dankbarkeit mit dem Herrlichsten zu beschenken, was er hat und kann – jene wundervolle Erfahrung und Erkenntnis, daß die eine Sphäre seines Wesens der anderen treu blieb, aus freier selbstlosester Liebe Treue wahrte, die schöpferische schuldlose lichtere Sphäre der dunklen unbändigen und tyrannischen.

3

Im Verhalten der beiden tiefsten Kräfte zueinander, in der Hingebung der einen an die andre lag die große Notwendigkeit, durch welche er allein ganz und er selbst bleiben konnte: zugleich das einzige, was er nicht in der Gewalt hatte, was er beobachten und hinnehmen mußte, während er die Verführung zur Untreue und ihre schrecklichen Gefahren für sich immer aufs neue an sich herankommen sah. Hier fließt eine überreiche Quelle der Leiden des Werdenden, die Ungewißheit. Jeder seiner Triebe strebte ins Ungemessne, alle daseinsfreudigen Begabungen wollten sich einzeln losreißen und für sich befriedigen; je größer ihre Fülle, um so größer war der Tumult, um so feindseliger ihre Kreuzung. Dazu reizte der Zufall und das Leben, Macht, Glanz, feurigste Lust zu gewinnen, noch öfter quälte die unbarmherzige Not, überhaupt leben zu müssen: überall waren Fesseln und Fallgruben. Wie ist es möglich, da Treue zu halten, ganz zu bleiben? – Dieser Zweifel übermannte ihn oft und sprach sich dann so aus, wie eben ein Künstler zweifelt, in künstlerischen Gestalten: Elisabeth kann für Tannhäuser eben nur leiden, beten und sterben, sie rettet den Unsteten und Unmäßigen durch ihre Treue, aber nicht für dieses Leben. Es geht gefährlich und verzweifelt zu im Lebenswege jedes wahren Künstlers, der in die modernen Zeiten geworfen ist. Auf viele Arten kann er zu Ehren und Macht kommen, Ruhe und Genügen bietet sich ihm mehrfach an, doch immer nur in der Gestalt, wie der moderne Mensch sie kennt und wie sie für den redlichen Künstler zum erstickenden Brodem werden müssen. In der Versuchung hierzu und ebenso in der Abweisung dieser Versuchung liegen seine Gefahren, in dem Ekel an den modernen Arten, Lust und Ansehn zu erwerben, in der Wut, welche sich gegen alles eigensüchtige Behagen nach Art der jetzigen Menschen wendet. Man denke ihn sich in eine Beamtung hinein – so wie Wagner das Amt eines Kapellmeisters an Stadt- und Hoftheatern zu versehen hatte; man empfinde es, wie der ernsteste Künstler mit Gewalt da den Ernst erzwingen will, wo nun einmal die modernen Einrichtungen fast mit grundsätzlicher Leichtfertigkeit aufgebaut sind und Leichtfertigkeit fordern, wie es ihm zum Teil gelingt und im ganzen immer mißlingt, wie der Ekel ihm naht und er flüchten will, wie er den Ort nicht findet, wohin er flüchten könnte, und er immer wieder zu den Zigeunern und Ausgestoßnen unsrer Kultur als einer der Ihrigen zurückkehren muß. Aus einer Lage sich losreißend, verhilft er sich selten zu einer besseren, mitunter gerät er in die tiefste Dürftigkeit. So wechselte Wagner Städte, Gefährten, Länder, und man begreift kaum, unter was für Anmutungen und Umgebungen er es doch immer eine Zeitlang ausgehalten hat. Auf der größeren Hälfte seines bisherigen Lebens liegt eine schwere Luft; es scheint, er hoffte nicht mehr ins allgemeine, sondern nur noch von heute zu morgen, und so verzweifelte er zwar nicht, ohne doch zu glauben. Wie ein Wanderer durch die Nacht geht, mit schwerer Bürde und auf das tiefste ermüdet und doch übernächtig erregt, so mag es ihm oft zumute gewesen sein; ein plötzlicher Tod erschien dann vor seinen Blicken nicht als Schrecknis, sondern als verlockendes liebreizendes Gespenst. Last, Weg und Nacht, alles mit einem Male verschwunden! – das tönte verführerisch. Hundertmal warf er sich von neuem wieder mit jener kurzatmigen Hoffnung ins Leben und ließ alle Gespenster hinter sich. Aber in der Art, wie er es tat, lag fast immer eine Maßlosigkeit, das Anzeichen dafür, daß er nicht tief und fest an jene Hoffnung glaubte, sondern sich nur an ihr berauschte. Mit dem Gegensatze seines Begehrens und seines gewöhnlichen Halb- und Unvermögens, es zu befriedigen, wurde er wie mit Stacheln gequält; durch das fortwährende Entbehren aufgereizt, verlor sich seine Vorstellung ins Ausschweifende, wenn einmal plötzlich der Mangel nachließ. Das Leben ward immer verwickelter; aber auch immer kühner, erfindungsreicher waren die Mittel und Auswege, die er, der Dramatiker, entdeckte, ob es schon lauter dramatische Notbehelfe waren, vorgeschobene Motive, welche einen Augenblick täuschen und nur für einen Augenblick erfunden sind. Er ist blitzschnell mit ihnen bei der Hand, und ebenso schnell sind sie verbraucht. Das Leben Wagners, ganz aus der Nähe und ohne Liebe gesehn, hat, um an einen Gedanken Schopenhauers zu erinnern, sehr viel von der Komödie an sich, und zwar von einer merkwürdig grotesken. Wie das Gefühl hiervon, das Eingeständnis einer grotesken Würdelosigkeit ganzer Lebensstrecken auf den Künstler wirken mußte, der mehr als irgendein anderer im Erhabenen und im Über-Erhabenen allein frei atmen kann, – das gibt dem Denkenden zu denken.

Inmitten eines solchen Treibens, welches nur durch die genaueste Schilderung den Grad von Mitleiden, Schrecken und Verwunderung einflößen kann, welchen es verdient, entfaltet sich eine *Begabung des Lernens,* wie sie selbst bei Deutschen, dem eigentlichen Lern-Volke, ganz außergewöhnlich ist; und in dieser Begabung erwuchs wieder eine neue Gefahr, die sogar größer war als die eines entwurzelt und unstet scheinenden, vom friedlosen Wahne kreuz und quer geführten Lebens. Wagner wurde aus einem versuchenden Neuling ein allseitiger Meister der Musik und der Bühne und in jeder der technischen Vorbedingungen ein Erfinder und Mehrer. Niemand wird ihm den Ruhm mehr streitig machen, das höchste Vorbild für alle Kunst des großen Vortrags gegeben zu haben. Aber er wurde noch viel mehr, und um dies und jenes zu werden, war es ihm so wenig als irgend jemandem erspart, sich lernend die höchste Kultur anzueignen. Und wie er dies tat! Es ist eine Lust dies zu sehen; von allen Seiten wächst es an ihn heran, in ihn hinein, und je größer und schwerer der Bau, um so straffer spannt sich der Bogen des ordnenden und beherrschenden Denkens. Und doch wurde es selten einem so schwer gemacht, die Zugänge zu den Wissenschaften und Fertigkeiten zu finden, und vielfach mußte er solche Zugänge improvisieren. Der Erneuerer des einfachen Dramas, der Entdecker der Stellung der Künste in der wahren menschlichen Gesellschaft, der dichtende Erklärer vergangener Lebensbetrachtungen, der Philosoph, der Historiker, der Ästhetiker und Kritiker Wagner, der Meister der Sprache, der Mytholog und Mythopoet, der zum ersten Male einen Ring um das herrliche uralte ungeheure Gebilde schloß und die Runen seines

Geistes darauf eingrub – welche Fülle des Wissens hatte er zusammenzubringen und zu umspannen, um das alles werden zu können! Und doch erdrückte weder diese Summe seinen Willen zur Tat, noch leitete das Einzelne und Anziehendste ihn abseits. Um das Ungemeine eines solches Verhaltens zu ermessen, nehme man zum Beispiel das große Gegenbild Goethes, der, als Lernender und Wissender, wie ein vielverzweigtes Stromnetz erscheint, welches aber seine ganze Kraft nicht zu Meere trägt, sondern mindestens ebensoviel auf seinen Wegen und Krümmungen verliert und verstreut, als es am Ausgange mit sich führt. Es ist wahr, ein solches Wesen, wie das Goethes, hat und macht mehr Behagen, es liegt etwas Mildes und Edel-Verschwenderisches um ihn herum, während Wagners Lauf- und Stromgewalt vielleicht erschrecken und abschrecken kann. Mag aber sich fürchten, wer will: wir anderen wollen dadurch um so mutiger werden, daß wir einen Helden mit Augen sehen dürfen, welcher auch in betreff der modernen Bildung »das Fürchten nicht gelernt hat«.

Ebensowenig hat er gelernt, sich durch Historie und Philosophie zur Ruhe zu bringen und gerade das zauberhaft Sänftigende und der Tat Widerratende ihrer Wirkungen für sich herauszunehmen. Weder der schaffende noch der kämpfende Künstler wurde durch das Lernen und die Bildung von seiner Laufbahn abgezogen. Sobald ihn seine bildende Kraft überkommt, wird ihm die Geschichte ein beweglicher Ton in seiner Hand; dann steht er mit einemmal anders zu ihr als jeder Gelehrte, vielmehr ähnlich wie der Grieche zu seinem Mythus stand, als zu einem etwas, an dem man formt und dichtet, zwar mit Liebe und einer gewissen scheuen Andacht, aber doch mit dem Hoheitsrecht des Schaffenden. Und gerade weil sie für ihn noch biegsamer und wandelbarer als jeder Traum ist, kann er in das einzelne Ereignis das Typische ganzer Zeiten hineindichten und so eine Wahrheit der Darstellung erreichen, wie sie der Historiker nie erreicht. Wo ist das ritterliche Mittelalter so mit Fleisch und Geist in ein Gebilde übergegangen, wie dies im Lohengrin geschehen ist? Und werden nicht die Meistersinger noch zu den spätesten Zeiten von dem deutschen Wesen erzählen, ja mehr als erzählen, werden sie nicht vielmehr eine der reifsten Früchte jenes Wesens sein, das immer reformieren und nicht revolvieren will und das auf dem breiten Grunde seines Behagens auch das edelste Unbehagen, das der erneuernden Tat, nicht verlernt hat?

Und gerade zu dieser Art des Unbehagens wurde Wagner immer wieder durch sein Befassen mit Historie und Philosophie gedrängt: in ihnen fand er nicht nur Waffen und Rüstung, sondern hier fühlte er vor allem den begeisternden Anhauch, welcher von den Grabstätten aller großen Kämpfer, aller großen Leidenden und Denkenden her weht. Man kann sich durch nichts mehr von der ganzen gegenwärtigen Zeit abheben als durch den Gebrauch, welchen man von der Geschichte und Philosophie macht. Der ersteren scheint jetzt, so wie sie gewöhnlich verstanden wird, die Aufgabe zugefallen zu sein, den modernen Menschen, der keuchend und mühevoll zu seinen Zielen läuft, einmal aufatmen zu lassen, so daß er sich für einen Augenblick gleichsam abgeschirrt fühlen kann. Was der einzelne Montaigne in der Bewegtheit des Reformations-Geistes bedeutet, ein In-sich-zur-Ruhe-Kommen, ein friedliches Für-sich-Sein und Ausatmen – und so empfand ihn gewiß sein bester Leser, Shakespeare – das ist jetzt die Historie für den modernen Geist. Wenn die Deutschen seit einem Jahrhundert besonders den historischen Studien obgelegen haben, so zeigt dies, daß sie in der Bewegung der neueren Welt die aufhaltende, verzögernde, beruhigende Macht sind: was vielleicht einige zu einem Lobe für sie wenden dürften. Im ganzen ist es aber ein gefährliches Anzeichen, wenn das geistige Ringen eines Volkes vornehmlich der Vergangenheit gilt, ein Merkmal von Erschlaffung, von Rück- und Hinfälligkeit: so daß sie nun jedem um sich greifenden Fieber, zum Beispiel dem politischen, in gefährlichster Weise ausgesetzt sind. Einen solchen Zustand von Schwäche stellen, im Gegensatz zu allen Reformations- und Revolutions-Bewegungen, unsre Gelehrten in der Geschichte des modernen Geistes dar, sie haben sich nicht die stolzeste Aufgabe gestellt, aber eine eigne Art friedfertigen Glücks gesichert. Jeder freiere männlichere Schritt führt freilich an ihnen vorüber, – wenn auch keineswegs an der Geschichte selbst! Diese hat noch ganz andre Kräfte in sich, wie gerade solche Naturen wie Wagner ahnen: nur muß sie erst einmal in einem viel ernsteren, strengeren Sinne, aus einer mächtigen Seele heraus und überhaupt nicht mehr optimistisch, wie bisher immer, geschrieben werden, anders also, als die deutschen Gelehrten bis jetzt getan haben. Es liegt etwas Beschönigendes, Unterwürfiges und Zufriedengestelltes auf allen ihren Arbeiten, und der Gang der Dinge ist ihnen recht. Es ist schon viel, wenn es einer merken läßt, daß er gerade nur zufrieden sei, weil es noch schlimmer hätte kommen können: die meisten von ihnen glauben unwillkürlich, daß es sehr gut sei, gerade so wie es nun einmal gekommen ist. Wäre die Historie nicht immer noch eine verkappte christliche Theodizee, wäre sie mit mehr Gerechtigkeit und Inbrunst des Mitgefühls geschrieben, so würde sie wahrhaftig am wenigsten gerade als das Dienste leisten können, als was sie jetzt dient: als Opiat gegen alles Umwälzende und Erneuernde. Ähnlich steht es mit der Philosophie: aus welcher ja die meisten nichts anderes lernen wollen, als die Dinge ungefähr – sehr ungefähr! – verstehen, um sich dann in sie zu schicken. Und selbst von ihren edelsten Vertretern wird ihre stillende und tröstende Macht so stark hervorgehoben, daß die Ruhesüchtigen und Trägen meinen müssen, sie suchten dasselbe, was die Philosophie sucht. Mir scheint dagegen die wichtigste Frage aller Philosophie zu sein, wie weit die Dinge eine unabänderliche Artung und Gestalt haben: um dann, wenn diese Frage beantwortet ist, mit der rücksichtslosesten Tapferkeit auf die *Verbesserung der als veränderlich erkannten Seite der Welt* loszugehen. Das lehren die wahren Philosophen auch selber durch die Tat, dadurch, daß sie an der Verbesserung der sehr veränderlichen Einsicht der Menschen arbeiteten und ihre Weisheit nicht für sich behielten; das lehren auch die wahren Jünger wahrer Philosophien, welche, wie Wagner, aus ihnen gerade gesteigerte Entschiedenheit und Unbeugsamkeit für ihr Wollen, aber keine Einschläferungssäfte zu saugen verstehen. Wagner ist dort am meisten Philosoph, wo er am tatkräftigsten und heldenhaftesten ist. Und gerade als Philosoph ging er nicht nur durch das Feuer verschiedener philosophischer Systeme, ohne sich zu fürchten, hindurch, sondern auch durch den Dampf des Wissens und der Gelehrsamkeit, und hielt seinem höheren Selbst Treue, welches von ihm *Gesamttaten seines vielstimmigen Wesens* verlangte und ihn leiden und lernen hieß, um jene Taten tun zu können.

4

Die Geschichte der Entwicklung der Kultur seit den Griechen ist kurz genug, wenn man den eigentlichen wirklich zurückgelegten Weg in Betracht zieht und das Stillestehn, Zurückgehen, Zaudern, Schleichen gar nicht mitrechnet. Die Hellenisierung der Welt und, diese zu ermöglichen, die Orientalisierung des Hellenischen – die Doppel-Aufgabe des großen Alexander – ist immer noch das letzte große Ereignis; die alte Frage, ob eine fremde Kultur sich überhaupt übertragen lasse, immer noch das Problem, an dem die Neueren sich abmühen. Das rhythmische Spiel jener beiden Faktoren gegeneinander ist es, was namentlich den bisherigen Gang der Geschichte bestimmt hat. Da erscheint zum Beispiel das Christentum als ein Stück orientalischen Altertums, welches von den Menschen mit ausschweifender Gründlichkeit zu Ende gedacht und gehandelt wurde. Im Schwinden seines Einflusses hat wieder die Macht des hellenischen Kulturwesens zugenommen; wir erleben Erscheinungen, welche so befremdend sind, daß sie unerklärbar in der Luft schweben würden, wenn man sie nicht, über einen mächtigen Zeitraum hinweg, an die griechischen Analogien anknüpfen könnte. So gibt es zwischen Kant und den Eleaten, zwischen Schopenhauer und Empedokles, zwischen Äschylus und Richard Wagner solche Nähen und Verwandtschaften, daß man fast handgreiflich an das sehr relative Wesen aller Zeitbegriffe gemahnt wird: beinahe scheint es, als ob manche Dinge zusammengehören und die Zeit nur eine Wolke sei, welche es unsern Augen schwer macht, diese Zusammengehörigkeit zu sehen.

Besonders bringt auch die Geschichte der strengen Wissenschaften den Eindruck hervor, als ob wir uns eben jetzt in nächster Nähe der alexandrinisch-griechischen Welt befänden, und als ob der Pendel der Geschichte wieder nach dem Punkte zurückschwänge, von wo er zu schwingen begann, fort in rätselhafte Ferne und Verlorenheit. Das Bild unserer gegenwärtigen Welt ist durchaus kein neues: immer mehr muß es dem, der die Geschichte kennt, so zumute werden, als ob er alte vertraute Züge eines Gesichtes wiedererkenne. Der Geist der hellenischen Kultur liegt in unendlicher Zerstreuung auf unserer Gegenwart: während sich die Gewalten aller Art drängen und man sich die Früchte der modernen Wissenschaften und Fertigkeiten als Austauschmittel bietet, dämmert in blassen Zügen wieder das Bild des Hellenischen, aber noch ganz fern und geisterhaft, auf. Die Erde, die bisher zur Genüge orientalisiert worden ist, sehnt sich wieder nach der Hellenisierung; wer ihr hier helfen will, der hat freilich Schnelligkeit und einen geflügelten Fuß vonnöten, um die mannigfachsten und entferntesten Punkte des Wissens, die entlegensten Weltteile der Begabung zusammenzubringen, um das ganze ungeheuer ausgespannte Gefilde zu durchlaufen und zu beherrschen. So ist denn jetzt eine Reihe von *Gegen-Alexandern* nötig geworden, welche die mächtigste Kraft haben, zusammenzuziehn und zu binden, die entferntesten Fäden heranzulangen und das Gewebe vor dem Zerblasenwerden zu bewahren. Nicht den gordischen Knoten der griechischen Kultur zu lösen, wie es Alexander tat, so daß seine Enden nach allen Weltrichtungen hin flatterten, sondern *ihn zu binden, nachdem er gelöst war* – das ist jetzt die Aufgabe. In Wagner erkenne ich einen solchen Gegen-Alexander: er bannt und schließt zusammen, was vereinzelt, schwach und lässig war, er hat, wenn ein medizinischer Ausdruck erlaubt ist, eine *adstringierende* Kraft: insofern gehört er zu den ganz großen Kulturgewalten. Er waltet über den Künsten, den Religionen, den verschiedenen Völkergeschichten und ist doch der Gegensatz eines Polyhistors, eines nur zusammentragenden und ordnenden Geistes: denn er ist ein Zusammenbildner und Beseeler des Zusammengebrachten, ein *Verein-*

facher der Welt. Man wird sich an einer solchen Vorstellung nicht irre machen lassen, wenn man diese allgemeinste Aufgabe, die sein Genius ihm gestellt hat, mit der viel engeren und näheren vergleicht, an welche man jetzt zuerst bei dem Namen Wagner zu denken pflegt. Man erwartet von ihm eine Reformation des Theaters: gesetzt, dieselbe gelänge ihm, was wäre denn damit für jene höhere und fernere Aufgabe getan?

Nun, damit wäre der moderne Mensch verändert und reformiert: so notwendig hängt in unserer neueren Welt eins an dem andern, daß, wer nur einen Nagel herauszieht, das Gebäude wanken und fallen macht. Auch von jeder anderen wirklichen Reform wäre dasselbe zu erwarten, was wir hier von der Wagnerschen, mit dem Anschein der Übertreibung, aussagen. Es ist gar nicht möglich, die höchste und reinste Wirkung der theatralischen Kunst herzustellen, ohne nicht überall, in Sitte und Staat, in Erziehung und Verkehr, zu neuern. Liebe und Gerechtigkeit, an einem Punkte, nämlich hier im Bereiche der Kunst, mächtig geworden, müssen nach dem Gesetz ihrer inneren Not weiter um sich greifen und können nicht wieder in die Regungslosigkeit ihrer früheren Verpuppung zurück. Schon um zu begreifen, inwiefern die Stellung unsrer Künste zum Leben ein Symbol der Entartung dieses Lebens ist, inwiefern unsre Theater für die, welche sie bauen und besuchen, eine Schmach sind, muß man völlig umlernen und das Gewohnte und Alltägliche einmal als etwas sehr Ungewöhnliches und Verwickeltes ansehn können. Seltsame Trübung des Urteils, schlecht verhehlte Sucht nach Ergötzlichkeit, nach Unterhaltung um jeden Preis, gelehrtenhafte Rücksichten, Wichtigtun und Schauspielerei mit dem Ernst der Kunst von seiten der Ausführenden, brutale Gier nach Geldgewinn von seiten der Unternehmenden, Hohlheit und Gedankenlosigkeit einer Gesellschaft, welche an das Volk nur so weit denkt, als es ihr nützt oder gefährlich ist, und Theater und Konzerte besucht, ohne je dabei an Pflichten erinnert zu werden – dies alles zusammen bildet die dumpfe und verderbliche Luft unserer heutigen Kunstzustände: ist man aber erst so an dieselbe gewöhnt, wie es unsre Gebildeten sind, so wähnt man wohl, diese Luft zu seiner Gesundheit nötig zu haben, und befindet sich schlecht, wenn man, durch irgendeinen Zwang, ihrer zeitweilig entraten muß. Wirklich hat man nur *ein* Mittel, sich in Kürze davon zu überzeugen, wie gemein, und zwar wie absonderlich und verzwickt gemein unsre Theater-Einrichtungen sind: man halte nur die einstmalige Wirklichkeit des griechischen Theaters dagegen! Gesetzt, wir wüßten nichts von den Griechen, so wäre unsern Zuständen vielleicht gar nicht beizukommen, und man hielte solche Einwendungen, wie sie zuerst von Wagner in großem Stile gemacht worden sind, für Träumereien von Leuten, welche im Lande Nirgendsheim zu Hause sind. Wie die Menschen einmal sind, würde man vielleicht sagen, genügt und gebührt ihnen eine solche Kunst – und sie sind nie anders gewesen! – Sie sind gewiß anders gewesen, und selbst jetzt gibt es Menschen, denen die bisherigen Einrichtungen nicht genügen – eben dies beweist die Tatsache von Bayreuth. Hier findet ihr vorbereitete und geweihte Zuschauer, die Ergriffenheit von Menschen, welche sich auf dem Höhepunkt ihres Glücks befinden und gerade in ihm ihr ganzes Wesen zusammengerafft fühlen, um sich zu weiterem und höherem Wollen bestärken zu lassen; hier findet ihr die hingebendste Aufopferung der Künstler und das Schauspiel aller Schauspiele, den siegreichen Schöpfer eines Werkes, welches selber der Inbegriff einer Fülle siegreicher Kunst-Taten ist. Dünkt es nicht fast wie Zauberei, einer solchen Erscheinung in der Gegenwart begegnen zu können? Müssen nicht die, welche hier mithelfen und mitschauen dürfen, schon verwandelt und erneuert sein, um nun auch fernerhin, in andern Gebieten des Lebens, zu verwandeln und zu erneuern? Ist nicht ein Hafen nach der wüsten Weite des Meeres gefunden, liegt hier nicht Stille über den Wassern gebreitet? – Wer aus der hier waltenden Tiefe und Einsamkeit der Stimmung zurück in die ganz andersartigen Flächen und Niederungen des Lebens kommt, muß er sich nicht immerfort wie Isolde fragen: »Wie ertrug ich's nur? Wie ertrag ich's noch?« Und wenn er es nicht aushält, sein Glück und sein Unglück eigensüchtig in sich zu bergen, so wird er von jetzt ab jede

Gelegenheit ergreifen, in Taten davon Zeugnis abzulegen. Wo sind die, welche an den gegenwärtigen Einrichtungen leiden? wird er fragen. Wo sind unsre natürlichen Bundesgenossen, mit denen wir gegen das wuchernde und unterdrückende Umsichgreifen der heutigen Gebildetheit kämpfen können? Denn einstweilen haben wir nur einen Feind – einstweilen! – eben jene »Gebildeten«, für welche das Wort »Bayreuth« eine ihrer tiefsten Niederlagen bezeichnet – sie haben nicht mitgeholfen, sie waren wütend dagegen, oder zeigten jene noch wirksamere Schwerhörigkeit, welche jetzt zur gewohnten Waffe der überlegtesten Gegnerschaft geworden ist. Aber wir wissen eben dadurch, daß sie Wagners Wesen selbst durch ihre Feindseligkeit und Tücke nicht zerstören, sein Werk nicht verhindern konnten, noch eins: sie haben verraten, daß sie schwach sind, und daß der Widerstand der bisherigen Machtinhaber nicht mehr viel Angriffe aushalten wird. Es ist der Augenblick für solche, welche mächtig erobern und siegen wollen, die größten Reiche stehen offen, ein Fragezeichen ist zu den Namen der Besitzer gesetzt, so weit es Besitz gibt. So ist zum Beispiel das Gebäude der Erziehung als morsch erkannt, und überall finden sich einzelne, welche in aller Stille schon das Gebäude verlassen haben. Könnte man die, welche tatsächlich schon jetzt tief mit ihm unzufrieden sind, nur einmal zur offnen Empörung und Erklärung treiben! Könnte man sie des verzagenden Unmuts berauben! Ich weiß es: wenn man gerade den stillen Beitrag dieser Naturen von dem Ertrage unseres gesamten Bildungswesens abstriche, es wäre der empfindlichste Aderlaß, durch den man dasselbe schwächen könnte. Von den Gelehrten zum Beispiel blieben unter dem alten Regimente nur die durch den politischen Wahnwitz Angesteckten und die literatenhaften Menschen aller Art zurück. Das widerliche Gebilde, welches jetzt seine Kräfte aus der Anlehnung an die Sphären der Gewalt und Ungerechtigkeit, aus Staat und Gesellschaft, nimmt und seinen Vorteil dabei hat, diese immer böser und rücksichtsloser zu machen, ist ohne diese Anlehnung etwas Schwächliches und Ermüdetes: man braucht es nur recht zu verachten, so fällt es schon über den Haufen. Wer für die

Gerechtigkeit und die Liebe unter den Menschen kämpft, darf sich vor ihm am wenigsten fürchten: denn seine eigentlichen Feinde stehen erst vor ihm, wenn er seinen Kampf, den er einstweilen gegen ihre Vorhut, die heutige Kultur, führt, zu Ende gebracht hat.

Für uns bedeutet Bayreuth die Morgen-Weihe am Tage des Kampfes. Man könnte uns nicht mehr unrecht tun, als wenn man annähme, es sei uns um die Kunst allein zu tun: als ob sie wie ein Heil- und Betäubungsmittel zu gelten hätte, mit dem man alle übrigen elenden Zustände von sich abtun könnte. Wir sehen im Bilde jenes tragischen Kunstwerks von Bayreuth gerade den Kampf der einzelnen mit allem, was ihnen als scheinbar unbezwingliche Notwendigkeit entgegentritt, mit Macht, Gesetz, Herkommen, Vertrag und ganzen Ordnungen der Dinge. Die einzelnen können gar nicht schöner leben, als wenn sie sich im Kampfe um Gerechtigkeit und Liebe zum Tode reif machen und opfern. Der Blick, mit welchem uns das geheimnisvolle Auge der Tragödie anschaut, ist kein erschlaffender und gliederbindender Zauber. Obschon sie Ruhe verlangt, solange sie uns ansieht; – denn die Kunst ist nicht für den Kampf selber da, sondern für die Ruhepausen vorher und inmitten desselben, für jene Minuten, da man zurückblickend und vorahnend das Symbolische versteht, da mit dem Gefühl einer leisen Müdigkeit ein erquickender Traum uns naht. Der Tag und der Kampf bricht gleich an, die heiligen Schatten verschweben, und die Kunst ist wieder ferne von uns; aber ihre Tröstung liegt über dem Menschen von der Frühstunde her. Überall findet ja sonst der einzelne sein persönliches Ungenügen, sein Halb- und Unvermögen: mit welchem Mute sollte er kämpfen, wenn er nicht vorher zu etwas Überpersönlichem geweiht worden wäre! Die größten Leiden des einzelnen, die es gibt, die Nichtgemeinsamkeit des Wissens bei allen Menschen, die Unsicherheit der letzten Einsichten und die Ungleichheit des Könnens, das alles macht ihn kunstbedürftig. Man kann nicht glücklich sein, solange um uns herum alles leidet und sich Leiden schafft; man kann nicht sittlich sein, solange der Gang der menschlichen Dinge durch

Gewalt, Trug und Ungerechtigkeit bestimmt wird; man kann nicht einmal weise sein, solange nicht die ganze Menschheit im Wetteifer um Weisheit gerungen hat und den einzelnen auf die weiseste Art ins Leben und Wissen hineinführt. Wie sollte man es nun bei diesem dreifachen Gefühle des Ungenügens aushalten, wenn man nicht schon in seinem Kämpfen, Streben und Untergehen etwas Erhabenes und Bedeutungsvolles zu erkennen vermöchte und nicht aus der Tragödie lernte, Lust am Rhythmus der großen Leidenschaft und am Opfer derselben zu haben. Die Kunst ist freilich keine Lehrerin und Erzieherin für das unmittelbare Handeln; der Künstler ist nie in diesem Verstande ein Erzieher und Ratgeber; die Objekte, welche die tragischen Helden erstreben, sind nicht ohne weiteres die erstrebenswerten Dinge an sich. Wie im Traume ist die Schätzung der Dinge, solange wir uns im Banne der Kunst festgehalten fühlen, verändert: was wir währenddem für so erstrebenswert halten, daß wir dem tragischen Helden beistimmen, wenn er lieber den Tod erwählt, als daß er darauf verzichtete – das ist für das wirkliche Leben selten von gleichem Werte und gleicher Tatkraft würdig: dafür ist eben die Kunst die Tätigkeit des Ausruhenden. Die Kämpfe, welche sie zeigt, sind Vereinfachungen der wirklichen Kämpfe des Lebens; ihre Probleme sind Abkürzungen der unendlich verwickelten Rechnung des menschlichen Handelns und Wollens. Aber gerade darin liegt die Größe und Unentbehrlichkeit der Kunst, daß sie den *Schein* einer einfacheren Welt, einer kürzeren Lösung der Lebens-Rätsel erregt. Niemand, der am Leben leidet, kann diesen Schein entbehren, wie niemand des Schlafs entbehren kann. Je schwieriger die Erkenntnis von den Gesetzen des Lebens wird, um so inbrünstiger begehren wir nach dem Scheine jener Vereinfachung, wenn auch nur für Augenblicke, um so größer wird die Spannung zwischen der allgemeinen Erkenntnis der Dinge und dem geistig-sittlichen Vermögen des einzelnen. *Damit der Bogen nicht breche,* ist die Kunst da.

Der einzelne soll zu etwas Überpersönlichem geweiht werden – das will die Tragödie; er soll die schreckliche Beängstigung, welche der Tod und die Zeit dem Individuum macht, verlernen: denn schon im kleinsten Augenblick, im kürzesten Atom seines Lebenslaufes kann ihm etwas Heiliges begegnen, das allen Kampf und alle Not überschwenglich aufwiegt – das heißt *tragisch gesinnt sein*. Und wenn die ganze Menschheit einmal sterben muß – wer dürfte daran zweifeln! – so ist ihr als höchste Aufgabe für alle kommenden Zeiten das Ziel gestellt, so ins Eine und Gemeinsame zusammenzuwachsen, daß sie *als ein Ganzes* ihrem bevorstehenden Untergange mit einer *tragischen Gesinnung* entgegengehe; in dieser höchsten Aufgabe liegt alle Veredelung der Menschen eingeschlossen; aus dem endgültigen Abweisen derselben ergäbe sich das trübste Bild, welches sich ein Menschenfreund vor die Seele stellen könnte. So empfinde ich es! Es gibt nur *eine* Hoffnung und *eine* Gewähr für die Zukunft des Menschlichen: sie liegt darin, *daß die tragische Gesinnung nicht absterbe*. Es würde ein Wehegeschrei sondergleichen über die Erde erschallen müssen, wenn die Menschen sie einmal völlig verlieren sollten; und wiederum gibt es keine beseligendere Lust, als das zu wissen, was wir wissen – wie der tragische Gedanke wieder hinein in die Welt geboren ist. Denn diese Lust ist eine völlig überpersönliche und allgemeine, ein Jubel der Menschheit über den verbürgten Zusammenhang und Fortgang des Menschlichen überhaupt.

5

Wagner rückte das gegenwärtige Leben und die Vergangenheit unter den Lichtstrahl einer Erkenntnis, der stark genug war, um auf ungewohnte Weite hin damit sehen zu können: deshalb ist er ein Vereinfacher der Welt; denn immer besteht die Vereinfachung der Welt darin, daß der Blick der Erkennenden aufs neue wieder über die ungeheure Fülle und Wüstheit eines scheinbaren Chaos Herr geworden ist und das in eins zusammendrängt, was früher als unverträglich auseinander lag. Wagner tat dies, indem er zwischen zwei Dingen, die fremd und kalt wie in getrennten Sphären zu leben schienen, ein Verhältnis fand: zwischen *Musik und Leben* und ebenfalls zwischen *Musik und Drama*. Nicht daß er diese Verhältnisse erfunden oder erst geschaffen hätte: sie sind da und liegen eigentlich vor jedermanns Füßen: so wie immer das große Problem dem edlen Gesteine gleicht, über welches Tausende wegschreiten, bis endlich einer es aufhebt. Was bedeutet es, fragt sich Wagner, daß im Leben der neueren Menschen gerade eine solche Kunst, wie die der Musik, mit so unvergleichlicher Kraft entstanden ist? Man braucht von diesem Leben nicht etwa gering zu denken, um hier ein Problem zu sehen; nein, wenn man alle diesem Leben eigenen großen Gewalten erwägt und sich das Bild eines mächtig aufstrebenden, um *bewußte Freiheit* und um *Unabhängigkeit des Gedankens* kämpfenden Daseins vor die Seele stellt – dann erst recht erscheint die Musik in dieser Welt als Rätsel. Muß man nicht sagen: aus dieser Zeit *konnte* die Musik nicht erstehn! Was ist dann aber ihre Existenz? Ein Zufall? Gewiß könnte auch ein einzelner großer Künstler ein Zufall sein, aber das Erscheinen einer solchen Reihe von großen Künstlern, wie es die neuere Geschichte der Musik zeigt, und wie es bisher nur noch einmal, in der Zeit der Griechen, seinesgleichen hatte, gibt zu denken, daß hier nicht Zufall, sondern Notwendigkeit herrscht. Diese Notwendigkeit eben ist das Problem, auf welches Wagner eine Antwort gibt.

Es ist ihm zuerst die Erkenntnis eines Notstandes aufgegangen, der so weit reicht als jetzt überhaupt die Zivilisation die Völker verknüpft: überall ist hier die *Sprache* erkrankt, und auf der ganzen menschlichen Entwicklung lastet der Druck dieser ungeheuerlichen Krankheit. Indem die Sprache fortwährend auf die letzten Sprossen des ihr Erreichbaren steigen mußte, um, möglichst ferne von der starken Gefühlsregung, der sie ursprünglich in aller Schlichtheit zu entsprechen vermochte, das dem Gefühl Entgegengesetzte, das Reich des Gedankens zu erfassen, ist ihre Kraft durch dieses übermäßige Sichausstrecken in dem kurzen Zeitraume der neueren Zivilisation erschöpft worden: so daß sie nun gerade das nicht mehr zu leisten vermag, wessentwegen sie allein da ist: um über die einfachsten Lebensnöte die Leidenden miteinander zu verständigen. Der Mensch kann sich in seiner Not vermöge der Sprache nicht mehr zu erkennen geben, also sich nicht wahrhaft mitteilen: bei diesem dunkel gefühlten Zustande ist die Sprache überall eine Gewalt für sich geworden, welche nun wie mit Gespensterarmen die Menschen faßt und schiebt, wohin sie eigentlich nicht wollen; sobald sie miteinander sich zu verständigen und zu einem Werk zu vereinigen suchen, erfaßt sie der Wahnsinn der allgemeinen Begriffe, ja der reinen Wortklänge, und infolge dieser Unfähigkeit sich mitzuteilen tragen dann wieder die Schöpfungen ihres Gemeinsinns das Zeichen des Sich-nicht-Verstehens, insofern sie nicht den wirklichen Nöten entsprechen, sondern eben nur der Hohlheit jener gewaltherrischen Worte und Begriffe: so nimmt die Menschheit zu allen ihren Leiden auch noch das Leiden der *Konvention* hinzu, das heißt des Übereinkommens in Worten und Handlungen ohne ein Übereinkommen des Gefühls. Wie in dem abwärtslaufenden Gange jeder Kunst ein Punkt erreicht wird, wo ihre krankhaft wuchernden Mittel und Formen ein tyrannisches Übergewicht über die jungen Seelen der Künstler erlangen und sie zu ihren Sklaven machen, so ist man jetzt, im Niedergange der Sprachen, der Sklave der Worte; unter diesem Zwange vermag niemand mehr sich selbst zu zeigen, naiv zu sprechen, und wenige überhaupt vermögen sich ihre Individualität zu wahren, im Kampfe mit einer Bildung, welche ihr Gelingen nicht damit zu beweisen glaubt, daß sie deutlichen Empfindungen und Bedürfnissen bildend entgegenkomme, sondern damit, daß sie das Individuum in das Netz der »deutlichen Begriffe« einspinne und richtig denken lehre: als ob es irgendeinen Wert hätte, jemanden zu einem richtig denkenden und schließenden Wesen zu machen, wenn es nicht gelungen ist, ihn vorher zu einem richtig empfindenden zu machen. Wenn nun, in einer solchermaßen verwundeten Menschheit, die Musik unsrer deutschen Meister erklingt, was kommt da eigentlich zum Erklingen? Eben nur die *richtige Empfindung,* die Feindin aller Konvention, aller künstlichen Entfremdung und Unverständlichkeit zwischen Mensch und Mensch: diese Musik ist Rückkehr zur Natur, während sie zugleich Reinigung und Umwandlung der Natur ist; denn in der Seele der liebevollsten Menschen ist die Nötigung zu jener Rückkehr entstanden, und *in ihrer Kunst ertönt die in Liebe verwandelte Natur*.

Nehmen wir dies als die eine Antwort Wagners auf die Frage, was die Musik in unserer Zeit bedeutet: er hat noch eine zweite. Das Verhältnis zwischen Musik und Leben ist nicht nur das einer Art Sprache zu einer andern Art Sprache, es ist auch das Verhältnis der vollkommnen Hörwelt zu der gesamten Schauwelt. Als Erscheinung für das Auge genommen und verglichen mit den früheren Erscheinungen des Lebens, zeigt aber die Existenz der neueren Menschen eine unsägliche Armut und Erschöpfung, trotz der unsäglichen Buntheit, durch welche nur der oberflächlichste Blick sich beglückt fühlen kann. Man sehe nur etwas schärfer hin und zerlege sich den Eindruck dieses heftig bewegten Farbenspiels: ist das Ganze nicht wie das Schimmern und Aufblitzen zahlloser Steinchen und Stückchen, welche man früheren Kulturen abgeborgt hat? Ist hier nicht alles unzugehöriger Prunk, nachgeäffte Bewegung, angemaßte Äußerlichkeit? Ein Kleid in bunten Fetzen für den Nackten und Frierenden? Ein scheinbarer Tanz der Freude, dem Leidenden zugemutet? Mienen üppigen Stolzes, von einem tief Verwundeten zur Schau getragen? Und dazwischen, nur durch die Schnelligkeit der Bewegung und des Wirbels verhüllt und verhehlt – graue Ohnmacht, nagender Unfrieden, arbeitsamste Langeweile, unehrliches Elend! Die Erscheinung des modernen Menschen ist ganz und gar Schein geworden; er wird in dem, was er jetzt vorstellt, nicht selber sichtbar, viel eher versteckt; und der Rest erfinderischer Kunsttätigkeit, der sich noch bei einem Volke, etwa bei den Franzosen und Italienern, erhalten hat, wird auf die Kunst dieses Versteckenspielens verwendet. Überall, wo man jetzt »Form« verlangt, in der Gesellschaft und der Unterhaltung, im schriftstellerischen Ausdruck, im Verkehr der Staaten miteinander, versteht man darunter unwillkürlich einen gefälligen Anschein, den Gegensatz des wahren Begriffs von Form als von einer notwendigen Gestaltung, die mit »gefällig« und »ungefällig« nichts zu tun hat, weil sie eben notwendig und nicht beliebig ist. Aber auch dort, wo man jetzt unter Völkern der Zivilisation nicht die Form ausdrücklich verlangt, besitzt man ebensowenig jene notwendige Gestaltung, sondern ist in dem Streben nach dem gefälligen Anschein nur nicht so glücklich, wenn auch mindestens ebenso eifrig. *Wie gefällig* nämlich hier und dort der Anschein ist und weshalb es jedem gefallen muß, daß der moderne Mensch sich wenigstens bemüht, zu scheinen, das fühlt jeder in dem Maße, in welchem er selber moderner Mensch ist. »Nur die Galeerensklaven kennen sich«, sagt Tasso, »doch wir *verkennen* nur die andern höflich, damit sie wieder uns verkennen sollen.«

In dieser Welt der Formen und der erwünschten Verkennung erscheinen nun die von der Musik erfüllten Seelen – zu welchem Zwecke? Sie bewegen sich nach dem Gange des großen, freien Rhythmus, in vornehmer Ehrlichkeit, in einer Leidenschaft, welche überpersönlich ist, sie erglühen von dem machtvoll ruhigen Feuer der Musik, das aus unerschöpflicher Tiefe in ihnen ans Licht quillt – dies alles zu welchem Zwecke?

Durch diese Seelen verlangt die Musik nach ihrer ebenmäßigen Schwester, der *Gymnastik,* als nach ihrer notwendigen Gestaltung im Reiche des Sichtbaren: im Suchen und Verlangen nach ihr wird sie zur Richterin über die ganze verlogene Schau- und Scheinwelt der Gegenwart. Dies ist die zweite Antwort Wagners auf die Frage, was die Musik in dieser Zeit zu bedeuten habe. Helft mir, so ruft er allen zu, die hören können, helft mir, jene Kultur zu entdecken, von der meine Musik als die wiedergefundene Sprache der richtigen Empfindung wahrsagt, denkt darüber nach, daß die Seele der Musik sich jetzt einen Leib gestalten will, daß sie durch euch alle hindurch zur Sichtbarkeit in Bewegung, Tat, Einrichtung und Sitte ihren Weg sucht! Es gibt Menschen, welche diesen Zuruf verstehen, und es werden ihrer immer mehr; diese begreifen es auch zum ersten Male wieder, was es heißen will, den Staat auf Musik zu gründen, etwas, das die älteren Hellenen nicht nur begriffen hatten, sondern auch von sich selbst forderten: während dieselben Verständnisvollen über dem jetzigen Staat ebenso unbedingt den Stab brechen werden, wie es die meisten Menschen jetzt schon über der Kirche tun. Der Weg zu einem so neuen und doch nicht allezeit unerhörten Ziele führt dazu, sich einzugestehn, worin der beschämendste Mangel an unsrer Erziehung und der eigentliche Grund ihrer Unfähigkeit, aus dem Barbarischen herauszuheben, liegt: es fehlt ihr die bewegende und gestaltende Seele der Musik, hingegen sind ihre Erfordernisse und Einrichtungen das Erzeugnis einer Zeit, in welcher jene Musik noch gar nicht geboren war, auf die wir hier ein so vielbedeutendes Vertrauen setzen. Unsere Erziehung ist das rückständigste Gebilde in der Gegenwart, und gerade rückständig in bezug auf die einzige neu hinzugekommene erzieherische Gewalt, welche die jetzigen Menschen vor denen früherer Jahrhunderte voraushaben – oder haben könnten, wenn sie nicht mehr so besinnungslos gegenwärtig unter der Geißel des Augenblicks fortleben wollten! Weil sie bis jetzt die Seele der Musik nicht in sich herbergen lassen, so haben sie auch die Gymnastik im griechischen und Wagnerschen Sinne dieses Wortes noch nicht geahnt; und dies ist wieder der Grund, warum ihre bildenden Künstler zur Hoffnungslosigkeit verurteilt sind, solange sie eben, wie jetzt immer noch, der Musik als Führerin in eine neue Schauwelt entraten wollen: es mag da an Begabung wachsen, was da wolle, es kommt zu spät oder zu früh und jedenfalls zur Unzeit, denn es ist überflüssig und wirkungslos, da ja selbst das Vollkommne und Höchste früherer Zeiten, das Vorbild der jetzigen Bildner, überflüssig und fast wirkungslos ist und kaum noch einen Stein auf den andern setzt. Sehen sie in ihrem innerlichen Schauen keine neuen Gestalten vor sich, sondern immer nur die alten hinter sich, so dienen sie der Historie, aber nicht dem Leben, und sind tot, bevor sie gestorben sind: wer aber jetzt wahres, fruchtbares Leben, das heißt gegenwärtig allein: Musik in sich fühlt, könnte der sich durch irgend etwas, das sich in Gestalten, Formen und Stilen abmüht, nur einen Augenblick zu weitertragenden Hoffnungen verführen lassen? Über alle Eitelkeiten dieser Art ist er hinaus; und er denkt ebensowenig daran, abseits von seiner idealen Hörwelt bildnerische Wunder zu finden, als er von unsern ausgelebten und verfärbten Sprachen noch große Schriftsteller erwartet. Lieber als daß er irgendwelchen eiteln Vertröstungen Gehör schenkte, erträgt er es, den tief unbefriedigten Blick auf unser modernes Wesen zu richten: mag er voll von Galle und Haß werden, wenn sein Herz nicht warm genug zum Mitleid ist! Selbst Bosheit und Hohn ist besser, als daß er sich, nach der Art unsrer »Kunstfreunde«, einem trügerischen Behagen und einer stillen Trunksucht überantwortete! Aber auch wenn er mehr kann als verneinen und höhnen, wenn er lieben, mitleiden und mitbauen kann, so *muß* er doch zunächst verneinen, um dadurch seiner hilfsbereiten Seele erst Bahn zu brechen. Damit einmal die Musik viele Menschen zur Andacht stimme und sie zu Vertrauten ihrer höchsten Absichten mache, muß erst dem ganzen genußsüchtigen Verkehre mit einer so heiligen Kunst ein Ende gemacht werden; das Fundament, worauf unsre Kunst-Unterhaltungen, Theater, Museen, Konzertgesellschaften ruhen, eben jener »Kunstfreund« ist mit Bann zu belegen; die staatliche Gunst, welche seinen Wünschen geschenkt wird, ist in Abgunst zu verwandeln; das öffentliche Urteil, welches gerade auf Abrichtung zu jener Kunstfreundschaft einen absonderlichen Wert legt, ist durch ein besseres Urteil aus dem Felde zu schlagen. Einstweilen muß uns sogar der *erklärte Kunstfeind* als ein wirklicher und nützlicher Bundesgenosse gelten, da das, wogegen er sich feindlich erklärt, eben nur die Kunst, wie sie der »Kunstfreund« versteht, ist: er kennt ja keine andere! Mag er diesem Kunstfreunde immerhin die unsinnige Vergeudung von Geld nachrechnen, welche der Bau seiner Theater und öffentlichen Denkmäler, die Anstellung seiner »berühmten« Sänger und Schauspieler, die Unterhaltung seiner gänzlich unfruchtbaren Kunstschulen und Bildersammlungen verschuldet: gar nicht dessen zu gedenken, was alles an Kraft, Zeit und Geld in jedem Hauswesen, in der Erziehung für vermeintliche »Kunstinteressen« weggeworfen wird. Da ist kein Hunger und kein Sattwerden, sondern immer nur ein mattes Spiel mit dem Anscheine von beidem, zur eitelsten Schaustellung ausgedacht, um das Urteil anderer über sich irrezuführen;

oder noch schlimmer: nimmt man die Kunst hier verhältnismäßig ernst, so verlangt man gar von ihr die Erzeugung einer Art von Hunger und Begehren und findet ihre Aufgabe eben in dieser künstlich erzeugten Aufregung. Als ob man sich fürchtete, an sich selber durch Ekel und Stumpfheit zugrunde zu gehen, ruft man alle bösen Dämonen auf, um sich durch diese Jäger wie ein Wild treiben zu lassen: man lechzt nach Leiden, Zorn, Haß, Erhitzung, plötzlichem Schrecken, atemloser Spannung und ruft den Künstler herbei als den Beschwörer dieser Geisterjagd. Die Kunst ist jetzt in dem Seelen-Haushalte unsrer Gebildeten ein ganz erlogenes oder ein schmähliches, entwürdigendes Bedürfnis, entweder ein Nichts oder ein böses Etwas. Der Künstler, der bessere und seltnere, ist wie von einem betäubenden Traum befangen, dies alles nicht zu sehen, und wiederholt zögernd mit unsicherer Stimme gespenstisch schöne Worte, die er von ganz fernen Orten her zu hören meint, aber nicht deutlich genug vernimmt; der Künstler dagegen von ganz modernem Schlage kommt in voller Verachtung gegen das traumselige Tasten und Reden seines edleren Genossen daher und führt die ganze kläffende Meute zusammengekoppelter Leidenschaften und Scheußlichkeiten am Strick mit sich, um sie nach Verlangen auf die modernen Menschen loszulassen: diese wollen ja lieber gejagt, verwundet und zerrissen werden, als mit sich selber in der Stille beisammenwohnen zu müssen. Mit sich selber! – dieser Gedanke schüttelt die modernen Seelen, das ist *ihre* Angst und Gespensterfurcht.

Wenn ich mir in volkreichen Städten die Tausende ansehe, wie sie mit dem Ausdrucke der Dumpfheit oder der Hast vorübergehen, so sage ich mir immer wieder, es muß ihnen schlecht zumute sein. Für diese alle aber ist die Kunst bloß deshalb da, damit ihnen noch schlechter zumute werde, noch dumpfer und sinnloser, oder noch hastiger und begehrlicher. Denn die *unrichtige Empfindung* reitet und drillt sie unablässig und läßt durchaus nicht zu, daß sie sich selber ihr Elend eingestehen dürfen; wollen sie sprechen, so flüstert ihnen die Konvention etwas ins Ohr, worüber sie vergessen, was sie eigentlich sagen wollten; wollen sie sich miteinander verständigen, so ist ihr Verstand wie durch Zaubersprüche gelähmt, so daß sie Glück nennen, was ihr Unglück ist, und sich zum eignen Unsegen noch recht geflissentlich miteinander verbinden. So sind sie ganz und gar verwandelt und zu willenlosen Sklaven der unrichtigen Empfindung herabgesetzt.

6

Nur an zwei Beispielen will ich zeigen, wie verkehrt die Empfindung in unserer Zeit geworden ist und wie die Zeit kein Bewußtsein über diese Verkehrtheit hat. Ehemals sah man mit ehrlicher Vornehmheit auf die Menschen herab, die mit Geld Handel treiben, wenn man sie auch nötig hatte; man gestand sich ein, daß jede Gesellschaft ihre Eingeweide haben müsse. Jetzt sind sie die herrschende Macht in der Seele der modernen Menschheit, als der begehrlichste Teil derselben. Ehemals warnte man vor nichts mehr, als den Tag, den Augenblick zu ernst zu nehmen, und empfahl das *nil admirari* und die Sorge für die ewigen Anliegenheiten; jetzt ist nur eine Art von Ernst in der modernen Seele übriggeblieben, er gilt den Nachrichten, welche die Zeitung oder der Telegraph bringt. Den Augenblick benutzen und, um von ihm Nutzen zu haben, ihn so schnell wie möglich beurteilen! – man könnte glauben, es sei den gegenwärtigen Menschen auch nur eine Tugend übriggeblieben, die der Geistesgegenwart. Leider ist es in Wahrheit vielmehr die Allgegenwart einer schmutzigen unersättlichen Begehrlichkeit und einer überallhin spähenden Neugierde bei jedermann. Ob überhaupt der *Geist* jetzt *gegenwärtig* sei – wir wollen die Untersuchung darüber den künftigen Richtern zuschieben, welche die modernen Menschen einmal durch ihr Sieb raiten werden. Aber gemein ist dies Zeitalter; das kann man schon jetzt sehen, weil es das ehrt, was frühere vornehme Zeitalter verachteten; wenn es nun aber noch die ganze Kostbarkeit vergangener Weisheit und Kunst sich angeeignet hat und in diesem reichsten aller Gewänder einhergeht, so zeigt es ein unheimliches Selbstbewußtsein über seine Gemeinheit darin, daß es jenen Mantel nicht braucht, um sich zu wärmen, sondern nur um über sich zu täuschen. Die Not, sich zu verstellen und zu verstecken, erscheint ihm dringender als die, nicht zu erfrieren. So benutzen die jetzigen Gelehrten und Philosophen die Weisheit der Inder und Griechen nicht, um in sich weise und ruhig zu werden: ihre Arbeit soll bloß dazu dienen, der Gegenwart einen täuschenden Ruf der Weisheit zu verschaffen. Die Forscher der Tiergeschichte bemühen sich, die tierischen Ausbrüche von Gewalt und List und Rachsucht im jetzigen Verkehre der Staaten und Menschen untereinander als unabänderliche Naturgesetze hinzustellen. Die Historiker sind mit ängstlicher Beflissenheit darauf aus, den Satz zu beweisen, daß jede Zeit ihr eignes Recht, ihre eignen Bedingungen habe, – um für das kommende Gerichtsverfahren, mit dem unsre Zeit heimgesucht wird, gleich den Grundgedanken der Verteidigung vorzubereiten. Die Lehre vom Staat, vom Volke, von der Wirtschaft, dem Handel, dem Rechte – alles hat jetzt jenen *vorbereitend apologetischen* Charakter; ja es scheint, was von Geist noch tätig ist, ohne bei dem Getriebe des großen Erwerb- und Macht-Mechanismus selbst verbraucht zu werden, hat seine einzige Aufgabe im Verteidigen und Entschuldigen der Gegenwart.

Vor welchem Kläger? Das fragt man da mit Befremden.

Vor dem eignen schlechten Gewissen.

Und hier wird auch mit einem Male die Aufgabe der modernen Kunst deutlich: Stumpfsinn oder Rausch! Einschläfern oder betäuben! Das Gewissen zum Nichtwissen bringen, auf diese oder die andre Weise! Der modernen Seele über das Gefühl von Schuld hinweghelfen, nicht ihr zur Unschuld zurück verhelfen! Und dies wenigstens auf Augenblicke! Den Menschen vor sich selber verteidigen, indem er in sich selber zum Schweigen-Müssen, zum Nicht-hören-Können gebracht wird! – Den wenigen, welche diese beschämendste Aufgabe, diese schreckliche Entwürdigung der Kunst nur einmal wirklich empfunden haben, wird die Seele von Jammer und Erbarmen bis zum Rande voll geworden sein und bleiben: aber auch von einer neuen übermächtigen Sehnsucht. Wer die Kunst befreien, ihre unentweihte Heiligkeit wiederherstellen wollte, der müßte sich selber erst von der modernen Seele befreit haben; nur als ein Unschuldiger dürfte er die Unschuld der Kunst finden, er hat zwei ungeheure Reinigungen und Weihungen zu vollbringen. Wäre er dabei siegreich, spräche er aus befreiter Seele mit seiner befreiten Kunst zu den Menschen, so würde er dann erst in die größte Gefahr, in den ungeheuersten Kampf geraten; die Menschen würden ihn und seine Kunst lieber zerreißen als daß sie zugestünden, wie sie aus Scham vor ihnen vergehen müssen. Es wäre möglich, daß die Erlösung der Kunst, der einzige zu erhoffende Lichtblick in der neueren Zeit, ein Ereignis für ein paar einsame Seelen bliebe, während die vielen es fort und fort aushielten, in das flackernde und qualmende Feuer ihrer Kunst zu sehen: sie *wollen* ja nicht Licht, sondern Blendung, sie *hassen* ja das Licht – über sich selbst.

So weichen sie dem neuen Lichtbringer aus; aber er geht ihnen nach, gezwungen von der Liebe, aus der er geboren ist, und will sie zwingen. »Ihr *sollt* durch meine Mysterien hindurch«, ruft er ihnen zu, »ihr braucht ihre Reinigungen und Erschütterungen. Wagt es zu eurem Heil und laßt einmal das trüb erleuchtete Stück Natur und Leben, welches ihr allein zu kennen scheint; ich führe euch in ein Reich, das ebenfalls wirklich ist, ihr selber sollt sagen, wenn ihr aus meiner Höhle in euren Tag zurückkehrt, welches Leben wirklicher und wo eigentlich der Tag, wo die Höhle ist. Die Natur ist nach innen zu viel reicher, gewaltiger, seliger, furchtbarer; ihr kennt sie nicht, so wie ihr gewöhnlich lebt: lernt es, selbst wieder Natur zu werden, und laßt euch dann mit und in ihr durch meinen Liebes- und Feuerzauber verwandeln.«

Es ist die Stimme *der Kunst Wagners,* welche so zu den Menschen spricht. Daß wir Kinder eines erbärmlichen Zeitalters ihren Ton zuerst hören durften, zeigt, wie würdig des Erbarmens gerade dies Zeitalter sein muß, und zeigt überhaupt, daß wahre Musik ein Stück Fatum und Urgesetz ist; denn es ist gar nicht möglich, ihr Erklingen gerade jetzt aus einem leeren sinnlosen Zufall abzuleiten; ein zufälliger Wagner wäre durch die Übergewalt des andern Elements, in welches er hineingeworfen wurde, zerdrückt worden. Aber über dem Werden des wirklichen Wagner liegt eine verklärende und rechtfertigende Notwendigkeit. Seine Kunst, im Entstehen betrachtet, ist das herrlichste Schauspiel, so leidvoll auch jenes Werden gewesen sein mag, denn Vernunft, Gesetz, Zweck zeigt sich überall. Der Betrachtende wird, im Glücke dieses Schauspiels, dieses leidvolle Werden selbst preisen und mit Lust erwägen, wie der ur-bestimmten Natur und Begabung jegliches zu Heil und Gewinn werden muß, so schwere Schulen sie auch durchgeführt wird, wie jede Gefährlichkeit sie beherzter, jeder Sieg sie besonnener macht, wie sie sich von Gift und Unglück nährt und gesund und stark dabei wird. Das Gespött und Widersprechen der umgebenden Welt ist ihr Reiz und Stachel; verirrt sie sich, so kommt sie mit der wunderbarsten Beute aus Irrnis und Verlorenheit heim; schläft sie, so »schläft sie nur neue Kraft sich an«. Sie stählt selber den Leib und macht ihn rüstiger; sie zehrt nicht am Leben, je mehr sie lebt; sie waltet über dem Menschen wie eine beschwingte Leidenschaft und läßt ihn gerade dann fliegen, wenn sein Fuß im Sande ermüdet, am Gestein wund geworden ist. Sie kann nicht anders als mitteilen, jedermann soll an ihrem Werke mitwirken, sie geizt nicht mit ihren Gaben. Zurückgewiesen, schenkt sie reichlicher; gemißbraucht von dem Beschenkten, gibt sie auch das kostbarste Kleinod, das sie hat, noch hinzu – und noch niemals waren die Beschenkten der Gabe ganz würdig, so lautet die älteste und jüngste Erfahrung. Dadurch ist die ur-bestimmte Natur, durch welche die Musik zur Welt der Erscheinung spricht, das rätselvollste Ding unter der Sonne, ein Abgrund, in dem Kraft und Güte gepaart ruhen, eine Brücke zwischen Selbst und Nicht-Selbst. Wer vermöchte den Zweck deutlich zu nennen, zu dem sie überhaupt da ist, wenn auch selbst die Zweckmäßigkeit in der Art, wie sie wurde, sich erraten lassen sollte? Aber aus der seligsten Ahnung heraus darf man fragen: sollte wirklich das Größere des Geringeren wegen da sein, die größte Begabung zugunsten der kleinsten, die höchste Tugend und

Heiligkeit um der Gebrechlichen willen? Mußte die wahre Musik erklingen, weil die Menschen sie *am wenigsten verdienten, aber am meisten ihrer bedurften?* Man versenke sich nur einmal in das überschwengliche Wunder dieser Möglichkeit: schaut man von da auf das Leben zurück, so leuchtet es, so trübe und umnebelt es vorher auch erscheinen mochte. –

7

Es ist nicht anders möglich: der Betrachtende, vor dessen Blick eine solche Natur wie die Wagners steht, muß unwillkürlich von Zeit zu Zeit auf sich, auf seine Kleinheit und Gebrechlichkeit zurückgeworfen werden und wird sich fragen: was soll sie dir? Wozu bist denn *du* eigentlich da? – Wahrscheinlich fehlt ihm dann die Antwort, und er steht vor seinem eignen Wesen befremdet und betroffen still. Mag es ihm dann genügen, eben dies erlebt zu haben; mag er eben darin, daß er *sich seinem Wesen entfremdet fühlt,* die Antwort auf jene Fragen hören. Denn gerade mit diesem Gefühl nimmt er teil an der gewaltigsten Lebensäußerung Wagners, dem Mittelpunkte seiner Kraft, jener dämonischen *Übertragbarkeit* und Selbstentäußerung seiner Natur, welche sich andern ebenso mitteilen kann, als sie andere Wesen sich selber mitteilt und im Hingeben und Annehmen ihre Größe hat. Indem der Betrachtende scheinbar der aus- und überströmenden Natur Wagners unterliegt, hat er an ihrer Kraft selber Anteil genommen und ist so gleichsam *durch ihn gegen ihn* mächtig geworden; und jeder, der sich genau prüft, weiß, daß selbst zum Betrachten eine geheimnisvolle Gegnerschaft, die des Entgegenschauens, gehört. Läßt uns seine Kunst alles das erleben, was eine Seele erfährt, die auf Wanderschaft geht, an andern Seelen und ihrem Lose teilnimmt, aus vielen Augen in die Welt blicken lernt, so vermögen wir nun auch, aus solcher Entfremdung und Entlegenheit, ihn selbst zu sehen, nachdem wir ihn selbst erlebt haben. Wir fühlen es dann auf das bestimmteste: in Wagner will alles Sichtbare der Welt zum Hörbaren sich vertiefen und verinnerlichen und sucht seine verlorne Seele; in Wagner will ebenso alles Hörbare der Welt auch als Erscheinung für das Auge ans Licht hinaus und hinauf, will gleichsam Leiblichkeit gewinnen. Seine Kunst führt ihn immer den doppelten Weg, aus einer Welt als Hörspiel in eine rätselhaft verwandte Welt als Schauspiel und umgekehrt; er ist fortwährend gezwungen – und der Betrachtende mit ihm – die sichtbare Bewegtheit in Seele und Urleben zurück zu übersetzen und wiederum das verborgenste Weben des Innern als Erscheinung zu sehen und mit einem Schein-Leib zu bekleiden. Dies alles ist das Wesen des *dithyrambischen Dramatikers,* diesen Begriff so voll genommen, daß er zugleich den Schauspieler, Dichter, Musiker umfaßt: so wie dieser Begriff aus der einzig vollkommnen Erscheinung des dithyrambischen Dramatikers vor Wagner, aus Äschylus und seinen griechischen Kunstgenossen, mit Notwendigkeit entnommen werden muß. Wenn man versucht hat, die großartigsten Entwicklungen aus inneren Hemmungen oder Lücken herzuleiten, wenn zum Beispiel für Goethe das Dichten eine Art Auskunftsmittel für einen verfehlten Malerberuf war, wenn man von Schillers Dramen als von einer versetzten Volks-Beredsamkeit reden kann, wenn Wagner selbst die Förderung der Musik durch die Deutschen unter anderem auch so sich zu deuten sucht, daß sie, des verführerischen Antriebs einer natürlich melodischen Stimmbegabung entbehrend, die Tonkunst etwa mit dem gleichen tiefgehenden Ernste aufzufassen genötigt waren, wie ihre Reformatoren das Christentum –: wenn man in ähnlicher Weise Wagners Entwicklung mit einer solchen inneren Hemmung in Verbindung setzen wollte, so dürfte man wohl in ihm eine schauspielerische Urbegabung annehmen, welche es sich versagen mußte, sich auf dem nächsten trivialsten Wege zu befriedigen, und welche in der Heranziehung aller Künste zu einer großen schauspielerischen Offenbarung ihre Auskunft und ihre Rettung fand. Aber ebensogut müßte man dann sagen dürfen, daß die gewaltigste Musiker-Natur, in ihrer Verzweiflung, zu den Halb- und Nicht-Musikern reden zu müssen, den Zugang zu den andern Künsten gewaltsam erbrach, um so endlich mit hundertfacher Deutlichkeit sich mitzuteilen und sich Verständnis, volkstümlichstes

Verständnis zu erzwingen. Wie man sich nun auch die Entwicklung des Urdramatikers vorstellen möge, in seiner Reife und Vollendung ist er ein Gebilde ohne jede Hemmung und Lücke: der eigentlich freie Künstler, der gar nicht anders kann als in allen Künsten zugleich denken, der Mittler und Versöhner zwischen scheinbar getrennten Sphären, der Wiederhersteller einer Ein- und Gesamtheit des künstlerischen Vermögens, welche gar nicht erraten und erschlossen, sondern nur durch die Tat gezeigt werden kann. Vor wem aber diese Tat plötzlich getan wird, den wird sie wie der unheimlichste, anziehendste Zauber überwältigen: er steht mit einem Male vor einer Macht, welche den Widerstand der Vernunft aufhebt, ja alles andere, in dem man bis dahin lebte, unvernünftig und unbegreiflich erscheinen läßt: außer uns gesetzt, schwimmen wir in einem rätselhaften feurigen Elemente, verstehen uns selber nicht mehr, erkennen das Bekannteste nicht wieder; wir haben kein Maß mehr in der Hand, alles Gesetzliche, alles Starre beginnt sich zu bewegen, jedes Ding leuchtet in neuen Farben, redet in neuen Schriftzeichen zu uns: – da muß man schon Plato sein, um, bei diesem Gemisch von gewaltsamer Wonne und Furcht, sich doch so entschließen zu können, wie er tut, und zu dem Dramatiker zu sprechen: »wir wollen einen Mann, der infolge seiner Weisheit alles Mögliche werden und alle Dinge nachahmen könnte, wenn er in unser Gemeinwesen kommt, als etwas Heiliges und Wundervolles verehren, Salben über sein Haupt gießen und es mit Wolle bekränzen, aber ihn zu bewegen suchen, daß er in ein andres Gemeinwesen gehe.« Mag es sein, daß einer, der im platonischen Gemeinwesen lebt, so etwas über sich gewinnen kann und muß: wir anderen alle, die wir so gar nicht in ihm, sondern in ganz andern Gemeinwesen leben, sehnen uns und verlangen darnach, daß der Zauberer zu uns komme, ob wir uns schon vor ihm fürchten, – gerade damit unser Gemeinwesen und die böse Vernunft und Macht, deren Verkörperung es ist, einmal verneint erscheine. Ein Zustand der Menschheit, ihrer Gemeinschaft, Sitte, Lebensordnung, Gesamteinrichtung, welcher des nachahmenden Künstlers entbehren könnte, ist vielleicht keine volle Unmöglichkeit, aber doch gehört gerade dies Vielleicht zu den verwegensten, die es gibt, und wiegt einem Vielschwer ganz gleich; davon zu reden sollte nur einem freistehn, welcher den höchsten Augenblick alles Kommenden vorwegnehmend erzeugen und fühlen könnte und der dann sofort gleich Faust blind werden müßte – und dürfte: – denn *wir* haben selbst zu dieser Blindheit kein Recht, während zum Beispiel Plato gegen alles Wirklich-Hellenische mit Recht blind sein durfte, nach jenem einzigen Blick seines Auges, den er in das Ideal-Hellenische getan hatte. Wir anderen brauchen vielmehr deshalb die Kunst, weil wir gerade *angesichts des Wirklichen sehend* geworden sind; und wir brauchen gerade den All-Dramatiker, damit er uns aus der fuchtbaren Spannung wenigstens auf Stunden erlöse, welche der sehende Mensch jetzt zwischen sich und den ihm aufgebürdeten Aufgaben empfindet. Mit ihm steigen wir auf die höchsten Sprossen der Empfindung und wähnen uns dort erst wieder in der freien Natur und im Reich der Freiheit; von dort aus sehen wir wie in ungeheuren Luft-Spiegelungen uns und unseresgleichen im Ringen, Siegen und Untergehen als etwas Erhabenes und Bedeutungsvolles, wir haben Lust am Rhythmus der Leidenschaft und am Opfer derselben, wir hören bei jedem gewaltigen Schritte des Helden den dumpfen Widerhall des Todes und verstehen in dessen Nähe den höchsten Reiz des Lebens: – so zu tragischen Menschen umgewandelt kehren wir in seltsam getrösteter Stimmung zum Leben zurück, mit dem neuen Gefühl der Sicherheit, als ob wir nun aus den größten Gefahren, Ausschreitungen und Ekstasen den Weg zurück ins Begrenzte und Heimische gefunden hätten: dorthin, wo man überlegen-gütig und jedenfalls vornehmer als vordem verkehren kann; denn alles, was hier als Ernst und Not, als Lauf zu einem Ziele erscheint, ähnelt, im Vergleiche mit der Bahn, die wir selber, wenn auch nur im Traume, durchlaufen haben, nur wunderlich vereinzelten Stücken jener All-Erlebnisse, deren wir uns mit Schrecken bewußt sind; ja wir werden ins Gefährliche geraten und versucht sein, das Leben zu leicht zu nehmen, gerade deshalb, weil wir es in der Kunst mit so ungemeinem Ernste erfaßt haben: um auf ein

Wort hinzuweisen, welches Wagner von seinen Lebens-Schicksalen gesagt hat. Denn wenn schon uns als denen, welche eine solche Kunst der dithyrambischen Dramatik nur erfahren, aber nicht schaffen, der Traum fast für wahrer gelten will als das Wache, Wirkliche: wie muß erst der Schaffende diesen Gegensatz abschätzen! Da steht er selber inmitten aller der lärmenden Anrufe und Zudringlichkeiten von Tag, Lebensnot, Gesellschaft, Staat – als was? Vielleicht als sei er gerade der einzig Wache, einzig Wahr- und Wirklich-Gesinnte unter verworrenen und gequälten Schläfern, unter lauter Wähnenden, Leidenden; mitunter selbst fühlt er sich wohl wie von dauernder Schlaflosigkeit erfaßt, als müsse er nun sein so übernächtig helles und bewußtes Leben zusammen mit Schlafwandlern und gespensterhaft ernsttuenden Wesen verbringen: so daß eben jenes alles, was anderen alltäglich, ihm unheimlich erscheint und er sich versucht fühlt, dem Eindrucke dieser Erscheinung mit übermütiger Verspottung zu begegnen. Aber wie eigentümlich gekreuzt wird diese Empfindung, wenn gerade zu der Helle seines schaudernden Übermutes ein ganz andrer Trieb sich gesellt, die Sehnsucht aus der Höhe in die Tiefe, das liebende Verlangen zur Erde, zum Glück der Gemeinsamkeit – dann, wenn er alles dessen gedenkt, was er als Einsamer-Schaffender entbehrt, als sollte er nun sofort, wie ein zur Erde niedersteigender Gott, alles Schwache, Menschliche, Verlorne »mit feurigen Armen zum Himmel emporheben«, um endlich Liebe und nicht mehr Anbetung zu finden und sich, in der Liebe, seiner selbst völlig zu entäußern! Gerade aber die hier angenommene Kreuzung ist das tatsächliche Wunder in der Seele des dithyrambischen Dramatikers; und wenn sein Wesen irgendwo auch vom Begriff zu erfassen wäre, so müßte es an dieser Stelle sein. Denn es sind die Zeugungs-Momente seiner Kunst, wenn er in diese Kreuzung der Empfindungen gespannt ist, und sich jene unheimlich-übermütige Befremdung und Verwunderung über die Welt mit dem sehnsüchtigen Drange paart, derselben Welt als Liebender zu nahen. Was er dann auch für Blicke auf Erde und Leben wirft, es sind immer Sonnenstrahlen, die »Wasser ziehen«, Nebel ballen, Gewitterdünste umher lagern. *Hellsichtig-besonnen und liebend-selbstlos zugleich* fällt sein Blick hernieder: und alles, was er jetzt mit dieser doppelten Leuchtkraft seines Blickes sich erhellt, treibt die Natur mit furchtbarer Schnelligkeit zur Entladung aller ihrer Kräfte, zur Offenbarung ihrer verborgensten Geheimnisse: und zwar durch *Scham*. Es ist mehr als ein Bild, zu sagen, daß er mit jenem Blick die Natur überrascht habe, daß er sie nackend gesehn habe: da will sie sich nun schamhaft in ihre Gegensätze flüchten. Das bisher Unsichtbare, Innre rettet sich in die Sphäre des Sichtbaren und wird Erscheinung; das bisher nur Sichtbare flieht in das dunkle Meer des Tönenden: *so enthüllt die Natur, indem sie sich verstecken will, das Wesen ihrer Gegensätze*. In einem ungestüm rhythmischen und doch schwebenden Tanze, in verzückten Gebärden spricht der Urdramatiker von dem, was in ihm, was in der Natur sich jetzt begibt: der Dithyramb seiner Bewegungen ist ebensosehr schauderndes Verstehen, übermütiges Durchschauen, als liebendes Nahen, lustvolle Selbst-Entäußerung. Das Wort folgt berauscht dem Zuge dieses Rhythmus; mit dem Worte gepaart ertönt die Melodie; und wiederum wirft die Melodie ihre Funken weiter in das Reich der Bilder und Begriffe. Eine Traumerscheinung, dem Bilde der Natur und ihres Freiers ähnlich-unähnlich, schwebt heran, sie verdichtet sich zu menschlicheren Gestalten, sie breitet sich aus zur Abfolge eines ganzen heroisch-übermütigen Wollens, eines wonnereichen Untergehens und Nicht-mehr-Wollens: – so entsteht die Tragödie, so wird dem Leben seine herrlichste Weisheit, die des tragischen Gedankens, geschenkt, so endlich erwächst der größte Zauberer und Beglücker unter den Sterblichen, der dithyrambische Dramatiker. –

8

Das eigentliche Leben Wagners, das heißt die allmähliche Offenbarung des dithyrambischen Dramatikers, war zugleich ein unausgesetzter Kampf mit sich selbst, soweit er nicht nur dieser dithyrambische Dramatiker war: der Kampf mit der widerstrebenden Welt wurde für ihn nur deshalb so grimmig und unheimlich, weil er diese »Welt«, diese verlockende Feindin, aus sich selber reden hörte und weil er einen gewaltigen Dämon des Widerstrebens in sich beherbergte. Als der *herrschende Gedanke* seines Lebens in ihm aufstieg, daß vom Theater aus eine unvergleichliche Wirkung, die größte Wirkung aller Kunst ausgeübt werden könne, riß er sein Wesen in die heftigste Gärung. Es war damit nicht sofort eine klare, lichte Entscheidung über sein weiteres Begehren und Handeln gegeben; dieser Gedanke erschien zuerst fast nur in versucherischer Gestalt, als Ausdruck jenes finstern, nach *Macht und Glanz* unersättlich verlangenden persönlichen Willens. Wirkung, unvergleichliche Wirkung – wodurch? auf wen? – das war von da an das rastlose Fragen und Suchen seines Kopfes und Herzens. Er wollte siegen und erobern, wie noch kein Künstler, und womöglich mit einem Schlage zu jener tyrannischen Allmacht kommen, zu welcher es ihn so dunkel trieb. Mit eifersüchtigem, tief spähendem Blicke maß er alles, was Erfolg hatte, noch mehr sah er sich den an, auf welchen gewirkt werden mußte. Durch das zauberhafte Auge des Dramatikers, der in den Seelen wie in der ihm geläufigsten Schrift liest, ergründete er den Zuschauer und Zuhörer, und ob er auch oft bei diesem Verständnis unruhig wurde, griff er doch sofort nach den Mitteln, ihn zu bezwingen. Diese Mittel waren ihm zur Hand; was auf ihn stark wirkte, das wollte und konnte er auch machen; von seinen Vorbildern verstand er auf jeder Stufe ebensoviel als er auch selber bilden konnte, er zweifelte nie daran, das auch zu können, was ihm gefiel. Vielleicht ist er hierin eine noch »präsumtuösere« Natur als Goethe, der von sich sagte: »immer dachte ich, ich hätte es schon; man hätte mir eine Krone aufsetzen können, und ich hätte gedacht, das verstehe sich von selbst.« Wagners Können und sein »Geschmack« und ebenso seine Absicht – alles dies paßte zu allen Zeiten so eng ineinander, wie ein Schlüssel in ein Schloß: – es *wurde* miteinander groß und frei, – aber damals war es dies nicht. Was ging ihn die schwächliche, aber edlere und doch selbstisch-einsame Empfindung an, welche der oder jener literarisch und ästhetisch erzogene Kunstfreund abseits von der großen Menge hatte! Aber jene gewaltsamen Stürme der Seelen, welche von der großen Menge bei einzelnen Steigerungen des dramatischen Gesanges erzeugt werden, jener plötzlich um sich greifende Rausch der Gemüter, ehrlich durch und durch und selbstlos – das war der Widerhall seines eignen Erfahrens und Fühlens, dabei durchdrang ihn eine glühende Hoffnung auf höchste Macht und Wirkung! So verstand er denn die *große Oper* als sein Mittel, durch welches er seinen herrschenden Gedanken ausdrücken könnte; nach ihr drängte ihn seine Begierde, nach ihrer Heimat richtete sich sein Ausblick. Ein längerer Zeitraum seines Lebens, samt den verwegensten Wandlungen seiner Pläne, Studien, Aufenthalte, Bekanntschaften, erklärt sich allein aus dieser Begierde und den äußeren Widerständen, denen der dürftige, unruhige, leidenschaftlich-naive deutsche Künstler begegnen mußte. Wie man auf diesem Gebiete zum Herrn werde, verstand ein andrer Künstler besser; und jetzt, da es allmählich bekannt geworden ist, durch welches überaus künstlich gesponnene Gewebe von Beeinflussungen aller Art Meyerbeer jeden seiner großen Siege vorzubereiten und zu erreichen wußte, und wie ängstlich die Abfolge der »Effekte« in der Oper selbst erwogen wurde, wird man auch den Grad von beschämter Erbitterung verstehen, welche über Wagner kam, als ihm über diese beinahe notwendigen »Kunstmittel«, dem Publikum einen Erfolg abzuringen, die Augen geöffnet wurden. Ich zweifle, ob es einen großen Künstler in der Geschichte gegeben hat, der mit einem so ungeheuren Irrtume anhob und so unbedenklich und treuherzig sich mit der empörendsten Gestaltung einer Kunst einließ: und doch war die Art, wie er es tat, von Größe und deshalb von erstaunlicher Fruchtbarkeit. Denn er begriff, aus der Verzweiflung des erkannten Irrtums heraus, den modernen Erfolg, das moderne Publikum und das ganze moderne Kunst-Lügenwesen. Indem er zum Kritiker des »Effektes« wurde, durchzitterten ihn die Ahnungen einer eigenen Läuterung. Es war, als ob von jetzt ab der Geist der Musik mit einem ganz neuen seelischen Zauber zu ihm redete. Wie wenn er aus einer langen Krankheit wieder ans

Licht käme, traute er kaum mehr Hand und Auge, er schlich seines Wegs dahin; und so empfand er es als eine wundervolle Entdeckung, daß er noch Musiker, noch Künstler sei, ja daß er es jetzt erst geworden sei.

Jede weitere Stufe im Werden Wagners wird dadurch bezeichnet, daß die beiden Grundkräfte seines Wesens sich immer enger zusammenschließen: die Scheu der einen vor der andern läßt nach, das höhere Selbst begnadet von da an den gewaltsamen irdischen Bruder nicht mehr mit seinem Dienst, es *liebt* ihn und muß ihm dienen. Das Zarteste und Reinste ist endlich, am Ziele der Entwicklung, auch im Mächtigsten enthalten, der ungestüme Trieb geht seinen Lauf wie vordem, aber auf andern Bahnen, dorthin, wo das höhere Selbst heimisch ist; und wiederum steigt dieses zur Erde herab und erkennt in allem Irdischen sein Gleichnis. Wenn es möglich wäre, in dieser Art vom letzten Ziele und Ausgange jener Entwicklung zu reden und noch verständlich zu bleiben, so dürfte auch die bildhafte Wendung zu finden sein, durch welche eine lange Zwischenstufe jener Entwicklung bezeichnet werden könnte; aber ich zweifle an jenem und versuche deshalb auch dieses nicht. Diese Zwischenstufe wird historisch durch zwei Worte gegen die frühere und spätere abgegrenzt: Wagner wird zum *Revolutionär der Gesellschaft,* Wagner erkennt den einzigen bisherigen Künstler, *das dichtende Volk*. Der herrschende Gedanke, welcher nach jener großen Verzweiflung und Buße in neuer Gestalt und mächtiger als je vor ihm erschien, führte ihn zu beidem. Wirkung, unvergleichliche Wirkung vom Theater aus! – aber auf wen? Ihn schauderte bei der Erinnerung, auf wen er bisher hatte wirken wollen. Von seinem Erlebnis aus verstand er die ganze schmachvolle Stellung, in welcher die Kunst und die Künstler sich befinden: wie eine seelenlose oder seelenharte Gesellschaft, welche sich die gute nennt und die eigentlich böse ist, Kunst und Künstler zu ihrem sklavischen Gefolge zählt, zur Befriedigung von *Scheinbedürfnissen*. Die moderne Kunst ist Luxus: das begriff er ebenso wie das andre, daß sie mit dem Rechte einer Luxus-Gesellschaft stehe und falle. Nicht anders, als diese durch die hartherzigste und klügste Benutzung ihrer Macht die Unmächtigen, das Volk, immer dienstbarer, niedriger und unvolkstümlicher zu machen und aus ihm den modernen »Arbeiter« zu schaffen wußte, hat sie auch dem Volke das Größte und Reinste, was es aus tiefster Nötigung sich erzeugte und worin es als der wahre und einzige Künstler seine Seele mildherzig mitteilte: seinen Mythus, seine Liedweise, seinen Tanz, seine Spracherfindung entzogen, um daraus ein wollüstiges Mittel gegen die Erschöpfung und die Langeweile ihres Daseins zu destillieren – die modernen Künste. Wie diese Gesellschaft entstand, wie sie aus den scheinbar entgegengesetzten Machtsphären sich neue Kräfte anzusaugen wußte, wie zum Beispiel das in Heuchelei und Halbheiten verkommene Christentum sich zum Schutze gegen das Volk, als Befestigung jener Gesellschaft und ihres Besitzes, gebrauchen ließ, und wie Wissenschaft und Gelehrte sich nur zu geschmeidig in diesen Frondienst begaben, das alles verfolgte Wagner durch die Zeiten hin, um am Schlusse seiner Betrachtungen vor Ekel und Wut aufzuspringen: er war aus Mitleid mit dem Volke zum Revolutionär geworden. Von jetzt ab liebte er es und sehnte sich nach ihm, wie er sich nach seiner Kunst sehnte, denn ach! nur in ihm, nur im entschwundenen, kaum mehr zu ahnenden, künstlich entrückten Volke sah er jetzt den einzigen Zuschauer und Zuhörer, welcher der Macht seines Kunstwerks, wie er es sich träumte, würdig und gewachsen sein möchte. So sammelte sich sein Nachdenken um die Frage: Wie entsteht das Volk? Wie ersteht es wieder?

Er fand immer nur eine Antwort: – wenn eine Vielheit dieselbe Not litte, wie er sie leidet, das wäre das Volk, sagte er sich. Und wo die gleiche Not zum gleichen Drange und Begehren führen würde, müßte auch dieselbe Art der Befriedigung gesucht, das gleiche Glück in dieser Befriedigung gefunden werden. Sah er sich nun darnach um, was ihn selber in seiner Not am tiefsten tröstete und aufrichtete, was seiner Not am seelenvollsten entgegenkäme, so war er sich mit beseligender Gewißheit bewußt, daß dies nur der Mythus und die Musik seien, der Mythus, den er als Erzeugnis und Sprache der Not des Volkes kannte, die

Musik, ähnlichen obschon noch rätselvolleren Ursprungs. In diesen beiden Elementen badet und heilt er seine Seele, ihrer bedarf er am brünstigsten: – von da aus darf er zurückschließen, wie verwandt seine Not mit der des Volkes sei, als es entstand, und wie das Volk dann wieder erstehen müsse, wenn es *viele Wagner* geben werde. Wie lebten nun Mythus und Musik in unsrer modernen Gesellschaft, soweit sie derselben nicht zum Opfer gefallen waren? Ein ähnliches Los war ihnen zuteil geworden, zum Zeugnis ihrer geheimnisvollen Zusammengehörigkeit: der Mythus war tief erniedrigt und entstellt, zum »Märchen«, zum spielerisch beglückenden Besitz der Kinder und Frauen des verkümmerten Volkes umgeartet, seiner wundervollen, ernst-heiligen Mannes-Natur gänzlich entkleidet; die Musik hatte sich unter den Armen und Schlichten, unter den Einsamen erhalten, dem deutschen Musiker war es nicht gelungen, sich mit Glück in den Luxus-Betrieb der Künste einzuordnen, er war selber zum ungetümlichen verschloßnen Märchen geworden, voll der rührendsten Laute und Anzeichen, ein unbehilflicher Frager, etwas ganz Verzaubertes und Erlösungsbedürftiges. Hier hörte der Künstler deutlich den Befehl, der an ihn allein erging – den Mythus ins Männliche zurückzuschaffen und die Musik zu entzaubern, zum Reden zu bringen: er fühlte seine Kraft zum *Drama* mit einem Male entfesselt, seine Herrschaft über ein noch unentdecktes Mittelreich zwischen Mythus und Musik begründet. Sein neues Kunstwerk, in welchem er alles Mächtige, Wirkungsvolle, Beseligende, was er kannte, zusammenschloß, stellte er jetzt mit seiner großen schmerzlich einschneidenden *Frage* vor die Menschen hin: »Wo seid ihr, welche ihr gleich leidet und bedürft wie ich? Wo ist die Vielheit, welche ich als Volk ersehne? Ich will euch daran erkennen, daß ihr das gleiche Glück, den gleichen Trost mit mir gemein haben sollt: an eurer Freude soll sich mir euer Leiden offenbaren!« Mit dem Tannhäuser und dem Lohengrin fragte er also, sah er sich also nach seinesgleichen um; der Einsame dürstete nach der Vielheit.

Aber wie wurde ihm zumute? Niemand gab eine Antwort,

niemand hatte die Frage verstanden. Nicht daß man überhaupt stille geblieben wäre, im Gegenteil, man antwortete auf tausend Fragen, die er gar nicht gestellt hatte, man zwitscherte über die neuen Kunstwerke, als ob sie ganz eigentlich zum Zer-redet-Werden geschaffen wären. Die ganze ästhetische Schreib- und Schwatzseligkeit brach wie ein Fieber unter den Deutschen aus, man maß und fingerte an den Kunstwerken, an der Person des Künstlers herum, mit jenem Mangel an Scham, welcher den deutschen Gelehrten nicht weniger als den deutschen Zeitungsschreibern zu eigen ist. Wagner versuchte dem Verständnis seiner Frage durch Schriften nachzuhelfen: neue Verwirrung, neues Gesumme – ein Musiker, der schreibt und denkt, war aller Welt damals ein Unding; nun schrie man, es ist ein Theoretiker, welcher aus erklügelten Begriffen die Kunst umgestalten will, steinigt ihn! – Wagner war wie betäubt; seine Frage wurde nicht verstanden, seine Not nicht empfunden, sein Kunstwerk sah einer Mitteilung an Taube und Blinde, sein – Volk einem Hirngespinste ähnlich; er taumelte und geriet ins Schwanken. Die Möglichkeit eines völligen Umsturzes aller Dinge tauchte vor seinen Blicken auf, er erschrickt nicht mehr über diese Möglichkeit: vielleicht ist jenseits der Umwälzung und Verwüstung eine neue Hoffnung aufzurichten, vielleicht auch nicht – und jedenfalls ist das Nichts besser als das widerliche Etwas. In Kürze war er politischer Flüchtling und im Elend.
Und jetzt erst, gerade mit dieser furchtbaren Wendung seines äußeren und inneren Schicksals, beginnt der Abschnitt im Leben des großen Menschen, auf dem das Leuchten höchster Meisterschaft wie der Glanz flüssigen Goldes liegt! Jetzt erst wirft der Genius der dithyrambischen Dramatik die letzte Hülle von sich! Er ist vereinsamt, die Zeit erscheint ihm nichtig, er hofft nicht mehr: so steigt sein Weltblick in die Tiefe, nochmals, und jetzt hinab bis zum Grunde: dort sieht er das Leiden im Wesen der Dinge und nimmt von jetzt ab, gleichsam unpersönlicher geworden, seinen Teil von Leiden stiller hin. Das Begehren nach höchster Macht, das Erbgut früherer Zustände, tritt ganz ins künstlerische Schaffen über; er spricht durch seine Kunst nur

noch mit sich, nicht mehr mit einem »Publikum« oder Volke, und ringt darnach, ihr die größte Deutlichkeit und Befähigung für ein solches mächtigstes Zwiegespräch zu geben. Es war auch im Kunstwerke der vorhergehenden Periode noch anders: auch in ihm hatte er eine, wenngleich zarte und veredelte, Rücksicht auf sofortige Wirkung genommen: als Frage war jenes Kunstwerk ja gemeint, es sollte eine sofortige Antwort hervorrufen; und wie oft wollte Wagner es denen, welche er fragte, erleichtern, ihn zu verstehen – so daß er ihnen und ihrer Ungeübtheit im Gefragtwerden entgegenkam und an ältere Formen und Ausdrucksmittel der Kunst sich anschmiegte; wo er fürchten mußte, mit seiner eigensten Sprache nicht zu überzeugen und verständlich zu werden, hatte er versucht, zu überreden und in einer halb fremden, seinen Zuhörern aber bekannteren Zunge seine Frage kundzutun. Jetzt gab es nichts mehr, was ihn zu einer solchen Rücksicht hätte bestimmen können, er wollte jetzt nur noch eins: sich mit sich verständigen, über das Wesen der Welt in Vorgängen denken, in Tönen philosophieren; der Rest des *Absichtlichen* in ihm geht auf die letzten *Einsichten* aus. Wer würdig ist zu wissen, was damals in ihm vorging, worüber er in dem heiligsten Dunkel seiner Seele mit sich Zwiesprache pflog – es sind nicht viele dessen würdig: der höre, schaue und erlebe Tristan und Isolde, das eigentliche *opus metaphysicum* aller Kunst, ein Werk, auf dem der gebrochne Blick eines Sterbenden liegt, mit seiner unersättlichen süßesten Sehnsucht nach den Geheimnissen der Nacht und des Todes, fern weg von dem Leben, welches als das Böse, Trügerische, Trennende in einer grausenhaften gespenstischen Morgenhelle und Schärfe leuchtet: dabei ein Drama von der herbsten Strenge der Form, überwältigend in seiner schlichten Größe, und gerade nur so dem Geheimnis gemäß, von dem es redet, dem Tot-sein bei lebendigem Leibe, dem Eins-sein in der Zweiheit. Und doch ist noch etwas wunderbarer als dies Werk: der Künstler selber, der nach ihm in einer kurzen Spanne Zeit ein Weltbild der verschiedensten Färbung, die Meistersinger von Nürnberg, schaffen konnte, ja der in beiden Werken gleichsam nur ausruhte und sich erquickte, um den vor ihnen entworfenen und begonnenen vierteiligen Riesenbau mit gemeßner Eile zu Ende zu türmen, sein Sinnen und Dichten durch zwanzig Jahre hindurch, sein Bayreuther Kunstwerk, den Ring des Nibelungen! Wer sich über die Nachbarschaft des Tristan und der Meistersinger befremdet fühlen kann, hat das Leben und Wesen aller wahrhaft großen Deutschen in einem wichtigen Punkte nicht verstanden: er weiß nicht, auf welchem Grunde allein jene eigentlich und einzig *deutsche Heiterkeit* Luthers, Beethovens und Wagners erwachsen kann, die von andern Völkern gar nicht verstanden wird und den jetzigen Deutschen selber abhanden gekommen scheint – jene goldhelle durchgegorne Mischung von Einfalt, Tiefblick der Liebe, betrachtendem Sinne und Schalkhaftigkeit, wie sie Wagner als den köstlichsten Trank allen denen eingeschenkt hat, welche tief am Leben gelitten haben und sich ihm gleichsam mit dem Lächeln der Genesenden wieder zukehren. Und wie er selber so versöhnter in die Welt blickte, seltener von Grimm und Ekel erfaßt wurde, mehr in Trauer und Liebe auf Macht verzichtend als vor ihr zurückschaudernd, wie er so in Stille sein größtes Werk förderte und Partitur neben Partitur legte, geschah einiges, was ihn aufhorchen ließ: die *Freunde* kamen, eine unterirdische Bewegung vieler Gemüter ihm anzukündigen – es war noch lange nicht das »Volk«, das sich bewegte und hier ankündigte, aber vielleicht der Keim und erste Lebensquell einer in ferner Zukunft vollendeten, wahrhaft menschlichen Gesellschaft; zunächst nur die Bürgschaft, daß sein großes Werk einmal in Hand und Hut treuer Menschen gelegt werden könne, welche über dieses herrlichste Vermächtnis an die Nachwelt zu wachen hätten und zu wachen würdig wären; in der Liebe der Freunde wurden die Farben am Tage seines Lebens leuchtender und wärmer; seine edelste Sorge, gleichsam noch vor Abend mit seinem Werke ans Ziel zu kommen und für dasselbe eine Herberge zu finden, wurde nicht mehr von ihm allein gehegt. Und da begab sich ein Ereignis, welches von ihm nur symbolisch verstanden werden konnte und für ihn einen neuen Trost, ein glückliches Wahrzeichen bedeutete. Ein großer Krieg der Deut-

schen ließ ihn aufblicken, derselben Deutschen, welche er so tief entartet, so abgefallen von dem hohen deutschen Sinne wußte, wie er ihn in sich und den andern großen Deutschen der Geschichte mit tiefstem Bewußtsein erforscht und erkannt hatte – er sah, daß diese Deutschen in einer ganz ungeheuren Lage zwei echte Tugenden: schlichte Tapferkeit und Besonnenheit zeigten, und begann mit innerstem Glücke zu glauben, daß er vielleicht doch nicht der letzte Deutsche sei und daß seinem Werke einmal noch eine gewaltigere Macht zur Seite stehen werde als die aufopfernde, aber geringe Kraft der wenigen Freunde, für jene lange Dauer, wo es seiner ihm vorherbestimmten Zukunft, als das Kunstwerk dieser Zukunft, entgegenharren soll. Vielleicht, daß dieser Glaube sich nicht dauernd vor dem Zweifel schützen konnte, je mehr er sich besonders zu sofortigen Hoffnungen zu steigern suchte: genug, er empfand einen mächtigen Anstoß, um sich an eine noch unerfüllte hohe *Pflicht* erinnert zu fühlen.
Sein Werk wäre nicht fertig, nicht zu Ende getan gewesen, wenn er es nur als schweigende Partitur der Nachwelt anvertraut hätte; er mußte das Unerratbarste, ihm Vorbehaltenste, den neuen Stil für seinen Vortrag, seine Darstellung, öffentlich zeigen und lehren, um das Beispiel zu geben, welches kein andrer geben konnte, und so eine *Stil-Überlieferung* zu begründen, die nicht in Zeichen auf Papier, sondern in Wirkungen auf menschliche Seelen eingeschrieben ist. Dies war um so mehr für ihn zur erstesten Pflicht geworden, als seine andern Werke inzwischen, gerade in Beziehung auf Stil des Vortrags, das unleidlichste und absurdeste Schicksal gehabt hatten: sie waren berühmt, bewundert und wurden – gemißhandelt, und niemand schien sich zu empören. Denn so seltsam die Tatsache klingen mag: während er auf Erfolg bei seinen Zeitgenossen, in einsichtigster Schätzung derselben, immer grundsätzlicher verzichtete und dem Gedanken der Macht entsagte, kam ihm der »Erfolg« und die »Macht«; wenigstens erzählte ihm alle Welt davon. Es half nichts, daß er auf das Entschiedenste das durchaus Mißverständliche, ja für ihn Beschämende jener »Erfolge« immer wieder ans Licht stellte; man war so wenig daran gewöhnt, einen Künstler

in der Art seiner Wirkungen streng unterscheiden zu sehen, daß man selbst seinen feierlichsten Verwahrungen nicht einmal recht traute. Nachdem ihm der Zusammenhang unsres heutigen Theaterwesens und Theatererfolges mit dem Charakter des heutigen Menschen aufgegangen war, hatte seine Seele nichts mehr mit diesem Theater zu schaffen; um ästhetische Schwärmerei und den Jubel aufgeregter Massen war es ihm nicht mehr zu tun, ja es mußte ihn ergrimmen, seine Kunst so unterschiedlos in den gähnenden Rachen der unersättlichen Langeweile und Zerstreuungs-Gier eingehen zu sehen. Wie flach und gedanken-bar hier jede Wirkung sein mußte, wie es hier wirklich mehr auf die Füllung eines Nimmersatten als auf die Ernährung eines Hungernden ankäme, schloß er zumal aus einer regelmäßigen Erscheinung: man nahm überall, auch von seiten der Aufführenden und Vortragenden, seine Kunst wie jede andre Bühnenmusik hin, nach dem widerlichen Rezeptier-Buche des Opernstils, ja man schnitt und hackte sich seine Werke, dank den gebildeten Kapellmeistern, geradewegs zur Oper zurecht, wie der Sänger ihnen erst nach sorgfältiger Entgeistung beizukommen glaubte; und wenn man es recht gut machen wollte, ging man mit einer Ungeschicklichkeit und einer prüden Beklemmung auf Wagners Vorschriften ein, ungefähr so, als ob man den nächtlichen Volks-Auflauf in den Straßen Nürnbergs, wie er im zweiten Akte der Meistersinger vorgeschrieben ist, durch künstlich figurierende Ballettänzer darstellen wollte – und bei alledem schien man im guten Glauben, ohne böse Nebenabsichten zu handeln. Wagners aufopfernde Versuche, durch die Tat und das Beispiel nur wenigstens auf schlichte Korrektheit und Vollständigkeit der Aufführung hinzuweisen und einzelne Sänger in den ganz neuen Stil des Vortrags einzuführen, waren immer wieder vom Schlamm der herrschenden Gedankenlosigkeit und Gewohnheit weggeschwemmt worden; sie hatten ihn überdies immer zu einem Befassen mit eben dem Theater genötigt, dessen ganzes Wesen ihm zum Ekel geworden war. Hatte doch selbst Goethe die Lust verloren, den Aufführungen seiner Iphigenie beizuwohnen; »ich leide entsetzlich,« hatte er zur Erklärung gesagt,

»wenn ich mich mit diesen Gespenstern herumschlagen muß, die nicht so zur Erscheinung kommen, wie sie sollten.« Dabei nahm der »Erfolg« an diesem ihm widerlich gewordnen Theater immer zu; endlich kam es dahin, daß gerade die großen Theater fast zumeist von den fetten Einnahmen lebten, welche die Wagnersche Kunst in ihrer Verunstaltung als Opernkunst ihnen eintrug. Die Verwirrung über diese wachsende Leidenschaft des Theater-Publikums ergriff selbst manche Freunde Wagners: er mußte das Herbste erdulden – der große Dulder! – und seine Freunde von »Erfolgen« und »Siegen« berauscht sehen, wo sein einzig-hoher Gedanke gerade mitten hindurch zerknickt und verleugnet war. Fast schien es, als ob ein in vielen Stücken ernsthaftes und schweres Volk sich in bezug auf seinen ernstesten Künstler eine grundsätzliche Leichtfertigkeit nicht verkümmern lassen wollte, als ob sich gerade deshalb an ihm alles Gemeine, Gedankenlose, Ungeschickte und Boshafte des deutschen Wesens auslassen müßte. – Als sich nun während des deutschen Krieges eine großartigere, freiere Strömung der Gemüter zu bemächtigen schien, erinnerte sich Wagner seiner Pflicht der Treue, um wenigstens sein größtes Werk vor diesen mißverständlichen Erfolgen und Beschimpfungen zu retten und es in seinem eigensten Rhythmus zum Beispiel für alle Zeiten hinzustellen: so erfand er den *Gedanken von Bayreuth.* Im Gefolge jener Strömung der Gemüter glaubte er auch auf der Seite derer, welchen er seinen kostbarsten Besitz anvertrauen wollte, ein erhöhteres Gefühl von Pflicht erwachen zu sehen – aus dieser Doppelseitigkeit von Pflichten erwuchs das Ereignis, welches wie ein fremdartiger Sonnenglanz auf der letzten und nächsten Reihe von Jahren liegt; zum Heile einer fernen, einer nur möglichen, aber unbeweisbaren Zukunft ausgedacht, für die Gegenwart und die nur gegenwärtigen Menschen nicht viel mehr als ein Rätsel oder ein Greuel, für die wenigen, die an ihm helfen durften, ein Vorgenuß, ein Vorausleben der höchsten Art, durch welches sie weit über ihre Spanne Zeit sich beseligt, beseligend und fruchtbar wissen, für Wagner selbst eine Verfinsterung von Mühsal, Sorge, Nachdenken, Gram, ein erneutes Wüten der

feindseligen Elemente, aber alles überstrahlt von dem Sterne der *selbstlosen Treue,* und in diesem Lichte zu einem unsäglichen Glücke umgewandelt!
Man braucht es kaum auszusprechen: es liegt der Hauch des Tragischen auf diesem Leben. Und jeder, der aus seiner eignen Seele etwas davon ahnen kann, jeder, für den der Zwang einer tragischen Täuschung über das Lebensziel, das Umbiegen und Brechen der Absichten, das Verzichten und Gereinigt-werden durch Liebe keine ganz fremden Dinge sind, muß in dem, was Wagner uns jetzt im Kunstwerke zeigt, ein traumhaftes Zurückerinnern an das eigne heldenhafte Dasein des großen Menschen fühlen. Ganz von Ferne her wird uns zumute sein, als ob Siegfried von seinen Taten erzählte: im rührendsten Glücke des Gedenkens webt die tiefe Trauer des Spätsommers, und alle Natur liegt still in gelbem Abendlichte. –

9

Darüber nachzudenken, *was Wagner, der Künstler,* ist, und an dem Schauspiele eines wahrhaft frei gewordnen Könnens und Dürfens betrachtend vorüberzugehn: Das wird jeder zu seiner Heilung und Erholung nötig haben, der darüber, *wie Wagner, der Mensch, wurde,* gedacht und gelitten hat. Ist die Kunst überhaupt eben nur das Vermögen, das an andere mitzuteilen, was man erlebt hat, widerspricht jedes Kunstwerk sich selbst, wenn es sich nicht zu verstehen geben kann: so muß die Größe Wagners, des Künstlers, gerade in jener dämonischen *Mitteilbarkeit* seiner Natur bestehen, welche gleichsam in allen Sprachen von sich redet und das innere, eigenste Erlebnis mit der höchsten Deutlichkeit erkennen läßt; sein Auftreten in der Geschichte der Künste gleicht einem vulkanischen Ausbruche des gesamten ungeteilten Kunstvermögens der Natur selber, nachdem die Menschheit sich an den Anblick der Vereinzelung der Künste wie an eine Regel gewöhnt hatte. Man kann deshalb schwanken, welchen Namen man ihm beilegen solle, ob er Dichter oder Bildner oder Musiker zu nennen sei, jedes Wort in einer außerordentlichen Erweiterung seines Begriffs genommen, oder ob erst ein neues Wort für ihn geschaffen werden müsse.

Das *Dichterische* in Wagner zeigt sich darin, daß er in sichtbaren und fühlbaren Vorgängen, nicht in Begriffen denkt, das heißt, daß er mythisch denkt, so wie immer das Volk gedacht hat. Dem Mythus liegt nicht ein Gedanke zugrunde, wie die Kinder einer verkünstelten Kultur vermeinen, sondern er selber ist ein Denken; er teilt eine Vorstellung von der Welt mit, aber in der Abfolge von Vorgängen, Handlungen und Leiden. Der Ring des Nibelungen ist ein ungeheures Gedankensystem ohne die begriffliche Form des Gedankens. Vielleicht könnte ein Philosoph etwas ganz Entsprechendes ihm zur Seite stellen, das ganz ohne Bild und Handlung wäre und bloß in Begriffen zu uns spräche: dann hätte man das gleiche in zwei disparaten Sphären dargestellt, einmal für das Volk und einmal für den Gegensatz des Volkes, den theoretischen Menschen. An diesen wendet sich also Wagner nicht; denn der theoretische Mensch versteht von dem eigentlich Dichterischen, dem Mythus, gerade so viel als ein Tauber von der Musik, das heißt beide sehen eine ihnen sinnlos scheinende Bewegung. Aus der einen von jenen disparaten Sphären kann man in die andre nicht hineinblicken: solange man im Banne des Dichters ist, denkt man mit ihm, als sei man nur ein fühlendes, sehendes und hörendes Wesen; die Schlüsse, welche man macht, sind die Verknüpfungen der Vorgänge, die man sieht, also tatsächliche Kausalitäten, keine logischen.

Wenn die Helden und Götter solcher mythischen Dramen, wie Wagner sie dichtet, nun auch in Worten sich deutlich machen sollen, so liegt keine Gefahr näher, als daß diese *Wortsprache* in uns den theoretischen Menschen aufweckt und dadurch uns in eine andre, unmythische Sphäre hinüberhebt: so daß wir zuletzt durch das Wort nicht etwa deutlicher verstanden hätten, was vor uns vorging, sondern gar nichts verstanden hätten. Wagner zwang deshalb die Sprache in einen Urzustand zurück, wo sie fast noch nicht in Begriffen denkt, wo sie noch selber Dichtung, Bild und Gefühl ist; die Furchtlosigkeit, mit der Wagner an diese ganz erschreckende Aufgabe ging, zeigt, wie gewaltsam er von dem dichterischen Geiste geführt wurde, als einer, der folgen muß, wohin auch sein gespenstischer Führer den Weg nimmt. Man sollte jedes Wort dieser Dramen singen können, und Götter und Helden sollten es in den Mund nehmen: das war die ungeheure Anforderung, welche Wagner an seine sprachliche Phantasie stellte. Jeder andre hätte dabei verzagen müssen; denn unsre Sprache scheint fast zu alt und zu verwüstet zu sein, als daß man von ihr hätte verlangen dürfen, was Wagner verlangte: und doch rief sein Schlag gegen den Felsen eine reichliche Quelle hervor. Gerade Wagner hat, weil er diese Sprache mehr liebte und mehr von ihr forderte, auch mehr als ein andrer Deutscher an ihrer Entartung und Schwächung gelitten, also an den vielfältigen Verlusten und Verstümmlungen der Formen, an dem schwerfälligen Partikelwesen unsrer Satzfügung, an den unsingbaren Hilfszeitwörtern: – alles dieses sind ja Dinge, welche durch Sünden und Verlotterungen in die Sprache hineingekommen sind. Dagegen empfand er mit tiefem Stolze die auch jetzt noch vorhandene Ursprünglichkeit und Unerschöpflichkeit dieser Sprache, die tonvolle Kraft ihrer Wurzeln, in welchen er, im Gegensatz zu den höchst abgeleiteten, künstlich rhetorischen Sprachen der romanischen Stämme, eine wunderbare Neigung und Vorbereitung zur Musik, zur wahren Musik ahnte. Es geht eine Lust an dem Deutschen durch Wagners Dichtung, eine Herzlichkeit und Freimütigkeit im Verkehre mit ihm, wie so etwas, außer bei Goethe, bei keinem Deutschen sich nachfühlen läßt. Leiblichkeit des Ausdrucks, verwegene Gedrängtheit, Gewalt und rhythmische Vielartigkeit, ein merkwürdiger Reichtum an starken und bedeutenden Wörtern, Vereinfachung der Satzgliederung, eine fast einzige Empfindsamkeit in der Sprache des wogenden Gefühls und der Ahnung, eine mitunter ganz rein sprudelnde Volkstümlichkeit und Sprichwörtlichkeit – solche Eigenschaften würden aufzuzählen sein, und doch wäre dann immer noch die mächtigste und bewunderungswürdigste vergessen. Wer hintereinander zwei solche Dichtungen wie Tristan und die Meistersinger liest, wird in Hinsicht auf die Wortsprache ein ähnliches Erstaunen und Zweifeln empfinden wie in Hin-

sicht auf die Musik: wie es nämlich möglich war, über zwei Welten, so verschieden an Form, Farbe, Fügung als an Seele, schöpferisch zu gebieten. Dies ist das Mächtigste an der Wagnerschen Begabung, etwas, das allein dem großen Meister gelingen wird: für jedes Werk eine eigne Sprache auszuprägen und der neuen Innerlichkeit auch einen neuen Leib, einen neuen Klang zu geben. Wo eine solche allerseltenste Macht sich äußert, wird der Tadel immer nur kleinlich und unfruchtbar bleiben, welcher sich auf einzelnes Übermütige und Absonderliche oder auf die häufigeren Dunkelheiten des Ausdrucks und Umschleierungen des Gedankens bezieht. Überdies war denen, welche bisher am lautesten getadelt haben, im Grunde nicht sowohl die Sprache als die Seele, die ganze Art zu empfinden und zu leiden, anstößig und unerhört. Wir wollen warten, bis diese selber eine andre Seele haben, dann werden sie selber auch eine andre Sprache sprechen: und dann wird es, wir mir scheint, auch mit der deutschen Sprache im ganzen besser stehn, als es jetzt steht.
Vor allem aber sollte niemand, der über Wagner, den Dichter und Sprachbildner, nachdenkt, vergessen, daß keines der Wagnerschen Dramen bestimmt ist, gelesen zu werden, und also nicht mit den Forderungen behelligt werden darf, welche an das Wortdrama gestellt werden. Dieses will allein durch Begriffe und Worte auf das Gefühl wirken; mit dieser Absicht gehört es unter die Botmäßigkeit der Rhetorik. Aber die Leidenschaft im Leben ist selten beredt: im Wortdrama muß sie es sein, um überhaupt sich auf irgendeine Art mitzuteilen. Wenn aber die Sprache eines Volkes sich schon im Zustande des Verfalls und der Abnutzung befindet, so kommt der Wortdramatiker in die Versuchung, Sprache und Gedanken ungewöhnlich aufzufärben und neuzubilden; er will die Sprache heben, damit sie wieder das gehobene Gefühl hervorklingen lasse, und gerät dabei in die Gefahr, gar nicht verstanden zu werden. Ebenso sucht er der Leidenschaft durch erhabene Sinnsprüche und Einfälle etwas von Höhe mitzuteilen und verfällt dadurch wieder in eine andre Gefahr: er erscheint unwahr und künstlich. Denn die wirkliche Leidenschaft des Lebens spricht nicht in Sentenzen, und die

dichterische erweckt leicht Mißtrauen gegen ihre Ehrlichkeit, wenn sie sich wesentlich von dieser Wirklichkeit unterscheidet. Dagegen gibt Wagner, der erste, welcher die inneren Mängel des Wortdramas erkannt hat, jeden dramatischen Vorgang in einer dreifachen Verdeutlichung, durch Wort, Gebärde und Musik: und zwar überträgt die Musik die Grundregungen im Innern der darstellenden Personen des Dramas unmittelbar auf die Seelen der Zuhörer, welche jetzt in den Gebärden derselben Personen die erste Sichtbarkeit jener inneren Vorgänge, und in der Wortsprache noch eine zweite abgeblaßtere Erscheinung derselben, übersetzt in das bewußtere Wollen, wahrnehmen. Alle diese Wirkungen erfolgen gleichzeitig und durchaus ohne sich zu stören, und zwingen den, welchem ein solches Drama vorgeführt wird, zu einem ganz neuen Verstehen und Miterleben, gleich als ob seine Sinne auf einmal vergeistigter und sein Geist versinnlichter geworden wären und als ob alles, was aus dem Menschen heraus will und nach Erkenntnis dürstet, sich jetzt in einem Jubel des Erkennens frei und selig befände. Weil jeder Vorgang eines Wagnerschen Dramas sich mit der höchsten Verständlichkeit dem Zuschauer mitteilt, und zwar durch die Musik von innen heraus erleuchtet und durchglüht, konnte sein Urheber aller der Mittel entraten, welche der Wortdichter nötig hat, um seinen Vorgängen Wärme und Leuchtkraft zu geben. Der ganze Haushalt des Dramas durfte einfacher sein, der rhythmische Sinn des Baumeisters konnte es wieder wagen, sich in den großen Gesamtverhältnissen des Baues zu zeigen; denn es fehlte zu jener absichtlichen Verwicklung und verwirrenden Vielgestaltigkeit des Baustils jetzt jede Veranlassung, durch welche der Wortdichter zugunsten seines Werkes das Gefühl der Verwunderung und des angespannten Interesses zu erreichen strebt, um dies dann zu dem Gefühl des beglückten Staunens zu steigern. Der Eindruck der idealisierenden Ferne und Höhe war nicht erst durch Kunstgriffe herbeizuschaffen. Die Sprache zog sich aus einer rhetorischen Breite in die Geschlossenheit und Kraft einer Gefühlsrede zurück: und trotzdem, daß der darstellende Künstler viel weniger als früher über das sprach, was er im

Schauspiel tat und empfand, zwangen jetzt innerliche Vorgänge, welche die Angst des Wortdramatikers vor dem angeblich Undramatischen bisher von der Bühne ferngehalten hat, den Zuhörer zum leidenschaftlichen Miterleben, während die begleitende Gebärdensprache nur in der zartesten Modulation sich zu äußern brauchte. Nun ist überhaupt die gesungene Leidenschaft in der Zeitdauer um etwas länger als die gesprochne; die Musik streckt gleichsam die Empfindung aus: daraus folgt im allgemeinen, daß der darstellende Künstler, der zugleich Sänger ist, die allzu große unplastische Aufgeregtheit der Bewegung, an welcher das aufgeführte Wortdrama leidet, überwinden muß. Er sieht sich zu einer Veredelung der Gebärde hingezogen, um so mehr, als die Musik seine Empfindung in das Bad eines reineren Äthers eingetaucht und dadurch unwillkürlich der Schönheit näher gebracht hat.

Die außerordentlichen Aufgaben, welche Wagner den Schauspielern und Sängern gestellt hat, werden auf ganze Menschenalter hin einen Wetteifer unter ihnen entzünden, um endlich das Bild jedes Wagnerschen Helden in der leiblichsten Sichtbarkeit und Vollendung zur Darstellung zu bringen: so wie diese vollendete Leiblichkeit in der Musik des Dramas schon vorgebildet liegt. Diesem Führer folgend, wird zuletzt das Auge des plastischen Künstlers die Wunder einer neuen Schauwelt sehen, welche vor ihm allein der Schöpfer solcher Werke, wie der Ring des Nibelungen ist, zum erstenmal erblickt hat: als ein *Bildner* höchster Art, welcher wie Äschylus einer kommenden Kunst den Weg zeigt. Müssen nicht schon durch die Eifersucht große Begabungen geweckt werden, wenn die Kunst des Plastikers ihre Wirkung mit der einer Musik vergleicht, wie die Wagnersche ist: in welcher es reinstes, sonnenhelles Glück gibt; so daß dem, welcher sie hört, zumute wird, als ob fast alle frühere Musik eine veräußerlichte, befangene, unfreie Sprache geredet hätte, als ob man mit ihr bisher hätte ein Spiel spielen wollen, vor solchen, welche des Ernstes nicht würdig waren, oder als ob mit ihr gelehrt und demonstriert werden sollte, vor solchen, welche nicht einmal des Spieles würdig sind. Durch diese frühere Musik dringt nur auf kurze Stunden jenes Glück in uns ein, welches wir immer bei Wagnerscher Musik empfinden: es scheinen seltne Augenblicke der Vergessenheit, die sie gleichsam überfallen, wo sie mit sich allein redet und den Blick aufwärts richtet wie Raffaels Cäcilia, weg von den Hörern, welche Zerstreuung, Lustbarkeit oder Gelehrsamkeit von ihr fordern.

Von Wagner, dem *Musiker,* wäre im allgemeinen zu sagen, daß er allem in der Natur, was bis jetzt nicht *reden* wollte, eine Sprache gegeben hat: er glaubt nicht daran, daß es etwas Stummes geben müsse. Er taucht auch in Morgenröte, Wald, Nebel, Kluft, Bergeshöhe, Nachtschauer, Mondesglanz hinein und merkt ihnen ein heimliches Begehren ab: sie wollen auch tönen. Wenn der Philosoph sagt, es ist *ein* Wille, der in der belebten und unbelebten Natur nach Dasein dürstet, so fügt der Musiker hinzu: und dieser Wille will, auf allen Stufen, ein tönendes Dasein.

Die Musik hatte vor Wagner im ganzen enge Grenzen; sie bezog sich auf bleibende Zustände des Menschen, auf das, was die Griechen Ethos nennen, und hatte mit Beethoven eben erst begonnen, die Sprache des Pathos, des leidenschaftlichen Wollens, der dramatischen Vorgänge im Innern des Menschen zu finden. Ehedem sollte eine Stimmung, ein gefaßter oder heiterer oder andächtiger oder bußfertiger Zustand sich durch Töne zu erkennen geben, man wollte durch eine gewisse auffallende Gleichartigkeit der Form und durch die längere Andauer dieser Gleichartigkeit den Zuhörer zur Deutung dieser Musik nötigen und endlich in die gleiche Stimmung versetzen. Allen solchen Bildern von Stimmungen und Zuständen waren einzelne Formen notwendig; andre wurden durch Konvention in ihnen üblich. Über die Länge entschied die Vorsicht des Musikers, welcher den Zuhörer wohl in eine Stimmung bringen, aber nicht durch allzulange Andauer derselben langweilen wollte. Man ging einen Schritt weiter, als man die Bilder entgegengesetzter Stimmungen nacheinander entwarf und den Reiz des Kontrastes entdeckte, und noch einen Schritt, als dasselbe Tonstück in sich einen Gegensatz des Ethos, zum Beispiel durch das Widerstreben eines männlichen und eines weiblichen Themas, aufnahm. Dies alles sind noch rohe und uranfängliche Stufen der Musik. Die Furcht vor der Leidenschaft gibt die einen, die vor der Langenweile die andern Gesetze; alle Vertiefungen und Ausschreitungen des Gefühls wurden als »unethisch« empfunden. Nachdem aber die Kunst des Ethos dieselben gewöhnlichen Zustände und Stimmungen in hundertfacher Wiederholung dargestellt hatte, geriet sie, trotz der wunderbarsten Erfindsamkeit ihrer Meister, endlich in Erschöpfung. Beethoven zuerst ließ die Musik eine neue Sprache, die bisher verbotene Sprache der Leidenschaft reden: weil aber seine Kunst aus den Gesetzen und Konventionen der Kunst des Ethos herauswachsen und versuchen mußte, sich gleichsam vor jener zu rechtfertigen, so hatte sein künstlerisches Werden eine eigentümliche Schwierigkeit und Undeutlichkeit an sich. Ein innerer, dramatischer Vorgang – denn jede Leidenschaft hat einen dramatischen Verlauf – wollte sich zu einer neuen Form hindurchringen, aber das überlieferte Schema der Stimmungsmusik widersetzte sich und redete beinahe mit der Miene der Moralität wider ein Aufkommen der Unmoralität. Es scheint mitunter so, als ob Beethoven sich die widerspruchsvolle Aufgabe gestellt habe, das Pathos mit den Mitteln des Ethos sich aussprechen zu lassen. Für die größten und spätesten Werke Beethovens reicht aber diese Vorstellung nicht aus. Um den großen geschwungenen Bogen einer Leidenschaft widerzugeben, fand er wirklich ein neues Mittel: er nahm einzelne Punkte ihrer Flugbahn heraus und deutete sie mit der größten Bestimmtheit an, um aus ihnen dann die ganze Linie durch den Zuhörer *erraten* zu lassen. Äußerlich betrachtet, nahm sich die neue Form aus wie die Zusammenstellung mehrerer Tonstücke, von denen jedes einzelne scheinbar einen beharrenden Zustand, in Wahrheit aber einen Augenblick im dramatischen Verlauf der Leidenschaft darstellte. Der Zuhörer konnte meinen, die alte Musik der Stimmung zu hören, nur daß das Verhältnis der einzelnen Teile zueinander ihm unfaßlich geworden war und sich nicht mehr nach dem Kanon des Gegensatzes deuten ließ. Selbst bei Musikern stellte sich eine Geringschät-

zung gegen die Forderung eines künstlerischen Gesamtbaus ein, die Folge der Teile in ihren Werken wurde willkürlich. Die Erfindung der großen Form der Leidenschaft führte durch ein Mißverständnis auf den Einzelsatz mit beliebigem Inhalte zurück, und die Spannung der Teile gegeneinander hörte ganz auf. Deshalb ist die Symphonie nach Beethoven ei so wunderlich undeutliches Gebilde, namentlich wenn sie im einzelnen noch die Sprache des Beethovenschen Pathos stammelt. Die Mittel passen nicht zur Absicht, und die Absicht im ganzen wird dem Zuhörer überhaupt nicht klar, weil sie auch im Kopfe des Urhebers niemals klar gewesen ist. Gerade aber die Forderung, daß man etwas ganz Bestimmtes zu sagen habe und daß man es auf das Deutlichste sage, wird um so unerläßlicher, je höher, schwieriger und anspruchsvoller eine Gattung ist.
Deshalb war Wagners ganzes Ringen darauf aus, alle Mittel zu finden, welche der *Deutlichkeit* dienen; vor allem hatte er dazu nötig, sich von allen Befangenheiten und Ansprüchen der älteren Musik der Zustände loszubinden und seiner Musik, dem tönenden Prozesse des Gefühls und der Leidenschaft, eine gänzlich unzweideutige Rede in den Mund zu legen. Schauen wir auf das hin, was er erreicht hat, so ist uns, als ob er im Bereiche der Musik das gleiche getan habe, was im Bereiche der Plastik der Erfinder der Freigruppe tat. Alle frühere Musik scheint, an der Wagnerschen gemessen, steif oder ängstlich, als ob man sie nicht von allen Seiten ansehn dürfe und sie sich schäme. Wagner ergreift jeden Grad und jede Farbe des Gefühls mit der größten Festigkeit und Bestimmtheit; er nimmt die zarteste, entlegenste und wildeste Regung ohne Angst, sie zu verlieren, in die Hand, und hält sie wie etwas Hart- und Festgewordenes, wenn auch jedermann sonst in ihr einen unangreifbaren Schmetterling sehen sollte. Seine Musik ist niemals unbestimmt, stimmungshaft; alles, was durch sie redet, Mensch oder Natur, hat eine streng individualisierte Leidenschaft; Sturm und Feuer nehmen bei ihm die zwingende Gewalt eines persönlichen Willens an. Über allen den tönenden Individuen und dem Kampfe ihrer Leidenschaften, über dem ganzen Strudel von Gegensätzen, schwebt, mit

höchster Besonnenheit, ein übermächtiger symphonischer Verstand, welcher aus dem Kriege fortwährend die Eintracht gebiert: Wagners Musik als Ganzes ist ein Abbild der Welt, so wie diese von dem großen ephesischen Philosophen verstanden wurde, als eine Harmonie, welche der Streit aus sich zeugt, als die Einheit von Gerechtigkeit und Feindschaft. Ich bewundere die Möglichkeit, aus einer Mehrzahl von Leidenschaften, welche nach verschiedenen Richtungen hin laufen, die große Linie einer Gesamtleidenschaft zu berechnen: daß so etwas möglich ist, sehe ich durch jeden einzelnen Akt eines Wagnerschen Dramas bewiesen, welcher nebeneinander die Einzelgeschichte verschiedener Individuen und eine Gesamtgeschichte aller erzählt. Wir spüren es schon zu Anfang, daß wir widerstrebende einzelne Strömungen, aber auch, über alle mächtig, einen Strom mit einer gewaltigen Richtung vor uns haben: dieser Strom bewegt sich zuerst unruhig, über verborgene Felszacken hinweg, die Flut scheint mitunter auseinanderzureißen, nach verschiedenen Richtungen hinzuwollen. Allmählich bemerken wir, daß die innere Gesamtbewegung gewaltiger, fortreißender geworden ist; die zuckende Unruhe ist in die Ruhe der breiten furchtbaren Bewegung nach einem noch unbekannten Ziele übergegangen; und plötzlich, am Schluß, stürzt der Strom hinunter in die Tiefe, in seiner ganzen Breite, mit einer dämonischen Lust an Abgrund und Brandung. Nie ist Wagner mehr Wagner, als wenn die Schwierigkeiten sich verzehnfachen und er in ganz großen Verhältnissen mit der Lust des Gesetzgebers walten kann. Ungestüme widerstrebende Massen zu einfachen Rhythmen bändigen, durch eine verwirrende Mannigfaltigkeit von Ansprüchen und Begehrungen einen Willen durchführen – das sind die Aufgaben, zu welchen er sich geboren, in welchen er seine Freiheit fühlt. Nie verliert er dabei den Atem, nie kommt er keuchend an sein Ziel. Er hat ebenso unablässig darnach gestrebt, sich die schwersten Gesetze aufzuerlegen, als andre nach Erleichterung ihrer Last trachten; das Leben und die Kunst drücken ihn, wenn er nicht mit ihren schwierigsten Problemen spielen kann. Man erwäge nur einmal das Verhältnis der gesungenen Melodie zur Melodie der ungesungenen Rede – wie er die Höhe, die Stärke und das Zeitmaß des leidenschaftlich sprechenden Menschen als Naturvorbild behandelt, das er in Kunst umzuwandeln hat: – man erwäge dann wiederum die Einordnung einer solchen singenden Leidenschaft in den ganzen symphonischen Zusammenhang der Musik, um ein Wunderding von überwundenen Schwierigkeiten kennen zu lernen: seine Erfindsamkeit hierbei, im kleinen und großen, die Allgegenwart seines Geistes und seines Fleißes ist derart, daß man beim Anblick einer Wagnerschen Partitur glauben möchte, es habe vor ihm gar keine rechte Arbeit und Anstrengung gegeben. Es scheint, daß er auch in bezug auf die Mühsal der Kunst hätte sagen können, die eigentliche Tugend des Dramatikers bestehe in der Selbstentäußerung; aber er würde wahrscheinlich entgegnen: es gibt nur eine Mühsal, die des noch nicht Freigewordnen; die Tugend und das Gute sind leicht.

Als Künstler im ganzen betrachtet, so hat Wagner, um an einen bekannteren Typus zu erinnern, etwas von *Demosthenes* an sich: den furchtbaren Ernst um die Sache und die Gewalt des Griffs, so daß er jedesmal die Sache faßt; er schlägt seine Hand darum, im Augenblick, und sie hält fest, als ob sie aus Erz wäre. Er verbirgt wie jener seine Kunst oder macht sie vergessen, indem er zwingt, an die Sache zu denken; und doch ist er, gleich Demosthenes, die letzte und höchste Erscheinung hinter einer ganzen Reihe von gewaltigen Kunstgeistern und hat folglich mehr zu verbergen als die ersten der Reihe; seine Kunst wirkt als Natur, als hergestellte, wiedergefundene Natur. Er trägt nichts Epideiktisches an sich, was alle früheren Musiker haben, welche gelegentlich mit ihrer Kunst auch ein Spiel treiben und ihre Meisterschaft zur Schau stellen. Man denkt bei dem Wagnerschen Kunstwerk weder an das Interessante noch das Ergötzliche, noch an Wagner selbst, noch an die Kunst überhaupt: man fühlt allein das *Notwendige*. Welche Strenge und Gleichmäßigkeit des Willens, welche Selbstüberwindung der Künstler in der Zeit seines Werdens nötig hatte, um zuletzt, in der Reife, mit freudiger Freiheit in jedem Augenblick des Schaffens das Notwendige zu tun, das wird ihm niemals jemand nachrechnen können: genug, wenn wir es an einzelnen Fällen spüren, wie seine Musik sich mit einer gewissen Grausamkeit des Entschlusses dem Gange des Dramas, der wie das Schicksal unerbittlich ist, unterwirft, während die feurige Seele dieser Kunst darnach lechzt, einmal ohne alle Zügel in der Freiheit und Wildnis umherzuschweifen.

10

Ein Künstler, welcher diese Gewalt über sich hat, unterwirft sich, selbst ohne es zu wollen, alle anderen Künstler. Ihm allein wiederum werden die Unterworfenen, seine Freunde und Anhänger, nicht zur Gefahr, zur Schranke: während die geringeren Charaktere, weil sie sich auf die Freunde zu stützen suchen, durch sie ihre Freiheit einzubüßen pflegen. Es ist höchst wunderbar anzusehen, wie Wagner sein Leben lang jeder Gestaltung von Parteien ausgewichen ist, wie sich aber hinter jeder Phase seiner Kunst ein Kreis von Anhängern zusammenschloß, scheinbar um ihn nun auf dieser Phase festzuhalten. Er ging immer mitten durch sie hindurch und ließ sich nicht binden; sein Weg ist überdies zu lang gewesen, als daß ein einzelner so leicht ihn von Anfang an hätte mitgehen können: und so ungewöhnlich und steil, daß auch dem Treuesten wohl einmal der Atem ausging. Fast zu allen Lebenszeiten Wagners hätten ihn seine Freunde gern dogmatisieren mögen; und ebenfalls, obwohl aus andern Gründen, seine Feinde. Wäre die Reinheit seines künstlerischen Charakters nur um einen Grad weniger entschieden gewesen, so hätte er viel zeitiger zum entscheidenden Herrn der gegenwärtigen Kunst- und Musikzustände werden können: – was er jetzt endlich auch geworden ist, aber in dem viel höhern Sinne, daß alles, was auf irgendeinem Gebiete der Kunst vorgeht, sich unwillkürlich vor den Richterstuhl seiner Kunst und seines künstlerischen Charakters gestellt sieht. Er hat sich die Widerwilligsten unterjocht: es gibt keinen begabten Musiker mehr, welcher nicht innerlich auf ihn hörte und ihn hörenswerter als sich und die übrige Musik zusammen fände. Manche, welche durchaus etwas bedeuten wollen, ringen geradezu mit diesem sie überwältigenden inneren Reize, bannen sich mit ängstlicher Beflissenheit in den Kreis der älteren Meister und wollen lieber ihre »Selbständigkeit« an Schubert oder Händel anlehnen als an Wagner. Umsonst! Indem sie gegen ihr besseres Gewissen kämpfen, werden sie als Künstler selber geringer und kleinlicher, sie verderben ihren Charakter dadurch, daß sie schlechte Bundesgenossen und Freunde dulden müssen: und nach allen diesen Aufopferungen begegnet es ihnen doch, vielleicht in einem Traume, daß ihr Ohr nach Wagner hinhorcht. Diese Gegner sind bedauernswürdig: sie glauben viel zu verlieren, wenn sie sich verlieren, und irren sich dabei.

Nun liegt ersichtlich Wagner nicht viel daran, ob die Musiker von jetzt ab Wagnerisch komponieren und ob sie überhaupt komponieren; ja er tut, was er kann, um jenen unseligen Glauben zu zerstören, daß sich nun wieder an ihn eine Schule von Komponisten anschließen müsse. Soweit er unmittelbaren Einfluß auf Musiker hat, sucht er sie über die Kunst des großen Vortrags zu belehren; es scheint ihm ein Zeitpunkt in der Entwicklung der Kunst gekommen, in welchem der gute Wille, ein tüchtiger Meister der Darstellung und Ausübung zu werden, viel schätzenswerter ist als das Gelüst, um jeden Preis selber zu »schaffen«. Denn dieses Schaffen, auf der jetzt erreichten Stufe der Kunst, hat die verhängnisvolle Folge, das wahrhaft Große in seinen Wirkungen zu verflachen, dadurch, daß man es, so gut es geht, vervielfältigt und die Mittel und Kunstgriffe des Genies durch alltäglichen Gebrauch abnützt. Selbst das Gute in der Kunst ist überflüssig und schädlich, wenn es aus der Nachahmung des Besten entstand. Die Wagnerschen Zwecke und Mittel gehören zusammen: es braucht nichts weiter dazu als künstlerische Ehrlichkeit, dies zu fühlen, und es ist Unehrlichkeit, die Mittel ihm abzumerken und zu ganz andern, kleineren Zwecken zu verwenden.

Wenn also Wagner es ablehnt, in einer Schar von wagnerisch komponierenden Musikern fortzuleben, so stellt er um so eindringlicher allen Begabungen die neue Aufgabe, mit ihm zusammen die *Gesetze des Stils für den dramatischen Vortrag* zu finden. Das tiefste Bedürfnis treibt ihn, für seine Kunst die *Tradition eines Stils* zu begründen, durch welche sein Werk, in reiner Gestalt, von einer Zeit zur andern fortleben könne, bis es jene *Zukunft* erreicht, für welche es von seinem Schöpfer vorausbestimmt war.

Wagner besitzt einen unersättlichen Trieb, alles, was sich auf jene Begründung des Stils und, solchermaßen, auf die Fortdauer seiner Kunst bezieht, mitzuteilen. Sein Werk, um mit Schopenhauer zu reden, als ein heiliges Depositum und die wahre Frucht seines Daseins zum Eigentum der Menschheit zu machen, es niederlegend für eine besser urteilende Nachwelt, dies wurde ihm zum Zweck, der *allen anderen Zwecken* vorgeht und für den er die Dornenkrone trägt, welche einst zum Lorbeerkranze ausschlagen soll: auf die Sicherstellung seines Werkes konzentrierte sein Streben sich ebenso entschieden, wie das des Insekts, in seiner letzten Gestalt auf die Sicherstellung seiner Eier und Vorsorge für die Brut, deren Dasein es nie erlebt: es deponiert die Eier da, wo sie, wie es sicher weiß, einst Leben und Nahrung finden werden, und stirbt getrost.

Dieser Zweck, der allen andern Zwecken vorgeht, treibt ihn zu immer neuen Erfindungen; er schöpft deren aus dem Borne seiner dämonischen Mitteilbarkeit immer mehr, je deutlicher er sich im Ringen mit dem abgeneigtesten Zeitalter fühlt, das zum Hören den schlechtesten Willen mitgebracht hat. Allmählich aber beginnt selbst dieses Zeitalter, seinen unermüdlichen Versuchen, seinem biegsamen Andringen nachzugeben und das Ohr hinzuhalten. Wo eine kleine oder bedeutende Gelegenheit sich von Ferne zeigt, seine Gedanken durch ein Beispiel zu erklären, war Wagner dazu bereit: er dachte seine Gedanken in die jedesmaligen Umstände hinein und brachte sie aus der dürftigsten Verkörperung heraus noch zum Reden. Wo eine halbwegs empfängliche Seele sich ihm auftat, warf er seinen Samen hinein. Er knüpft dort Hoffnungen an, wo der kalte Beobachter mit den Achseln zuckt; er täuscht sich hundertfach, um einmal gegen diesen Beobachter recht zu behalten. Wie der Weise im Grunde mit lebenden Menschen nur so weit verkehrt, als er durch sie den Schatz seiner Erkenntnis zu mehren weiß, so scheint es fast, als ob der Künstler keinen Verkehr mehr mit den Menschen seiner Zeit haben könne, durch welchen er nicht die Verewigung seiner Kunst fördert: man liebt ihn nicht anders, als wenn man diese Verewigung liebt, und ebenso empfindet er nur eine Art des gegen ihn gerichteten Hasses, den Haß nämlich, welche die Brücken zu jener Zukunft seiner Kunst ihm abbrechen will. Die Schüler, welche Wagner sich erzog, die einzelnen Musiker und Schauspieler, denen er ein Wort sagte, eine Gebärde vormachte, die kleinen und großen Orchester, die er führte, die Städte, welche ihn im Ernste seiner Tätigkeit sahen, die Fürsten und Frauen, welche halb mit Scheu, halb mit Liebe an seinen Plänen teilnahmen, die verschiedenen europäischen Länder, denen er zeitweilig als der Richter und das böse Gewissen ihrer Künste angehörte: alles wurde allmählich zum Echo seines Gedankens, seines unersättlichen Strebens nach einer zukünftigen Fruchtbarkeit; kam dieses Echo auch oft entstellt und verwirrt zu ihm zurück, so muß doch zuletzt der Übermacht des gewaltigen Tones, welchen er hundertfältig in die Welt hineinrief, auch ein übermächtiger Nachklang entsprechen; und es wird bald nicht mehr möglich sein, ihn nicht zu hören, ihn falsch zu verstehen. Dieser Nachklang ist es schon jetzt, welcher die Kunststätten der modernen Menschen erzittern macht; jedesmal, wenn der Hauch seines Geistes in diese Gärten hineinblies, bewegte sich alles, was darin windfällig und wipfeldürr war; und in noch beredterer Weise als dieses Erzittern spricht ein überall auftauchender Zweifel: niemand weiß mehr zu sagen, wo nur immer noch die Wirkung Wagners unvermutet herausbrechen werde. Er ist ganz und gar außerstande, das Heil der Kunst losgetrennt von irgendwelchem anderen Heil und Unheil zu betrachten: wo nur immer der moderne Geist Gefahren in sich birgt, da spürt er mit dem Auge des spähendsten Mißtrauens auch die Gefahr der Kunst. Er nimmt in seiner Vorstellung das Gebäude unserer Zivilisation auseinander und läßt sich nichts Morsches, nichts

leichtfertig Gezimmertes entgehen: wenn er dabei auf wetterfeste Mauern und überhaupt auf dauerhaftere Fundamente stößt, so sinnt er sofort auf ein Mittel, daraus für seine Kunst Bollwerke und schützende Dächer zu gewinnen. Er lebt wie ein Flüchtling, der nicht sich, sondern ein Geheimnis zu bewahren trachtet; wie ein unglückliches Weib, welches das Leben des Kindes, das sie im Schoße trägt, nicht ihr eignes, retten will: er lebt wie Sieglinde »um der Liebe willen«.
Denn freilich ist es ein Leben voll mannigfacher Qual und Scham in einer Welt unstet und unheimisch zu sein und doch zu ihr reden, von ihr fordern zu müssen, sie verachten und doch die Verachtete nicht entbehren zu können, – es ist die eigentliche Not des Künstlers der Zukunft; als welcher nicht, gleich dem Philosophen, in einem dunklen Winkel für sich der Erkenntnis nachjagen kann: denn er braucht menschliche Seelen als Vermittler an die Zukunft, öffentliche Einrichtungen als Gewährleistung dieser Zukunft, als Brücken zwischen jetzt und einstmals. Seine Kunst ist, auf dem Kahne der schriftlichen Aufzeichnung nicht einzuschiffen, wie dies der Philosoph vermag: die Kunst will *Könnende* als Überlieferer, nicht Buchstaben und Noten. Über ganze Strecken im Leben Wagners hinweg klingt der Ton der Angst, diesen Könnenden nicht mehr nahe zu kommen und an Stelle des Beispiels, das er ihnen zu geben hat, gewaltsam auf die schriftliche Andeutung sich eingeschränkt zu sehen, und anstatt die Tat vorzutun, den blassesten Schimmer der Tat solchen zu zeigen, welche Bücher lesen, das heißt im ganzen soviel als: welche keine Künstler sind.
Wagner als *Schriftsteller* zeigt den Zwang eines tapfern Menschen, dem man die rechte Hand zerschlagen hat und der mit der linken ficht: er ist immer ein Leidender, wenn er schreibt, weil er der rechten Mitteilung auf seine Weise, in Gestalt eines leuchtenden und siegreichen Beispiels, durch eine zeitweilig unüberwindliche Notwendigkeit beraubt ist. Seine Schriften haben gar nichts Kanonisches, Strenges: sondern der Kanon liegt in den Werken. Es sind Versuche, den Instinkt zu begreifen, welcher ihn zu seinen Werken trieb, und gleichsam sich selber ins Auge

zu sehen; hat er es erst erreicht, seinen Instinkt in Erkenntnis umzuwandeln, so hofft er, daß in den Seelen seiner Leser der umgekehrte Prozeß sich einstellen werde: mit dieser Aussicht schreibt er. Wenn sich vielleicht ergeben sollte, daß hierbei irgend etwas Unmögliches versucht worden ist, so hätte Wagner doch nur dasselbe Schicksal mit allen denen gemein, welche über die Kunst nachdachten; und vor den meisten von ihnen hat er voraus, daß in ihm der gewaltigste Gesamtinstinkt der Kunst Herberge genommen hat. Ich kenne keine ästhetischen Schriften, welche so viel Licht brächten wie die Wagnerschen; was über die Geburt des Kunstwerks überhaupt zu erfahren ist, das ist aus ihnen zu erfahren. Es ist einer der ganz Großen, der hier als Zeuge auftritt und sein Zeugnis durch eine lange Reihe von Jahren immer mehr verbessert, befreit, verdeutlicht und aus dem Unbestimmten heraushebt; auch wenn er, als Erkennender, stolpert, schlägt er Feuer heraus. Gewisse Schriften, wie »Beethoven«, »über das Dirigieren«, »über Schauspieler und Sänger«, »Staat und Religion«, machen jedes Gelüst zum Widersprechen verstummen und erzwingen sich ein stilles innerliches, andächtiges Zuschauen, wie es sich beim Auftun kostbarer Schreine geziemt. Andere, namentlich die aus der früheren Zeit, »Oper und Drama« mit eingerechnet, regen auf, machen Unruhe: es ist eine Ungleichmäßigkeit des Rhythmus in ihnen, wodurch sie, als Prosa, in Verwirrung setzen. Die Dialektik in ihnen ist vielfältig gebrochen, der Gang durch Sprünge des Gefühls mehr gehemmt als beschleunigt; eine Art von Widerwilligkeit des Schreibenden liegt wie ein Schatten auf ihnen, gleich als ob der Künstler des begrifflichen Demonstrierens sich schämte. Am meisten beschwert vielleicht den nicht ganz Vertrauten ein Ausdruck von autoritativer Würde, welcher ganz ihm eigen und schwer zu beschreiben ist: mir kommt es so vor, als ob Wagner häufig wie *vor Feinden spreche* – denn alle diese Schriften sind im Sprechstil, nicht im Schreibstil geschrieben, und man wird sie viel deutlicher finden, wenn man sie gut vorgetragen hört – vor Feinden, mit denen er keine Vertraulichkeit haben mag, weshalb er sich abhaltend, zurückhaltend zeigt. Nun bricht nicht selten die fortreißende Leidenschaft seines Gefühls durch diesen absichtlichen Faltenwurf hindurch; dann verschwindet die künstliche, schwere und mit Nebenworten reich geschwellte Periode, und es entschlüpfen ihm Sätze und ganze Seiten, welche zu dem Schönsten gehören, was die deutsche Prosa hat. Aber selbst angenommen, daß er in solchen Teilen seiner Schriften zu Freunden redet, und das Gespenst seines Gegners dabei nicht mehr neben seinem Stuhle steht: alle die Freunde und Feinde, mit welchen Wagner als Schriftsteller sich einläßt, haben etwas gemeinsames, was sie gründlich von jenem »Volke« abtrennt, für welches er als Künstler schafft. Sie sind in der Verfeinerung und Unfruchtbarkeit ihrer Bildung durchaus *unvolkstümlich*, und der, welcher von ihnen verstanden werden will, muß unvolkstümlich reden: so wie dies unsre besten Prosaschriftsteller getan haben, so wie es auch Wagner tut. Mit welchem Zwange, das läßt sich erraten. Aber die Gewalt jenes vorsorglichen, gleichsam mütterlichen Triebes, welchem er jedes Opfer bringt, zieht ihn selber in den Dunstkreis der Gelehrten und Gebildeten zurück, dem er als Schaffender auf immer Lebewohl gesagt hat. Er unterwirft sich der Sprache der Bildung und allen Gesetzen ihrer Mitteilung, ob er schon der erste gewesen ist, welcher das tiefe Ungenügen dieser Mitteilung empfunden hat.

Denn, wenn irgend etwas seine Kunst gegen alle Kunst der neueren Zeiten abhebt, so ist es dies: sie redet nicht mehr die Sprache der Bildung einer Kaste und kennt überhaupt den Gegensatz von Gebildeten und Ungebildeten nicht mehr. Damit stellt sie sich in Gegensatz zu aller Kultur der Renaissance, welche bisher uns neuere Menschen in ihr Licht und ihren Schatten eingehüllt hatte. Indem die Kunst Wagners uns auf Augenblicke aus ihr hinausträgt, vermögen wir ihren gleichartigen Charakter überhaupt erst zu überschauen: da erscheinen uns Goethe und Leopardi als die letzten großen Nachzügler der italienischen Philologen-Poeten, der Faust als die Darstellung des unvolkstümlichsten Rätsels, welches sich die neueren Zeiten, in der Gestalt des nach Leben dürstenden theoretischen Menschen, aufgegeben haben; selbst das Goethesche Lied ist

dem Volksliede nachgesungen, nicht vorgesungen, und sein Dichter wußte, weshalb er mit so vielem Ernst einem Anhänger den Gedanken ans Herz legte: »Meine Sachen können nicht populär werden; wer daran denkt und dafür strebt, ist im Irrtum.«
Daß es überhaupt eine Kunst geben könne, so sonnenhaft hell und warm, um ebenso die Niedrigen und Armen im Geiste mit ihrem Strahle zu erleuchten als den Hochmut der Wissenden zu schmelzen: das mußte erfahren werden und war nicht zu erraten. Aber im Geiste eines jeden, der es jetzt erfährt, muß es alle Begriffe über Erziehung und Kultur umwenden; ihm wird der Vorhang vor einer Zukunft aufgezogen scheinen, in welcher es keine höchsten Güter und Beglückungen mehr gibt, die nicht den Herzen aller gemein sind. Der Schimpf, welcher bisher dem Worte »gemein« anklebte, wird dann von ihm hinweggenommen sein.
Wenn sich solchermaßen die Ahnung in die Ferne wagt, wird die bewußte Einsicht die unheimliche soziale Unsicherheit unsrer Gegenwart ins Auge fassen und sich die Gefährdung einer Kunst nicht verbergen, welche gar keine Wurzeln zu haben scheint, wenn nicht in jener Ferne und Zukunft, und die ihre blühenden Zweige uns eher zu Gesicht kommen läßt als das Fundament, aus dem sie hervorwächst. Wie retten wir diese heimatlose Kunst hindurch, bis zu jener Zukunft? Wie dämmen wir die Flut der überall unvermeidlich scheinenden Revolution so ein, daß mit dem vielen, was dem Untergange geweiht ist und ihn verdient, nicht auch die beseligende Antizipation und Bürgschaft einer besseren Zukunft, einer freieren Menschheit weggeschwemmt wird?
Wer so sich fragt und sorgt, hat an Wagners Sorge Anteil genommen; er wird mit ihm sich getrieben fühlen, nach jenen bestehenden Mächten zu suchen, welche den guten Willen haben, in den Zeiten der Erdbeben und Umstürze die Schutzgeister der edelsten Besitztümer der Menschheit zu sein. Einzig in diesem Sinne frägt Wagner durch seine Schriften bei den Gebildeten an, ob sie sein Vermächtnis, den kostbaren Ring seiner

Kunst, mit in ihren Schatzhäusern bergen wollen; und selbst das großartige Vertrauen, welches Wagner dem deutschen Geiste auch in seinen politischen Zielen geschenkt hat, scheint mir darin seinen Ursprung zu haben, daß er dem Volke der Reformation jene Kraft, Milde und Tapferkeit zutraut, welche nötig ist, um »das Meer der Revolution in das Bett des ruhig fließenden Stromes der Menschheit einzudämmen«: und fast möchte ich meinen, daß er dies und nichts anderes durch die Symbolik seines Kaisermarsches ausdrücken wollte.

Im allgemeinen ist aber der hilfreiche Drang des schaffenden Künstlers zu groß, der Horizont seiner Menschenliebe zu umfänglich, als daß sein Blick an den Umzäunungen des nationalen Wesens hängen bleiben sollte. Seine Gedanken sind, wie die jedes guten und großen Deutschen, *überdeutsch,* und die Sprache seiner Kunst redet nicht zu Völkern, sondern zu Menschen.

Aber zu Menschen der Zukunft.

Das ist der ihm eigentümliche Glaube, seine Qual und seine Auszeichnung. Kein Künstler irgendwelcher Vergangenheit hat eine so merkwürdige Mitgift von seinem Genius erhalten, niemand hat außer ihm diesen Tropfen herbster Bitterkeit mit jedem nektarischen Tranke, welchen die Begeisterung ihm reichte, trinken müssen. Es ist nicht, wie man glauben möchte, der verkannte, der gemißhandelte, der in seiner Zeit gleichsam flüchtige Künstler, welcher sich diesen Glauben, zur Notwehr, gewann: Erfolg und Mißerfolg bei den Zeitgenossen konnten ihn nicht aufheben und nicht begründen. Er gehört nicht zu diesem Geschlecht, mag es ihn preisen oder verwerfen: – das ist das Urteil seines Instinktes; und ob je ein Geschlecht zu ihm gehören werde, das kann dem, welcher daran nicht glauben mag, auch nicht bewiesen werden. Aber wohl kann auch dieser Ungläubige die Frage stellen, welcher Art ein Geschlecht sein müsse, in dem Wagner sein »Volk« wiedererkennen würde, als den Inbegriff aller derjenigen, welche eine gemeinsame Not empfinden und sich von ihr durch eine gemeinsame Kunst erlösen wollen. Schiller freilich ist gläubiger und hoffnungsvoller gewesen: er hat nicht gefragt, wie wohl eine Zukunft aussehen werde, *wenn* der Instinkt des Künstlers, der von ihr wahrsagt, recht behalten sollte, vielmehr von den Künstlern *gefordert:*

Erhebet euch mit kühnem Flügel
Hoch über euren Zeitenlauf!
Fern dämmre schon in eurem Spiegel
Das kommende Jahrhundert auf!

11

Die gute Vernunft bewahre uns vor dem Glauben, daß die Menschheit irgendwann einmal endgültige ideale Ordnungen finden werde, und daß dann das Glück mit immer gleichem Strahle, gleich der Sonne der Tropenländer, auf die solchermaßen Geordneten niederbrennen müsse: mit einem solchen Glauben hat Wagner nichts zu tun, er ist kein Utopist. Wenn er des Glaubens an die Zukunft nicht entraten kann, so heißt dies gerade nur so viel, daß er an den jetzigen Menschen Eigenschaften wahrnimmt, welche nicht zum unveränderlichen Charakter und Knochenbau des menschlichen Wesens gehören, sondern wandelbar, ja vergänglich sind, und daß gerade *dieser Eigenschaften wegen* die Kunst unter ihnen ohne Heimat und er selber der vorausgesendete Bote einer andern Zeit sein müsse. Kein goldenes Zeitalter, kein unbewölkter Himmel ist diesen kommenden Geschlechtern beschieden, auf welche ihn sein Instinkt anweist, und deren ungefähre Züge aus der Geheimschrift seiner Kunst so weit zu erraten sind, als es möglich ist, von der Art der Befriedigung auf die Art der Not zu schließen. Auch die übermenschliche Güte und Gerechtigkeit wird nicht wie ein unbeweglicher Regenbogen über das Gefilde dieser Zukunft gespannt sein. Vielleicht wird jenes Geschlecht im ganzen sogar böser erscheinen als das jetzige – denn es wird, im Schlimmen wie im Guten, *offener* sein; ja es wäre möglich, daß seine Seele, wenn sie einmal in vollem, freiem Klange sich ausspräche, unsere Seelen in ähnlicher Weise erschüttern und erschrecken würde, wie wenn die Stimme irgendeines bisher versteckten bösen Naturgeistes laut geworden wäre. Oder wie klingen diese Sätze an unser Ohr: daß die Leidenschaft besser ist als der Stoizismus und die Heuchelei, daß Ehrlich-sein, selbst im Bösen, besser ist, als sich selber an die Sittlichkeit des Herkommens verlieren, daß der freie Mensch sowohl gut als böse sein kann, daß aber der unfreie Mensch eine Schande der Natur ist und an keinem himmlischen noch irdischen Troste Anteil hat; endlich, daß jeder, der frei werden will, es durch sich selber werden muß, und daß niemandem die Freiheit als ein Wundergeschenk in den Schoß fällt. Wie schrill und unheimlich dies auch klingen möge: es sind Töne aus jener zukünftigen Welt, welche *der Kunst wahrhaftig bedürftig* ist und von ihr auch wahrhafte Befriedigungen erwarten kann; es ist die Sprache der auch im Menschlichen wiederhergestellten Natur, es ist genau das, was ich früher richtige Empfindung im Gegensatz zu der jetzt herrschenden unrichtigen Empfindung nannte.

Nun aber gibt es allein für die Natur, nicht für die Unnatur und die unrichtige Empfindung, wahre Befriedigungen und Erlösungen. Der Unnatur, wenn sie einmal zum Bewußtsein über sich gekommen ist, bleibt nur die Sehnsucht ins Nichts übrig, die Natur dagegen begehrt nach Verwandlung durch Liebe: jene will *nicht* sein, diese will *anders* sein. Wer dies begriffen hat, führe sich jetzt in aller Stille der Seele die schlichten Motive der Wagnerschen Kunst vorüber, um sich zu fragen, ob mit ihnen die Natur oder die Unnatur ihre Ziele, wie diese eben bezeichnet wurden, verfolgt.

Der Unstete, Verzweifelte findet durch die erbarmende Liebe eines Weibes, das lieber sterben als ihm untreu sein will, die Erlösung von seiner Qual: das Motiv des fliegenden Holländers. – Die Liebende, allem eignen Glück entsagend, wird in einer himmlischen Wandlung von *amor* in *caritas,* zur Heiligen, und rettet die Seele des Geliebten: Motiv des Tannhäuser. – Das Herrlichste, Höchste kommt verlangend herab zu den Menschen und will nicht nach dem Woher? gefragt sein; es geht, als die unselige Frage gestellt wird, mit schmerzlichem Zwang in sein höheres Leben zurück: Motiv des Lohengrin. – Die liebende Seele des Weibes und ebenso das Volk nehmen willig den neuen beglückenden Genius auf, obschon die Pfleger des Überlieferten und Herkömmlichen ihn von sich stoßen und verlästern: Motiv der Meistersinger. – Zwei Liebende, ohne Wissen über ihr Geliebt-sein, sich vielmehr tief verwundet und verachtet glaubend, begehren voneinander den Todestrank zu trinken, scheinbar zur Sühne der Beleidigung, in Wahrheit aber aus einem unbewußten Drange: sie wollen durch den Tod von aller Trennung und Verstellung befreit sein. Die geglaubte Nähe des Todes löst ihre Seele und führt sie in ein kurzes, schauervolles Glück, wie als ob sie wirklich dem Tage, der Täuschung, ja dem Leben entronnen wären: Motiv in Tristan und Isolde.

Im Ringe des Nibelungen ist der tragische Held ein Gott, dessen Sinn nach Macht dürstet, und der, indem er alle Wege geht, sie zu gewinnen, sich durch Verträge bindet, seine Freiheit verliert und in den Fluch, welcher auf der Macht liegt, verflochten wird. Er erfährt seine Unfreiheit gerade darin, daß er kein Mittel mehr hat, sich des goldenen Ringes, des Inbegriffs aller Erdenmacht und zugleich der höchsten Gefahren für ihn selbst, solange er in dem Besitze seiner Feinde ist, zu bemächtigen: die Furcht vor dem Ende und der Dämmerung aller Götter überkommt ihn und ebenso die Verzweiflung darüber, diesem Ende nur entgegensehen, nicht entgegenwirken zu können. Er bedarf des freien furchtlosen Menschen, welcher, ohne seinen Rat und Beistand, ja im Kampfe wider die göttliche Ordnung, von sich aus die dem Gotte versagte Tat vollbringt: er sieht ihn nicht, und gerade dann, wenn eine neue Hoffnung noch erwacht, muß er dem Zwange, der ihn bindet, gehorchen: durch seine Hand muß das Liebste vernichtet, das reinste Mitleiden mit seiner Not bestraft werden. Da ekelt ihn endlich vor der Macht, welche das Böse und die Unfreiheit im Schoße trägt, sein Wille bricht sich, er selber verlangt nach dem Ende, das ihm von ferne her droht. Und jetzt erst geschieht das früher Ersehnteste: der freie furchtlose Mensch erscheint, er ist im Widerspruche gegen alles Herkommen entstanden; seine Erzeuger büßen es, daß ein Bund wider die Ordnung der Natur und Sitte sie verknüpfte: sie gehn zugrunde, aber Siegfried lebt. Im Anblick seines herrlichen Werdens und Aufblühens weicht der Ekel aus der Seele Wotans, er geht dem Geschicke des Helden mit dem Auge der väterlichsten Liebe und Angst nach. Wie er das Schwert sich schmiedet, den Drachen tötet, den Ring gewinnt, dem listigsten Truge entgeht, Brünnhilde erweckt, wie der Fluch, der auf dem Ringe ruht, auch ihn nicht verschont, ihm nah und näher kommt, wie er, treu in Untreue, das Liebste aus Liebe verwundend, von den Schatten und Nebeln der Schuld umhüllt wird, aber zuletzt lauter wie die Sonne heraustaucht und untergeht, den ganzen Himmel mit seinem Feuerglanze entzündend und die Welt vom Fluche reinigend, – das alles schaut der Gott, dem der waltende Speer im Kampfe mit dem Freiesten zerbrochen ist und der seine Macht an ihn verloren hat, voller Wonne am eignen Unterliegen, voller Mitfreude und Mitleiden mit seinem Überwinder: sein Auge liegt mit dem Leuchten einer schmerzlichen Seligkeit auf den letzten Vorgängen, er ist frei geworden in Liebe, frei von sich selbst.

Und nun fragt euch selber, ihr Geschlechter jetzt lebender Menschen! Ward dies *für euch* gedichtet? Habt ihr den Mut, mit eurer Hand auf die Sterne dieses ganzen Himmelsgewölbes von Schönheit und Güte zu zeigen und zu sagen: es ist *unser* Leben, das Wagner unter die Sterne versetzt hat?

Wo sind unter euch die Menschen, welche das göttliche Bild Wotans sich nach ihrem Leben zu deuten vermögen und welche selber immer größer werden, je mehr sie, wie er, zurücktreten? Wer von euch will auf Macht verzichten, wissend und erfahrend, daß die Macht böse ist? Wo sind die, welche wie Brünnhilde aus Liebe ihr Wissen dahingeben und zuletzt doch ihrem Leben das allerhöchste Wissen entnehmen: »trauernder Liebe tiefstes Leid schloß die Augen mir auf«. Und die Freien, Furchtlosen, in unschuldiger Selbstigkeit aus sich Wachsenden und Blühenden, die Siegfriede unter euch?

Wer so fragt, und vergebens fragt, der wird sich nach der Zukunft umsehen müssen; und sollte sein Blick in irgendwelcher Ferne gerade noch jenes »Volk« entdecken, welches seine eigne Geschichte aus den Zeichen der Wagnerschen Kunst herauslesen darf, so versteht er zuletzt auch, *was Wagner diesem Volke sein wird:* – etwas, das er uns allen nicht sein kann, nämlich nicht der Seher einer Zukunft, wie er uns vielleicht erscheinen möchte, sondern der Deuter und Verklärer einer Vergangenheit.

DER FALL WAGNER

Ein Musikanten-Problem

(1888)

Vorwort

Ich mache mir eine kleine Erleichterung. Es ist nicht nur die reine Bosheit, wenn ich in dieser Schrift Bizet auf Kosten Wagners lobe. Ich bringe unter vielen Späßen eine Sache vor, mit der nicht zu spaßen ist. Wagner den Rücken zu kehren, war für mich ein Schicksal; irgend etwas nachher wieder gernzuhaben, ein Sieg. Niemand war vielleicht gefährlicher mit der Wagnerei verwachsen, niemand hat sich härter gegen sie gewehrt, niemand sich mehr gefreut, von ihr los zu sein. Eine lange Geschichte! – Will man ein Wort dafür? – Wenn ich Moralist wäre, wer weiß, wie ich's nennen würde! Vielleicht *Selbstüberwindung*. – Aber der Philosoph liebt die Moralisten nicht ... er liebt auch die schönen Worte nicht ...

Was verlangt ein Philosoph am ersten und letzten von sich? Seine Zeit in sich zu überwinden, »zeitlos« zu werden. Womit also hat er seinen härtesten Strauß zu bestehn? Mit dem, worin gerade er das Kind seiner Zeit ist. Wohlan! Ich bin so gut wie Wagner das Kind dieser Zeit, will sagen ein *décadent:* nur daß ich das begriff, nur daß ich mich dagegen wehrte. Der Philosoph in mir wehrte sich dagegen.

Was mich am tiefsten beschäftigt hat, das ist in der Tat das Problem der *décadence* – ich habe Gründe dazu gehabt. »Gut und Böse« ist nur eine Spielart jenes Problems. Hat man sich für die Abzeichen des Niedergangs ein Auge gemacht, so versteht man auch die Moral – man versteht, was sich unter ihren heiligsten Namen und Wertformeln versteckt: das *verarmte* Leben, der Wille zum Ende, die große Müdigkeit. Moral *verneint* das Leben ... Zu einer solchen Aufgabe war mir eine Selbstdisziplin vonnöten – Partei zu nehmen *gegen* alles Kranke an mir, eingerechnet Wagner, eingerechnet Schopenhauer, eingerechnet die ganze moderne »Menschlichkeit«. – Eine tiefe Entfremdung, Erkältung, Ernüchterung gegen alles Zeitliche, Zeitgemäße: und als höchsten Wunsch das Auge *Zarathustras,* ein Auge, das die ganze Tatsache Mensch aus ungeheurer Ferne übersieht – *unter* sich sieht ... Einem solchen Ziele – welches Opfer wäre ihm nicht gemäß? welche »Selbst-Überwindung«! welche »Selbst-Verleugnung«!

Mein größtes Erlebnis war eine *Genesung.* Wagner gehört bloß zu meinen Krankheiten.

Nicht daß ich gegen diese Krankheit undankbar sein möchte. Wenn ich mit dieser Schrift den Satz aufrechterhalte, daß Wagner *schädlich* ist, so will ich nicht weniger aufrechthalten, *wem* er trotzdem unentbehrlich ist – dem Philosophen. Sonst kann man vielleicht ohne Wagner auskommen: dem Philosophen aber steht es nicht frei, Wagners zu entraten. Er hat das schlechte Gewissen seiner Zeit zu sein – dazu muß er deren bestes Wissen haben. Aber wo fände er für das Labyrinth der modernen Seele einen eingeweihteren Führer, einen beredteren Seelenkündiger als Wagner? Durch Wagner redet die Modernität ihre *intimste* Sprache: sie verbirgt weder ihr Gutes, noch ihr Böses, sie hat alle Scham vor sich verlernt. Und umgekehrt: man hat beinahe eine Abrechnung über den *Wert* des Modernen gemacht, wenn man über Gut und Böse bei Wagner mit sich im klaren ist. – Ich verstehe es vollkommen, wenn heut ein Musiker sagt: »ich hasse Wagner, aber ich halte keine andere Musik mehr aus«. Ich würde aber auch einen Philosophen verstehn, der erklärte: »Wagner *resümiert* die Modernität. Es hilft nichts, man muß erst Wagnerianer sein ...«

Der Fall Wagner

Turiner Brief vom Mai 1888

ridendo dicere *severum* ...

I

Ich hörte gestern – werden Sie es glauben? – zum zwanzigsten Male *Bizets* Meisterstück. Ich harrte wieder mit einer sanften Andacht aus, ich lief wieder nicht davon. Dieser Sieg über meine Ungeduld überrascht mich. Wie ein solches Werk vervollkommnet! Man wird selbst dabei zum »Meisterstück«. – Und wirklich schien ich mir jedesmal, daß ich *Carmen* hörte, mehr Philosoph, ein besserer Philosoph, als ich sonst mir scheine: so langmütig geworden, so glücklich, so indisch, so *seßhaft* ... Fünf Stunden Sitzen: erste Etappe der Heiligkeit! – Darf ich sagen, daß Bizets Orchesterklang fast der einzige ist, den ich noch aushalte? Jener *andere* Orchesterklang, der jetzt obenauf ist, der Wagnersche, brutal, künstlich und »unschuldig« zugleich und damit zu den drei Sinnen der modernen Seele auf einmal redend – wie nachteilig ist mir dieser Wagnersche Orchesterklang! Ich heiße ihn Schirokko. Ein verdrießlicher Schweiß bricht an mir aus. Mit *meinem* guten Wetter ist es vorbei.

Diese Musik scheint mir vollkommen. Sie kommt leicht, biegsam, mit Höflichkeit daher. Sie ist liebenswürdig, sie *schwitzt* nicht. »Das Gute ist leicht, alles Göttliche läuft auf zarten Füßen«: erster Satz meiner Ästhetik. Diese Musik ist böse, raffiniert, fatalistisch: sie bleibt dabei populär – sie hat das Raffinement einer Rasse, nicht eines einzelnen. Sie ist reich. Sie ist präzis. Sie baut, organisiert, wird fertig: damit macht sie den Gegensatz zum Polypen in der Musik, zur »unendlichen Melodie«. Hat man je schmerzhaftere tragische Akzente auf der Bühne gehört? Und wie werden dieselben erreicht! Ohne Grimasse! Ohne Falschmünzerei! Ohne die *Lüge* des großen Stils! – Endlich: diese Musik nimmt den Zuhörer als intelligent, selbst als Musiker – sie ist auch *da*mit das Gegenstück zu Wagner, der, was immer sonst, jedenfalls das *unhöflichste* Genie der Welt war

(Wagner nimmt uns gleichsam als ob – –, er sagt ein Ding so oft, bis man verzweifelt – bis man's glaubt).
Und nochmals: ich werde ein besserer Mensch, wenn mir dieser Bizet zuredet. Auch ein besserer Musikant, ein besserer *Zuhörer*. Kann man überhaupt noch besser zuhören? – Ich vergrabe meine Ohren noch *unter* diese Musik, ich höre deren Ursache. Es scheint mir, daß ich ihre Entstehung erlebe – ich zittere vor Gefahren, die irgendein Wagnis begleiten, ich bin entzückt über Glücksfälle, an denen Bizet unschuldig ist. – Und seltsam! im Grunde denke ich nicht daran, oder *weiß* es nicht, wie sehr ich daran denke. Denn ganz andere Gedanken laufen mir währenddem durch den Kopf ... Hat man bemerkt, daß die Musik den Geist *frei macht?* Dem Gedanken Flügel gibt? daß man um so mehr Philosoph wird, je mehr man Musiker wird? – der graue Himmel der Abstraktion wie von Blitzen durchzuckt; das Licht stark genug für alles Filigran der Dinge; die großen Probleme nahe zum Greifen; die Welt wie von einem Berge aus überblickt. – Ich definierte eben das philosophische Pathos. – Und unversehens fallen mir *Antworten* in den Schoß, ein kleiner Hagel von Eis und Weisheit, von *gelösten* Problemen ... Wo bin ich? – Bizet macht mich fruchtbar. Alles Gute macht mich fruchtbar. Ich habe keine andre Dankbarkeit, ich habe auch keinen andern *Beweis* dafür, was gut ist.

2

Auch dies Werk erlöst; nicht Wagner allein ist ein »Erlöser«. Mit ihm nimmt man Abschied vom *feuchten* Norden, von allem Wasserdampf des Wagnerschen Ideals. Schon die Handlung erlöst davon. Sie hat von Mérimée noch die Logik in der Passion, die kürzeste Linie, die *harte* Notwendigkeit; sie hat vor allem, was zur heißen Zone gehört, die Trockenheit der Luft, die *limpidezza* in der Luft. Hier ist in jedem Betracht das Klima verändert. Hier redet eine andere Sinnlichkeit, eine andere Sensibilität, eine andre Heiterkeit. Diese Musik ist heiter; aber nicht von einer französischen oder deutschen Heiterkeit. Ihre Heiterkeit ist afrikanisch; sie hat das Verhängnis über sich, ihr Glück ist kurz, plötzlich, ohne Pardon. Ich beneide Bizet darum, daß er den Mut zu dieser Sensibilität gehabt hat, die in der gebildeten Musik Europas bisher noch keine Sprache hatte – zu dieser südlicheren, bräuneren, verbrannteren Sensibilität ... Wie die gelben Nachmittage ihres Glücks uns wohltun! Wir blicken dabei hinaus: sahen wir je das Meer *glätter?* – Und wie uns der maurische Tanz beruhigend zuredet! Wie in seiner lasziven Schwermut selbst unsre Unersättlichkeit einmal Sattheit lernt! – Endlich die Liebe, die in die *Natur* zurückübersetzte Liebe! *Nicht* die Liebe einer »höheren Jungfrau«! Keine Senta-Sentimentalität! Sondern die Liebe als Fatum, als *Fatalität,* zynisch, unschuldig, grausam – und eben darin *Natur!* Die Liebe, die in ihren Mitteln der Krieg, in ihrem Grunde der *Todhaß* der Geschlechter ist! – Ich weiß keinen Fall, wo der tragische Witz, der das Wesen der Liebe macht, so streng sich ausdrückte, so schrecklich zur Formel würde, wie im letzten Schrei Don Josés, mit dem das Werk schließt:

»Ja! *Ich* habe sie getötet,
ich – meine angebetete Carmen!«

– Eine solche Auffassung der Liebe (die einzige, die des Philosophen würdig ist –) ist selten: sie hebt ein Kunstwerk unter tausenden heraus. Denn im Durchschnitt machen es die Künstler wie alle Welt, sogar schlimmer – sie *mißverstehen* die Liebe. Auch Wagner hat sie mißverstanden. Sie glauben in ihr selbstlos zu sein, weil sie den Vorteil eines andren Wesens wollen, oft wider ihren eigenen Vorteil. Aber dafür wollen sie jenes andre Wesen *besitzen* ... Sogar Gott macht hier keine Ausnahme. Er ist ferne davon zu denken »was geht dich's an, wenn ich dich liebe?« – er wird schrecklich, wenn man ihn nicht wiederliebt. *L'amour* – mit diesem Spruch behält man unter Göttern und Menschen recht – *est de tous les sentiments le plus égoïste, et par conséquent, lorsqu'il est blessé, le moins généreux*. (B. Constant.)

3

Sie sehen bereits, wie sehr mich diese Musik *verbessert? – Il faut méditerraniser la musique:* ich habe Gründe zu dieser Formel (Jenseits von Gut und Böse: II 723). Die Rückkehr zur Natur, Gesundheit, Heiterkeit, Jugend, *Tugend!* – Und doch war ich einer der korruptesten Wagnerianer . . . Ich war imstande, Wagner ernst zu nehmen . . . Ah dieser alte Zauberer! was hat er uns alles vorgemacht! Das erste, was seine Kunst uns anbietet, ist ein Vergrößerungsglas: man sieht hinein, man traut seinen Augen nicht – alles wird groß, *selbst Wagner wird groß* . . . Was für eine kluge Klapperschlange! Das ganze Leben hat sie uns von »Hingebung«, von »Treue«, von »Reinheit« vorgeklappert, mit einem Lobe auf die Keuschheit zog sie sich aus der *verderbten* Welt zurück! – Und wir haben's ihr geglaubt . . .

– Aber Sie hören mich nicht? Sie ziehen selbst das *Problem* Wagners dem Bizets vor? Auch ich unterschätze es nicht, es hat seinen Zauber. Das Problem der Erlösung ist selbst ein ehrwürdiges Problem. Wagner hat über nichts so tief wie über die Erlösung nachgedacht: seine Oper ist die Oper der Erlösung. Irgendwer will bei ihm immer erlöst sein: bald ein Männlein, bald ein Fräulein – dies ist *sein* Problem. – Und wie reich er sein Leitmotiv variiert! Welche seltenen, welche tiefsinnigen Ausweichungen! Wer lehrte es uns, wenn nicht Wagner, daß die Unschuld mit Vorliebe interessante Sünder erlöst? (der Fall im Tannhäuser). Oder daß selbst der ewige Jude erlöst wird, *seßhaft* wird, wenn er sich verheiratet? (der Fall im Fliegenden Holländer). Oder daß alte verdorbene Frauenzimmer es vorziehn, von keuschen Jünglingen erlöst zu werden? (der Fall Kundry). Oder daß schöne Mädchen am liebsten durch einen Ritter erlöst werden, der Wagnerianer ist? (der Fall in den Meistersingern). Oder daß auch verheiratete Frauen gerne durch einen Ritter erlöst werden? (der Fall Isoldens). Oder daß »der alte Gott«, nachdem er sich moralisch in jedem Betracht kompromittiert hat, endlich durch einen Freigeist und Immoralisten erlöst wird? (der Fall im »Ring«). Bewundern Sie insonderheit diesen letzten Tiefsinn!

Verstehn Sie ihn? Ich – hüte mich, ihn zu verstehn ... Daß man noch andere Lehren aus den genannten Werken ziehn kann, möchte ich eher beweisen als bestreiten. Daß man durch ein Wagnersches Ballett zur Verzweiflung gebracht werden kann – *und* zur Tugend! (nochmals der Fall Tannhäuser). Daß es von den schlimmsten Folgen sein kann, wenn man nicht zur rechten Zeit zu Bett geht (nochmals der Fall Lohengrins). Daß man nie zu genau wissen soll, mit wem man sich eigentlich verheiratet (zum drittenmal der Fall Lohengrins). – Tristan und Isolde verherrlichen den vollkommnen Ehegatten, der, in einem gewissen Falle, nur eine Frage hat: »aber warum habt ihr mir das nicht eher gesagt? Nichts einfacher als das!« Antwort:

»Das kann ich dir nicht sagen;
und was du frägst,
das kannst du nie erfahren.«

Der Lohengrin enthält eine feierliche In-Acht-Erklärung des Forschens und Fragens. Wagner vertritt damit den christlichen Begriff »du sollst und mußt *glauben*«. Es ist ein Verbrechen am Höchsten, am Heiligsten, wissenschaftlich zu sein ... Der fliegende Holländer predigt die erhabne Lehre, daß das Weib auch den Unstetesten festmacht, wagnerisch geredet, »erlöst«. Hier gestatten wir uns eine Frage. Gesetzt nämlich, dies wäre wahr, wäre es damit auch schon wünschenswert? – Was wird aus dem »ewigen Juden«, den ein Weib anbetet und *festmacht?* Er hört bloß auf, ewig zu sein; er verheiratet sich, er geht uns nichts mehr an. – Ins Wirkliche übersetzt: die Gefahr der Künstler, der Genies – und das sind ja die »ewigen Juden« – liegt im Weibe: die *anbetenden* Weiber sind ihr Verderb. Fast keiner hat Charakter genug, um nicht verdorben – »erlöst« zu werden, wenn er sich als Gott behandelt fühlt – er *kondeszendiert* alsbald zum Weibe. – Der Mann ist feige vor allem Ewig-Weiblichen: das wissen die Weiblein. – In vielen Fällen der weiblichen Liebe, und vielleicht gerade in den berühmtesten, ist Liebe nur ein feinerer *Parasitismus,* ein Sich-Einnisten in eine fremde Seele, mitunter selbst in ein fremdes Fleisch – ach! wie sehr immer auf »des Wirtes« Unkosten! – –

Man kennt das Schicksal Goethes im moralinsauren altjungfernhaften Deutschland. Er war den Deutschen immer anstößig, er hat ehrliche Bewunderer nur unter Jüdinnen gehabt. Schiller, der »edle« Schiller, der ihnen mit großen Worten um die Ohren schlug – *der* war nach ihrem Herzen. Was warfen sie Goethe vor? Den »Berg der Venus«; und daß er venetianische Epigramme gedichtet habe. Schon Klopstock hielt ihm eine Sittenpredigt; es gab eine Zeit, wo Herder, wenn er von Goethe sprach, mit Vorliebe das Wort »Priap« gebrauchte. Selbst der »Wilhelm Meister« galt nur als Symptom des Niedergangs, als moralisches »Auf-den-Hund-Kommen«. Die »Menagerie von zahmem Vieh«, die »Nichtswürdigkeit« des Helden darin erzürnte zum Beispiel Niebuhr: der endlich in eine Klage ausbricht, welche *Biterolf* hätte absingen können: »Nichts macht leicht einen schmerzlicheren Eindruck, als wenn ein großer Geist sich seiner Flügel beraubt und seine Virtuosität in etwas weit Geringerem sucht, *indem er dem Höheren entsagt*« . . . Vor allem aber war die höhere Jungfrau empört: alle kleinen Höfe, alle Art »Wartburg« in Deutschland bekreuzte sich vor Goethe, vor dem »unsauberen Geist« in Goethe. – *Diese* Geschichte hat Wagner in Musik gesetzt. Er *erlöst* Goethe, das versteht sich von selbst; aber so, daß er, mit Klugheit, zugleich die Partei der höheren Jungfrau nimmt. Goethe wird gerettet: ein Gebet rettet ihn, eine höhere Jungfrau *zieht ihn hinan* . . .

– Was Goethe über Wagner gedacht haben würde? – Goethe hat sich einmal die Frage vorgelegt, was die Gefahr sei, die über allen Romantikern schwebe: das Romantiker-Verhängnis. Seine Antwort ist: »am Wiederkäuen sittlicher und religiöser Absurditäten zu ersticken«. Kürzer: *Parsifal* – – Der Philosoph macht dazu noch einen Epilog. *Heiligkeit* – das letzte vielleicht, was Volk und Weib von höheren Werten noch zu Gesicht bekommt, der Horizont des Ideals für alles, was von Natur *myops* ist. Unter Philosophen aber, wie jeder Horizont, ein bloßes Nichtverständnis, eine Art Torschluß vor dem, wo *ihre* Welt erst *beginnt*

– *ihre* Gefahr, *ihr* Ideal, *ihre* Wünschbarkeit ... Höflicher gesagt: *la philosophie ne suffit pas au grand nombre. Il lui faut la sainteté.* –

4

– Ich erzähle noch die Geschichte des »Rings«. Sie gehört hierher. Auch sie ist eine Erlösungsgeschichte: nur daß diesmal Wagner es ist, der erlöst wird. – Wagner hat, sein halbes Leben lang, an die *Revolution* geglaubt, wie nur irgendein Franzose an sie geglaubt hat. Er suchte nach ihr in der Runenschrift des Mythus, er glaubte in *Siegfried* den typischen Revolutionär zu finden. – »Woher stammt alles Unheil in der Welt?« fragte sich Wagner. Von »alten Verträgen«: antwortete er, gleich allen Revolutions-Ideologen. Auf deutsch: von Sitten, Gesetzen, Moralen, Institutionen, von alledem, worauf die alte Welt, die alte Gesellschaft ruht. »Wie schafft man das Unheil aus der Welt? Wie schafft man die alte Gesellschaft ab?« Nur dadurch, daß man den »Verträgen« (dem Herkommen, der Moral) den Krieg erklärt. *Das tut Siegfried.* Er beginnt früh damit, sehr früh: seine Entstehung ist bereits eine Kriegserklärung an die Moral – er kommt aus Ehebruch, aus Blutschande zur Welt ... *Nicht* die Sage, sondern Wagner ist der Erfinder dieses radikalen Zugs; an diesem Punkte hat er die Sage *korrigiert* ... Siegfried fährt fort, wie er begonnen hat: er folgt nur dem ersten Impulse, er wirft alles Überlieferte, alle Ehrfurcht, alle *Furcht* über den Haufen. Was ihm mißfällt, sticht er nieder. Er rennt alten Gottheiten unehrerbietig wider den Leib. Seine Hauptunternehmung aber geht dahin, *das Weib zu emanzipieren* – »Brünnhilde zu erlösen« ... Siegfried *und* Brünnhilde; das Sakrament der freien Liebe; der Aufgang des goldnen Zeitalters; die Götterdämmerung der alten Moral – *das Übel ist abgeschafft* ... Wagners Schiff lief lange Zeit lustig auf *dieser* Bahn. Kein Zweifel, Wagner suchte auf ihr *sein* höchstes Ziel. – Was geschah? Ein Unglück. Das Schiff fuhr auf ein Riff; Wagner saß fest. Das Riff war die Schopenhauersche Philosophie; Wagner saß auf einer *konträren* Weltansicht fest. Was hatte er in Musik gesetzt? Den Optimismus. Wagner schämte sich. Noch dazu einen Optimismus, für den Schopenhauer ein böses Beiwort geschaffen hatte – den *ruchlosen* Optimismus. Er schämte sich noch einmal. Er besann sich lange, seine Lage schien verzweifelt ... Endlich dämmerte ihm ein Ausweg: das Riff, an dem er scheiterte, wie? wenn er es als *Ziel,* als Hinterabsicht, als eigentlichen Sinn seiner Reise interpretierte? *Hier* zu scheitern – das war auch ein Ziel. *Bene navigavi, cum naufragium feci* ... Und er übersetzte den »Ring« ins Schopenhauersche. Alles läuft schief, alles geht zugrunde, die neue Welt ist so schlimm wie die alte – das *Nichts,* die indische Circe winkt ... Brünnhilde, die nach der ältern Absicht sich mit einem Liede zu Ehren der freien Liebe zu verabschieden hatte, die Welt auf eine sozialistische Utopie vertröstend, mit der »alles gut wird«, bekommt jetzt etwas anderes zu tun. Sie muß erst Schopenhauer studieren; sie muß das vierte Buch der »Welt als Wille und Vorstellung« in Verse bringen. *Wagner war erlöst* ... Allen Ernstes, dies *war* eine Erlösung. Die Wohltat, die Wagner Schopenhauer verdankt, ist unermeßlich. Erst der *Philosoph der décadence* gab dem Künstler der *décadence sich selbst* – –

5

Dem *Künstler der décadence* – da steht das Wort. Und damit beginnt mein Ernst. Ich bin ferne davon, harmlos zuzuschauen, wenn dieser *décadent* uns die Gesundheit verdirbt – und die Musik dazu! Ist Wagner überhaupt ein Mensch? Ist er nicht eher eine Krankheit? Er macht alles krank, woran er rührt – *er hat die Musik krank gemacht* –

Ein typischer *décadent,* der sich notwendig in seinem verderbten Geschmack fühlt, der mit ihm einen höheren Geschmack in Anspruch nimmt, der seine Verderbnis als Gesetz, als Fortschritt, als Erfüllung in Geltung zu bringen weiß.

Und man wehrt sich nicht. Seine Verführungskraft steigt ins Ungeheure, es qualmt um ihn von Weihrauch, das Mißverständnis über ihn heißt sich »Evangelium« – er hat durchaus nicht bloß die *Armen des Geistes* zu sich überredet!

Ich habe Lust, ein wenig die Fenster aufzumachen. Luft! Mehr Luft! – –

Daß man sich in Deutschland über Wagner betrügt, befremdet mich nicht. Das Gegenteil würde mich befremden. Die Deutschen haben sich einen Wagner zurechtgemacht, den sie verehren können: sie waren noch nie Psychologen, sie sind damit dankbar, daß sie mißverstehn. Aber daß man sich auch in Paris über Wagner betrügt! wo man beinahe nichts andres mehr ist als Psycholog. Und in Sankt-Petersburg! wo man Dinge noch errät, die selbst in Paris nicht erraten werden. Wie verwandt muß Wagner der gesamten europäischen *décadence* sein, daß er von ihr nicht als *décadent* empfunden wird! Er gehört zu ihr: er ist ihr Protagonist, ihr größter Name ... Man ehrt sich, wenn man *ihn* in die Wolken hebt. – Denn daß man nicht gegen ihn sich wehrt, das ist selbst schon ein Zeichen von *décadence*. Der Instinkt ist geschwächt. Was man zu scheuen hätte, das zieht an. Man setzt an die Lippen, was noch schneller in den Abgrund treibt. – Will man ein Beispiel? Aber man hat nur das *régime* zu beobachten, das sich Anämische oder Gichtische oder Diabetiker selbst verordnen. Definition des Vegetariers: ein Wesen, das eine korroborierende Diät nötig hat. Das Schädliche als schädlich empfinden, sich etwas Schädliches verbieten *können* ist ein Zeichen noch von Jugend, von Lebenskraft. Den Erschöpften *lockt* das Schädliche: den Vegetarier das Gemüse. Die Krankheit selbst kann ein Stimulans des Lebens sein: nur muß man gesund genug für dies Stimulans sein! – Wagner vermehrt die Erschöpfung: *deshalb* zieht er die Schwachen und Erschöpften an. Oh über das Klapperschlangen-Glück des alten Meisters, da er gerade immer »die Kindlein« zu sich kommen sah! –

Ich stelle diesen Gesichtspunkt voran: Wagners Kunst ist krank. Die Probleme, die er auf die Bühne bringt – lauter Hysteriker-Probleme –, das Konvulsivische seines Affekts, seine überreizte Sensibilität, sein Geschmack, der nach immer schärferen Würzen verlangte, seine Instabilität, die er zu Prinzipien verkleidete, nicht am wenigsten die Wahl seiner Helden und Heldinnen, diese als physiologische Typen betrachtet (– eine Kranken-

Galerie! –): alles zusammen stellt ein Krankheitsbild dar, das keinen Zweifel läßt. *Wagner est une névrose.* Nichts ist vielleicht heute besser bekannt, nichts jedenfalls besser studiert als der Proteus-Charakter der Degenereszenz, der hier sich als Kunst und Künstler verpuppt. Unsre Ärzte und Physiologen haben in Wagner ihren interessantesten Fall, zum mindesten einen sehr vollständigen. Gerade, weil nichts moderner ist als diese Gesamterkrankung, diese Spätheit und Überreiztheit der nervösen Maschinerie, ist Wagner der *moderne Künstler par excellence,* der Cagliostro der Modernität. In seiner Kunst ist auf die verführerischste Art gemischt, was heute alle Welt am nötigsten hat – die drei großen Stimulantia der Erschöpften, das *Brutale,* das *Künstliche* und das *Unschuldige* (Idiotische).

Wagner ist ein großer Verderb für die Musik. Er hat in ihr das Mittel erraten, müde Nerven zu reizen – er hat die Msuik damit krank gemacht. Seine Erfindungsgabe ist keine kleine in der Kunst, die Erschöpftesten wieder aufzustacheln, die Halbtoten ins Leben zu rufen. Er ist der Meister hypnotischer Griffe, er wirft die Stärksten noch wie Stiere um. Der *Erfolg* Wagners – sein Erfolg bei den Nerven und folglich bei den Frauen – hat die ganze ehrgeizige Musiker-Welt zu Jüngern seiner Geheimkunst gemacht. Und nicht nur die ehrgeizige, auch die *kluge* . . . Man macht heute nur Geld mit kranker Musik; unsre großen Theater leben von Wagner.

6

– Ich gestatte mir wieder eine Erheiterung. Ich setze den Fall, daß der *Erfolg* Wagners leibhaft würde, Gestalt annähme, daß er, verkleidet zum menschenfreundlichen Musikgelehrten, sich unter junge Künstler mischte. Wie meinen Sie wohl, daß er sich da verlautbarte? –

Meine Freunde, würde er sagen, reden wir fünf Worte unter uns. Es ist leichter, schlechte Musik zu machen als gute. Wie? wenn es außerdem auch noch vorteilhafter wäre? wirkungsvoller, überredender, begeisternder, zuverlässiger? *wagnerischer?* . . *Pul-*

chrum est paucorum hominum. Schlimm genug! Wir verstehn Latein, wir verstehn vielleicht auch unsern Vorteil. Das Schöne hat seinen Haken: wir wissen das. Wozu also Schönheit? Warum nicht lieber das Große, das Erhabne, das Gigantische, das, was die *Massen* bewegt? – Und nochmals: es ist leichter, gigantisch zu sein als schön; wir wissen das ...

Wir kennen die Massen, wir kennen das Theater. Das Beste, was darin sitzt, deutsche Jünglinge, gehörnte Siegfriede und andre Wagnerianer, bedarf des Erhabenen, des Tiefen, des Überwältigenden. So viel vermögen wir noch. Und das andre, das auch noch darin sitzt, die Bildungs-Kretins, die kleinen Blasierten, die Ewig-Weiblichen, die Glücklich-Verdauenden, kurz das *Volk* – bedarf ebenfalls des Erhabenen, des Tiefen, des Überwältigenden. Das hat alles einerlei Logik. »Wer uns umwirft, der ist stark; wer uns erhebt, der ist göttlich; wer uns ahnen macht, der ist tief.« – Entschließen wir uns, meine Herrn Musiker: wir wollen sie umwerfen, wir wollen sie erheben, wir wollen sie ahnen machen. So viel vermögen wir noch.

Was das Ahnen-machen betrifft: so nimmt hier unser Begriff »Stil« seinen Ausgangspunkt. Vor allem kein Gedanke! Nichts ist kompromittierender als ein Gedanke! Sondern der Zustand *vor* dem Gedanken, das Gedräng der noch nicht geborenen Gedanken, das Versprechen zukünftiger Gedanken, die Welt, wie sie war, bevor Gott sie schuf – eine Rekrudeszenz des Chaos ... Das Chaos macht ahnen ...

In der Sprache des Meisters geredet: Unendlichkeit, aber ohne Melodie.

Was, zu zweit, das Umwerfen angeht, so gehört dies zum Teil schon in die Physiologie. Studieren wir vor allem die Instrumente. Einige von ihnen überreden selbst noch die Eingeweide (– sie *öffnen* die Tore, mit Händel zu reden), andre bezaubern das Rückenmark. Die Farbe des Klangs entscheidet hier; *was* erklingt, ist beinahe gleichgültig. Raffinieren wir in *diesem* Punkte! Wozu uns sonst verschwenden? Seien wir im Klang charakteristisch bis zur Narrheit! Man rechnet es unserm Geiste zu, wenn wir mit Klängen viel zu raten geben! Agazieren wir die Nerven, schlagen wir sie tot, handhaben wir Blitz und Donner – das wirft um . . .

Vor allem aber wirft die *Leidenschaft* um. – Verstehen wir uns über die Leidenschaft. Nichts ist wohlfeiler als die Leidenschaft! Man kann aller Tugenden des Kontrapunktes entraten, man braucht nichts gelernt zu haben – die Leidenschaft kann man immer! Die Schönheit ist schwierig: hüten wir uns vor der Schönheit! . . Und gar die *Melodie!* Verleumden wir, meine Freunde, verleumden wir, wenn anders es uns ernst ist mit dem Ideale, verleumden wir die Melodie! Nichts ist gefährlicher als eine schöne Melodie! Nichts verdirbt sicherer den Geschmack! Wir sind verloren, meine Freunde, wenn man wieder schöne Melodien liebt! . . .

Grundsatz: die Melodie ist unmoralisch. *Beweis:* Palestrina. *Nutzanwendung:* Parsifal. Der Mangel an Melodie heiligt selbst . . .

Und dies ist die Definition der Leidenschaft. Leidenschaft – oder die Gymnastik des Häßlichen auf dem Seile der Enharmonik. – Wagen wir es, meine Freunde, häßlich zu sein! Wagner hat es gewagt! Wälzen wir unverzagt den Schlamm der widrigsten Harmonien vor uns her! Schonen wir unsre Hände nicht! Erst damit werden wir *natürlich* . . .

Einen letzten Rat! Vielleicht faßt er alles in eins. – *Seien wir Idealisten!* – Dies ist, wenn nicht das Klügste, so doch das Weiseste, was wir tun können. Um die Menschen zu erheben, muß man selbst erhaben sein. Wandeln wir über Wolken, harangieren wir das Unendliche, stellen wir die großen Symbole um uns herum! *Sursum! Bumbum!* – es gibt keinen besseren Rat. Der »gehobene Busen« sei unser Argument, das »schöne Gefühl« unser Fürsprecher. Die Tugend behält recht noch gegen den Kontrapunkt. »Wer uns verbessert, wie sollte der nicht selbst gut sein?« so hat die Menschheit immer geschlossen. Verbessern wir also die Menschheit! – damit wird man gut (damit wird man selbst »Klassiker« – Schiller wurde »Klassiker«). Das Haschen nach niederem Sinnesreiz, nach der sogenannten Schönheit hat den Italiener entnervt: bleiben wir deutsch! Selbst Mozarts Verhältnis zur Musik – Wagner hat es *uns* zum Trost gesagt! – war im Grunde frivol . . . Lassen wir niemals zu, daß die Musik »zur Erholung diene«; daß sie »erheitere«; daß sie »Vergnügen mache«. *Machen wir nie Vergnügen!* – wir sind verloren, wenn man von der Kunst wieder hedonistisch denkt . . . Das ist schlechtes achtzehntes Jahrhundert . . . Nichts dagegen dürfte rätlicher sein, beiseite gesagt, als eine Dosis – *Mucker*tum, *sit venia verbo.* Das gibt Würde. – Und wählen wir die Stunde, wo es sich schickt, schwarz zu blicken, öffentlich zu seufzen, christlich zu seufzen, das große christliche Mitleiden zur Schau zu stellen. »Der Mensch ist verderbt: wer erlöst ihn? *was erlöst ihn?*« – Antworten wir nicht. Seien wir vorsichtig. Bekämpfen wir unsern Ehrgeiz, welcher Religionen stiften möchte. Aber niemand darf zweifeln, daß *wir* ihn erlösen, daß *unsre* Musik allein erlöst . . . (Wagners Aufsatz »Religion und Kunst«.)

7

Genug! Genug! Man wird, fürchte ich, zu deutlich nur unter meinen heitern Strichen die sinistre Wirklichkeit wiedererkannt haben – das Bild eines Verfalls der Kunst, eines Verfalls auch der Künstler. Das letztere, ein Charakter-Verfall, käme vielleicht mit dieser Formel zu einem vorläufigen Ausdruck: der Musiker wird jetzt zum Schauspieler, seine Kunst entwickelt sich immer mehr als ein Talent zu *lügen.* Ich werde eine Gelegenheit haben (in einem Kapitel meines Hauptwerks, das den Titel führt »Zur Physiologie der Kunst«), des näheren zu zeigen, wie diese Gesamtverwandlung der Kunst ins Schauspielerische ebenso bestimmt ein Ausdruck physiologischer Degenereszenz (genauer, eine Form des Hysterismus) ist, wie jede einzelne Verderbnis und Gebrechlichkeit der durch Wagner inaugurierten Kunst: zum Beispiel die Unruhe ihrer Optik, die dazu nötigt, in jedem Augenblick die Stellung vor ihr zu wechseln. Man versteht nichts von Wagner, solange man in ihm nur ein Naturspiel, eine Willkür und Laune, eine Zufälligkeit sieht. Er war kein »lückenhaftes«, kein »verunglücktes«, kein »kontradiktorisches« Genie, wie man wohl gesagt hat. Wagner war etwas *Vollkommenes,* ein typischer *décadent,* bei dem jeder »freie Wille« fehlt, jeder Zug Notwendigkeit hat. Wenn irgend etwas interessant ist an Wagner, so ist es die Logik, mit der ein physiologischer Mißstand als Praktik und Prozedur, als Neuerung in den Prinzipien, als Krisis des Geschmacks Schluß für Schluß, Schritt für Schritt macht.

Ich halte mich diesmal nur bei der Frage des *Stils* auf. – Womit kennzeichnet sich jede *literarische décadence?* Damit, daß das Leben nicht mehr im Ganzen wohnt. Das Wort wird souverän und springt aus dem Satz hinaus, der Satz greift über und verdunkelt den Sinn der Seite, die Seite gewinnt Leben auf Unkosten des Ganzen – das Ganze ist kein Ganzes mehr. Aber das ist das Gleichnis für jeden Stil der *décadence:* jedesmal Anarchie der Atome, Disgregation des Willens, »Freiheit des Individuums«, moralisch geredet – zu einer politischen Theorie erweitert *»gleiche* Rechte für alle«. Das Leben, die *gleiche* Lebendigkeit, die Vibration und Exuberanz des Lebens in die kleinsten Gebilde zurückgedrängt, der Rest *arm* an Leben. Überall Lähmung, Mühsal, Erstarrung *oder* Feindschaft und Chaos: beides immer mehr in die Augen springend, in je höhere Formen der Organisation man aufsteigt. Das Ganze lebt überhaupt nicht mehr: es ist zusammengesetzt, gerechnet, künstlich, ein Artefakt. –

Bei Wagner steht im Anfang die Halluzination: nicht von Tönen, sondern von Gebärden. Zu ihnen sucht er erst die Ton-Semiotik. Will man ihn bewundern, so sehe man ihn hier an der Arbeit: wie er hier trennt, wie er kleine Einheiten gewinnt, wie er diese belebt, heraustreibt, sichtbar macht. Aber daran erschöpft sich seine Kraft: der Rest taugt nichts. Wie armselig, wie verlegen, wie laienhaft ist seine Art zu »entwickeln«, sein Versuch, das, was nicht auseinander gewachsen ist, wenigstens durcheinander zu stecken! Seine Manieren dabei erinnern an die auch sonst für Wagners Stil heranziehbaren *frères* de Goncourt: man hat eine Art Erbarmen mit soviel Notstand. Daß Wagner seine Unfähigkeit zum organischen Gestalten in ein Prinzip verkleidet hat, daß er einen »dramatischen Stil« statuiert, wo wir bloß sein Unvermögen zum Stil überhaupt statuieren, entspricht einer kühnen Gewohnheit, die Wagner durchs ganze Leben begleitet hat: er setzt ein Prinzip an, wo ihm ein Vermögen fehlt (– sehr verschieden hierin, anbei gesagt, vom alten Kant, der eine *andre* Kühnheit liebte: nämlich überall, wo ihm ein Prinzip fehlte, ein »Vermögen« dafür im Menschen anzusetzen . . .). Nochmals gesagt: bewunderungswürdig, liebenswürdig ist Wagner nur in der Erfindung des Kleinsten, in der Ausdichtung des Details – man hat alles Recht auf seiner Seite, ihn hier als einen Meister ersten Ranges zu proklamieren, als unsern größten *Miniaturisten* der Musik, der in den kleinsten Raum eine Unendlichkeit von Sinn und Süße drängt. Sein Reichtum an Farben, an Halbschatten, an Heimlichkeiten absterbenden Lichts verwöhnt dergestalt, daß einem hinterdrein fast alle andern Musiker zu robust vorkommen. – Will man mir glauben, so hat man den höchsten Begriff Wagner nicht aus dem zu entnehmen, was heute von ihm gefällt. Das ist zur Überredung von Massen erfunden, davor springt unsereins wie vor einem allzufrechen Affresko zurück. Was geht *uns* die agaçante Brutalität der Tannhäuser-Overtüre an? Oder der Zirkus Walküre? Alles, was von Wagners Musik auch abseits vom Theater populär geworden ist, ist zweifelhaften Geschmacks und verdirbt den Geschmack. Der Tannhäuser-Marsch scheint mir der Biedermännerei verdächtig; die Ouvertüre zum Fliegenden Holländer ist ein Lärm um nichts; das Lohengrin-Vorspiel gab das erste, nur zu verfängliche, nur zu gut geratene Beispiel dafür, wie man auch mit Musik hypnotosiert (– ich mag alle Musik nicht, deren Ehrgeiz nicht weiter geht, als die Nerven zu überreden). Aber vom Magnetiseur und Affresko-Maler Wagner abgesehn gibt es noch einen Wagner, der kleine Kostbarkeiten beiseite legt: unsern größten Melancholiker der Musik, voll von Blicken, Zärtlichkeiten und Trostworten, die ihm keiner vorweggenommen hat, den Meister in Tönen eines schwermütigen und schläfrigen Glücks . . . Ein Lexikon der intimsten Worte Wagners, lauter kurze Sachen von fünf bis fünfzehn Takten, lauter Musik, die *niemand kennt* . . . Wagner hatte die Tugend der *décadents,* das Mitleiden – – –

8

– »Sehr gut! Aber wie *kann* man seinen Geschmack an diesem *décadent* verlieren, wenn man nicht zufällig ein Musiker, wenn man nicht zufällig selbst ein *décadent* ist?« – Umgekehrt! Wie kann man's *nicht!* Versuchen Sie's doch! – Sie wissen nicht, wer Wagner ist: ein ganz großer Schauspieler! Gibt es überhaupt eine tiefere, eine *schwerere* Wirkung im Theater? Sehen Sie doch diese Jünglinge – erstarrt, blaß, atemlos! Das sind Wagnerianer: das versteht nichts von Musik – und trotzdem wird Wagner über sie Herr ... Wagners Kunst drückt mit hundert Atmosphären: bücken Sie sich nur, man kann nicht anders ... Der Schauspieler Wagner ist ein Tyrann, sein Pathos wirft jeden Geschmack, jeden Widerstand über den Haufen. – Wer hat diese Überzeugungskraft der Gebärde, wer sieht so bestimmt, so zuallererst die Gebärde! Dies Atem-Anhalten des Wagnerschen Pathos, dies Nicht-mehr-loslassen-Wollen eines extremen Gefühls, diese Schrecken einflößende *Länge* in Zuständen, wo der Augenblick schon erwürgen will! – –

War Wagner überhaupt ein Musiker? Jedenfalls war er etwas anderes *mehr:* nämlich ein unvergleichlicher *histrio,* der größte Mime, das erstaunlichste Theater-Genie, das die Deutschen gehabt haben, unser *Szeniker par excellence.* Er gehört woandershin als in die Geschichte der Musik: mit deren großen Echten soll man ihn nicht verwechseln. Wagner *und* Beethoven – das ist eine Blasphemie – und zuletzt ein Unrecht selbst gegen Wagner ... Er war auch als Musiker nur das, was er überhaupt war: er *wurde* Musiker, er *wurde* Dichter, weil der Tyrann in ihm, sein Schauspieler-Genie ihn dazu zwang. Man errät nichts von Wagner, solange man nicht seinen dominierenden Instinkt erriet.

Wagner war *nicht* Musiker von Instinkt. Dies bewies er damit, daß er alle Gesetzlichkeit und, bestimmter geredet, allen Stil in der Musik preisgab, um aus ihr zu machen, was er nötig hatte, eine Theater-Rhetorik, ein Mittel des Ausdrucks, der Gebärden-Verstärkung, der Suggestion, des Psychologisch-Pittoresken. Wagner dürfte uns hier als Erfinder und Neuerer ersten

Ranges gelten – *er hat das Sprachvermögen der Musik ins Unermeßliche vermehrt* –: er ist der Victor Hugo der Musik als Sprache. Immer vorausgesetzt, daß man zuerst gelten läßt, Musik *dürfe* unter Umständen nicht Musik, sondern Sprache, sondern Werkzeug, sondern *ancilla dramaturgica* sein. Wagners Musik, *nicht* vom Theater-Geschmacke, einem sehr toleranten Geschmacke, in Schutz genommen, ist einfach schlechte Musik, die schlechteste überhaupt, die vielleicht gemacht worden ist. Wenn ein Musiker nicht mehr bis drei zählen kann, wird er »dramatisch«, wird er »Wagnerisch« . . .

Wagner hat beinahe entdeckt, welche Magie selbst noch mit einer aufgelösten und gleichsam *elementarisch* gemachten Musik ausgeübt werden kann. Sein Bewußtsein davon geht bis ins Unheimliche, wie sein Instinkt, die höhere Gesetzlichkeit, den *Stil* gar nicht nötig zu haben. Das Elementarische *genügt* – Klang, Bewegung, Farbe, kurz die Sinnlichkeit der Musik. Wagner rechnet nie als Musiker, von irgendeinem Musiker-Gewissen aus: er will die Wirkung, er will nichts als die Wirkung. Und er kennt das, worauf er zu wirken hat! – Er hat darin die Unbedenklichkeit, die Schiller hatte, die jeder Theatermensch hat, er hat auch dessen Verachtung der Welt, die er sich zu Füßen legt! . . . Man ist Schauspieler damit, daß man *eine* Einsicht vor dem Rest der Menschen voraus hat: was als wahr wirken soll, darf nicht wahr sein. Der Satz ist von Talma formuliert: er enthält die ganze Psychologie des Schauspielers, er enthält – zweifeln wir nicht daran! – auch dessen Moral. Wagners Musik ist niemals wahr.

– *Aber man hält sie dafür:* und so ist es in Ordnung. –

Solang man noch kindlich ist und Wagnerianer dazu, hält man Wagner selbst für reich, selbst für einen Ausbund von Verschwender, selbst für einen Großgrundbesitzer im Reich des Klangs. Man bewundert an ihm, was junge Franzosen an Victor Hugo bewundern, die »königliche Freigebigkeit«. Später bewundert man den einen wie den andern aus umgekehrten Gründen: als Meister und Muster der Ökonomie, als *kluge* Gastgeber. Niemand kommt ihnen darin gleich, mit bescheidenem Aufwand eine fürstliche Tafel zu repräsentieren. – Der Wagnerianer, mit seinem gläubigen Magen, wird sogar satt bei der Kost, die ihm sein Meister vorzaubert. Wir anderen, die wir in Büchern wie in Musik vor allem *Substanz* verlangen, und denen mit bloß »repräsentierten« Tafeln kaum gedient ist, sind viel schlimmer dran. Auf deutsch: Wagner gibt uns nicht genug zu beißen. Sein *recitativo* – wenig Fleisch, schon mehr Knochen und sehr viel Brühe – ist von mir *»alla genovese«* getauft: womit ich durchaus den Genuesen nicht geschmeichelt haben will, wohl aber dem *älteren recitativo,* dem *recitativo secco.* Was gar das Wagnersche »Leitmotiv« betrifft, so fehlt mir dafür alles kulinarische Verständnis. Ich würde es, wenn man mich drängt, vielleicht als idealen Zahnstocher gelten lassen, als Gelegenheit, *Reste* von Speisen loszuwerden. Bleiben die »Arien« Wagners. – Und nun sage ich kein Wort mehr.

9

Auch im Entwerfen der Handlung ist Wagner vor allem Schauspieler. Was zuerst ihm aufgeht, ist eine Szene von unbedingt sichrer Wirkung, eine wirkliche *actio** mit einem *hautrelief* der Gebärde, eine Szene, die *umwirft* – diese denkt er in die Tiefe, aus ihr zieht er erst die Charaktere. Der ganze Rest folgt daraus, einer technischen Ökonomik gemäß, die keine Gründe hat, subtil zu sein. Es ist *nicht* das Publikum Corneilles, das Wagner zu schonen hat: bloßes neunzehntes Jahrundert. Wagner würde über »das eine, was not tut« ungefähr urteilen, wie jeder andre Schauspieler heute urteilt: eine Reihe starker Szenen, eine stär-

* *Anmerkung.* Es ist ein wahres Unglück für die Ästhetik gewesen, daß man das Wort Drama immer mit »Handlung« übersetzt hat. Nicht Wagner allein irrt hierin; alle Welt ist noch im Irrtum; die Philologen sogar, die es besser wissen sollten. Das antike Drama hatte große Pathosszenen im Auge – es schloß gerade die Handlung aus (verlegte sie *vor* den Anfang oder *hinter* die Szene). Das Wort Drama ist dorischer Herkunft: und nach dorischem Sprachgebrauch bedeutet es »Ereignis«, »Geschichte«, beide Worte in hieratischem Sinne. Das älteste Drama stellte die Ortslegende dar, die »heilige Geschichte«, auf der die Gründung des Kultus ruhte (– also kein Tun, sondern ein Geschehen: *δρᾶν* heißt im Dorischen gar nicht »tun«).

ker als die andre – und, dazwischen, viel *kluge* Stupidität. Er sucht sich selbst zuerst die Wirkung seines Werkes zu garantieren, er beginnt mit dem dritten Akte, er *beweist* sich sein Werk mit dessen letzter Wirkung. Mit einem solchen Theaterverstande als Führer ist man nicht in Gefahr, unversehens ein Drama zu schaffen. Das Drama verlangt die *harte* Logik: aber was lag Wagner überhaupt an der Logik! Nochmals gesagt: es ist *nicht* das Publikum Corneilles, das er zu schonen hatte: bloße Deutsche! Man weiß, bei welchem technischen Problem der Dramatiker alle seine Kraft ansetzt und oft Blut schwitzt: dem Knoten *Notwendigkeit* zu geben und ebenso der Lösung, so daß beide nur auf eine einzige Art möglich sind, beide den Eindruck der Freiheit machen (Prinzip des kleinsten Aufwandes von Kraft). Nun, dabei schwitzt Wagner am wenigsten Blut; gewiß ist, daß er für Knoten und Lösung den kleinsten Aufwand von Kraft macht. Man nehme irgendeinen »Knoten« Wagners unter das Mikroskop – man wird dabei zu lachen haben, das verspreche ich. Nichts erheiternder als der Knoten des Tristan, es müßte denn der Knoten der Meistersinger sein. Wagner ist *kein* Dramatiker, man lasse sich nichts vormachen. Er liebte das Wort »Drama«: das ist alles – er hat immer die schönen Worte geliebt. Das Wort »Drama« in seinen Schriften ist trotzdem bloß ein Mißverständnis (– *und* eine Klugheit: Wagner tat immer vornehm gegen das Wort »Oper« –); ungefähr wie das Wort »Geist« im Neuen Testament bloß ein Mißverständnis ist. – Er war schon nicht Psychologe genug zum Drama; er wich instinktiv der psychologischen Motivierung aus – womit? damit, daß er immer die Idiosynkrasie an deren Stelle rückte . . . Sehr modern, nicht wahr? sehr pariserisch! sehr *décadent!* . . . Die *Knoten,* anbei gesagt, die tatsächlich Wagner mit Hilfe dramatischer Erfindungen zu lösen weiß, sind ganz andrer Art. Ich gebe ein Beispiel. Nehmen wir den Fall, daß Wagner eine Weiberstimme nötig hat. Ein ganzer Akt *ohne* Weiberstimme – das geht nicht! Aber die »Heldinnen« sind im Augenblick alle nicht frei. Was tut Wagner? Er emanzipiert das älteste Weib der Welt, die Erda: »Herauf, alte Großmutter! Sie müssen singen!« Erda singt. Wagners

Absicht ist erreicht. Sofort schafft er die alte Dame wieder ab. »Wozu kamen Sie eigentlich? Ziehn Sie ab! Schlafen Sie gefälligst weiter!« – *In summa:* eine Szene voller mythologischer Schauder, bei der der Wagnerianer *ahnt* . . .

– »Aber der *Gehalt* der Wagnerschen Texte! ihr mythischer Gehalt! ihr ewiger Gehalt!« – Frage: wie prüft man diesen Gehalt, diesen ewigen Gehalt? – Der Chemiker antwortet: man übersetzt Wagner ins Reale, ins Moderne – seien wir noch grausamer! ins Bürgerliche! Was wird dabei aus Wagner? – Unter uns, ich habe es versucht. Nichts unterhaltender, nichts für Spaziergänge mehr zu empfehlen, als sich Wagner in *verjüngten* Proportionen zu erzählen: zum Beispiel Parsifal als Kandidaten der Theologie, mit Gymnasialbildung (– letztere als unentbehrlich zur *reinen Torheit*). Welche Überraschungen man dabei erlebt! Würden Sie es glauben, daß die Wagnerschen Heroinen samt und sonders, sobald man nur erst den heroischen Balg abgestreift hat, zum Verwechseln Madame Bovary ähnlich sehn! – wie man umgekehrt auch begreift, daß es Flaubert *freistand,* seine Heldin ins Skandinavische oder Karthagische zu übersetzen und sie dann, mythologisiert, Wagner als Textbuch anzubieten. Ja, ins Große gerechnet, scheint Wagner sich für keine andern Probleme interessiert zu haben, als die, welche heute die kleinen Pariser *décadents* interessieren. Immer fünf Schritte weit vom Hospital! Lauter ganz moderne, lauter ganz *großstädtische* Probleme! zweifeln Sie nicht daran! . . . Haben Sie bemerkt (es gehört in diese Ideen-Assoziation), daß die Wagnerschen Heldinnen keine Kinder bekommen? – Sie *können's* nicht . . . Die Verzweiflung, mit der Wagner das Problem angegriffen hat, Siegfried überhaupt geboren werden zu lassen, verrät, *wie* modern er in diesem Punkte fühlte. – Siegfried »emanzipiert das Weib« – doch ohne Hoffnung auf Nachkommenschaft. – Eine Tatsache endlich, die uns fassungslos läßt: Parsifal ist der Vater Lohengrins! Wie hat er das gemacht? – Muß man sich hier daran erinnern, daß »die Keuschheit *Wunder* tut«? . .

Wagnerus dixit princeps in castitate auctoritas.

Anbei noch ein Wort über die Schriften Wagners: sie sind, unter anderem, eine Schule der *Klugheit*. Das System von Prozeduren, das Wagner handhabt, ist auf hundert andre Fälle anzuwenden – wer Ohren hat, der höre. Vielleicht habe ich einen Anspruch auf öffentliche Erkenntlichkeit, wenn ich den drei wertvollsten Prozeduren einen präzisen Ausdruck gebe.
Alles, was Wagner *nicht* kann, ist verwerflich.
Wagner könnte noch vieles: aber er will es nicht, aus Rigorosität im Prinzip.
Alles, was Wagner *kann,* wird ihm niemand nachmachen, hat ihm keiner vorgemacht, *soll* ihm keiner nachmachen ... Wagner ist göttlich ...
Diese drei Sätze sind die Quintessenz von Wagners Literatur; der Rest ist – »Literatur«. – Nicht jede Musik hat bisher Literatur nötig gehabt: man tut gut, hier nach dem zureichenden Grund zu suchen. Ist es, daß Wagners Musik zu schwer verständlich ist? Oder fürchtete er das Umgekehrte, daß man sie zu leicht versteht – daß man sie *nicht schwer genug* versteht? – Tatsächlich hat er sein ganzes Leben *einen* Satz wiederholt: daß seine Musik nicht nur Musik bedeute! Sondern mehr! Sondern unendlich viel mehr! ... »*Nicht nur* Musik« – so redet kein Musiker. Nochmals gesagt, Wagner konnte nicht aus dem Ganzen schaffen, er hatte gar keine Wahl, er mußte Stückwerk machen, »Motive«, Gebärden, Formeln, Verdopplungen und Verhundertfachungen, er blieb Rhetor als Musiker – er *mußte* grundsätzlich deshalb das »es bedeutet« in den Vordergrund bringen. »Die Musik ist immer nur ein Mittel«: das war seine Theorie, das war vor allem die einzige ihm überhaupt mögliche *Praxis*. Aber so denkt kein Musiker. – Wagner hatte Literatur nötig, um alle Welt zu überreden, seine Musik ernst zu nehmen, tief zu nehmen, »weil sie Unendliches *bedeute*«; er war zeitlebens der Kommentator der »Idee«. – Was bedeutet Elsa? Aber kein Zweifel: Elsa ist »der unbewußte *Geist des Volks*« (– »mit dieser Erkenntnis wurde ich notwendig zum vollkommnen Revolutionär« –).

Erinnern wir uns, daß Wagner in der Zeit, wo Hegel und Schelling die Geister verführten, jung war; daß er erriet, daß er mit Händen griff, was allein der Deutsche ernst nimmt – »die Idee«, will sagen etwas, das dunkel, ungewiß, ahnungsvoll ist; daß Klarheit unter Deutschen ein Einwand, Logik eine Widerlegung ist. Schopenhauer hat, mit Härte, die Epoche Hegels und Schellings der Unredlichkeit geziehn – mit Härte, auch mit Unrecht: er selbst, der alte pessimistische Falschmünzer, hat es in nichts »redlicher« getrieben als seine berühmteren Zeitgenossen. Lassen wir die Moral aus dem Spiele: Hegel ist ein *Geschmack* ... Und nicht nur ein deutscher, sondern ein europäischer Geschmack! – Ein Geschmack, den Wagner begriff! – dem er sich gewachsen fühlte! den er verewigt hat! – Er machte bloß die Nutzanwendung auf die Musik – er erfand sich einen Stil, der »Unendliches bedeutet«, – er wurde der *Erbe Hegels* ... Die Musik als »Idee« – –

Und wie man Wagner verstand! – Dieselbe Art Mensch, die für Hegel geschwärmt, schwärmt heute für Wagner; in seiner Schule *schreibt* man sogar Hegelisch! – Vor allen verstand ihn der deutsche Jüngling. Die zwei Worte »unendlich« und »Bedeutung« genügten bereits: ihm wurde dabei auf eine unvergleichliche Weise wohl. Es ist *nicht* die Musik, mit der Wagner sich die Jünglinge erobert hat, es ist die »Idee« – es ist das Rätselreiche seiner Kunst, ihr Versteckspielen unter hundert Symbolen, ihre Polychromie des Ideals, was diese Jünglinge zu Wagner führt und lockt; es ist Wagners Genie der Wolkenbildung, sein Greifen, Schweifen und Streifen durch die Lüfte, sein Überall und Nirgendswo, genau dasselbe, womit sie seinerzeit Hegel verführt und verlockt hat! – Inmitten von Wagners Vielheit, Fülle und Willkür sind sie wie bei sich selbst gerechtfertigt – »erlöst« –. Sie hören mit Zittern, wie in seiner Kunst die *großen Symbole* aus vernebelter Ferne mit sanftem Donner laut werden; sie sind nicht ungehalten, wenn es zeitweilig grau, gräßlich und kalt in ihr zugeht. Sind Sie doch samt und sonders, gleich Wagner selbst, *verwandt* mit dem schlechten Wetter, dem deutschen Wetter! Wotan ist ihr Gott: aber Wotan ist der Gott des schlechten

Wetters ... Sie haben recht, diese deutschen Jünglinge, so wie sie nun einmal sind: wie *könnten* sie vermissen, was wir andern, was *wir Halkyonier* bei Wagner vermissen – *la gaya scienza;* die leichten Füße; Witz, Feuer, Anmut; die große Logik; den Tanz der Sterne; die übermütige Geistigkeit; die Lichtschauder des Südens; das *glatte* Meer – Vollkommenheit ...

11

– Ich habe erklärt, wohin Wagner gehört – *nicht* in die Geschichte der Musik. Was bedeutet er trotzdem in deren Geschichte? *Die Heraufkunft des Schauspielers in der Musik:* ein kapitales Ereignis, das zu denken, das vielleicht auch zu fürchten gibt. In Formel: »Wagner und Liszt«. – Noch nie wurde die Rechtschaffenheit der Musiker, ihre »Echtheit« gleich gefährlich auf die Probe gestellt. Man greift es mit Händen: der große Erfolg, der Massen-Erfolg ist nicht mehr auf Seite der Echten – man muß Schauspieler sein, ihn zu haben! – Victor Hugo und Richard Wagner – sie bedeuten ein und dasselbe: daß in Niedergangs-Kulturen, daß überall, wo den Massen die Entscheidung in die Hände fällt, die Echtheit überflüssig, nachteilig, zurücksetzend wird. Nur der Schauspieler weckt noch die *große* Begeisterung. – Damit kommt für den Schauspieler das *goldene Zeitalter* herauf – für ihn und für alles, was seiner Art verwandt ist. Wagner marschiert mit Trommeln und Pfeifen an der Spitze aller Künstler des Vortrags, der Darstellung, des Virtuosentums; er hat zuerst die Kapellmeister, die Maschinisten und Theatersänger überzeugt. Nicht zu vergessen die Orchestermusiker – er »erlöste« diese von der Langeweile ... Die Bewegung, die Wagner schuf, greift selbst in das Gebiet der Erkenntnis über: ganze zugehörige Wissenschaften tauchen langsam aus jahrhundertealter Scholastik empor. Ich hebe, um ein Beispiel zu geben, mit Auszeichnung die Verdienste *Riemanns* um die Rhythmik hervor, des ersten, der den Hauptbegriff der Interpunktion auch für die Musik geltend gemacht hat (leider vermittelst eines häßlichen Wortes: er nennt's »Phrasierung«). – Dies alles sind, ich sage es mit Dankbarkeit, die Besten unter den Verehrern Wagners, die Achtungswürdigsten – sie haben einfach recht, Wagner zu verehren. Der gleiche Instinkt verbindet sie miteinander, sie sehen in ihm ihren höchsten Typus, sie fühlen sich zur Macht, zur Großmacht selbst umgewandelt, seit er sie mit seiner eignen Glut entzündet hat. Hier nämlich, wenn irgendwo, ist der Einfluß Wagners wirklich *wohltätig* gewesen. Noch nie ist in dieser Sphäre so viel gedacht, gewollt, gearbeitet worden. Wagner hat allen diesen Künstlern ein neues Gewissen eingegeben: was sie jetzt von sich fordern, von sich *erlangen,* das haben sie nie vor Wagner von sich gefordert – sie waren früher zu bescheiden dazu. Es herrscht ein andrer Geist am Theater, seit Wagners Geist daselbst herrscht: man verlangt das Schwerste, man tadelt hart, man lobt selten – das Gute, das Ausgezeichnete gilt als Regel. Geschmack tut nicht mehr not; nicht einmal Stimme. Man singt Wagner nur mit ruinierter Stimme: das wirkt »dramatisch«. Selbst Begabung ist ausgeschlossen. Das *espressivo* um jeden Preis, wie es das Wagnersche Ideal, das *décadence*-Ideal verlangt, verträgt sich schlecht mit Begabung. Dazu gehört bloß *Tugend* – will sagen Dressur, Automatismus, »Selbstverleugnung«. Weder Geschmack, noch Stimme, noch Begabung: die Bühne Wagners hat nur eins nötig – *Germanen!* . . Definition des Germanen: Gehorsam und lange Beine . . . Es ist voll tiefer Bedeutung, daß die Heraufkunft Wagners zeitlich mit der Heraufkunft des »Reichs« zusammenfällt: beide Tatsachen beweisen ein und dasselbe – Gehorsam und lange Beine. – Nie ist besser gehorcht, nie besser befohlen worden. Die Wagnerschen Kapellmeister insonderheit sind eines Zeitalters würdig, das die Nachwelt einmal mit scheuer Ehrfurcht *das klassische Zeitalter des Kriegs* nennen wird. Wagner verstand zu kommandieren; er war auch damit der große Lehrer. Er kommandierte als der unerbittliche Wille zu sich, als die lebenslängliche Zucht an sich: Wagner, der vielleicht das größte Beispiel der Selbstvergewaltigung abgibt, das die Geschichte der Künste hat (– selbst Alfieri, sonst sein Nächstverwandter, ist noch überboten. Anmerkung eines Turiners).

12

Mit dieser Einsicht, daß unsre Schauspieler verehrungswürdiger als je sind, ist ihre Gefährlichkeit nicht als geringer begriffen ... Aber wer zweifelt noch daran, *was* ich will – was die *drei Forderungen* sind, zu denen mir diesmal mein Ingrimm, meine Sorge, meine Liebe zur Kunst den Mund geöffnet hat?

Daß das Theater nicht Herr über die Künste wird.

Daß der Schauspieler nicht zum Verführer der Echten wird.

Daß die Musik nicht zu einer Kunst zu lügen wird.

Friedrich Nietzsche

Nachschrift

– Der Ernst der letzten Worte erlaubt mir, an dieser Stelle noch einige Sätze aus einer ungedruckten Abhandlung mitzuteilen, welche zum mindesten über meinen Ernst in dieser Sache keinen Zweifel lassen. Jene Abhandlung ist betitelt: *Was Wagner uns kostet.*

Die Anhängerschaft an Wagner zahlt sich teuer. Ein dunkles Gefühl hierüber ist auch heute noch vorhanden. Auch der Erfolg Wagners, sein *Sieg,* riß dies Gefühl nicht in der Wurzel aus. Aber ehemals war es stark, war es furchtbar, war es wie ein düsterer Haß – fast drei Vierteile von Wagners Leben hindurch. Jener Widerstand, den er bei uns Deutschen fand, kann nicht hoch genug geschätzt und zu Ehren gebracht werden. Man wehrte sich gegen ihn wie gegen eine Krankheit, – *nicht* mit Gründen – man widerlegt keine Krankheit –, sondern mit Hemmung, Mißtrauen, Verdrossenheit, Ekel, mit einem finsteren Ernste, als ob in ihm eine große Gefahr herumschliche. Die Herren Ästhetiker haben sich bloßgestellt, als sie, aus drei Schulen der deutschen Philosophie heraus, Wagners Prinzipien mit »wenn« und »denn« einen absurden Krieg machten – was lag ihm an Prinzipien, selbst den eigenen! – Die Deutschen selbst haben genug Vernunft im Instinkt gehabt, um hier sich jedes

»wenn« und »denn« zu verbieten. Ein Instinkt ist geschwächt, wenn er sich rationalisiert: denn damit, *daß* er sich rationalisiert, schwächt er sich. Wenn es Anzeichen dafür gibt, daß, trotz dem Gesamt-Charakter der europäischen *décadence,* noch ein Grad Gesundheit, noch eine Instinkt-Witterung für Schädliches und Gefahrdrohendes im deutschen Wesen wohnt, so möchte ich unter ihnen am wenigsten diesen *dumpfen* Widerstand gegen Wagner unterschätzt wissen. Er macht uns Ehre, er erlaubt selbst zu hoffen: so viel Gesundheit hätte Frankreich nicht mehr aufzuwenden. Die Deutschen, die *Verzögerer par excellence* in der Geschichte, sind heute das zurückgebliebenste Kulturvolk Europas: dies hat seinen Vorteil – eben damit sind sie relativ das *jüngste.* Die Anhängerschaft an Wagner zahlt sich teuer. Die Deutschen haben eine Art Furcht vor ihm vor ganz kurzem erst verlernt – die Lust, *ihn loszusein,* kam ihnen bei jeder Gelegenheit.* – Erinnert man sich eines kuriosen Umstandes noch, bei dem, ganz zuletzt, ganz unerwartet, jenes alte Gefühl wieder zum Vorschein kam? Es geschah beim Begräbnisse Wagners, daß der erste deutsche Wagner-Verein, der Münchener, an seinem Grabe einen Kranz niederlegte, dessen *Inschrift* sofort berühmt wurde. »Erlösung dem Erlöser!« – lautete sie. Jedermann bewunderte die hohe Inspiration, die diese Inschrift diktiert hatte, jedermann einen Geschmack, auf den die Anhänger Wagners ein Vorrecht haben; viele aber auch (es war seltsam genug!) machten an ihr dieselbe kleine Korrektur: »Erlösung *vom* Erlöser!« – Man atmete auf. –

Die Anhängerschaft an Wagner zahlt sich teuer. Messen wir sie

* *Anmerkung.* War Wagner überhaupt ein Deutscher? Man hat einige Gründe, so zu fragen. Es ist schwer, in ihm irgendeinen deutschen Zug ausfindig zu machen. Er hat, als der große Lerner, der er war, viel Deutsches nachmachen gelernt – das ist alles. Sein Wesen selbst *widerspricht* dem, was bisher als deutsch empfunden wurde: nicht zu reden vom deutschen Musiker! – Sein Vater war ein Schauspieler namens Geyer. Ein Geyer ist beinahe schon ein Adler ... Das, was bisher als »Leben Wagners« in Umlauf gebracht ist, ist *fable convenue,* wenn nicht Schlimmeres. Ich bekenne mein Mißtrauen gegen jeden Punkt, der bloß durch Wagner selbst bezeugt ist. Er hatte nicht Stolz genug zu irgendeiner Wahrheit über sich, niemand war weniger stolz; er blieb, ganz wie Victor Hugo, auch im Biographischen sich treu – er blieb Schauspieler.

an ihrer Wirkung auf die Kultur. Wen hat eigentlich seine Bewegung in den Vordergrund gebracht? Was hat sie immer mehr ins Große gezüchtet? – Vor allem die Anmaßung des Laien, des Kunst-Idioten. Das organisiert jetzt Vereine, das will seinen »Geschmack« durchsetzen, das möchte selbst in *rebus musicis et musicantibus* den Richter machen. Zu zweit: eine immer größere Gleichgültigkeit gegen jede strenge, vornehme, gewissenhafte Schulung im Dienste der Kunst; an ihre Stelle gerückt den Glauben an das Genie, auf deutsch: den frechen Dilettantismus (– die Formel dafür steht in den Meistersingern). Zu dritt und zu schlimmst: die *Theatrokratie* –, den Aberwitz eines Glaubens an den *Vorrang* des Theaters, an ein Recht auf *Herrschaft* des Theaters über die Künste, über die Kunst . . . Aber man soll es den Wagnerianern hundertmal ins Gesicht sagen, *was* das Theater ist: immer nur ein *Unterhalb* der Kunst, immer nur etwas Zweites, etwas Vergröbertes, etwas für die Massen Zurechtgebogenes, Zurechtgelogenes! Daran hat auch Wagner nichts verändert: Bayreuth ist große Oper – und nicht einmal *gute* Oper . . . Das Theater ist eine Form der Demolatrie in Sachen des Geschmacks, das Theater ist ein Massen-Aufstand, ein Plebiszit *gegen* den guten Geschmack . . . *Dies eben beweist der Fall Wagner:* er gewann die Menge – er verdarb den Geschmack, er verdarb selbst für die Oper unsren Geschmack! –

Die Anhängerschaft an Wagner zahlt sich teuer. Was macht sie aus dem Geist? *befreit Wagner den Geist?* – Ihm eignet jede Zweideutigkeit, jeder Doppelsinn, alles überhaupt, was die Ungewissen überredet, ohne ihnen zum Bewußtsein zu bringen, *wofür* sie überredet sind. Damit ist Wagner ein Verführer großen Stils. Es gibt nichts Müdes, nichts Abgelebtes, nichts Lebensgefährliches und Weltverleumderisches in Dingen des Geistes, das von seiner Kunst nicht heimlich in Schutz genommen würde – es ist der schwärzeste Obskurantismus, den er in die Lichthüllen des Ideals verbirgt. Er schmeichelt jedem nihilistischen (– buddhistischen) Instinkte und verkleidet ihn in Musik, er schmeichelt jeder Christlichkeit, jeder religiösen Ausdrucksform der *décadence*. Man mache seine Ohren auf: alles, was je auf dem Boden des *verarmten* Lebens aufgewachsen ist, die ganze Falschmünzerei der Transzendenz und des Jenseits, hat in Wagners Kunst ihren sublimsten Fürsprecher – *nicht* in Formeln: Wagner ist zu klug für Formeln – sondern in einer Überredung der Sinnlichkeit, die ihrerseits wieder den Geist mürbe und müde macht. Die Musik als Circe ... Sein letztes Werk ist hierin sein größtes Meisterstück. Der Parsifal wird in der Kunst der Verführung ewig seinen Rang behalten, als *der Geniestreich* der Verführung ... Ich bewundere dies Werk, ich möchte es selbst gemacht haben; in Ermangelung davon *verstehe ich es* ... Wagner war nie besser inspiriert als am Ende. Das Raffinement im Bündnis von Schönheit und Krankheit geht hier so weit, daß es über Wagners frühere Kunst gleichsam Schatten legt – sie erscheint zu hell, zu gesund. Versteht ihr das? Die Gesundheit, die Helligkeit als Schatten wirkend? als *Einwand* beinahe? ... So weit sind wir schon *reine Toren* ... Niemals gab es einen größeren Meister in dumpfen hieratischen Wohlgerüchen – nie lebte ein gleicher Kenner alles *kleinen* Unendlichen, alles Zitternden und Überschwänglichen, aller Feminismen aus dem Idiotikon des Glücks! – Trinkt nur, meine Freunde, die Philtren dieser Kunst! Ihr findet nirgends eine angenehmere Art, euren Geist zu entnerven, eure Männlichkeit unter einem Rosengebüsche zu vergessen ... Ah dieser alte Zauberer! Dieser Klingsor aller Klingsore! Wie er *uns* damit den Krieg macht! uns, den freien Geistern! Wie er jeder Feigheit der modernen Seele mit Zaubermädchen-Tönen zu willen redet! – Es gab nie einen solchen *Todhaß* auf die Erkenntnis! – Man muß Zyniker sein, um hier nicht verführt zu werden, man muß beißen können, um hier nicht anzubeten. Wohlan, alter Verführer! Der Zyniker warnt dich – *cave canem* ...

Die Anhängerschaft an Wagner zahlt sich teuer. Ich beobachte die Jünglinge, die lange seiner Infektion ausgesetzt waren. Die nächste, relativ unschuldige Wirkung ist die Verderbnis des Geschmacks. Wagner wirkt wie ein fortgesetzter Gebrauch von Alkohol. Er stumpft ab, er verschleimt den Magen. Spezifische Wirkung: Entartung des rhythmischen Gefühls. Der Wagnerianer nennt zuletzt rhythmisch, was ich selbst, mit einem griechischen Sprichwort, »den Sumpf bewegen« nenne. Schon viel gefährlicher ist die Verderbnis der Begriffe. Der Jüngling wird zum Mondkalb – zum »Idealisten«. Er ist über die Wissenschaft hinaus; darin steht er auf der Höhe des Meisters. Dagegen macht er den Philosophen; er schreibt Bayreuther Blätter; er löst alle Probleme im Namen des Vaters, des Sohnes und des heiligen Meisters. Am unheimlichsten freilich bleibt die Verderbnis der Nerven. Man gehe nachts durch eine größere Stadt: überall hört man, daß mit feierlicher Wut Instrumente genotzüchtigt werden – ein wildes Geheul mischt sich dazwischen. Was geht da vor? – Die Jünglinge beten Wagner an ... Bayreuth reimt sich auf Kaltwasserheilanstalt. – Typisches Telegramm aus Bayreuth: *bereits bereut.* – Wagner ist schlimm für die Jünglinge; er ist verhängnisvoll für das Weib. Was ist, ärztlich gefragt, eine Wagnerianerin? – Es scheint mir, daß ein Arzt jungen Frauen nicht ernst genug diese Gewissens-Alternative stellen könnte: eins *oder* das andere. – Aber sie haben bereits gewählt. Man kann nicht zween Herren dienen, wenn der eine Wagner heißt. Wagner hat das Weib erlöst; das Weib hat ihm dafür Bayreuth gebaut. Ganz Opfer, ganz Hingebung: man hat nichts, was man ihm nicht geben würde. Das Weib verarmt sich zugunsten des Meisters, es wird rührend, es steht nackt vor ihm. – Die Wagnerianerin – die anmutigste Zweideutigkeit, die es heute gibt; sie *verkörpert* die Sache Wagners – in ihrem Zeichen *siegt* seine Sache ... Ah, dieser alte Räuber! Er raubt uns die Jünglinge, er raubt selbst noch unsre Frauen und schleppt sie in seine Höhle ... Ah, dieser alte Minotaurus! Was er uns schon gekostet hat! Alljährlich führt man ihm Züge der schönsten Mädchen und Jünglinge in sein Labyrinth, damit er sie verschlinge – alljährlich intoniert ganz Europa »auf nach Kreta! auf nach Kreta! ...«

– Mein Brief, scheint es, ist einem Mißverständnisse ausgesetzt. Auf gewissen Gesichtern zeigen sich die Falten der Dankbarkeit; ich höre selbst ein bescheidenes Frohlocken. Ich zöge vor, hier wie in vielen Dingen, verstanden zu werden. – Seitdem aber in den Weinbergen des deutschen Geistes ein neues Tier haust, der Reichswurm, die berühmte *Rhinoxera,* wird kein Wort von mir mehr verstanden. Die Keuzzeitung selbst bezeugt es mir, nicht zu reden vom literarischen Zentralblatt. – Ich habe den Deutschen die tiefsten Bücher gegeben, die sie überhaupt besitzen – Grund genug, daß die Deutschen kein Wort davon verstehn ... Wenn ich in *dieser* Schrift Wagner den Krieg mache – und, nebenbei, einem deutschen »Geschmack« –, wenn ich für den Bayreuther Kretinismus harte Worte habe, so möchte ich am allerwenigsten irgendwelchen *andern* Musikern damit ein Fest machen. *Andre* Musiker kommen gegen Wagner nicht in Betracht. Es steht schlimm überhaupt. Der Verfall ist allgemein. Die Krankheit liegt in der Tiefe. Wenn Wagner der Name bleibt für den *Ruin der Musik,* wie Bernini für den Ruin der Skulptur, so ist er doch nicht dessen Ursache. Er hat nur dessen *tempo* beschleunigt – freilich in einer Weise, daß man mit Entsetzen vor diesem fast plötzlichen Abwärts, Abgrundwärts steht. Er hatte die Naivität der *décadence:* dies war seine Überlegenheit. Er glaubte an sie, er blieb vor keiner Logik der *décadence* stehn. Die andern *zögern* – das unterscheidet sie. Sonst nichts! ... Das Gemeinsame zwischen Wagner und »den andern« – ich zähle es auf: der Niedergang der organisierenden Kraft; der Mißbrauch überlieferter Mittel, ohne das *rechtfertigende* Vermögen, das zum-Zweck; die Falschmünzerei in der Nachbildung großer Formen, für die heute niemand stark, stolz, selbstgewiß, *gesund* genug ist; die Überlebendigkeit im kleinsten; der Affekt um jeden Preis; das Raffinement als Ausdruck des *verarmten* Lebens; immer mehr Nerven an Stelle des Fleisches. – Ich kenne nur einen Musiker, der heute noch imstande ist, eine Ouvertüre aus *ganzem Holze* zu schnitzen: und niemand kennt ihn ... Was heute berühmt ist, macht, im Vergleich mit Wagner, nicht »bessere« Musik, sondern nur unentschiednere, sondern nur gleichgültigere – gleichgültigere, weil das Halbe damit abgetan ist, *daß das Ganze da ist.* Aber Wagner war ganz; aber Wagner war die ganze Verderbnis; aber Wagner war der Mut, der Wille, die *Überzeugung* in der Verderbnis – was liegt noch an Johannes Brahms! . . . Sein Glück war ein deutsches Mißverständnis: man nahm ihn als Antagonisten Wagners – man *brauchte* einen Antagonisten! – Das macht keine *notwendige* Musik, das macht vor allem zu viel Musik! – Wenn man nicht reich ist, soll man stolz genug sein zur Armut! . . . Die Sympathie, die Brahms unleugbar hier und da einflößt, ganz abgesehen von jenem Partei-Interesse, Partei-Mißverständnisse, war mir lange ein Rätsel: bis ich endlich, durch einen Zufall beinahe, dahinterkam, daß er auf einen bestimmten Typus von Menschen wirkt. Er hat die Melancholie des Unvermögens; er schafft *nicht* aus der Fülle, er *durstet* nach der Fülle. Rechnet man ab, was er nachmacht, was er großen alten oder exotisch-modernen Stilformen entlehnt – er ist Meister in der Kopie –, so bleibt als sein Eigenstes die *Sehnsucht* . . . Das erraten die Sehnsüchtigen, die Unbefriedigten aller Art. Er ist zu wenig Person, zu wenig Mittelpunkt . . . Das verstehen die »Unpersönlichen«, die Peripherischen, – sie lieben ihn dafür. Insonderheit ist er der Musiker einer Art unbefriedigter Frauen. Fünfzig Schritt weiter: und man hat die Wagnerianerin – ganz wie man fünfzig Schritt über Brahms hinaus Wagner findet –, die Wagnerianerin, einen ausgeprägteren, interessanteren, vor allem *anmutigeren* Typus. Brahms ist rührend, solange er heimlich schwärmt oder über sich trauert – darin ist er »modern« –; er wird kalt, er geht uns nichts mehr an, sobald er die Klassiker *beerbt* . . . Man nennt Brahms gern den *Erben* Beethovens: ich kenne keinen vorsichtigeren Euphemismus. – Alles, was heute in der Musik auf »großen Stil« Anspruch macht, ist damit *entweder* falsch gegen uns *oder* falsch gegen sich. Diese Alternative ist nachdenklich genug: sie schließt nämlich eine Kasuistik über den Wert der zwei Fälle in sich ein. »Falsch gegen *uns*«: dagegen protestiert der Instinkt der Meisten – sie wollen nicht betrogen werden –; ich selbst freilich würde diesen Typus immer noch dem anderen (»falsch gegen *sich*«) vorziehn. Dies ist *mein* Geschmack. – Faßlicher, für die »Armen im Geiste« ausgedrückt: Brahms – *oder* Wagner ... Brahms ist *kein* Schauspieler. – Man kann einen guten Teil der *andren* Musiker in den Begriff Brahms subsumieren. – Ich sage kein Wort von den klugen Affen Wagners, zum Beispiel von Goldmark: mit der »Königin von Saba« gehört man in die Menagerie – man kann sich sehen lassen. – Was heute gut gemacht, meisterhaft gemacht werden kann, ist nur das Kleine. Hier allein ist noch Rechtschaffenheit möglich. – Nichts kann aber die Musik *in* der Hauptsache *von* der Hauptsache kurieren, von der Fatalität, Ausdruck des physiologischen Widerspruchs zu sein – *modern* zu sein. Der beste Unterricht, die gewissenhafteste Schulung, die grundsätzliche Intimität, ja selbst Isolation in der Gesellschaft der alten Meister – das bleibt alles nur palliativisch, strenger geredet, *illusorisch,* weil man die Voraussetzung dazu nicht mehr im Leibe hat: sei dies nun die starke Rasse eines Händel, sei es die überströmende Animalität eines Rossini. – Nicht jeder hat das *Recht* zu jedem Lehrer: das gilt von ganzen Zeitaltern. – An sich ist die Möglichkeit nicht ausgeschlossen, daß es noch *Reste* stärkerer Geschlechter, typisch unzeitgemäßer Menschen irgendwo in Europa gibt: von da aus wäre eine *verspätete* Schönheit und Vollkommenheit auch für die Musik noch zu erhoffen. Was wir, bestenfalls, noch erleben können, sind Ausnahmen. Von der *Regel,* daß die Verderbnis obenauf, daß die Verderbnis fatalistisch ist, rettet die Musik kein Gott. –

Epilog

– Entziehen wir uns zuletzt, um aufzuatmen, für einen Augenblick der engen Welt, zu der jede Frage nach dem Wert von *Personen* den Geist verurteilt. Ein Philosoph hat das Bedürfnis, sich die Hände zu waschen, nachdem er sich so lange mit dem »Fall Wagner« befaßt hat. – Ich gebe meinen Begriff des *Moder-*

nen. – Jede Zeit hat in ihrem Maß von Kraft ein Maß auch dafür, welche Tugenden ihr erlaubt, welche ihr verboten sind. Entweder hat sie die Tugenden des *aufsteigenden* Lebens: dann widerstrebt sie aus unterstem Grunde den Tugenden des niedergehenden Lebens. Oder sie ist selbst ein niedergehendes Leben – dann bedarf sie auch der Niedergangs-Tugenden, dann haßt sie alles, was aus der Fülle, was aus dem Überreichtum an Kräften allein sich rechtfertigt. Die Ästhetik ist unablöslich an diese biologischen Voraussetzungen gebunden: es gibt eine *décadence*-Ästhetik, es gibt eine *klassische* Ästhetik – ein »Schönes an sich« ist ein Hirngespinst, wie der ganze Idealismus. – In der engeren Sphäre der sogenannten moralischen Werte ist kein größerer Gegensatz aufzufinden als der einer *Herren-Moral* und der Moral der *christlichen* Wertbegriffe: letztere, auf einem durch und durch morbiden Boden gewachsen (– die Evangelien führen uns genau dieselben physiologischen Typen vor, welche die Romane Dostojewskis schildern), die Herren-Moral (»römisch«, »heidnisch«, »klassisch«, »Renaissance«) umgekehrt als die Zeichensprache der Wohlgeratenheit, des *aufsteigenden* Lebens, des Willens zur Macht als Prinzip des Lebens. Die Herren-Moral *bejaht* ebenso instinktiv, wie die christliche *verneint* (»Gott«, »Jenseits«, »Entselbstung« lauter Negationen). Die erstere gibt aus ihrer Fülle an die Dinge ab – sie verklärt, sie verschönt, sie *vernünftigt* die Welt –, die letztere verarmt, verblaßt, verhäßlicht den Wert der Dinge, sie *verneint* die Welt. »Welt« ein christliches Schimpfwort. – Diese Gegensatzformen in der Optik der Werte sind *beide* notwendig: es sind Arten zu sehen, denen man mit Gründen und Widerlegungen nicht beikommt. Man widerlegt das Christentum nicht, man widerlegt eine Krankheit des Auges nicht. Daß man den Pessimismus wie eine Philosophie bekämpft hat, war der Gipfelpunkt des gelehrten Idiotentums. Die Begriffe »wahr« und »unwahr« haben, wie mir scheint, in der Optik keinen Sinn. – Wogegen man sich allein zu wehren hat, das ist die Falschheit, die Instinkt-Doppelzüngigkeit, welche diese Gegensätze nicht als Gegensätze empfinden *will:* wie es zum Beispiel Wagners Wille war, der in solchen Falschheiten keine kleine Meisterschaft hatte. Nach der Herren-Moral, der *vornehmen* Moral hinschielen (– die isländische Sage ist beinahe deren wichtigste Urkunde –) und dabei die Gegenlehre, die vom »Evangelium der Niedrigen«, vom *Bedürfnis* der Erlösung, im Munde führen! . . . Ich bewundere, anbei gesagt, die Bescheidenheit der Christen, die nach Bayreuth gehn. Ich selbst würde gewisse Worte nicht aus dem Munde eines Wagner aushalten. Es gibt Begriffe, die *nicht* nach Bayreuth gehören . . . Wie? ein Christentum, zurechtgemacht für Wagnerianerinnen, vielleicht *von* Wagnerianerinnen – denn Wagner war in alten Tagen durchaus *feminini generis* –? Nochmals gesagt, die Christen von heute sind mir zu bescheiden . . . Wenn Wagner ein Christ war, nun dann war vielleicht Liszt ein Kirchenvater! – Das Bedürfnis nach *Erlösung,* der Inbegriff aller christlichen Bedürfnisse hat mit solchen Hanswursten nichts zu tun: es ist die ehrlichste Ausdrucksform der *décadence,* es ist das überzeugteste, schmerzhafteste Ja-sagen zu ihr in sublimen Symbolen und Praktiken. Der Christ will von sich *loskommen. Le moi est toujours haïssable.* – Die vornehme Moral, die Herren-Moral, hat umgekehrt ihre Wurzel in einem triumphierenden Ja-sagen zu *sich* – sie ist Selbstbejahung, Selbstverherrlichung des Lebens, sie braucht gleichfalls sublime Symbole und Praktiken, aber nur »weil ihr das Herz zu voll« ist. Die ganze *schöne,* die ganze *große* Kunst gehört hierher: beider Wesen ist Dankbarkeit. Andrerseits kann man von ihr nicht einen Instinkt-Widerwillen *gegen* die *décadents,* einen Hohn, ein Grauen selbst vor deren Symbolik abrechnen: dergleichen ist beinahe ihr Beweis. Der vornehme Römer empfand das Christentum als *foeda superstitio:* ich erinnere daran, wie der letzte Deutsche vornehmen Geschmacks, wie Goethe das Kreuz empfand. Man sucht umsonst nach wertvolleren, nach *notwendigeren* Gegensätzen . . .*

* *Anmerkung.* Über den Gegensatz »*vornehme* Moral« und »christliche Moral« unterrichtete zuerst meine *»Genealogie der Moral«:* es gibt vielleicht keine entscheidendere Wendung in der Geschichte der religiösen und moralischen Erkenntnis. Dies Buch, mein Prüfstein für das, was zu mir gehört, hat das Glück, nur den höchstgesinnten und strengsten Geistern zugänglich zu sein: dem *Reste* fehlen die Ohren dafür. Man muß seine Leidenschaft in Dingen haben, wo sie heute niemand hat . . .

– Aber eine solche Falschheit, wie die der Bayreuther, ist heute keine Ausnahme. Wir kennen alle den unästhetischen Begriff des christlichen Junkers. Diese *Unschuld* zwischen Gegensätzen, dies »gute Gewissen« in der Lüge ist vielmehr *modern par excellence*, man definiert beinahe damit die Modernität. Der moderne Mensch stellt, biologisch, einen *Widerspruch der Werte* dar, er sitzt zwischen zwei Stühlen, er sagt in einem Atem Ja und Nein. Was Wunder, daß gerade in unsern Zeiten die Falschheit selber Fleisch und sogar Genie wurde? daß *Wagner* »unter uns wohnte«? Nicht ohne Grund nannte ich Wagner den Cagliostro der Modernität ... Aber wir alle haben wider Wissen, wider Willen, Werte, Worte, Formeln, Moralen *entgegengesetzter* Abkunft im Leibe – wir sind, physiologisch betrachtet, *falsch* ... Eine *Diagnostik der modernen Seele* – womit begänne sie? Mit einem resoluten Einschnitt in diese Instinkt-Widersprüchlichkeit, mit der Herauslösung ihrer Gegensatz-Werte, mit der Vivisektion vollzogen an ihrem *lehrreichsten* Fall. – Der Fall Wagner ist für den Philosophen ein *Glücksfall*, – diese Schrift ist, man hört es, von der Dankbarkeit inspiriert ...

NIETZSCHE CONTRA WAGNER

Aktenstücke eines Psychologen

(1889)

Vorwort

Die folgenden Kapitel sind sämtlich aus meinen älteren Schriften nicht ohne Vorsicht ausgewählt – einige gehn bis auf 1877 zurück –, verdeutlicht vielleicht hier und da, vor allem verkürzt. Sie werden, hintereinander gelesen, weder über Richard Wagner noch über mich einen Zweifel lassen: wir sind Antipoden. Man wird auch noch andres dabei begreifen, zum Beispiel, daß dies ein Essay für Psychologen ist, aber *nicht* für Deutsche ... Ich habe meine Leser überall, in Wien, in St. Petersburg, in Kopenhagen und Stockholm, in Paris, in New York – ich habe sie *nicht* in Europas Flachland Deutschland ... Und ich hätte vielleicht auch den Herrn Italienern ein Wort ins Ohr zu sagen, die ich *liebe,* ebensosehr als ich ... *Quousque tandem, Crispi* ... *Triple alliance:* mit dem »Reich« macht ein intelligentes Volk immer nur eine *mésalliance* ...

Turin, Weihnachten 1888 *Friedrich Nietzsche*

Wo ich bewundere

Ich glaube, daß die Künstler oft nicht wissen, was sie am besten können: sie sind zu eitel dazu. Ihr Sinn ist auf etwas Stolzeres gerichtet als diese kleinen Pflanzen zu sein scheinen, welche neu, seltsam und schön, in wirklicher Vollkommenheit auf ihrem Boden zu wachsen wissen. Das letzthin Gute ihres eignen Gartens und Weinbergs wird von ihnen obenhin abgeschätzt, und ihre Liebe und ihre Einsicht sind nicht gleichen Ranges. Da ist ein Musiker, der mehr als irgendein Musiker seine Meisterschaft darin hat, die Töne aus dem Reich leidender, gedrückter, gemarterter Seelen zu finden und auch noch dem stummen Elend

Sprache zu geben. Niemand kommt ihm gleich in den Farben des späten Herbstes, dem unbeschreiblich rührenden Glück eines letzten, allerletzten, allerkürzesten Genießens, er kennt einen Klang für jene heimlich-unheimlichen Mitternächte der Seele, wo Ursache und Wirkung aus den Fugen gekommen zu sein scheinen und jeden Augenblick etwas »aus dem Nichts« entstehen kann. Er schöpft am glücklichsten von allen aus dem untersten Grunde des menschlichen Glücks und gleichsam aus dessen ausgetrunkenem Becher, wo die herbsten und widrigsten Tropfen zu guter und böser Letzt mit den süßesten zusammengelaufen sind. Er kennt jenes müde Sichschieben der Seele, die nicht mehr springen und fliegen, ja nicht mehr gehen kann; er hat den scheuen Blick des verhehlten Schmerzes, des Verstehens ohne Trost, des Abschiednehmens ohne Geständnis; ja als Orpheus alles heimlichen Elends ist er größer als irgendeiner, und manches ist durch ihn überhaupt erst der Kunst hinzugefügt worden, was bisher unausdrücklich und selbst der Kunst unwürdig erschien – die zynischen Revolten zum Beispiel, deren nur der Leidendste fähig ist, insgleichen manches ganz Kleine und mikroskopische der Seele, gleichsam die Schuppen ihrer amphibischen Natur –, ja er ist der *Meister* des ganz Kleinen. Aber er will es nicht sein! Sein Charakter liebt vielmehr die großen Wände und die verwegene Wandmalerei! . . . Es entgeht ihm, daß sein Geist einen andren Geschmack und Hang – eine entgegengesetzte *Optik* – hat und am liebsten still in den Winkeln zusammengestürzter Häuser sitzt: da, verborgen, sich selber verborgen, malt er seine eigentlichen Meisterstücke, welche alle sehr kurz sind, oft nur einen Takt lang – da erst wird er ganz gut, groß und vollkommen, da vielleicht allein. – Wagner ist einer, der tief gelitten hat – sein *Vorrang*, vor den übrigen Musikern. Ich bewundere Wagner in allem, worin er *sich* in Musik setzt. –

Wo ich Einwände mache

Damit ist nicht gesagt, daß ich diese Musik für gesund halte, am wenigsten gerade da, wo sie von Wagner redet. Meine Einwände gegen die Musik Wagners sind physiologische Einwände: wozu dieselben erst noch unter ästhetische Formeln verkleiden? Ästhetik ist ja nichts als eine angewandte Physiologie. – Meine »Tatsache«, mein *»petit fait vrai«* ist, daß ich nicht mehr leicht atme, wenn diese Musik erst auf mich wirkt; daß alsbald mein Fuß gegen sie böse wird und revoltiert: er hat das Bedürfnis nach Takt, Tanz, Marsch – nach Wagners Kaisermarsch kann nicht einmal der junge deutsche Kaiser marschieren –, er verlangt von der Musik vorerst die Entzückungen, welche in *gutem* Gehn, Schreiten, Tanzen liegen. Protestiert aber nicht auch mein Magen? mein Herz? mein Blutlauf? betrübt sich nicht mein Eingeweide? Werde ich nicht unversehens heiser dabei ... Um Wagner zu hören, brauche ich *pastilles* Gérandel ... Und so frage ich mich: was *will* eigentlich mein ganzer Leib von der Musik überhaupt? *Denn* es gibt keine Seele ... Ich glaube, seine *Erleichterung:* wie als ob alle animalischen Funktionen durch leichte, kühne, ausgelassne, selbstgewisse Rhythmen beschleunigt werden sollten; wie als ob das eherne, das bleierne Leben durch goldne zärtliche ölgleiche Melodien seine Schwere verlieren sollte. Meine Schwermut will in den Verstecken und Abgründen der *Vollkommenheit* ausruhn: dazu brauche ich Musik. Aber Wagner macht krank. – Was geht *mich* das Theater an? Was die Krämpfe seiner »sittlichen« Ekstasen, an denen das Volk – und wer ist nicht »Volk«! – seine Genugtuung hat! Was der ganze Gebärden-Hokuspokus des Schauspielers! – Man sieht, ich bin wesentlich antitheatralisch geartet, ich habe gegen das Theater, diese *Massen-Kunst par excellence,* den tiefen Hohn auf dem Grunde meiner Seele, den jeder Artist heute hat. *Erfolg* auf dem Theater – damit sinkt man in meiner Achtung bis auf Nimmerwieder-sehn; *Mißerfolg* – da spitze ich die Ohren und fange an zu achten ... Aber Wagner war umgekehrt, *neben* dem Wagner, der die einsamste Musik gemacht hat, die es gibt, wesentlich noch Theatermensch und Schauspieler, der begeistertste Mimomane, den es vielleicht gegeben hat, *auch noch als Musiker* ... Und, beiläufig gesagt, wenn es Wagners Theorie gewesen ist »das Drama ist der Zweck, die Musik ist immer nur das Mittel« –, seine *Praxis* dagegen war, von Anfang bis zu Ende, »die Attitüde ist der Zweck; das Drama, auch die Musik, ist immer nur ihr Mittel«. Die Musik als Mittel zur Verdeutlichung, Verstärkung, Verinnerlichung der dramatischen Gebärde und Schauspieler-Sinnenfälligkeit; und das Wagnersche Drama nur eine Gelegenheit zu vielen interessanten Attitüden! – Er hatte, neben allen andren Instinkten, die *kommandierenden* Instinkte eines großen Schauspielers in allem und jedem: und, wie gesagt, auch als Musiker. – Dies machte ich einmal, nicht ohne Mühe, einem Wagnerianer *pur sang* klar – Klarheit und Wagnerianer! ich sage kein Wort mehr. Es gab Gründe, noch hinzuzufügen »seien Sie doch ein wenig ehrlicher gegen sich selbst! wir sind ja nicht in Bayreuth. In Bayreuth ist man nur als Masse ehrlich, als Einzelner lügt man, belügt man sich. Man läßt sich selbst zu Hause, wenn man nach Bayreuth geht, man verzichtet auf das Recht der eignen Zunge und Wahl, auf seinen Geschmack, selbst auf seine Tapferkeit, wie man sie zwischen den eignen vier Wänden gegen Gott und Welt hat und übt. In das Theater bringt niemand die feinsten Sinne seiner Kunst mit, am wenigsten der Künstler, der für das Theater arbeitet – es fehlt die Einsamkeit, alles Vollkommne verträgt keine Zeugen . . . Im Theater wird man Volk, Herde, Weib, Pharisäer, Stimmvieh, Patronatsherr, Idiot – *Wagnerianer:* da unterliegt auch noch das persönlichste Gewissen dem nivellierenden Zauber der großen Zahl, da regiert der Nachbar, da *wird* man Nachbar . . .«

Wagner als Gefahr

I

Die Absicht, welche die neuere Musik in dem verfolgt, was jetzt, sehr stark, aber undeutlich, »unendliche Melodie« genannt wird, kann man sich dadurch klar machen, daß man ins Meer geht, allmählich den sicheren Schritt auf dem Grunde verliert und sich endlich dem Elemente auf Gnade und Ungnade übergibt: man soll *schwimmen.* In der älteren Musik mußte man, im zierlichen oder feierlichen oder feurigen Hin und Wider, Schneller und Langsamer, etwas ganz anderes, nämlich *tanzen.* Das hierzu nötige Maß, das Einhalten bestimmter gleich wiegender Zeit- und Kraftgrade erzwang von der Seele des Hörers eine fortwährende *Besonnenheit* – auf dem Widerspiele dieses kühleren Luftzuges, welcher von der Besonnenheit herkam, und des durchwärmten Atems der Begeisterung ruhte der Zauber aller *guten* Musik. – Richard Wagner wollte eine andre Art Bewegung – er warf die physiologische Voraussetzung der bisherigen Musik um. Schwimmen, Schweben – nicht mehr Gehn, Tanzen ... Vielleicht ist damit das Entscheidende gesagt. Die »unendliche Melodie« *will* eben alle Zeit- und Kraft-Ebenmäßigkeit brechen, sie verhöhnt sie selbst mitunter – sie hat ihren Reichtum der Erfindung gerade in dem, was einem älteren Ohre als rhythmische Paradoxie und Lästerung klingt. Aus einer Nachahmung, aus einer Herrschaft eines solchen Geschmacks entstünde eine Gefahr für die Musik, wie sie größer gar nicht gedacht werden kann – die vollkommne Entartung des rhythmischen Gefühls, das *Chaos* an Stelle des Rhythmus ... Die Gefahr kommt auf die Spitze, wenn sich eine solche Musik immer enger an eine ganz naturalistische, durch kein Gesetz der Plastik beherrschte Schauspielerei und Gebärdenkunst anlehnt, die *Wirkung* will, nichts mehr ... Das *espressivo* um jeden Preis und die Musik im Dienste, in der Sklaverei der Attitüde – *das ist das Ende* ...

2

Wie? Wäre es wirklich die erste Tugend eines Vortrags, wie es die Vortragskünstler der Musik jetzt zu glauben scheinen, unter allen Umständen ein *hautrelief* zu erreichen, das nicht mehr zu überbieten ist? Ist dies zum Beispiel, auf Mozart angewendet, nicht die eigentliche Sünde wider den Geist Mozarts, den heiteren, schwärmerischen, zärtlichen, verliebten Geist Mozarts, der zum Glück kein Deutscher war, und dessen Ernst ein gütiger, ein goldener Ernst ist und *nicht* der Ernst eines deutschen Biedermanns ... Geschweige denn der Ernst des »steinernen Gastes« ... Aber ihr meint, *alle* Musik sei Musik des »steinernen Gastes«, *alle* Musik müsse aus der Wand hervorspringen und den Hörer bis in seine Gedärme hinein schütteln? ... So erst *wirke* die Musik! – Auf *wen* wird da gewirkt? Auf etwas, worauf ein *vornehmer* Künstler niemals wirken soll – auf die Masse! auf die Unreifen! auf die Blasierten! auf die Krankhaften! auf die Idioten! auf *Wagnerianer!* ...

Eine Musik ohne Zukunft

Die Musik kommt von allen Künsten, die auf dem Boden einer bestimmten Kultur aufzuwachsen wissen, als die letzte aller Pflanzen zum Vorschein, vielleicht weil sie die innerlichste ist und folglich am spätesten anlangt – im Herbst und im Abblühen der jedesmal zu ihr gehörenden Kultur. Erst in der Kunst der Niederländer Meister fand die Seele des christlichen Mittelalters ihren Ausklang – ihre Ton-Baukunst ist die nachgeborne, aber echt- und ebenbürtige Schwester der Gotik. Erst in Händels Musik erklang das Beste aus Luthers und seiner Verwandten Seele, der jüdisch-heroische Zug, welcher der Reformation einen Zug der Größe gab – das Alte Testament Musik geworden, *nicht* das Neue. Erst Mozart gab dem Zeitalter Ludwig des Vierzehnten und der Kunst Racines und Claude Lorrains in *klingendem* Golde heraus; erst in Beethovens und Rossinis Musik sang sich das achtzehnte Jahrhundert aus, das Jahrhundert der Schwärmerei, der zerbrochnen Ideale und des *flüchtigen* Glücks. Jede wahrhafte, jede originale Musik ist Schwanengesang. – Vielleicht, daß auch unsre letzte Musik, so sehr sie herrscht und herrschsüchtig ist, bloß noch eine kurze Spanne Zeit vor sich hat: denn sie entsprang einer Kultur, deren Boden im raschen Absinken begriffen ist – einer alsbald *versunkenen* Kultur. Ein gewisser Katholizismus des Gefühls und eine Lust an irgendwelchem alt-heimischen sogenannten »nationalen« Wesen und Unwesen sind ihre Voraussetzungen. Wagners Aneignung alter

Sagen und Lieder, in denen das gelehrte Vorurteil etwas Germanisches *par excellence* zu sehn gelehrt hatte – heute lachen wir darüber –, die Neubeseelung dieser skandinavischen Untiere mit einem Durst nach verzückter Sinnlichkeit und Entsinnlichung – dieses ganze Nehmen und Geben Wagners in Hinsicht auf Stoffe, Gestalten, Leidenschaften und Nerven spricht deutlich auch den Geist *seiner Musik* aus, gesetzt, daß diese selbst, wie jede Musik, nicht unzweideutig von sich zu reden wüßte: denn die Musik ist ein *Weib* ... Man darf sich über diese Sachlage nicht dadurch beirren lassen, daß wir augenblicklich gerade in der Reaktion *innerhalb* der Reaktion leben. Das Zeitalter der nationalen Kriege, des ultramontanen Martyriums, dieser ganze *Zwischenakts*-Charakter, der den Zuständen Europas jetzt eignet, mag in der Tat einer solchen Kunst wie der Wagners, zu einer plötzlichen Glorie verhelfen, ohne ihr damit *Zukunft* zu verbürgen. Die Deutschen selber haben keine Zukunft ...

Wir Antipoden

Man erinnert sich vielleicht, zum mindesten unter meinen Freunden, daß ich anfangs mit einigen Irrtümern und Überschätzungen und jedenfalls als *Hoffender* auf diese moderne Welt losgegangen bin. Ich verstand – wer weiß, auf welche persönlichen Erfahrungen hin? den philosophischen Pessimismus des neunzehnten Jahrhunderts als Symptom einer höheren Kraft des Gedankens, einer siegreicheren Fülle des Lebens, als diese in der Philosophie Humes, Kants und Hegels zum Ausdruck gekommen war – ich nahm die *tragische* Erkenntnis als den schönsten Luxus unsrer Kultur, als deren kostbarste, vornehmste, gefährlichste Art Verschwendung, aber immerhin, auf Grund ihres Überreichtums, als ihren *erlaubten* Luxus. Desgleichen deutete ich mir die Musik Wagners zurecht zum Ausdruck einer dionysischen Mächtigkeit der Seele, in ihr glaubte ich das Erdbeben zu hören, mit dem eine von alters her aufgestaute Urkraft von Leben sich endlich Luft macht, gleichgültig dagegen, ob alles, was sich heute Kultur nennt, damit ins Wackeln gerät. Man sieht, was ich verkannte, man sieht insgleichen, womit ich Wagner und Schopenhauer *beschenkte* – mit mir ... Jede Kunst, jede Philosophie darf als Heil- und Hilfsmittel des wachsenden oder des niedergehenden Lebens angesehn werden: sie setzen immer Leiden und Leidende voraus. Aber es gibt zweierlei Leidende, einmal die an der *Überfülle* des Lebens Leidenden, welche eine dionysische Kunst wollen und ebenso eine tragische Einsicht und Aussicht auf das Leben – und sodann die an der *Verarmung* des Lebens Leidenden, die Ruhe, Stille, glattes Meer *oder* aber den Rausch, den Krampf, die Betäubung von Kunst und Philosophie verlangen. Die Rache am Leben selbst – die wollüstigste Art Rausch für solche Verarmte! ... Dem Doppel-Bedürfnis der letzteren entspricht ebenso Wagner wie Schopenhauer – sie verneinen das Leben, sie verleumden es, damit sind sie meine Antipoden. – Der Reichste an Lebensfülle, der dionysische Gott und Mensch, kann sich nicht nur den Anblick des Fürchterlichen und des Fragwürdigen gönnen, sondern selbst die furchtbare Tat und jeden Luxus von Zerstörung, Zersetzung, Verneinung – bei ihm erscheint das Böse, Sinnlose und Häßliche gleichsam erlaubt, wie es in der Natur erlaubt erscheint, infolge eines Überschusses von zeugenden, wiederherstellenden Kräften –, welche aus jeder Wüste noch ein üppiges Fruchtland zu schaffen vermag. Umgekehrt würde der Leidendste, Lebensärmste am meisten die Milde, Friedlichkeit und Güte nötig haben – das, was heute Humanität genannt wird – im Denken sowohl wie im Handeln, womöglich einen Gott, der ganz eigentlich ein Gott für Kranke, ein *Heiland* ist, ebenso auch die Logik, die begriffliche Verständlichkeit des Daseins selbst für Idioten – die typischen »Freigeister«, wie die »Idealisten« und »schönen Seelen«, sind alle *décadents* – kurz, eine gewisse warme, furchtabwehrende Enge und Einschließung in optimistische Horizonte, die *Verdummung* erlaubt ... Dergestalt lernte ich allmählich Epikur begreifen, den Gegensatz eines dionysischen Griechen, insgleichen den Christen, der in der Tat nur eine Art Epikureer ist und mit seinem »der Glaube macht *selig*« dem Prinzip des Hedonismus *so weit wie möglich* folgt – bis über jede intellektuelle Rechtschaffenheit hinweg ... Wenn ich etwas vor allen Psychologen voraus habe, so ist es das, daß mein Blick geschärfter ist für jene schwierigste und verfänglichste Art des *Rückschlusses,* in der die meisten Fehler gemacht werden – des Rückschlusses vom Werk auf den Urheber, von der Tat auf den Täter, vom Ideal auf den, der es *nötig* hat, von jeder Denk- und Wertungsweise auf das dahinter kommandierende *Bedürfnis.* – In Hinsicht auf Artisten jeder Art bediene ich mich jetzt dieser Hauptunterscheidung: ist hier der *Haß* gegen das Leben oder der *Überfluß* an Leben schöpferisch geworden? In Goethe zum Beispiel wurde der Überfluß schöpferisch, in Flaubert der Haß: Flaubert, eine Neuausgabe Pascals, aber als Artist, mit dem Instinkt-Urteil auf dem Grunde: *»Flaubert est toujours haïssable, l'homme n'est rien, l'œuvre est tout«* ... Er torturierte sich, wenn er dichtete, ganz wie Pascal sich torturierte, wenn er dachte – sie empfanden beide unegoistisch ... »Selbstlosigkeit« das *décadence*-Prinzip, der Wille zum Ende in der Kunst sowohl wie in der Moral. –

Wohin Wagner gehört

Auch jetzt noch ist Frankreich der Sitz der geistigsten und raffiniertesten Kultur Europas und die *hohe* Schule des Geschmacks: aber man muß dies »Frankreich des Geschmacks« zu finden wissen. Die »Norddeutsche Zeitung« zum Beispiel, oder wer in ihr sein Mundstück hat, sieht in den Franzosen »Barbaren« – ich für meine Person suche den *schwarzen* Erdteil, wo man »die Sklaven« befreien sollte, in der Nähe der Norddeutschen ... Wer zu *jenem* Frankreich gehört, hält sich gut verborgen: es mag eine kleine Zahl sein, in denen es leibt und lebt, dazu vielleicht Menschen, welche nicht auf den kräftigsten Beinen stehn, zum Teil Fatalisten, Verdüsterte, Kranke, zum Teil Verzärtelte und Verkünstelte, solche, welche den *Ehrgeiz* haben, künstlich zu sein – aber sie haben alles Hohe und Zarte, was jetzt in der Welt noch übrig ist, in ihrem Besitz. In diesem Frankreich des Geistes, welches auch das Frankreich des Pessimismus ist, ist heute schon Schopenhauer mehr zu Hause als er es je in Deutschland war; sein Hauptwerk zweimal bereits übersetzt, das zweitemal ausgezeichnet, so daß ich es jetzt vorziehe, Schopenhauer französisch zu lesen (– er war ein *Zufall* unter Deutschen, wie ich ein solcher Zufall bin – die Deutschen haben keine Finger für uns, sie haben überhaupt keine Finger, sie haben bloß Tatzen). Gar nicht zu reden von Heinrich Heine – *l'adorable Heine* sagt man in Paris –, der den tieferen und seelenvolleren Lyrikern Frankreichs längst in Fleisch und Blut übergegangen ist. Was wüßte deutsches Hornvieh mit den *délicatesses* einer solchen Natur anzufangen! – Was endlich Richard Wagner angeht: so greift man mit Händen, nicht vielleicht mit Fäusten, daß Paris der eigentliche *Boden* für Wagner ist: je mehr sich die französische Musik nach den Bedürfnissen der *»âme moderne«* gestaltet, um so mehr wird sie wagnerisieren – sie tut es schon jetzt genug. – Man darf sich hierüber nicht durch Wagner selber irreführen lassen – es war eine wirkliche Schlechtigkeit Wagners, Paris 1871 in seiner Agonie zu verhöhnen ... In Deutschland ist Wagner trotzdem bloß ein Mißverständnis: wer wäre unfähiger, etwas von Wagner zu verstehn, als zum Beispiel der junge Kaiser? – Die Tatsache bleibt für jeden Kenner der europäischen Kultur-Bewegung nichtsdestoweniger gewiß, daß die französische Romantik und Richard Wagner aufs engste zueinander gehören. Allesamt beherrscht von der Literatur bis in ihre Augen und Ohren – die ersten Künstler Europas von *weltliterarischer* Bildung –, meistens sogar selber Schreibende, Dichtende, Vermittler und Vermischer der Sinne und Künste, allesamt Fanatiker des *Ausdrucks,* große Entdecker im Reiche des Erhabenen, auch des Häßlichen und Gräßlichen, noch größere Entdecker im Effekte, in der Schaustellung, in der Kunst der Schauläden, allesamt Talente weit über ihr Genie hinaus –, *Virtuosen* durch und durch, mit unheimlichen Zugängen zu allem, was verführt, lockt, zwingt, umwirft, geborne Feinde der Logik und der geraden Linie, begehrlich nach dem Fremden, dem Exotischen, dem Ungeheuren, allen Opiaten der Sinne und des Verstandes. Im ganzen eine verwegen-wagende, prachtvoll-gewaltsame, hochfliegende und hoch emporreißende Art von Künstlern, welche *ihrem* Jahrhundert – es ist das Jahrhundert der *Masse* – den Begriff »Künstler« erst zu lehren hatte. Aber *krank* . . .

Wagner
als Apostel der Keuschheit

1

– Ist das noch deutsch?
Aus deutschem Herzen kam dies schwüle Kreischen?
Und deutschen Leibs ist dies Sich-selbst-Zerfleischen?
Deutsch ist dies Priester-Hände-Spreizen,
Dies weihrauchdüftelnde Sinne-Reizen?
Und deutsch dies Stürzen, Stocken, Taumeln,
Dies zuckersüße Bimbambaumeln?
Dies Nonnen-Äugeln, Ave-Glockenbimmeln,
Dies ganze falsch verzückte Himmel-Überhimmeln? . . .

– Ist das noch deutsch?
Erwägt! Noch steht ihr an der Pforte . . .
Denn was ihr hört, ist Rom – *Roms Glaube ohne Worte!*

2

Zwischen Sinnlichkeit und Keuschheit gibt es keinen notwendigen Gegensatz; jede gute Ehe, jede eigentliche Herzensliebschaft ist über diesen Gegensatz hinaus. Aber in jenem Falle, wo es wirklich diesen Gegensatz gibt, braucht es zum Glück noch lange kein tragischer Gegensatz zu sein. Dies dürfte wenigstens für alle wohlgerateneren, wohlgemuteren Sterblichen gelten, welche ferne davon sind, ihr labiles Gleichgewicht zwischen Engel und *petite bête* ohne weiteres zu den Gegengründen des Daseins zu rechnen – die Feinsten, die Hellsten, gleich Hafis, gleich Goethe, haben darin sogar einen Reiz mehr gesehn ... Solche Widersprüche gerade verführen zum Dasein ... Andrerseits versteht es sich nur zu gut, daß, wenn einmal die verunglückten Tiere der Circe dazu gebracht werden, die Keuschheit anzubeten, sie in ihr nur ihren Gegensatz sehn und *anbeten* werden – o mit was für einem tragischen Gegrunz und Eifer! man kann es sich denken –, jenen peinlichen und vollkommen überflüssigen Gegensatz, den Richard Wagner unbestreitbar am Ende seines Lebens noch hat in Musik setzen und auf die Bühne bringen wollen. *Wozu doch?* wie man billig fragen darf.

3

Dabei ist freilich jene andre Frage nicht zu umgehn, was ihn eigentlich jene männliche (ach, so unmännliche) »Einfalt vom Lande« anging, jener arme Teufel und Naturbursch Parsifal, der von ihm mit so verfänglichen Mitteln schließlich katholisch gemacht wird – wie? war dieser Parsifal überhaupt *ernst* gemeint? Denn daß man über ihn *gelacht* hat, möchte ich am wenigsten bestreiten, Gottfried Keller auch nicht ... Man möchte es nämlich wünschen, daß der Wagnersche Parsifal heiter gemeint sei, gleichsam als Schlußstück und Satyrdrama, mit dem der Tragiker Wagner gerade auf eine ihm gebührende und würdige Weise von uns, auch von sich, vor allem *von der Tragödie* habe Abschied nehmen wollen, nämlich mit einem Exzeß höchster und mutwilligster Parodie auf das Tragische selbst, auf den ganzen schauerlichen Erden-Ernst und Erden-Jammer von ehedem, auf die endlich überwundene *dümmste Form* in der Winternatur des asketischen Ideals. Der Parsifal ist ja ein Operetten-Stoff *par excellence* ... Ist der Parsifal Wagners sein heimliches Überlegenheits-Lachen über sich selber, der Triumph seiner letzten höchsten Künstler-Freiheit, Künstler-Jenseitigkeit – Wagner, der über sich zu *lachen* weiß? ... Man möchte es, wie gesagt, wünschen: denn was würde der *ernstgemeinte* Parsifal sein? Hat man wirklich nötig, in ihm (wie man sich gegen mich ausgedrückt hat) »die Ausgeburt eines toll gewordnen Hasses auf Erkenntnis, Geist und Sinnlichkeit« zu sehn? einen Fluch auf Sinne und Geist in *einem* Haß und Atem? eine Apostasie und Umkehr zu christlich-krankhaften und obskurantistischen Idealen? Und zuletzt gar ein Sich-selbst-Verneinen, Sich-selbst-Durchstreichen von seiten eines Künstlers, der bis dahin mit aller Macht seines Willens auf das Umgekehrte, auf höchste Vergeistigung und Versinnlichung seiner Kunst ausgewesen war? Und nicht nur seiner Kunst, auch seines Lebens? Man erinnere sich, wie begeistert seinerzeit Wagner in den Fußtapfen des Philosophen Feuerbach gegangen ist. Feuerbachs Wort von der »gesunden Sinnlichkeit« – das klang in den dreißiger und vierziger Jahren Wagner gleich vielen Deutschen – sie nannten sich die *jungen* Deutschen – wie das Wort der Erlösung. Hat er schließlich darüber *umgelernt?* Da es zum mindesten scheint, daß er zuletzt den Willen hatte, darüber *umzulehren?* ... Ist der *Haß auf das Leben* bei ihm Herr geworden, wie bei Flaubert? ... Denn der Parsifal ist ein Werk der Tücke, der Rachsucht, der heimlichen Giftmischerei gegen die Voraussetzungen des Lebens, ein *schlechtes* Werk. – Die Predigt der Keuschheit bleibt eine Aufreizung zur Widernatur: ich verachte jedermann, der den Parsifal nicht als Attentat auf die Sittlichkeit empfindet.

Wie ich von Wagner loskam

1

Schon im Sommer 1876, mitten in der Zeit der ersten Festspiele, nahm ich bei mir von Wagner Abschied. Ich vertrage nichts Zweideutiges; seitdem Wagner in Deutschland war, kondeszendierte er Schritt für Schritt zu allem, was ich verachte – selbst zum Antisemitismus ... Es war in der Tat damals die höchste Zeit, Abschied zu nehmen: alsbald schon bekam ich den Beweis dafür. Richard Wagner, scheinbar der Siegreichste, in Wahrheit ein morsch gewordener verzweifelnder *décadent,* sank plötzlich, hilflos und zerbrochen, vor dem christlichen Kreuze nieder ...

Hat denn kein Deutscher für dies schauerliche Schauspiel damals Augen im Kopfe, Mitgefühl in seinem Gewissen gehabt? War ich der einzige, der an ihm – *litt?* – Genug, mir selbst gab das unerwartete Ereignis wie ein Blitz Klarheit über den Ort, den ich verlassen hatte – und auch jenen nachträglichen Schauder, den jeder empfindet, der unbewußt durch eine ungeheure Gefahr gelaufen ist. Als ich allein weiter ging, zitterte ich; nicht lange darauf war ich krank, mehr als krank, nämlich *müde* – müde aus der unaufhaltsamen Enttäuschung über alles, was uns modernen Menschen zur Begeisterung übrigblieb, über die allerorts *vergeudete* Kraft, Arbeit, Hoffnung, Jugend, Liebe, müde aus Ekel vor der ganzen idealistischen Lügnerei und Gewissens-Verweichlichung, die hier wieder einmal den Sieg über einen der Tapfersten davongetragen hatte; müde endlich, und nicht am wenigsten, aus dem Gram eines unerbittlichen Argwohns – daß ich nunmehr verurteilt sei, tiefer zu mißtrauen, tiefer zu verachten, tiefer *allein* zu sein als je vorher. Denn ich hatte niemanden gehabt als Richard Wagner . . . Ich war immer *verurteilt* zu Deutschen . . .

2

Einsam nunmehr und schlimm mißtrauisch gegen mich, nahm ich, nicht ohne Ingrimm, damals Partei *gegen* mich und *für* alles, was gerade mir wehtat und hart fiel: so fand ich den Weg zu jenem tapferen Pessimismus wieder, der der Gegensatz aller idealistischen Verlogenheit ist, und auch, wie mir scheinen will, den Weg zu *mir* – zu *meiner* Aufgabe . . . Jenes verborgene und herrische Etwas, für das wir lange keinen Namen haben, bis es sich endlich als unsre Aufgabe erweist – dieser Tyrann in uns nimmt eine schreckliche Wiedervergeltung für jeden Versuch, den wir machen, ihm auszuweichen oder zu entschlüpfen, für jede vorzeitige Bescheidung, für jede Gleichsetzung mit solchen, zu denen wir nicht gehören, für jede noch so achtbare Tätigkeit, falls sie uns von unsrer Hauptsache ablenkt – ja für jede Tugend selbst, welche uns gegen die Härte der eigensten Verantwortlichkeit schützen möchte. Krankheit ist jedesmal die

Antwort, wenn wir an unsrem Recht auf *unsre* Aufgabe zweifeln wollen, wenn wir anfangen, es uns irgendworin leichter zu machen. Sonderbar und furchtbar zugleich! Unsre *Erleichterungen* sind es, die wir am härtesten büßen müssen! Und wollen wir hinterdrein zur Gesundheit *zurück,* so bleibt uns keine Wahl: wir müssen uns *schwerer* belasten, als wir je vorher belastet waren ...

Der Psycholog nimmt das Wort

I

Je mehr ein Psycholog, ein geborner, ein unvermeidlicher Psycholog und Seelen-Errater, sich den ausgesuchteren Fällen und Menschen zukehrt, um so größer wird seine Gefahr, am Mitleiden zu ersticken. Er hat Härte und Heiterkeit *nötig,* mehr als ein andrer Mensch. Die Verderbnis, das Zugrundegehn der höheren Menschen ist nämlich die Regel: es ist schrecklich, eine solche Regel immer vor Augen zu haben. Die vielfache Marter des Psychologen, der dies Zugrundegehn entdeckt hat, der diese gesamte innere »Heillosigkeit« des höheren Menschen, dies ewige »Zu spät!« in jedem Sinne erst einmal und dann *fast* immer wieder entdeckt, durch die ganze Geschichte hindurch – kann vielleicht eines Tages die Ursache davon werden, daß er selber *verdirbt* ... Man wird fast bei jedem Psychologen eine verräterische Vorneigung zum Umgang mit alltäglichen und wohlgeordneten Menschen wahrnehmen: daran verrät sich, daß er immer einer Heilung bedarf, daß er eine Art Flucht und Vergessen braucht, weg von dem, was ihm seine Einblicke, Einschnitte, was ihm sein *Handwerk* aufs Gewissen gelegt hat. Die Furcht vor seinem Gedächtnis ist ihm zu eigen. Er kommt vor dem Urteile anderer leicht zum Verstummen, er hört mit einem unbewegten Gesichte zu, wie dort verehrt, bewundert, geliebt, verklärt wird, wo *er gesehn* hat –, oder er verbirgt noch sein Verstummen, indem er irgendeiner Vordergrunds-Meinung ausdrücklich zustimmt. Vielleicht geht die Paradoxie seiner Lage so weit ins Schauerliche, daß die »Gebildeten« gerade dort, wo er das *große Mitleiden* neben der *großen Verachtung* gelernt hat, ihrerseits die große Verehrung lernen ... Und wer weiß, ob sich nicht in allen großen Fällen eben nur dies begab – daß man einen Gott anbetete und daß der Gott nur ein armes Opfertier war ... Der *Erfolg war* immer der größte Lügner – und auch das *Werk*, die *Tat* ist ein Erfolg ... Der große Staatsmann, der Eroberer, der Entdecker ist in seine Schöpfungen verkleidet, versteckt, bis ins Unerkennbare; das Werk, das des Künstlers, des Philosophen, erfindet erst den, welcher es geschaffen hat, geschaffen haben *soll* ... Die »großen Männer«, wie sie verehrt werden, sind kleine schlechte Dichtungen hinterdrein – in der Welt der historischen Werte *herrscht* die Falschmünzerei ...

2

– Diese großen Dichter zum Beispiel, diese Byron, Musset, Poe, Leopardi, Kleist, Gogol – ich wage es nicht, viel größere Namen zu nennen, aber ich meine sie –, so wie sie nun einmal sind, sein müssen: Menschen des Augenblicks, sinnlich, absurd, fünffach, im Mißtrauen und Vertrauen leichtfertig und plötzlich; mit Seelen, an denen gewöhnlich irgendein Bruch verhehlt werden soll; oft mit ihren Werken Rache nehmend für eine innere Besudelung, oft mit ihren Aufflügen Vergessenheit suchend vor einem allzutreuen Gedächtnis, Idealisten aus der Nähe des *Sumpfes* – welche Marter sind diese großen Künstler und überhaupt die sogenannten höheren Menschen für den, der sie erst erraten hat! ... Wir sind alle Fürsprecher des Mittelmäßigen ... Es ist begreiflich, daß *sie* gerade vom Weibe, das hellseherisch ist in der Welt des Leidens und leider auch weit über seine Kräfte hinaus hilf- und rettungssüchtig, so leicht jene Ausbrüche von unbegrenztem Mitleide erfahren, welche die Menge, vor allem die *verehrende* Menge mit neugierigen und selbstgefälligen Deutungen überhäuft ... Dies Mitleiden täuscht sich regelmäßig über seine Kraft: das Weib möchte glauben, daß Liebe *alles* vermöge – es ist sein eigentlicher *Aberglaube*. Ach, der Wissende des

Herzens errät, wie arm, hilflos, anmaßlich, fehlgreifend auch die beste tiefste Liebe ist – wie sie eher noch *zerstört* als rettet . . .

3

– Der geistige Ekel und Hochmut jedes Menschen, der tief gelitten hat – es bestimmt beinahe die Rangordnung, wie tief einer leiden kann –, seine schaudernde Gewißheit, von der er ganz durchtränkt und gefärbt ist, vermöge seines Leidens *mehr zu wissen,* als die Klügsten und Weisesten wissen könnten, in vielen fernen entsetzlichen Welten bekannt und einmal zuhause gewesen zu sein, von denen »*ihr* nicht wißt« . . ., dieser geistige schweigende Hochmut, dieser Stolz des Auserwählten der Erkenntnis, des »Eingeweihten«, des beinahe Geopferten findet alle Arten von Verkleidung nötig, um sich vor der Berührung mit zudringlichen und mitleidigen Händen und überhaupt vor allem, was nicht seinesgleichen im Schmerz ist, zu schützen. Das tiefe Leiden macht vornehm; es trennt. – Eine der feinsten Verkleidungs-Formen ist der Epikureismus und eine gewisse fürderhin zur Schau getragne Tapferkeit des Geschmacks, welche das Leiden leichtfertig nimmt und sich gegen alles Traurige und Tiefe zur Wehr setzt. Es gibt »heitere Menschen«, welche sich der Heiterkeit bedienen, weil sie um ihretwillen mißverstanden werden – sie *wollen* mißverstanden sein. Es gibt »wissenschaftliche Geister«, welche sich der Wissenschaft bedienen, weil dieselbe einen heiteren Anschein gibt und weil Wissenschaftlichkeit darauf schließen läßt, daß der Mensch oberflächlich ist – sie *wollen* zu einem falschen Schlusse verführen . . . Es gibt freie freche Geister, welche verbergen und verleugnen möchten, daß sie im Grunde zerbrochne unheilbare Herzen sind – es ist der Fall Hamlets: und dann kann die Narrheit selbst die Maske für ein unseliges *allzugewisses* Wissen sein. –

Epilog

1

Ich habe mich oft gefragt, ob ich den schwersten Jahren meines Lebens nicht tiefer verpflichtet bin als irgendwelchen anderen. So wie meine innerste Natur es mich lehrt, ist alles Notwendige, aus der Höhe gesehn und im Sinne einer *großen* Ökonomie, auch das Nützliche an sich – man soll es nicht nur tragen, man soll es *lieben* ... *Amor fati:* das ist meine innerste Natur. – Und was mein langes Siechtum angeht, verdanke ich ihm nicht unsäglich viel mehr als meiner Gesundheit? Ich verdanke ihm eine *höhere* Gesundheit, eine solche, welche stärker wird von allem, was sie nicht umbringt! – *Ich verdanke ihm auch meine Philosophie* ... Erst der große Schmerz ist der letzte Befreier des Geistes, als der Lehrmeister des *großen Verdachts,* der aus jedem U ein X macht, ein echtes rechtes X, das heißt den *vorletzten* Buchstaben vor dem letzten ... Erst der große Schmerz, jener lange langsame Schmerz, in dem wir gleichsam wie mit grünem Holze verbrannt werden, der sich Zeit nimmt –, zwingt uns Philosophen in unsere letzte Tiefe zu steigen und alles Vertrauen, alles Gutmütige, Verschleiernde, Milde, Mittlere, wohin wir vielleicht vordem unsre Menschlichkeit gesetzt haben, von uns zu tun. Ich zweifle, ob ein solcher Schmerz »verbessert«: aber ich weiß, daß er uns *vertieft* ... Sei es nun, daß wir ihm unsern Stolz, unsern Hohn, unsre Willenskraft entgegenstellen lernen, und es dem Indianer gleichtun, der, wie schlimm auch gepeinigt, sich an seinem Peiniger durch die Bosheit seiner Zunge schadlos hält; sei es, daß wir uns vor dem Schmerz in jenes Nichts zurückziehn, in das stumme, starre, taube Sich-Ergeben, Sich-Vergessen, Sich-Auslöschen: man kommt aus solchen langen, gefährlichen Übungen der Herrschaft über sich als ein andrer Mensch heraus, mit einigen Fragezeichen *mehr* – vor allem mit dem Willen, fürderhin mehr, tiefer, strenger, härter, böser, stiller zu fragen, als je bisher auf Erden gefragt worden ist ... Das Vertrauen zum Leben ist dahin, das Leben selber wurde ein *Problem.* –

Möge man ja nicht glauben, daß einer damit notwendig zum Düsterling, zur Schleiereule geworden sei! Selbst die Liebe zum Leben ist noch möglich – nur liebt man *anders* . . . Es ist die Liebe zu einem Weibe, das uns Zweifel macht . . .

2

Am seltsamsten ist eins: man hat hinterdrein einen andren Geschmack – einen *zweiten* Geschmack. Aus solchen Abgründen, auch aus dem Abgrunde des *großen Verdachts* kommt man neugeboren zurück, gehäutet, kitzlicher, boshafter, mit einem feineren Geschmack für die Freude, mit einer zarteren Zunge für alle guten Dinge, mit lustigeren Sinnen, mit einer zweiten gefährlicheren Unschuld in der Freude, kindlicher zugleich und hundertmal raffinierter, als man je vordem gewesen war.
O wie einem nunmehr der Genuß zuwider ist, der grobe, dumpfe, braune Genuß, wie ihn sonst die Genießenden, unsre »Gebildeten«, unsre Reichen und Regierenden verstehn! Wie boshaft wir nunmehr dem großen Jahrmarkts-Bumbum zuhören, mit dem sich der »gebildete« Mensch und Großstädter heute durch Kunst, Buch und Musik zu »geistigen Genüssen«, unter Mithilfe geistiger Getränke, notzüchtigen läßt! Wie uns jetzt der Theaterschrei der Leidenschaft in den Ohren wehtut, wie unserm Geschmacke der ganze romantische Aufruhr und Sinnen-Wirrwarr, den der gebildete Pöbel liebt, samt seinen Aspirationen nach dem Erhabenen, Gehobenen, Verschrobenen fremd geworden ist! Nein, wenn wir Genesenen eine Kunst noch brauchen, so ist es eine *andre* Kunst – eine spöttische, leichte, flüchtige, göttlich unbehelligte, göttlich künstliche Kunst, welche wie eine reine Flamme in einen unbewölkten Himmel hineinlodert! Vor allem: eine Kunst für Künstler, *nur für Künstler!* Wir verstehn uns hinterdrein besser auf das, was dazu zuerst not tut, die Heiterkeit, *jede* Heiterkeit, meine Freunde! . . . Wir wissen einiges jetzt zu gut, wir Wissenden: o wie wir nunmehr lernen, gut zu vergessen, gut *nicht*-zu-wissen, als Künstler! . . . Und was unsre Zukunft betrifft: man wird uns schwerlich wie-

der auf den Pfaden jener ägyptischen Jünglinge finden, welche nachts Tempel unsicher machen, Bildsäulen umarmen und durchaus alles, was mit guten Gründen versteckt gehalten wird, entschleiern, aufdecken, in helles Licht stellen wollen. Nein, dieser schlechte Geschmack, dieser Wille zur Wahrheit, zur »Wahrheit um jeden Preis«, dieser Jünglings-Wahnsinn in der Liebe zur Wahrheit – ist uns verleidet: dazu sind wir zu erfahren, zu ernst, zu lustig, zu gebrannt, zu *tief* ... Wir glauben nicht mehr daran, daß Wahrheit noch Wahrheit bleibt, wenn man ihr die *Schleier* abzieht – wir haben genug gelebt, um dies zu glauben ... Heute gilt es uns als eine Sache der Schicklichkeit, daß man nicht alles nackt sehn, nicht bei allem dabei sein, nicht alles verstehn und »wissen« wolle. *Tout comprendre – c'est tout mépriser* ... »Ist es wahr, daß der liebe Gott überall zugegen ist?« fragte ein kleines Mädchen seine Mutter: »aber ich finde das unanständig« – ein Wink für Philosophen! ... Man sollte die *Scham* besser in Ehren halten, mit der sich die Natur hinter Rätsel und bunte Ungewißheiten versteckt hat. Vielleicht ist die Wahrheit ein Weib, das Gründe hat, *ihre Gründe nicht sehn zu lassen?* ... Vielleicht ist ihr Name, griechisch zu reden, *Baubo?* ... O diese Griechen! sie verstanden sich darauf, zu *leben!* Dazu tut not, tapfer bei der Oberfläche, der Falte, der Haut stehnzubleiben, den Schein anzubeten, an Formen, an Töne, an Worte, an den ganzen *Olymp des Scheins* zu glauben! Diese Griechen waren oberflächlich – *aus Tiefe* ... Und kommen wir nicht eben darauf zurück, wir Wagehalse des Geistes, die wir die höchste und gefährlichste Spitze des gegenwärtigen Gedankens erklettert und von da aus uns umgesehn haben, die wir von da aus *hinabgesehn* haben? Sind wir nicht eben darin – Griechen? Anbeter der Formen, der Töne, der Worte? Eben darum – *Künstler?* –

AUS ANDEREN SCHRIFTEN

DAS GRIECHISCHE MUSIKDRAMA

(1870)

In unserem heutigen Theaterwesen sind nicht nur Erinnerungen und Anklänge an die *dramatischen Künste Griechenlands* aufzufinden: nein, seine *Grundformen* wurzeln auf *hellenischem* Boden, entweder in *natürlichem* Wachstum oder in Folge einer *künstlichen* Entlehnung. Nur die *Namen* haben sich vielfach verändert und verschoben: ähnlich wie die mittelalterliche Tonkunst die griechischen Tonleitern wirklich noch besaß, auch mit den griechischen Namen, nur daß z. B. das, was die Griechen »lokrisch« nannten, in den Kirchentönen als »dorisch« bezeichnet wird. Ähnliche Verwirrungen begegnen uns auf dem Gebiet der dramatischen Terminologie: das, was der Athener als *»Tragödie«* verstand, werden wir allenfalls unter den Begriff der *»großen Oper«* bringen: wenigstens hat dies Voltaire in einem Brief an den Kardinal Quirini getan. Dagegen würde ein Hellene in unserer Tragödie fast nichts wiedererkennen, was seiner Tragödie entspräche; wohl aber würde ihm beikommen, daß der ganze Aufbau und der Grundcharakter der Tragödie Shakespeares seiner sogenannten *neueren Komödie* entnommen sei. Und in der Tat hat sich aus *ihr*, in ungeheuren Zeiträumen, das römische Drama, das romanisch-germanische Mysterien- und Moralitätenspiel, zuletzt die Tragödie Shakespeares entfaltet: in ähnlicher Weise, wie in der äußeren Form der *Bühne* Shakespeares die *genealogische* Verwandtschaft mit der der neueren attischen Komödie nicht verkannt werden darf. Während wir nun hier eine natürlich vorwärtsschreitende, durch Jahrtausende fortgesetzte Entwicklung anzuerkennen haben, ist jene wirkliche Tragödie des Altertums, das Kunstwerk des Aeschylus und Sophokles, der modernen Kunst willkürlich eingeimpft worden. Das, was wir heute die *Oper* nennen, das Zerrbild des antiken Musikdramas, ist durch direkte Nachäffung des Altertums entstanden: ohne die unbewußte Kraft eines natürlichen Triebes, nach einer abstrakten Theorie gebildet, hat sie sich, wie ein künstlich erzeugter homunculus, als der böse Kobold unserer modernen Musikentwicklung gebärdet. Jene vornehmen und gelehrt gebildeten Florentiner, die im Anfange des 17. Jahrhunderts die Entstehung der Oper veranlaßten, hatten die deutlich ausgesprochne Absicht, *die* Wirkungen der Musik zu erneuern, die sie im Altertume, nach so vielen beredten Zeugnissen, gehabt habe. Merkwürdig! Schon der erste Gedanke an die Oper war ein Haschen nach Effekt. Durch solche Experimente werden die Wurzeln einer unbewußten, aus dem Volksleben herauswachsenden Kunst abgeschnitten oder mindestens arg verstümmelt. So wurde in Frankreich das volkstümliche Drama durch die sogenannte klassische Tragödie verdrängt, also durch eine rein auf gelehrtem Wege entstandene Gattung, die die Quintessenz des Tragischen, ohne alle Beimischungen, enthalten sollte. Auch in Deutschland ist die natürliche Wurzel des Dramas, das Fastnachtspiel, seit der Reformation untergraben worden; seitdem wurde die Neuschöpfung einer nationalen Form kaum wieder versucht, dagegen nach den vorhandenen Mustern fremder Nationen gedacht und gedichtet. Für die Entwicklung der modernen Künste ist die Gelehrsamkeit, das bewußte Wissen und Vielwissen der eigentliche Hemmschuh: alles Wachsen und Werden im Reiche der Kunst muß in tiefer Nacht vor sich gehen. Die Geschichte der Musik lehrt es, daß die gesunde Weiterentwicklung der griechischen Musik im frühen Mittelalter plötzlich auf das stärkste gehemmt und beeinträchtigt wurde, als man in Theorie und Praxis mit Gelehrsamkeit auf das Alte zurückging. Das Resultat war eine unglaubliche Verkümmerung des Geschmacks: in den fortwährenden Widersprüchen der angeblichen Überlieferung und des natürlichen Gehörs kam man dahin, Musik gar nicht mehr für das Ohr, sondern für das Auge zu komponieren. Die Augen sollten das kontrapunktische Geschick des Komponisten bewundern: die Augen sollten die Ausdrucksfähigkeit der Musik anerkennen. Wie war dies zu bewerkstelligen? Man färbte die Noten mit der Farbe der Dinge, von denen im Texte die Rede war, also grün, wenn Pflanzen,

Felder Weinberge, purpurrot, wenn die Sonne und das Licht erwähnt wurden. Es war dies Literaturmusik, Lesemusik. Was uns hier als helle Absurdität anmutet, dürfte auf dem Gebiete, das ich besprechen will, wohl nur wenigen sogleich als solche einleuchten. Ich behaupte nämlich, daß der uns bekannte Äschylus und Sophokles uns nur als Textbuchdichter, als Librettisten bekannt sind, das heißt, daß sie uns eben unbekannt sind. Während wir nämlich im Bereich der Musik über das gelehrte Schattenspiel einer Lesemusik längst hinaus sind, ist im Gebiete der Poesie die Unnatürlichkeit der Buchdichtung so allein herrschend, daß es Besinnung kostet, sich zu sagen, inwiefern wir gegen Pindar Äschylus und Sophokles ungerecht sein müssen, ja weshalb wir sie eigentlich nicht kennen. Wenn wir sie als Dichter bezeichnen, so meinen wir eben Buchdichter: gerade damit aber verlieren wir jeden Einblick in ihr Wesen, das uns einzig aufgeht, wenn wir die *Oper* uns einmal in kräftiger phantasiereicher Stunde so idealisiert vor die Seele führen, daß uns eben die Anschauung des antiken Musikdramas sich erschließt. Denn so verzerrt auch alle Verhältnisse an der sogenannten großen Oper sind, so sehr sie selbst ein Produkt der Zerstreuung, nicht der Sammlung ist, die Sklavin schlechtester Reimerei und unwürdiger Musik: so sehr hier alles Lüge und Schamlosigkeit ist, immerhin gibt es kein anderes Mittel, über Sophokles sich klar zu werden, als indem wir aus dieser Karikatur das Urbild zu erraten suchen und alles Verbogene und Verzerrte in begeisterter Stunde uns hinwegdenken. Jenes Phantasiebild muß dann sorgfältig untersucht und, seinen einzelnen Teilen nach, mit der Tradition des Altertums zusammengehalten werden, damit wir nicht etwa das Hellenische überhellenisieren und ein Kunstwerk uns ausdenken, das nirgends in aller Welt eine Heimat hat. Das ist keine geringe Gefahr. Galt es doch bis vor nicht lange als unbedingtes Kunstaxiom, daß alle ideale Plastik farblos sein müsse, daß die antike Skulptur die Anwendung der Farbe nicht zulasse. Ganz langsam und unter dem heftigsten Widerstreben jener Hyperhellenen, hat sich die polychrome Anschauung der antiken Plastik Bahn gebrochen nach der sie nicht mehr nackt, sondern mit einem farbigen Überzug bekleidet gedacht werden muß. In ähnlicher Weise erfreut sich der ästhetische Satz einer allgemeinen Beliebtheit, daß eine Verbindung zweier und mehrerer Künste keine Erhöhung des ästhetischen Genusses erzeugen könne, vielmehr eine barbarische Geschmacksverirrung sei. Dieser Satz aber beweist höchstens die schlechte moderne Gewöhnung, daß wir nicht mehr als ganze Menschen genießen können: wir sind gleichsam durch die absoluten Künste in Stücke zerrissen und genießen nun auch als Stücke, bald als Ohrenmenschen, bald als Augenmenschen usw. Halten wir dagegen, wie der geistvolle Anselm Feuerbach sich jenes antike Drama als Gesamtkunst vorstellt. »Es ist nicht zu verwundern, sagt er, wenn bei einer tiefbegründeten Wahlverwandtschaft die einzelnen Künste endlich wieder zu einem unzertrennlichen Ganzen, als einer neuen Kunstform sich verschmelzen. Die olympischen Spiele führten die gesonderten Griechenstämme zur politisch religiösen Einheit zusammen: das dramatische Festspiel gleicht einem Wiedervereinigungsfeste der griechischen Künste. Das Vorbild desselben war schon in jenen Tempelfesten gegeben, wo die plastische Erscheinung des Gottes vor einer andächtigen Menge mit Tanz und Gesang gefeiert wurde. Wie dort, so bildet auch hier die Architektur den Rahmen und die Basis, durch welche sich die höhere poetische Sphäre sichtbar gegen die Wirklichkeit abschließt. An der Szenerie sehen wir den Maler beschäftigt und allen Reiz eines bunten Farbenspiels in der Pracht des Kostüms ausgebreitet. Der Seele des Ganzen hat sich die Dichtkunst bemächtigt; aber diese wieder nicht als einzelne Dichtform, wie im Tempeldienst z. B. als Hymne. Jene dem griechischen Drama so wesentlichen Berichte des Angelos und des Exangelos, oder der handelnden Personen selbst, führen uns in das Epos zurück. Die lyrische Poesie hat in den leidenschaftlichen Szenen und im Chor ihre Stelle und zwar nach allen ihren Abstufungen von dem unmittelbaren Ausbruch des Gefühls in Interjektionen, von der zartesten Blume des Liedes an bis zur Hymne und Dithyrambe hinauf. In Rezitation Gesang und Flötenspiel und dem Taktschritte des Tanzes ist der Ring noch nicht völlig geschlossen. Denn wenn die Poesie das innerste Grundelement des Dramas bildet, so tritt ihr in dieser ihr neuen Form die Plastik entgegen.« Soweit Feuerbach. Sicher ist, daß wir einem solchen Kunstwerke gegenüber erst lernen müßten, wie man als ganzer Mensch zu genießen habe: während es zu befürchten ist, daß man, auch hingestellt vor ein derartiges Werk, es sich in lauter Stücke zerlegen würde, um es sich anzueignen. Ich glaube sogar, daß wer von uns plötzlich in eine athenische Festvorstellung versetzt würde, zunächst den Eindruck eines gänzlich fremdartigen und barbarischen Schauspiels haben würde. Und dies aus sehr vielen Gründen. In hellster Tagessonne, ohne alle die geheimnisvollen Wirkungen des Abends und des Lampenlichts, in grellster Wirklichkeit sähe er einen ungeheuren offnen Raum mit Menschen überfüllt: alle Blicke hingerichtet auf eine in der Tiefe wunderbar sich bewegende maskierte Männerschaar und ein paar übermenschlich große Puppen, die auf einem langen schmalen Bühnenraume im langsamsten Zeitmaße auf und niederschreiten. Denn wie anders als Puppen müssen wir jene Wesen nennen, die auf den hohen Stelzen der Kothurne stehend, mit riesenmäßigen, den Kopf überragenden stark bemalten Masken vor dem Gesicht, an Brust und Leib, Armen und Beinen bis in das Unnatürliche ausgepolstert und ausgestopft, sich kaum bewegen können, niedergedrückt von der Last eines tief herabfallenden Schleppgewandes und eines mächtigen Kopfputzes. Dabei haben diese Gestalten durch die weit geöffneten Mundlöcher im stärksten Tone zu reden und zu singen, um sich einer Zuschauermasse von mehr als 20 000 Menschen verständlich zu machen: fürwahr, eine Heldenaufgabe, die eines marathonischen Kämpfers würdig ist. Noch größer aber wird unsre Bewunderung, wenn wir vernehmen, daß der Einzelne von diesen Schauspieler-Sängern in 10stündiger Anspannung gegen 1600 Verse von sich zu geben hat, darunter wenigstens sechs größere und kleinere Gesangsstücke. Und dies vor einem Publikum, das jedes Übermaß im Ton, jeden unrichtigen Akzent unerbittlich ahndete, in Athen wo nach Lessings Ausdruck selbst der Pöbel ein feines und zärtliches Urteil hatte. Welche Konzentration und Übung der Kräfte, welche langwierige Vorbereitung, welchen Ernst und Enthusiasmus im Erfassen der künstlerischen Aufgabe müssen wir hier voraussetzen, kurz, welch ein ideales Schauspielertum! Hier waren Aufgaben für die edelsten Bürger gestellt, hier entwürdigte sich, auch im Falle des Mißlingens, ein Marathonkämpfer nicht, hier empfand der Schauspieler, wie er in seinem Kostüm eine Erhebung über die alltägliche Menschenbildung darstellte, auch in sich einen Aufschwung, in dem die pathetischen, schwerwuchtigen Worte des Äschylus ihm eine natürliche Sprache sein mußten.

Weihevoll aber gleich dem Schauspieler lauschte auch der *Zuhörer:* auch über ihn breitete sich eine ungewöhnliche langersehnte Feststimmung aus. Nicht die ängstliche Flucht vor der Langeweile, der Wille sich und seine Erbärmlichkeit um jeden Preis für einige Stunden los zu sein, trieb jene Männer ins Theater. Der Grieche flüchtete sich aus der ihm so gewohnten zerstreuenden Öffentlichkeit, aus dem Leben in Markt Straße und Gerichtshalle, in die ruhig stimmende, zur Sammlung einladende Feierlichkeit der Theaterhandlung: nicht wie der alte Deutsche, der Zerstreuung begehrte, wenn er den Zirkel seines innerlichen Daseins einmal zerschnitt, und der die rechte lustige Zerstreuung in der gerichtlichen Wechselrede fand, die deshalb auch für sein Drama Form und Atmosphäre bestimmte. Die Seele des Atheners dagegen, der die Tragödie an den großen Dionysien anzuschauen kam, hatte in sich noch etwas von jenem Element, aus dem die Tragödie geboren ist. Es ist dies der übermächtig hervorbrechende Frühlingstrieb, ein Stürmen und Rasen in gemischter Empfindung, wie es alle naiven Völker und die gesamte Natur beim Nahen des Frühlings kennen. Bekanntlich sind auch unsre Fastnachtsspiele und Maskenscherze ursprünglich solche Frühlingsfeste, die nur aus kirchlichen Anlässen etwas zurückdatiert sind. Hier ist alles tiefster Instinkt: jene ungeheuren dionysischen Schwarmzüge im alten Griechenland haben ihre Analogie in den S. Johann- und S. Veitstänzern des Mittelalters, die in größter, immer wachsender Masse tanzend, singend und springend von Stadt zu Stadt zogen. Mag auch die heutige Medizin von jener Erscheinung als von einer Volksseuche des Mittelalters sprechen: wir wollen nur festhalten, daß das antike Drama aus einer solchen Volksseuche erblüht ist, und daß es das Unglück der modernen Künste ist, *nicht* aus solchem geheimnisvollen Quell entflossen zu sein. Es ist nicht etwa Mutwille und willkürliche Ausgelassenheit, wenn in den ersten Anfängen des Dramas wildbewegte Schwärme, als Satyrn und Silene kostümiert, die Gesichter mit Ruß, Mennig und andern Pflanzensäften beschmiert, mit Blumenkränzen auf dem Kopf, durch Feld und Wald schweiften: die allgewaltige, so plötzlich sich kundgebende Wirkung des Frühlings steigert hier auch die Lebenskräfte zu einem solchen Übermaß, daß ekstatische Zustände, Visionen und der Glaube an die eigne Verzauberung allerwärts hervortreten, und gleichgestimmte Wesen scharenweise durchs Land ziehen. Und hier ist die Wiege des Dramas. Denn nicht damit beginnt dasselbe, daß jemand sich vermummt und bei anderen eine Täuschung erregen will: nein vielmehr, indem der Mensch außer sich ist und sich selbst verwandelt und verzaubert glaubt. In dem Zustande des »Außer sich seins«, der Ekstase ist nur ein Schritt noch nötig: wir kehren nicht wieder in uns zurück, sondern gehen in ein anderes Wesen ein, so daß wir uns als Verzauberte gebärden. Daher rührt im letzten Grunde das tiefe Erstaunen beim Anblick des Dramas: der Boden wankt, der Glaube an die Unlöslichkeit und Starrheit des Individuums. Und wie der dionysische Schwärmer an seine Verwandlung glaubt, recht im Gegensatz zu Zettel im Sommernachtstraum, so glaubt der dramatische Dichter an die Wirklichkeit seiner Gestalten. Wer diesen Glauben nicht hat, der kann zwar noch zu den Thyrsusschwingern, den Dilettanten gehören, nicht aber zu den rechten Dienern des Dionysos, den Bacchen.

Etwas von diesem dionysischen Naturleben war in der Blütezeit des attischen Dramas auch noch in der Seele der Zuhörer. Das war kein faules, fatiguiertes allabendliches Abonnementspublikum, das mit müden, abgehetzten Sinnen zum Theater kommt,

um sich hier in Emotion versetzen zu lassen. Im Gegensatz zu diesem Publikum, das die Zwangsjacke unseres heutigen Theaterwesens ist, hatte der athenische Zuschauer seine frischen, morgendlichen, festlich angeregten Sinne noch, wenn er sich auf den Stufen des Theaters niederließ. Das Einfache war für ihn noch nicht zu einfach. Seine ästhetische Gelehrsamkeit bestand in den Erinnerungen an frühere glückliche Theatertage, sein Zutrauen zu dem dramatischen Genius seines Volkes war grenzenlos. Was das Wichtigste aber ist, er schlürfte den Trank der Tragödie so selten, daß er ihn jedesmal wie zum ersten Male genoß. In diesem Sinne will ich das Wort des bedeutendsten lebenden Architekten anführen, der für die Deckengemälde und ausgemalten Kuppeln sein Votum abgibt. »Nichts ist vorteilhafter, sagt er, für das Kunstwerk, als das Entrücktsein aus der vulgären unmittelbaren Berührung mit dem Nächsten und aus der gewohnten Sehlinie des Menschen. Durch die Gewohnheit des Bequemsehens wird der Sehnerv so abgestumpft, daß er den Reiz und die Verhältnisse der Farben und Formen nur noch wie hinter einem Schleier erkennt.« Es wird sicher erlaubt sein, etwas Analoges auch für den seltnen Genuß des Dramas zu beanspruchen: es kommt den Bildern und den Dramen zu Gute, die mit etwas ungewohnter Haltung und Empfindung angeschaut werden: wenn damit auch noch nicht die altrömische Sitte, im Theater zu stehen, anempfohlen werden soll.
Wir haben bis jetzt nur den Schauspieler und den Zuschauer ins Auge gefaßt. Denken wir zu dritt auch an den Poeten: und zwar fasse ich hier das Wort in seinem weitesten Sinne, so wie es die Griechen verstanden. Es ist richtig, daß die griechischen Tragiker ihre unermeßlichen Einwirkungen auf die neuere Kunst nur als Librettisten geübt haben: wenn das aber wahr ist, so lebe ich der Überzeugung, daß eine wirkliche und ganze Vergegenwärtigung einer äschyleischen Trilogie, mit attischen Schauspielern, Publikum und Poeten, auf uns geradezu eine zerschmetternde Wirkung tun müßte, weil sie uns den künstlerischen Menschen in einer Vollkommenheit und Harmonie offenbaren würde, gegen die unsre großen Dichter gleichsam als schön

begonnene, doch nicht zu Ende gearbeitete Statuen erscheinen möchten.
Die Aufgabe war im griechischen Altertum für den Dramatiker so schwer als möglich gestellt: eine Freiheit, wie sie unsere Bühnendichter nach Wahl des Stoffs, der Schauspielerzahl und unzähliger Dinge genießen, würde dem attischen Kunstrichter als Zuchtlosigkeit erschienen sein. Durch die gesamte griechische Kunst geht das stolze Gesetz, daß nur das Schwerste eine Aufgabe für den freien Mann ist. So hing die Autorität und der Ruhm eines plastischen Kunstwerkes sehr von der Schwierigkeit der Bearbeitung, der Härte des verwendeten Stoffes ab. Zu den besonderen Schwierigkeiten, vermöge deren der Weg zur dramatischen Berühmtheit niemals ein sehr breiter geworden ist, gehört die beschränkte Zahl der Schauspieler, die Verwendung des Chors, der begrenzte Mythenkreis, vor allem aber jene Fünfkämpfertugend, die Notwendigkeit, als Dichter und Musiker, in der Orchestik und der Regie, zuletzt als Schauspieler produktiv begabt zu sein. Das was für unsre damatischen Dichter immer der Rettungsanker ist, das ist die Neuheit und damit das Interessante ihres Stoffes, den sie für ihr Drama gewählt haben. Sie denken, wie die italienischen Improvisatoren, die eine neue Geschichte bis zu ihrem Höhepunkt und zur höchsten Steigerung der Spannung erzählen und dann überzeugt sind, daß niemand mehr vor Schluß davongeht. Das Festhalten bis zum Schluß durch den Reiz des Interessanten war nun bei den griechischen Tragikern etwas Unerhörtes: die Stoffe ihrer Meisterwerke waren altbekannt und in epischer und lyrischer Form den Zuhörern von Kindheit an vertraut. Es war bereits eine Heldentat für einen Orest und einen Ödipus wahrhafte Teilnahme zu erwecken: aber wie beschränkt, wie eigensinnig eingeengt waren die Mittel, die zur Erregung dieser Teilnahme gebraucht werden durften! Hier kommt vor allem der Chor in Betracht, der für den antiken Dichter ebenso wichtig war wie für den französischen Tragiker die vornehmen Personen, die zu beiden Seiten der Szene ihre Sitze hatten und die Bühne gewissermaßen in ein fürstliches Vorzimmer verwandelten. Wie der

französische Tragiker diesem sonderbaren, nicht mitspielenden und doch mitspielenden »Chor« zuliebe die Dekorationen nicht ändern durfte, wie sich Sprache und Geste auf der Bühne nach ihm modelte: so verlangte der antike Chor für die ganze Handlung in jedem Drama Öffentlichkeit der Handlung, den freien Platz als die Aktionsstätte der Tragödie. Dies ist eine verwegene Forderung: denn die tragische Tat und die Vorbereitung zu ihr pflegt sich gerade nicht auf der Straße finden zu lassen, sondern erwächst am Besten in der Verborgenheit. Alles öffentlich, alles im hellen Licht, alles in Gegenwart des Chors – das war die grausame Forderung. Nicht daß man aus irgend einer ästhetischen Spitzfindigkeit dies irgendwann einmal als Forderung ausgesprochen hätte: vielmehr war in dem langen Entwicklungsprozeß des Dramas diese Stufe erreicht worden, und man hatte sie festgehalten mit dem Instinkt, daß hier für den tüchtigen Genius eine tüchtige Aufgabe zu lösen sei. Es ist ja bekannt, daß ursprünglich die Tragödie nichts als ein großer Chorgesang war: diese historische Erkenntnis gibt aber in der Tat den Schlüssel zu jenem wunderlichen Problem. Die Haupt- und Gesamtwirkung der antiken Tragödie beruhte in der besten Zeit immer noch auf dem Chore: er war der Faktor, mit dem vor allem gerechnet werden mußte, den man nicht beiseite lassen durfte. Jene Stufe, in der sich das Drama ungefähr von Aeschylus bis Euripides hielt, ist die, in der der Chor soweit zurückgedrängt war, um eben gerade noch die Gesamtfärbung anzugeben. Noch ein einziger Schritt weiter und die Szene herrschte über die Orchestra, die Kolonie über die Mutterstadt; die Dialektik der Bühnenpersonen und ihre Einzelgesänge traten vor und überwältigten den bisher gültigen chorisch-musikalischen Gesamteindruck. Dieser Schritt ist getan worden, und der Zeitgenosse desselben, Aristoteles, fixierte ihn in seiner berühmten, viel verwirrenden, das Wesen des aeschyleischen Dramas gar nicht treffenden Definition.

Der erste Gedanke also beim Entwurfe einer dramatischen Dichtung mußte sein, eine Gruppe von Männern oder Frauen zu erdenken, die mit den handelnden Personen eng verbunden sind: sodann mußten Anlässe gesucht werden, bei denen lyrisch-musikalische Massenstimmungen zum Ausbruch kommen konnten. Der Dichter sah gewissermaßen vom Chor aus nach den Bühnenpersonen, und mit ihm das athenische Publikum: wir, die wir nur das Libretto haben, sehen von der Bühne aus nach dem Chor. Die Bedeutung desselben ist nicht mit einem Gleichnis zu erschöpfen. Wenn Schlegel ihn als den »idealischen Zuschauer« bezeichnet hat, so will das doch nur sagen, daß der Dichter in der Art, wie der Chor die Ereignisse auffaßt, zugleich andeutet, wie nach seinem Wunsche sie der Zuschauer auffassen solle. Damit ist aber doch nur eine Seite richtig hervorgehoben: vor allem ist wichtig, daß der Heldenspieler durch ihn wie durch ein Schallrohr seine Empfindungen in einer kolossalen Vergrößerung dem Zuschauer zuschreit. Obschon eine Mehrheit von Personen, stellt er doch musikalisch keine Masse vor, sondern nur ein ungeheures, mit übernatürlicher Lunge begabtes Einzelwesen. Es ist nicht am Orte, darauf hinzuweisen, welcher ethische Gedanke in der unisonen Chormusik der Griechen liegt: die den stärksten Gegensatz zur christlichen Musikentwicklung bildet, in der die Harmonie, das eigentliche Symbol der Mehrheit, lange Zeit so dominiert, daß die Melodie ganz erstickt war und erst wieder entdeckt werden mußte. Der Chor ist es, der die Grenzen der in der Tragödie sich erweisenden Dichterphantasie vorgeschrieben hat: der religiöse Chortanz mit seinem feierlichen Andante umschränkte den sonst so übermütigen Erfindungsgeist der Dichter: während die englische Tragödie, ohne eine solche Schranke, mit ihrem phantastischen Realismus sich viel ungestümer, dionysischer, aber doch im Grunde wehmütiger gebärdet, ungefähr wie ein Beethovensches Allegro. Daß der Chor mehrere große Gelegenheiten zu lyrisch-pathetischen Kundgebungen hatte, das ist eigentlich der wichtigste Satz in der Ökonomie des alten Dramas. Dies ist aber leicht auch in dem kürzesten Teilstück der Sage erreicht: und deshalb fehlt durchaus alles Verwickelte, alles Intrigenhafte, alles fein und künstlich Kombinierte, kurz alles das was gerade den Charakter des modernen Trauerspiels ausmacht. Im antiken Musikdrama gab es nichts, was man hätte ausrechnen müssen: auch die Schlauheit einzelner Helden des Mythus hat in ihm etwas Einfach-Ehrliches an sich. Niemals, auch nicht bei Euripides, ist das Wesen des Schauspiels in das des Schachspiels umgewandelt: während allerdings das Schachspielartige zum Grundzug der sogenannten neueren Komödie geworden ist. Deshalb gleichen die einzelnen Dramen der Alten, ihrem einfachen Aufbau nach, einem *einzigen* Akte unserer Tragödien und zwar am meisten dem fünften Akte, der in kurzen raschen Schritten zur Katastrophe führt. Die französische klassische Tragödie mußte, weil sie ihr Vorbild, das griechische Musikdrama, eben nur als Libretto kannte und mit der Einführung des Chors in Verlegenheit geriet, ein ganz neues Element in sich aufnehmen, nur um die von Horaz vorgeschriebnen 5 Akte auszufüllen: dieser Ballast, ohne den sich jene Kunstform nicht auf die See wagen mochte, war die Intrige, d. h. eine Rätselaufgabe für den Verstand und eine Tummelstätte der *kleinen,* im Grunde untragischen Leidenschaften: womit sich ihr Charakter dem der neuen attischen Komödie bedeutend näherte. Die alte Tragödie war, mit ihr verglichen, arm an Handlung und Spannung: man kann sogar sagen, daß es auf ihren früheren Entwicklungsstufen gar nicht auf das Handeln: das δρᾶμα abgesehn war, sondern auf das Leiden: das πάθος. Die Handlung trat erst hinzu, als der Dialog entstand: und alles wahrhafte und ernste Tun wurde auch in der Blütezeit des Dramas nicht auf offner Szene vorgeführt. Was war die Tragödie ursprünglich anders als eine objektive Lyrik, ein Lied aus dem Zustande bestimmter mythologischer Wesen herausgesungen, und zwar im Kostüm derselben. Zuerst mußte ein dithyrambischer Chor von zu Satyrn und Silenen verkleideten Männern selbst zu verstehen geben, was ihn in solche Aufregung versetzt habe: er deutete hin auf einen den Zuhörern schnell verständlichen Zug aus der Kampf- und Leidensgeschichte des Dionysos. Später wurde die Gottheit selbst eingeführt, zu einem doppelten Zwecke: einmal um persönlich von seinen Abenteuern zu erzählen, in denen er eben darin steckt und durch die sein Gefolge zu lebhaftester Teilnahme erregt wird. Andernseits ist

Dionysos während jener leidenschaftlichen Chorgesänge gewissermaßen das lebende Bild, die lebende Statue des Gottes: und in der Tat hat der antike Schauspieler etwas vom steinernen Gast bei Mozart. Ein neuerer Musikschriftsteller macht hierüber folgende richtige Bemerkung. »In unserem kostümierten Schauspieler, sagt er, tritt uns ein natürlicher Mensch, den Griechen trat in der tragischen Maske ein künstlicher, wenn man will, heroisch stilisierter entgegen. Unsere tiefen Bühnen, auf denen oft an hundert Personen gruppiert sind, machen die Darstellungen zu farbigen *Gemälden,* so lebendig sie nur sein können. Die schmale antike Bühne, mit der nahe vorgerückten Hinterwand, machte die wenigen, sich gemessen bewegenden Figuren zu lebenden Basreliefs oder belebten Marmorbildern eines Tempelgiebels. Hätte ein Wunder jenen Marmorgestalten des Streites zwischen Athene und Poseidon im Parthenongiebel Leben eingehaucht, sie würden wohl die Sprache des Sophokles gesprochen haben.«

Ich kehre zu dem vorhin angedeuteten Gesichtspunkte zurück, daß im griechischen Drama der Akzent auf dem Erleiden, nicht auf dem Handeln ruht; jetzt wird es leichter sein zu begreifen, weshalb ich meine, daß wir gegen Äschylus und Sophokles ungerecht sein *müssen,* daß wir sie eigentlich nicht *kennen.* Wir haben nämlich keinen Maßstab, das Urteil des attischen Publikums über ein Dichterwerk zu kontrollieren, weil wir nicht wissen oder nur zum geringsten Teile wissen, wie das Erleiden, überhaupt das Gefühlsleben in seinen Ausbrüchen, zum ergreifenden Eindrucke gebracht wurde. Wir sind einer griechischen Tragödie gegenüber inkompetent, weil ihre Hauptwirkung zu einem guten Teil auf einem Element beruhte, das uns verloren gegangen ist, auf der Musik. Für die Stellung der Musik zum alten Drama gilt vollkommen, was Gluck in der berühmten Vorrede zu seiner Alceste als Forderung ausspricht. Die Musik sollte die Dichtung unterstützen, den Ausdruck der Gefühle und das Interesse der Situationen verstärken, ohne die Handlung zu unterbrechen oder durch unnütze Verzierungen zu stören. Sie sollte für die Poesie das sein, was die Lebhaftigkeit der Farben und eine glückliche Mischung von Schatten und Licht für eine fehlerfreie und wohlgeordnete Zeichnung sind, welche nur dazu dienen, die Figuren zu beleben, ohne die Umrisse zu zerstören. Die Musik ist also durchaus nur als Mittel zum Zweck verwendet worden: ihre Aufgabe war es, das Erleiden des Gottes und des Helden in stärkstes Mitleiden bei den Zuhörern umzusetzen. Nun hat ja auch das Wort dieselbe Aufgabe, aber es wird ihm viel schwerer und nur auf Umwegen möglich, dieselbe zu lösen. Das Wort wirkt zunächst auf die Begriffswelt und von da aus erst auf die Empfindung, ja häufig genug erreicht es, bei der Länge des Wegs, sein Ziel gar nicht. Die Musik dagegen trifft das Herz unmittelbar, als die wahre allgemeine Sprache, die man überall versteht.

Freilich findet man noch jetzt über die griechische Musik Ansichten verbreitet, als ob sie am allerwenigsten eine solche allgemein verständliche Sprache gewesen sei, sondern vielmehr eine auf gelehrtem Wege erfundene, aus akustischen Lehren abstrahierte, uns gänzlich fremdartige Tonwelt bedeute. Man trägt sich hier und da z. B. noch mit dem Aberglauben, in der griechischen Musik sei die große Terz als ein Mißklang empfunden worden. Von solchen Vorstellungen muß man sich gänzlich freimachen und sich immer vorhalten, daß unserem Gefühl die Musik der Griechen viel näher steht als die des Mittelalters. Was uns von alten Kompositionen erhalten ist, erinnert in seiner scharfen rhythmischen Gliederung durchaus an unsere Volkslieder: aus dem Volkslied aber ist die gesamte antike Dichtkunst und Musik hervorgewachsen. Zwar gibt es auch reine Instrumentalmusik: doch machte sich in ihr nur das Virtuosentum geltend. Der echte Grieche empfand bei ihr immer etwas Unheimisches, etwas aus der asiatischen Fremde Importiertes. Die eigentlich griechische Musik ist durchaus Vokalmusik: das natürliche Band der Wort- und Tonsprache ist noch nicht zerrissen: und dies bis zu dem Grade, daß der Dichter notwendig auch der Komponist seines Liedes war. Die Griechen lernten ein Lied gar nicht anders kennen als durch den Gesang: sie empfanden aber auch beim Anhören das innigste Einssein von Wort und

Ton. Wir, die wir unter dem Einflusse der modernen Kunstunart, der Vereinzelung der Künste aufgewachsen sind, sind kaum mehr imstande, Text und Musik zusammen zu genießen. Wir haben uns eben gewöhnt, getrennt zu genießen, den Text bei der Lektüre – weshalb wir unserem Urteil nicht trauen, wenn wir ein Gedicht vorlesen, ein Drama vorspielen sehen und nach dem Buch verlangen – und die Musik beim Anhören. Auch finden wir den absurdesten Text erträglich, wenn nur die Musik schön ist: etwas was einem Griechen so recht eigentlich als Barbarei vorkommen würde.

Außer der eben betonten Schwesternschaft von Poesie und Tonkunst ist für die antike Musik noch zweierlei charakteristisch, ihre Einfachheit, ja Armut in der Harmonie, ihr Reichtum an rhythmischen Ausdrucksmitteln. Ich habe schon angedeutet, daß der Chorgesang sich vom Sologesang nur durch die Zahl der Stimmen unterschied, und daß nur den begleitenden Instrumenten eine sehr beschränkte Vielstimmigkeit, also Harmonie in unserm Sinne gestattet war. Die aller erste Forderung war, daß man den Inhalt des vorgetragnen Liedes *verstand:* und wenn man ein pindarisches oder aeschyleisches Chorlied mit seinen verwegnen Metaphern und Gedankensprüngen wirklich verstand: so setzt dies eine erstaunliche Kunst des Vortrags und zugleich eine äußerst charakteristische musikalische Akzentuation und Rhythmik voraus. Dem musikalisch-rhythmischen Periodenbau, der sich im strengsten Parallelismus mit dem Text bewegte, lief nun anderseits, als äußerliches Ausdrucksmittel, die Tanzbewegung zur Seite, die Orchestik. In den Evolutionen der Choreuten, die sich vor den Augen der Zuschauer wie Arabesken auf der breiten Fläche der Orchestra hinzeichneten, empfand man die gewissermaßen sichtbar gewordne Musik. Während die Musik die Wirkung der Dichtung steigerte, so erklärte die Orchestik die Musik. Es erwuchs somit für den Dichter und Tondichter zugleich noch die Aufgabe, ein produktiver Ballettmeister zu sein.

Hier ist noch ein Wort über die Grenzen der Musik im Drama zu sagen. Die tiefere Bedeutung dieser Grenzen als der Achillesferse des antiken Musikdramas, insofern an ihnen sein Zersetzungsprozeß beginnt, soll heute nicht erörtert werden, da ich den Verfall der antiken Tragödie und damit auch den eben angeregten Punkt in meinem nächsten Vortrag zu besprechen gedenke. Hier genüge nur die Tatsache: nicht alles was gedichtet war, konnte gesungen werden, und mitunter wurde auch, wie in unserem Melodram, gesprochen, unter der Begleitung der Instrumentalmusik. Aber jenes Sprechen haben wir uns immer als Halbrezitativ vorzustellen, so daß der ihm eigentümliche dröhnende Ton keinen Dualismus in das Musikdrama brachte; vielmehr war auch in der Sprache der dominierende Einfluß der Musik mächtig geworden. Man hat eine Art Nachklang dieses Rezitativ-Tons in dem sogenannten Lektionston, mit welchem in der katholischen Kirche die Evangelien, die Episteln, manche Gebete vorgetragen werden. »Der lesende Priester macht bei den Interpunktionen und Schlüssen der Sätze gewisse Flexionen der Stimme, wodurch die Deutlichkeit des Vortrags gesichert und zugleich Monotonie vermieden wird. Aber bei wichtigen Momenten der heiligen Handlung hebt sich die Stimme des Geistlichen, das Pater noster, die Präfation, der Segen wird zum deklamatorischen Gesange.« Überhaupt erinnert in dem Rituale des Hochamtes vieles an das griechische Musikdrama, nur daß in Griechenland alles viel heller, sonniger, überhaupt schöner war, dafür auch weniger innerlich und ohne jene rätselvolle unendliche Symbolik der christlichen Kirche.

Hiermit bin ich, geehrteste Versammlung, zum Schluß gekommen. Ich verglich vorhin den Schöpfer des antiken Musikdramas mit dem Pentathlos, dem Fünfkämpfer: ein anderes Bild wird uns die Bedeutung eines solchen musikdramatischen Fünfkämpfers für die gesamte alte Kunst näher bringen. Für die Geschichte der antiken Bekleidung hat Äschylus eine außerordentliche Bedeutung, insofern er den freien Faltenwurf, die Zierlichkeit, Pracht und Anmut des Hauptgewandes einführte, während vor ihm die Griechen in ihrer Kleidung barbarisierten und den freien Faltenwurf nicht kannten. Das griechische Musikdrama ist für die gesamte alte Kunst jener freie Faltenwurf:

alles Unfreie, alles Isolierte der einzelnen Künste ist mit ihm überwunden: bei ihrem gemeinsamen Opferfeste werden der Schönheit *und* zugleich der Kühnheit Hymnen gesungen. Gebundenheit und doch Anmut, Mannigfaltigkeit und doch Einheit, viele Künste in höchster Tätigkeit und doch *ein* Kunstwerk – das ist das antike Musikdrama. Wer aber bei seinem Anblick an das Ideal des jetzigen Kunstreformators erinnert wird, der wird sich zugleich sagen müssen, daß jenes Kunstwerk der Zukunft durchaus nicht etwa eine glänzende, doch täuschende Luftspiegelung ist: was wir von der Zukunft erhoffen, das war schon einmal Wirklichkeit – in einer mehr als zweitausendjährigen Vergangenheit.

Aus: DIE GEBURT DER TRAGÖDIE
(1872)

Versuch einer Selbstkritik
(1886)

1

Was auch diesem fragwürdigen Buche zugrunde liegen mag: es muß eine Frage ersten Ranges und Reizes gewesen sein, noch dazu eine tief persönliche Frage – Zeugnis dafür ist die Zeit, in der es entstand, *trotz* der es entstand, die aufregende Zeit des deutsch-französischen Krieges von 1870/71. Während die Donner der Schlacht von Wörth über Europa weggingen, saß der Grübler und Rätselfreund, dem die Vaterschaft dieses Buches zuteil ward, irgendwo in einem Winkel der Alpen, sehr vergrübelt und verrätselt, folglich sehr bekümmert und unbekümmert zugleich, und schrieb seine Gedanken über die *Griechen* nieder, – den Kern des wunderlichen und schlecht zugänglichen Buches, dem diese späte Vorrede (oder Nachrede) gewidmet sein soll. Einige Wochen darauf: und er befand sich selbst unter den Mauern von Metz, immer noch nicht losgekommen von den Fragezeichen, die er zur vorgeblichen »Heiterkeit« der Griechen und der griechischen Kunst gesetzt hatte; bis er endlich, in jenem Monat tiefster Spannung, als man in Versailles über den Frieden beriet, auch mit sich zum Frieden kam und, langsam von einer aus dem Felde heimgebrachten Krankheit genesend, die »Geburt der Tragödie aus dem Geiste der *Musik*« letztgültig bei sich feststellte. – Aus der Musik? Musik und Tragödie? Griechen und Tragödien-Musik? Griechen und das Kunstwerk des Pessimismus? Die wohlgeratenste, schönste, bestbeneidete, zum Leben verführendste Art der bisherigen Menschen, die Griechen – wie? gerade sie hatten die Tragödie *nötig?* Mehr noch – die Kunst? Wozu – griechische Kunst? . . .

Man errät, an welche Stelle hiermit das große Fragezeichen vom

Werte des Daseins gesetzt war. Ist Pessimismus *notwendig* das Zeichen des Niedergangs, Verfalls, des Mißratenseins, der ermüdeten und geschwächten Instinkte? – wie er es bei den Indern war, wie er es, allem Anschein nach, bei uns, den »modernen« Menschen und Europäern ist? Gibt es einen Pessimismus der *Stärke?* Eine intellektuelle Vorneigung für das Harte, Schauerliche, Böse, Problematische des Daseins aus Wohlsein, aus überströmender Gesundheit, aus *Fülle* des Daseins? Gibt es vielleicht ein Leiden an der Überfülle selbst? Eine versucherische Tapferkeit des schärfsten Blicks, die nach dem Furchtbaren *verlangt,* als nach dem Feinde, dem würdigen Feinde, an dem sie ihre Kraft erproben kann? an dem sie lernen will, was »das Fürchten« ist? Was bedeutet, gerade bei den Griechen der besten, stärksten, tapfersten Zeit, der *tragische* Mythus? Und das ungeheure Phänomen des Dionysischen? Was, aus ihm geboren, die Tragödie? – Und wiederum: das, woran die Tragödie starb, der Sokratismus der Moral, die Dialektik, Genügsamkeit und Heiterkeit des theoretischen Menschen – wie? könnte nicht gerade dieser Sokratismus ein Zeichen des Niedergangs, der Ermüdung, Erkrankung, der anarchisch sich lösenden Instinkte sein? Und die »griechische Heiterkeit« des späteren Griechentums nur eine Abendröte? Der epikurische Wille *gegen* den Pessimismus nur eine Vorsicht des Leidenden? Und die Wissenschaft selbst, unsere Wissenschaft – ja, was bedeutet überhaupt, als Symptom des Lebens angesehn, alle Wissenschaft? Wozu, schlimmer noch, *woher* – alle Wissenschaft? Wie? Ist Wissenschaftlichkeit vielleicht nur eine Furcht und Ausflucht vor dem Pessimismus? Eine feine Notwehr gegen – die *Wahrheit?* Und, moralisch geredet, etwas wie Feig- und Falschheit? Unmoralisch geredet, eine Schlauheit? O Sokrates, Sokrates, war das vielleicht *dein* Geheimnis? O geheimnisvoller Ironiker, war dies vielleicht deine – Ironie? – –

2

Was ich damals zu fassen bekam, etwas Furchtbares und Gefährliches, ein Problem mit Hörnern, nicht notwendig gerade ein Stier, jedenfalls ein *neues* Problem: heute würde ich sagen, daß es das *Problem der Wissenschaft* selbst war – Wissenschaft zum ersten Male als problematisch, als fragwürdig gefaßt. Aber das Buch, in dem mein jugendlicher Mut und Argwohn sich damals ausließ – was für ein *unmögliches* Buch mußte aus einer so jugendwidrigen Aufgabe erwachsen! Aufgebaut aus lauter vorzeitigen übergrünen Selbsterlebnissen, welche alle hart an der Schwelle des Mitteilbaren lagen, hingestellt auf den Boden der *Kunst* – denn das Problem der Wissenschaft kann nicht auf dem Boden der Wissenschaft erkannt werden –, ein Buch vielleicht für Künstler mit dem Nebenhange analytischer und retrospektiver Fähigkeiten (das heißt für eine Ausnahme-Art von Künstlern, nach denen man suchen muß und nicht einmal suchen möchte ...), voller psychologischer Neuerungen und Artisten-Heimlichkeiten, mit einer Artisten-Metaphysik im Hintergrunde, ein Jugendwerk voller Jugendmut und Jugend-Schwermut, unabhängig, trotzig-selbständig auch noch, wo es sich einer Autorität und eignen Verehrung zu beugen scheint, kurz ein Erstlingswerk auch in jedem schlimmen Sinne des Wortes, trotz seines greisenhaften Problems, mit jedem Fehler der Jugend behaftet, vor allem mit ihrem »Viel zu lang«, ihrem »Sturm und Drang«: andererseits, in Hinsicht auf den Erfolg, den es hatte (insonderheit bei dem großen Künstler, an den es sich wie zu einem Zwiegespräch wendete, bei Richard Wagner) ein *bewiesenes* Buch, ich meine ein solches, das jedenfalls »den Besten seiner Zeit« genuggetan hat. Daraufhin sollte es schon mit einiger Rücksicht und Schweigsamkeit behandelt werden; trotzdem will ich nicht gänzlich unterdrücken, wie unangenehm es mir jetzt erscheint, wie fremd es jetzt nach sechzehn Jahren vor mir steht, – vor einem älteren, hundertmal verwöhnteren, aber keineswegs kälter gewordenen Auge, das auch jener Aufgabe selbst nicht fremder wurde, an welche sich jenes verwegene Buch zum ersten

Male herangewagt hat – *die Wissenschaft unter der Optik des Künstlers zu sehen, die Kunst aber unter der des Lebens* . . .

3

Nochmals gesagt, heute ist es mir ein unmögliches Buch, – ich heiße es schlecht geschrieben, schwerfällig, peinlich, bilderwütig und bilderwirrig, gefühlsam, hier und da verzuckert bis zum Femininischen, ungleich im Tempo, ohne Willen zur logischen Sauberkeit, sehr überzeugt und deshalb des Beweisens sich überhebend, mißtrauisch selbst gegen die *Schicklichkeit* des Beweisens, als Buch für Eingeweihte, als »Musik« für solche, die auf Musik getauft, die auf gemeinsame und seltne Kunst-Erfahrungen hin von Anfang der Dinge an verbunden sind, als Erkennungszeichen für Blutsverwandte *in artibus,* – ein hochmütiges und schwärmerisches Buch, das sich gegen das *profanum vulgus* der »Gebildeten« von vornherein noch mehr als gegen das »Volk« abschließt, welches aber, wie seine Wirkung bewies und beweist, sich gut genug auch darauf verstehen muß, sich seine Mitschwärmer zu suchen und sie auf neue Schleichwege und Tanzplätze zu locken. Hier redete jedenfalls – das gestand man sich mit Neugierde ebenso als mit Abneigung ein – eine *fremde* Stimme, der Jünger eines noch »unbekannten Gottes«, der sich einstweilen unter die Kapuze des Gelehrten, unter die Schwere und dialektische Unlustigkeit des Deutschen, selbst unter die schlechten Manieren des Wagnerianers versteckt hat; hier war ein Geist mit fremden, noch namenlosen Bedürfnissen, ein Gedächtnis strotzend von Fragen, Erfahrungen, Verborgenheiten, welchen der Name Dionysos wie ein Fragezeichen mehr beigeschrieben war; hier sprach – so sagte man sich mit Argwohn – etwas wie eine mystische und beinahe mänadische Seele, die mit Mühsal und willkürlich, fast unschlüssig darüber, ob sie sich mitteilen oder verbergen wolle, gleichsam in einer fremden Zunge stammelt. Sie hätte *singen* sollen, diese »neue Seele« – und nicht reden! Wie schade, daß ich, was ich damals zu sagen hatte, es nicht als Dichter zu sagen wagte: ich hätte es vielleicht gekonnt! Oder mindestens als Philologe: – bleibt doch auch heute noch für den Philologen auf diesem Gebiete beinahe alles zu entdecken und auszugraben! Vor allem das Problem, *daß* hier ein Problem vorliegt, – und daß die Griechen, so lange wir keine Antwort auf die Frage »was ist dionysisch?« haben, nach wie vor gänzlich unerkannt und unvorstellbar sind ...

4

Ja, was ist dionysisch? – In diesem Buche steht eine Antwort darauf, – ein »Wissender« redet da, der Eingeweihte und Jünger seines Gottes. Vielleicht würde ich jetzt vorsichtiger und weniger beredt von einer so schweren psychologischen Frage reden, wie sie der Ursprung der Tragödie bei den Griechen ist. Eine Grundfrage ist das Verhältnis des Griechen zum Schmerz, sein Grad von Sensibilität, – blieb dies Verhältnis sich gleich? oder drehte es sich um? – jene Frage, ob wirklich sein immer stärkeres *Verlangen nach Schönheit,* nach Festen, Lustbarkeiten, neuen Kulten aus Mangel, aus Entbehrung, aus Melancholie, aus Schmerz erwachsen ist? Gesetzt nämlich, gerade dies wäre wahr – und Perikles (oder Thukydides) gibt es uns in der großen Leichenrede zu verstehen –: woher müßte dann das entgegengesetzte Verlangen, das der Zeit nach früher hervortrat, stammen, das *Verlangen nach dem Häßlichen,* der gute strenge Wille des älteren Hellenen zum Pessimismus, zum tragischen Mythus, zum Bilde alles Furchtbaren, Bösen, Rätselhaften, Vernichtenden, Verhängnisvollen auf dem Grunde des Daseins, – woher müßte dann die Tragödie stammen? Vielleicht aus der *Lust,* aus der Kraft, aus überströmender Gesundheit, aus übergroßer Fülle? Und welche Bedeutung hat dann, physiologisch gefragt, jener Wahnsinn, aus dem die tragische wie die komische Kunst erwuchs, der dionysische Wahnsinn? Wie? Ist Wahnsinn vielleicht nicht notwendig das Symptom der Entartung, des Niedergangs, der überspäten Kultur? Gibt es vielleicht – eine Frage für Irrenärzte – Neurosen der *Gesundheit?* der Volks-Jugend und -Jugendlichkeit? Worauf weist jene Synthesis von Gott und Bock im Satyr? Aus welchem Selbsterlebnis, auf welchen Drang hin mußte sich der Grieche den dionysischen Schwärmer und Urmenschen als Satyr denken? Und was den Ursprung des tragischen Chors betrifft: gab es in jenen Jahrhunderten, wo der griechische Leib blühte, die griechische Seele von Leben überschäumte, vielleicht endemische Entzückungen? Visionen und Halluzinationen, welche sich ganzen Gemeinden, ganzen Kultversammlungen mitteilten? Wie? wenn die Griechen, gerade im Reichtum ihrer Jugend, den Willen *zum* Tragischen hatten und Pessimisten waren? wenn es gerade der Wahnsinn war, um ein Wort Platos zu gebrauchen, der die *größten* Segnungen über Hellas gebracht hat? Und wenn, andererseits und umgekehrt, die Griechen gerade in den Zeiten ihrer Auflösung und Schwäche immer optimistischer, oberflächlicher, schauspielerischer, auch nach Logik und Logisierung der Welt brünstiger, also zugleich »heiterer« und »wissenschaftlicher« wurden? Wie? könnte vielleicht, allen »modernen Ideen« und Vorurteilen des demokratischen Geschmacks zum Trotz, der Sieg des *Optimismus,* die vorherrschend gewordene *Vernünftigkeit,* der praktische und theoretische *Utilitarismus,* gleich der Demokratie selbst, mit der er gleichzeitig ist, – ein Symptom der absinkenden Kraft, des nahenden Alters, der physiologischen Ermüdung sein? Und gerade *nicht* – der Pessimismus? War Epikur ein Optimist – gerade als *Leidender?* – – Man sieht, es ist ein ganzes Bündel schwerer Fragen, mit dem sich dieses Buch belastet hat, – fügen wir seine schwerste Frage noch hinzu! Was bedeutet, unter der Optik des *Lebens* gesehn, – die Moral? . . .

5

Bereits im Vorwort an Richard Wagner wird die Kunst – und *nicht* die Moral – als die eigentlich *metaphysische* Tätigkeit des Menschen hingestellt; im Buche selbst kehrt der anzügliche Satz mehrfach wieder, daß nur als ästhetisches Phänomen das Dasein der Welt *gerechtfertigt* ist. In der Tat, das ganze Buch kennt nur einen Künstler-Sinn und -Hintersinn hinter allem Geschehen, –

einen »Gott«, wenn man will, aber gewiß nur einen gänzlich unbedenklichen und unmoralischen Künstler-Gott, der im Bauen wie im Zerstören, im Guten wie im Schlimmen, seiner gleichen Lust und Selbstherrlichkeit innewerden will, der sich, Welten schaffend, von der *Not* der Fülle und *Überfülle,* vom *Leiden* der in ihm gedrängten Gegensätze löst. Die Welt, in jedem Augenblick die *erreichte* Erlösung Gottes, als die ewig wechselnde, ewig neue Vision des Leidendsten, Gegensätzlichsten, Widerspruchreichsten, der nur im *Scheine* sich zu erlösen weiß: diese ganze Artisten-Methaphysik mag man willkürlich, müßig, phantastisch nennen –, das Wesentliche daran ist, daß sie bereits einen Geist verrät, der sich einmal auf jede Gefahr hin gegen die *moralische* Ausdeutung und Bedeutsamkeit des Daseins zur Wehr setzen wird. Hier kündigt sich, vielleicht zum ersten Male, ein Pessimismus »jenseits von Gut und Böse« an, hier kommt jene »Perversität der Gesinnung« zu Wort und Formel, gegen welche Schopenhauer nicht müde geworden ist, im voraus seine zornigsten Flüche und Donnerkeile zu schleudern, – eine Philosophie, welche es wagt, die Moral selbst in die Welt der Erscheinung zu setzen, herabzusetzen und nicht nur unter die »Erscheinungen« (im Sinne des idealistischen *terminus technicus*), sondern unter die »Täuschungen«, als Schein, Wahn, Irrtum, Ausdeutung, Zurechtmachung, Kunst. Vielleicht läßt sich die Tiefe dieses *widermoralischen* Hanges am besten aus dem behutsamen und feindseligen Schweigen ermessen, mit dem in dem ganzen Buche das Christentum behandelt ist, – das Christentum als die ausschweifendste Durchfigurierung des moralischen Themas, welche die Menschheit bisher anzuhören bekommen hat. In Wahrheit, es gibt zu der rein ästhetischen Weltauslegung und Welt-Rechtfertigung, wie sie in diesem Buche gelehrt wird, keinen größeren Gegensatz als die christliche Lehre, welche *nur* moralisch ist und sein will und mit ihren absoluten Maßen, zum Beispiel schon mit ihrer Wahrhaftigkeit Gottes, die Kunst, *jede* Kunst ins Reich der *Lüge* verweist, – das heißt verneint, verdammt, verurteilt. Hinter einer derartigen Denk- und Wertungsweise, welche kunstfeindlich sein muß, solange sie irgendwie echt ist, empfand ich von jeher auch das *Lebensfeindliche,* den ingrimmigen rachsüchtigen Widerwillen gegen das Leben selbst: denn alles Leben ruht auf Schein, Kunst, Täuschung, Optik, Notwendigkeit des Perspektivischen und des Irrtums. Christentum war von Anfang an, wesentlich und gründlich, Ekel und Überdruß des Lebens am Leben, welcher sich unter dem Glauben an ein »anderes« oder »besseres« Leben nur verkleidete, nur versteckte, nur aufputzte. Der Haß auf die »Welt«, der Fluch auf die Affekte, die Furcht vor der Schönheit und Sinnlichkeit, ein Jenseits, erfunden, um das Diesseits besser zu verleumden, im Grunde ein Verlangen ins Nichts, ans Ende, ins Ausruhen, hin zum »Sabbat der Sabbate« – dies alles dünkte mich, ebenso wie der unbedingte Wille des Christentums, *nur* moralische Werte gelten zu lassen, immer wie die gefährlichste und unheimlichste Form aller möglichen Formen eines »Willens zum Untergang«, zum mindesten ein Zeichen tiefster Erkrankung, Müdigkeit, Mißmutigkeit, Erschöpfung, Verarmung an Leben, – denn vor der Moral (insonderheit christlichen, das heißt unbedingten Moral) *muß* das Leben beständig und unvermeidlich Unrecht bekommen, weil Leben etwas essentiell Unmoralisches *ist,* – *muß* endlich das Leben, erdrückt unter dem Gewichte der Verachtung und des ewigen Neins, als begehrensunwürdig, als unwert an sich empfunden werden. Moral selbst – wie? sollte Moral nicht ein »Wille zur Verneinung des Lebens«, ein heimlicher Instinkt der Vernichtung, ein Verfalls-, Verkleinerungs-, Verleumdungsprinzip, ein Anfang vom Ende sein? Und, folglich, die Gefahr der Gefahren? . . . *Gegen* die Moral also kehrte sich damals, mit diesem fragwürdigen Buche, mein Instinkt, als ein fürsprechender Instinkt des Lebens, und erfand sich eine grundsätzliche Gegenlehre und Gegenwertung des Lebens, eine rein artistische, eine *antichristliche.* Wie sie nennen? Als Philologe und Mensch der Worte taufte ich sie, nicht ohne einige Freiheit – denn wer wüßte den rechten Namen des Antichrist? – auf den Namen eines griechischen Gottes: ich hieß sie die *dionysische.* –

6

Man versteht, an welche Aufgabe ich bereits mit diesem Buche zu rühren wagte? ... Wie sehr bedauere ich es jetzt, daß ich damals noch nicht den Mut (oder die Unbescheidenheit?) hatte, um mir in jedem Betrachte für so eigne Anschauungen und Wagnisse auch eine *eigne Sprache* zu erlauben, – daß ich mühselig mit Schopenhauerischen und Kantischen Formeln fremde und neue Wertschätzungen auszudrücken suchte, welche dem Geiste Kantens und Schopenhauers, ebenso wie ihrem Geschmacke, von Grund aus entgegen gingen! Wie dachte doch Schopenhauer über die Tragödie? »Was allem Tragischen den eigentümlichen Schwung zur Erhebung gibt« – sagt er, Welt als Wille und Vorstellung II, 495 – »ist das Aufgehen der Erkenntnis, daß die Welt, das Leben kein rechtes Genügen geben könne, mithin unsrer Anhänglichkeit *nicht wert sei:* darin besteht der tragische Geist –, er leitet demnach zur *Resignation* hin.« O wie anders redete Dionysos zu mir! O wie ferne war mir damals gerade dieser ganze Resignationismus! – Aber es gibt etwas viel Schlimmeres an dem Buche, das ich jetzt noch mehr bedauere, als mit Schopenhauerischen Formeln dionysische Ahnungen verdunkelt und verdorben zu haben: daß ich mir nämlich überhaupt das grandiose *griechische Problem,* wie mir es aufgegangen war, durch Einmischung der modernsten Dinge *verdarb!* Daß ich Hoffnungen anknüpfte, wo nichts zu hoffen war, wo alles allzudeutlich auf ein Ende hinwies! Daß ich, auf Grund der deutschen letzten Musik, vom »deutschen Wesen« zu fabeln begann, wie als ob es eben im Begriff sei, sich selbst zu entdecken und wiederzufinden – und das zu einer Zeit, wo der deutsche Geist, der nicht vor langem noch den Willen zur Herrschaft über Europa, die Kraft zur Führung Europas gehabt hatte, eben letztwillig und endgültig *abdankte* und, unter dem pomphaften Vorwande einer Reichs-Begründung, seinen Übergang zur Vermittelmäßigung, zur Demokratie und den »modernen Ideen« machte! In der Tat, inzwischen lernte ich hoffnungslos und schonungslos genug von diesem »deutschen Wesen« denken, insgleichen von der jetzigen *deutschen Musik,* als welche Romantik durch und durch ist und die ungriechischeste aller möglichen Kunstformen: überdies aber eine Nervenverderberin ersten Ranges, doppelt gefährlich bei einem Volke, das den Trunk liebt und die Unklarheit als Tugend ehrt, nämlich in ihrer doppelten Eigenschaft als berauschendes und zugleich *benebelndes* Narkotikum. – Abseits freilich von allen übereilten Hoffnungen und fehlerhaften Nutzanwendungen auf Gegenwärtigstes, mit denen ich mir damals mein erstes Buch verdarb, bleibt das große dionysische Fragezeichen, wie es darin gesetzt ist, auch in betreff der Musik, fort und fort bestehn: wie müßte eine Musik beschaffen sein, welche nicht mehr romantischen Ursprungs wäre, gleich der deutschen, – sondern *dionysischen?* . . .

7

– Aber, mein Herr, was in aller Welt ist Romantik, wenn nicht *Ihr* Buch Romantik ist? Läßt sich der tiefe Haß gegen »Jetztzeit«, »Wirklichkeit« und »moderne Ideen« weiter treiben, als es in Ihrer Artisten-Metaphysik geschehen ist? – welche lieber noch an das Nichts, lieber noch an den Teufel als an das »Jetzt« glaubt? Brummt nicht ein Grundbaß von Zorn und Vernichtungslust unter aller Ihrer kontrapunktischen Stimmen-Kunst und Ohren-Verführerei hinweg, eine wütende Entschlossenheit gegen alles, was »jetzt« ist, ein Wille, welcher nicht gar zu ferne vom praktischen Nihilismus ist und zu sagen scheint »lieber mag nichts wahr sein, als daß *ihr* Recht hättet, als daß *eure* Wahrheit Recht behielte!« Hören Sie selbst, mein Herr Pessimist und Kunstvergöttlicher, mit aufgeschlossnerem Ohre eine einzige ausgewählte Stelle Ihres Buches an, jene nicht unberedte Drachentöter-Stelle, welche für junge Ohren und Herzen verfänglich-rattenfängerisch klingen mag: wie? ist das nicht das echte rechte Romantiker-Bekenntnis von 1830, unter der Maske des Pessimismus von 1850? hinter dem auch schon das übliche Romantiker-Finale präludiert, – Bruch, Zusammenbruch, Rückkehr und Niedersturz vor einem alten Glauben, vor *dem* alten Gotte ... Wie? ist Ihr Pessimisten-Buch nicht selbst ein Stück Antigriechentum und Romantik, selbst etwas »ebenso Berauschendes als Benebelndes«, ein Narkotikum jedenfalls, ein Stück Musik sogar, *deutscher* Musik? Aber man höre:

»Denken wir uns eine heranwachsende Generation mit dieser Unerschrockenheit des Blicks, mit diesem heroischen Zug ins Ungeheure, denken wir uns den kühnen Schritt dieser Drachentöter, die stolze Verwegenheit, mit der sie allen den Schwächlichkeitsdoktrinen des Optimismus den Rücken kehren, um im Ganzen und Vollen ›resolut zu leben‹: *sollte es nicht nötig sein,* daß der tragische Mensch dieser Kultur, bei seiner Selbsterziehung zum Ernst und zum Schrecken, eine neue Kunst, *die Kunst des metaphysischen Trostes,* die Tragödie als die ihm zugehörige Helena begehren und mit Faust ausrufen muß:

Und sollt' ich nicht, sehnsüchtigster Gewalt,
Ins Leben ziehn die einzigste Gestalt?«

»Sollte es nicht *nötig* sein?« ... Nein, dreimal nein! ihr jungen Romantiker: es sollte *nicht* nötig sein! Aber es ist sehr wahrscheinlich, daß es so *endet,* daß *ihr* so endet, nämlich »getröstet«, wie geschrieben steht, trotz aller Selbsterziehung zum Ernst und zum Schrecken, »metaphysisch getröstet«, kurz wie Romantiker enden, *christlich* ... Nein! Ihr solltet vorerst die Kunst des *diesseitigen* Trostes lernen, – ihr solltet *lachen* lernen, meine jungen Freunde, wenn anders ihr durchaus Pessimisten bleiben wollt; vielleicht daß ihr daraufhin, als Lachende, irgendwann einmal alle metaphysische Trösterei zum Teufel schickt – und die Metaphysik voran! Oder, um es in der Sprache jenes dionysischen Unholds zu sagen, der *Zarathustra* heißt:

»Erhebt eure Herzen, meine Brüder, hoch, höher! Und vergeßt mir auch die Beine nicht! Erhebt auch eure Beine, ihr guten Tänzer, und besser noch: ihr steht auch auf dem Kopf!

Diese Krone des Lachenden, diese Rosenkranz-Krone: ich selber setzte mir diese Krone auf, ich selber sprach heilig mein Gelächter. Keinen anderen fand ich heute stark genug dazu.

Zarathustra der Tänzer, Zarathustra der Leichte, der mit den Flügeln winkt, ein Flugbereiter, allen Vögeln zuwinkend, bereit und fertig, ein Selig-Leichtfertiger: –

Zarathustra der Wahrsager, Zarathustra der Wahrlacher, kein Ungeduldiger, kein Unbedingter, einer, der Sprünge und Seitensprünge liebt: ich selber setzte mir diese Krone auf!

Diese Krone des Lachenden, diese Rosenkranz-Krone: euch, meinen Brüdern, werfe ich diese Krone zu! Das Lachen sprach ich heilig: ihr höheren Menschen, *lernt* mir – lachen!«

Also sprach Zarathustra, vierter Teil

Die Geburt der Tragödie aus dem Geiste der Musik

Vorwort an Richard Wagner

Um mir alle möglichen Bedenklichkeiten, Aufregungen und Mißverständnisse ferne zu halten, zu denen die in dieser Schrift vereinigten Gedanken bei dem eigentümlichen Charakter unserer ästhetischen Öffentlichkeit Anlaß geben werden, und um auch die Einleitungsworte zu derselben mit der gleichen beschaulichen Wonne schreiben zu können, deren Zeichen sie selbst, als das Petrefakt guter und erhebender Stunden, auf jedem Blatte trägt, vergegenwärtige ich mir den Augenblick, in dem Sie, mein hochverehrter Freund, diese Schrift empfangen werden: wie Sie, vielleicht nach einer abendlichen Wanderung im Winterschnee, den entfesselten Prometheus auf dem Titelblatte betrachten, meinen Namen lesen und sofort überzeugt sind, daß, mag in dieser Schrift stehen, was da wolle, der Verfasser etwas Ernstes und Eindringliches zu sagen hat, ebenfalls daß er, bei allem, was er sich erdachte, mit Ihnen wie mit einem Gegenwärtigen verkehrte und nur etwas dieser Gegenwart Entsprechendes niederschreiben durfte. Sie werden dabei sich erinnern, daß ich zu gleicher Zeit, als Ihre herrliche Festschrift über Beethoven entstand, das heißt in den Schrecken und Erhaben-

heiten des eben ausgebrochnen Krieges, mich zu diesen Gedanken sammelte. Doch würden diejenigen irren, welche etwa bei dieser Sammlung an den Gegensatz von patriotischer Erregung und ästhetischer Schwelgerei, von tapferem Ernst und heiterem Spiel denken sollten: denen möchte vielmehr, bei einem wirklichen Lesen dieser Schrift, zu ihrem Erstaunen deutlich werden, mit welchem ernsthaft deutschen Problem wir zu tun haben, das von uns recht eigentlich in die Mitte deutscher Hoffnungen, als Wirbel und Wendepunkt, hingestellt wird. Vielleicht aber wird es für eben dieselben überhaupt anstößig sein, ein ästhetisches Problem so ernst genommen zu sehn, falls sie nämlich in der Kunst nicht mehr als ein lustiges Nebenbei, als ein auch wohl zu missendes Schellengeklingel zum »Ernst des Daseins« zu erkennen imstande sind: als ob niemand wüßte, was es bei dieser Gegenüberstellung mit einem solchen »Ernste des Daseins« auf sich habe. Diesen Ernsthaften diene zur Belehrung, daß ich von der Kunst als der höchsten Aufgabe und der eigentlich metaphysischen Tätigkeit dieses Lebens im Sinne des Mannes überzeugt bin, dem ich hier, als meinem erhabenen Vorkämpfer auf dieser Bahn, diese Schrift gewidmet haben will.
Basel, Ende des Jahres 1871

Kap. 16

An diesem ausgeführten historischen Beispiel [des Sokratismus] haben wir klarzumachen gesucht, wie die Tragödie an dem Entschwinden des Geistes der Musik ebenso gewiß zugrunde geht, wie sie aus diesem Geiste allein geboren werden kann. Das Ungewöhnliche dieser Behauptung zu mildern und andererseits den Ursprung dieser unserer Erkenntnis aufzuzeigen, müssen wir uns jetzt freien Blicks den analogen Erscheinungen der Gegenwart gegenüberstellen; wir müssen mitten hinein in jene Kämpfe treten, welche, wie ich eben sagte, zwischen der unersättlichen optimistischen Erkenntnis und der tragischen Kunstbedürftigkeit in den höchsten Sphären unserer jetzigen Welt gekämpft werden. Ich will hierbei von allen den anderen gegnerischen Trieben absehen, die zu jeder Zeit der Kunst und gerade der Tragödie entgegenarbeiten und die auch in der Gegenwart in dem Maße siegesgewiß um sich greifen, daß von den theatralischen Künsten z. B. allein die Posse und das Ballett in einem einigermaßen üppigen Wuchern ihre vielleicht nicht für jedermann wohlriechenden Blüten treiben. Ich will nur von der *erlauchtesten Gegnerschaft* der tragischen Weltbetrachtung reden und meine damit die in ihrem tiefsten Wesen optimistische Wissenschaft, mit ihrem Ahnherrn Sokrates an der Spitze. Alsbald sollen auch die Mächte bei Namen genannt werden, welche mir *eine Wiedergeburt der Tragödie* – und welche andere selige Hoffnungen für das deutsche Wesen! – zu verbürgen scheinen.

Bevor wir uns mitten in jene Kämpfe hineinstürzen, hüllen wir uns in die Rüstung unserer bisher eroberten Erkenntnisse. Im Gegensatz zu allen denen, welche beflissen sind, die Künste aus einem einzigen Prinzip, als dem notwendigen Lebensquell jedes Kunstwerks, abzuleiten, halte ich den Blick auf jene beiden künstlerischen Gottheiten der Griechen, Apollo und Dionysus, geheftet und erkenne in ihnen die lebendigen und anschaulichen Repräsentanten *zweier* in ihrem tiefsten Wesen und ihren höchsten Zielen verschiedenen Kunstwelten. Apollo steht vor mir als der verklärende Genius des *principii individuationis,* durch den allein die Erlösung im Scheine wahrhaft zu erlangen ist: während unter dem mystischen Jubelruf des Dionysus der Bann der Individuation zersprengt wird und der Weg zu den Müttern des Seins, zu dem innersten Kern der Dinge offenliegt. Dieser ungeheure Gegensatz, der sich zwischen der plastischen Kunst als der apollinischen und der Musik als der dionysischen Kunst klaffend auftut, ist einem einzigen der großen Denker in dem Maße offenbar geworden, daß er, selbst ohne jene Anleitung der hellenischen Göttersymbolik, der Musik einen verschiedenen Charakter und Ursprung vor allen anderen Künsten zuerkannte, weil sie nicht, wie jene alle, Abbild der Erscheinung, sondern unmittelbar Abbild des Willens selbst sei und also zu *allem Physischen der Welt das Metaphysische,* zu aller Erscheinung das Ding an sich darstelle. (Schopenhauer, Welt als Wille und Vor-

stellung I, S. 310). Auf diese wichtigste Erkenntnis aller Ästhetik, mit der, in einem ernsteren Sinne genommen, die Ästhetik erst beginnt, hat Richard Wagner, zur Bekräftigung ihrer ewigen Wahrheit seinen Stempel gedrückt, wenn er im »Beethoven« feststellt, daß die Musik nach ganz anderen ästhetischen Prinzipien als alle bildenden Künste und überhaupt nicht nach der Kategorie der Schönheit zu bemessen sei: obgleich eine irrige Ästhetik, an der Hand einer mißleiteten und entarteten Kunst, von jenem in der bildnerischen Welt geltenden Begriff der Schönheit aus sich gewöhnt habe, von der Musik eine ähnliche Wirkung wie von den Werken der bildenden Kunst zu fordern, nämlich die Erregung *des Gefallens an schönen Formen.* Nach der Erkenntnis jenes ungeheuren Gegensatzes fühlte ich eine starke Nötigung, mich dem Wesen der griechischen Tragödie und damit der tiefsten Offenbarung des hellenischen Genius zu nahen: denn erst jetzt glaubte ich des Zaubers mächtig zu sein, über die Phraseologie unserer üblichen Ästhetik hinaus, das Urproblem der Tragödie mir leibhaft vor die Seele stellen zu können: wodurch mir ein so befremdlich eigentümlicher Blick in das Hellenische vergönnt war, daß es mir scheinen mußte, als ob unsre so stolz sich gebärdende klassisch-hellenische Wissenschaft in der Hauptsache bis jetzt nur an Schattenspielen und Äußerlichkeiten sich zu weiden gewußt habe.
Jenes Urproblem möchten wir vielleicht mit dieser Frage berühren: welche ästhetische Wirkung entsteht, wenn jene an sich getrennten Kunstmächte des Apollinischen und des Dionysischen nebeneinander in Tätigkeit geraten? Oder in kürzerer Form: wie verhält sich die Musik zu Bild und Begriff? – Schopenhauer, dem Richard Wagner gerade für diesen Punkt eine nicht zu überbietende Deutlichkeit und Durchsichtigkeit der Darstellung nachrühmt, äußert sich hierüber am ausführlichsten in der folgenden Stelle, die ich hier in ihrer ganzen Länge wiedergeben werde. Welt als Wille und Vorstellung I, S. 309: »Diesem allen zufolge können wir die erscheinende Welt, oder die Natur, und die Musik als zwei verschiedene Ausdrücke derselben Sache ansehen, welche selbst daher das allein Vermit-

telnde der Analogie beider ist, dessen Erkenntnis erfordert wird, um jene Analogie einzusehen. Die Musik ist demnach, wenn als Ausdruck der Welt angesehen, eine im höchsten Grad allgemeine Sprache, die sich sogar zur Allgemeinheit der Begriffe ungefähr verhält wie diese zu den einzelnen Dingen. Ihre Allgemeinheit ist aber keineswegs jene leere Allgemeinheit der Abstraktion, sondern ganz anderer Art, und ist verbunden mit durchgängiger deutlicher Bestimmtheit. Sie gleicht hierin den geometrischen Figuren und den Zahlen, welche als die allgemeinen Formen aller möglichen Objekte der Erfahrung und auf alle *a priori* anwendbar, doch nicht abstrakt, sondern anschaulich und durchgängig bestimmt sind. Alle möglichen Bestrebungen, Erregungen und Äußerungen des Willens, alle jene Vorgänge im Innern des Menschen, welche die Vernunft in den weiten negativen Begriff Gefühl wirft, sind durch die unendlich vielen möglichen Melodien auszudrücken, aber immer in der Allgemeinheit bloßer Form, ohne den Stoff, immer nur nach dem An-sich, nicht nach der Erscheinung, gleichsam die innerste Seele derselben, ohne Körper. Aus diesem innigen Verhöltnis, welches die Musik zum wahren Wesen aller Dinge hat, ist auch dies zu erklären, daß, wenn zu irgendeiner Szene, Handlung, Vorgang, Umgebung eine passende Musik ertönt, diese uns den geheimsten Sinn derselben aufzuschließen scheint und als der richtigste und deutlichste Kommentar dazu auftritt: ingleichen, daß es dem, der sich dem Eindruck einer Symphonie ganz hingibt, ist, als sähe er alle möglichen Vorgänge des Lebens und der Welt an sich vorüberziehen: dennoch kann er, wenn er sich besinnt, keine Ähnlichkeit angeben zwischen jenem Tonspiel und den Dingen, die ihm vorschwebten. Denn die Musik ist, wie gesagt, darin von allen anderen Künsten verschieden, daß sie nicht Abbild der Erscheinung, oder richtiger, der adäquaten Objektität des Willens, sondern unmittelbar Abbild des Willens selbst ist und also zu allem Physischen der Welt das Metaphysische, zu aller Erscheinung das Ding an sich darstellt. Man könnte demnach die Welt ebensowohl verkörperte Musik, als verkörperten Willen nennen: daraus also ist es erklärlich, warum

Musik jedes Gemälde, ja jede Szene des wirklichen Lebens und der Welt, sogleich in erhöhter Bedeutsamkeit hervortreten läßt; freilich um so mehr, je analoger ihre Melodie dem innern Geiste der gegebenen Erscheinung ist. Hierauf beruht es, daß man ein Gedicht als Gesang, oder eine anschauliche Darstellung als Pantomime, oder beides als Oper der Musik unterlegen kann. Solche einzelne Bilder des Menschenlebens, der allgemeinen Sprache der Musik untergelegt, sind nie mit durchgängiger Notwendigkeit ihr verbunden oder entsprechend; sondern sie stehen zu ihr nur im Verhältnis eines beliebigen Beispiels zu einem allgemeinen Begriff: sie stellen in der Bestimmtheit der Wirklichkeit dasjenige dar, was die Musik in der Allgemeinheit bloßer Form aussagt. Denn die Melodien sind gewissermaßen, gleich den allgemeinen Begriffen, ein Abstraktum der Wirklichkeit. Diese nämlich, also die Welt der einzelnen Dinge, liefert das Anschauliche, das Besondere und Individuelle, den einzelnen Fall, sowohl zur Allgemeinheit der Begriffe, als zur Allgemeinheit der Melodien, welche beide Allgemeinheiten einander aber in gewisser Hinsicht entgegengesetzt sind; indem die Begriffe nur die allererst aus der Anschauung abstrahierten Formen, gleichsam die abgezogene äußere Schale der Dinge enthalten, also ganz eigentlich Abstrakta sind; die Musik hingegen den innersten aller Gestaltung vorhergängigen Kern, oder das Herz der Dinge gibt. Dies Verhältnis ließe sich recht gut in der Sprache der Scholastiker ausdrücken, indem man sagte: die Begriffe sind die *universalia post rem,* die Musik aber gibt die *universalia ante rem,* und die Wirklichkeit die *universalia in re.* – Daß aber überhaupt eine Beziehung zwischen einer Komposition und einer anschaulichen Darstellung möglich ist, beruht, wie gesagt, darauf, daß beide nur ganz verschiedene Ausdrücke des selben innern Wesens der Welt sind. Wann nun im einzelnen Fall eine solche Beziehung wirklich vorhanden ist, also der Komponist die Willensregungen, welche den Kern einer Begebenheit ausmachen, in der allgemeinen Sprache der Musik auszusprechen gewußt hat: dann ist die Melodie des Liedes, die Melodie der Oper ausdrucksvoll. Die vom Komponisten aufgefundene Analogie zwischen jenen beiden muß aber aus der unmittelbaren Erkenntnis des Wesens der Welt, seiner Vernunft unbewußt, hervorgegangen und darf nicht, mit bewußter Absichtlichkeit, durch Begriffe vermittelte Nachahmung sein: sonst spricht die Musik nicht das innere Wesen, den Willen selbst aus; sondern ahmt nur seine Erscheinung ungenügend nach; wie dies alle eigentlich nachbildende Musik tut.« –

Wir verstehen also, nach der Lehre Schopenhauers, die Musik als die Sprache des Willens unmittelbar und fühlen unsere Phantasie angeregt, jene zu uns redende, unsichtbare und doch so lebhaft bewegte Geisterwelt zu gestalten und sie in einem analogen Beispiel uns zu verkörpern. Andrerseits kommt Bild und Begriff, unter der Einwirkung einer wahrhaft entsprechenden Musik, zu einer erhöhten Bedeutsamkeit. Zweierlei Wirkungen pflegt also die dionysische Kunst auf das apollinische Kunstvermögen auszuüben: die Musik reizt zum *gleichnisartigen Anschauen* der dionysischen Allgemeinheit, die Musik läßt sodann das gleichnisartige Bild *in höchster Bedeutsamkeit* hervortreten. Aus diesen an sich verständlichen und keiner tieferen Beobachtung unzugänglichen Tatsachen erschließe ich die Befähigung der Musik, *den Mythus,* d. h. das bedeutsamste Exempel zu gebären und gerade den *tragischen* Mythus: den Mythus, der von der dionysischen Erkenntnis in Gleichnissen redet. An dem Phänomen des Lyrikers habe ich dargestellt, wie die Musik im Lyriker darnach ringt, in apollinischen Bildern über ihr Wesen sich kund zu geben: denken wir uns jetzt, daß die Musik in ihrer höchsten Steigerung auch zu einer höchsten Verbildlichung zu kommen suchen muß, so müssen wir für möglich halten, daß sie auch den symbolischen Ausdruck für ihre eigentliche dionysische Weisheit zu finden wisse; und wo anders werden wir diesen Ausdruck zu suchen haben, wenn nicht in der Tragödie und überhaupt im Begriff *des Tragischen?*

Aus dem Wesen der Kunst, wie sie gemeinhin nach der einzigen Kategorie des Scheines und der Schönheit begriffen wird, ist das Tragische in ehrlicher Weise gar nicht abzuleiten; erst aus dem Geiste der Musik heraus verstehen wir eine Freude an der Vernichtung des Individuums. Denn an den einzelnen Beispielen einer solchen Vernichtung wird uns nur das ewige Phänomen der dionysischen Kunst deutlich gemacht, die den Willen in seiner Allmacht gleichsam hinter dem *principio individuationis,* das ewige Leben jenseits aller Erscheinung und trotz aller Vernichtung zum Ausdruck bringt. Die metaphysische Freude am Tragischen ist eine Übersetzung der instinktiv unbewußten dionysischen Weisheit in die Sprache des Bildes: der Held, die höchste Willenserscheinung, wird zu unserer Lust verneint, weil er doch nur Erscheinung ist, und das ewige Leben des Willens durch seine Vernichtung nicht berührt wird. »Wir glauben an das ewige Leben«, so ruft die Tragödie; während die Musik die unmittelbare Idee dieses Lebens ist. Ein ganz verschiedenes Ziel hat die Kunst des Plastikers: hier überwindet Apollo das Leiden des Individuums durch die leuchtende Verherrlichung der *Ewigkeit der Erscheinung,* hier siegt die Schönheit über das dem Leben inhärierende Leiden, der Schmerz wird in einem gewissen Sinne aus den Zügen der Natur hinweggelogen. In der dionysischen Kunst und in deren tragischer Symbolik redet uns dieselbe Natur mit ihrer wahren, unverstellten Stimme an: »Seid wie ich bin! Unter dem unaufhörlichen Wechsel der Erscheinungen die ewig schöpferische, ewig zum Dasein zwingende, an diesem Erscheinungswechsel sich ewig befriedigende Urmutter!«

Kap. 19

Man kann den innersten Gehalt dieser sokratischen Kultur nicht schärfer bezeichnen, als wenn man sie *die Kultur der Oper* nennt: denn auf diesem Gebiete hat sich die Kultur mit eigener Naivität über ihr Wollen und Erkennen ausgesprochen, zu unserer Verwunderung, wenn wir die Genesis der Oper und die Tatsache der Opernentwicklung mit den ewigen Wahrheiten des Apollinischen und des Dionysischen zusammenhalten. Ich erinnere zunächst an die Entstehung des *stilo rappresentativo* und des Rezitativs. Ist es glaublich, daß diese gänzlich veräußerlichte, der Andacht unfähige Musik der Oper von einer Zeit mit schwärmerischer Gunst, gleichsam als die Wiedergeburt aller wahren Musik, empfangen und gehegt werden konnte, aus der sich soeben die unaussprechbar erhabene und heilige Musik Palestrinas erhoben hatte? Und wer möchte andrerseits nur die zerstreuungssüchtige Üppigkeit jener Florentiner Kreise und die Eitelkeit ihrer dramatischen Sänger für die so ungestüm sich verbreitende Lust an der Oper verantwortlich machen? Daß in derselben Zeit, ja in demselben Volke neben dem Gewölbebau Palestrinascher Harmonien, an dem das gesamte christliche Mittelalter gebaut hatte, jene Leidenschaft für eine halbmusikalische Sprechart erwachte, vermag ich mir nur aus einer im Wesen des Rezitativs mitwirkenden *außerkünstlerischen Tendenz* zu erklären.

Dem Zuhörer, der das Wort unter dem Gesange deutlich vernehmen will, entspricht der Sänger dadurch, daß er mehr spricht als singt und daß er den pathetischen Wortausdruck in diesem Halbgesange verschärft: durch diese Verschärfung des Pathos erleichtert er das Verständnis des Wortes und überwindet jene übrig gebliebene Hälfte der Musik. Die eigentliche Gefahr, die ihm jetzt droht, ist die, daß er der Musik einmal zur Unzeit das Übergewicht erteilt, wodurch sofort Pathos der Rede und Deutlichkeit des Wortes zugrunde gehen müßte: während er andrerseits immer den Trieb zu musikalischer Entladung und zu virtuosenhafter Präsentation seiner Stimme fühlt. Hier kommt ihm der »Dichter« zu Hilfe, der ihm genug Gelegenheit zu lyrischen Interjektionen, Wort- und Sentenzenwiederholungen usw. zu bieten weiß: an welchen Stellen der Sänger jetzt in dem rein musikalischen Elemente, ohne Rücksicht auf das Wort, ausruhen kann. Dieser Wechsel affektvoll eindringlicher, doch nur halb gesungener Rede und ganz gesungener Interjektion, der im Wesen des *stilo rappresentativo* liegt, dies rasch wechselnde Bemühen, bald auf den Begriff und die Vorstellung, bald auf den musikalischen Grund des Zuhörers zu wirken, ist etwas so gänzlich Unnatürliches und den Kunsttrieben des Dionysischen und des Apollinischen in gleicher Weise so innerlich Widersprechendes, daß man auf einen Ursprung des Rezitativs zu schließen hat, der außerhalb aller künstlerischen Instinkte liegt. Das Rezitativ ist nach dieser Schilderung zu definieren als die Vermischung des epischen und des lyrischen Vortrags und zwar keinesfalls die innerlich beständige Mischung, die bei so gänzlich disparaten Dingen nicht erreicht werden konnte, sondern die äußerlichste mosaikartige Konglutination, wie etwas derartiges im Bereich der Natur und der Erfahrung gänzlich vorbildlos ist. *Dies war aber nicht die Meinung jener Erfinder des Rezitativs:* vielmehr glauben sie selbst und mit ihnen ihr Zeitalter, daß durch jenen *stilo rappresentativo* das Geheimnis der antiken Musik gelöst sei, aus dem sich allein die ungeheure Wirkung eines Orpheus, Amphion, ja auch der griechischen Tragödie erklären lasse. Der neue Stil galt als die Wiedererweckung der wirkungsvollsten Musik, der altgriechischen: ja man durfte sich, bei der allgemeinen und ganz volkstümlichen Auffassung der homerischen Welt *als der Urwelt,* dem Traume überlassen, jetzt wieder in die paradiesischen Anfänge der Menschheit hinabgestiegen zu sein, in der notwendig auch die Musik jene unübertroffne Reinheit, Macht und Unschuld gehabt haben müßte, von der die Dichter in ihren Schäferspielen so rührend zu erzählen wußten. Hier sehen wir in das innerlichste Werden dieser recht eigentlich modernen Kunstgattung, der Oper: ein mächtiges Bedürfnis erzwingt sich hier eine Kunst, aber ein Bedürfnis unästhetischer Art: die Sehnsucht zum Idyll, der Glaube an eine urvorzeitliche Existenz des künstlerischen und guten Menschen. Das Rezitativ galt als die wiederentdeckte Sprache jenes Urmenschen; die Oper als das wiederaufgefundene Land jenes idyllisch oder heroisch guten Wesens, das zugleich in allen seinen Handlungen einem natürlichen Kunsttriebe folgt, das bei allem, was es zu sagen hat, wenigstens etwas singt, um, bei der leisesten Gefühlserregung, sofort mit voller Stimme zu singen. Es ist für uns jetzt gleichgültig, daß mit diesem neugeschaffenen Bilde des paradiesischen Künstlers die damaligen Humanisten gegen die alte kirchliche Vorstellung vom an sich verderbten und verlornen Menschen ankämpften: so daß die Oper als das Oppositionsdogma vom guten Menschen zu verstehen ist, mit dem aber zugleich ein Trostmittel gegen jenen Pessimismus gefunden war, zu dem gerade die Ernstgesinnten jener Zeit, bei der grau-

enhaften Unsicherheit aller Zustände, am stärksten gereizt waren. Genug, wenn wir erkannt haben, wie der eigentliche Zauber und damit die Genesis dieser neuen Kunstform in der Befriedigung eines gänzlich unästhetischen Bedürfnisses liegt, in der optimistischen Verherrlichung des Menschen an sich, in der Auffassung des Urmenschen als des von Natur guten und künstlerischen Menschen: welches Prinzip der Oper sich allmählich in eine drohende und entsetzliche *Forderung* umgewandelt hat, die wir, im Angesicht der sozialistischen Bewegungen der Gegenwart, nicht mehr überhören können. Der »gute Urmensch« will seine Rechte: welche paradiesischen Aussichten!
Ich stelle daneben noch eine ebenso deutliche Bestätigung meiner Ansicht, daß die Oper auf den gleichen Prinzipien mit unserer alexandrinischen Kultur aufgebaut ist. Die Oper ist die Geburt des theoretischen Menschen, des kritischen Laien, nicht des Künstlers: eine der befremdlichsten Tatsachen in der Geschichte aller Künste. Es war die Forderung recht eigentlich unmusikalischer Zuhörer, daß man vor allem das Wort verstehen müsse: so daß eine Wiedergeburt der Tonkunst nur zu erwarten sei, wenn man irgendeine Gesangsweise entdecken werde, bei welcher das Textwort über den Kontrapunkt wie der Herr über den Diener herrsche. Denn die Worte seien um so viel edler als das begleitende harmonische System, um wieviel die Seele edler als der Körper sei. Mit der laienhaft unmusikalischen Roheit dieser Ansichten wurde in den Anfängen der Oper die Verbindung von Musik, Bild und Wort behandelt; im Sinne dieser Ästhetik kam es auch in den vornehmen Laienkreisen von Florenz, durch hier patronisierte Dichter und Sänger, zu den ersten Experimenten. Der kunstohnmächtige Mensch erzeugt sich eine Art von Kunst, gerade dadurch, daß er der unkünstlerische Mensch an sich ist. Weil er die dionysische Tiefe der Musik nicht ahnt, verwandelt er sich den Musikgenuß zur verstandesmäßigen Wort- und Tonrhetorik der Leidenschaft im *stilo rappresentativo* und zur Wollust der Gesangeskünste; weil er keine Vision zu schauen vermag, zwingt er den Maschinisten und Dekorationskünstler in seinen Dienst; weil er das wahre

Wesen des Künstlers nicht zu erfassen weiß, zaubert er vor sich den »künstlerischen Urmenschen« nach seinem Geschmack hin, d. h. den Menschen, der in der Leidenschaft singt und Verse spricht. Er träumt sich in eine Zeit hinein, in der die Leidenschaft ausreicht, um Gesänge und Dichtungen zu erzeugen: als ob je der Affekt imstande gewesen sei, etwas Künstlerisches zu schaffen. Die Voraussetzung der Oper ist ein falscher Glaube über den künstlerischen Prozeß, und zwar jener idyllische Glaube, daß eigentlich jeder empfindende Mensch Künstler sei. Im Sinne dieses Glaubens ist die Oper der Ausdruck des Laientums in der Kunst, das seine Gesetze mit dem heitern Optimismus des theoretischen Menschen diktiert.

Sollten wir wünschen, die beiden eben geschilderten, bei der Entstehung der Oper wirksamen Vorstellungen unter einen Begriff zu vereinigen, so würde uns nur übrig bleiben, von einer *idyllischen Tendenz der Oper* zu sprechen: wobei wir uns allein der Ausdrucksweise und Erklärung Schillers zu bedienen hätten. Entweder, sagt dieser, ist die Natur und das Ideal ein Gegenstand der Trauer, wenn jene als verloren, dieses als unerreicht dargestellt wird. Oder beide sind ein Gegenstand der Freude, indem sie als wirklich vorgestellt werden. Das erste gibt die Elegie in engerer, das andere die Idylle in weitester Bedeutung. Hier ist nun sofort auf das gemeinsame Merkmal jener beiden Vorstellungen in der Operngenesis aufmerksam zu machen, daß in ihnen das Ideal nicht als unerreicht, die Natur nicht als verloren empfunden wird. Es gab nach dieser Empfindung eine Urzeit des Menschen, in der er am Herzen der Natur lag und bei dieser Natürlichkeit zugleich das Ideal der Menschheit, in einer paradiesischen Güte und Künstlerschaft, erreicht hatte: von welchem vollkommnen Urmenschen wir alle abstammen sollten, ja dessen getreues Ebenbild wir noch wären: nur müßten wir einiges von uns werfen, um uns selbst wieder als diesen Urmenschen zu erkennen, vermöge einer freiwilligen Entäußerung von überflüssiger Gelehrsamkeit, von überreicher Kultur. Der Bildungsmensch der Renaissance ließ sich durch seine opernhafte Imitation der griechischen Tragödie zu einem solchen Zusammenklang von Natur und Ideal, zu einer idyllischen Wirklichkeit zurückgeleiten, er benutzte diese Tragödie, wie Dante den Virgil benutzte, um bis an die Pforten des Paradieses geführt zu werden: während er von hier aus selbständig noch weiter schritt und von einer Imitation der höchsten griechischen Kunstform zu einer »Wiederbringung aller Dinge«, zu einer Nachbildung der ursprünglichen Kunstwelt des Menschen überging. Welche zuversichtliche Gutmütigkeit dieser verwegenen Bestrebungen, mitten im Schoße der theoretischen Kultur! – einzig nur aus dem tröstenden Glauben zu erklären, daß »der Mensch an sich« der ewig tugendhafte Opernheld, der ewig flötende oder singende Schäfer sei, der sich endlich immer als solchen wiederfinden müsse, falls er sich selbst irgendwann einmal wirklich auf einige Zeit verloren habe, einzig die Frucht jenes Optimismus, der aus der Tiefe der sokratischen Weltbetrachtung hier wie eine süßlich verführerische Duftsäule emporsteigt.

Es liegt also auf den Zügen der Oper keinesfalls jener elegische Schmerz eines ewigen Verlustes, vielmehr die Heiterkeit des ewigen Wiederfindens, die bequeme Lust an einer idyllischen Wirklichkeit, die man wenigstens sich als wirklich in jedem Augenblicke vorstellen kann: wobei man vielleicht einmal ahnt, daß diese vermeinte Wirklichkeit nichts als ein phantastisch läppisches Getändel ist, dem jeder, der es an dem furchtbaren Ernst der wahren Natur zu messen und mit den eigentlichen Urszenen der Menschheitsanfänge zu vergleichen vermöchte, mit Ekel zurufen müßte: Weg mit dem Phantom! Trotzdem würde man sich täuschen, wenn man glaubte, ein solches tändelndes Wesen, wie die Oper ist, einfach durch einen kräftigen Anruf, wie ein Gespenst, verscheuchen zu können. Wer die Oper vernichten will, muß den Kampf gegen jene alexandrinische Heiterkeit aufnehmen, die sich in ihr so naiv über ihre Lieblingsvorstellung ausspricht, ja deren eigentliche Kunstform sie ist. Was ist aber für die Kunst selbst von dem Wirken einer Kunstform zu erwarten, deren Ursprünge überhaupt nicht im ästhetischen Bereiche liegen, die sich vielmehr aus einer halb moralischen Sphäre auf das künstlerische Gebiet hinübergestohlen hat und über diese hybride Entstehung nur hier und da einmal hinwegzutäuschen vermochte? Von welchen Säften nährt sich dieses parasitische Opernwesen, wenn nicht von denen der wahren Kunst? Wird nicht zu mutmaßen sein, daß, unter seinen idyllischen Verführungen, unter seinen alexandrinischen Schmeichelkünsten, die höchste und wahrhaftig ernst zu nennende Aufgabe der Kunst – das Auge vom Blick ins Grauen der Nacht zu erlösen und das Subjekt durch den heilenden Balsam des Scheins aus dem Krampfe der Willensregungen zu retten – zu einer leeren und zerstreuenden Ergötzlichkeitstendenz entarten werde? Was wird aus den ewigen Wahrheiten des Dionysischen und des Apollinischen, bei einer solchen Stilvermischung, wie ich sie am Wesen des *stilo rappresentativo* dargelegt habe? wo die Musik als Diener, das Textwort als Herr betrachtet, die Musik mit dem Körper, das Textwort mit der Seele verglichen wird? wo das höchste Ziel bestenfalls auf eine umschreibende Tonmalerei gerichtet sein wird, ähnlich wie ehedem im neuen attischen Dithyrambus? wo der Musik ihre wahre Würde, dionysischer Weltspiegel zu sein, völlig entfremdet ist, so daß ihr nur übrig bleibt, als Sklavin der Erscheinung, das Formenwesen der Erscheinung nachzuahmen und in dem Spiele der Linien und Proportionen eine äußerliche Ergötzung zu erregen. Einer strengen Betrachtung fällt dieser verhängnisvolle Einfluß der Oper auf die Musik geradezu mit der gesamten modernen Musikentwicklung zusammen; dem in der Genesis der Oper und im Wesen der durch sie repräsentierten Kultur lauernden Optimismus ist es in beängstigender Schnelligkeit gelungen, die Musik ihrer dionysischen Weltbestimmung zu entkleiden und ihr einen formenspielerischen, vergnüglichen Charakter aufzuprägen: mit welcher Veränderung nur etwa die Metamorphose des äschyleischen Menschen in den alexandrinischen Heiterkeitsmenschen verglichen werden dürfte.

Wenn wir aber mit Recht in der hiermit angedeuteten Exemplifikation das Entschwinden des dionysischen Geistes mit einer höchstauffälligen, aber bisher unerklärten Umwandlung und

Degeneration des griechischen Menschen in Zusammenhang gebracht haben – welche Hoffnungen müssen in uns aufleben, wenn uns die allersichersten Auspizien *den umgekehrten Prozeß, das allmähliche Erwachen des dionysischen Geistes* in unserer gegenwärtigen Welt, verbürgen! Es ist nicht möglich, daß die göttliche Kraft des Herakles ewig im üppigen Frondienste der Omphale erschlafft. Aus dem dionysischen Grunde des deutschen Geistes ist eine Macht emporgestiegen, die mit den Urbedingungen der sokratischen Kultur nichts gemein hat und aus ihnen weder zu erklären noch zu entschuldigen ist, vielmehr von dieser Kultur als das Schrecklich-Unerklärliche, als das Übermächtig-Feindselige empfunden wird, *die deutsche Musik,* wie wir sie vornehmlich in ihrem mächtigen Sonnenlaufe von Bach zu Beethoven, von Beethoven zu Wagner zu verstehen haben. Was vermag die erkenntnislüsterne Sokratik unserer Tage günstigenfalls mit diesem aus unerschöpflichen Tiefen emporsteigenden Dämon zu beginnen? Weder von dem Zacken- und Arabeskenwerk der Opernmelodie aus, noch mit Hilfe des arithmetischen Rechenbretts der Fuge und der kontrapunktischen Dialektik will sich die Formel finden lassen, in deren dreimal gewaltigem Licht man jenen Dämon sich unterwürfig zu machen und zum Reden zu zwingen vermöchte. Welches Schauspiel, wenn jetzt unsere Ästhetiker, mit dem Fangnetz einer ihnen eignen »Schönheit«, nach dem vor ihnen mit unbegreiflichem Leben sich tummelnden Musikgenius schlagen und haschen, unter Bewegungen, die nach der ewigen Schönheit ebensowenig als nach dem Erhabenen beurteilt werden wollen. Man mag sich nur diese Musikgönner einmal leibhaft und in der Nähe besehen, wenn sie so unermüdlich Schönheit! Schönheit! rufen, ob sie sich dabei wie die im Schoße des Schönen gebildeten und verwöhnten Lieblingskinder der Natur ausnehmen oder ob sie nicht vielmehr für die eigne Rohheit eine lügnerisch verhüllende Form, für die eigne empfindungsarme Nüchternheit einen ästhetischen Vorwand suchen: wobei ich z. B. an Otto Jahn denke. Vor der deutschen Musik aber mag sich der Lügner und Heuchler in acht nehmen: denn gerade sie ist, inmitten aller unserer Kultur, der einzig reine, lautere und läuternde Feuergeist, von dem aus und zu dem hin, wie in der Lehre des großen Heraklit von Ephesus, sich alle Dinge in doppelter Kreisbahn bewegen: alles, was wir jetzt Kultur, Bildung, Zivilisation nennen, wird einmal vor dem untrüglichen Richter Dionysus erscheinen müssen.

Erinnern wir uns sodann, wie dem aus gleichen Quellen strömenden Geiste *der deutschen Philosophie,* durch Kant und Schopenhauer, es ermöglicht war, die zufriedne Daseinslust der wissenschaftlichen Sokratik, durch den Nachweis ihrer Grenzen, zu vernichten, wie durch diesen Nachweis eine unendlich tiefere und ernstere Betrachtung der ethischen Fragen und der Kunst eingeleitet wurde, die wir geradezu als die in Begriffe gefaßte *dionysische Weisheit* bezeichnen können: wohin weist uns das Mysterium dieser Einheit zwischen der deutschen Musik und der deutschen Philosophie, wenn nicht auf eine neue Daseinsform, über deren Inhalt wir uns nur aus hellenischen Analogien ahnend unterrichten können? Denn diesen unausmeßbaren Wert behält für uns, die wir an der Grenzscheide zweier verschiedener Daseinsformen stehen, das hellenische Vorbild, daß in ihm auch alle jene Übergänge und Kämpfe zu einer klassisch-belehrenden Form ausgeprägt sind: nur daß wir gleichsam in *umgekehrter* Ordnung die großen Hauptepochen des hellenischen Wesens analogisch durcherleben und zum Beispiel jetzt aus dem alexandrinischen Zeitalter rückwärts zur Periode der Tragödie zu schreiten scheinen. Dabei lebt in uns die Empfindung, als ob die Geburt eines tragischen Zeitalters für den deutschen Geist nur eine Rückkehr zu sich selbst, ein seliges Sichwiederfinden zu bedeuten habe, nachdem für eine lange Zeit ungeheure von außen her eindringende Mächte den in hilfloser Barbarei der Form Dahinlebenden zu einer Knechtschaft unter ihrer Form gezwungen hatten. Jetzt endlich darf er, nach seiner Heimkehr zum Urquell seines Wesens, vor allen Völkern kühn und frei, ohne das Gängelband einer romanischen Zivilisation, einherzuschreiten wagen: wenn er nur von einem Volke unentwegt zu lernen versteht, von dem überhaupt lernen zu können schon ein hoher Ruhm und eine auszeichnende Seltenheit ist, von den Griechen. Und wann brauchten wir diese allerhöchsten Lehrmeister mehr als jetzt, wo wir *die Wiedergeburt der Tragödie* erleben und in Gefahr sind, weder zu wissen, woher sie kommt, noch uns deuten zu können, wohin sie will?

Aus Kap. 21

Die Tragödie saugt den höchsten Musikorgiasmus in sich hinein, so daß sie geradezu die Musik, bei den Griechen wie bei uns, zur Vollendung bringt, stellt dann aber den tragischen Mythus und den tragischen Helden daneben, der dann, einem mächtigen Titanen gleich, die ganze dionysische Welt auf seinen Rücken nimmt und uns davon entlastet: während sie andrerseits durch denselben tragischen Mythus, in der Person des tragischen Helden, von dem gierigen Drange nach diesem Dasein zu erlösen weiß und mit mahnender Hand an ein anderes Sein und an eine höhere Lust erinnert, zu welcher der kämpfende Held durch seinen Untergang, nicht durch seine Siege, sich ahnungsvoll vorbereitet. Die Tragödie stellt zwischen die universale Geltung ihrer Musik und den dionysisch empfänglichen Zuhörer ein erhabenes Gleichnis, den Mythus, und erweckt bei jenem den Schein, als ob die Musik nur ein höchstes Darstellungsmittel zur Belebung der plastischen Welt des Mythus sei. Dieser edlen Täuschung vertrauend darf sie jetzt ihre Glieder zum dithyrambischen Tanze bewegen und sich unbedenklich einem orgiastischen Gefühle der Freiheit hingeben, in welchem sie als Musik an sich, ohne jene Täuschung, nicht zu schwelgen wagen dürfte. Der Mythus schützt uns vor der Musik, wie er ihr andrerseits erst die höchste Freiheit gibt. Dafür verleiht die Musik, als Gegengeschenk, dem tragischen Mythus eine so eindringliche und überzeugende metaphysische Bedeutsamkeit, wie sie Wort und Bild, ohne jene einzige Hilfe, nie zu erreichen vermögen; und insbesondere überkommt durch sie den tragischen Zuschauer gerade jenes sichere Vorgefühl einer höchsten Lust, zu der der Weg durch Untergang und Verneinung führt, so daß er zu hören meint, als ob der innerste Abgrund der Dinge zu ihm vernehmlich spräche.

Habe ich dieser schwierigen Vorstellung mit den letzten Sätzen vielleicht nur einen vorläufigen, für wenige sofort verständlichen Ausdruck zu geben vermocht, so darf ich gerade an dieser Stelle nicht ablassen, meine Freunde zu einem nochmaligen Versuche anzureizen und sie zu bitten, an einem einzelnen Beispiele unsrer gemeinsamen Erfahrung sich für die Erkenntnis des allgemeinen Satzes vorzubereiten. Bei diesem Beispiele darf ich mich nicht auf jene beziehn, welche die Bilder der szenischen Vorgänge, die Worte und Affekte der handelnden Personen benutzen, um sich mit dieser Hilfe der Musikempfindung anzunähern; denn diese alle reden nicht Musik als Muttersprache und kommen auch, trotz jener Hilfe, nicht weiter als in die Vorhallen der Musikperzeption, ohne je deren innerste Heiligtümer berühren zu dürfen; manche von diesen, wie Gervinus, gelangen auf diesem Wege nicht einmal in die Vorhallen. Sondern nur an diejenigen habe ich mich zu wenden, die unmittelbar verwandt mit der Musik, in ihr gleichsam ihren Mutterschoß haben und mit den Dingen fast nur durch unbewußte Musikrelationen in Verbindung stehen. An diese echten Musiker richte ich die Frage, ob sie sich einen Menschen denken können, der den dritten Akt von »Tristan und Isolde« ohne alle Beihilfe von Wort und Bild, rein als ungeheuren symphonischen Satz zu perzipieren imstande wäre, ohne unter einem krampfartigen Ausspannen aller Seelenflügel zu veratmen? Ein Mensch, der wie hier das Ohr gleichsam an die Herzkammer des Weltwillens gelegt hat, der das rasende Begehren zum Dasein als donnernden Strom oder als zartesten zerstäubten Bach von hier aus in alle Adern der Welt sich ergießen fühlt, er sollte nicht jählings zerbrechen? Er sollte es ertragen, in der elenden gläsernen Hülle des menschlichen Individuums, den Widerklang zahlloser Lust- und Weherufe aus dem »weiten Raum der Weltennacht« zu vernehmen, ohne bei diesem Hirtenreigen der Metaphysik sich seiner Urheimat unaufhaltsam zuzuflüchten. Wenn aber doch ein solches Werk als Ganzes perzipiert werden kann, ohne Verneinung der Individualexistenz, wenn eine solche Schöpfung geschaffen werden konnte, ohne ihren Schöpfer zu zerschmettern – woher nehmen wir die Lösung eines solchen Widerspruches?

Hier drängt sich zwischen unsre höchste Musikerregung und jene Musik der tragische Mythus und der tragische Held, im Grunde nur als Gleichnis der alleruniversalsten Tatsachen, von denen allein die Musik auf direktem Wege reden kann. Als Gleichnis würde nun aber der Mythus, wenn wir als rein dionysische Wesen empfänden, gänzlich wirkungslos und unbeachtet neben uns stehen bleiben und uns keinen Augenblick abwendig davon machen, unser Ohr dem Widerklang der *universalia ante rem* zu bieten. Hier bricht jedoch die *apollinische* Kraft, auf Wiederherstellung des fast zersprengten Individuums gerichtet, mit dem Heilbalsam einer wonnevollen Täuschung hervor: plötzlich glauben wir nur noch Tristan zu sehen, wie er bewegungslos und dumpf sich fragt: »die alte Weise; was weckt sie mich?« Und was uns früher wie ein hohles Seufzen aus dem Mittelpunkte des Seins anmutete, das will uns jetzt nur sagen, wie »öd und leer das Meer«. Und wo wir atemlos zu erlöschen wähnten, im krampfartigen Sichausrecken aller Gefühle, und nur ein weniges uns mit dieser Existenz zusammenknüpfte, hören und sehen wir jetzt nur den zum Tode verwundeten und doch nicht sterbenden Helden, mit seinem verzweiflungsvollen Rufe: »Sehnen! Sehnen! Im Sterben mich zu sehnen, vor Sehnsucht nicht zu sterben!« Und wenn früher der Jubel des Horns nach solchem Übermaß und solcher Überzahl verzehrender Qualen fast wie der Qualen höchste uns das Herz zerschnitt, so steht jetzt zwischen uns und diesem »Jubel an sich« der jauchzende Kurwenal, dem Schiffe, das Isolden trägt, zugewandt. So gewaltig auch das Mitleiden in uns hineingreift, in einem gewissen Sinne rettet uns doch das Mitleiden vor dem Urleiden der Welt, wie das Gleichnisbild des Mythus uns vor dem unmittelbaren Anschauen der höchsten Weltidee, wie der Gedanke und das Wort uns vor dem ungedämmten Ergusse des unbewußten Willens rettet. Durch jene herrliche apollinische Täuschung

dünkt es uns, als ob uns selbst das Tonreich wie eine plastische Welt gegenüberträte, als ob auch in ihr nur Tristans und Isoldens Schicksal, wie in einem allerzartesten und ausdrucksfähigsten Stoffe, geformt und bildnerisch ausgeprägt worden sei.
So entreißt uns das Apollinische der dionysischen Allgemeinheit und entzückt uns für die Individuen; an diese fesselt es unsre Mitleidserregung, durch diese befriedigt es den nach großen und erhabenen Formen lechzenden Schönheitssinn; es führt an uns Lebensbilder vorbei und reizt uns zu gedankenhaftem Erfassen des in ihnen enthaltenen Lebenskernes. Mit der ungeheuren Wucht des Bildes, des Begriffs, der ethischen Lehre, der sympathischen Erregung reißt das Apollinische den Menschen aus seiner orgiastischen Selbstvernichtung empor und täuscht ihn über die Allgemeinheit des dionysischen Vorganges hinweg zu dem Wahne, daß er ein einzelnes Weltbild, z. B. Tristan und Isolde, sehe und es *durch die Musik,* nur noch besser und innerlicher *sehen* solle. Was vermag nicht der heilkundige Zauber des Apollo, wenn er selbst in uns die Täuschung aufregen kann, als ob wirklich das Dionysische, im Dienste des Apollinischen, dessen Wirkungen zu steigern vermöchte, ja als ob die Musik sogar wesentlich Darstellungskunst für einen apollinischen Inhalt sei?
Bei jener prästabilierten Harmonie, die zwischen dem vollendeten Drama und seiner Musik waltet, erreicht das Drama einen höchsten, für das Wortdrama sonst unzugänglichen Grad von Schaubarkeit. Wie alle lebendigen Gestalten der Szene in den selbständig bewegten Melodienlinien sich zur Deutlichkeit der geschwungenen Linie vor uns vereinfachen, ertönt uns das Nebeneinander dieser Linien in dem mit dem bewegten Vorgange auf zarteste Weise sympathisierenden Harmonienwechsel: durch welchen uns die Relationen der Dinge in sinnlich wahrnehmbarer, keinesfalls abstrakter Weise, unmittelbar vernehmbar werden, wie wir gleichfalls durch ihn erkennen, daß erst in diesen Relationen das Wesen eines Charakters und einer Melodienlinie sich rein offenbare. Und während uns so die Musik zwingt, mehr und innerlicher als sonst zu sehen und den Vorgang der Szene

wie ein zartes Gespinst vor uns auszubreiten, ist für unser vergeistigtes, ins Innere blickende Auge die Welt der Bühne ebenso unendlich erweitert als von innen heraus erleuchtet. Was vermöchte der Wortdichter Analoges zu bieten, der mit einem viel vollkommneren Mechanismus, auf indirektem Wege, vom Wort und vom Begriff aus, jene innerliche Erweiterung der schaubaren Bühnenwelt und ihre innere Erleuchtung zu erreichen sich abmüht? Nimmt nun zwar auch die musikalische Tragödie das Wort hinzu, so kann sie doch zugleich den Untergrund und die Geburtsstätte des Wortes danebenstellen und uns das Werden des Wortes, von innen heraus, verdeutlichen.
Aber von diesem geschilderten Vorgang wäre doch ebenso bestimmt zu sagen, daß er nur ein herrlicher Schein, nämlich jene vorhin erwähnte appolinische *Täuschung* sei, durch deren Wirkung wir von dem dionysischen Andrange und Übermaße entlastet werden sollen. Im Grunde ist ja das Verhältnis der Musik zum Drama gerade das umgekehrte: die Musik ist die eigentliche Idee der Welt, das Drama nur ein Abglanz dieser Idee, ein vereinzeltes Schattenbild derselben. Jene Identität zwischen der Melodienlinie und der lebendigen Gestalt, zwischen der Harmonie und den Charakterrelationen jener Gestalt ist in einem entgegengesetzten Sinne wahr, als es uns, beim Anschaun der musikalischen Tragödie, dünken möchte. Wir mögen die Gestalt uns auf das sichtbarste bewegen, beleben und von innen heraus beleuchten, sie bleibt immer nur die Erscheinung, von der es keine Brücke gibt, die in die wahre Realität, ins Herz der Welt führte. Aus diesem Herzen heraus aber redet die Musik; und zahllose Erscheinungen jener Art dürften an der gleichen Musik vorüberziehn, sie würden nie das Wesen derselben erschöpfen, sondern immer nur ihre veräußerlichten Abbilder sein. Mit dem populären und gänzlich falschen Gegensatz von Seele und Körper ist freilich für das schwierige Verhältnis von Musik und Drama nichts zu erklären und alles zu verwirren; aber die unphilosophische Roheit jenes Gegensatzes scheint gerade bei unseren Ästhetikern, wer weiß aus welchen Gründen, zu einem gern bekannten Glaubensartikel geworden zu sein, wäh-

rend sie über einen Gegensatz der Erscheinung und des Dinges an sich nichts gelernt haben oder, aus ebenfalls unbekannten Gründen, nichts lernen mochten.
Sollte es sich bei unserer Analysis ergeben haben, daß das Apollinische in der Tragödie durch seine Täuschung völlig den Sieg über das dionysische Urelement der Musik davongetragen und sich diese zu ihren Absichten, nämlich zu einer höchsten Verdeutlichung des Dramas, nutzbar gemacht habe, so wäre freilich eine sehr wichtige Einschränkung hinzuzufügen: in dem allerwesentlichsten Punkte ist jene apollinische Täuschung durchbrochen und vernichtet. Das Drama, das in so innerlich erleuchteter Deutlichkeit aller Bewegungen und Gestalten, mit Hilfe der Musik, sich vor uns ausbreitet, als ob wir das Gewebe am Webstuhl im Auf- und Niederzucken entstehen sehen – erreicht als Ganzes eine Wirkung, die *jenseits aller apollinischen Kunstwirkungen* liegt. In der Gesamtwirkung der Tragödie erlangt das Dionysische wieder das Übergewicht; sie schließt mit einem Klange, der niemals von dem Reiche der apollinischen Kunst her tönen könnte. Und damit erweist sich die apollinische Täuschung als das, was sie ist, als die während der Dauer der Tragödie anhaltende Umschleierung der eigentlichen dionysischen Wirkung: die doch so mächtig ist, am Schluß das apollinische Drama selbst in eine Sphäre zu drängen, wo es mit dionysischer Weisheit zu reden beginnt und wo es sich selbst und seine apollinische Sichtbarkeit verneint. So wäre wirklich das schwierige Verhältnis des Apollinischen und des Dionysischen in der Tragödie durch einen Bruderbund beider Gottheiten zu symbolisieren: Dionysus redet die Sprache des Apollo, Apollo aber schließlich die Sprache Dionysus: womit das höchste Ziel der Tragödie und der Kunst überhaupt erreicht ist.

Aus Kap. 22

Mag der aufmerksame Freund sich die Wirkung einer wahren musikalischen Tragödie rein und unvermischt, nach seinen Erfahrungen, vergegenwärtigen. Ich denke das Phänomen dieser

Wirkung nach beiden Seiten hin so beschrieben zu haben, daß er sich seine eignen Erfahrungen jetzt zu deuten wissen wird. Er wird sich nämlich erinnern, wie er, im Hinblick auf den vor ihm sich bewegenden Mythus, zu einer Art von Allwissenheit sich gesteigert fühlte, als ob jetzt die Sehkraft seiner Augen nicht nur eine Flächenkraft sei, sondern ins Innere zu dringen vermöge, und als ob er die Wallungen des Willens, den Kampf der Motive, den anschwellenden Strom der Leidenschaften, jetzt, mit Hilfe der Musik, gleichsam sinnlich sichtbar, wie eine Fülle lebendig bewegter Linien und Figuren vor sich sehe und damit bis in die zartesten Geheimnisse unbewußter Regungen hinabtauchen könne. Während er so einer höchsten Steigerung seiner auf Sichtbarkeit und Verklärung gerichteten Triebe bewußt wird, fühlt er doch ebenso bestimmt, daß diese lange Reihe apollinischer Kunstwirkungen doch *nicht* jenes beglückte Verharren in willenlosem Anschauen erzeugt, das der Plastiker und der epische Dichter, also die eigentlich apollinischen Künstler, durch ihre Kunstwerke bei ihm hervorbringen: das heißt die in jenem Anschauen erreichte Rechtfertigung der Welt der *individuatio,* als welche die Spitze und der Inbegriff der apollinischen Kunst ist. Er schaut die verklärte Welt der Bühne und verneint sie doch. Er sieht den tragischen Helden vor sich in epischer Deutlichkeit und Schönheit und erfreut sich doch an seiner Vernichtung. Er begreift bis ins Innerste den Vorgang der Szene und flüchtet sich gern ins Unbegreifliche. Er fühlt die Handlungen des Helden als gerechtfertigt und ist doch noch mehr erhoben, wenn diese Handlungen den Urheber vernichten. Er schaudert vor den Leiden, die den Helden treffen werden, und ahnt doch bei ihnen eine höhere, viel übermächtigere Lust. Er schaut mehr und tiefer als je und wünscht sich doch erblindet. Woher werden wir diese wunderbare Selbstentzweiung, dies Umbrechen der apollinischen Spitze, abzuleiten haben, wenn nicht aus dem *dionysischen* Zauber, der, zum Schein die apollinischen Regungen aufs höchste reizend, doch noch diesen Überschwang der apollinischen Kraft in seinen Dienst zu zwingen vermag. *Der tragische Mythus* ist nur zu verstehen als eine Verbildlichung dionysischer Weisheit durch apollinische Kunstmittel; er führt die Welt der Erscheinung an die Grenzen, wo sie sich selbst verneint und wieder in den Schoß der wahren und einzigen Realitäten zurückzuflüchten sucht; wo sie dann, mit Isolden, ihren metaphysischen Schwanengesang also anzustimmen scheint:

In des Wonnemeeres
wogendem Schwall,
in der Duft-Wellen
tönendem Schall,
in des Weltatems
wehendem All –
ertrinken – versinken –
unbewußt – höchste Lust!

[. . .]

Aus Kap. 23

Wer recht genau sich selber prüfen will, wie sehr er dem wahren ästhetischen Zuhörer verwandt ist oder zur Gemeinschaft der sokratisch-kritischen Menschen gehört, der mag sich nur aufrichtig nach der Empfindung fragen, mit der er das auf der Bühne dargestellte *Wunder* empfängt: ob er etwa dabei seinen historischen, auf strenge psychologische Kausalität gerichteten Sinn beleidigt fühlt, ob er mit einer wohlwollenden Konzession gleichsam das Wunder als ein der Kindheit verständliches, ihm entfremdetes Phänomen zuläßt, oder ob er irgend etwas anderes dabei erleidet. Daran nämlich wird er messen können, wieweit er überhaupt befähigt ist, den *Mythus,* das zusammengezogene Weltbild, zu verstehen, der, als Abbreviatur der Erscheinung, das Wunder nicht entbehren kann. Das Wahrscheinliche ist aber, daß fast jeder, bei strenger Prüfung, sich so durch den kritisch-historischen Geist unserer Bildung zersetzt fühlt, um nur etwa auf gelehrtem Wege, durch vermittelnde Abstraktionen, sich die einstmalige Existenz des Mythus glaublich zu machen. Ohne Mythus aber geht jede Kultur ihrer gesunden schöpferischen

Naturkraft verlustig; erst ein mit Mythen umstellter Horizont schließt eine ganze Kulturbewegung zur Einheit ab. Alle Kräfte der Phantasie und des apollinischen Traumes werden erst durch den Mythus aus ihrem wahllosen Herumschweifen gerettet. Die Bilder des Mythus müssen die unbemerkt allgegenwärtigen dämonischen Wächter sein, unter deren Hut die junge Seele heranwächst, an deren Zeichen der Mann sich sein Leben und seine Kämpfe deutet: und selbst der Staat kennt keine mächtigeren ungeschriebnen Gesetze als das mythische Fundament, das seinen Zusammenhang mit der Religion, sein Herauswachsen aus mythischen Vorstellungen verbürgt.

Man stelle jetzt daneben den abstrakten, ohne Mythen geleiteten Menschen, die abstrakte Erziehung, die abstrakte Sitte, das abstrakte Recht, den abstrakten Staat: man vergegenwärtige sich das regellose, von keinem heimischen Mythus gezügelte Schweifen der künstlerischen Phantasie: man denke sich eine Kultur, die keinen festen und heiligen Ursitz hat, sondern alle Möglichkeiten zu erschöpfen und von allen Kulturen sich kümmerlich zu nähren verurteilt ist – das ist die Gegenwart, als das Resultat jenes auf Vernichtung des Mythus gerichteten Sokratismus. Und nun steht der mythenlose Mensch, ewig hungernd, unter allen Vergangenheiten und sucht grabend und wühlend nach Wurzeln, sei es daß er auch in den entlegensten Altertümern nach ihnen graben müßte. Worauf weist das ungeheure historische Bedürfnis der unbefriedigten modernen Kultur, das Umsichsammeln zahlloser anderer Kulturen, das verzehrende Erkennenwollen, wenn nicht auf den Verlust des Mythus, auf den Verlust der mythischen Heimat, des mythischen Mutterschoßes? Man frage sich, ob das fieberhafte und so unheimliche Sichregen dieser Kultur etwas anderes ist als das gierige Zugreifen und Nach-Nahrung-Haschen des Hungernden – und wer möchte einer solchen Kultur noch etwas geben wollen, die durch alles, was sie verschlingt, nicht zu sättigen ist, und bei deren Berührung sich die kräftigste, heilsamste Nahrung in »Historie und Kritik« zu verwandeln pflegt?

Man müßte auch an unserem deutschen Wesen schmerzlich

verzweifeln, wenn es bereits in gleicher Weise mit seiner Kultur unlösbar verstrickt, ja eins geworden wäre, wie wir das an dem zivilisierten Frankreich zu unserem Entsetzen beobachten können; und das, was lange Zeit der große Vorzug Frankreichs und die Ursache seines ungeheuren Übergewichts war, eben jenes Einssein von Volk und Kultur, dürfte uns, bei diesem Anblick, nötigen, darin das Glück zu preisen, daß diese unsere so fragwürdige Kultur bis jetzt mit dem edlen Kerne unseres Volkscharakters nichts gemein hat. Alle unsere Hoffnungen strecken sich vielmehr sehnsuchtsvoll nach jener Wahrnehmung aus, daß unter diesem unruhig auf und nieder zuckenden Kulturleben und Bildungskrampfe eine herrliche, innerlich gesunde, uralte Kraft verborgen liegt, die freilich nur in ungeheuren Momenten sich gewaltig einmal bewegt und dann wieder einem zukünftigen Erwachen entgegenträumt. Aus diesem Abgrunde ist die deutsche Reformation hervorgewachsen: in deren Choral die Zukunftsweise der deutschen Musik zuerst erklang. So tief, mutig und seelenvoll, so überschwänglich gut und zart tönte dieser Choral Luthers, als der erste dionysische Lockruf, der aus dichtverwachsenem Gebüsch, im Nahen des Frühlings, hervordringt. Ihm antwortete in wetteiferndem Widerhall jener weihevoll übermütige Festzug dionysischer Schwärmer, denen wir die deutsche Musik danken – und denen wir *die Wiedergeburt des deutschen Mythus* danken werden!
[. . .]

Aus: MENSCHLICHES, ALLZUMENSCHLICHES
EIN BUCH FÜR FREIE GEISTER

Zweiter Band
(1886)

Vorrede

1

Man soll nur reden, wo man nicht schweigen darf; und nur von dem reden, was man *überwunden* hat, – alles andere ist Geschwätz, »Literatur«, Mangel an Zucht. Meine Schriften reden *nur* von meinen Überwindungen: »ich« bin darin, mit allem, was mir feind ward, *ego ipsissimus,* ja sogar, wenn ein stolzerer Ausdruck erlaubt wird, *ego ipsissimum.* Man errät: ich habe schon viel – *unter mir* . . . Aber es bedurfte immer erst der Zeit, der Genesung, der Ferne, der Distanz, bis die Lust bei mir sich regte, etwas Erlebtes und Überlebtes, irgendein eigenes Faktum oder Fatum nachträglich für die Erkenntnis abzuhäuten, auszubeuten, bloßzulegen, »darzustellen« (oder wie man's heißen will). Insofern sind alle meine Schriften, mit einer einzigen, allerdings wesentlichen Ausnahme, *zurück zu datieren* – sie reden immer von einem »Hinter-mir« –: einige sogar, wie die drei ersten Unzeitgemäßen Betrachtungen, noch zurück hinter die Entstehungs- und Erlebniszeit eines vorher herausgegebenen Buches (der »Geburt der Tragödie« im gegebenen Falle: wie es einem feineren Beobachter und Vergleicher nicht verborgen bleiben darf). Jener zornige Ausbruch gegen die Deutschtümelei, Behäbigkeit und Sprach-Verlumpung des alt gewordenen David Strauß, der Inhalt der ersten Unzeitgemäßen, machte Stimmungen Luft, mit denen ich lange vorher, als Student, inmitten deutscher Bildung und Bildungsphilisterei gesesssen hatte (ich mache Anspruch auf die Vaterschaft des jetzt viel gebrauchten und mißbrauchten Wortes »Bildungsphilister« –); und was ich gegen die »historische

Krankheit« gesagt habe, das sagte ich als einer, der von ihr langsam, mühsam genesen lernte und ganz und gar nicht willens war, fürderhin auf »Historie« zu verzichten, weil er einstmals an ihr gelitten hatte. Als ich sodann, in der dritten Unzeitgemäßen Betrachtung, meine Ehrfurcht vor meinem ersten und einzigen Erzieher, vor dem *großen* Arthur Schopenhauer zum Ausdruck brachte – ich würde sie jetzt noch viel stärker, auch persönlicher ausdrücken –, war ich für meine eigne Person schon mitten in der moralistischen Skepsis und Auflösung drin, *das heißt ebensosehr in der Kritik als der Vertiefung alles bisherigen Pessimismus* –, und glaubte bereits »an gar nichts mehr«, wie das Volk sagt, auch an Schopenhauer nicht: eben in jener Zeit entstand ein geheimgehaltenes Schriftstück »über Wahrheit und Lüge im außermoralischen Sinne«. Selbst meine Sieges- und Festrede zu Ehren Richard Wagners, bei Gelegenheit seiner Bayreuther Siegesfeier 1876 – Bayreuth bedeutet den größten Sieg, den je ein Künstler errungen hat –, ein Werk, welches den stärksten *Anschein* der »Aktualität« an sich trägt, war im Hintergrunde eine Huldigung und Dankbarkeit gegen ein Stück Vergangenheit von mir, gegen die schönste, auch gefährlichste Meeresstille meiner Fahrt . . . und tatsächlich eine Loslösung, ein Abschiednehmen. (Täuschte Richard Wagner sich vielleicht selbst darüber? Ich glaube es nicht. Solange man noch liebt, malt man gewiß keine solchen Bilder; man »betrachtet« noch nicht, man stellt sich nicht dergestalt in die Ferne, wie es der Betrachtende tun muß. »Zum Betrachten gehört schon eine geheimnisvolle *Gegnerschaft,* die des Entgegenschauens« - heißt es auf Seite 46 [397] der genannten Schrift selbst, mit einer verräterischen und schwermütigen Wendung, welche vielleicht nur für wenige Ohren war.) Die Gelassenheit, um über lange Zwischenjahre innerlichsten Alleinseins und Entbehrens reden zu *können,* kam mir erst mit dem Buche »Menschliches, Allzumenschliches«, dem auch dies zweite Für- und Vorwort gewidmet sein soll. Auf ihm, als einem Buche »für freie Geister«, liegt etwas von der beinahe heiteren und neugierigen Kälte des Psychologen, welche eine Menge schmerzlicher Dinge, die er *unter* sich hat, *hinter* sich hat, nachträglich für sich noch feststellt und gleichsam mit irgendeiner Nadelspitze *feststicht:* – was Wunders, wenn, bei einer so spitzen und kitzlichen Arbeit, gelegentlich auch etwas Blut fließt, wenn der Psychologe Blut dabei an den Fingern und nicht immer nur – an den Fingern hat? ...

2

Die Vermischten Meinungen und Sprüche sind, ebenso wie der Wanderer und sein Schatten, zuerst *einzeln* als Fortsetzungen und Anhänge jenes ebengenannten menschlich-allzumenschlichen »Buchs für freie Geister« herausgegeben worden: zugleich als Fortsetzung und Verdoppelung einer geistigen Kur, nämlich der *antiromantischen* Selbstbehandlung, wie sie mir mein gesund gebliebener Instinkt wider eine zeitweilige Erkrankung an der gefährlichsten Form der Romantik selbst erfunden, selbst verordnet hatte. Möge man sich nunmehr, nach sechs Jahren der Genesung, die gleichen Schriften *vereinigt* gefallen lassen, als zweiten Band von Menschliches, Allzumenschliches: vielleicht lehren sie, zusammen betrachtet, ihre Lehre stärker und deutlicher, – eine *Gesundheitslehre,* welche den geistigeren Naturen des eben heraufkommenden Geschlechts zur *disciplina voluntatis* empfohlen sein mag. Aus ihnen redet ein Pessimist, der oft genug aus der Haut gefahren, aber immer wieder in sie hineingefahren ist, ein Pessimist also mit dem guten Willen *zum* Pessimismus, – somit jedenfalls kein Romantiker mehr: wie? sollte ein Geist, der sich auf diese Schlangenklugheit versteht, die *Haut zu wechseln,* nicht den heutigen Pessimisten eine Lektion geben dürfen, welche allesamt noch in der Gefahr der Romantik sind? Und ihnen zum mindesten zeigen, wie man das – *macht?* ...

3

– Es war in der Tat damals die höchste Zeit, *Abschied zu nehmen:* alsbald schon bekam ich den Beweis dafür. Richard Wagner, scheinbar der Siegreichste, in Wahrheit ein morsch gewordener, verzweifelnder Romantiker, sank plötzlich, hilflos und zerbrochen, vor dem christlichen Kreuze nieder ... Hat denn kein Deutscher für dieses schauerliche Schauspiel damals Augen im Kopfe, Mitgefühl in seinem Gewissen gehabt? War ich der einzige, der an ihm – litt? Genug, mir selbst gab dies unerwartete Ereignis wie ein Blitz Klarheit über den Ort, den ich verlassen hatte, – und auch jenen nachträglichen Schrecken, wie ihn jeder empfindet, der unbewußt durch eine ungeheure Gefahr gelaufen ist. Als ich allein weiterging, zitterte ich; nicht lange darauf, und ich war krank, mehr als krank, nämlich müde, aus der unaufhaltsamen Enttäuschung über alles, was uns modernen Menschen zur Begeisterung übrigblieb, über die allerorts *vergeudete* Kraft, Arbeit, Hoffnung, Jugend, Liebe; müde aus Ekel vor dem Femininischen und Schwärmerisch-Zuchtlosen dieser Romantik, vor der ganzen idealistischen Lügnerei und Gewissens-Verweichlichung, die hier wieder einmal den Sieg über einen der Tapfersten davongetragen hatte; müde endlich, und nicht am wenigsten, aus dem Gram eines unerbittlichen Argwohns, – daß ich, nach dieser Enttäuschung, verurteilt sei, tiefer zu mißtrauen, tiefer zu verachten, tiefer allein zu sein als je vorher. Meine *Aufgabe* – wohin war sie? Wie? schien es jetzt nicht, als ob sich meine Aufgabe von mir zurückziehe, als ob ich nun für lange kein Recht mehr auf sie habe? Was tun, um *diese* größte Entbehrung auszuhalten? – Ich begann damit, daß ich mir gründlich und grundsätzlich alle romantische Musik *verbot,* diese zweideutige, großtuerische, schwüle Kunst, welche den Geist um seine Strenge und Lustigkeit bringt und jede Art unklarer Sehnsucht, schwammichter Begehrlichkeit wuchern macht. *»Cave musicam«* ist auch heute noch mein Rat an alle, die Manns genug sind, um in Dingen des Geistes auf Reinlichkeit zu halten; solche Musik entnervt, erweicht, verweiblicht, ihr »Ewig-Weibliches« zieht *uns* – hinab! ... *Gegen* die romantische Musik wendete sich damals mein erster Argwohn, meine nächste Vorsicht; und wenn ich überhaupt noch etwas von der Musik hoffte, so war es in der Erwartung, es möchte ein Musiker kommen, kühn, fein, boshaft, südlich, übergesund genug, um an jener Musik auf eine unsterbliche Weise *Rache zu nehmen.* –

[. . .]

Aus: *Erste Abteilung. Vermischte Meinungen und Sprüche*

134

Wie nach der neueren Musik sich die Seele bewegen soll. – Die künstlerische Absicht, welche die neuere Musik in dem verfolgt, was jetzt, sehr stark aber undeutlich, als »unendliche Melodie« bezeichnet wird, kann man sich dadurch klarmachen, daß man ins Meer geht, allmählich den sicheren Schritt auf dem Grunde verliert und sich endlich dem wogenden Elemente auf Gnade und Ungnade übergibt: man soll *schwimmen.* In der bisherigen älteren Musik mußte man, im zierlichen oder feierlichen oder feurigen Hin und Wider, Schneller und Langsamer, *tanzen:* wobei das hierzu nötige Maß, das Einhalten bestimmter gleichwiegender Zeit- und Kraftgrade von der Seele des Zuhörers eine fortwährende *Besonnenheit* erzwang: auf dem Widerspiele dieses kühleren Luftzuges, welcher von der Besonnenheit herkam, und des durchwärmten Atems musikalischer Begeisterung ruhte der Zauber jener Musik. – Richard Wagner wollte eine andere Art *Bewegung der Seele,* welche, wie gesagt, dem Schwimmen und Schweben verwandt ist. Vielleicht ist dies das Wesentlichste seiner Neuerungen. Sein berühmtes Kunstmittel, diesem Wollen entsprungen und angepaßt – die »unendliche Melodie« – bestrebt sich, alle mathematische Zeit- und Kraft-Ebenmäßigkeit zu brechen, mitunter selbst zu verhöhnen; und er ist überreich in der Erfindung solcher Wirkungen, welche dem älteren Ohre wie rhythmische Paradoxien und Lästerreden klingen. Er fürchtet die Versteinerung, die Kristallisation, den Übergang der Musik in das Architektonische – und so stellt er dem zweitaktigen Rhythmus einen dreitaktigen entgegen, führt nicht selten den

Fünf- und Siebentakt ein, wiederholt dieselbe Phrase sofort, aber mit einer Dehnung, daß sie die doppelte und dreifache Zeitdauer bekommt. Aus einer bequemen Nachahmung solcher Kunst kann eine große Gefahr für die Musik entstehen: immer hat neben der Überreife des rhythmischen Gefühls die Verwilderung, der Verfall der Rhythmik im Versteck gelauert. Sehr groß wird zumal diese Gefahr, wenn eine solche Musik sich immer enger an eine ganz naturalistische, durch keine höhere Plastik erzogene und beherrschte Schauspielerkunst und Gebärdensprache anlehnt, welche in sich kein Maß hat und dem sich ihr anschmiegenden Elemente, dem *allzuweiblichen* Wesen der Musik, auch kein Maß mitzuteilen vermag.

171

Die Musik als Spätling jeder Kultur. – Die Musik kommt von allen Künsten, welche auf einem bestimmten Kultur-Boden, unter bestimmten sozialen und politischen Verhältnissen jedesmal aufzuwachsen pflegen, als die *letzte* aller Pflanzen zum Vorschein, im Herbst und Abblühen der zu ihr gehörigen Kultur: während gewöhnlich die ersten Boten und Anzeichen eines neuen Frühlings schon bemerkbar sind; ja mitunter läutet die Musik wie die Sprache eines versunkenen Zeitalters in eine erstaunte und neue Welt hinein und kommt zu spät. Erst in der Kunst der Niederländer Musiker fand die Seele des christlichen Mittelalters ihren vollen Klang: ihre Ton-Baukunst ist die nachgeborne, aber echt- und ebenbürtige Schwester der Gotik. Erst in Händels Musik erklang das Beste von Luthers und seiner Verwandten Seele, der große jüdisch-heroische Zug, welcher die ganze Reformations-Bewegung schuf. Erst Mozart gab dem Zeitalter Ludwigs des Vierzehnten und der Kunst Racines und Claude Lorrains in *klingendem* Golde heraus. Erst in Beethovens und Rossinis Musik sang sich das achtzehnte Jahrhundert aus, das Jahrhundert der Schwärmerei, der zerbrochnen Ideale und des flüchtigen Glücks. So möchte denn ein Freund empfindsamer Gleichnisse sagen, jede wahrhaft bedeutende Musik sei Schwanengesang. –

Die Musik ist eben *nicht* eine allgemeine überzeitliche Sprache, wie man so oft zu ihrer Ehre gesagt hat, sondern entspricht genau einem Gefühls-, Wärme- und Zeitmaß, welches eine ganz bestimmte einzelne, zeitlich und örtlich gebundene Kultur als inneres Gesetz in sich trägt: die Musik Palestrinas würde für einen Griechen völlig unzugänglich sein, und wiederum – was würde Palestrina bei der Musik Rossinis hören? – Vielleicht, daß auch unsere neueste deutsche Musik, so sehr sie herrscht und herrschlustig ist, in kurzer Zeitspanne nicht mehr verstanden wird: denn sie entsprang aus einer Kultur, die im raschen Absinken begriffen ist; ihr Boden ist jene Reaktions- und Restaurations-Periode, in welcher ebenso ein gewisser *Katholizismus des Gefühls* wie die Lust an allem *heimisch-nationalen Wesen und Urwesen* zur Blüte kam und über Europa einen gemischten Duft ausgoß: welche beide Richtungen des Empfindens, in größter Stärke erfaßt und bis in die entferntesten Enden fortgeführt, in der Wagnerschen Kunst zuletzt zum Erklingen gekommen sind. Wagners Aneignung der altheimischen Sagen, sein veredelndes Schalten und Walten unter deren so fremdartigen Göttern und Helden – welche eigentlich souveräne Raubtiere sind, mit Anwandlungen von Tiefsinn, Großherzigkeit und Lebensüberdruß –, die Neubeseelung dieser Gestalten, denen er den christlich-mittelalterlichen Durst nach verzückter Sinnlichkeit und Entsinnlichung dazugab, dieses ganze Wagnerische Nehmen und Geben in Hinsicht auf Stoffe, Seelen, Gestalten und Worte spricht deutlich auch den *Geist seiner Musik* aus, wenn diese, wie alle Musik, von sich selber nicht völlig unzweideutig zu reden vermöchte: dieser Geist führt den *allerletzten* Kriegs- und Reaktionszug an gegen den Geist der Aufklärung, welcher aus dem vorigen Jahrhundert in dieses hineinwehte, ebenso gegen die übernationalen Gedanken der französischen Umsturz-Schwärmerei und der englisch-amerikanischen Nüchternheit im Umbau von Staat und Gesellschaft. – Ist es aber nicht ersichtlich, daß die hier – bei Wagner selbst und seinem Anhange – noch zurückgedrängt erscheinenden Gedanken- und Empfindungskreise längst von neuem wieder Gewalt bekommen haben, und daß jener späte musikalische Protest gegen sie zumeist in Ohren hineinklingt, die andere und entgegengesetzte Töne lieber hören? so daß eines Tages jene wunderbare und hohe Kunst ganz plötzlich unverständlich werden und sich Spinnweben und Vergessenheit über sie legen könnten. – Man darf sich über diese Sachlage nicht durch jene flüchtigen Schwankungen beirren lassen, welche als Reaktion innerhalb der Reaktion, als ein zeitweiliges Einsinken des Wellenbergs inmitten der gesamten Bewegung erscheinen; so mag dieses Jahrzehnt der nationalen Kriege, des ultramontanen Martyriums und der sozialistischen Beängstigung in seinen feineren Nachwirkungen auch der genannten Kunst zu einer plötzlichen Glorie verhelfen – ohne ihr damit die Bürgschaft dafür zu geben, daß sie »Zukunft habe«, oder gar, daß sie *die Zukunft* habe. – Es liegt im Wesen der Musik, daß die Früchte ihrer großen Kultur-Jahrgänge zeitiger unschmackhaft werden und rascher verderben als die Früchte der bildenden Kunst oder gar die auf dem Baume der Erkenntnis gewachsenen: unter allen Erzeugnissen des menschlichen Kunstsinns sind nämlich *Gedanken* das Dauerhafteste und Haltbarste.

Aus: MORGENRÖTE. GEDANKEN ÜBER DIE MORALISCHEN VORURTEILE

(1881)

167

Die unbedingten Huldigungen. – Wenn ich an den gelesensten deutschen Philosophen, an den gehörtesten deutschen Musiker und an den angesehensten deutschen Staatsmann denke: so muß ich mir eingestehen: es wird den Deutschen, diesem Volke der *unbedingten* Gefühle, jetzt recht sauer gemacht, und zwar von ihren eigenen großen Männern. Es gibt da dreimal ein prachtvolles Schauspiel zu sehen: jedesmal einen Strom, in seinem eignen, selbstgegrabenen Strombette, und so mächtig bewegt, daß es öfter scheinen könnte, als wollte er den Berg hinaufströmen. Und dennoch, wie weit man seine Verehrung auch treiben möge: wer möchte nicht gern *andrer* Meinung sein als Schopenhauer, im ganzen und großen! – Und wer könnte jetzt einer Meinung mit Richard Wagner sein, im ganzen und im kleinen? so wahr es auch sein mag, was jemand gesagt hat, daß überall, wo er Anstoß nimmt und wo er Anstoß gibt, ein Problem *vergraben* liegt, – genug, er selber bringt es nicht an das Licht. – Und endlich, wie viele möchten von ganzem Herzen mit Bismarck einer Meinung sein, wenn er selber nur mit sich einer Meinung wäre oder auch nur Miene machte, es fürderhin zu sein! Zwar: *ohne Grundsätze, aber mit Grundtrieben,* ein beweglicher Geist im Dienste starker Grundtriebe, und eben deshalb ohne Grundsätze – das sollte an einem Staatsmanne nichts Auffälliges haben, vielmehr als das Rechte und Naturgemäße gelten; aber leider war es bisher *so* durchaus nicht deutsch! ebenso wenig als Lärm um Musik und Mißklang und Mißmut um den Musiker, ebenso wenig als die neue und außerordentliche Stellung, welche Schopenhauer wählte: nämlich weder *über* den Dingen, noch auf den Knien vor den Dingen – beides hätte noch deutsch heißen können –, sondern *gegen* die Dinge! Unglaublich! Und unangenehm! Sich in eine Reihe mit den Dingen stellen und doch als ihr Gegner, zu guter Letzt gar als der Gegner seiner selber! – was kann der unbedingte Verehrer mit einem solchen Vorbilde anfangen! Und was überhaupt mit drei solchen Vorbildern, die untereinander selber nicht Frieden halten wollen! Da ist Schopenhauer ein Gegner der Musik Wagners, und Wagner ein Gegner der Politik Bismarcks, und Bismarck ein Gegner aller Wagnerei und Schopenhauerei! Was bleibt da zu tun! Wohin sich mit seinem Durste nach der »Huldigung in Bausch und Bogen« flüchten! Könnte man sich vielleicht aus der Musik des Musikers einige hundert Takte guter Musik auslesen, die sich einem ans Herz legen und denen man sich gern ans Herz legt, weil sie ein Herz haben, – könnte man mit diesem kleinen Raub beiseite gehen und den ganzen Rest – vergessen! Und ein eben solches Abkommen in Hinsicht des Philosophen und des Staatsmannes ausfindig machen – auslesen, sich ans Herz legen und namentlich *den Rest vergessen!* Ja, wenn nur das Vergessen nicht so schwer wäre! Da gab es einen sehr stolzen Menschen, der durchaus nur von sich selber etwas annehmen wollte, Gutes und Schlimmes: als er aber das *Vergessen* nötig hatte, konnte er es sich selber nicht geben, sondern mußte dreimal die Geister beschwören; sie kamen, sie hörten sein Verlangen, und zuletzt sagten sie: »nur dies gerade steht nicht in unserer Macht!« Sollten die Deutschen sich die Erfahrung *Manfreds* nicht zunutze machen? Warum erst noch die Geister beschwören! Es ist unnütz, man vergißt nicht, wenn man vergessen will. Und wie groß wäre »der Rest«, den man hier, von diesen drei Größen der Zeit, vergessen müßte, um fürderhin ihr Verehrer in Bausch und Bogen sein zu können! Da ist es doch rätlicher, die gute Gelegenheit zu benutzen und etwas Neues zu versuchen: nämlich in der *Redlichkeit gegen sich selber* zuzunehmen und aus einem Volke des gläubigen Nachsprechens und der bitterbösen, blinden Feindseligkeit ein Volk der bedingten Zustimmung und der wohlwollenden Gegnerschaft zu werden; zunächst aber zu lernen, daß unbedingte Huldigungen vor Personen etwas Lächerliches sind, daß hierin umlernen auch für Deutsche nicht unrühmlich ist, und daß es einen tiefen, beherzigenswerten Spruch gibt: *»Ce qui importe, ce ne sont point les personnes: mais les choses.«* Dieser Spruch ist wie der, welcher ihn sprach, groß, brav, einfach und schweigsam – ganz wie Carnot, der Soldat und der Republikaner. – Aber darf man jetzt so von einem Franzosen zu Deutschen sprechen, noch dazu von einem Republikaner? Vielleicht nicht; ja vielleicht darf man nicht einmal daran erinnern, was Niebuhr seinerzeit den Deutschen sagen durfte: niemand habe ihm so sehr den Eindruck der *wahren Größe* gegeben als Carnot.

Aus: DIE FRÖHLICHE WISSENSCHAFT
(1882)

99

Die Anhänger Schopenhauers. – Was man bei der Berührung von Kultur-Völkern und Barbaren zu sehen bekommt: daß regelmäßig die niedrigere Kultur von der höheren zuerst deren Laster, Schwächen und Ausschweifungen annimmt, von da aus einen Reiz auf sich ausgeübt fühlt und endlich vermittelst der angeeigneten Laster und Schwächen etwas von der werthaltigen Kraft der höheren Kultur mit auf sich überströmen läßt – das kann man auch in der Nähe und ohne Reisen zu Barbaren-Völkern mit ansehen, freilich etwas verfeinert und vergeistigt und nicht so leicht mit Händen zu greifen. Was pflegen doch die Anhänger *Schopenhauers* in Deutschland von ihrem Meister zuerst anzunehmen? – als welche, im Vergleich zu dessen überlegener Kultur, sich barbarenhaft genug vorkommen müssen, um auch durch ihn zuerst barbarenhaft fasziniert und verführt zu werden. Ist es sein harter Tatsachen-Sinn, sein guter Wille zu Helligkeit und Vernunft, der ihn oft so englisch und so wenig deutsch erscheinen läßt? Oder die Stärke seines intellektuellen Gewissens, das einen lebenslangen Widerspruch zwischen Sein und Wollen *aushielt* und ihn dazu zwang, sich auch in seinen Schriften beständig und fast in jedem Punkte zu widersprechen? Oder seine Reinlichkeit in Dingen der Kirche und des christlichen Gottes? – denn hierin war er reinlich wie kein deutscher Philosoph bisher, so daß er »als Voltairianer« lebte und starb. Oder seine unsterblichen Lehren von der Intellektualität der Anschauung, von der Apriorität des Kausalitätsgesetzes, von der Werkzeug-Natur des Intellekts und der Unfreiheit des Willens? Nein, dies alles bezaubert nicht und wird nicht als bezaubernd gefühlt: aber die mystischen Verlegenheiten und Ausflüchte Schopenhauers, an jenen Stellen, wo der Tatsachen-Denker sich vom eitlen Triebe, der Enträtseler der Welt zu sein, verführen und verderben ließ, die unbeweisbare Lehre von *Einem Willen* (»alle Ursachen sind nur Gelegenheitsursachen der Erscheinung des Willens zu dieser Zeit, an diesem Orte«, »der Wille zum Leben ist in jedem Wesen, auch dem geringsten, ganz und ungeteilt vorhanden, so vollständig, wie in allen, die je waren, sind und sein werden, zusammengenommen«), die *Leugnung des Individuums* (»alle Löwen sind im Grunde nur *ein* Löwe«, »die Vielheit der Individuen ist ein Schein«; sowie auch die *Entwicklung* nur ein Schein ist: – er nennt den Gedanken de Lamarcks »einen genialen, absurden Irrtum«), die Schwärmerei vom *Genie* (»in der ästhetischen Anschauung ist das Individuum nicht mehr Individuum, sondern reines, willenloses, schmerzloses, zeitloses Subjekt der Erkenntnis«; »das Subjekt, indem es in dem angeschauten Gegenstande ganz aufgeht, ist dieser Gegenstand selbst geworden«), der Unsinn vom *Mitleide* und der in ihm ermöglichten Durchbrechung des *principii individuationis* als der Quelle aller Moralität, hinzugerechnet solche Behauptungen: »das Sterben ist eigentlich der Zweck des Daseins«, »es läßt sich *a priori* nicht geradezu die Möglichkeit ableugnen, daß eine magische Wirkung nicht auch sollte von einem bereits Gestorbenen ausgehen können«: diese und ähnliche *Ausschweifungen* und Laster des Philosophen werden immer am ersten angenommen und zur Sache des Glaubens gemacht – Laster und Ausschweifungen sind nämlich immer am leichtesten nachzuahmen und wollen keine lange Vorübung. Doch reden wir von dem berühmtesten der lebenden Schopenhauerianer, von Richard Wagner. – Ihm ist es ergangen, wie es schon manchem Künstler ergangen ist: er vergriff sich in der Deutung der Gestalten, die er schuf, und verkannte die unausgesprochene Philosophie seiner eigensten Kunst. Richard Wagner hat sich bis in die Mitte seines Lebens durch Hegel irreführen lassen; er tat dasselbe noch einmal, als er später Schopenhauers Lehre aus seinen Gestalten herauslas und mit »Wille«, »Genie« und »Mitleid« sich selber zu formulieren begann. Trotzdem wird es wahr bleiben: nichts geht gerade so sehr wider den Geist Schopenhauers als das eigentlich Wagnerische an den Helden Wagners – ich meine, die Unschuld der höchsten Selbstsucht, der Glaube an die große Leidenschaft als an das Gute an sich, mit *einem* Worte, das Siegfriedhafte im Antlitze seiner Helden. »Das alles riecht eher noch nach Spinoza als nach mir« – würde vielleicht Schopenhauer sagen. So gute Gründe also Wagner hätte, sich gerade nach anderen Philosophen umzusehen als nach Schopenhauer: die Bezauberung, der er in betreff dieses Denkers unterlegen ist, hat ihn nicht nur gegen alle andern Philosophen, sondern sogar gegen die Wissenschaft selber blind gemacht; immer mehr will seine ganze Kunst sich als Seitenstück und Ergänzung der Schopenhauerischen Philosophie geben und immer ausdrücklicher verzichtet sie auf den höheren Ehrgeiz, Seitenstück und Ergänzung der menschlichen Erkenntnis und Wissenschaft zu werden. Und nicht nur reizt ihn dazu der ganze geheimnisvolle Prunk dieser Philosophie, welche auch einen Cagliostro gereizt haben würde: auch die einzelnen Gebärden und die Affekte der Philosophen waren stets Verführer! Schopenhauerisch ist zum Beispiel Wagners Ereiferung über die Verderbnis der deutschen Sprache; und wenn man hierin die Nachahmung gutheißen sollte, so darf doch auch nicht verschwiegen werden, daß Wagners Stil selber nicht wenig an all den Geschwüren und Geschwülsten krankt, deren Anblick Schopenhauer so wütend machte, und daß in Hinsicht auf die deutsch schreibenden Wagnerianer die Wagnerei sich so gefährlich zu erweisen beginnt, als nur irgendeine Hegelei sich erwiesen hat. Schopenhauerisch ist Wagners Haß gegen die Juden, denen er selbst in ihrer größten Tat nicht gerecht zu werden vermag: die Juden sind ja die Erfinder des Christentums! Schopenhauerisch ist der Versuch Wagners, das Christentum als ein verwehtes Korn des Buddhismus aufzufassen und für Europa, unter zeitweiliger Annäherung an katholisch-christliche Formeln und Empfindungen, ein buddhistisches Zeitalter vorzubereiten. Schopenhauerisch ist Wagners Predigt zugunsten der Barmherzigkeit im Verkehre mit Tieren; Schopenhauers Vorgänger hierin war bekanntlich Voltaire, der vielleicht auch schon, gleich seinen Nachfolgern, seinen Haß gegen gewisse Dingc und Menschen als Barmherzigkeit gegen Tiere zu verkleiden wußte. Wenigstens ist Wagners Haß gegen die Wissenschaft, der aus seiner Predigt spricht, gewiß nicht vom Geiste der Mildherzigkeit und Güte eingegeben – noch auch, wie es sich von selber versteht, vom *Geiste* überhaupt. – Zuletzt ist wenig an der Philosophie eines Künstlers gelegen, falls sie eben nur eine nachträgliche Philosophie ist und seiner Kunst selber keinen Schaden tut. Man kann sich nicht genug davor hüten, einem Künstler um einer gelegentlichen, vielleicht sehr unglücklichen und anmaßlichen Maskerade willen gram zu werden; vergessen wir doch nicht, daß die lieben Künstler samt und sonders ein wenig Schauspieler sind und sein müssen und ohne Schauspielerei es schwerlich auf die Länge aushielten. Bleiben wir Wagner in dem treu, was an ihm *wahr* und ursprünglich ist – und namentlich dadurch, daß wir, seine Jünger, uns selber in dem treu bleiben, was an uns wahr und ursprünglich ist. Lassen wir ihm seine intellektuellen Launen und Krämpfe, erwägen wir vielmehr in Billigkeit, welche seltsamen Nahrungen und Notdürfte eine Kunst, wie die seine, haben *darf,* um leben und wachsen zu können! Es liegt nichts daran, daß er als Denker so oft unrecht hat; Gerechtigkeit und Geduld sind nicht *seine* Sache. Genug, daß sein Leben vor sich selber recht hat und recht behält – dieses Leben, welches jedem von uns zuruft: »Sei ein Mann und folge mir nicht nach – sondern dir! Sondern dir!« Auch *unser* Leben soll vor uns selber recht behalten! Auch wir sollen frei und furchtlos, in unschuldiger Selbstigkeit aus uns selber wachsen und blühen! Und so klingen mir, bei der Betrachtung eines solchen Menschen, auch heute noch, wie ehedem, diese Sätze ans Ohr: »daß Leidenschaft besser ist als Stoizismus und Heuchelei, daß Ehrlichsein, selbst im Bösen, besser ist, als sich selber an die Sittlichkeit des Herkommens verlieren, daß der freie Mensch sowohl gut als böse sein kann, daß aber der unfreie Mensch eine Schande der Natur ist und an keinem himmlischen noch irdischen Troste Anteil hat; endlich, daß *jeder, der frei werden will, es durch sich selber werden muß,* und daß niemandem die Freiheit als ein Wundergeschenk in den Schoß fällt«. (Richard Wagner in Bayreuth : I 431.)

Der Zyniker redet. – Meine Einwände gegen die Musik Wagners sind physiologische Einwände: wozu dieselben erst noch unter ästhetische Formeln verkleiden? Meine »Tatsache« ist, daß ich nicht mehr leicht atme, wenn diese Musik erst auf mich wirkt; daß alsbald mein *Fuß* gegen sie böse wird und revoltiert – er hat das Bedürfnis nach Takt, Tanz, Marsch, er verlangt von der Musik vorerst die Entzückungen, welche in *gutem* Gehen, Schreiten, Springen, Tanzen liegen. – Protestiert aber nicht auch mein Magen? mein Herz? mein Blutlauf? mein Eingeweide? Werde ich nicht unvermerkt heiser dabei? – Und so frage ich mich: was *will* eigentlich mein ganzer Leib von der Musik überhaupt? Ich glaube, seine *Erleichterung:* wie als ob alle animalischen Funktionen durch leichte kühne ausgelassne selbstgewisse Rhythmen beschleunigt werden sollten; wie als ob das eherne, das bleierne Leben durch goldene, gute, zärtliche Harmonien vergoldet werden sollte. Meine Schwermut will in den Verstecken und Abgründen der *Vollkommenheit* ausruhn: dazu brauche ich Musik. Was geht mich das Drama an! Was die Krämpfe seiner sittlichen Ekstasen, an denen das »Volk« seine Genugtuung hat! Was der ganze Gebärden-Hokuspokus des Schauspielers! . . . Man errät, ich bin wesentlich antitheatralisch geartet – aber Wagner war umgekehrt wesentlich Theatermensch und Schauspieler, der begeistertste Mimomane, den es gegeben hat, auch noch als Musiker! . . . Und, beiläufig gesagt: wenn es Wagners Theorie gewesen ist »das Drama ist der Zweck, die Musik ist immer nur dessen Mittel« – seine *Praxis* dagegen war, von Anfang bis zu Ende, »die Attitüde ist der Zweck, das Drama, auch die Musik ist immer nur *ihr* Mittel«. Die Musik als Mittel zur Verdeutlichung, Verstärkung, Verinnerlichung der dramatischen Gebärde und Schauspieler-Sinnenfälligkeit; und das Wagnersche Drama nur eine Gelegenheit zu vielen dramatischen Attitüden! Er hatte, neben allen anderen Instinkten, die kommandierenden Instinkte eines großen Schauspielers, in allem und jedem: und, wie gesagt, auch als Musiker.

– Dies machte ich einstmals einem rechtschaffnen Wagnerianer klar, mit einiger Mühe; und ich hatte Gründe, noch hinzuzufügen »seien Sie doch ein wenig ehrlicher gegen sich selbst: wir sind ja nicht im Theater! Im Theater ist man nur als Masse ehrlich; als einzelner lügt man, belügt man sich. Man läßt sich selbst zu Hause, wenn man ins Theater geht, man verzichtet auf das Recht der eignen Zunge und Wahl, auf seinen Geschmack, selbst auf seine Tapferkeit, wie man sie zwischen den eigenen vier Wänden gegen Gott und Mensch hat und übt. In das Theater bringt niemand die feinsten Sinne seiner Kunst mit, auch der Künstler nicht, der für das Theater arbeitet: da ist man Volk, Publikum, Herde, Weib, Pharisäer, Stimmvieh, Demokrat, Nächster, Mitmensch, da unterliegt noch das persönlichste Gewissen dem nivellierenden Zauber der »größten Zahl«, da wirkt die Dummheit als Lüsternheit und Kontagion, da regiert der »Nachbar«, da *wird* man Nachbar . . .« (Ich vergaß zu erzählen, was mir mein aufgeklärter Wagnerianer auf die physiologischen Einwände entgegnete: »Sie sind also eigentlich nur nicht gesund genug für unsere Musik?« –)

370

Was ist Romantik? – Man erinnert sich vielleicht, zum mindesten unter meinen Freunden, daß ich anfangs mit einigen dicken Irrtümern und Überschätzungen und jedenfalls als *Hoffender* auf diese moderne Welt losgegangen bin. Ich verstand – wer weiß, auf welche persönlichen Erfahrungen hin? – den philosophischen Pessimismus des neunzehnten Jahrhunderts, wie als ob er das Symptom von höherer Kraft des Gedankens, von verwegenerer Tapferkeit, von siegreicherer *Fülle* des Lebens sei, als diese dem achtzehnten Jahrhundert, dem Zeitalter Humes, Kants, Condillacs und der Sensualisten, zu eigen gewesen sind: so daß mir die tragische Erkenntnis wie der eigentliche *Luxus* unsrer Kultur erschien, als deren kostbarste, vornehmste, gefährlichste Art Verschwendung, aber immerhin, auf Grund ihres Überreichtums, als ihr *erlaubter* Luxus. Desgleichen deutete ich mir die deutsche Musik zurecht zum Ausdruck einer dionysischen Mächtigkeit der deutschen Seele: in ihr glaubte ich das Erdbeben zu hören, mit dem eine von alters her aufgestaute Urkraft sich endlich Luft macht – gleichgültig dagegen, ob alles, was sonst Kultur heißt, dabei ins Zittern gerät. Man sieht, ich verkannte damals, sowohl am philosophischen Pessimismus wie an der deutschen Musik, das was ihren eigentlichen Charakter ausmacht – ihre *Romantik*. Was ist Romantik? Jede Kunst, jede Philosophie darf als Heil- und Hilfsmittel im Dienste des wachsenden, kämpfenden Lebens angesehen werden: sie setzen immer Leiden und Leidende voraus. Aber es gibt zweierlei Leidende, einmal die an der *Überfülle des Lebens* Leidenden, welche eine dionysische Kunst wollen und ebenso eine tragische Ansicht und Einsicht in das Leben – und sodann die an der *Verarmung des Lebens* Leidenden, die Ruhe, Stille, glattes Meer, Erlösung von sich durch die Kunst und Erkenntnis suchen, oder aber den Rausch, den Krampf, die Betäubung, den Wahnsinn. Dem Doppel-Bedürfnisse der *letzteren* entspricht alle Romantik in Künsten und Erkenntnissen, ihnen entsprach (und entspricht) ebenso Schopenhauer als Richard Wagner, um jene berühmtesten und ausdrücklichsten Romantiker zu nennen, welche damals von mir *mißverstanden* wurden – übrigens *nicht* zu ihrem Nachteile, wie man mir in aller Billigkeit zugestehen darf. Der Reichste an Lebensfülle, der dionysische Gott und Mensch, kann sich nicht nur den Anblick des Fürchterlichen und Fragwürdigen gönnen, sondern selbst die fürchterliche Tat und jeden Luxus von Zerstörung, Zersetzung, Verneinung; bei ihm erscheint das Böse, Unsinnige und Häßliche gleichsam erlaubt, infolge eines Überschusses von zeugenden, befruchtenden Kräften, welcher aus jeder Wüste noch ein üppiges Fruchtland zu schaffen imstande ist. Umgekehrt würde der Leidendste, Lebensärmste am meisten die Milde, Friedlichkeit, Güte nötig haben, im Denken und im Handeln, womöglich einen Gott, der ganz eigentlich ein Gott für Kranke, ein »Heiland« wäre; ebenso auch die Logik, die begriffliche Verständlichkeit des Daseins – denn dic Logik beruhigt, gibt Vertrauen –, kurz eine gewisse warme, furchtabwehrende Enge und Einschließung in optimistische Horizonte. Dergestalt lernte ich allmählich Epikur begreifen, den Gegensatz eines dionysischen Pessimisten, ebenfalls den »Christen«, der in der Tat nur eine Art Epikureer und, gleich jenem, wesentlich Romantiker ist, – und mein Blick schärfte sich immer mehr für jene schwierigste und verfänglichste Form des *Rückschlusses,* in der die meisten Fehler gemacht werden – des Rückschlusses vom Werk auf den Urheber, von der Tat auf den Täter, vom Ideal auf den, der es *nötig hat,* von jeder Denk- und Wertungsweise auf das dahinter kommandierende *Bedürfnis.* – In Hinsicht auf alle ästhetischen Werte bediene ich mich jetzt dieser Hauptunterscheidung: ich frage in jedem einzelnen Falle »ist hier der Hunger oder der Überfluß schöpferisch geworden?« Von vornherein möchte sich eine andre Unterscheidung mehr zu empfehlen scheinen – sie ist bei weitem augenscheinlicher – nämlich das Augenmerk darauf, ob das Verlangen nach Starrmachen, Verewigen, nach *Sein* die Ursache des Schaffens ist oder aber das Verlangen nach Zerstörung, nach Wechsel, nach Neuem, nach Zukunft, nach *Werden.* Aber beide Arten des Verlangens erweisen sich, tiefer angesehen, noch als zweideutig, und zwar deutbar eben nach jenem vorangestellten und mit Recht, wie mich dünkt, vorgezogenen Schema. Das Verlangen nach *Zerstörung,* Wechsel, Werden kann der Ausdruck der übervollen, zukunftsschwangeren Kraft sein (mein *terminus* ist dafür, wie man weiß, das Wort »dionysisch«), aber es kann auch der Haß des Mißratenen, Entbehrenden, Schlechtweggekommenen sein, der zerstört, zerstören *muß,* weil ihn das Bestehende, ja alles Bestehn, alles Sein selbst empört und aufreizt – man sehe sich, um diesen Affekt zu verstehn, unsre Anarchisten aus der Nähe an. Der Wille zum *Verewigen* bedarf gleichfalls einer zwiefachen Interpretation. Er kann einmal aus Dankbarkeit und Liebe kommen – eine Kunst dieses Ursprungs wird immer eine Apotheosenkunst sein, dithyrambisch vielleicht mit Rubens, seligspöttisch mit Hafis, hell und gütig mit Goethe, und einen Homerischen Licht- und Glorienschein über alle Dinge breitend. Er kann aber auch jener tyrannische Wille eines Schwerleidenden, Kämpfenden, Torturierten sein, welcher das Persönlichste, Einzelnste, Engste, die eigentliche Idiosynkrasie seines Leidens noch zum verbindlichen Gesetz und Zwang stempeln möchte und der an allen Dingen gleichsam Rache nimmt, dadurch, daß er ihnen *sein* Bild, das Bild *seiner* Tortur, aufdrückt, einzwängt, einbrennt. Letzteres ist der *romantische Pessimismus* in seiner ausdrucksvollsten Form, sei es als Schopenhauersche Willens-Philosophie, sei es als Wagnersche Musik – der romantische Pessimismus, das letzte *große* Ereignis im Schicksal unsrer Kultur. (Daß es noch einen ganz anderen Pessimismus geben *könne,* einen klassischen – diese Ahnung und Vision gehört zu mir, als unablöslich von mir, als mein *proprium* und *ipsissimum:* nur daß meinen Ohren das Wort »klassisch« widersteht, es ist bei weitem zu abgebraucht, zu rund und unkenntlich geworden. Ich nenne jenen Pessimismus der Zukunft – denn er kommt! ich sehe ihn kommen! – den *dionysischen* Pessimismus.)

Aus: JENSEITS VON GUT UND BÖSE
VORSPIEL EINER PHILOSOPHIE DER ZUKUNFT
(1886)

47

Wo nur auf Erden bisher die religiöse Neurose aufgetreten ist, finden wir sie verknüpft mit drei gefährlichen Diät-Verordnungen: Einsamkeit, Fasten und geschlechtlicher Enthaltsamkeit – doch ohne daß hier mit Sicherheit zu entscheiden wäre, was da Ursache, was Wirkung sei, und *ob* hier überhaupt ein Verhältnis von Ursache und Wirkung vorliege. Zum letzten Zweifel berechtigt, daß gerade zu ihren regelmäßigsten Symptomen, bei wilden wie bei zahmen Völkern, auch die plötzlichste ausschweifendste Wollüstigkeit gehört, welche dann, ebenso plötzlich, in Bußkrampf und Welt- und Willens-Verneinung umschlägt: beides vielleicht als maskierte Epilepsie deutbar? Aber nirgendswo sollte man sich der Deutungen mehr entschlagen: um keinen Typus herum ist bisher eine solche Fülle von Unsinn und Aberglauben aufgewachsen, keiner scheint bisher die Menschen, selbst die Philosophen, mehr interessiert zu haben – es wäre an der Zeit, hier gerade ein wenig kalt zu werden, Vorsicht zu lernen, besser noch: wegzusehn, *wegzugehn*. – Noch im Hintergrunde der letztgekommnen Philosophie, der Schopenhauerschen, steht, beinahe als das Problem an sich, dieses schauerliche Fragezeichen der religiösen Krisis und Erweckung. Wie ist Willensverneinung *möglich?* wie ist der Heilige möglich? – das scheint wirklich die Frage gewesen zu sein, bei der Schopenhauer zum Philosophen wurde und anfing. Und so war es eine echt Schopenhauersche Konsequenz, daß sein überzeugtester Anhänger (vielleicht auch sein letzter, was Deutschland betrifft –), nämlich Richard Wagner, das eigne Lebenswerk gerade hier zu Ende brachte und zuletzt noch jenen furchtbaren und ewigen Typus als Kundry auf der Bühne vorführte, *type vécu,* wie er leibt und lebt; zu gleicher Zeit, wo die Irrenärzte fast aller Länder Europas einen Anlaß hatten, ihn aus der Nähe zu studieren, überall, wo die religiöse Neurose – oder, wie ich es nenne, »das religiöse Wesen« – als »Heilsarmee« ihren letzten epidemischen Ausbruch und Aufzug gemacht hat. – Fragt man sich aber, was eigentlich am ganzen Phänomen des Heiligen den Menschen aller Art und Zeit, auch den Philosophen, so unbändig interessant gewesen ist: so ist es ohne allen Zweifel der ihm anhaftende Anschein des Wunders, nämlich der unmittelbaren *Aufeinanderfolge von Gegensätzen,* von moralisch entgegengesetzt gewerteten Zuständen der Seele: man glaubte hier mit Händen zu greifen, daß aus einem »schlechten Menschen« mit einem Male ein »Heiliger«, ein guter Mensch werde. Die bisherige Psychologie litt an dieser Stelle Schiffbruch: sollte es nicht vornehmlich darum geschehen sein, weil sie sich unter die Herrschaft der Moral gestellt hatte, weil sie an die moralischen Wert-Gegensätze selbst *glaubte,* und diese Gegensätze in den Text *und* Tatbestand hineinsah, hineinlas, hinein*deutete?* – Wie? Das »Wunder« nur ein Fehler der Interpretation? Ein Mangel an Philologie? –

240

Ich hörte, wieder einmal zum ersten Male – Richard Wagners Ouvertüre zu den *Meistersingern:* das ist eine prachtvolle, überladne, schwere und späte Kunst, welche den Stolz hat, zu ihrem Verständnisse zwei Jahrhunderte Musik als noch lebendig vorauszusetzen – es ehrt die Deutschen, daß sich ein solcher Stolz nicht verrechnete! Was für Säfte und Kräfte, was für Jahreszeiten und Himmelsstriche sind hier nicht gemischt! Das mutet uns bald altertümlich, bald fremd, herb und überjung an, das ist ebenso willkürlich als pomphaft-herkömmlich, das ist nicht selten schelmisch, noch öfter derb und grob – das hat Feuer und Mut und zugleich die schlaffe falbe Haut von Früchten, welche zu spät reif werden. Das strömt breit und voll: und plötzlich ein Augenblick unerklärlichen Zögerns, gleichsam eine Lücke, die zwischen Ursache und Wirkung aufspringt, ein Druck, der uns träumen macht, beinahe ein Alpdruck –, aber schon breitet und weitet sich wieder der alte Strom von Behagen aus, von vielfältigstem Behagen, von altem und neuem Glück, *sehr* eingerechnet das Glück des Künstlers an sich selber, dessen er nicht Hehl haben will, sein erstauntes glückliches Mitwissen um die Meisterschaft seiner hier verwendeten Mittel, neuer neuerworbener unausgeprobter Kunstmittel, wie er uns zu verraten scheint. Alles in allem keine Schönheit, kein Süden, nichts von südlicher feiner Helligkeit des Himmels, nichts von Grazie, kein Tanz, kaum ein Wille zur Logik; eine gewisse Plumpheit sogar, die noch unterstrichen wird, wie als ob der Künstler uns sagen wollte: »sie gehört zu meiner Absicht«; eine schwerfällige Gewandung, etwas Willkürlich-Barbarisches und Feierliches, ein Geflirr von gelehrten und ehrwürdigen Kostbarkeiten und Spitzen; etwas Deutsches, im besten und schlimmsten Sinn des Wortes, etwas auf deutsche Art Vielfaches, Unförmliches und Unausschöpfliches; eine gewisse deutsche Mächtigkeit und Überfülle der Seele, welche keine Furcht hat, sich unter die Raffinements des Verfalls zu verstecken – die sich dort vielleicht erst am wohlsten fühlt; ein rechtes echtes Wahrzeichen der deutschen Seele, die zugleich jung und veraltet, übermürbe und überreich noch an Zukunft ist. Diese Art Musik drückt am besten aus, was ich von den Deutschen halte: sie sind von vorgestern und von übermorgen – *sie haben noch kein Heute*.

256

Dank der krankhaften Entfremdung, welche der Nationalitäts-Wahnsinn zwischen die Völker Europas gelegt hat und noch legt, dank ebenfalls den Politikern des kurzen Blicks und der raschen Hand, die heute mit seiner Hilfe obenauf sind und gar nicht ahnen, wie sehr die auseinanderlösende Politik, welche sie treiben, notwendig nur Zwischenakts-Politik sein kann – dank alledem und manchem heute ganz Unaussprechbaren werden jetzt die unzweideutigsten Anzeichen übersehn oder willkürlich und lügenhaft umgedeutet, in denen sich ausspricht, daß *Europa eins werden will.* Bei allen tieferen und umfänglicheren Menschen dieses Jahrhunderts war es die eigentliche Gesamt-Richtung in der geheimnisvollen Arbeit ihrer Seele, den Weg zu jener neuen *Synthesis* vorzubereiten und versuchsweise den Europäer der Zukunft vorwegzunehmen: nur mit ihren Vordergründen, oder in schwächeren Stunden, etwa im Alter, gehörten sie zu den »Vaterländern« – sie ruhten sich nur von sich selber aus, wenn sie »Patrioten« wurden. Ich denke an Menschen wie Napoleon, Goethe, Beethoven, Stendhal, Heinrich Heine, Schopenhauer; man verarge mir es nicht, wenn ich auch Richard Wagner zu ihnen rechne, über den man sich nicht durch seine eignen Mißverständnisse verführen lassen darf – Genies seiner Art haben selten das Recht, sich selbst zu verstehen. Noch weniger freilich durch den ungesitteten Lärm, mit dem man sich jetzt in Frankreich gegen Richard Wagner sperrt und wehrt – die Tatsache bleibt nichtsdestoweniger bestehn, daß die *französische Spät-Romantik* der vierziger Jahre und Richard Wagner auf das engste und innigste zueinandergehören. Sie sind sich in allen Höhen und Tiefen ihrer Bedürfnisse verwandt, grundverwandt: Europa ist es, das *eine* Europa, dessen Seele sich durch ihre vielfältige und ungestüme Kunst hinaus-, hinaufdrängt und -sehnt – wohin? in ein neues Licht? nach einer neuen Sonne? Aber wer möchte genau aussprechen, was alle diese Meister neuer Sprachmittel nicht deutlich auszusprechen wußten? Gewiß ist, daß der gleiche Sturm und Drang sie quälte, daß sie auf gleiche Weise *suchten,* diese letzten großen Suchenden! Allesamt beherrscht von der Literatur bis in ihre Augen und Ohren – die ersten Künstler von weltliterarischer Bildung –, meistens sogar selber Schreibende, Dichtende, Vermittler und Vermischer der Künste und der Sinne (Wagner gehört als Musiker unter die Maler, als Dichter unter die Musiker, als Künstler überhaupt unter die Schauspieler); allesamt Fanatiker des *Ausdrucks* »um jeden Preis« – ich hebe Delacroix hervor, den Nächstverwandten Wagners –, allesamt große Entdecker im Reiche des Erhabenen, auch des Häßlichen und Gräßlichen, noch größere Entdecker im Effekte, in der Schaustellung, in der Kunst der Schauläden, allesamt

Talente weit über ihr Genie hinaus –, Virtuosen durch und durch, mit unheimlichen Zugängen zu allem, was verführt, lockt, zwingt, umwirft, geborene Feinde der Logik und der geraden Linien, begehrlich nach dem Fremden, dem Exotischen, dem Ungeheuren, dem Krummen, dem Sich-Widersprechenden; als Menschen Tantalusse des Willens, heraufgekommene Plebejer, welche sich im Leben und Schaffen eines vornehmen Tempo, eines *lento* unfähig wußten – man denke zum Beispiel an Balzac –, zügellose Arbeiter, beinahe Selbst-Zerstörer durch Arbeit; Antinomisten und Aufrührer in den Sitten, Ehrgeizige und Unersättliche ohne Gleichgewicht und Genuß; allesamt zuletzt an dem christlichen Kreuze zerbrechend und niedersinkend (und das mit Fug und Recht: denn wer von ihnen wäre tief und ursprünglich genug zu einer Philosophie des *Antichrist* gewesen?) – im ganzen eine verwegen-wagende, pracht-vollgewaltsame, hochfliegende und hochemporreißende Art höherer Menschen, welche ihrem Jahrhundert – und es ist das Jahrhundert der *Menge!* – den Begriff »höherer Mensch« erst zu lehren hatte . . . Mögen die deutschen Freunde Richard Wagners darüber mit sich zu Rate gehn, ob es in der Wagnerschen Kunst etwas schlechthin Deutsches gibt, oder ob nicht gerade deren Auszeichnung ist, aus *überdeutschen* Quellen und Antrieben zu kommen: wobei nicht unterschätzt werden mag, wie zur Ausbildung seines Typus gerade Paris unentbehrlich war, nach dem ihn in der entscheidendsten Zeit die Tiefe seiner Instinkte verlangen hieß, und wie die ganze Art seines Auftretens, seines Selbst-Apostolats erst angesichts des französischen Sozialisten-Vorbilds sich vollenden konnte. Vielleicht wird man, bei einer feineren Vergleichung, zu Ehren der deutschen Natur Richard Wagners finden, daß er es in allem stärker, verwegener, härter, höher getrieben hat, als es ein Franzose des neunzehnten Jahrhunderts treiben könnte – dank dem Umstande, daß wir Deutschen der Barbarei noch näherstehen als die Franzosen –; vielleicht ist sogar das Merkwürdigste, was Richard Wagner geschaffen hat, der ganzen so späten lateinischen Rasse für immer und nicht nur für heute unzugänglich, unnachfühlbar, unnachahmbar: die Gestalt des Siegfried, jenes *sehr freien* Menschen, der in der Tat bei weitem zu frei, zu hart, zu wohlgemut, zu gesund, zu *antikatholisch* für den Geschmack alter und mürber Kulturvölker sein mag. Er mag sogar eine Sünde wider die Romantik gewesen sein, dieser antiromanische Siegfried: nun, Wagner hat diese Sünde reichlich quittgemacht, in seinen alten trüben Tagen, als er – einen Geschmack vorwegnehmend, der inzwischen Politik geworden ist – mit der ihm eignen religiösen Vehemenz *den Weg nach Rom,* wenn nicht zu gehn, so doch zu predigen anfing. – Damit man mich, mit diesen letzten Worten, nicht mißverstehe, will ich einige kräftige Reime zu Hilfe nehmen, welche auch weniger feinen Ohren es verraten werden, was ich will – was ich *gegen* den »letzten Wagner« und seine Parsifal-Musik will:

– Ist das noch deutsch? –
Aus deutschem Herzen kam dies schwüle Kreischen?
Und deutschen Leibs ist dies Sich-selbst-Entfleischen?
Deutsch ist dies Priester-Händespreizen,
Dies weihrauch-düftelnde Sinne-Reizen?
Und deutsch dies Stocken, Stürzen, Taumeln,
Dies ungewisse Bimbambaumeln?
Dies Nonnen-Äugeln, Ave-Glocken-Bimmeln,
Dies ganze falsch verzückte Himmel-Überhimmeln?
– Ist das noch deutsch? –
Erwägt! Noch steht ihr an der Pforte: –
Denn, was ihr hört, ist *Rom – Roms Glaube ohne Worte!*

Aus: ZUR GENEALOGIE DER MORAL
EINE STREITSCHRIFT
(1887)

Dritte Abhandlung:
Was bedeuten asketische Ideale?

> Unbekümmert, spöttisch, gewalttätig – so will *uns* die Weisheit: sie ist ein Weib, sie liebt immer nur einen Kriegsmann.
>
> *Also sprach Zarathustra*

1

Was bedeuten asketische Ideale? – Bei Künstlern nichts oder zu vielerlei; bei Philosophen und Gelehrten etwas wie Witterung und Instinkt für die günstigsten Vorbedingungen hoher Geistigkeit; bei Frauen, bestenfalls, eine Liebenswürdigkeit der Verführung *mehr,* ein wenig *morbidezza* auf schönem Fleische, die Engelhaftigkeit eines hübschen fetten Tiers; bei physiologisch Verunglückten und Verstimmten (bei der *Mehrzahl* der Sterblichen) einen Versuch, sich »zu gut« für diese Welt vorzukommen, eine heilige Form der Ausschweifung, ihr Hauptmittel im Kampf mit dem langsamen Schmerz und der Langeweile; bei Priestern den eigentlichen Priesterglauben, ihr bestes Werkzeug der Macht, auch die »allerhöchste« Erlaubnis zur Macht; bei Heiligen endlich einen Vorwand zum Winterschlaf, ihre *novissima gloriae cupido,* ihre Ruhe im Nichts (»Gott«), ihre Form des Irrsinns. *Daß* aber überhaupt das asketische Ideal dem Menschen so viel bedeutet hat, darin drückt sich die Grundtatsache des menschlichen Willens aus, sein *horror vacui: er braucht ein Ziel* – und eher will er noch *das Nichts* wollen als *nicht* wollen. – Versteht man mich? . . . Hat man mich verstanden? . . . *»Schlechterdings nicht! mein Herr!«* – Fangen wir also von vorne an.

2

Was bedeuten asketische Ideale? – Oder, daß ich einen einzelnen Fall nehme, in betreff dessen ich oft genug um Rat gefragt worden bin, was bedeutet es zum Beispiel, wenn ein Künstler wie Richard Wagner in seinen alten Tagen der Keuschheit eine Huldigung darbringt? In einem gewissen Sinne freilich hat er dies immer getan; aber erst zuallerletzt in einem asketischen Sinne. Was bedeutet diese »Sinnes«-Änderung, dieser radikale Sinnes-Umschlag? – denn ein solcher war es, Wagner sprang damit geradewegs in seinen Gegensatz um. Was bedeutet es, wenn ein Künstler in seinen Gegensatz umspringt? ... Hier kommt uns, gesetzt daß wir bei dieser Frage ein wenig haltmachen wollen, alsbald die Erinnerung an die beste, stärkste, frohmütigste, *mutigste* Zeit, welche es vielleicht im Leben Wagners gegeben hat: das war damals, als ihn innerlich und tief der Gedanke der Hochzeit Luthers beschäftigte. Wer weiß, an welchen Zufällen es eigentlich gehangen hat, daß wir heute an Stelle dieser Hochzeits-Musik die Meistersinger besitzen? Und wieviel in diesen vielleicht noch von jener fortklingt? Aber keinem Zweifel unterliegt es, daß es sich auch bei dieser »Hochzeit Luthers« um ein Lob der Keuschheit gehandelt haben würde. Allerdings auch um ein Lob der Sinnlichkeit – und gerade so schiene es mir in Ordnung, gerade so wäre es auch »Wagnerisch« gewesen. Denn zwischen Keuschheit und Sinnlichkeit gibt es keinen notwendigen Gegensatz; jede gute Ehe, jede eigentliche Herzensliebschaft ist über diesen Gegensatz hinaus. Wagner hätte, wie mir scheint, wohlgetan, diese *angenehme* Tatsächlichkeit seinen Deutschen mit Hilfe einer holden und tapferen Luther-Komödie wieder einmal zu Gemüte zu führen, denn es gibt und gab unter den Deutschen immer viele Verleumder der Sinnlichkeit; und Luthers Verdienst ist vielleicht in nichts größer als gerade darin, den Mut zu seiner *Sinnlichkeit* gehabt zu haben (– man hieß sie damals, zart genug, die »evangelische Freiheit« ...) Selbst aber in jenem Falle, wo es wirklich jenen Gegensatz zwischen Keuschheit und Sinnlichkeit gibt, braucht es glücklicherweise noch lange kein tragischer Gegensatz zu sein. Dies dürfte wenigstens für alle wohlgerateneren, wohlgemuteren Sterblichen gelten, welche ferne davon sind, ihr labiles Gleichgewicht zwischen »Tier und Engel« ohne weiteres zu den Gegengründen des Daseins zu rechnen – die Feinsten und Hellsten, gleich Goethe, gleich Hafis, haben darin sogar einen Lebensreiz *mehr* gesehn. Solche »Widersprüche« gerade verführen zum Dasein ... Andrerseits versteht es sich nur zu gut, daß wenn einmal die verunglückten Schweine dazu gebracht werden, die Keuschheit anzubeten – und es gibt solche Schweine! –, sie in ihr nur ihren Gegensatz, den Gegensatz zum verunglückten Schweine sehn und anbeten werden – o mit was für einem tragischen Gegrunz und Eifer! man kann es sich denken – jenen peinlichen und überflüssigen Gegensatz, den Richard Wagner unbestreitbar am Ende seines Lebens noch hat in Musik setzen und auf die Bühne stellen wollen. *Wozu doch?* wie man billig fragen darf. Denn was gingen ihn, was gehen uns die Schweine an? –

3

Dabei ist freilich jene andre Frage nicht zu umgehn, was ihn eigentlich jene männliche (ach, so unmännliche) »Einfalt vom Lande« anging, jener arme Teufel und Naturbursch Parsifal, der von ihm mit so verfänglichen Mitteln schließlich katholisch gemacht wird – wie? war dieser Parsifal überhaupt *ernst* gemeint? Man könnte nämlich versucht sein, das Umgekehrte zu mutmaßen, selbst zu wünschen – daß der Wagnersche Parsifal heiter gemeint sei, gleichsam als Schlußstück und Satyrdrama, mit dem der Tragiker Wagner auf eine gerade ihm gebührende und würdige Weise von uns, auch von sich, vor allem *von der Tragödie* habe Abschied nehmen wollen, nämlich mit einem Exzeß höchster und mutwilligster Parodie auf das Tragische selbst, auf den ganzen schauerlichen Erden-Ernst und Erden-Jammer von ehedem, auf die endlich überwundene *gröbste Form* in der Widernatur des asketischen Ideals. So wäre es, wie gesagt, eines großen Tragikers gerade würdig gewesen: als welcher, wie jeder Künstler, erst dann auf den letzten Gipfel seiner Größe kommt, wenn er sich und seine Kunst *unter* sich zu sehen weiß – wenn er über sich zu *lachen* weiß. Ist der »Parsifal« Wagners sein heimliches Überlegenheits-Lachen über sich selbst, der Triumph seiner errungenen letzten höchsten Künstler-Freiheit, Künstler-Jenseitigkeit? Man möchte es, wie gesagt, wünschen; denn was würde der *ernstgemeinte* Parsifal sein? Hat man wirklich nötig, in ihm (wie man sich gegen mich ausgedrückt hat) »die Ausgeburt eines tollgewordnen Hasses auf Erkenntnis, Geist und Sinnlichkeit« zu sehn? Einen Fluch auf Sinne und Geist in *einem* Haß und Atem? Eine Apostasie und Umkehr zu christlich-krankhaften und obskurantistischen Idealen? Und zuletzt gar ein Sich-selbst-Verneinen, Sich-selbst-Durchstreichen von seiten eines Künstlers, der bis dahin mit aller Macht seines Willens auf das Umgekehrte, nämlich auf *höchste Vergeistigung und Versinnlichung* seiner Kunst ausgewesen war? Und nicht nur seiner Kunst: auch seines Lebens. Man erinnere sich, wie begeistert seinerzeit Wagner in den Fußtapfen des Philosophen Feuerbach gegangen ist: Feuerbachs Wort von der »gesunden Sinnlichkeit« – das klang in den dreißiger und vierziger Jahren Wagner gleich vielen Deutschen (– sie nannten sich die *jungen* Deutschen«) wie das Wort der Erlösung. Hat er schließlich darüber *umgelernt?* Da es zum mindesten scheint, daß er zuletzt den Willen hatte, darüber *umzulehren* . . . Und nicht nur mit den Parsifal-Posaunen von der Bühne herab – in der trüben, ebenso unfreien als ratlosen Schriftstellerei seiner letzten Jahre gibt es hundert Stellen, in denen sich ein heimlicher Wunsch und Wille, ein verzagter, unsicherer, uneingeständlicher Wille verrät, ganz eigentlich Umkehr, Bekehrung, Verneinung, Christentum, Mittelalter zu predigen und seinen Jüngern zu sagen »es ist nichts! sucht das Heil woanders!« Sogar das »Blut des Erlösers« wird einmal angerufen . . .

4

Daß ich in einem solchen Falle, der vieles Peinliche hat, meine Meinung sage – und es ist ein *typischer* Fall –: man tut gewiß am besten, einen Künstler insoweit von seinem Werke zu trennen, daß man ihn selbst nicht gleich ernst nimmt wie sein Werk. Er ist zuletzt nur die Vorausbedingung seines Werks, der Mutterschoß, der Boden, unter Umständen der Dünger und Mist, auf dem, aus dem es wächst – und somit, in den meisten Fällen, etwas, das man vergessen muß, wenn man sich des Werks selbst erfreuen will. Die Einsicht in die *Herkunft* eines Werks geht die Physiologen und Vivisektoren des Geistes an: nie und nimmermehr die ästhetischen Menschen, die Artisten! Dem Dichter und Ausgestalter des Parsifal blieb ein tiefes, gründliches, selbst schreckliches Hineinleben und Hinabsteigen in mittelalterliche Seelen-Kontraste, ein feindseliges Abseits von aller Höhe, Strenge und Zucht des Geistes, eine Art intellektueller *Perversität* (wenn man mir das Wort nachsehn will) ebensowenig erspart als einem schwangeren Weibe die Widerlichkeiten und Wunderlichkeiten der Schwangerschaft: als welche man, wie gesagt, *vergessen* muß, um sich des Kindes zu erfreuen. Man soll sich vor der Verwechslung hüten, in welche ein Künstler nur zu leicht selbst gerät, aus psychologischer *contiguity*, mit den Engländern zu reden: wie als ob er selber das *wäre*, was er darstellen, ausdenken, ausdrücken kann. Tatsächlich steht es so, daß, *wenn* er eben das wäre, er es schlechterdings nicht darstellen, ausdenken, ausdrücken würde; ein Homer hätte keinen Achill, ein Goethe keinen Faust gedichtet, wenn Homer ein Achill und wenn Goethe ein Faust gewesen wäre. Ein vollkommner und ganzer Künstler ist in alle Ewigkeit von dem »Realen«, dem Wirklichen abgetrennt; andrerseits versteht man es, wie er an dieser ewigen »Unrealität« und Falschheit seines innersten Daseins mitunter bis zur Verzweiflung müde werden kann, – und daß er dann wohl den Versuch macht, einmal in das gerade ihm Verbotenste, ins Wirkliche überzugreifen, wirklich zu *sein*. Mit welchem Erfolge? Man wird es erraten ... Es ist das *die typische Velleität* des Künstlers: dieselbe Velleität, welcher auch der altgewordne Wagner verfiel und die er so teuer, so verhängnisvoll hat büßen müssen (– er verlor durch sie den wertvollen Teil seiner Freunde). Zuletzt aber, noch ganz abgesehn von dieser Velleität, wer möchte nicht überhaupt wünschen, um Wagners selber willen, daß er *anders* von uns und seiner Kunst Abschied genommen hätte, nicht mit einem Parsifal, sondern siegreicher, selbstgewisser, Wagnerischer – weniger irreführend, weniger zweideutig in bezug auf sein ganzes Wollen, weniger Schopenhauerisch, weniger nihilistisch? ...

5

– Was bedeuten also asketische Ideale? Im Falle eines Künstlers, wir begreifen es nachgerade: *gar nichts!* ... Oder so vielerlei, daß es so gut ist wie gar nichts! ... Eliminieren wir zunächst die Künstler: dieselben stehen lange nicht unabhängig genug in der Welt und *gegen* die Welt, als daß ihre Wertschätzungen und deren Wandel *an sich* Teilnahme verdiente! Sie waren zu allen Zeiten Kammerdiener einer Moral oder Philosophie oder Religion; ganz abgesehn noch davon, daß sie leider oft genug die allzu geschmeidigen Höflinge ihrer Anhänger- und Gönnerschaft und spürnasige Schmeichler vor alten oder eben neu heraufkommenden Gewalten gewesen sind. Zum mindesten brauchen sie immer eine Schutzwehr, einen Rückhalt, eine bereits begründete Autorität: die Künstler stehen nie für sich, das Alleinstehn geht wider ihre tiefsten Instinkte. So nahm zum Beispiel Richard Wagner den Philosophen Schopenhauer, als »die Zeit gekommen war«, zu seinem Vordermann, zu seiner Schutzwehr – wer möchte es auch nur für denkbar halten, daß er den *Mut* zu einem asketischen Ideal gehabt hätte, ohne den Rückhalt, den ihm die Philosophie Schopenhauers bot, ohne die in den siebziger Jahren in Europa *zum Übergewicht* gelangende Autorität Schopenhauers? (dabei noch nicht in Anschlag gebracht, ob im *neuen* Deutschland ein Künstler ohne die Milch frommer, reichsfrommer Denkungsart überhaupt möglich gewesen wäre). – Und damit sind wir bei der ernsthafteren Frage angelangt: was bedeutet es, wenn ein wirklicher *Philosoph* dem asketischen Ideale huldigt, ein wirklich auf sich gestellter Geist wie Schopenhauer, ein Mann und Ritter mit erzenem Blick, der den Mut zu sich selber hat, der allein zu stehn weiß und nicht erst auf Vordermänner und höhere Winke wartet? – Erwägen wir hier sofort die merkwürdige und für manche Art Mensch selbst faszinierende Stellung Schopenhauers zur *Kunst:* denn sie ist es ersichtlich gewesen, um derentwillen *zunächst* Richard Wagner zu Schopenhauer übertrat (überredet dazu durch einen Dichter, wie man weiß, durch Herwegh), und dies bis zu dem Maße, daß sich damit ein vollkommner theoretischer Widerspruch zwischen seinem früheren und seinem späteren ästhetischen Glauben aufriß – ersterer zum Beispiel in »Oper und Drama« ausgedrückt, letzterer in den Schriften, die er von 1870 an herausgab. Insonderheit änderte Wagner, was vielleicht am meisten befremdet, von da an rücksichtslos sein Urteil über Wert und Stellung der *Musik* selbst: was lag ihm daran, daß er bisher aus ihr ein Mittel, ein Medium, ein »Weib« gemacht hatte, das schlechterdings eines Zweckes, eines Manns bedürfe, um zu gedeihn – nämlich des Dramas! Er begriff mit einem Male, daß mit der Schopenhauerschen Theorie und Neuerung *mehr* zu machen sei *in majorem musicae gloriam* – nämlich mit der *Souveränität* der Musik, so wie sie Schopenhauer begriff: die Musik abseits gestellt gegen alle übrigen Künste, die unabhängige Kunst an sich, *nicht,* wie diese, Abbilder der Phänomenalität bietend, vielmehr die Sprache *des* Willens selbst redend, unmittelbar aus dem »Abgrunde« heraus, als dessen eigenste, ursprünglichste, unabgeleitetste Offenbarung. Mit dieser außerordentlichen Wertsteigerung der Musik, wie sie aus der Schopenhauerschen Philosophie zu erwachsen schien, stieg mit einem Male auch *der Musiker* selbst unerhört im Preise: er wurde nunmehr ein Orakel, ein Priester, ja mehr als ein Priester, eine Art Mundstück des »An-sich« der Dinge, ein Telephon des Jenseits – er redete fürderhin nicht nur Musik, dieser Bauchredner Gottes – er redete Metaphysik: was Wunder, daß er endlich eines Tages *asketische Ideale* redete? . . .

[. . .]

Aus: ECCE HOMO. WIE MAN WIRD, WAS MAN IST
(1889)

Warum ich so weise bin

3

[. . .]
Frau Cosima Wagner ist bei weitem die vornehmste Natur; und damit ich kein Wort zu wenig sage, sage ich, daß Richard Wagner der mir bei weitem verwandteste Mann war . . .
[. . .]

Warum ich so klug bin

5

Hier, wo ich von den Erholungen meines Lebens rede, habe ich ein Wort nötig, um meine Dankbarkeit für das auszudrücken, was mich in ihm bei weitem am tiefsten und herzlichsten erholt hat. Dies ist ohne allen Zweifel der intimere Verkehr mit Richard Wagner gewesen. Ich lasse den Rest meiner menschlichen Beziehungen billig; ich möchte um keinen Preis die Tage von Tribschen aus meinem Leben weggeben, Tage des Vertrauens, der Heiterkeit, der sublimen Zufälle – der *tiefen* Augenblicke . . . Ich weiß nicht, was andre mit Wagner erlebt haben: über *unsern* Himmel ist nie eine Wolke hinweggegangen. – Und hiermit komme ich nochmals auf Frankreich zurück – ich habe keine Gründe, ich habe bloß einen verachtenden Mundwinkel gegen Wagnerianer *et hoc genus omne* übrig, welche Wagner damit zu ehren glauben, daß sie ihn *sich* ähnlich finden . . . So wie ich bin, in meinen tiefsten Instinkten allem, was deutsch ist, fremd, so daß schon die Nähe eines Deutschen meine Verdauung verzögert, war die erste Berührung mit Wagner auch das erste Aufatmen in meinem Leben: ich empfand, ich verehrte ihn als *Ausland,* als Gegensatz, als leibhaften Protest gegen alle »deutschen Tugenden«. – Wir, die wir in der Sumpfluft der Fünfziger Jahre Kinder gewesen sind, sind mit Notwendigkeit Pessimisten für den Begriff »deutsch«; wir können gar nichts andres sein als Revolutionäre – wir werden keinen Zustand der Dinge zugeben, wo der *Mucker* obenauf ist. Es ist mir vollkommen gleichgültig, ob er heute in andren Farben spielt, ob er sich in Scharlach kleidet und Husaren-Uniformen anzieht ... Wohlan! Wagner war ein Revolutionär – er lief von den Deutschen davon ... Als *Artist* hat man keine Heimat in Europa außer in Paris: die *délicatesse* in allen fünf Kunstsinnen, die Wagners Kunst voraussetzt, die Finger für *nuances,* die psychologische Morbidität, findet sich nur in Paris. Man hat nirgendswo sonst die Leidenschaft in Fragen der Form, diesen Ernst in der *mise en scène* – es ist der Pariser Ernst *par excellence.* Man hat in Deutschland gar keinen Begriff von der ungeheuren Ambition, die in der Seele eines Pariser Künstlers lebt. Der Deutsche ist gutmütig – Wagner war durchaus nicht gutmütig ... Aber ich habe schon zur Genüge ausgesprochen (in »Jenseits von Gut und Böse«: II 724 f.), wohin Wagner gehört, in wem er seine Nächstverwandten hat: es ist die französische Spät-Romantik, jene hochfliegende und doch emporreißende Art von Künstlern wie Delacroix, wie Berlioz, mit einem *fond* von Krankheit, von Unheilbarkeit im Wesen, lauter Fanatiker des *Ausdrucks,* Virtuosen durch und durch ... Wer war der erste *intelligente* Anhänger Wagners überhaupt? Charles Baudelaire, derselbe, der zuerst Delacroix verstand, jener typische *décadent,* in dem sich ein ganzes Geschlecht von Artisten wiedererkannt hat – er war vielleicht auch der letzte ... Was ich Wagner nie vergeben habe? Daß er zu den Deutschen *kondeszendierte* – daß er reichsdeutsch wurde ... So weit Deutschland reicht, *verdirbt* es die Kultur. –

6

Alles erwogen, hätte ich meine Jugend nicht ausgehalten ohne Wagnersche Musik. Denn ich war *verurteilt* zu Deutschen. Wenn man von einem unerträglichen Druck loskommen will, so hat man Haschisch nötig. Wohlan, ich hatte Wagner nötig. Wagner ist das Gegengift gegen alles Deutsche *par excellence* – Gift, ich bestreite es nicht . . . Von dem Augenblick an, wo es einen Klavierauszug des Tristan gab – mein Kompliment, Herr von Bülow! –, war ich Wagnerianer. Die älteren Werke Wagners sah ich unter mir – noch zu gemein, zu »deutsch« . . . Aber ich suche heute noch nach einem Werke von gleich gefährlicher Faszination, von einer gleich schauerlichen und süßen Unendlichkeit, wie der Tristan ist – ich suche in allen Künsten vergebens. Alle Fremdheiten Leonardo da Vincis entzaubern sich beim ersten Tone des Tristan. Dies Werk ist durchaus das *non plus ultra* Wagners; er erholte sich von ihm mit den Meistersingern und dem Ring. Gesünder werden – das ist ein *Rückschritt* bei einer Natur wie Wagner . . . Ich nehme es als Glück ersten Rangs, zur rechten Zeit gelebt und gerade unter Deutschen gelebt zu haben, um *reif* für dies Werk zu sein: so weit geht bei mir die Neugierde des Psychologen. Die Welt ist arm für den, der niemals krank genug für diese »Wollust der Hölle« gewesen ist: es ist erlaubt, es ist fast geboten, hier eine Mystiker-Formel anzuwenden. – Ich denke, ich kenne besser als irgend jemand das Ungeheure, das Wagner vermag, die fünfzig Welten fremder Entzückungen, zu denen niemand außer ihm Flügel hatte; und so wie ich bin, stark genug, um mir auch das Fragwürdigste und Gefährlichste noch zum Vorteil zu wenden und damit stärker zu werden, nenne ich Wagner den großen Wohltäter meines Lebens. Das, worin wir verwandt sind, daß wir tiefer gelitten haben, auch aneinander, als Menschen dieses Jahrhunderts zu leiden vermöchten, wird unsre Namen ewig wieder zusammenbringen; und so gewiß Wagner unter Deutschen bloß ein Mißverständnis ist, so gewiß bin ich's und werde es immer sein. – Zwei Jahrhunderte psychologische und artistische Disziplin *zuerst*, meine Herrn Germanen! . . . Aber das holt man nicht nach. –

7

– Ich sage noch ein Wort für die ausgesuchtesten Ohren: was ich eigentlich von der Musik will. Daß sie heiter und tief ist, wie ein Nachmittag im Oktober. Daß sie eigen, ausgelassen, zärtlich, ein kleines süßes Weib von Niedertracht und Anmut ist ... Ich werde nie zulassen, daß ein Deutscher wissen *könne*, was Musik ist. Was man deutsche Musiker nennt, die größten voran, sind *Ausländer*, Slaven, Kroaten, Italiener, Niederländer – oder Juden: im andern Falle Deutsche der starken Rasse, *ausgestorbene* Deutsche, wie Heinrich Schütz, Bach und Händel. Ich selbst bin immer noch Pole genug, um gegen Chopin den Rest der Musik hinzugeben; ich nehme, aus drei Gründen, Wagners Siegfried-Idyll aus, vielleicht auch einiges von Liszt, der die vornehmen Orchester-Akzente vor allen Musikern voraushat; zuletzt noch alles, was jenseits der Alpen gewachsen ist – *diesseits* ... Ich würde Rossini nicht zu missen wissen, noch weniger *meinen* Süden in der Musik, die Musik meines Venediger *maëstro Pietro Gasti*. Und wenn ich jenseits der Alpen sage, sage ich eigentlich nur Venedig. Wenn ich ein andres Wort für Musik suche, so finde ich immer nur das Wort Venedig. Ich weiß keinen Unterschied zwischen Tränen und Musik zu machen – ich weiß das Glück, den *Süden* nicht ohne Schauder von Furchtsamkeit zu denken.

An der Brücke stand
jüngst ich in brauner Nacht.
Fernher kam Gesang;
goldener Tropfen quolls
über die zitternde Fläche weg.
Gondeln, Lichter, Musik –
trunken schwamms in die Dämmrung hinaus ...

Meine Seele, ein Saitenspiel,
sang sich, unsichtbar berührt,
heimlich ein Gondellied dazu,
zitternd vor bunter Seligkeit.
– Hörte jemand ihr zu?

Die Geburt der Tragödie

1

Um gegen die »Geburt der Tragödie« (1872) gerecht zu sein, wird man einiges vergessen müssen. Sie hat mit dem *gewirkt* und selbst fasziniert, was an ihr verfehlt war – mit ihrer Nutzanwendung auf die *Wagnerei,* als ob dieselbe ein *Aufgangs*-Symptom sei. Diese Schrift war ebendamit im Leben Wagners ein Ereignis: von da an gab es erst große Hoffnungen bei dem Namen Wagner. Noch heute erinnert man mich daran, unter Umständen mitten aus dem Parsifal heraus: wie *ich* es eigentlich auf dem Gewissen habe, daß eine so hohe Meinung über den *Kultur-Wert* dieser Bewegung obenauf gekommen sei. – Ich fand die Schrift mehrmals zitiert als »die *Wieder*geburt der Tragödie aus dem Geiste der Musik«: man hat nur Ohren für eine neue Formel der Kunst, der Absicht, der Aufgabe *Wagners* gehabt – darüber wurde überhört, was die Schrift im Grunde Wertvolles barg. »Griechentum und Pessimismus«: das wäre ein unzweideutigerer Titel gewesen: nämlich als erste Belehrung darüber, wie die Griechen fertig wurden mit dem Pessimismus – womit sie ihn *überwanden* ... Die Tragödie gerade ist der Beweis dafür, daß die Griechen *keine* Pessimisten waren: Schopenhauer vergriff sich hier, wie er sich in allem vergriffen hat. – Mit einiger Neutralität in die Hand genommen, sieht die »Geburt der Tragödie« sehr unzeitgemäß aus: man würde sich nicht träumen lassen, daß sie unter den Donnern der Schlacht bei Wörth *begonnen* wurde. Ich habe diese Probleme vor den Mauern von Metz, in kalten September-Nächten, mitten im Dienste der Krankenpflege, durchgedacht; man könnte eher schon glauben, daß die Schrift fünfzig Jahre älter sei. Sie ist politisch indifferent – »undeutsch«, wird man heute sagen –, sie riecht anstößig Hegelisch, sie ist nur in einigen Formeln mit dem Leichenbitter-Parfüm Schopenhauers behaftet. Eine »Idee« – der Gegensatz dionysisch und apollinisch – ins Metaphysische übersetzt; die Geschichte selbst als die Entwicklung dieser »Idee«; in der Tragödie der Gegensatz zur Einheit aufgehoben; unter dieser Optik Dinge, die noch nie einander ins Gesicht gesehen hatten, plötzlich gegenübergestellt, aus einander beleuchtet und *begriffen* ... die Oper zum Beispiel und die Revolution ... Die zwei entscheidenden *Neuerungen* des Buchs sind einmal das Verständnis des *dionysischen* Phänomens bei den Griechen – es gibt dessen erste Psychologie, es sieht in ihm die eine Wurzel der ganzen griechischen Kunst –. Das andre ist das Verständnis des Sokratismus: Sokrates als Werkzeug der griechischen Auflösung, als typischer *décadent* zum ersten Male erkannt. »Vernünftigkeit« *gegen* Instinkt. Die »Vernünftigkeit« um jeden Preis als gefährliche, als lebenuntergrabende Gewalt! – Tiefes feindseliges Schweigen über das Christentum im ganzen Buche. Es ist weder apollinisch, noch dionysisch; es *negiert* alle *ästhetischen* Werte – die einzigen Werte, die die »Geburt der Tragödie« anerkennt: es ist im tiefsten Sinne nihilistisch, während im dionysischen Symbol die äußerste Grenze der *Bejahung* erreicht ist. Einmal wird auf die christlichen Priester wie auf eine »tückische Art von Zwergen«, von »Unterirdischen« angespielt ...

2

Dieser Anfang ist über alle Maßen merkwürdig. Ich hatte zu meiner innersten Erfahrung das einzige Gleichnis und Seitenstück, das die Geschichte hat, *entdeckt* – ich hatte ebendamit das wundervolle Phänomen des Dionysischen als der erste begriffen. Insgleichen war damit, daß ich Sokrates als *décadent* erkannte, ein völlig unzweideutiger Beweis dafür gegeben, wie wenig die Sicherheit meines psychologischen Griffs von seiten irgendeiner Moral-Idiosynkrasie Gefahr laufen werde – die Moral selbst als Décadence-Symptom ist eine Neuerung, eine Einzigkeit ersten Ranges in der Geschichte der Erkenntnis. Wie hoch war ich mit beidem über das erbärmliche Flachkopf-Geschwätz von Optimismus *contra* Pessimismus hinweggesprungen! – Ich sah zuerst den eigentlichen Gegensatz – den *entartenden* Instinkt, der sich gegen das Leben mit unterirdischer Rachsucht wendet (– Christentum, die Philosophie Schopenhauers, in gewissem Sinne schon die Philosophie Platos, der ganze Idealismus als typische Formen) und eine aus der Fülle, der Überfülle geborne Formel der *höchsten Bejahung,* ein Jasagen ohne Vorbehalt, zum Leiden selbst, zur Schuld selbst, zu allem Fragwürdigen und Fremden des Daseins selbst ... Dieses letzte, freudigste, überschwänglich-übermütigste Ja zum Leben ist nicht nur die höchste Einsicht, es ist auch die *tiefste,* die von Wahrheit und Wissenschaft am strengsten bestätigte und aufrechterhaltene. Es ist nichts, was ist, abzurechnen, es ist nichts entbehrlich – die von den Christen und andren Nihilisten abgelehnten Seiten des Daseins sind sogar von unendlich höherer Ordnung in der Rangordnung der Werte als das, was der *décadence*-Instinkt gutheißen, *gut heißen* durfte. Dies zu begreifen, dazu gehört *Mut* und, als dessen Bedingung, ein Überschuß von *Kraft:* denn genau so weit als der Mut sich vorwärtswagen *darf,* genau nach dem Maß von Kraft nähert man sich der Wahrheit. Die Erkenntnis, das Jasagen zur Realität, ist für den Starken eine ebensolche Notwendigkeit, als für den Schwachen, unter der Inspiration der Schwäche, die Feigheit und *Flucht* vor der Realität – das »Ideal« ... Es steht ihnen nicht frei, zu erkennen: die *décadents* haben die Lüge *nötig* – sie ist eine ihrer Erhaltungs-Bedingungen. – Wer das Wort »dionysisch« nicht nur begreift, sondern *sich* in dem Wort »dionysisch« begreift, hat keine Widerlegung Platos oder des Christentums oder Schopenhauers nötig – er *riecht die Verwesung* ...

3

Inwiefern ich ebendamit den Begriff »tragisch«, die endliche Erkenntnis darüber, was die Psychologie der Tragödie ist, gefunden habe, habe ich zuletzt noch in der *Götzen-Dämmerung* (II 1032) zum Ausdruck gebracht. »Das Jasagen zum Leben selbst noch in seinen fremdesten und härtesten Problemen; der Wille zum Leben, im *Opfer* seiner höchsten Typen der eignen Unerschöpflichkeit frohwerdend – *das* nannte ich dionysisch, das verstand ich als Brücke zur Psychologie des *tragischen* Dichters. *Nicht* um von Schrecken und Mitleiden loszukommen, nicht um sich von einem gefährlichen Affekt durch eine vehemente Entladung zu reinigen – so mißverstand es Aristoteles –: sondern um, über Schrecken und Mitleiden hinaus, die ewige Lust des Werdens *selbst zu sein* – jene Lust, die auch noch die *Lust am Vernichten* in sich schließt ...« In diesem Sinne habe ich das Recht, mich selber als den ersten *tragischen Philosophen* zu verstehn – daß heißt den äußersten Gegensatz und Antipoden eines pessimistischen Philosophen. Vor mir gibt es diese Umsetzung des dionysischen in ein philosophisches Pathos nicht: es fehlt die *tragische Weisheit* – ich habe vergebens nach Anzeichen davon selbst bei den *großen* Griechen der Philosophie, denen der zwei Jahrhunderte *vor* Sokrates, gesucht. Ein Zweifel blieb mir zurück bei *Heraklit,* in dessen Nähe überhaupt mir wärmer, mir wohler zumute wird als irgendwo sonst. Die Bejahung des Vergehens *und Vernichtens,* das Entscheidende in einer dionysischen Philosophie, das Jasagen zu Gegensatz und Krieg, das *Werden,* mit radikaler Ablehnung auch selbst des Begriffs *»Sein«* – darin muß ich unter allen Umständen das mir Verwandteste anerkennen, was bisher gedacht worden ist. Die Lehre von der »ewigen Wiederkunft«, das heißt vom unbedingten und unendlich wiederholten Kreislauf aller Dinge – diese Lehre Zarathustras *könnte* zuletzt auch schon von Heraklit gelehrt worden sein. Zum mindesten hat die Stoa, die fast alle ihre grundsätzlichen Vorstellungen von Heraklit geerbt hat, Spuren davon. –

4

Aus dieser Schrift redet eine ungeheure Hoffnung. Zuletzt fehlt mir jeder Grund, die Hoffnung auf eine dionysische Zukunft der Musik zurückzunehmen. Werfen wir einen Blick ein Jahrhundert voraus, setzen wir den Fall, daß mein Attentat auf zwei Jahrtausende Widernatur und Menschenschändung gelingt. Jene neue Partei des Lebens, welche die größte aller Aufgaben, die Höherzüchtung der Menschheit in die Hände nimmt, eingerechnet die schonungslose Vernichtung aller Entartenden und Parasitischen, wird jenes *Zuviel von Leben* auf Erden wieder möglich machen, aus dem auch der dionysische Zustand wieder erwachsen muß. Ich verspreche ein *tragisches* Zeitalter: die höchste Kunst im Jasagen zum Leben, die Tragödie, wird wiedergeboren werden, wenn die Menschheit das Bewußtsein der härtesten, aber notwendigsten Kriege hinter sich hat, *ohne daran zu leiden* ... Ein Psychologe dürfte noch hinzufügen, daß was ich in jungen Jahren bei Wagnerscher Musik gehört habe, nichts überhaupt mit Wagner zu tun hat; daß wenn ich die dionysische Musik beschrieb, ich *das* beschrieb, was *ich* gehört hatte – daß ich instinktiv alles in den neuen Geist übersetzen und transfigurieren mußte, den ich in mir trug. Der Beweis dafür, *so stark als nur ein Beweis sein kann,* ist meine Schrift »Wagner in Bayreuth«: an allen psychologisch entscheidenden Stellen ist nur von mir die Rede – man darf rücksichtslos meinen Namen oder das Wort »Zarathustra« hinstellen, wo der Text das Wort Wagner gibt. Das ganze Bild des *dithyrambischen* Künstlers ist das Bild des *präexistenten* Dichters des Zarathustra, mit abgründlicher Tiefe hingezeichnet und ohne einen Augenblick die Wagnersche Realität auch nur zu berühren. Wagner selbst hatte einen Begriff davon; er erkannte sich in der Schrift nicht wieder. – Insgleichen hatte sich »der Gedanke von Bayreuth« in etwas verwandelt, das den Kennern meines Zarathustra kein Rätsel-Begriff sein wird: in jenen *großen Mittag,* wo sich die Auserwähltesten zur größten aller Aufgaben weihen – wer weiß? Die Vision eines Festes, das ich noch erleben werde ... Das Pathos der ersten Seiten ist welthistorisch; der *Blick,* von dem auf der siebenten Seite die Rede ist, ist der eigentliche Zarathustra-Blick; Wagner, Bayreuth, die ganze kleine deutsche Erbärmlichkeit ist eine Wolke, in der eine unendliche Fata Morgana der Zukunft sich spiegelt. Selbst psychologisch sind alle entscheidenden Züge meiner eignen Natur in die Wagners eingetragen – das Nebeneinander der lichtesten und verhängnisvollsten Kräfte, der Wille zur Macht, wie ihn nie ein Mensch besessen hat, die rücksichtslose Tapferkeit im Geistigen, die unbegrenzte Kraft zu lernen, ohne daß der

Wille zur Tat damit erdrückt würde. Es ist alles an dieser Schrift vorherverkündend: die Nähe der Wiederkunft des griechischen Geistes, die Notwendigkeit von *Gegen-Alexandern,* welche den gordischen Knoten der griechischen Kultur wieder *binden,* nachdem er gelöst war ... Man höre den welthistorischen Akzent, mit dem (I 34 f.) der Begriff »tragische Gesinnung« eingeführt wird: es sind lauter welthistorische Akzente in dieser Schrift. Dies ist die fremdartigste »Objektivität«, die es geben kann: die absolute Gewißheit darüber, was ich *bin,* projizierte sich auf irgendeine zufällige Realität – die Wahrheit über mich redete aus einer schauervollen Tiefe. Auf Seite 55 wird der *Stil* des Zarathustra mit einschneidender Sicherheit beschrieben und vorweggenommen; und niemals wird man einen großartigeren Ausdruck für das *Ereignis* Zarathustra, den Akt einer ungeheuren Reinigung und Weihung der Menschheit, finden, als er in den Seiten 41 bis 44 gefunden ist. –

Die Unzeitgemäßen

3

Daß die mit dem Namen Schopenhauer und Wagner abgezeichneten Unzeitgemäßen sonderlich zum Verständnis oder auch nur zur psychologischen Fragestellung beider Fälle dienen könnten, möchte ich nicht behaupten – einzelnes, wie billig, ausgenommen. So wird zum Beispiel mit tiefer Instinkt-Sicherheit bereits hier das Elementarische in der Natur Wagners als eine Schauspieler-Begabung bezeichnet, die in seinen Mitteln und Absichten nur ihre Folgerungen zieht. Im Grunde wollte ich mit diesen Schriften etwas ganz andres als Psychologie treiben – ein Problem der Erziehung ohnegleichen, ein neuer Begriff der *Selbst-Zucht, Selbst-Verteidigung* bis zur Härte, ein Weg zur Größe und zu welthistorischen Aufgaben verlangte nach seinem ersten Ausdruck. Ins große gerechnet nahm ich zwei berühmte und ganz und gar noch unfestgestellte Typen beim

Schopf, wie man eine Gelegenheit beim Schopf nimmt, um etwas auszusprechen, um ein paar Formeln, Zeichen, Sprachmittel mehr in der Hand zu haben. Dies ist zuletzt mit vollkommen unheimlicher Sagazität, auf S. 350 der dritten Unzeitgemäßen auch angedeutet. Dergestalt hat sich Plato des Sokrates bedient, als einer Semiotik für Plato. – Jetzt, wo ich aus einiger Ferne auf jene Zustände zurückblicke, deren Zeugnis diese Schriften sind, möchte ich nicht verleugnen, daß sie im Grunde bloß von mir reden. Die Schrift »Wagner in Bayreuth« ist eine Vision meiner Zukunft; dagegen ist in »Schopenhauer als Erzieher« meine innerste Geschichte, mein *Werden* eingeschrieben. Vor allem mein *Gelöbnis!* ... Was ich heute bin, *wo* ich heute bin – in einer Höhe, wo ich nicht mehr mit Worten, sondern mit Blitzen rede –, o wie fern davon war ich damals noch! – Aber ich *sah* das Land – ich betrog mich nicht einen Augenblick über Weg, Meer, Gefahr – *und* Erfolg! Die große Ruhe im Versprechen, dies glückliche Hinausschaun in eine Zukunft, welche nicht nur eine Verheißung bleiben soll! – Hier ist jedes Wort erlebt, tief, innerlich; es fehlt nicht am Schmerzlichsten, es sind Worte darin, die geradezu blutrünstig sind. Aber ein Wind der *großen* Freiheit bläst über alles weg; die Wunde selbst wirkt *nicht* als Einwand. – Wie ich den Philosophen verstehe, als einen furchtbaren Explosionsstoff, vor dem alles in Gefahr ist, wie ich meinen Begriff »Philosoph« meilenweit abtrenne von einem Begriff, der sogar noch einen Kant in sich schließt, nicht zu reden von den akademischen »Wiederkäuern« und andren Professoren der Philosophie: darüber gibt diese Schrift eine unschätzbare Belehrung, zugegeben selbst daß hier im Grunde nicht »Schopenhauer als Erzieher«, sondern sein *Gegensatz,* »Nietzsche als Erzieher«, zu Worte kommt. – In Anbetracht, daß damals mein Handwerk das eines Gelehrten war, und, vielleicht auch, daß ich mein Handwerk *verstand,* ist ein herbes Stück Psychologie des Gelehrten nicht ohne Bedeutung, das in dieser Schrift plötzlich zum Vorschein kommt: es drückt das *Distanz-Gefühl* aus, die tiefe Sicherheit darüber, was bei mir *Aufgabe,* was bloß Mittel, Zwischenakt und Nebenwerk sein kann. Es ist meine Klugheit, vieles und vielerorts gewesen zu sein, um *eins* werden zu können – um zu *einem* kommen zu können. Ich *mußte* eine Zeitlang auch Gelehrter sein. –

Menschliches, Allzumenschliches
Mit zwei Fortsetzungen

1

»Menschliches, Allzumenschliches« ist das Denkmal einer Krisis. Es heißt sich ein Buch für *freie* Geister: fast jeder Satz darin drückt einen Sieg aus – ich habe mich mit demselben vom *Unzugehörigen* in meiner Natur freigemacht. Unzugehörig ist mir der Idealismus: der Titel sagt »wo *ihr* ideale Dinge seht, sehe *ich* – Menschliches, ach nur Allzumenschliches!« . . . Ich kenne den Menschen *besser* . . . In keinem andren Sinne will das Wort »freier Geist« hier verstanden werden: ein *freigewordner* Geist, der von sich selber wieder Besitz ergriffen hat. Der Ton, der Stimmklang hat sich völlig verändert: man wird das Buch klug, kühl, unter Umständen hart und spöttisch finden. Eine gewisse Geistigkeit *vornehmen* Geschmacks scheint sich beständig gegen eine leidenschaftlichere Strömung auf dem Grunde obenauf zu halten. In diesem Zusammenhang hat es Sinn, daß es eigentlich die hundertjährige Todesfeier *Voltaires* ist, womit sich die Herausgabe des Buchs schon für das Jahr 1878 gleichsam entschuldigt. Denn Voltaire ist, im Gegensatz zu allem, was nach ihm schrieb, vor allem ein *grandseigneur* des Geistes: genau das, was ich auch bin. – Der Name Voltaire auf einer Schrift von mir – das war wirklich ein Fortschritt – *zu mir* . . . Sieht man genauer zu, so entdeckt man einen unbarmherzigen Geist, der alle Schlupfwinkel kennt, wo das Ideal heimisch ist – wo es seine Burgverließe und gleichsam seine letzte Sicherheit hat. Eine Fackel in den Händen, die durchaus kein »fackelndes« Licht gibt, mit einer schneidenden Helle wird in diese *Unterwelt* des Ideals hineingeleuchtet. Es ist der Krieg, aber der Krieg ohne Pulver und

Dampf, ohne kriegerische Attitüden, ohne Pathos und verrenkte Gliedmaßen – dies alles selbst wäre noch »Idealismus«. Ein Irrtum nach dem andern wird gelassen aufs Eis gelegt, das Ideal wird nicht widerlegt – *es erfriert* ... Hier zum Beispiel erfriert »das Genie«; eine Ecke weiter erfriert »der Heilige«: unter einem dicken Eiszapfen erfriert »der Held«; am Schluß erfriert »der Glaube«, die sogenannte »Überzeugung«, auch das »Mitleiden« kühlt sich bedeutend ab – fast überall erfriert »das Ding an sich« ...

2

Die Anfänge dieses Buchs gehören mitten in die Wochen der ersten Bayreuther Festspiele hinein; eine tiefe Fremdheit gegen alles, was mich dort umgab, ist eine seiner Voraussetzungen. Wer einen Begriff davon hat, was für Visionen mir schon damals über den Weg gelaufen waren, kann erraten, wie mir zumute war, als ich eines Tags in Bayreuth aufwachte. Ganz als ob ich träumte ... Wo war ich doch? Ich erkannte nichts wieder, ich erkannte kaum Wagner wieder. Umsonst blätterte ich in meinen Erinnerungen. Tribschen – eine ferne Insel der Glückseligen: kein Schatten von Ähnlichkeit. Die unvergleichlichen Tage der Grundsteinlegung, die kleine *zugehörige* Gesellschaft, die sie feierte und der man nicht erst Finger für zarte Dinge zu wünschen hatte: kein Schatten von Ähnlichkeit. *Was war geschehn?* – Man hatte Wagner ins Deutsche übersetzt! Der Wagnerianer war Herr über Wagner geworden! – Die *deutsche* Kunst! Der *deutsche* Meister! Das *deutsche* Bier! ... Wir andern, die wir nur zu gut wissen, zu was für raffinierten Artisten, zu welchem Kosmopolitismus des Geschmacks Wagners Kunst allein redet, waren außer uns, Wagner mit deutschen »Tugenden« behängt wiederzufinden. – Ich denke, ich kenne den Wagnerianer, ich habe drei Generationen »erlebt«, vom seligen Brendel an, der Wagner mit Hegel verwechselte, bis zu den »Idealisten« der Bayreuther Blätter, die Wagner mit sich selbst verwechseln – ich habe alle Art Bekenntnisse »schöner Seelen« über Wagner gehört. Ein Königreich für *ein* gescheites Wort! – In Wahrheit, eine haarsträubende Gesellschaft! Nohl, Pohl, *Kohl* mit Grazie *in infinitum!* Keine Mißgeburt fehlt darunter, nicht einmal der Antisemit. – Der arme Wagner! Wohin war er geraten! – Wäre er doch wenigstens unter die Säue gefahren! Aber unter Deutsche! . . . Zuletzt sollte man, zur Belehrung der Nachwelt, einen echten Bayreuther ausstopfen, besser noch in Spiritus setzen, denn an Spiritus fehlt es –, mit der Unterschrift: so sah der »Geist« aus, auf den hin man das »Reich« gründete . . . Genug, ich reiste mitten drin für ein paar Wochen ab, sehr plötzlich, trotzdem daß eine charmante Pariserin mich zu trösten suchte; ich entschuldigte mich bei Wagner bloß mit einem fatalistischen Telegramm. In einem tief in Wäldern verborgnen Ort des Böhmerwalds, Klingenbrunn, trug ich meine Melancholie und Deutschen-Verachtung wie eine Krankheit mit mir herum – *und* schrieb von Zeit zu Zeit, unter dem Gesamttitel »Die Pflugschar«, einen Satz in mein Taschenbuch, lauter *harte* Psychologika, die sich vielleicht in »Menschliches, Allzumenschliches« noch wiederfinden lassen.

3

Was sich damals bei mir entschied, war nicht etwa ein Bruch mit Wagner – ich empfand eine Gesamt-Abirrung meines Instinkts, von der der einzelne Fehlgriff, heiße er nun Wagner oder Basler Professur, bloß ein Zeichen war. Eine *Ungeduld* mit mir überfiel mich; ich sah ein, daß es die höchste Zeit war, mich auf *mich* zurückzubesinnen. Mit einem Male war mir auf eine schreckliche Weise klar, wieviel Zeit bereits verschwendet sei – wie nutzlos, wie willkürlich sich meine ganze Philologen-Existenz an meiner Aufgabe ausnehme. Ich schämte mich dieser *falschen* Bescheidenheit . . . Zehn Jahre hinter mir, wo ganz eigentlich die *Ernährung* des Geistes bei mir stillgestanden hatte, wo ich nichts Brauchbares hinzugelernt hatte, wo ich unsinnig viel über einen Krimskrams verstaubter Gelehrsamkeit vergessen hatte. Antike Metriker mit Akribie und schlechten Augen durchkriechen – dahin war es mit mir gekommen! – Ich sah mit Erbarmen mich ganz mager, ganz abgehungert: die *Realitäten* fehlten geradezu innerhalb meines Wissens, und die »Idealitäten« taugten den Teufel was! – Ein geradezu brennender Durst ergriff mich: von da an habe ich in der Tat nichts mehr getrieben als Physiologie, Medizin und Naturwissenschaften – selbst zu eigentlichen historischen Studien bin ich erst wieder zurückgekehrt, als die *Aufgabe* mich gebieterisch dazu zwang. Damals erriet ich auch zuerst den Zusammenhang zwischen einer instinktwidrig gewählten Tätigkeit, einem sogenannten »Beruf«, zu dem man *am letzten* berufen ist – und jenem Bedürfnis nach einer *Betäubung* des Öde- und Hungergefühls durch eine narkotische Kunst – zum Beispiel durch die Wagnersche Kunst. Bei einem vorsichtigeren Umblick habe ich entdeckt, daß für eine große Anzahl junger Männer der gleiche Notstand besteht: eine Widernatur *erzwingt* förmlich eine zweite. In Deutschland, im »Reich«, um unzweideutig zu reden, sind nur zu viele verurteilt, sich unzeitig zu entscheiden und dann, unter einer unabwerfbar gewordnen Last, *hinzusiechen* ... Diese verlangen nach Wagner als nach einem *Opiat* – sie vergessen sich, sie werden sich einen Augenblick los ... Was sage ich! *fünf bis sechs Stunden!* –

4

Damals entschied sich mein Instinkt unerbittlich gegen ein noch längeres Nachgeben, Mitgehn, Mich-selbst-Verwechseln. Jede Art Leben, die ungünstigsten Bedingungen, Krankheit, Armut – alles schien mir jener unwürdigen »Selbstlosigkeit« vorziehenswert, in die ich zuerst aus Unwissenheit, aus *Jugend* geraten war, in der ich später aus Trägheit, aus sogenanntem »Pflichtgefühl« hängengeblieben war. – Hier kam mir auf eine Weise, die ich nicht genug bewundern kann, und gerade zur rechten Zeit jene *schlimme* Erbschaft von seiten meines Vaters her zu Hilfe – im Grunde eine Vorbestimmung zu einem frühen Tode. Die Krankheit *löste mich langsam heraus:* sie ersparte mir jeden Bruch, jeden gewalttätigen und anstößigen Schritt. Ich habe kein Wohlwollen damals eingebüßt und viel noch hinzugewonnen. Die

Krankheit gab mir insgleichen ein Recht zu einer vollkommnen Umkehr aller meiner Gewohnheiten; sie erlaubte, *sie gebot* mir Vergessen; sie beschenkte mich mit der *Nötigung* zum Stilliegen, zum Müßiggang, zum Warten und Geduldigsein . . . Aber das heißt ja denken! . . . Meine Augen allein machten ein Ende mit aller Bücherwürmerei, auf deutsch Philologie: ich war vom »Buch« erlöst, ich las jahrelang nichts mehr – die *größte* Wohltat, die ich mir je erwiesen habe! – Jenes unterste Selbst, gleichsam verschüttet, gleichsam still geworden unter einem beständigen *Hören-Müssen* auf andre Selbste (– und das heißt ja lesen!) erwachte langsam, schüchtern, zweifelhaft – aber endlich *redete es wieder*. Nie habe ich so viel Glück an mir gehabt als in den kränksten und schmerzhaftesten Zeiten meines Lebens: man hat nur die »Morgenröte« oder etwa den »Wanderer und seinen Schatten« sich anzusehn, um zu begreifen, was diese »Rückkehr zu *mir*« war: eine höchste Art von *Genesung* selbst! . . . Die andre folgte bloß daraus. –

5

Menschliches, Allzumenschliches, dies Denkmal einer rigorosen Selbstzucht, mit der ich bei mir allem eingeschleppten »höheren Schwindel«, »Idealismus«, »schönen Gefühl« und andren Weiblichkeiten ein jähes Ende bereitete, wurde in allen Hauptsachen in Sorrent niedergeschrieben; es bekam seinen Schluß, seine endgültige Form in einem Basler Winter, unter ungleich ungünstigeren Verhältnissen als denen in Sorrent. Im Grunde hat Herr *Peter Gast,* damals an der Basler Universität studierend und mir sehr zugetan, das Buch auf dem Gewissen. Ich diktierte, den Kopf verbunden und schmerzhaft, er schrieb ab, er korrigierte auch – er war im Grunde der eigentliche Schriftsteller, während ich bloß der Autor war. Als das Buch endlich fertig mir zu Händen kam – zur tiefen Verwunderung eines Schwerkranken –, sandte ich, unter anderem, auch nach Bayreuth zwei Exemplare. Durch ein Wunder von Sinn im Zufall kam gleichzeitig bei mir ein schönes Exemplar des Parsifal-Textes an, mit

Wagners Widmung an mich »seinem theuren Freunde Friedrich Nietzsche, Richard Wagner, Kirchenrath«. – Diese Kreuzung der zwei Bücher – mir war's, als ob ich einen ominösen Ton dabei hörte. Klang es nicht, als ob sich *Degen* kreuzten? ... Jedenfalls empfanden wir es beide so: denn wir schwiegen beide. – Um diese Zeit erschienen die ersten Bayreuther Blätter: ich begriff, *wozu* es höchste Zeit gewesen war. – Unglaublich! Wagner war fromm geworden ...

6

Wie ich damals (1876) über mich dachte, mit welcher ungeheuren Sicherheit ich meine Aufgabe und das Welthistorische an ihr in der Hand hielt, davon legt das ganze Buch, vor allem aber eine sehr ausdrückliche Stelle Zeugnis ab: nur daß ich, mit der bei mir instinktiven Arglist, auch hier wieder das Wörtchen »ich« umging und diesmal nicht Schopenhauer oder Wagner, sondern einen meiner Freunde, den ausgezeichneten Dr. Paul Rée, mit einer welthistorischen Glorie überstrahlte – zum Glück ein viel zu feines Tier, als daß ... *Andre* waren weniger fein: ich habe die Hoffnungslosen unter meinen Lesern, zum Beispiel den typischen deutschen Professor, immer daran erkannt, daß sie, auf diese Stelle hin, das ganze Buch als höheren Réealismus verstehn zu müssen glaubten ... In Wahrheit enthielt es den Widerspruch gegen fünf, sechs Sätze meines Freundes: man möge darüber die Vorrede zur »Genealogie der Moral« nachlesen. – Die Stelle lautet: Welches ist doch der Hauptsatz, zu dem einer der kühnsten und kältesten Denker, der Verfasser des Buchs »Über den Ursprung der moralischen Empfindungen« (*lisez: Nietzsche, der erste Immoralist*) vermöge seiner ein- und durchschneidenden Analysen des menschlichen Handelns gelangt ist? »Der moralische Mensch steht der intelligiblen Welt nicht näher als der physische – *denn* es gibt keine intelligible Welt ...« Dieser Satz, hart und schneidig geworden unter dem Hammerschlag der historischen Erkenntnis (*lisez: Umwertung aller Werte*) kann vielleicht einmal, in irgendwelcher Zukunft – 1890! – als die Axt dienen, welche dem »metaphysischen Bedürfnis« der Menschheit an die Wurzel gelegt wird – ob mehr zum Segen oder zum Fluche der Menschheit, wer wüßte das zu sagen? Aber jedenfalls als ein Satz der erheblichsten Folgen, fruchtbar und furchtbar zugleich und mit jenem *Doppelblick* in die Welt sehend, welchen alle großen Erkenntnisse haben . . .

Der Fall Wagner
Ein Musikanten-Problem

I

Um dieser Schrift gerecht zu werden, muß man am Schicksal der Musik wie an einer offenen Wunde leiden. – *Woran* ich leide, wenn ich am Schicksal der Musik leide? Daran, daß die Musik um ihren weltverklärenden, jasagenden Charakter gebracht worden ist, daß sie *décadence*-Musik und nicht mehr die Flöte des Dionysos ist . . . Gesetzt aber, daß man dergestalt die Sache der Musik wie seine *eigene* Sache, wie seine *eigene* Leidensgeschichte fühlt, so wird man diese Schrift voller Rücksichten und über die Maßen mild finden. In solchen Fällen heiter sein und sich gutmütig mit verspotten – *ridendo dicere severum,* wo das *verum dicere* jede Härte rechtfertigen würde – ist die Humanität selbst. Wer zweifelt eigentlich daran, daß ich, als der alte Artillerist, der ich bin, es in der Hand habe, gegen Wagner mein *schweres* Geschütz aufzufahren? – Ich hielt alles Entscheidende in dieser Sache bei mir zurück – ich habe Wagner geliebt. – Zuletzt liegt ein Angriff auf einen feineren »Unbekannten«, den nicht leicht ein anderer errät, im Sinn und Wege meiner Aufgabe – o ich habe noch ganz andere »Unbekannte« aufzudecken, als einen Cagliostro der Musik – noch mehr freilich ein Angriff auf die in geistigen Dingen immer träger und instinktärmer, immer *ehrlicher* werdende deutsche Nation, die mit einem beneidenswerten Appetit fortfährt, sich von Gegensätzen zu nähren und »den Glauben« so gut wie die Wissenschaftlichkeit, die »christliche Liebe« so gut wie den

Antisemitismus, den Willen zur Macht (zum »Reich«) so gut wie das *évangile des humbles* ohne Verdauungsbeschwerden hinunterschluckt . . . Dieser Mangel an Partei zwischen Gegensätzen! Diese stomachische Neutralität und »Selbstlosigkeit«! Dieser gerechte Sinn des deutschen *Gaumens,* der allem gleiche Rechte gibt – der alles schmackhaft findet . . . Ohne allen Zweifel, die Deutschen sind Idealisten . . . Als ich das letzte Mal Deutschland besuchte, fand ich den deutschen Geschmack bemüht, Wagner und dem Trompeter von Säckingen gleiche Rechte zuzugestehn; ich selber war Zeuge, wie man in Leipzig, zu Ehren eines der echtesten und deutschesten Musiker, im alten Sinne des Wortes deutsch, keines bloßen Reichsdeutschen, des Meister *Heinrich Schütz* einen Liszt-Verein gründete, mit dem Zweck der Pflege und Verbreitung *listiger* Kirchenmusik . . . Ohne allen Zweifel, die Deutschen sind Idealisten . . .

2

Aber hier soll mich nichts hindern, grob zu werden und den Deutschen ein paar harte Wahrheiten zu sagen: *wer tut es sonst?* – Ich rede von ihrer Unzucht *in historicis.* Nicht nur, daß den deutschen Historikern der *große Blick* für den Gang, für die Werte der Kultur gänzlich abhanden gekommen ist, daß sie allesamt Hanswürste der Politik (oder der Kirche –) sind: dieser große Blick ist selbst von ihnen *in Acht getan.* Man muß vorerst »deutsch« sein, »Rasse« sein, dann kann man über alle Werte und Unwerte *in historicis* entscheiden – man setzt sie fest . . . »Deutsch« ist ein Argument, »Deutschland, Deutschland über alles« ein Prinzip, die Germanen sind die »sittliche Weltordnung« in der Geschichte; im Verhältnis zum *imperium romanum* die Träger der Freiheit, im Verhältnis zum achtzehnten Jahrhundert die Wiederhersteller der Moral, des »kategorischen Imperativs« . . . Es gibt eine reichsdeutsche Geschichtsschreibung, es gibt, fürchte ich, selbst eine antisemitische, – es gibt eine *Hof*-Geschichtsschreibung und Herr von Treitschke schämt sich nicht . . . Jüngst machte ein Idioten-Urteil *in historicis,* ein

Satz des zum Glück verblichenen ästhetischen Schwaben Vischer, die Runde durch die deutschen Zeitungen als eine »Wahrheit«, zu der jeder Deutsche *ja sagen müsse:* »Die Renaissance *und* die Reformation, beide zusammen machen erst ein Ganzes – die ästhetische Wiedergeburt *und* die sittliche Wiedergeburt.« – Bei solchen Sätzen geht es mit meiner Geduld zu Ende, und ich spüre Lust, ich fühle es selbst als Pflicht, den Deutschen einmal zu sagen, *was* sie alles schon auf dem Gewissen haben. *Alle großen Kultur-Verbrechen von vier Jahrhunderten haben sie auf dem Gewissen!* ... Und immer aus dem gleichen Grunde, aus ihrer innerlichsten *Feigheit* vor der Realität, die auch die Feigheit vor der Wahrheit ist, aus ihrer bei ihnen Instinkt gewordenen Unwahrhaftigkeit, aus »Idealismus« ... Die Deutschen haben Europa um die Ernte, um den Sinn der letzten *großen* Zeit, der Renaissance-Zeit, gebracht, in einem Augenblicke, wo eine höhere Ordnung der Werte, wo die vornehmen, die zum Leben jasagenden, die Zukunftverbürgenden Werte am Sitz der entgegengesetzten, der *Niedergangs-Werte,* zum Sieg gelangt waren – *und bis in die Instinkte der dort Sitzenden hinein!* Luther, dies Verhängnis von Mönch, hat die Kirche, und, was tausendmal schlimmer ist, das Christentum wiederhergestellt, im Augenblick, *wo es unterlag* ... Das Christentum, diese Religion gewordene *Verneinung des Willens zum Leben!* ... Luther, ein unmöglicher Mönch, der, aus Gründen seiner »Unmöglichkeit«, die Kirche angriff und sie – folglich! – wiederherstellte ... Die Katholiken hätten Gründe, Lutherfeste zu feiern, Lutherspiele zu dichten ... Luther – und die »sittliche Wiedergeburt«! Zum Teufel mit aller Psychologie! – Ohne Zweifel, die Deutschen sind Idealisten. – Die Deutschen haben zweimal, als eben mit ungeheurer Tapferkeit und Selbstüberwindung eine rechtschaffne, eine unzweideutige, eine vollkommen wissenschaftliche Denkweise erreicht war, Schleichwege zum alten »Ideal«, Versöhnungen zwischen Wahrheit und »Ideal«, im Grunde Formeln für ein Recht auf Ablehnung der Wissenschaft, für ein Recht auf *Lüge* zu finden gewußt. Leibniz und Kant – diese zwei größten Hemmschuhe der intellektuellen Rechtschaffenheit Europas! – Die Deutschen haben endlich, als auf der Brücke zwischen zwei *décadence*-Jahrhunderten eine *force majeure* von Genie und Wille sichtbar wurde, stark genug, aus Europa eine Einheit, eine politische und *wirtschaftliche* Einheit, zum Zweck der Erdregierung zu schaffen, mit ihren »Freiheits-Kriegen« Europa um den Sinn, um das Wunder von Sinn in der Existenz Napoleons gebracht – sie haben damit alles, was kam, was heute da ist, auf dem Gewissen, diese *kulturwidrigste* Krankheit und Unvernunft, die es gibt, den Nationalismus, diese *névrose nationale,* an der Europa krank ist, diese Verewigung der Kleinstaaterei Europas, der *kleinen* Politik: sie haben Europa selbst um seinen Sinn, um seine *Vernunft* – sie haben es in eine Sackgasse gebracht. – Weiß jemand außer mir einen Weg aus dieser Sackgasse? ... Eine Aufgabe, groß genug, die Völker wieder zu *binden?* ...

3

– Und zuletzt, warum sollte ich meinem Verdacht nicht Worte geben? Die Deutschen werden auch in meinem Falle wieder alles versuchen, um aus einem ungeheuren Schicksal eine Maus zu gebären. Sie haben sich bis jetzt an mir kompromittiert, ich zweifle, daß sie es in der Zukunft besser machen. – Ah was es mich verlangt, hier ein *schlechter* Prophet zu sein! ... Meine natürlichen Leser und Hörer sind jetzt schon Russen, Skandinavier und Franzosen – werden sie es immer mehr sein? – Die Deutschen sind in die Geschichte der Erkenntnis mit lauter zweideutigen Namen eingeschrieben, sie haben immer nur »unbewußte« Falschmünzer hervorgebracht (– Fichte, Schelling, Schopenhauer, Hegel, Schleiermacher gebührt dies Wort so gut wie Kant und Leibniz; es sind alles bloße Schleiermacher –): sie sollen nie die Ehre haben, daß der erste *rechtschaffne* Geist in der Geschichte des Geistes, der Geist, in dem die Wahrheit zu Gericht kommt über die Falschmünzerei von vier Jahrtausenden, mit dem deutschen Geiste in eins gerechnet wird. Der »deutsche Geist« ist *meine* schlechte Luft: ich atme schwer in der Nähe dieser Instinkt gewordnen Unsauberkeit *in psychologicis,* die jedes Wort, jede Miene eines Deutschen verrät. Sie haben nie ein siebzehntes Jahrhundert harter Selbstprüfung durchgemacht wie die Franzosen – ein Larochefoucauld, ein Descartes sind hundertmal in Rechtschaffenheit den ersten Deutschen überlegen –, sie haben bis heute keinen Psychologen gehabt. Aber Psychologie ist beinahe der Maßstab der *Reinlichkeit* oder *Unreinlichkeit* einer Rasse ... Und wenn man nicht einmal reinlich ist, wie sollte man *Tiefe* haben? Man kommt beim Deutschen, beinahe wie beim Weibe, niemals auf den Grund, *er hat keinen:* das ist alles. Aber damit ist man noch nicht einmal flach. – Das, was in Deutschland »tief« heißt, ist genau diese Instinkt-Unsauberkeit gegen sich, von der ich eben rede: man *will* über sich nicht im klaren sein. Dürfte ich das Wort »deutsch« nicht als internationale Münze für *diese* psychologische Verkommenheit in Vorschlag bringen? – In diesem Augenblick zum Beispiel nennt es der deutsche Kaiser seine »christliche Pflicht«, die Sklaven in Afrika zu befreien: unter uns *andern* Europäern hieße das dann einfach »deutsch« ... Haben die Deutschen auch nur ein Buch hervorgebracht, das Tiefe hätte? Selbst der Begriff dafür, was tief an einem Buch ist, geht ihnen ab. Ich habe Gelehrte kennen gelernt, die Kant für tief hielten; am preußischen Hofe, fürchte ich, hält man Herrn von Treitschke für tief. Und wenn ich Stendhal gelegentlich als tiefen Psychologen rühme, ist es mir mit deutschen Universitätsprofessoren begegnet, daß sie mich den Namen buchstabieren ließen ...

4

– Und warum sollte ich nicht bis ans Ende gehn? Ich liebe es, reinen Tisch zu machen. Es gehört selbst zu meinem Ehrgeiz, als Verächter der Deutschen *par excellence* zu gelten. Mein *Mißtrauen* gegen den deutschen Charakter habe ich schon mit sechsundzwanzig Jahren ausgedrückt (dritte Unzeitgemäße S. 335) – die Deutschen sind für mich unmöglich. Wenn ich mir eine Art Mensch ausdenke, die allen meinen Instinkten zuwiderläuft, so wird immer ein Deutscher daraus. Das erste, woraufhin ich mir einen Menschen »nierenprüfe«, ist, ob er ein Gefühl für Distanz im Leibe hat, ob er überall Rang, Grad, Ordnung zwischen Mensch und Mensch sieht, ob er *distinguiert:* damit ist man *gentilhomme;* in jedem andren Fall gehört man rettungslos unter den weitherzigen, ach! so gutmütigen Begriff der *canaille.* Aber die Deutschen sind *canaille* – ach! sie sind so gutmütig . . . Man erniedrigt sich durch den Verkehr mit Deutschen: der Deutsche *stellt gleich* . . . Rechne ich meinen Verkehr mit einigen Künstlern, vor allem mit Richard Wagner ab, so habe ich keine gute Stunde mit Deutschen verlebt . . . Gesetzt, daß der tiefste Geist aller Jahrtausende unter Deutschen erschiene, irgendeine Retterin des Capitols würde wähnen, ihre sehr unschöne Seele käme zum mindesten ebenso in Betracht . . . Ich halte diese Rasse nicht aus, mit der man immer in schlechter Gesellschaft ist, die keine Finger für *nuances* hat – wehe mir! ich bin eine *nuance* –, die keinen *esprit* in den Füßen hat und nicht einmal gehen kann . . . Die Deutschen haben zuletzt gar keine Füße, sie haben bloß Beine . . . Den Deutschen geht jeder Begriff davon ab, wie gemein sie sind, aber das ist der Superlativ der Gemeinheit – sie *schämen* sich nicht einmal, bloß Deutsche zu sein . . . Sie reden über alles mit, sie halten sich selbst für entscheidend, ich fürchte, sie haben selbst über mich entschieden . . . Mein ganzes Leben ist der Beweis *de rigueur* für diese Sätze. Umsonst, daß ich in ihm nach einem Zeichen von Takt, von *délicatesse* gegen mich suche. Von Juden ja, noch nie von Deutschen. Meine Art will es, daß ich gegen jedermann mild und wohlwollend bin – ich habe ein *Recht* dazu, keine Unterschiede zu machen –: dies hindert nicht, daß ich die Augen offen habe. Ich nehme niemanden aus, am wenigsten meine Freunde, – ich hoffe zuletzt, daß dies meiner Humanität gegen sie keinen Abbruch getan hat! Es gibt fünf, sechs Dinge, aus denen ich mir immer eine Ehrensache gemacht habe. – Trotzdem bleibt wahr, daß ich fast jeden Brief, der mich seit Jahren erreicht, als einen Zynismus empfinde: es liegt mehr Zynismus im Wohlwollen gegen mich als in irgendwelchem Haß . . . Ich sage es jedem meiner Freunde ins Gesicht, daß er es nie der Mühe für wert hielt, irgendeine meiner Schriften zu *studieren:* ich errate aus den kleinsten Zeichen, daß sie nicht einmal wissen, was drin steht. Was gar meinen Zarathustra anbetrifft, wer von meinen Freunden hätte mehr darin gesehn als eine unerlaubte, zum Glück vollkommen gleichgültige Anmaßung? ... Zehn Jahre: und niemand in Deutschland hat sich eine Gewissensschuld daraus gemacht, meinen Namen gegen das absurde Stillschweigen zu verteidigen, unter dem er vergraben lag: ein Ausländer, ein Däne war es, der zuerst dazu genug Feinheit des Instinkts *und Mut* hatte, der sich über meine angeblichen Freunde empörte ... An welcher deutschen Universität wären heute Vorlesungen über meine Philosophie möglich, wie sie letztes Frühjahr der damit noch einmal mehr bewiesene Psycholog Dr. Georg Brandes in Kopenhagen gehalten hat? – Ich selber habe nie an alledem gelitten; das *Notwendige* verletzt mich nicht; *amor fati* ist meine innerste Natur. Dies schließt aber nicht aus, daß ich die Ironie liebe, sogar die welthistorische Ironie. Und so habe ich, zwei Jahre ungefähr vor dem zerschmetternden Blitzschlag der *Umwertung,* der die Erde in Konvulsionen versetzen wird, den »Fall Wagner« in die Welt geschickt: die Deutschen sollten sich noch einmal unsterblich an mir vergreifen und *verewigen!* es ist gerade noch Zeit dazu! – Ist das erreicht? – Zum Entzücken, meine Herren Germanen! Ich mache Ihnen mein Kompliment ...

FRAGMENTE AUS DEM NACHLASS

AUS DEM UMKREIS DER »GEBURT DER TRAGÖDIE«
(1870/71)

Die rührende Teilnahme für das Tier geht bei Richard Wagner bis zum Krampf. Einer der jüdischen Feinde Richard Wagners hatte ihm brieflich ein neues Germanentum angekündigt, das jüdische Germanentum.

Name »Musikdrama« verwerflich (nach Richard Wagner)

[. . .] Nun denke man sich nach allen diesen Voraussetzungen, welch ein unnatürliches, ja unmögliches Unterfangen es sein muß, Musik zu einem Gedichte zu machen d. h. ein Gedicht durch Musik illustrieren zu wollen, wohl gar mit der ausgesprochenen Absicht, die begrifflichen Vorstellungen des Gedichtes durch die Musik zu symbolisieren und damit der Musik zu einer Begriffssprache zu verhelfen: ein Unterfangen, welches mir ähnlich vorkommt, wie wenn ein Sohn seinen Vater zeugen wollte. Die Musik kann Bilder aus sich heraus projizieren: die aber immer nur Abbilder, gleichsam Beispiele ihres eigentlichen Inhalts sind; das Bild, die Vorstellung wird nie aus sich Musik erzeugen können, geschweige denn daß dies der Begriff oder – wie man gesagt hat – die poetische Idee zu tun imstande wäre. Dagegen ist es gar kein so lächerliches Phänomen, wie dies neueren Ästh⟨etikern⟩ erschienen ist, wenn eine Beethovensche Symphonie immer und immer wieder den einzelnen Zuhörer zu einer Bilderrede nötigt, sei es auch, daß eine Zusammenstellung der verschiedenen durch ein Tonstück erzeugten Bilderwelten sich recht phantastisch bunt, ja widersprechend ausnimmt: an solchen Zusammenstellungen ihren armen Witz zu üben und gar nicht das Phänomen als erklärenswert zu erkennen, ist recht in der Art jener Herren. Ja selbst wenn der Tondichter in Bildern über eine Komposition geredet hat, etwa wenn er eine Sinfonia als pastorale und einen Satz als »Szene am Bach« oder als »als lustiges Zusammenleben der Landleute« bezeichnet, so sind das nichts als gleichnisartige, aus der Musik geborne Vorstellungen, die über den dionysischen Inhalt der Musik uns nach keiner Seite hin belehren können, ja die keinen ausschließlichen Wert neben anderen Bildern haben. Die Musik aber nun gar in den Dienst einer Reihe von Bildern und Begriffen zu stellen, sie als Mittel zum Zweck, zu ihrer Verstärkung und Verdeutlichung, zu verwenden – diese sonderbare Anmaßung, die im Begriff der »Oper« gefunden wird, erinnert mich an den lächerlichen Menschen, der sich mit seinen eigenen Armen in die Luft zu heben versucht: was dieser Narr, und was die Oper nach jenem Begriffe versuchen, sind reine Unmöglichkeiten. Jener Opernbegriff fordert nicht etwa von der Musik einen Mißbrauch, sondern – wie ich sagte – eine Unmöglichkeit! Die Musik *kann* nie Mittel werden, man mag sie stoßen, schrauben, foltern: als Ton, als Trommelwirbel, auf ihren rohesten und einfachsten Stufen überwindet sie noch die Dichtung und erniedrigt sie zu ihrem Widerscheine. Die Oper als Kunstgattung nach jenem Begriff ist somit nicht sowohl Verwirrung der Musik als eine irrtümliche Vorstellung der Ästhetik. Wenn ich übrigens hiermit das Wesen der Oper für die Ästhetik rechtfertige, so bin ich natürlich weit entfernt, damit schlechte Opernmusik oder schlechte Operndichtungen rechtfertigen zu wollen. Die schlechteste Musik kann immer noch der besten Dichtung gegenüber den dionysischen Weltuntergrund bedeuten: und die schlechteste Dichtung Spiegel, Abbild und Widerschein dieses Untergrundes sein, bei der besten Musik: so gewiß nämlich der einzelne Ton, dem Bild gegenüber, bereits dionysisch und das einzelne Bild, samt dem Begriff und Wort, der Musik gegenüber, bereits apollinisch ist. Ja selbst schlechte Musik samt schlechter Poesie kann noch über das Wesen der Musik und der Poesie belehren. Das *Recitativ* deutlichster Ausdruck der Unnatur. Wenn also z. B. Schopenhauer die Norma Bellinis als Erfüllung der Tragödie, hinsichtlich ihrer Musik und Dichtung, empfand, so war er, in seiner dionysisch-apollinischen Erregung und Selbstvergessenheit, dazu völlig berechtigt, weil er Musik und Dichtung in ihrem allgemeinsten, gleichsam philosophischen Werte, als Musik und Dichtung überhaupt, empfand: während er mit jenem Urteil einen nur wenig gebildeten, d. h. historisch vergleichenden Geschmack bewies. Uns, die wir in dieser Untersuchung absichtlich jeder Frage nach dem historischen Werte einer Kunsterscheinung aus dem Wege gehen und nur die Erscheinung selbst, in ihrer unveränderten, gleichsam ewigen Bedeutung, somit auch in ihrem *höchsten Typus,* ins Auge zu fassen uns bemühn – uns gilt die Kunstgattung der Oper als ebenso berechtigt wie das Volkslied, insofern wir in beiden jene Vereinigung des Dionysischen und Apollinischen vorfinden und für die Oper – nämlich für den höchsten Typus der Oper – eine analoge Entstehung voraussetzen dürfen wie für das Volkslied. Nur insofern die uns historisch bekannte Oper seit ihrem Anfang eine völlig verschiedene Entstehung hat als das Volkslied, verwerfen wir diese »Oper«: als welche sich zu jenem eben von uns verteidigten Gattungsbegriff der Oper verhält wie die Marionette zum lebenden Menschen. So gewiß auch die Musik nie Mittel, im Dienste des Textes, werden kann, sondern auf jeden Fall den Text überwindet: so wird sie doch sicherlich schlechte Musik, wenn der Komponist jede in ihm aufsteigende dionysische Kraft durch einen ängstlichen Blick auf die Worte und Gesten seiner Marionetten bricht. Hat ihm der Operndichter überhaupt nicht mehr als die üblichen schematisierten Figuren mit ihrer ägyptischen Regelmäßigkeit geboten: so wird der Wert der Oper um so höher sein, je freier, unbedingter, dionysischer die Musik sich entfaltet und je mehr sie alle sogenannten dramatischen Anforderungen verachtet. Die Oper in diesem Sinn ist dann freilich im besten Falle gute Musik und nur Musik: während die dabei abgespielte Gaukelei gleichsam nur eine phantastische Verkleidung des Orchesters, vor allem seiner wichtigsten Instrumente, der Sänger, ist, von der der Einsichtige sich lachend abwendet. Wenn die große Masse sich gerade an *ihr* ergötzt und die Musik dabei nur *gestattet,* so geht es ihr wie allen denen, die den goldenen Rahmen eines guten Gemäldes höher als dieses selbst schätzen: wer möchte solchen naiven Verirrungen noch eine ernsthafte oder gar pathetische Abfertigung gönnen? Was wird aber die Oper als »dramatische« Musik zu bedeuten haben, in ihrer möglichst weiten Entfernung von reiner, an sich wirkender, allein dionysischer Musik? Denken wir uns ein buntes, leidenschaftliches und den Zuschauer fortreißendes Drama, das als Aktion bereits seines Erfolges sicher ist: was wird hier »dramatische« Musik noch hinzutun können, wenn sie nichts davonnimmt? Sie *wird* aber erstens viel davonnehmen, denn in jedem Momente, wo einmal die dionysische Gewalt der Musik in den Zuhörer einschlägt, umflort sich das Auge, das die Aktion sieht, das sich in die vor ihm auftretenden Individuen versenkt hat; der Zuhörer *vergißt* jetzt das Drama und wacht erst wieder für dasselbe auf, wenn ihn der dionysische Zauber losgelassen hat. Insofern die Musik aber den Zuhörer das Drama vergessen macht, ist sie noch nicht »dramatische« Musik; was ist das aber für Musik, die keine dionysische Gewalt auf den Hörer äußern *darf?* Und wie ist sie möglich? Sie ist möglich als *rein konventionelle Symbolik,* in der die Konvention alle natürliche Kraft ausgesogen hat: als Musik, die sich zu Erinnerungszeichen abgeschwächt hat; und ihre Wirkung hat darin ihr Ziel, den Zuschauer an etwas zu mahnen, was ihm beim Anblick des Dramas, zu dessen Verständnis, nicht entgehen darf: wie ein Trompetensignal für das Pferd eine Aufforderung zum Trabe ist. Endlich wäre noch vor Beginn des Dramas und in Zwischenszenen oder in langweiligen, für die dramatische Wirkung zweifelhaften Stellen, ja selbst in seinen höchsten Momenten, eine andere, nicht mehr rein konventionelle Erinnerungsmusik erlaubt, nämlich *Aufregungsmusik,* als Stimulanzmittel für stumpfe oder abgespannte Nerven. Diese beiden Elemente vermag ich allein in der sogenannten dramatischen Musik zu unterscheiden: eine konventionelle Rhetorik als Erinnerungsmusik und eine vor allem physisch wirkende *Aufregungsmusik;* und so schwankt sie zwischen Trommellärm und Signalhorn einher, wie die Stimmung des Kriegers, der in die Schlacht zieht. Nun aber verlangt der durch Vergleichung gebildete und an reiner Musik sich erlabende Sinn für jene beiden mißbräuchlichen Tendenzen der Musik eine *Maskerade:* es soll »Erinnerung« und »Aufregung« geblasen werden, aber in guter Musik, die an sich genießbar, ja wertvoll sein muß: welche Verzweiflung für den dramatischen Musiker, der die große Trommel maskieren muß durch gute Musik, die aber doch nicht »rein musikalisch«, sondern nur aufregend wirken darf! Und nun kommt das große mit tausend Köpfen wackelnde Philister-Publikum und genießt diese sich immer vor sich selbst schämende »dramatische Musik« mit Haut und Haar, ohne etwas von ihrer Scham und Verlegenheit zu merken. Vielmehr fühlt es sein Fell angenehm gekitzelt: ihm wird ja gehuldigt in allen Formen und Weisen, ihm dem zerstreuungssüchtigen, mattäugigen Genüßling, der Aufregung braucht, ihm dem eingebildeten Gebildeten, der an gutes Drama und gute Musik wie an gute Kost sich gewöhnt hat, ohne übrigens viel daraus zu machen, ihm dem vergeßlichen und zerstreuten Egoisten, der zum Kunstwerke mit Gewalt und mit Signalhörnern zurückgeführt werden muß, weil fortwährend ihm eigensüchtige Pläne, auf Gewinn oder Genuß gerichtet, durch den Kopf kreuzen. Wehselige dramatische Musiker! »Beseht die Gönner in der Nähe! Halb sind sie kalt, halb sind sie roh.« »Was plagt ihr armen Toren viel, zu solchem Zweck, die holden Musen?« Und daß diese von ihnen geplagt, ja gemartert und geschunden werden – sie leugnen es selbst nicht, die Aufrichtig-Unglücklichen!

Wir hatten ein leidenschaftliches, den Zuhörer fortreißendes Drama vorausgesetzt, das auch ohne Musik seiner Wirkung gewiß sei: ich fürchte, das, was an ihm »Dichtung« und *nicht* eigentliche »Handlung« ist, wird sich zu wahrer Dichtung ähnlich verhalten wie die dramatische Musik zur Musik überhaupt: es wird Erinnerungs- oder Aufregungsdichtung sein. Die Poesie wird als Mittel dienen, um konventionsmäßig an Gefühle und Leidenschaften zu erinnern, deren Ausdruck durch wirkliche Dichter gefunden und mit ihnen berühmt, ja normal geworden ist. Sodann wird ihr zugemutet werden, der eigentlichen »Handlung«, sei das nun eine kriminalistische Schreckensgeschichte

oder eine verwandlungstolle Zauberei, in den gefährlichen Momenten aufzuhelfen und um die Roheit der Aktion selbst einen verhüllenden Schleier zu breiten. Im Gefühl der Scham, daß die Dichtung nur Maskerade ist, die kein Tageslicht verträgt, verlangt nun eine solche »dramatische« Dichterei nach der »dramatischen« Musik; wie anderseits dem Dichterling solcher Dramen wieder der dramatische Musiker auf Dreiviertel des Wegs entgegenläuft, mit seiner Begabung zur Trommel und zum Signalhorn und seiner Scheu vor echter, sich vertrauender und selbstgenugsamer Musik. Und nun sehen sie sich und umarmen sich, diese apollinischen und dionysischen Karikaturen, dieses par nobile fratrum!
Nach dieser Aussicht auf die uns historisch bekannte Oper mit ihrer in »dramatische« Musik auslaufenden Spitze wenden wir uns jenem Opernideale zu, das in analoger Weise entsteht wie das lyrische Volkslied und als griechische Tragödie die reinste und höchste Vereinigung des Dionysischen und Apollinischen darstellt; während dieselben Elemente, in der besagten dramatischen Musik peinlich verzerrt und unselbständig neben einander hergehen, gleich einem Krüppelpaar, das sich sicherer weiß, weil jeder einzelne Krüppel umfallen würde. Von jenem dionysisch-apollinischen Archilochus als dem uns erkennbaren ersten Musi⟨ker⟩ geht eine neue Kunstbewegung aus, die allmähliche kunstmäßige *Entfaltung des Volksliedes zur Tragödie*. Gewiß aber läuft diesem sichtbar werdenden Prozeß, der sich in einer Reihe von *Künstlern* vollzieht, ein andrer Prozeß parallel, der sich ohne die Vermittlung des Künstlers, in der Allmacht der Natur und in viel kürzerer Zeit vollzieht. Wer möchte doch annehmen, nach der Analogie ähnlicher Erscheinungen, daß die dionysische Erregung der Massen, wie sie in jenen ekstatischen Frühlingfesten geboren wird, im Einzelnen ihren Ausdruck bekommt: von welchen Ursprüngen aus dann schneller und schneller in immer größere Kreise der orgiastische Taumel sich ausbreitet. Denken wir uns jetzt eine solche Masse, die mehr und mehr zu *einem* ungeheuren Individuum zusammenschmilzt, von einer gemeinsamen Traumerscheinung heimgesucht: Dionysus erscheint, alle

sehen ihn, alle werfen sich vor ihm nieder. Auch dieses Phänomen, die *mehreren,* ja ganzen Massen sichtbar werdende *gleiche Vision,* wird zu allererst von einem Einzelnen gesehen worden sein, von dem aus die Vision auch alle anderen ergreift, je mehr, wie ich sagte, die Masse zu einem Individuum zusammenschmilzt. Dies ist der Prozeß, welcher jener langsamen, durch ein Jahrhundert sich hinziehenden Entfaltung des Volksliedes zur Tragödie analog ist. Denn hier erkenne ich den Grundbegriff der griechischen Tragödie, daß einem dionysischen *Chore,* durch eine apollinische Einwirkung, der eigne Zustand sich in einer *Vision* offenbart: wie im lyrischen Volksliede der zugleich apollinisch und dionysisch erregte Einzelne eine gleiche Vision erleidet. Die gesteigerte, vom Einzelnen zu einem Chore fortschreitende Erregung und die damit erhöhte, länger andauernde Sichtbarkeit und Wirksamkeit der Vision dünkt mir der Urprozeß der Tragödie zu sein, aus dem sich das »Drama«, die Handlung so erklären läßt, daß jene eben bezeichnete fortschreitende Erregung vom Einzelnen zum ganzen Chore wieder als »Handlung« der Vision, *als Lebensäußerung der Visionsgestalt,* angeschaut wird. Darum ist, im Ursprung der Tragödie, nur der Chor, in der Orchestra, real, während die Welt der Bühne, die Personen und Vorgänge auf ihr, nur als lebende Bilder, als Scheingestalten der apollinischen Phantasie des Chores sichtbar wurden. Jener Prozeß *der allmählichen,* vom Einzelnen zum Chore sich ausbreitenden *Offenbarung der Vision* erscheint wieder als ein *Kämpfen und Siegen des Dionysus* und versinnlicht sich vor den Augen des Chors. Jetzt schauen wir in die tiefe Notwendigkeit jener überlieferten Tatsache, daß in der ältesten Zeit das Leiden und Siegen des Dionysus der alleinige Inhalt der Tragödie war, ja wir begreifen jetzt sofort, daß jeder andre Held der Tragödie nur als Stellvertreter des Dionysus, gleichsam als eine Maske des Dionysus, verstanden werden muß.

Weiterbildung *der Symphonie* in Wagner.
Tristan, als Symphonie, dann Mythus hinzu.

Völlige *Verkehrung* des Verhältnisses zwischen dionysisch und apollinisch. Das Apollinische ist das *uns schwer verständliche*. Wir müssen das *Bild* uns interpretieren, zum *Mythus*. Ursprünglich, d. h. in den Anfängen der Oper, kennt man ebensowenig das Dionysische. Zuerst sind beide Elemente gar nicht vorhanden. Die germanische Begabung, die zuerst in Luther, dann wieder in der deutschen Musik ans Licht kam, hat uns wieder mit dem Dionysischen vertraut gemacht: es ist das bei weitem Übermächtige, auch die Weisheit des Dionysischen ist uns die vertrautere Form. Wir sind ganz unfähig, zum Naiven zu kommen und mit Hülfe des Apollinischen. Wohl aber können wir die Welt uns rein dionysisch auslegen und die Erscheinungswelt uns durch Musik deuten. Wir bekommen so wenigstens wieder die künstlerische Weltbetrachtung, den Mythus. Dabei bemerken wir, wie die Oper, als die Form des romanischen, unkünstlerischen Menschen, durch die germanische Tendenz unendlich vertieft und zur *Kunst* emporgehoben wird.
Schillers Lied an die Freude bekommt insofern erst seinen tiefen, wahrhaft künstlerischen Hintergrund. Wir sehen, wie der Dichter sich seine germanisch tiefe dionysische Regung in Bildern zu deuten versucht, wie er aber, als moderner Mensch, nur schwerfällig zu stammeln weiß. Wenn jetzt Beethoven uns den eigentlich Schillerschen Untergrund darstellt, so haben wir das unendlich Höhere und Vollkommene.
Ähnlich ist das Verhältnis zwischen Wagners Text und Musik. – Daß der Text noch bestimmend wirkt auf die Musik, ist nur eine Nachwirkung der Operntendenz: das eigentlich Germanische ist der Parallelismus von Musik und Drama, ja ich wage zu behaupten, daß *Musik* und *Mimus* uns noch einmal wahrhaft befriedigen werden. Der Sänger der Bühne bringt eine schwierige Komplikation hervor. In der Theorie scheint Wagner völlig darauf hinauszukommen. Er legt allen Wert auf das An-sich-Verständliche der *Handlung*, des *Mimus*. Der unverständliche Text ist eine große Schwierigkeit: die Forderung eines dramatischen Sängers an sich eine Unnatur: ich verlege den Sänger ins Orchester und reinige damit die Szene.

Wagner hat unglaubliche Mühe mit dem Sänger gehabt; um ihm eine natürliche Position zu geben, ist er auf die Sprachmelodie und auf den Urvers zurückgegangen. Hier hat er die Operntendenz mit titanischer Kraft zu verrücken gesucht, ja fast die Musik umgeworfen: von diesem entsetzlichen Punkte aus. Das Drama, das das Wort braucht: das Orchester als Nachahmung der menschlichen Stimme. Ich denke, wir müssen den *Sänger* überhaupt streichen. Denn der dramatische Sänger ist ein Unding. Oder wir müssen ihn ins Orchester nehmen. Aber er darf die Musik nicht mehr alterieren, sondern muß als *Chor* wirken, d. h. als voller Menschenstimmenklang mit dem Orchester zusammen. Die Restitution des *Chors*: daneben die Bildwelt, der Mimus. Die Alten haben das rechte Verhältnis; nur durch eine übermäßige Bevorzugung des Apollinischen ist die Tragödie zugrunde gegangen; wir müssen auf die voraeschyleische Stufe zurückgehen.
Aber die mangelhafte Befähigung zum *Mimus!* Der Mimus ist *fast* nur erträglich bis jetzt dadurch, daß der *Sänger* Mimus ist, d. h. dadurch, daß wir auf ihn *hören* und ihn verstehn wollen.
Die *Unnatürlichkeit,* daß der Sänger im Orchester singt und der Mimus auf der Bühne vor sich geht, ist der Kunst durchaus nicht zuwider. Der *widerwärtige* Anblick des Sängers! Aber auch so entgehn wir nicht der *dramatischen Musik*! Der Sänger muß weg! Das beste Mittel ist doch der Chor!

Wagners Konsequenzen und die Beseitigung des Chors!
Eine solche Auffassung wie die meine ist fast aus Wagners Tristan zu entnehmen.
Wir müssen erst wieder den Mimus haben, um zum Drama zu kommen.
Der Sänger ist nicht zu entbehren, weil er den seelenvollsten Ton hat. Das Orchester reicht nicht aus. Wir brauchen also den Chor:
den *Chor, der eine Vision hat und begeistert beschreibt was er schaut!*
Die Schillersche Vorstellung unendlich vertieft!

Auch die griechische Tragödie als *Wortdrama* ist eine *Entlastung* von den *dionysischen Gewalten des Mythus;* der Mimus an sich als Weltbild wirkt mythisch. Nicht mehr das Wortdrama. Das Bild rettet vor dem Verschlungensein in orgiastischen Stimmungen, vgl. den Tristan. Der *Gedanke (und das Wort)* als Heilmittel gegen den Mythus.
Gegen die beruhigende Gewalt des Gedankens (vgl. die Dialektik im Oedipus rex) stellt Euripides die aufregende Gewalt des Gedankens: er apelliert an die Dialektik der Leidenschaft, der Aufklärung: er will die *Gewalt des Dithyrambus durch das Wort erreichen.*

Wagner vollendet, was Schiller und Goethe begonnen haben. Auf dem eigentlich deutschen Gebiet.

Die ästhetische Bildung mehr begleitet als geleitet bei Schiller und Goethe – allgemein umgekehrt! Die ästhetische Bildung *leitet* unsre Produktion: wir sind gelehrte Künstler. Tasten nach Mustern. Es gibt keinen lehrreicheren Moment als Wagners Erscheinen.
Die künstlerischen Phänomene sind in unserer Zeit ganz verhüllt und gelehrt erkannt. Für mich der Wert Wagners.
Die Griechen helfen uns mehr als unsre Ästhetiker in ihrer Hauptunterscheidung des Dionysischen und Apollinischen.
Ganz ohne Kunstprinzipien das Verhältnis der beiden Kunstprinzipien. Dieser Erkenntnismangel macht die Besprechung Wagners jetzt so schwierig; wozu kommt, daß die gesamte liberale Welt sich gegen den Geist der Musik wehrt und seine philosophische Verdeutlichung. Die Musik hebt die Zivilisation auf wie das Sonnenlicht das Lampenlicht.
Ebendeshalb ist auch die *griechische Welt* noch eine völlig unerkannte. Mein Weg, einen Zugang vom Geist der Musik und einer ernsthaften Philosophie aus zu finden.
Ich erkenne die *einzige* Lebensform in der griechischen und betrachte Wagner als den erhabensten Schritt zu deren Wiedergeburt im deutschen Wesen.

An Wagner ist unsere Ästhetik zuschanden geworden. Es fehlt ihr der Einblick in die Urphänomene. Sie verrät, daß ihr künstliche nachgemachte Vorbilder vorliegen. Für mich erläutert das leibhaft geschaute Phänomen Wagners zuerst negativ, daß wir die griechische Welt bis jetzt nicht verstanden haben, und umgekehrt finden wir dort die einzigen Analogien zu unserm Wagnerphänomen.

In Wagner die Lehren Kants und der Geist der deutschen Musik: es gibt bei ihm einen furchtbaren intellektuellen Kampf, die Operntendenz zu vollenden: Überwindung.

Die *poetische Handlung* bei Wagner sehr groß. Das Wort, nicht durch die Breite wirkend, wirkt durch die *Intensität*. Die Sprache ist in einen *Urzustand hineingedacht,* durch die Musik. Deshalb die Kürze und Enge des Ausdrucks.
Dieser *Natur-* und *Urzustand* ist eine *rein poetische Fiktion,* und wirkt als *mythische Symbolik*.

Die Musik in der Wagnerschen Oper bringt die Poesie in eine neue Stellung. Es kommt vielmehr auf das *Bild* an, das sich immer verändernde belebte *Bild,* dem das Wort dient. Dem Worte nach sind die Szenen nur skizziert.
Die Musik drängt die *bildliche Seite* der Poesie heraus. Der *Mimus*. Andernseits zieht sich der Gedanke zurück, wodurch es kommt, daß wir *mythisch* empfinden, d. h. wir sehen eine Illustration der Welt.

Die romanischen Formen, d. h. ihr Schematismus beseitigt; deshalb muß der lateinische Reim mit seinen gleichen Zeilen fallen. Wert des *Stabreims* der rhythmischen Freiheit wegen.
Rhythmische Befreiung durch Wagner.

Wenn Richard Wagner der Musik den Charakter des »Erhabenen« zuschreibt, im Gegensatze zum Gefällig-Schönen, so zeigt sich hierin die *moralische* Seite der neueren Kunst.

Jener *Wille,* der unter allen Gefühlen und Erkenntnissen sich bewegt und den die Musik darstellt, er ist der empirischen Welt gegenüber ein *paradiesisch-ahnungsreicher Urzustand,* der sich zur Welt verhält wie die Idylle zur Gegenwart.
Wir genießen diesen *Urzustand* mit der moralischen Empfindung des Erhabenen, des Nicht-mehr-zu-Erreichens, es sind die *»Mütter«* des Daseins: dorther haben wir die wahre Helena, die Musik, zu holen.

Die Bedeutung des *Taktes* als Schranke in der Musik, gegen ihre größte Wirkung. Bei Wagner empfindet man mitunter, wie Musik ohne ihn wirkt; auch hierin ist er *idyllisch.* Der Takt gänzlich vorbildlos in der Natur: was wäre das für eine Gewalt, die die Regungen des Willens mit gleichen Zeitteilen durchschnitte?

Wagner vor allem als Musiker zu beachten; seine Texte sind »Musikdunst«.

Richard Wagner und unsre Dichter – als vorbildliche Menschen.

Wagner und Beethoven: Wagner strebt unbewußt eine Kunstform an, in der das Urübel der Oper überwunden ist: nämlich die *allergrößte Symphonie,* deren Hauptinstrumente einen Gesang singen, der durch eine Handlung versinnlicht werden kann. Nicht als Sprache, sondern als *Musik* ist seine Musik ein ungeheurer Fortschritt. Denn wir dürfen nicht vergessen, daß die alte *Opernmusik* einerseits und anderseits die *gelehrte Musik* ihre deutlichsten Spuren auch in Bach und Beethoven hinterlassen hat. Ihm schwebt eine *deutsche Musik* vor, die vom *romanischen* Joche befreit ist; diese, wie die verwandte deutsche Kunst, findet er zunächst nur als *radikaler Idylliker,* als Vollender des *romanischen* Gedankens.
Es ist ungeheuer, was uns der Text und die Handlung dem reinen Musikgenusse entgegenführt: man denke an den dritten Akt des »Tristan«. Hier ist das Inferno aufgeschlossen, das wir

nur an der Hand Virgils zu schauen aushalten. Das Bild und der Gedanke ist hier noch mehr: er *bricht* den völlig verzehrenden Einfluß der Musik, er *mildert* ihn. – *Urschmerz*. Insofern ist Wort und Bild Heilmittel gegen die Musik: zuerst nähert Wort und Bild uns der Musik, dann schützt es uns gegen sie.

Entweder, sagt Schiller, ist die Natur und das Ideal ein Gegenstand der Trauer, wenn jene als verloren, dieses als unerreicht dargestellt wird. Oder beide sind ein Gegenstand der Freude, indem sie als wirklich vorgestellt werden. Das erste gibt die *Elegie* in engerer, das andere die *Idylle* in weitester Bedeutung. Der »Siegfried« z. B. gehört zur Idylle, Natur und Ideal ist wirklich, darüber freut man sich. Dabei ist nun der Wagnersche Begriff der *Natur* ein *tragischer*, der Schillersche heiterer. Wir freuen uns an Tristan, selbst an seinem Tode, weil diese Natur und dieses Ideal wirklich ist.

Motto für Wagners Tendenz:

Und wie nach hoffnungslosem Sehnen,
Nach langer Trennung bitterm Schmerz,
Ein Kind mit heißen Reuetränen
Sich stürzt an seiner Mutter Herz:
So führt zu seiner Jugend Hütten,
Zu seiner Unschuld reinem Glück,
Vom fernen Ausland fremder Sitten
Den Flüchtling der Gesang zurück,
In der Natur getreuen Armen
Von kalten Regeln zu erwarmen.

Dann der »Spaziergang« zu vergleichen.

Schiller und Goethe als Dichter der Aufklärung, doch mit deutschem Geiste. So verhält sich Wagner zur großen Oper, wie Schiller zur französischen Tragödie. Der Fundamentalirrtum bleibt, aber innerhalb desselben wird alles mit deutschem idealem Radikalismus erfüllt. Der Fundamentalirrtum ist aber ein Urteil der modernen Geschichte, nichts Zufälliges, sondern die

Notwendigkeit (beginnt deshalb mit der Renaissance), d. h. es wird der von Sokrates begonnene Weg fortgesetzt. Nur unsre großen deutschen Musiker und Shakespeare stehen außerhalb dieses Prozesses, als bereits erreichte Höhepunkte. Und man muß die Höhepunkte nicht historisch am Ende erwarten wollen. Es gab Jugendmomente in Goethe (Konzeption des Faust), wo er ebenfalls über jenen Prozeß hinausschaute: wohin?
Das Problem: zu Shakespeare und Beethoven die Kultur zu finden. Und hier mögen unsre Schiller und Wagner, als Menschen, die Vorläufer sein. Befreiung vom *Romanismus;* bis jetzt nur Umbildung des Romanismus, wie die Reformation nur eine Umbildung war.

Richard Wagner das Idyll der Gegenwart: die unvolkstümliche Sage, der unvolkstümliche Vers, und doch deutsch beides. Wir erreichen nur noch das Idyll. Wagner hat die Urtendenz der Oper, die *idyllische,* bis zu ihren Konsequenzen geführt: die Musik als idyllische (mit Zerbrechung der Formen), das Rezitativ, der Vers, der Mythus. Dabei haben wir die höchste sentimentalische Lust: nie ist er naiv. – Ich denke an den Schillerschen Gedanken über eine neue Idylle. Wagner als Dichter. Ob z. B. Tristan als »Symphonie« zu verstehen ist? Nein. Wagner versucht den Atlas der modernen Kultur einfach abzuwerfen: seine Musik imitiert die Urmusik. Die »moralische« Wirkung ist die ergreifendste. Das Gesamtkunstwerk – gleichsam ein Werk des Urmenschen, wie Wagner auch die Urbegabung voraussetzt. Der ungetrennte Mensch. Der singende Urmensch. Das Orchester ist der moderne Mensch, der Idylle gegenüber. – Er sucht als Musiker zur Lyrik den Untergrund, zum Beispiel die Regel. Er schöpft seine lyrischen Personen nur aus seinen musikalischen Stimmungen, deshalb decken sie sich als *Ganzes*. Die eigentliche Dramatik der Musik unmöglich. In der großen Tannhäuserszene wirkt der dramatische, pathologische Zustand, die Musik ist hier nur ein Idealismus, der das Wort verdrängt hat. (Schiller über die Bacchusfeste bei Nohl.) Wagner *wählt* aus der in ihm lebenden Musik: die Charakteristik ist entnommen der scharfen

Beobachtung der exekutierenden Sänger und Musiker. Hier liegt alle Nachahmung: die Tempobezeichnung »schnell« ist keine absolute, sondern nur für den ausübenden Musiker. Das Orchester wird so entsprechend »mimisch« gedacht: *es wird zur Mimik von dramatischen Sängern das Analogon in der exekutiert gedachten Musik gesucht*. Die Deklamation gehört vor allem zu dieser Mimik, der nun jetzt eine entsprechende Mimik des Orchesters entspricht. Das Orchester ist somit nur eine Verstärkung des mimischen Pathos. Die Musik selbst, die in das geschaute Schema eingezwängt wird, muß jetzt ledig aller der strengen Formen sein, d. h. vor allem der streng symmetrischen Rhythmik. Denn die dramatische Mimik ist etwas viel zu Bewegliches, Irrationales für alle Formen der absoluten Musik, sie kann nicht einmal den Takt einhalten, und deshalb hat die Wagnersche Musik die allergrößten Tempoverschiebungen. Diese Musik wird nun wieder als hergestellte *Urmusik* begriffen, weil sie schrankenlos ist: sie entspricht dem Stabreim. – Die Chromatik wird gefordert, um die *plastische Kraft* der Harmonie zu entfesseln, d. h. wiederum als Differenzierung des mimischen Pathos. »Dramatische Musik« falscher Begriff. – Voraussetzung Wagners: der Affekte empfindende Zuhörer, nicht der rein musikalische, der sentimentalische, der sofort dem Mythus gegenüber innerste Rührung empfindet, im Gefühl des Gegensatzes. – Die *tragische Idylle*: das Wesen der Dinge ist nicht gut und muß untergehen, aber die Menschen sind so gut und groß, daß uns ihre Vergehen am tiefsten ergreifen, weil sie fühlen, für solche Vergehen unfähig zu sein. Siegfried der »Mensch«, wir dagegen der Unmensch ohne Rast und Ziel. – Idyllische Tendenz der Kunst gegenüber: er sieht überall die Verirrung der Künste und glaubt die *eine* Kunst herzustellen. Der Individualismus der Künste erscheint ihm als Verirrung. Der in Stücke gerissene Künstler wird verurteilt, der Allkünstler, d. h. der künstlerische Mensch restituiert. –

Von Ihnen weiß ich es, mein verehrter Freund, von Ihnen allein, daß Sie mit mir einen wahren und einen falschen Begriff der »griechischen Heiterkeit« unterscheiden und den letzteren – den falschen – im Zustande ungefährdeten Behagens auf allen Wegen und Stegen antreffen; von Ihnen weiß ich gleichfalls, daß Sie es für unmöglich halten, von jenem falschen Heiterkeitsbegriffe aus zur Einsicht in das Wesen der Tragödie zu kommen. Deshalb gebührt Ihnen die nachfolgende Erörterung über Ursprung und Ziel des tragischen Kunstwerks, in der der schwierige Versuch gemacht worden ist, unsere in diesem ernsten Probleme so wunderbar konsonierende Empfindung in Begriffe zu übertragen. Daß wir aber mit einem ernsthaften Problem zu tun haben, muß dem wohl- und übelgesinnten Leser zu seinem Erstaunen deutlich werden, wenn er sieht, wie Himmel und Hölle zu seiner Erklärung in Bewegung gesetzt werden müssen, und wie wir zum Schlusse genötigt sind, jenes Problem recht eigentlich in die Mitte der Welt, als einen »Wirbel des Seins« hinzustellen. Ein ästhetisches Problem so ernst zu nehmen, ist freilich nach allen Seiten hin anstößig, sowohl für unsere Ästhetisch-Empfindsamen und ihre Ekel erregende Weichlichkeit als auch für jenes robuste oder beleibte Gesindel, das in der Kunst nicht mehr als ein lustiges Nebenbei, als ein auch wohl zu missendes Schellengeklingel zum »Ernst des Daseins« zu erkennen imstande sind: als ob niemand wüßte, was es in dieser Gegenüberstellung mit einem solchen »Ernst des Daseins« auf sich habe. Wenn nun gar aus so verschiedenen Kreisen das Wort »griechische Heiterkeit« in die Welt hineinklingt, so dürfen wir immer schon zufrieden sein, wenn es nicht geradewegs als »bequemer Sensualismus« zu interpretieren ist, in welchem Sinne Heinrich Heine das Wort häufig und immer mit sehnsüchtiger Regung gebraucht hat. Diejenigen aber, deren Lob bei der Durchsichtigkeit, Klarheit, Bestimmtheit und Harmonie der griechischen Kunst stehen bleibt, im Glauben, unter dem Schutze des griechischen Vorbildes sich mit allem Entsetzlichen des Daseins abfinden zu können – eine Gattung Menschen, die von Ihnen bereits, mein verehrter Freund, in Ihrer denkwürdigen Schrift »Über das Dirigieren« mit unvergleichlich scharfen Zügen ans Licht gestellt worden ist –, diese sind zu überzeugen, daß es zum Teil an ihnen liegt, wenn der Unterboden der griechischen Kunst ihnen flach erscheint, zum Teil auch am innersten Wesen der besagten griechischen Heiterkeit, in welchem Bezuge ich den Besten unter ihnen andeuten möchte, es ginge ihnen wie solchen, die in das hellste, von der Sonne durchschienene Seewasser sehen und den Grund des Sees ganz in ihrer Nähe wähnen, als ob er mit der Hand zu erreichen wäre. Uns hat die griechische Kunst gelehrt, daß es keine wahrhaft schöne Fläche ohne eine schreckliche Tiefe gibt; wer indes nach jener Kunst der reinen Fläche sucht, der sei ein für allemal auf die Gegenwart verwiesen als auf das wahre Paradies für solche Schatzgräberei, während es ihm im fremdartigen Lichte des griechischen Altertums begegnen konnte, Diamanten als Wassertropfen zu mißachten oder – was die größere Gefahr ist, herrliche Kunstwerke aus Versehen und Ungeschick zu zertrümmern. Ich werde nämlich, bei der gesteigerten Umwühlung des griechischen Bodens ängstlich und möchte jeden begabten oder unbegabten Menschen, der eine gewisse berufsmäßige Tendenz nach dem Altertume hin ahnen läßt, an die Hand nehmen und vor ihm in folgender Weise perorieren: »Weißt du auch, was für Gefahren dir drohen, junger, mit einem mäßigen Schulwissen auf die Reise geschickter Mensch? Hast du gehört, daß es nach Aristoteles ein untragischer Tod ist, von einer Bildsäule erschlagen zu werden? Und gerade dieser untragische Tod droht dir. Ach, ein schöner Tod, wirst du sagen, wenn es nur eine griechische Bildsäule ist! Oder verstehst du dies nicht einmal? So wisse denn, daß unsere Philologen seit Jahrhunderten versuchen, die in die Erde gesunkene umgefallene Statue des griechischen Altertums wieder aufzurichten, bis jetzt immer mit unzureichenden Kräften. Immer wieder, kaum vom Boden gehoben, fällt sie wieder zurück und zertrümmert die Menschen unter ihr. Das möchte noch angehn; denn jedes Wesen muß an etwas zugrunde gehn. Aber wer steht uns dafür, daß dabei die Statue selbst nicht in Stücke zerbricht? Die Philologen gehen an den Griechen zugrunde; das wäre etwa zu verschmerzen. Aber das Altertum bricht unter den Händen der Philologen in Stücke! Dies überlege dir, junger leichtsinniger Mensch, gehe zurück, falls du kein Bilderstürmer bist!«

Nun wünschte ich nichts mehr, als daß mir einmal jemand begegne, vor dem ich diese Rede nicht halten könnte, ein Wesen von zürnender Hoheit, stolzestem Blick, kühnstem Wollen, ein Kämpfer, ein Dichter, ein Philosoph zugleich, mit einem Schritte, als ob es gälte, über Schlangen und Ungetüme hinwegzuschreiten. Dieser zukünftige Held der tragischen Erkenntnis wird es sein, auf dessen Stirne der Abglanz jener griechischen Heiterkeit liegt, jener Heiligenschein, mit dem eine noch bevorstehende Wiedergeburt des Altertums inauguriert wird, die *deutsche* Wiedergeburt der hellenischen Welt.

Ach, mein verehrter Freund, kaum darf ich sagen, in welcher Weise ich meine Hoffnungen für diese Wiedergeburt mit der gegenwärtigen blutigen Glorie des deutschen Namens verbinde. Auch ich habe meine Hoffnungen. Diese haben es mir möglich gemacht, während die Erde unter den Schritten des Ares zitterte, unausgesetzt und selbst mitten im Bereich der entsetzlichen nächsten Wirkungen des Krieges der Betrachtung meines Themas obzuliegen, ja ich erinnere mich, in einsamer Nacht mit Verwundeten zusammen im Güterwagen liegend und zu deren Pflege bedienstet, mit meinen Gedanken in den drei Abgründen der Tragödie gewesen zu sein: deren Namen lauten »Wahn, Wille, Wehe«. Und woher schöpfte ich da die tröstliche Sicherheit, daß jener zukünftige Held der tragischen Erkenntnis und der griechischen Heiterkeit nicht unter ganz anders gearteten Erkenntnissen und Heiterkeiten bereits in der Geburt erstickt werde?

Sie wissen, wie ich mit Abscheu jenen Irrwahn zurückweise, daß das Volk oder gar daß der Staat »Selbstzweck« sein solle; aber ebensosehr widerstrebt es mir, den Zweck der Menschheit in der Zukunft der Menschheit zu suchen. Weder der Staat, noch das

Volk, noch die Menschheit sind ihrer selbst wegen da, sondern in ihren Spitzen, in den großen »Einzelnen«, den Heiligen und den Künstlern liegt das Ziel, also weder vor noch hinter uns, sondern außerhalb der Zeit. Dieses Ziel aber weist durchaus über die Menschheit hinaus. Nicht um eine allgemeine Bildung oder eine asketische Selbstvernichtung oder gar um einen Universalstaat vorzubereiten, erheben wider alles Vermuten hier und da die großen Genien ihre Häupter. Wohin aber die Existenz des Genius deutet, auf welches erhabenste Daseinsziel, wird hier nur mit Schauer nachgefühlt werden können. Wer möchte sich erkühnen dürfen, vom Heiligen in der Wüste zu sagen, daß er die höchste Absicht des Weltwillens verfehlt habe? Glaubt wirklich jemand, daß eine Statue des Phidias wahrhaft vernichtet werden könne, wenn nicht einmal die Idee des Steins, aus der sie gefertigt war, zugrunde geht? Und wer möchte bezweifeln, daß die griechische Heroenwelt nur des einen Homer wegen dagewesen ist? Und um mit einer tiefsinnigen Frage Friedrich Hebbels zu schließen:

Machte der Künstler ein Bild und wüßte, es dauere ewig,
Aber ein einziger Zug, tief wie kein andrer, versteckt,
Werde von keinem erkannt der jetz'gen und künftigen Menschen,
Bis ans Ende der Zeit, glaubt ihr, er ließe ihn weg?

Aus alledem wird klar, daß der Genius nicht der Menschheit wegen da ist, während er allerdings derselben Spitze und letztes Ziel ist. Es gibt keine höhere Kulturtendenz als die Vorbereitung und Erzeugung des Genius. Auch der *Staat* ist trotz seines barbarischen Ursprungs und seiner herrschsüchtigen Gebärden nur ein Mittel zu diesem Zweck.

Und nun meine Hoffnungen!

Die einzige produktive *politische* Macht in Deutschland, die wir niemanden näher zu bezeichnen brauchen, ist jetzt in der ungeheuersten Weise zum Siege gekommen und sie wird von jetzt ab das deutsche Wesen bis in seine Atome hinein beherrschen. Diese Tatsache ist vom äußersten Werte, weil an jener Macht etwas zugrunde gehen wird, das wir als den eigentlichen Gegner jeder tieferen Philosophie und Kunstbetrachtung hassen, ein Krankheitszustand, an dem das deutsche Wesen vornehmlich seit der großen Französischen Revolution zu leiden hat und der in immer wiederkehrenden gichtischen Zuckungen auch die bestgearteten deutschen Naturen heimsucht, ganz zu schweigen von der großen Masse, bei der man jenes Leiden, mit schnöder Entweihung eines wohlgemeinten Wortes, »Liberalismus« nennt. Jener ganze auf eine erträumte Würde des Menschen, des Gattungsbegriffs Mensch gebaute Liberalismus wird samt seinen derberen Brüdern an jener starren, vorhin angedeuteten Macht verbluten; und wir wollen die kleinen Reize und Gutartigkeiten, die ihm anhaften, gerne drangeben, wenn nur diese eigentlich kulturwidrige Doktrin aus der Bahn des Genius weggeräumt wird. – Und wozu sollte jene starre Macht, mit ihrer durch Jahrhunderte fortdauernden Geburt aus Gewalt, Eroberung und Blutbad dienen, als dem Genius die Bahn zu bereiten? Aber welche Bahn!

Vielleicht ist unser zukünftiger Held der tragischen Erkenntnis und der griechischen Heiterkeit ein Anachoret – vielleicht bestimmt er die tieferen deutschen Naturen in die Wüste zu gehen – glückselige Zeit, in der die durch furchtbares Leid verinnerlichte Welt den Gesang jenes apollinischen Schwans hören wird!

Mein edler Freund, ob ich wohl bis hierher mich auch in Ihrem Sinne geäußert habe? Fast möchte ich's vermuten; und jeder Blick, den ich in Ihren »Beethoven« werfe, führt mir auch die Worte zu: »Der Deutsche ist tapfer; sei er es denn auch im Frieden. Verschmähe er es, etwas zu scheinen, was er nicht ist. Die Natur hat ihm das Gefällige versagt; dafür ist er innig und erhaben.«

Diese Tapferkeit, samt den letztgenannten Eigenschaften, ist das andere Unterpfand meiner Hoffnungen. Wenn es wahr ist, was mein Glaubensbekenntnis genannt sein mag, daß jede tiefere Erkenntnis schrecklich ist, wer anders als der Deutsche wird jenen tragischen Standpunkt der Erkenntnis einnehmen können, den ich, als Vorbereitung des Genius, als das neue Bildungsziel einer edel strebenden Jugend fordere? Wer anders als der deutsche Jüngling wird die Unerschrockenheit des Blicks und den heroischen Zug ins Ungeheure haben, um allen jenen schwächlichen Bequemlichkeitsdoktrinen des liberalen Optimismus in jeder Form den Rücken zu kehren und im Ganzen und Vollen »resolut zu leben«? Wobei nicht ausbleiben wird, daß er, der tragische Mensch, bei seiner Selbsterziehung zum Ernst und zum Schrecken, auch die von uns gemeinte griechische Heiterkeit als Helena begehren und mit Faust ausrufen muß:

Und sollt' ich nicht, sehnsüchtigster Gewalt,
Ins Leben ziehn die einzigste Gestalt?

Friedrich Nietzsche.

Lugano am 22 Februar 1871,
am Geburtstage Schopenhauers.

Was wir hier über das Verhältnis der Sprache zur Musik aufgestellt haben, muß aus gleichen Gründen auch vom Verhältnis des *Mimus zur Musik* gelten. Auch der Mimus als die gesteigerte Gebärdensymbolik des Menschen ist, an der ewigen Bedeutsamkeit der Musik gemessen, nur ein Gleichnis, das deren innerstes Geheimnis gar nicht, sondern nur ihre rhythmische Außenseite und auch diese nur sehr äußerlich, nämlich am Substrat des leidenschaftlich-bewegten Menschenleibes, darstellen kann. Fassen wir aber auch die Sprache mit unter die Kategorie der leiblichen Symbolik, halten wir selbst das *Drama,* gemäß unserem aufgestellten Kanon, an die Musik heran, so dürfte jetzt ein Satz Schopenhauers in die hellste Beleuchtung treten (Parerga, Band 2 S. 465): »Es möchte hingehn, obgleich ein rein musikalischer Geist es nicht verlangt, daß man der reinen Sprache der Töne, obwohl sie, selbstgenugsam, keiner Beihülfe bedarf, Worte, sogar auch eine anschaulich vorgeführte Handlung, zugesellt und unterlegt, damit unser anschauender und reflektierender Intellekt, der nicht ganz müßig sein mag, doch auch eine leichte und analoge Beschäftigung dabei erhalte, wodurch sogar die Aufmerksamkeit der Musik fester anhängt und folgt, auch zugleich dem, was die Töne in ihrer allgemeinen, bilderlosen

Sprache des Herzens besagen, ein anschauliches Bild, gleichsam ein Schema, oder wie ein Exempel zu einem allgemeinen Begriff, untergelegt wird; ja dergleichen wird den Eindruck der Musik erhöhen.« Wenn wir von der rationalistisch äußerlichen Motivierung absehn, wonach unser anschauender und reflektierender Intellekt beim Anhören der Musik nicht ganz müßig sein mag, und die Aufmerksamkeit, an der Hand einer anschaulichen Aktion, besser folgt – so ist von Schopenhauer mit höchstem Rechte das Drama im Verhältnis zur Musik als ein Schema, als ein Exempel zu einem allgemeinen Begriff charakterisiert worden; und wenn er hinzufügt: »Ja, dergleichen wird den Eindruck der Musik erhöhen«, so bürgt die ungeheure Allgemeinheit und Ursprünglichkeit der Vokalmusik, der Verbindung von Ton mit Bild und Begriff, für die Richtigkeit dieses Ausspruchs. Die Musik jedes Volkes beginnt durchaus im Bunde mit der Lyrik, und lange bevor an eine absolute Musik gedacht werden kann, durchläuft sie in jener Vereinigung die wichtigsten Entwicklungsstufen. Verstehen wir diese Urlyrik eines Volkes, wie wir es ja müssen, als eine Nachahmung der künstlerisch vorbildenden Natur, so muß uns als ursprüngliches Vorbild jener Vereinigung von Musik und Lyrik die von der Natur vorgebildete *Doppelheit im Wesen der Sprache* gelten, in welches wir jetzt, nach den Erörterungen über die Stellung von Musik zum Bild, tiefer eindringen werden.
In der Vielheit der Sprachen gibt sich sofort die Tatsache kund, daß Wort und Ding sich nicht vollständig und notwendig decken, sondern daß das Wort ein Symbol ist. Was symbolisiert aber das Wort? Doch gewiß nur Vorstellungen, seien dies nun bewußte oder der Mehrzahl nach unbewußte; denn wie sollte ein Wort-Symbol jenem innersten Wesen, dessen Abbildung wir selbst, samt der Welt, sind, entsprechen? Nur als Vorstellungen kennen wir jenen Kern, nur in seinen bildlichen Äußerungen haben wir eine Vertrautheit mit ihm; außerdem gibt es nirgends eine direkte Brücke, die uns zu ihm selbst führte. Auch das gesamte Triebleben, das Spiel der Gefühle, Empfindungen, Affekte, Willensakte ist uns – wie ich hier gegen Schopenhauer

einschalten muß – bei genauester Selbstprüfung nur als Vorstellung, nicht seinem Wesen nach, bekannt: und wir dürfen wohl sagen, daß selbst der »Wille« Schopenhauers nichts als die allgemeinste Erscheinungsform eines uns übrigens gänzlich Unentzifferbaren ist. Müssen wir uns also schon in die starre Notwendigkeit fügen, nirgends über die Vorstellungen hinauszukommen, so können wir doch wieder im Bereich der Vorstellungen zwei Hauptgattungen unterscheiden. Die einen offenbaren sich uns als Lust- und Unlustempfindungen und begleiten als nie fehlender Grundbaß alle übrigen Vorstellungen. Diese allgemeinste Erscheinungsform, aus der und unter der wir alles Werden und alles Wollen einzig verstehen und für die wir den Namen »Wille« festhalten wollen, hat nun auch in der Sprache ihre eigne symbolische Sphäre; und zwar ist diese für die Sprache eben so fundamental wie jene Erscheinungsform für alle übrigen Vorstellungen. Alle Lust- und Unlustgrade – Äußerungen *eines* uns nicht durchschaubaren Urgrundes – symbolisieren sich im *Tone des Sprechenden,* während sämtliche übrigen Vorstellungen durch die *Gebärdensymbolik* des Sprechenden bezeichnet werden. Insofern jener Urgrund in allen Menschen derselbe ist, ist auch der *Tonuntergrund* der allgemeine und über die Verschiedenheit der Sprachen hinaus verständliche. An ihm entwickelt sich nun die willkürlichere und ihrem Fundament nicht völlig adäquate Gebärdensymbolik, mit der die Mannigfaltigkeit der Sprachen beginnt, deren Vielheit wir gleichnisweise als einen strophischen Text auf jene Urmelodie der Lust- und Unlustsprache ansehen dürfen. Der ganze Bereich des Konsonantischen und Vokalischen glauben wir nur unter die Gebärdensymbolik rechnen zu dürfen – Konsonanten *und* Vokale sind ohne den vor allem nötigen fundamentalen Ton nichts als *Stellungen* der Sprachorgane, kurz Gebärden –; sobald wir uns das *Wort* aus dem Munde des Menschen hervorquellen denken, so erzeugt sich zu allererst die Wurzel des Wortes und das Fundament jener Gebärdensymbolik, der *Tonuntergrund,* der Wiederklang der Lust- und Unlustempfindungen. Wie sich unsre ganze Leiblichkeit zu jener ursprünglichsten Erscheinungsform, dem Willen verhält,

so verhält sich das konsonantisch-vokalische Wort zu seinem Tonfundamente.
Diese ursprünglichste Erscheinungsform, der »Wille«, mit seiner Skala der Lust- und Unlustempfindungen, kommt aber in der Entwicklung der Musik zu einem immer adäquateren symbolischen Ausdruck, als welchem historischen Prozeß das fortwährende Streben der Lyrik nebenher läuft, die Musik in Bildern zu umschreiben; wie dieses Doppelphänomen, nach der soeben gemachten Ausführung, in der Sprache uranfänglich vorgebildet liegt.
Wer uns in diese schwierigen Betrachtungen bereitwillig, aufmerksam und mit einiger Phantasie gefolgt ist – auch mit Wohlwollen ergänzend, wo der Ausdruck zu knapp oder zu unbedingt ausgefallen ist –, der wird nun mit uns den Vorteil haben, einige aufregende Streitfragen der heutigen Ästhetik und noch mehr der gegenwärtigen Künstler sich ernsthafter vorlegen und tiefer beantworten zu können, als dies gemeinhin zu geschehen pflegt. Denken wir uns, nach allen Voraussetzungen, welch ein Unterfangen es sein muß, Musik zu einem Gedichte zu machen, d. h. ein Gedicht durch Musik illustrieren zu wollen, um damit der Musik zu einer Begriffssprache zu verhelfen: welche verkehrte Welt! Ein Unterfangen, das mir vorkommt, als ob ein Sohn seinen Vater zeugen wollte! Die Musik kann Bilder aus sich erzeugen, die dann immer nur Schemata, gleichsam Beispiele ihres eigentlichen allgemeinen Inhaltes sein werden. Wie aber sollte das Bild, die Vorstellung aus sich heraus Musik erzeugen können! Geschweige denn, daß dies der Begriff oder, wie man gesagt hat, »die poetische Idee« zu tun imstande wäre. So gewiß aus der mysteriösen Burg des Musikers eine Brücke ins freie Land der Bilder führt – und der Lyriker schreitet über sie hin –, so unmöglich ist es, den umgekehrten Weg zu gehen, obschon es einige geben soll, welche wähnen, ihn gegangen zu sein. Man bevölkere die Luft mit der Phantasie eines Raffael, man schaue, wie er, die heilige Caecilia entzückt den Harmonien der Engelchöre lauschen – es dringt kein Ton aus dieser in Musik scheinbar verlorenen Welt, ja stellten wir uns nur vor,

daß jene Harmonie wirklich, durch ein Wunder, uns zu erklingen begänne, wohin wären uns plötzlich Caecilia, Paulus und Magdalena, wohin selbst der singende Engelchor verschwunden! Wir würden sofort aufhören, Raffael zu sein! Und wie auf jenem Bilde die weltlichen Instrumente zertrümmert auf der Erde liegen, so würde unsre Malervision, von dem Höheren besiegt, schattengleich verblassen und verlöschen. – Wie aber sollte das Wunder geschehn! Wie sollte die ganz ins Anschauen versunkene apollinische Welt des Auges den Ton aus sich erzeugen können, der doch eine Sphäre symbolisiert, die eben durch das apollinische Verlorensein im Scheine ausgeschlossen und überwunden ist! Die Lust am Scheine kann nicht aus sich die Lust am Nicht-Scheine erregen: die Wonne des Schauens ist Wonne nur dadurch, daß nichts uns an eine Sphäre erinnert, in der die Individuation zerbrochen und aufgehoben ist. Haben wir das Apollinische im Gegensatz zum Dionysischen irgendwie richtig charakterisiert, so muß uns jetzt der Gedanke nur abenteuerlich falsch dünken, welcher dem Bilde, dem Begriffe, dem Scheine irgendwie die Kraft beimäße, den Ton aus sich zu erzeugen. Man mag uns nicht, zu unserer Widerlegung, auf den Musiker verweisen, der vorhandene lyrische Gedichte komponiert; denn wir werden, nach allem Gesagten, behaupten müssen, daß das Verhältnis des lyrischen Gedichtes zu seiner Komposition jedenfalls ein anderes sein muß als das des Vaters zu seinem Kinde. Und zwar welches?

Hier nun wird man uns, aufgrund einer beliebten ästhetischen Anschauung, mit dem Satze entgegenkommen: »Nicht das Gedicht, sondern das durch das Gedicht erzeugte *Gefühl* ist es, welche die Komposition aus sich gebiert.« Ich stimme nicht damit überein: das Gefühl, die leisere oder stärkere Erregung jenes Lust- und Unlustuntergrundes ist überhaupt im Bereich der produktiven Kunst das an sich Unkünstlerische, ja erst seine gänzliche Ausschließung ermöglicht das volle sich Versenken und interesselose Anschauen des Künstlers. Hier möchte man mir etwa erwidern, daß ich ja selbst soeben vom »Willen« ausgesagt habe, er komme in der Musik zu einem immer adäquateren symbolischen Ausdruck. Meine Antwort, in einen ästhetischen Grundsatz zusammengefaßt, ist diese: *der »Wille« ist Gegenstand der Musik, aber nicht Ursprung derselben,* nämlich der Wille in seiner allergrößten Allgemeinheit, als die ursprünglichste Erscheinungsform, unter der alles Werden zu verstehn ist. Das, was wir *Gefühle* nennen, ist, hinsichtlich dieses Willens, bereits schon mit bewußten und unbewußten Vorstellungen durchdrungen und gesättigt und deshalb nicht mehr direkt Gegenstand der Musik; geschweige denn, daß es diese aus sich erzeugen könnte. Man nehme beispielsweise die Gefühle von Liebe, Furcht und Hoffnung: die Musik kann mit ihnen auf direktem Wege gar nichts mehr anfangen, so erfüllt ist ein jedes dieser Gefühle schon mit Vorstellungen. Dagegen können diese Gefühle dazu dienen, die Musik zu symbolisieren, wie dies der Lyriker tut, der jenes begrifflich und bildlich unnahbare Bereich des »Willens«, den eigentlichen Inhalt und Gegenstand der Musik, sich in die Gleichniswelt der Gefühle übersetzt. Dem Lyriker ähnlich sind alle diejenigen Musikhörer, welche *eine Wirkung der Musik auf ihre Affekte* spüren; die entfernte und entrückte Macht der Musik appelliert bei ihnen an ein *Zwischenreich,* das ihnen gleichsam einen Vorgeschmack, einen symbolischen Vorbegriff der eigentlichen Musik gibt, an das Zwischenreich der Affekte. Von ihnen dürfte man, im Hinblick auf den »Willen«, den einzigen Gegenstand der Musik, sagen, sie verhielten sich zu diesem Willen wie der analogische Morgentraum nach der Schopenhauerischen Theorie zum eigentlichen Traume. Allen jenen aber, die der Musik nur mit ihren Affekten beizukommen vermögen, ist zu sagen, daß sie immer in den Vorhallen bleiben und keinen Zutritt zu dem Heiligtum der Musik haben werden, als welches der Affekt, wie ich sagte, nicht zu zeigen, sondern nur zu symbolisieren vermag.

Was dagegen den Ursprung der Musik betrifft, so habe ich schon erklärt, daß dieser nie und nimmer im »Willen« liegen kann, vielmehr im Schoße jener Kraft ruht, die unter der Form des »Willens« eine Visionswelt aus sich erzeugt: *der Ursprung der Musik liegt jenseits aller Individuation,* ein Satz, der sich nach unsrer

Erörterung über das Dionysische aus sich selbst beweist. An dieser Stelle möchte ich mir gestatten, die entscheidenden Behauptungen, zu denen uns der behandelte Gegensatz des Dionysischen und des Apollinischen genötigt hat, noch einmal übersichtlich nebeneinander zu stellen.

Der »Wille«, als ursprünglichste Erscheinungsform, ist Gegenstand der Musik, in welchem Sinne sie Nachahmung der Natur, aber der allgemeinsten Form der Natur genannt werden kann.

Der »Wille« selbst und die Gefühle – als die schon mit Vorstellungen durchdrungenen Willensmanifestationen – sind völlig unvermögend, Musik aus sich zu erzeugen; wie es andernseits der Musik völlig versagt ist, Gefühle darzustellen, Gefühle zum Gegenstand zu haben, während der Wille ihr einziger Gegenstand ist. –

Wer Gefühle als Wirkungen der Musik davonträgt, hat an ihnen gleichsam ein symbolisches Zwischenreich, das ihm einen Vorgeschmack von der Musik geben kann, doch ihn zugleich aus ihren innersten Heiligtümern ausschließt. –

Der Lyriker deutet sich die Musik durch die symbolische Welt der Affekte, während er selbst, in der Ruhe der apollinischen Anschauung, jenen Affekten enthoben ist. –

Wenn also der Musiker ein lyrisches Lied komponiert, so wird er als Musiker weder durch die Bilder noch durch die Gefühlssprache dieses Textes erregt, sondern eine aus ganz andern Sphären kommende Musikerregung *wählt* sich jenen Liedertext als einen gleichnisartigen Ausdruck ihrer selbst. Von einem notwendigen Verhältnis zwischen Lied und Musik kann also nicht die Rede sein; denn die beiden hier in Bezug gebrachten Welten des Tons und des Bildes stehn sich zu fern, um mehr als eine äußerliche Verbindung eingehen zu können; das Lied ist eben nur Symbol und verhält sich zur Musik wie die ägyptische Hieroglyphe der Tapferkeit zum tapferen Krieger selbst. Bei den höchsten Offenbarungen der Musik empfinden wir sogar unwillkürlich die *Roheit* jeder Bildlichkeit und jedes zur Analogie herbeigezogenen Affektes, wie z. B. die letzten Beethovenschen Quartette jede Anschaulichkeit, überhaupt das gesamte Reich der empirischen Realität völlig beschämen. Das Symbol hat angesichts des höchsten, wirklich sich offenbarenden Gottes keine Bedeutung mehr, ja es erscheint jetzt als eine beleidigende Äußerlichkeit.

Man verarge uns hier nicht, wenn wir auch von diesem Standpunkte aus den unerhörten und in seinen Zaubern nicht auflösbaren *letzten Satz der Neunten Symphonie Beethovens* in unsre Betrachtung ziehn, um über ihn ganz unverhohlen zu reden. Daß dem dithyrambischen Welterlösungsjubel dieser Musik das Schillersche Gedicht »An die Freude« gänzlich inkongruent ist, ja wie blasses Mondlicht von jenem Flammenmeere überflutet wird, wer möchte mir dieses allersicherste Gefühl rauben? Ja wer möchte mir überhaupt streitig machen können, daß jenes Gefühl beim Anhören dieser Musik nur deshalb nicht zum schreienden Ausdruck kommt, weil wir, durch die Musik für Bild und Wort völlig depotenziert, bereits *gar nichts von dem Gedichte Schillers hören?* Aller jener edle Schwung, ja die Erhabenheit der Schillerschen Verse wirkt schon neben der wahrhaft naiv-unschuldigen Volksmelodie der Freude störend, beunruhigend, selbst roh und beleidigend; nur daß man sie nicht hört, bei der immer volleren Entfaltung des Chorgesanges und der Orchestermassen, hält jene Empfindung der Inkongruenz von uns fern. Was sollen wir also von jenem ungeheuerlichen ästhetischen Aberglauben halten, daß Beethoven, mit jenem vierten Satz der Neunten selbst ein feierliches Bekenntnis über die Grenzen der absoluten Musik abgegeben, ja mit ihm die Pforten einer neuen Kunst gewissermaßen entriegelt habe, in der die Musik sogar das Bild und den Begriff darzustellen befähigt und damit dem »bewußten Geiste« erschlossen worden sei? Und was sagt uns Beethoven selbst, indem er diesen Chorgesang durch ein Rezitativ einführen läßt: »Ach Freunde, nicht diese Töne, sondern laßt uns angenehmere anstimmen und freudenvollere!« Angenehmere und freudenvollere! Dazu brauchte er den überzeugenden Ton der Menschenstimme, dazu brauchte er die Unschuldsweise des Volksgesanges. Nicht nach dem Wort, aber nach dem »angenehmeren« Laut, nicht nach dem Begriff, aber nach dem innig-freudenreichsten Tone griff der erhabene Meister in der Sehnsucht nach dem seelenvollsten Gesamtklange seines Orchesters. Und wie konnte man ihn mißverstehn! Vielmehr gilt von diesem Satze genau dasselbe, was *Richard Wagner* in Betreff der großen Missa solemnis sagt, die er »ein rein symphonisches Werk des ächtesten Beethovenschen Geistes« nennt. »Beethoven« S. 47: »Die Gesangstimmen sind hier ganz im Sinne wie menschliche Instrumente behandelt, welchen Schopenhauer diesen sehr richtig auch nur zugesprochen wissen wollte: der ihnen untergelegte Text wird von uns, gerade in diesen großen Kirchenkompositionen, nicht seiner begrifflichen Bedeutung nach aufgefaßt, sondern er dient, im Sinne des musikalischen Kunstwerkes, lediglich als Material für den Stimmgesang und verhält sich nur deswegen nicht störend zu unsrer musikalisch bestimmten Empfindung, weil er uns keineswegs Vernunftvorstellungen anregt, sondern, wie dies auch sein kirchlicher Charakter bedingt, uns nur mit dem Eindrucke wohlbekannter symbolischer Glaubensformeln berührt.« Übrigens zweifle ich nicht, daß Beethoven, falls er die projektierte zehnte Symphonie geschrieben hätte – zu der noch Skizzen vorliegen – eben die *zehnte* Symphonie geschrieben haben würde.

Nahen wir uns jetzt, nach diesen Vorbereitungen, der Besprechung der *Oper,* um von ihr nachher zu ihrem Gegenbild in der griechischen Tragödie fortgehen zu können. Was wir im letzten Satze der Neunten, also auf den höchsten Gipfeln der modernen Musikentwicklung, zu beobachten hatten, daß der Wortinhalt ungehört in dem allgemeinen Klangmeere untergeht, ist nichts Vereinzeltes und Absonderliches, sondern die allgemeine und ewig gültige Norm in der Vokalmusik aller Zeiten, die dem Ursprunge des lyrischen Liedes einzig gemäß ist. Der dionysisch erregte Mensch hat ebensowenig wie die orgiastische Volksmasse einen *Zuhörer,* dem sie etwas mitzuteilen hätte, wie ihn allerdings der epische Erzähler und überhaupt der apollinische Künstler voraussetzt. Es liegt vielmehr im Wesen der dionysischen Kunst, daß sie die Rücksicht auf den Zuhörer nicht kennt:

der begeisterte Dionysusdiener wird, wie ich an einer früheren Stelle sagte, nur von seinesgleichen verstanden. Denken wir uns aber einen Zuhörer bei jenen endemischen Ausbrüchen der dionysischen Erregung, so müßten wir ihm ein Schicksal weissagen, wie es Pentheus, der entdeckte Lauscher, erlitt: nämlich von den Mänaden zerrissen zu werden. Der Lyriker singt »wie der Vogel singt«, allein, aus innerster Nötigung und muß verstummen, wenn ihm der Zuhörer fordernd entgegentritt. Deshalb würde es durch⟨aus⟩ unnatürlich sein, vom Lyriker zu verlangen, daß man auch die Textworte seines Liedes verstünde, unnatürlich, weil hier der *Zuhörer* fordert, der überhaupt bei dem lyrischen Erguß kein Recht beanspruchen darf. Nun frage man sich einmal aufrichtig, mit den Dichtungen der großen antiken Lyriker in der Hand, ob sie auch nur daran gedacht haben können, der umherstehenden lauschenden Volksmenge mit ihrer Bilder- und Gedankenwelt deutlich zu werden; man beantworte sich diese ernsthafte Frage, mit dem Blick auf Pindar und die äschyleischen Chorgesänge. Diese kühnsten und dunkelsten Verschlingungen des Gedankens, dieser ungestüm sich neu gebärende Bilderstrudel, dieser Orakelton des Ganzen, den wir, *ohne* die Ablenkung durch Musik und Orchestik, bei angespanntester Aufmerksamkeit so oft nicht durchdringen können – diese ganze Welt von Mirakeln sollte der griechischen Menge durchsichtig wie Glas, ja eine bildlich-begriffliche Interpretation der Musik gewesen sein? Und mit solchen Gedankenmysterien, wie sie Pindar enthält, hätte der wunderbare Dichter die an sich eindringlich deutliche Musik noch verdeutlichen wollen? Sollte man hier nicht zur Einsicht in das kommen müssen, was der Lyriker ist, nämlich der künstlerische Mensch, der die Musik *sich* durch die Symbolik der Bilder und Affekte deuten muß, der aber dem dem Zuhörer nichts mitzuteilen hat, der sogar, in völliger Entrücktheit, vergißt, wer gierig lauschend in seiner Nähe steht. Und wie der Lyriker seinen Hymnus, so singt das Volk das Volkslied, für sich, aus innerem Drange, unbekümmert, ob das Wort einem Nichtmitsingenden verständlich ist. Denken wir an unsre eigenen Erfahrungen im Gebiete der höheren Kunstmusik: was verstanden wir vom Texte einer Messe Palestrinas, einer Kantate Bachs, eines Oratoriums Händels, wenn wir nicht etwa selbst mitsangen? Nur für den *Mitsingenden* gibt es eine Lyrik, gibt es Vokalmusik: der Zuhörer steht ihr gegenüber als einer absoluten Musik.

Nun aber beginnt die *Oper,* nach den deutlichsten Zeugnissen, mit der *Forderung des Zuhörers, das Wort zu verstehn.*

Wie? Der Zuhörer *fordert?* Das Wort soll verstanden werden?

AUS DEM UMKREIS DER »UNZEITGEMÄSSEN BETRACHTUNGEN«
(1872-1876)

1872/73

1. Schilderung der einsamen Bayreuther Pfingsthoffnungen. Persönliche Interpretation der Neunten auf Wagner und symbolische Hoffnung aus seinem Leben für unsre Kultur. Unsre höchste Furcht, daß wir nicht reif sind für die Wunder, daß ihre Wirkung nicht tief genug ist.
2. Ringsum Stille, keiner merkt etwas. Die Regierungen glauben an die Güte *ihrer* Bildung, die Gelehrten auch. Benutzung der Wirkung des Krieges. Wodurch hat man ihn geheiligt? – *Dumpfe Abneigung* gegen Wagner.
3. Den einzigen Lärm erheben die zunächst bedrohten Vertreter der schlechten jetzigen Kunstinstitute, Journale, diese fürchten sich. *Lärmende* Abneigung. Kann nur bestehen durch Anlehnung an jene dumpfe ahnende Abneigung.
Ahnung des *Untergangs* des jetzigen Gebildeten.

Jedesmal wenn Wagner beleidigt, berührt er ein tiefes Problem.

Charakteristik des Gebildeten. [. . .] Es gibt für sie kein δός μοι ποῦ στῶ. [. . .] Wagner erkennt die Musik als solches δός μοι ποῦ στῶ. Antiker Satz von der Musik und dem Staate. Der nächste Schritt: Musik schafft sich das Drama. Jetzt kommt zu Tage, was das Wortdrama ist: gelehrt, unoriginal, erlogen oder Drastik. Wagner. [. . .]

Wagners δός μοι ποῦ στῶ; die deutsche Musik. An ihr kann man lernen, wie die deutsche Kultur sich verhalten wird zu anderen Kulturen. Plato über Musik: Kultur. Sie ist nicht »historisch«, an ihr kann man das Lebendige fühlen. Sie hat das

Gelehrtenhafte tiefsinnig überwunden und in instinktive Technik verwandelt. Sie belebt den Mythus wieder (Meistersinger).

Bayreuther Horizont-Betrachtungen.

Der Deutsche spricht wenig. Deshalb sind alle Dramatiker in Verlegenheit. Das Wahre ist Wagners Verfahren. Kurz, tief und mit Wortsymbolik, wie mit Runen. Die ältesten Orakel wohl drei alliterierende Runen.

Perikles spricht von den Festen Athens, den schönen und kostbaren Einrichtungen des Hauses, deren täglicher Anblick das düstere Wesen verscheucht. Wir Deutsche leiden sehr an diesem düstern Wesen; Schiller hoffte durch das Einströmen von Schönheit und Größe, durch die ästhetische Erhebung eine Nachwirkung in Betreff der moralischen Erhebung. Wagner hofft umgekehrt, daß die moralischen Kräfte der Deutschen sich endlich auch einmal dem Bereiche der Kunst zuwenden, um hier Ernst und Würde zu verlangen. Er nimmt die Kunst so streng und ernst wie möglich; so hofft er erst ihre erheiternde Wirkung zu erleben. [. . .]

1874

Wenn Goethe ein versetzter Maler, Schiller ein versetzter Redner ist, so ist Wagner ein versetzter Schauspieler. Er nimmt bes⟨onders⟩ die Musik hinzu –

Wagner fand das Publikum sehr verschiedenartig ausgebildet, anders in der Beurteilung der Schauspielkunst, anders für Musik. Er nahm es als Einheit und erklärte seine Ausbrüche von Neigung als aus *einer* Wurzel kommend, d. h. er setzte voraus, daß der Effekt durch gleiche Portionen von Einzeleffekten zusammenaddiert sei. So und so viel Freude an der Musik, *ebenso* viel an der Schauspielkunst, ebenso viel am Drama.

Nun lernt er, daß eine große Schauspielerin diese Rechnung in Verwirrung bringt – zugleich aber steigert sich sein Ideal –, *was* wird die Wirkung erst für eine Höhe erreichen, wenn eine gleich große Musik usw. entspricht?

Unmäßigkeit und Schrankenlosigkeit galt ihm wohl als Natur.
Goethe zweifelte auch nicht das zu *können,* was ihm gefiel. Sein Geschmack und sein Können gingen parallel. Das Präsumptuöse.
Was auf Wagner stark wirkte, das wollte er auch machen. Von seinen Vorbildern verstand er nicht mehr, als er auch nachmachen könnte. Schauspieler-Natur.
Wagner ist eine gesetzgeberische Natur: er übersieht viel Verhältnisse und ist nicht im Kleinen befangen, er ordnet alles im Großen und ist nicht nach der isolierten Einzelheit zu beurteilen – Musik, Drama, Poesie, Staat, Kunst usw.
Die Musik ist nicht viel wert, die Poesie auch ⟨nicht⟩, das Drama auch nicht, die Schauspielkunst ist oft nur Rhetorik – aber alles ist im Großen eins und auf einer Höhe.
Wagner als Denker ist gleich so hoch als Wagner als Musiker und Dichter.

Das erste Problem Wagners: »Warum bleibt die Wirkung aus, da *ich* sie empfange?« Dies treibt ihn zu einer Kritik des Publikums, des Staates, der Gesellschaft. Er setzt zwischen Künstler und Publikum das Verhältnis vom Subjekt und Objekt – ganz naiv. Wagners Begabung ist ein aufwachsender *Wald,* kein einzelner Baum.

Er hat das Gefühl der *Einheit* im *Verschiedenen* – deshalb halte ich ihn für einen *Kulturträger*.

Bei manchen Harmonien hat er etwas Angenehm-Widerstrebendes, wie beim Drehen eines Schlüssels in einem komplizierten Schlosse.

Im Großen ist Wagner gesetzmäßig und rhythmisch, im einzelnen oft gewaltsam und unrhythmisch.
Wagner hat sich so gewöhnt, in verschiedenen Künsten zugleich zu empfinden, daß er für neue Musik völlig unempfindlich ist: so daß er sie theoretisch verwirft. Ebenso für Dichtungen. Daraus viele Mißhelligkeiten mit Zeitgenossen.

Die eine Eigenschaft Wagners: Unbändigkeit, Maßlosigkeit, er geht bis auf die letzten Sprossen seiner Kraft, seiner Empfindung.
Die Heiterkeit Wagners ist das Sicherheitsgefühl dessen, der von den größten Gefahren und Ausschweifungen zurückkehrt, ins Begrenzte und Heimische; alle Menschen, mit denen er umgeht, sind solche begrenzte Abschnitte aus seinem eignen Laufe (wenigstens empfindet er nichts mehr an ihnen), deshalb kann er hier heiter und überlegen sein, denn hier kann er mit allen Nöten, Bedenken *spielen*.
Die andere Eigenschaft ist eine große schauspielerische Begabung, die versetzt ist, die sich in anderen Wegen Bahn bricht als auf dem ersten nächsten; dazu nämlich fehlt ihm Gestalt, Stimme und die nötige Bescheidung.
Keiner unserer großen Musiker war in seinem 28. Jahr ein noch so schlechter Musiker wie Wagner.
Im Tannhäuser sucht er eine Reihe von ekstatischen Zuständen an einem Individuum zu motivieren; er scheint zu meinen, erst in diesen Zuständen zeige sich der natürliche Mensch.
In den Meistersingern und in Teilen seiner Nibelungen kehrt er zur Selbstbeherrschung zurück; er ist darin größer als in dem ekstatischen Sichgehenlassen. Die Beschränkung steht ihm wohl.
Ein Mensch, der durch seinen Kunsttrieb diszipliniert wird.
Er entladet sich seiner Schwächen, dadurch daß er sie der modernen Zeit zuschiebt: natürlicher Glaube an die Güte der Natur, wenn sie frei waltet.
Er mißt Staat, Gesellschaft, Tugend, Volk, alles an seiner Kunst; und in unbefriedigtem Zustande wünscht er, daß die Welt zugrunde gehe.

Die Jugend Wagners ist die eines vielseitigen Dilettanten, aus dem nichts Rechtes werden will.
Ich habe oft unsinnigerweise bezweifelt, ob Wagner musikalische Begabung habe.
Seine Natur teilt sich allmählich: neben Siegfried, Walter, Tannhäuser tritt Sachs-Wotan. Er lernt den Mann zu begreifen, sehr spät. Tannhäuser und Lohengrin sind Ausgeburten eines Jünglings.
Er lief seinem Amte davon, weil er nicht mehr dienen mochte.

Als Schauspieler wollte er den Menschen nur als den wirksamsten und wirklichsten nachahmen: im höchsten Affekt. Denn seine extreme Natur sah in allen andern Zuständen Schwäche und Unwahrheit. Die Gefahr der Affektmalerei ist für den Künstler außerordentlich. Das Berauschende, das Sinnliche, Ekstatische, das Plötzliche, das Bewegtsein um jeden Preis – schreckliche Tendenzen!

Die Musik zu Beckmesser ist superlativisch: sie kann keinen mehr ausdrücken, der mehr geprügelt und geschunden ist. Man hat ordentlich Mitleid, wie wenn ein Bucklichter verhöhnt wird.

Richard Wagner in Bayreuth.

1. Ursachen des Mißlingens. Darunter vor allem das Befremdende. Mangel an Sympathie für Wagner. Schwierig, kompliziert.
2. Doppelnatur Wagners.
3. Affekt, Ekstase. Gefahren.
4. Musik und Drama. Das Nebeneinander.
5. Das Präsumptuöse.
6. Späte Männlichkeit – langsame Entwicklung.
7. Wagner als Schriftsteller.
8. Freunde (erregen neue Bedenken).
9. Feinde (erwecken keine Achtung, kein Interesse für das Befehdete).
10. Das Befremden erklärt: vielleicht gehoben?

Die Sehnsucht nach der Ruhe, Treue – aus dem Unbändigen, Grenzenlosen – im Fliegenden Holländer.

Wagner ist eine regierende Natur, nur dann in seinem Elemente, nur dann gewiß, mäßig und fest; die Hemmung dieses Triebes macht ihn unmäßig, exzentrisch, widerhaarig.
Wagner ist ein geborner Schauspieler, aber gleichsam wie Goethe ein Maler ohne Malerhände. Seine Begabung sucht und findet Auswege.
Nun denke man sich diese versagten Triebe zusammen wirkend.

Es ist ernstlich möglich, daß Wagner den Deutschen die Beschäftigung mit den einzelnen, vereinzelten Künsten verleidet. Vielleicht sogar läßt sich aus seiner Nachwirkung das Bild einer einheitlichen Bildung gewinnen, das durch Zusammenaddieren einzelner Fertigkeiten und Kenntnisse nicht erreicht werden kann.

Nicht zu vergessen: es ist eine *theatralische* Sprache, die Wagners Kunst redet; sie gehört nicht ins Zimmer, in die camera. Es ist eine Volksrede, und die läßt sich ohne eine starke Vergröberung selbst des Edelsten nicht denken. Sie soll in die Ferne wirken und das Volkschaos zusammenkitten. Z. B. der Kaisermarsch.

Sehr viele Mißgriffe liegen daran, daß der Beurteilende von seiner partiellen Kunst (Haus-Kunst) ausgeht.
Er steht zur Musik wie ein Schauspieler; deshalb kann er gleichsam aus verschiedenen Musikerseelen sprechen und ganz diverse Welten (Tristan, Meistersinger) nebeneinander hinstellen.

Man muß nicht unbillig sein und nicht von einem Künstler die Reinheit und Uneigennützigkeit verlangen, wie sie ein Luther usw. besitzt. Doch leuchtet aus Bach und Beethoven eine reinere Natur. Das Ekstatische ist bei Wagner oft gewaltsam und nicht naiv genug, zudem durch starke Kontraste zu stark in Szene gesetzt.

Sein Zurückfliehen zur Natur, d. h. zum Affekt ist deshalb verdächtig, weil der Affekt am wirkungsreichsten ist. Falsch die Möglichkeit einer Kunst, die reine Improvisation ist: das ist der deutschen Musik entgegen doch nur ein naiver Standpunkt. Die organische Einheit liegt bei Wagner im Drama, durchdringt aber deshalb nicht die Musik (oft nicht), ebensowenig den Text. Der behält den Eindruck des Improvisierten (das nur bei den vollendeten Künstlern etwas Gutes ist, nicht bei werdenden: aber es täuscht immer und erweckt den Eindruck des Reichtums).

Zwischen Musik und Sprache ist eine Verbindung möglich, die wirklich organisch ist: im Lied. Oft auch in ganzen Szenen. Es ist ein Ideal, das Drama und die Musik in ein solches Verhältnis zu bringen. Vorbild der antike Chortanz. Aber das Ziel ist sofort viel zu hoch genommen; denn wir haben noch keinen Stil der Bewegung, keine ebenso reiche Ausbildung der Orchestik, wie es unsre Musik hat. Die Musik aber in den Dienst einer naturalistischen Leidenschaftlichkeit zwingen, löst sie auf und verwirrt sie selbst und macht sie später unfähig, die gemeinsame Aufgabe zu lösen. Daß uns eine solche Kunst wie die Wagners aufs höchste gefällt, daß sie eine unendliche Ferne der Kunstentwicklung noch aufzeigt, ist kein Zweifel. Aber der deutsche Formensinn! Wenn nur die Musik nicht schlecht wird und die Form ausbleibt! Im Dienste Hans-Sachsischer Gebärden muß die Musik entarten (Beckmesser).

Es liegt etwas Komisches darin: Wagner kann die Deutschen nicht überreden, das Theater ernst zu nehmen. Sie bleiben kalt und gemütlich – er ereifert sich, als ob das Heil der Deutschen davon abhinge. Jetzt zumal glauben die Deutschen ernsthafter beschäftigt zu sein, und es kommt ihnen wie eine lustige Schwärmerei vor, daß jemand der Kunst so feierlich sich zuwendet.

Reformator ist Wagner nicht, denn bis jetzt ist alles beim Alten geblieben. In Deutschland nimmt jeder seine Sache ernst, da

lacht man über den, der für sich allein das Ernstnehmen prätendiert.
Einwirkung der Geldkrisen.
Allgemeine Unsicherheit der politischen Lage.
Zweifel an der besonnenen Leitung der d⟨eutschen⟩ Geschicke.
Zeit der Kunstaufregungen (Liszt usw.) vorüber.
Eine ernste Nation will sich einige Leichtfertigkeit nicht verkümmern lassen, die Deutschen nicht in den theatralischen Künsten.
Hauptsache: die Bedeutung der Kunst, wie sie Wagner hat, paßt nicht in unsre gesellschaftlichen und arbeitenden Verhältnisse. Daher instinktive Abneigung gegen das Ungeeignete.

Wagner ist für einen Deutschen zu unbescheiden; man denke an Luther, unsre Feldherrn.
Wagner als Schriftsteller gibt nicht sein Bild treu wieder. Er komponiert nicht: das Gesamte kommt nicht zur Anschauung; im Einzelnen schweift er ab, ist dunkel, und nicht harmlos und überlegen. Er hat keine heitere Anmaßung. Es ist ihm alle Anmut, Zierlichkeit versagt, auch dialektische Schärfe.

Wie erwarb sich Wagner die Anhänger? Sänger, die als Dramatiker interessant wurden und eine ganz neue Möglichkeit zu wirken bekamen, vielleicht bei geringerer Stimme. Musiker, die bei dem Meister des Vortrags lernten: der Vortrag muß so genial sein, daß er über das Werk selbst zu keinem Bewußtsein dringt. Orchestermusiker im Theater, die sich früher langweilten. Musiker, die Berauschung oder Bezauberung des Publikums auf direkte Weise betrieben und die die Farbeneffekte des Wagnerschen Orchesters erlernten. Alle Arten von Unzufriednen, die bei jedem Umsturz etwas für sich zu gewinnen hofften. Menschen, die für jeden sogenannten »Fortschritt« schwärmen. Solche, die sich bei der bisherigen Musik langweilten und nun ihre Nerven kräftiger bewegt fanden. Menschen, die sich für alles Verwegne und Kühne fortreißen lassen. – Er hatte bald die Virtuosen für sich, bald einen Teil der Komponisten; – entbehren kann ihn kaum einer oder der andre. Litteraten mit allen unklaren Reformbedürfnissen. Künstler, die die Art unabhängig zu leben bewundern.

Die »falsche Allmacht« entwickelt etwas »Tyrannisches« in Wagner. Das Gefühl, ohne *Erben* zu sein – deshalb sucht er seiner Reformidee die möglichste Breite zu geben und sich gleichsam durch Adoption fortzupflanzen. Streben nach Legitimität.
Der Tyrann läßt keine andre Individualität gelten als die seinige und die seiner Vertrauten. Die Gefahr für Wagner ist groß, wenn er Brahms usw. nicht gelten läßt, oder die Juden.

Wagner ist moderner Mensch und vermag sich nicht durch den Glauben an Gott zu ermutigen und zu befestigen. Er glaubt nicht in der Hand eines guten Wesens zu stehen, aber er glaubt an sich. Keiner ist mehr gegen sich ganz ehrlich, der nur an sich glaubt. Wagner beseitigt alle seine Schwächen, dadurch daß er sie der Zeit und den Gegnern aufbürdet.

Der Tyrannensinn für das *Kolossale*.
Es kommt ihm gar keine Pietät entgegen, der echte Musiker betrachtet ihn als einen Eindringling, als illegitim.

Es ist ein Glück, daß Wagner nicht auf einer höheren Stelle, als Edelmann, geboren ist und nicht auf die politische Sphäre verfiel.

Der Mensch, der dieser ungeheuren Entzückungen und Selbstentäußerungen sich fähig fühlt, behält schwerlich Bescheidenheit, denn nur der Wissende ist zum Bescheiden aufgefordert, der Unwissende-Begeisterte ist unbegrenzt. Kult des Genius kommt hinzu, durch Schopenhauer genährt.

Man sollte durch das Mißlingen Wagner nicht noch mehr aufreizen; man macht ihn allzu grimmig.

Er wird jetzt wohl der unbefangenste Schätzer der deutschen kleinen Tugenden und Beschränktheiten sein, denn er sieht sie unterliegen und konspiriert mit ihnen gegen das, was jetzt siegt.

Er hat sich vom Nachdenken über politische Möglichkeiten nicht frei gehalten: zu seinem Unglücke auch mit dem K⟨önig⟩ v⟨on⟩ B⟨ayern⟩, der ihm erstens sein Werk nicht aufführte, zweitens es durch vorläufige Aufführungen halb preisgab und drittens ihm einen höchst unpopulären Ruf schaffte, weil man die Ausschreitungen dieses Fürsten Wagner allgemein zuschreibt. Ebenso unglücklich ließ er sich mit der Revolution ein: er verlor die vermögenden Protektoren, erregte Furcht und mußte wiederum den sozialistischen Parteien als ein Abtrünniger erscheinen: alles ohne jeden Vorteil für seine Kunst und ohne höhere Notwendigkeit, überdies als Zeichen der Unklugheit, denn er durchschaute die Lage 1849 gar nicht.

Drittens beleidigte er die Juden, die jetzt in Deutschland das meiste Geld und die Presse besitzen. Als er es tat, hatte er keinen Beruf dazu; später war es Rache.

Ob er mit dem großen Vertrauen, welches er in Bismarck setzte, Rechte hatte, wird eine nicht zu ferne Zukunft lehren.

In seinen Wertschätzungen der großen Musiker gebraucht er zu starke Ausdrücke, z. B. nennt er Beethoven einen Heiligen. Auch ist, das Hinzuziehn der Worte in der Neunten Symphonie als Haupttat zu schildern, ein starkes Stück. Er erregt Mißtrauen durch sein Lob wie durch seinen Tadel. Das Zierliche und Anmutige sowie die reine Schönheit, der Widerglanz einer völlig gleichschwebenden Seele geht ihm ab; aber er sucht sie zu diskreditieren.

Seine Begabung als Schauspieler zeigt sich darin, daß er es *nie* im persönlichen Leben ist. Als Schriftsteller ist er Rhetor, ohne die Kraft zu überzeugen.

Das Aufhören der großen rhythmischen Perioden, das Übrigbleiben der Taktphrasen macht allerdings den Eindruck der Unendlichkeit, des Meers, aber es ist ein Kunstmittel, nicht das reguläre Gesetz, zu dem es Wagner stempeln möchte. Wir haschen zuerst darnach, suchen uns Perioden, werden immer wieder getäuscht, und endlich wirft man sich in die Wellen.

Der Weg vom Tanz bis zur Symphonie kann nicht übersprungen werden; was bleibt übrig als ein naturalistisches Gegenstück der unrhythmischen wirklichen Leidenschaft? Aber mit der unstilisierten Natur kann die Kunst nichts anfangen. Exzesse in dem Tristan der bedenklichsten Art, z. B. die Ausbrüche am Schluß des 2ten Aktes. Unmäßigkeit in der Prügelszene der Meistersinger. Wagner fühlt, daß er in Hinsicht der Form die ganze Roheit des Deutschen hat und will lieber unter Hans Sachsens Panier kämpfen als unter dem der Franzosen oder der Griechen. Unsre deutsche Musik (Mozart, Beethoven) hat aber die italienische Form in sich aufgenommen, wie das Volkslied, und entspricht deshalb mit ihrem feingegliederten Reichtum der Linien nicht mehr der bäuerlich-bürgerlichen Rüpelei.

Wagners Kunst ist überfliegend und transzendental, was soll unsre arme deutsche Niedrigkeit damit anfangen! Sie hat etwas wie Flucht aus dieser Welt, sie negiert dieselbe, sie verklärt diese Welt nicht. Deshalb wirkt sie nicht direkt moralisch, indirekt quietistisch. Nur um seiner Kunst eine Stätte in dieser Welt zu bereiten, sehen wir ihn beschäftigt und aktiv; aber was geht uns ein Tannhäuser, Lohengrin, Tristan, Siegfried an! Das scheint aber das Los der Kunst zu sein, in einer solchen Gegenwart, sie nimmt der absterbenden Religion ein Teil ihrer Kraft ab. Daher das Bündnis Wagners und Schopenhauers. Es verrät, daß vielleicht bald einmal die Kultur nur noch in der Form klosterhaft abgeschiedener Sekten existiert, die sich zu der umgebenden Welt ablehnend verhalten. Der Schopenhauerische »Wille zum Leben« bekommt hier seinen Kunstausdruck: dieses dumpfe Treiben ohne Zweck, diese Ekstase, diese Verzweiflung, dieser

Ton des Leidens und Begehrens, dieser Akzent der Liebe und der Inbrunst. Selten ein heitrer Sonnenstrahl, aber viel magische Zaubereien der Beleuchtung.
In einer solchen Stellung der Kunst liegt ihre Stärke und Schwäche; es ist so schwer, von dort her zu dem einfachen Leben zurückzukehren. Die Verbesserung des Wirklichen ist nicht mehr das Ziel, sondern das Vernichten oder das Hinwegtäuschen des Wirklichen. Die Stärke liegt in dem sektiererischen Charakter: sie ist extrem und verlangt von dem Menschen eine unbedingte Entscheidung. – Ob wohl ein Mensch besser zu werden vermag durch diese Kunst und durch Schopenhauerische Philosophie? Gewiß in Betreff der Wahrhaftigkeit. Wenn nur in einer Zeit, in der die Lüge und Konvention so langweilig und uninteressant ist, die Wahrhaftigkeit nicht so interessant wäre! So unterhaltend! Ästhetisch reizvoll!

Die künstlerische Kraft veredelt den unbändigen Trieb und engt ihn ein, konzentriert ihn (zu dem Wunsch, dies Werk möglichst vollkommen zu gestalten). Sie veredelt die ganze Natur Wagners. Immer reckt sie sich wieder nach höheren Zielen aus, so hoch als er nur sehen kann; immer besser werden diese Ziele, endlich auch immer bestimmter und dadurch näher. So scheint der gegenwärtige Wagner dem Wagner von »Oper und Drama«, dem Sozialisten nicht mehr zu entsprechen; das frühere Ziel scheint höher, ist aber nur ferner und unbestimmter. Seine jetzige Auffassung des Daseins, Deutschlands usw. ist tiefer, obwohl sie viel konservativer ist.

Die Einfachheit in der Anlage der Dramen zeigt den Schauspieler.

Shakespeare und Beethoven nebeneinander – der kühnste wahnsinnigste Gedanke.

Schuld und Unrecht abwälzend – weil er immer wächst, so vergißt er das Unrecht schnell; auf der neuen Stufe erscheint es ihm bereits gering und verharscht. Kann sich über alles trösten, wie Schopenhauer.

Ob man bei Wagner von prächtiger »Aktfigurenmusik« reden könnte?
Ihm schwebt das Bild des sichtbar werdenden Innern, des als Bewegung anzuschauenden Gemütsprozesses vor – dem will er entsprechen: höchst schopenhauerisch den Willen direkt zu fassen.
Musik als Abbild einer Existenz durch das Nacheinander.

Gefahr, daß in den Bewegungen und Handlungen des Dramas die Motive für die Bewegung der Musik liegen, daß sie geleitet wird. Es ist nicht nötig, daß eins von beiden leitet – im vollkommenen Kunstwerk haben wir das Gefühl des notwendigen Nebeneinanders.

Wagner bezeichnet als den Irrtum im Kunstgenre der Oper, daß ein *Mittel des Ausdrucks,* die Musik, zum Zwecke, der Zweck des Ausdrucks aber zum Mittel gemacht war.
Also die Musik gilt ihm als Mittel des Ausdrucks – sehr charakteristisch für den Schauspieler. Jetzt war man bei einer Symphonie gefragt: wenn die Musik hier *Mittel des Ausdrucks* ist, was ist der Zweck? Der kann also nicht in der Musik liegen; das, was seinem Wesen nach Mittel des Ausdrucks ist, muß nun etwas haben, was es ausdrücken soll: Wagner meint das Drama. Ohne dies hält er die Musik allein für ein Unding: es erweckt die Frage »Warum der Lärm?« Deshalb hielt er die Neunte Symphonie für die eigentliche Tat Beethovens, weil er hier durch Hinzunahme des Wortes der Musik ihren Sinn gab, Mittel des Ausdrucks zu sein.
Mittel und Zweck – Musik und Drama – ältere Lehre.
Allgemeines und *Beispiel* – Musik und Drama – neuere Lehre.
Ist die letztere wahr, so darf das Allgemeine ganz und gar nicht abhängig vom Beispiel sein, d. h. die absolute Musik ist im Recht, auch die Musik des Dramas muß absolute Musik sein.

Nun ist das immer noch mehr ein Gleichnis und Bild – es ist nicht völlig wahr, daß das Drama nur ein Beispiel zur Allgemeinheit der Musik ist: Gattung und Spezies, worin doch? Als Bewegung von Tönen gegenüber den Bewegungen von Gestalten (um hier nur vom mimischen Drama zu reden).

Nun können aber auch die Bewegungen einer Gestalt das Allgemeinere sein: denn sie drücken innerliche Zustände aus, die viel reicher und nuancierter sind als ihr Bewegungsresultat am äußern Menschen; weshalb wir so oft eine Gebärde mißverstehen. Überdies ist unendlich viel Konventionelles an allen Gebärden – der völlig freie Mensch ist ein Phantasma. Läßt man aber die Bewegtheit der Gestalt fahren und redet vom bewegten Gefühl, so sollte nun die Musik das Allgemeinere, das bewegte Gefühl der und jener Person das Spezielle sein. Die Musik aber ist eben das bewegte Gefühl des Musikers in Tönen ausgedrückt, also jedenfalls eines Individuums. Und so war es immer (wenn man von der reinen formalistischen Ton-Arabesken-Lehre absieht). So hätte man den vollen Widerspruch: ein ganz spezieller Ausdruck des Gefühls als Musik, ganz bestimmt – und daneben das Drama, ein Nebeneinander von Ausdrücken ganz bestimmter Gefühle, der dramatischen Personen, durch Wort und Bewegung. Wie können diese sich je decken? Wohl kann der Musiker den Vorgang des Dramas selbst nachempfinden und als reine Musik wiedergeben (Coriolanouvertüre). Dieses Abbild hat aber dann zum Drama selbst allerdings den Sinn einer Verallgemeinerung, die politischen Motive, Gründe, alles ist weggelassen und nur der dumme Wille redet. In jedem andern Sinne ist dramatische Musik schlechte Musik.

Nun aber die verlangte *Gleichzeitigkeit* und der genaueste Parallelismus! des ganzen Vorgangs, im Musiker und im Drama. Da stört nun die Musik den Dramatiker, denn sie braucht, um etwas auszudrücken, Zeit, oft zu einer einzigen Regung des Dramas eine ganze *Symphonie*. Was macht währenddem das Drama? Wagner benutzt dazu den Dialog, überhaupt die *Sprache*.

Da kommt nun eine neue Macht und Schwierigkeit hinzu: die

Sprache. Diese redet in Begriffen. Auch diese haben ihre eignen *Zeit*gesetze; kurz

Mimus allein drückt das zugrunde liegende Gefühl ⟨aus⟩;
Begriffswelt
Musik

jedes ⟨drückt es⟩ in andern Zeitmaßen aus

Im Wortdrama regiert die Macht, die die meiste Zeit braucht, der Begriff. Deshalb ist die Aktion oft ein Ruhen, plastisch, Gruppen. Besonders in der Antike: die ruhende Plastik drückt einen Zustand aus. Der Mimus wird also bedeutend durch das Wortdrama bestimmt.

Nun braucht der Musiker ganz andre Zeiten und eigentlich sind ihm gar keine Gesetze vorzuschreiben: eine angeschlagene Empfindung kann bei dem einen Musiker lang, bei dem andern kurz sein. Welche Forderung nun, daß hier die Begriffssprache und die Tonsprache nebeneinander hergehen!

Nun enthält aber die Sprache selbst ein musikalisches Element. Der stark empfundene Satz hat eine Melodie, die auch ein Bild der allgemeinsten Willensregung dabei ist. Diese Melodie ist künstlerisch verwendbar und ausdeutbar, ins Unendliche.

Die Vereinigung aller dieser Faktoren scheint unmöglich: der eine Musiker wird einzelne durch das Drama erregte Stimmungen wiedergeben und mit dem größten Teil des Dramas sich nicht zu helfen wissen; daher dann wohl das Rezitativ und die Rhetorik. Der Dichter wird dem Musiker nicht zu helfen vermögen und dadurch sich selbst nicht helfen können; er wünscht nur so viel zu dichten, was man singen kann. Davon hat er aber nur ein theoretisches Bewußtsein, kein innerliches. Der Schauspieler muß vor allem wieder als Sänger eine Menge tun, was nicht dramatisch ist, den Mund aufsperren usw.; er braucht konventionelle Manieren. Nun würde sich alles verändern, wenn der Schauspieler einmal zugleich Musiker und Dichter wäre.

Er benutzt Gebärde, Sprache, Sprachmelodie und dazu noch die *anerkannten Symbole* des Musikausdrucks. Er setzt eine sehr reich entwickelte Musik voraus, die schon für eine Unzahl Regungen einen festeren erkennbaren und wiederkehrenden Ausdruck gewonnen hat. Durch diese Musikzitate erinnert er den Zuhörer an eine bestimmte Stimmung, in der der Schauspieler sich gedacht wissen will. Jetzt ist wirklich die Musik ein »Mittel des Ausdrucks« geworden, steht deshalb künstlerisch auf einer niedern Stufe, denn sie ist nicht mehr organisch in sich. Nun wird der musikalische Meister immer noch die Symbole in der kunstvollsten Weise verflechten können; aber weil der eigentliche Zusammenhang und Plan jenseits und außerhalb der Musik liegt, kann sie nicht organisch sein. Aber es würde unbillig sein, dies dem Dramatiker vorzuwerfen. Er darf zugunsten des Dramas die Musik als Mittel gebrauchen, wie er die Malerei als Mittel gebraucht. Solche Musik, rein an sich, ist der gemalten Allegorie zu vergleichen: der eigentliche Sinn liegt nicht im Bilde, deshalb kann er sehr schön sein.

Gefahren der *dramatischen* Musik für die Musik.
Gefahren des musikalischen Dramas für den dramatischen Dichter.
Gefahren für den Sänger.

Alles Große, zumal Neue, ist gefährlich: meistens tritt es auf, als ob es einzig berechtigt wäre.
Man muß eben denken, was für eine Zeit sich hier eine Kunst schafft: ganz ungebunden, atemlos, unfromm, habsüchtig, formlos, unsicher in den Fundamenten, fast desperat, unnaiv, durch und durch bewußt, unedel, gewaltsam, feige.

Als Schauspieler reproduziert Wagner am besten, er kehrt in fremden (Musiker-)Seelen ein.

Die Kunst sammelt einmal alles zusammen, was sie noch für Reize hat, bei dem modernen Deutschen – Charakter, Wissen, alles kommt zusammen. Ein ungeheurer Versuch, sich zu behaupten und zu dominieren – in einer kunstwidrigen Zeit. Gift gegen Gift: alle Überspannungen richten sich polemisch gegen große kunstwidrige Kräfte. Religiöse, philosophische Elemente mit hineingezogen, Sehnsucht nach dem Idyllischen, alles, alles.

Wagner schätzt das Einfache der dramatischen Anlage, weil es am stärksten *wirkt*. Er sammelt alle *wirksamen* Elemente, in einer Zeit, die sehr rohe und starke Mittel wegen ihrer Stumpfheit braucht. Das Prächtige, Berauschende, Verwirrende, das Grandiose, das Schreckliche, Lärmende, Häßliche, Verzückte, Nervöse. Alles ist im Recht. Ungeheure Dimensionen, ungeheure Mittel.
Das Unregelmäßige, der überladene Glanz und Schmuck macht den Eindruck des Reichtums und der Üppigkeit. Er weiß, was auf unsre Menschen noch wirkt; dabei hat er sich »unsre Menschen« noch idealisiert und sehr hoch gedacht.

Eine besondre Form des Ehrgeizes Wagners war es, sich mit den Größen der Vergangenheit in Verhältnis zu setzen: mit Schiller–Goethe, Beethoven, Luther, griechischer Tragödie, Shakespeare, Bismarck. Nur zur Renaissance fand er kein Verhältnis. Aber er erfand den deutschen Geist, gegen den romanischen. Interessante Charakteristik des deutschen Geistes nach seinem Vorbilde.

Eine Art Gegenreformation: die transzendente Betrachtung ist äußerst geschwächt worden, Schönheit, Kunst, Liebe zum Dasein sehr vulgarisiert, unter den Nachwirkungen des protestantischen Geistes. Idealisiertes Christentum katholischer Art.

Die Sprache auf den stärksten Ausdruck gesteigert – Stabreim. Orchester ebenfalls. Die Deutlichkeit der Sprache ist nicht das Höchste, sondern die berauschende Kraft der *Ahnung*.

– Wagner versucht die Erneuerung der Kunst von der einzigen noch vorhandenen Basis aus, vom Theater aus: hier wird doch wirklich noch eine *Masse* aufgeregt und macht sich nichts vor wie in Museen und Konzerten. Freilich ist es eine sehr rohe

Masse, und die Theatrokratie wieder zu beherrschen, hat sich bis jetzt noch als unmöglich erwiesen. Problem: soll die Kunst ewig sektiererisch und isoliert fortleben? Ist es möglich, sie zur Herrschaft zu bringen? Hier liegt Wagners Bedeutung: er versucht die Tyrannis mit Hülfe der Theatermassen. Es ist wohl kein Zweifel, daß Wagner als Italiener sein Ziel erreicht haben würde. Der Deutsche hat keine Achtung vor der Oper und betrachtet sie immer als importiert und als undeutsch. Ja das ganze Theaterwesen nimmt er nicht ernst.

Wagners Natur.
Sein Kunstwerk.
Kampf gegen die Zeit.
Der berechtigte Widerstand.
Versuch eines Gewaltstreichs.

Die Bedeutung, die Wagner der Kunst zuschreibt, ist nicht *deutsch*. Hier fehlt es selbst an einer dekorativen Kunst. Alle öffentliche Schicklichkeit für Kunst fehlt. Im wesentlichen gelehrtenhaft oder ganz gemein. Hier und da vereinzelte Begierde zum Schönen. Musik steht einzig da. Aber selbst diese hat nicht vermocht, eine Organisation zu schaffen, nicht einmal, die importierte Theatermusik abzuhalten.
Jemand, der heute im Theater klatscht, schämt sich morgen darüber; denn wir haben unsern Hausaltar, Beethoven Bach – da bleicht die Erinnerung.

Wenn für Goethe das Dichten eine Art Auskunftsmittel für einen verfehlten Malerberuf war, wenn man von Schillers Dramen als von einer versetzten Volksberedsamkeit reden kann, so mag es auch recht sein, in Wagner als Urbegabung die schauspielerische anzunehmen, der es versagt war, sich auf dem nächsten Wege zu befriedigen, und die in der Heranziehung aller andern Künste zu einem großen schauspielerischen Ideale ihre Auskunft und ihre Rettung findet.

Das Publikum, welches in unsern Theatern sitzt, ist für die verschiedenen Künste des Theaters sehr verschiedenartig und ungleichmäßig ausgebildet; der Grad seines Wissens und Fühlens ist für die Musik ein anderer als für die Schauspielkunst, und wieder ein anderer für die dramatische Dichtkunst. Wagner beobachtete frühzeitig das, was auf dieses Publikum wirkt, und setzte zur Erklärung dieser Wirkungen voraus, daß jenes Publikum immer aus dem Innersten heraus und gleichsam aus der einen Wurzel seines Wesens seine Neigung und Abneigung äußere. Er suchte also die Quelle der Wirkungen hinter den verschiedenen Ausbildungen in dem lebendigen Kerne der Individuen. Bei dem Anblick einer Oper nahm er z. B. instinktiv an, daß kein Zuhörer seinen Musikgenuß von dem Genuß des Dramas und der schauspielerischen Kunst abtrennen könne und daß der Effekt, den die ganze Oper macht, aus einer Menge von einzelnen Effekten zusammen addiert sei, zu denen jede Kunst eine völlig gleiche Zahl beigesteuert habe. Später wurde ihm diese Rechnung durch eine große Schauspielerin in Verwirrung gebracht, die Schröder-Devrient steigert eine unbedeutende Musik und ein oberflächliches, marionettenhaftes Theaterstück durch ihr Spiel zu der Wirkung tragischer Größe; aber sofort steigert sich auch das Ideal Wagners, und seine Rechnung kommt wieder ins Gleiche dadurch, daß er sich die Frage stellt, welche Höhe wird erst die Wirkung erreichen können, wenn einer solchen Künstlerin die Größe der Musik und überhaupt das ganze Drama entspricht.

Was Goethe von sich gesagt hat, konnte auch Wagner von sich sagen: »Ich habe niemals einen präsumptuöseren Menschen gekannt als mich selbst; und daß ich das sage, zeigt schon, daß wahr ist, was ich sage. Niemals glaubte ich, daß etwas zu erreichen wäre, immer dachte ich, ich hätte es schon; man hätte mir eine Krone aufsetzen können, und ich hätte gedacht, das verstehe sich von selbst. Und doch war ich gerade dadurch nur ein Mensch wie andere, aber daß ich das über meine Kräfte Ergriffene durchzuarbeiten, das über mein Verdienst Erhaltene zu verdienen suchte, dadurch unterschied ich mich bloß von einem wahrhaft Wahnsinnigen.« So zweifelte auch Wagner nie daran, das zu können, was ihm gefiel; sein Geschmack und sein Können wuchsen zusammen. Was auf ihn stark wirkte, das wollte er auch machen; von seinen Vorbildern verstand er auf jeder Stufe nicht mehr, als er auch nachmachen konnte.

Wagner ist eine gesetzgeberische Natur. Er übersieht viele Verhältnisse auf einen Blick und ist nicht im Kleinen befangen. Er ordnet alles nach großen Maßen; man wird ihn immer falsch beurteilen, wenn man ihn nach einer Einzelheit beurteilt, sowohl in der Musik, als im Drama, als sogar in seinen Staats- und Gesellschaftsansichten.

Von seinen frühsten Werken könnte man sagen, die Musik darin ist nicht viel wert, die Poesie auch nicht, das Drama auch nicht, die Schauspielkunst ist oft nur naturalistische Rhetorik, aber alles ist eins und auf einer Höhe und hat darin seine Größe. Es wäre möglich, daß Wagner der Denker gleich hoch stünde, wie Wagner der Musiker und Dichter.

Das frühste Problem Wagners ist: warum bleibt die Wirkung aus, da ich sie empfange. Dies treibt ihn zu einer Kritik des Publikums, der Gesellschaft, des Staates. Sein Instinkt führte ihn zuerst dahin, zwischen Künstler und Publikum das Verhältnis von Subjekt und Objekt vorauszusetzen. Seine Erfahrung zeigt ihm, daß das Verhältnis leider ein ganz anderes ist, und er wird zum Kritiker seiner Zeit.

Wagners Begabung ist ein aufwachsender Wald, kein aufwachsender Baum. Seine stärkste Kraft ist die, die Einheit im Verschiedenen zu fühlen, und zwar außer sich, als Künstler, und in sich, als Individuum. Sein Auge ist von Natur auf die Beziehung der Künste zueinander, auf die Verbindung von Staat, Gesellschaft und Kunst gerichtet.

In mancher Folge von Harmonien Wagners ⟨em⟩pfinde ich etwas angenehm Widerstrebendes, w⟨ie⟩ beim Drehen eines Schlüssels in einem kompliziert⟨en⟩ Schlosse. Man wundert sich, wie gesetzmäßig der ⟨Wider⟩stand nachläßt.

Das Rhythmische und Gesetzmäßige zeigt sich bei Wagner nur in den Maßen der größten Dimension, im einzelnen ist er oft gewaltsam und unrhythmisch.

Wagner hat sich so gewöhnt, in verschiedenen Künsten gleichzeitig zu empfinden und zu schaffen, daß er sich für vereinzelte Künste oft ganz unempfindlich oder ungerecht zeigt. In der Periode seiner größten theoretischen Strenge hat er sogar das Recht jener vereinzelten Künste geleugnet, und aus jener Zeit stammen viele Mißhelligkeiten mit seinen Zeitgenossen.

Die eine Eigenschaft Wagners ist Unbändigkeit und Maßlosigkeit. Er steigt immer bis auf die letzten Sprossen seiner Kraft, seiner Empfindung, und glaubt dort erst in der freien Natur zu sein. Seine andere Eigenschaft ist eine außerordentliche schauspielerische Begabung, die gehemmt und versetzt ist, und sich auf andern Wegen als auf den ersten und nächsten Bahn brechen muß. Zum Schauspieler fehlt ihm Gestalt, Stimme und die nötige Beschränktheit.

Die Heiterkeit Wagners ist das Sicherheitsgefühl dessen, der von den größten Gefahren, Ausschreitungen und Ekstasen zurückgekehrt ist, zurück ins Begrenzte und Heimische. Alle Menschen, mit denen er umgeht, sind solche begrenzte Abschnitte aus seinem eigenen grenzenlosen Laufe (wenigstens empfindet er nichts mehr an ihnen); deshalb kann er mit ihnen heiter und überlegen gütig verkehren, sind doch alle Leiden, Nöte, Bedenken derselben im Vergleiche zu den seinigen wunderliche Spiele.

Keiner unserer großen Musiker war in seinem achtundzwanzigsten Jahre noch ein so schlechter Musiker wie er.

Im Tannhäuser suchte er eine Reihe von verschiedenen ekstatischen Zuständen als Äußerungen eines Individuums zu motivieren. Er meinte wohl damals, daß sich erst in diesen Zuständen der natürliche und freie Mensch offenbare. In den Meistersingern und in Teilen seiner Nibelungen kehrt er freiwillig zur Selbstbeherrschung und Selbstbegrenzung zurück. Er ist darin größer als in dem früheren ekstatischen Sichgehenlassen.

Wagner ist ein Mensch, dessen sittliche Natur durch die immer stärkeren Forderungen seines Kunsttriebes diszipliniert wird. Seine Natur teilt sich allmählich, wie ein Stamm in Äste auseinandergeht; neben Tannhäuser, Walther, Siegfried treten Sachs und Wotan. Er lernt den Mann zu begreifen und lernt dies sehr spät. Tannhäuser und Lohengrin sind Spiegelungen eines Jünglings. Die Jugend Wagners ist die eines vielseitigen Dilettanten, aus dem nichts Rechtes werden will. Ich habe aber selbst in den letzten Jahren zwei oder dreimal den unsinnigen Zweifel in mir gefühlt, ob Wagner überhaupt musikalische Begabung habe.

Er hat Staat, Gesellschaft, Jugend, Begabung der Völker und überhaupt alles an seiner Kunst gemessen; in unbefriedigtem Zustande wünschte er wohl, daß diese ganze moderne Welt zugrunde gehe. Er entladet sich selbst seiner Schwächen, wenn er sie ⟨einma⟩l erkannt hat, dadurch, daß er diese der modernen ⟨Welt⟩ zuschiebt. Er glaubt an die Güte der menschlichen ⟨Natu⟩r, vorausgesetzt, daß sie frei waltet, und führt alle ⟨Schlec⟩htigkeit auf Knechtschaft und Hemmung zurück. ⟨Um⟩ auch als Künstler frei zu sein, lief er in Dresden seinem Amte davon, denn er wollte durchaus nicht mehr dienen und benutzte die Revolution, um als Hof- und Kapellmeister sich unmöglich zu machen.

[. . .] Es wird auch hierin bei Richard Wagners Wort verbleiben: »Der Deutsche ist eckig und ungelenk, wenn er sich manierlich geben will; aber er ist erhaben und allen überlegen, wenn er in das Feuer gerät.« [. . .]

Man glaubt, es sei zuende mit der Philologie – und ich glaube, sie hat noch nicht angefangen.
Die größten Ereignisse, welche die Philologie getroffen haben, sind das Erscheinen Goethes, Schopenhauers und Wagners: man kann damit einen Blick tun, der weiter reicht. Das fünfte und sechste Jahrhundert sind jetzt zu entdecken.

Ich *beklage* eine *Erziehung,* bei der es nicht erreicht ist, Wagner zu verstehen, bei der Schopenhauer rauh und mißtönend klingt; diese Erziehung ist verfehlt.

Wie es mit den Philologen steht, zeigt ihre Gleichgültigkeit beim Erscheinen Wagners. Sie hätten noch mehr lernen können als durch Goethe – und sie haben noch keinen Blick hineingeworfen. Das zeigt: es führt sie kein starkes Bedürfnis; sonst hätten sie ein Gefühl, wo ihre Nahrung zu finden ist.

Zur Einleitung der Gesamtherausgabe der »Unzeitgemäßen«.
Die Entstehung zu schildern: meine Desperation wegen Bayreuth, ich sehe nichts mehr, was ich nicht voll Schuld weiß, ich entdecke bei tieferem Nachdenken, auf das fundamentalste Problem aller Kultur gestoßen zu sein. Mitunter fehlt mir alle Lust fortzuleben. Aber dann sage ich mir: wenn einmal gelebt sein soll, dann jetzt.

[. . .] Goethe als *deutscher Poet-Philolog; Wager* als noch höhere Stufe: Hellblick für die einzig würdige Stellung der Kunst; nie hat ein antikes Werk so mächtig gewirkt wie die Oresteia auf Wagner. [. . .]

Wagner bildet die innere Phantasie des Menschen aus; spätere Generationen werden Zeugen von Bildwerken sein. Die Poesie muß der bildenden Kunst vorangehen.

Wagner ehrt seine Kunst viel zu hoch, um sich in einen Winkel zu stecken wie Schumann. Entweder unterwirft er sich dem Publikum (Rienzi) oder er unterwirft es sich. Er züchtet es heran. Auch die Kleinen wollen ein Publikum, aber sie suchen es durch unkünstlerische Mittel, etwa Presse, Hanslick usw.

Ich will Schopenhauer, Wagner und das ältere Griechentum zusammenrechnen: es gibt einen Blick auf eine herrliche Kultur.

Das Holländerhafte im Willen Wagners. Vernichtungsfluch. Gehemmter Wille. Das Eifersüchtige, Zornige.

Schriftsteller. Sprechstil. Vor Feinden. Unruhiger Rhythmus, hier und da fortreißend. Gebrochene Dialektik. Betonen des Autoritativen.

Diener und Freund, Kurwenal.

Wie Wagner der Musik erst die Zunge löst und die Glieder bricht.

Vorarbeit zu
»Richard Wagner in Bayreuth«

Zu *Wagner*. Der Kampf mit der ἀνάγκη; darin ruht aller Fortschritt, daß man verlernt, irgend etwas für Notwendigkeit zu halten. Wagner hat die Desperation vom modernen Menschen genommen, als ob er immer nur Epigone sein müsse. Während sonst in allem wir der *alten* Kultur verpflichtet sind, mit Staat, Gesellschaft, Religion, bringt er den Menschen ans Licht, der *in* uns *vor* aller Kultur ist, und damit wirft er die schwere Last von sich.

Er empfindet die *Schmach der modernen Kunst* innerhalb der modernen Gesellschaft, den Widerspruch der Anforderungen, er erträgt es nicht, quietistisch in der Ecke zu bleiben, sondern als Künstler verlangt er für die Kunst ihre öffentliche Würde und wird an allem zum Revolutionär. Alles an ihm ist prophetisch. Die Wortgelehrten haben nichts mehr zu sagen. Die Schriftkunst und Poesie ist zum ersten Male erkannt und verachtet. Indem er christlichen und nordischen Mythus beseelt, spricht er doch gar nichts Dogmatisches aus und ist nicht rückständig, wie sonst der Dichter. Das Evangelium der Liebe gegenüber der Macht, der Konvention, dem Geist des Handels und des Geldes und der Verträge. Er hat den Sinn für die Armen und Zurückgesetzten in unserer Kultur, den Mimen und Musiker entdeckt er. Er macht die Herzen weich und erschüttert. Und im Umkreis von Jahrhunderten saugt er alles Interesse an sich und ist der Wendepunkt. Der *größte* Künstler.

Charakter der neuen Kultur: das *Wissen* ihr Fundament, der *Nutzen* ihre Seele. Woher nimmt man nun die Hoffnungen einer edleren Menschheit? Woher soll die Menschenliebe kommen? Der Veredlung des Einzelnen kann die Religion jetzt nicht mehr nützen, sein Wahrheitssinn empört sich. Die »Liebe zu Gott« ist eine Phrase. Da wäre es denn vorbei mit der Kultur? Der Nutzen bestialisiert und das Wissen mumisiert. Und die Rachegelüste der bisher unterdrückten Menschheit! Was bindet zusammen? Wo ist das Gemeinsame? Ist nicht alles Mittel zur Unterdrückung gewesen, die Kunst voran? Es ist der Haß und die Lust zu vernichten nur zu begreiflich. – Hier ist nun der Künstler Wagner ein Symptom des Entgegengesetzten. Es spricht der Geist der *Verneinung des Bisherigen* aus ihm; ebenfalls aber das Gefühl des tiefsten Mitleidens, des *Hülf*reichen, das den Kampf mit der Notwendigkeit aufnimmt: das *Prometheische* des Künstlers. Fast hätte er bei diesem Kampf seine Kunst verloren: der *Ekel* war zu groß. »Ihr heroisch Weisen, gebt euer Herzblut drum.«
Das Mitleiden, das zur Mittat drängt!

Es sind Elemente da in Wagner, die *reaktionär* erscheinen: das Mittelalterlich-Christliche, die Fürstenstellung, das Buddhaistische; das Wunderhafte. Von hier aus mag er manchen Anhänger gewonnen haben. Es sind seine *Mittel,* sich *auszudrücken,* die Sprache, die noch verstanden wird, aber einen *neuen Inhalt* bekommen hat. Diese Dinge sind bei dem Künstler künstlerisch, nicht dogmatisch zu nehmen. Auch das *National-Deutsche* gehört hierzu. Er sucht für das Kommende im Gewesenen die Analogien, so erscheint ihm das Deutsche Luthers, Beethovens und seiner selbst, das Deutsche und seine großen Fürsten, als Bürgschaften, daß etwas Analoges von dem, was er für nötig in der Zukunft hält, einmal da war; Tapferkeit, Treue, Schlichtheit, Güte, Aufopferung, wie er alles dies in der herrlichen Symbolik seines »Kaisermarsches« zusammengesagt hat – das ist sein Deutschtum. Er sucht den *Beitrag,* den die Deutschen der kommenden Kultur geben werden. Das ist freilich nicht der »Historismus« der Gelehrten Deutschlands, wie Hillebrand meint. Denn das ist wirklich Reaktion und Lügengeist und Optimismus. *Sondern in dem großen, unbefriedigten Herzen, das weit größer ist als eine Nation* – das nennt er deutsch: man nennt es vulgärer Weise das Kosmopolitische des Deutschen, das ist aber nur die Karikatur. Die Deutschen *sind* nicht national, aber auch nicht kosmopolitisch, die *größten* Deutschen; nur ihre Feinde haben ihnen den dummen Wahn, man müsse beschränkt sein, eingeimpft.

Die *Liebe* im Tristan ist nicht schopenhauerisch, sondern empedokleisch zu verstehen, es fehlt ganz das Sündliche, sie ist Anzeichen und Gewähr einer ewigen Einheit.

In Wagner sind gefährliche Neigungen: das *Maßlose* (wie leicht hätte sein Genie sich zersplittern können! Aber es ist, wie bei den Griechen, als Künstler ist er σώφρων, als Mensch nicht), die *Neigung zu Pomp und Luxus* (durch die fortwährende Entbehrung aufgestachelt, das Los aller Künstler), das *Eifersüchtige* (er ist gezwungen zu einem Sich-Messen an allen modernen Kräften, namentlich Künstlern, um das Wagnerhafte, aber Embryonische an ihnen zu entdecken und so sich doch als *notwendig* zu fühlen; wenn er aber der Entwicklung *auf sich hin* Notwendigkeit zumißt, so sieht er die *andern* Entwicklungen als Ab- und Nebenwege, auch Irrwege an, als entzogene Kräfte, als Vergeudung, und *zürnt* darüber; er zürnt auch dem Ruhme, der solchen Irrsternen gefolgt ist, weil es seinem Wege den Sonnenschein und seinem Werke die Fruchtbarkeit nimmt), das *Vielgewandte, Vielverstehende* (das Lesen in fremden Individuen, das Überschauen läßt kaum einen recht menschlichen Verkehr zu, wie man auch mit einem Weisen nicht umgehen kann. Einzig naht ihm die Liebe, aber diese blind, während er *sieht.* So gewöhnt er sich, sich lieben zu lassen und dabei zu herrschen; er hilft andern vor der Verzweiflung.) *List und Kunst der Täuschung,* zahllose vorgeschobene Motive, Auswege, gleichsam Notbehelfe im Drama seines Lebens, die er blitzschnell findet und anwendet. *Immer Recht haben,* sein Unrecht bezieht sich höchstens auf die Form, den Grad, oder das gesamte Material war ihm nicht bekannt. – Alle diese Gefahren sind die Gefahren des *Dramatikers,* besonders gesteigert durch seinen Kampf, der um die Mittel nicht verlegen sein läßt. Er hat etwas von seinen *Helden,* sie sündigen nicht. – Nun liegt die *Religion der Musik* um sein ganzes Wesen: er fühlt es, wie Verträge, Macht, Glanz, Kampf und Sieg nicht beseligt, wie alles mächtige Wollen ungerecht macht, und so nennt er die *Liebe* das Höchste. Die Empedokleische. Er will ja *helfen, nützen, erretten* – und dies *verurteilt* ihn zu einem solchen Leben der Leidenschaft und des Ungenügens.

Im Drama ist seine *Leidenschaft langatmig* und hat ihre Bogengestalt, ansteigend, rasch absteigend; er ist nicht so idyllisch und breitet sich wie ein sanfter See aus. Er bewegt sich unruhig, an verborgenen Felsenzacken gleichsam, zuckend, und plötzlich, allmählich gerät er in eine fortreißende Bewegung, die Unruhe ist in eine *Ruhe der schnellen breiten Bewegung* übergegangen, und nun stürzt er hinunter in die Tiefe, prachtvoll und mächtig. Die

Lust an der Leidenschaft, etwas von der Meereslust an der Brandung und Unwetter.

Die *vielköpfige Leidenschaft* im Drama sein Element; es ist der seelische Vorgang in einer *Gruppe* von Personen, den er *zugleich* empfindet. Sein Orchester ist der Ausdruck der *verflochtenen* Leidenschaft, symbolisch, ohne Ende; der Mensch aller Zeiten wird sich hier wiedererkennen. Er hat ein Ausdrucksmittel, welches über Sprache, Konvention, Gebärde weit hinaus ist; oder vielmehr: Wort, Gebärde dienen zur *Verdeutlichung* der inneren bewegten Welt des Gemüts.

Das *Volkstümliche:* höchst merkwürdig, da er als Schriftsteller nicht einfach, nicht direkt ist, sondern sich müht, eine ihm unnatürliche Sprache zu sprechen. Er spricht die der *höchsten Bildung,* aber der *alten, unvolkstümlichen, gelehrt-abstrakten;* sobald er in sein Element kommt, wirft er dies alles von sich. Auch die *Sentenz:* man ist auf den Zustand zurückversetzt, wo man *noch dichtete und fast noch nicht dachte,* in die Zeit, wo die Sprache entstand.

Wie *volkstümlich* er ist, sehe man im Vergleich zu Goethe. Das ganze *Faustproblem* ist für uns dem Mittelalter kaum entkommenen Menschen sehr verständlich; von dieser Zeitbeziehung abgesehen, ist es die *unverständlichste* Dichtung. Goethe selbst wußte es, aber benutzte die »barbarischen Avantagen«. Wie muß ein *Volk* zugerichtet sein, damit es den Faust als Volksstück gern haben konnte! Goethesche Lieder sind dem Volkslied *nachgesungen,* aber nicht vorgesungen, wie es der große Dichter tut.

Letzer Akt der Götterdämmerung: alles Abendröte, Sommerluft, Spätsommer, tiefes Glühen, Trauer webt in allem. Siegfried von seinen Taten erzählend, die rührende Erinnerung. Tragisch jäh bricht die Nacht ein.

Wagner ist *Organisator* von *Massen:* von großer Masse des Mythus, von großen, langatmigen Szenen. Gesetzgeberisch für ganz große Verhältnisse. Deshalb kann er *einfach* sein, wie *nie* ein Dramatiker gewesen ist. Er erreicht damit die höchste Wirkung. Blick für den großen Rhythmus zeichnet ihn aus. In Betreff des Rhythmus im Kleinen ist er für das Lebensvolle, Bewegte, Vielartige; jede Musik erscheint *steif* nach der seinigen; er macht alles Vorhergehende zu einer archaischen Kunst. Es ist, als ob es auch noch kein Orchester gegeben habe, bevor *seines* erklang: das beseelte Leben *jedes* Instrumentes war früher gar nicht da.

Das *Überflüssige* in der Kunst: selbst das Gute einer bestimmten Art soll einmal dasein. Der *Reichtum* der Kunst in der Mannigfaltigkeit der Formen und Wiederholungen hat den Nachteil, die Form zu verbrauchen, abzustumpfen. Weshalb man sehr streng gegen Nachahmer sein soll. Die griechische Tragödie war vorbei, als die Dilettanten darüber herfielen. – Das Schönste ist die *Unnachahmbarkeit Shakespeares* und *Wagners*. D. h. in vielen Dingen, Mitteln der Wirkung werden sie sofort massenhaft nachgeahmt, und es gibt jetzt keinen begabten Komponisten, der nicht bereits Wagnerisches Gepräge hätte, in den Melismen, der Harmonik, der freien langen Melodie usw. Die Gefahr von solcher Nachahmung ist sogar sehr groß, wie bei Michelangelo. Um so stärker muß man sich von der *Zusammengehörigkeit* der Wagnerischen *Mittel* und *Zwecke* überzeugen, um es fast mit Ekel zu empfinden, wenn dann die Mittel isoliert zu ganz andren und kleinen Zwecken verwendet werden. Wagner *muß* auf Musiker die Wirkung haben, daß er diese zu Virtuosen der Ausübung und zu strengen Lehrmeistern macht; aber das wahnsinnige Komponieren sollte er ihnen *verleiden*.

Besonders ist die Gefahr des *Naturalismus* groß, *nach* Wagner. Das Erschreckende, Berauschende usw. *seiner selbst* wegen erstrebt. Eine ungeheure Fülle von Mitteln ist ja da.

Um die Erbschaft der Vergangenheit antreten zu können, müssen wir uns auch verpflichtet fühlen, ihre Schulden zu bezahlen. Man muß gut machen, was sie versäumt und verbrochen hat: das ist der billige Dank dafür, daß wir an dem Teil haben dürfen, was sie gewonnen und errungen hat.

Die vor-Wagnerische Musik hatte einen *episch-lyrischen* Charakter; eine *Stimmung,* z. B. eine andächtige, bußfertige, heitere usw. wollte sich aussprechen; eine gewisse Gleichartigkeit der Formen und längere Dauer setzten endlich den Hörer in diese Stimmung. Die Gesamt*form* eines Stimmungsbildes bekam gewisse Gesetze von Anfang und Schluß, Vermeidung von Langeweile und Monotonie bestimmte die *Länge.* Nun kamen die *Kontrastwirkungen* der aufeinander folgenden *Stimmungen* auf und später auch, *in* demselben Tonstück, der *Kontrast* des *Ethos.* Sehr häufig ein männliches und ein weibliches Motiv. Das sind alles noch uranfängliche Stufen der Musik. Dabei will sie meistens nur *unterhalten* und höchstens *rühren:* die Stimmungen dürfen nicht zu tief, nicht zu stark sein und die Kontraste deshalb auch nicht zu kühn. Allmählich lernte man aber doch eine Menge symbolischer Formen für alle Arten von Stimmungen erfinden. Und nun geschah etwas *Neues:* man bekam die willkürliche *Kontrastierung* satt und überhaupt die *Stimmung,* das ἦθος und seine Gegensätze; während man auf der anderen Seite immer raffinierter wurde in seltenen Stimmungen, in der Zeichnung abnormer Charaktere (blasierter, kindlicher, greisenhafter, nationaler). Beethoven *erfand* die Sprache der *Leidenschaft,* nicht mehr der Stimmung; und damit war die *Form* der Stimmungsmusik unmöglich; nicht mehr ein idyllischer See war jetzt zu malen. Ein innerer dramatischer Vorgang – denn *jede Leidenschaft hat einen dramatischen Verlauf* – erzwang sich seine Form; vielfach hemmte und störte das überlieferte Thema der Stimmungsmusik, das wie ein steifes Gesetz die Leidenschaft einschnürte. Es war oft ein *Widerspruch:* das *Pathos, das sich in der Art des Ethos aussprechen sollte.* Für das Pathos ist die große Form nötig, um den großen geschwungenen Bogen jeder Leidenschaft wiederzugeben; die Symphonie wurde von Beethoven dafür erkannt, doch noch mit Anlehnung an die Kontraste der *Zustände;* so daß er oft drei vier *Stufen* aus dem ganzen Verlauf einer Leidenschaft herausnahm und die *Linie* der *ganzen* Leidenschaft mehr erraten ließ, dadurch daß er vier Punkte ihrer Flugbahn hinzeichnete. Dadurch entstand für viele Zuhörer eine Entfremdung von der Musik: sie konnten die Flugbahn nicht erkennen, und die Kontrastwirkungen der einzelnen Teile waren auch unfaßlich. Und so entstand bei den geringeren Musikern die reine *Willkür* der Teile und ihrer Folge; der Zusammenhang des Ganzen fehlte, es waren vier Stücke. (So wie Aeschylus vier Punkte aus dem Leben und Mythus herausnahm und später die Stücke selbständig wurden.) Also: die Erfindung der großen Form der Leidenschaft führte, nicht verstanden, zurück auf den Einzelsatz mit subjektivem Inhalt, und das Spannungsverhältnis der Teile zueinander hörte ganz auf; nur daß man häufig wieder zur früheren Kontrastwirkung zurückgriff. Denn man muß Leidenschaft *haben,* um sie darstellen, um sie verstehen zu lernen: Musiker, wie Schubert, Schumann, Mendelssohn haben nur Ethos, und deshalb ist die nach-Beethovensche Symphonie ein so wunderliches Gebilde. Im einzelnen stammeln sie die Sprache des Beethovenschen Pathos, das verwirrt den Zuhörer noch mehr. Mittel passen nicht zu der Absicht und die Absicht ist überhaupt nicht klar. Die lange c-Dur Symphonie von Schubert ist langweilig, weil die einzelnen Sätze nur scheinbar im Ganzen, in Wahrheit nur im Kleinen, Einzelnen, ihre Berechtigung haben. Das Einzige, was diese Musiker gewirkt haben, ist, daß sie eine Menge von Ausdrucksformen zugänglicher, verbreiteter gemacht haben, besonders auch im Liede. – Beispiel an der Neunten Symphonie Beethovens: hier gibt der erste Satz den Gesamtton und -Wurf der Leidenschaft und ihres Ganges: das braust immer fort, die Reise durch Wälder, Klüfte, Ungeheuer; da braust in der Ferne der Wasserfall, da stürzt er in mächtigen Sprüngen hinab, mit einem ungeheuren Rhythmus in seinem Donner. *Ruhe auf der Reise* ist der zweite Satz (*Selbstbesinnung* der Leidenschaft und *Selbstgericht*), mit Vision einer *ewigen* Ruhe, welche über alles Wandern und Jagen wehmütig-selig niederlächelt. Der dritte Satz ist ein Moment aus der höchsten Flugbahn der Leidenschaft; unter den Sternen ist ihr Lauf, unruhig, kometenhaft, irrlichthaft, gespentisch-unmenschlich, eine Art von Abirrung, die *Rastlosigkeit,* inneres flackerndes Feuer, ermüdend, quälendes Vorwärtsziehen, ohne Hoffen und Lieben, höhnisch derb mitunter, wie ein nie Ruhe findender Geist herumschweift, auf Gräbern. Und nun der vierte Satz: herzzerschmetternder Aufschrei; die Seele trägt ihre Last nicht mehr, sie hält den ruhelosen Taumel nicht aus, sie wirft selbst die Vision ewiger Ruhe von sich, die in ihr auftaucht, sie knirscht, sie leidet schrecklich. Da erkennt sie ihren Fluch: ihr *Allein*sein, ihr Losgelöstsein, selbst die Ewigkeit des Individuums ist ihr nur Fluch. Da hört sie, die einsame Seele, eine Menschenstimme, die zu ihr wie zu allen Einzelnen redet und zwar als zu *Freunden* spricht und zur Freude der Vielsamkeit auffordert. Das ist ihr Lied. Und nun stürmt das Lied von der *Leidenschaft für das Menschliche überhaupt* herein, mit seinem eigenen Gange und Fluge, der aber nie *so hoch* gewesen wäre, wenn nicht die Leidenschaft des nächtlich fortstürmenden einzelnen *Vereinsamten* so groß gewesen wäre. Es knüpft sich die *Mitleidenschaft* an die *Leidenschaft* des Einzelnen an, nicht als Kontrast, sondern als Wirkung aus jener Ursache. –

So bei Beethoven. Wagner *erfindet* nun, nach Beethoven, die Darstellung der *verflochtenen Leidenschaften* und braucht jetzt das sichtbare Drama zur Verdeutlichung, Wort und Gebärde. Er stellt *Menschen* gegenüber; er entwindet sich des Subjektiven der Leidenschaft, er stellt nicht mehr *sich* dar, oder zwar doch sich selbst, aber als Resonanz mehrerer leidenschaftlich handelnder Personen, deren Seelenleben in ihm nachlebt, in dem *kunstvollen In- und Nebeneinander*. Die Aufgabe ist so hoch, daß die Undeutlichkeit eine große Gefahr ist, und deshalb ist auf Deutlichkeit der Musiksprache Wagners ganze Kraft gerichtet.

Er hat erreicht, was noch nie einer erreicht hat: die allerstärkste und deutlichste Sprache des Gefühls. Alle frühere Musik erscheint steif, schwächlich, manieriert, ängstlich. Die unglaubliche *Festigkeit* und *Bestimmung* jedes Gefühls*grades* ist bei ihm das

Einzige; er hat das innerhalb der Musik getan, was der Erfinder der Freigruppe innerhalb der Plastik tat; darauf ruht seine Dirigentenkraft im Modifizieren des Tempos; er hat einen gleichsam objektiveren und hart gewordenen Eindruck der zartesten oder wildesten Regungen vor sich, den er *trifft,* mit zwingender Sicherheit, er schießt immer als Schütze, ins Herz. Alles ist ihm so *individualisierte Leidenschaft,* der Sturm und das Feuer hat sie, die ganze Natur lebt und webt, niemals unbestimmt, nie stimmungshaft, sondern wie etwas Wollendes, Begehrendes. – Nun ist das Drama bei ihm das bewegte Leben mehrerer Leidenschaften und ihre *Geschichte,* gleichsam ein Bündel von Kräften und Feuerzungen, die sich kreuzen, abstoßen, aufflammen, ersterben machen.

Durch die Oper waren viele einzelne Ausdrucksmittel der Leidenschaft erfunden worden und populär verständlich gemacht. Denn es ist nicht nur nötig, diese Symbolik zu erfinden, sondern sich auch eine verstehende Hörerschaft zu erziehn. Im Konzert ist dies am wenigsten geschehn; da herrscht die Affektation der »höheren Kunst« und des höheren Geschmacks. Aber in der mißratenen dramatischen Unform der Oper wurde viel Verständnis für das Symbolische eingeschmuggelt. Hier wollte man den *Effekt* und war ehrlich genug dazu, fern von der vornehmen Gleißnerei, welche die »Würde der effektlosen Kunst« vertritt; da bekam man allmählich eine ganze große Summe von Effekten d. h. von verständlichen symbolischen Formen; da konnte nun ein Genie kommen und sich ihrer bemächtigen. Denn keine Form ist so gemein, daß sie nicht in der Hand des Genies zum Ausdruck des Höchsten und Edelsten umgedeutet werden könnte. – Von der Seite *Schillers* her (und Shakespeares) ist das Gefühl für die langatmige Leidenschaft auf der Bühne erzogen worden: ein hoher Grad von Kultur, da das Volk sonst immer nur Stückwerk will und das Ganze und Lange preisgibt. – Alle diese partiellen Vorbildungen und Vorbereitungen brachten immer ihr eignes Maß von Absurdität und Gelehrtenhaftem mit sich; und der ästhetische *Ausdruck,* das Schreiben und Reden *darüber* war ganz ekelhaft. Es gehörte der Blick des Genies dazu, daß *trotzdem* eine *Erziehung* zum Drama und zur Musik der Leidenschaft da gewesen sei und daß es nur gälte, jetzt einmal alles, was ursprünglich zusammengehörte, aber historisch, jetzt einzeln angelehrt worden war, wieder zusammenzufügen und den *Versuch* zu wagen, ob man jetzt das *Ganze verstehe*. Die ersten Versuche Wagners gelangen nur mäßig, ja fast hätte er verzweifeln wollen. Das in Deutschland übliche Kleben am Dogma, am Hergebrachten wandte gegen die neue Gattung alles das ein, daß ihr zu jeder *vorher* dagewesenen Gattung vieles fehle; man sah die *schlechte* Oper, die schlechte symphonische Musik, das schlechte Shakespearsche Drama in dem Werke Wagners. *Einzelne* empfanden die Wirkung, und diese waren für Wagner jetzt *das Publikum*. Diese lehrte er, sich um die bisherige Ästhetik nicht kümmern. Während er sich seine Zuhörer und Zuschauer entfesselte, entfesselte er immer mehr seine eigene Kraft von allem Angelernten. Das göttliche Gefühl überkam ihn immer mehr, sein Reich gefunden zu haben, wo er Herrscher war. Es geht durch den Tristan ein Wohlgefühl von *neuerlangter* Meisterschaft, von rücksichtslosem Sagen, was er *kann* und will, das wohl in keinem Werk der Welt seinesgleichen hat. Jetzt erst hat er die *große Form* (die langatmige Leidenschaft, die vielköpfige Leidenschaft) gefunden; die Angst vor dem Mißverstehen, die ihn bis dahin zwang, das einzelne Stück immer noch zu sehr herauszuheben und zu isolieren (z. B. im Lohengrin), das Publikum gleichsam durch Annäherung an die gewohnte Form zu locken, kurz das Verführen-Wollende, das hat ihn jetzt verlassen. Nichts ist ihm unerträglicher als seine Zuhörer zu verlieren, darin ist er wahrhafter Künstler, der von der beseligenden Welt seines Wesens *verständlich* reden will; ein Kunstwerk, das sich nicht zu verstehen gibt, ist ein Widerspruch. Denn die Kunst ist eben die Kraft, das wirklich *mitzuteilen,* was man erlebt hat, weiter nichts! – Nun erkannte er die *Schwächen* der Mitteilbarkeit des *Wort-Dramas* als der *Musik* für sich. Das erstere hat durch den Gedanken, das Wort, die Gebärde auf das Gefühl zu wirken, gehört also damit in die *Rhetorik*. Aber nicht immer ist die Leidenschaft *beredt,* hier *muß* sie es sein, und zwar weitschweifig.

Das Wort ist eine zu verbrauchte und abgenutzte Art sich mitzuteilen, und so muß der Wortdichter die Sprache und den Gedanken ungewöhnlich *färben,* um so den Ausdruck der Leidenschaft zu finden, gerät aber damit leicht ins *Unverständliche;* anderseits muß er durch Tiefe der Gedanken und Sentenzen das Ganze heben und gerät so ins *Unwahre,* d. h. die Leidenschaft spricht sich *wirklich* so *nicht* aus und teilt sich also auch nicht mit. Durch die Verbindung von Musik und Sprache und Gebärde erlangt Wagner vor allem, daß er die *Grundregungen des Inneren,* welche durch Wort und Gebärde nur ausgedrückt werden, selbst, direkt darstellt; und jetzt wird Wort und Gebärde leichtverständlich. Jetzt kann der dramatische Darsteller wieder *natürlich* sein (der frühere mußte affektieren, Sentenzen sprechen usw.). Der ganze Haushalt des Dramas durfte *einfacher* sein, das idealisierende Element war nicht erst durch große Kompliziertheit des Baus usw. zu schaffen, die Kraft der Musik vermochte in jedem Augenblick alles zu heben. Die *Sprache* konvertierte sich aus einer Gedankensprache in eine *Gefühls*sprache, wurde gedrängter, warf die unsangbaren Hülfszeitwörter weg usw. Mit diesem neuen *Licht*apparat hatte er es in der Hand, dem innern Leben eine *Überzeugung* zu geben, wie sie nie ein Künstler erreicht haben kann; er konnte dem Wunderbaren einen augenblicklichen Glauben verschaffen. *Deshalb* konnte er auch *Prozesse* darstellen, die *wenig* Handlung in banalem Sinne sind, sondern ⟨sich⟩ fast ganz im Innern abspielen und doch mit der höchsten *Verständlichkeit* an die *Teilnahme* der Hörer appellieren, z. B. im Tristan. Daraus folgt nun eine *Veredelung der leidenschaftlichen Gebärde, des Plastischen,* überhaupt bringt die Musik, weil sie die Empfindung gleichsam *streckt* (denn die gesungene Leidenschaft ist länger als die gesprochene), eine *Überwindung* der unplastischen *Aufgeregtheit* mit sich, des *Allzubewegten,* an denen das Wortdrama leidet. – Nachdem dies alles der Künstler als seinen Machtbereich wußte, griff er nach dem *Stoffe,* der groß genug war, zu zeigen, daß hier eine Macht da sei, wie sie kein Künstler der Welt besessen hat – zur *Tragödie der Götter und Helden überhaupt.* »Die Geschichte der Religion als Tragödie.«

Instrumentation: er hat die Blasinstrumente erst zu großen Wirkungen erzogen, alle früheren sind Dilettanten, ihm gegenüber, auch Beethoven.

Der dramatische Darsteller hat jetzt ein *Vorbild* in der Musik. Es ist ja durch ein Untertauchen in das fremde Wesen entstanden, Wagner schwindelt nicht wie die Dichter mit Drachen, Kröten usw.; der Umfang des von ihm Erlebten und Darstellbaren ist unbegrenzt.
Selbstbeherrschung des Künstlers, der eine dreifach waltende Phantasie wie drei Rosse zügelt, zum höchsten Ziele.
Kein symphonisches Ausschweifen.

Ein Wort über den *Dichter* Wagner. *Denken in sichtbaren und fühlbaren Vorgängen,* nicht in Gedanken ist das *eigentlich Dichterische;* dies zeigt sich im Mythus; dem nicht ein Gedanke zu grunde liegt, wie man gewöhnlich meint, sondern der selbst ein Denken ist, aber nicht in Begriffen, ich meine ein Weltbild, welches nicht in Worten zu umspannen ist, sondern in Vorgängen. Wie sich Musik ausnimmt für einen Tauben, der nur die Chladnischen Sandfiguren sieht, so ist der Mythus für den *Nichtdenker,* das Volk; und für dies dichtet der Dichter, der darin selbst zum Volk, ich meine zu den Nichtdenkern, gehört. Der Ring des Nibelungen ist ein ungeheures *Gedankensystem ohne die begriffliche Form des Gedankens.* Vielleicht könnte ein Philosoph etwas ganz Entsprechendes zur Seite stellen, das ganz ohne Bild und Handlung wäre; dann hätte man zwei disparate Sphären. Aus der einen könnte man in die andre nicht hinein: um zur einen, müßte man reiner Denker, um zur andren zu kommen, reiner Dichter sein. Die Gedanken, welche die Helden der Dichtung äußern, sind nicht die Gedanken des Dichters als Dichter: er denkt in Vorgängen, die Folge der Szenen, und das, was vorgeht, ist sein Denken. Nur die vielen Halbdichter bringen eine Verwirrung hervor, d. h. die Künstler, die nicht ganz Dichter sind. – Wenn nun Wagner bald den christlich-germanischen Mythus, bald Schiffahrer-Legenden, bald buddhaistische, bald heidnischdeutsche Mythen, bald protestantisches Bürgertum nimmt, so ist deutlich, daß er über der *religiösen* Bedeutung dieser Mythen *frei* steht und dies auch von seinen Zuhörern verlangt; so wie die griechischen Dramatiker darüber frei standen und schon Homer. Auch Aeschylus wechselte nach Belieben seine Vorstellungen, selbst von Zeus. *Fromm* ist ein Dichter niemals. Es gibt keinen Kultus, keine Furcht und Angst ⟨und⟩ Schmeichelei vor diesen Göttern, man *glaubt nicht an sie*. Der Grieche, der im Bühnenhelden in abergläubischer Weise den Gott sah, war nicht der Zuschauer, den Aeschylus wollte. Die Religiosität der Götzen und Fetische muß vorüber sein, wenn jemand so frei in Vorgängen denken soll, als Dichter. Wagner fand einen ungeheuren Zeitpunkt vor: wo alle Religion aller *früheren Zeiten in ihrer dogmatischen Götzen- und Fetischwirkung wankt;* er ist der tragische Dichter am Schluß aller Religion, der »Götterdämmerung«. So hat er die ganze Geschichte sich dienstbar gemacht, er nimmt die *Historie* als sein Denkbereich in Anspruch; so ungemein ist sein Schaffen, daß er durch alles *Gewordene* nicht erdrückt wird, sondern nur in ihm sich auszusprechen vermag. – In welchem Lichte sieht er nun alles Gewordne und Vergangne? – Die wunderbare Bedeutung des *Todes* ist hier voranzustellen: der Tod ist das *Gericht,* aber das frei gewählte, das ersehnte Gericht, voll schauerlichen Liebreizes, als ob es mehr sei als eine Pforte zum Nichts. (Bei jedem starken Schritt des Lebens auf dem Bretterhaus räsoniert dumpf der *Tod*.) Der Tod ist das Siegel auf jede große Leidenschaft und Heldenschaft, ohne ihn ist das Dasein nichts wert. Für ihn reif sein ist das Höchste, was erreicht werden kann, aber auch das Schwierigste und durch heroisches Kämpfen und Leiden Erworbene. Jeder solche Tod ist ein Evangelium der *Liebe;* und die ganze Musik ist eine Art Metaphysik der Liebe; sie ist ein Streben und Wollen in einem Reich, welches dem gewöhnlichen Blick wie das Reich des Nichtwollens erscheint, ein sich Baden im Meere der Vergessenheit, ein rührendes Schattenspiel vergangener Leidenschaft.

Wagners Kunst gehört nicht zur *jetzigen* Kunst: er ist weit *voraus* oder *darüber*. Man soll seine Existenz nicht unserm Zeitalter zum Verdienst anrechnen, zumal es alles getan hat, um seine Existenz zu verhindern. *Zähle auf,* was Wagner *gefördert* hat – worin er nicht gehemmt, sondern unterstützt wurde (darunter als Gegenstück Meyerbeer anzuführen, der seinen Tages- und Zeiterfolg auf das Künstlichste in Szene setzte – Wagner hat immer das Gegenteil getan, besonders seine »Freunde« waren immer schlimm daran, er erlaubte ihnen nie auszuruhen, plötzlich war er ihnen mit etwas Neuem aus dem Gesichtskreis, sie standen wie die Jünger im Faust mit Sehnsucht und sahen nach oben). Ebensowenig sollen die Leipziger ihn als ihr Stadtkind verherrlichen dürfen: vielmehr haben sie durch ihr Verhalten gegen Wagner ihr Verhalten gegen die Lutherische Reformation in Erinnerung gebracht. Meine Betrachtung Wagners bleibt als »unzeitgemäße« gerechtfertigt. Denn alle sonstige Kunst und Wissenschaft, die Musiker und Musikgelehrten dazu, haben ihm den Weg verlegen wollen. – Mir liegt daran, nicht von Wagners Gegnern zu sprechen; denn ich müßte von jedermann reden. Wer hat sich nicht versündigt? Durch flaches Nicht-hören-Wollen oder Halbhören usw. Aber ich schweige: wie ich es verstehe, zeige aber der Titel, daß ich diese Betrachtung unzeitgemäß nenne.

Wie Unrecht täte man, anzunehmen, Wagner sei es um die Kunst allein zu tun und er betrachte sie als das Heilpflaster für alle übrigen elenden Zustände! Sie ist ihm nur der Trost der ἀνάγκη gegenüber, aber wo ist die Grenze der ἀνάγκη, wenn man auf das weite Menschheitsleben blickt! Für das Individuum bleibt es der Haupttrost, *seiner individuellen* ἀνάγκη *gegenüber;* zugleich aber stählt er so das Individuum, daß er den Kampf für das Allgemeine aufnimmt. Gerade das Drama Wagners zeigt den Kampf des Individuums bis aufs Messer mit dem, was als ἀνάγκη gilt, Gesetz, Herkommen, Vertrag, Macht, Geld; das Individuum kann nicht schöner leben, als wenn es in diesem Kampfe zum Tode reift und sich opfert. Dem hinsterbenden

Individuum tritt das unerschöpfliche Leben der Gattung gegenüber; *was* ist unüberwindlich für diese! – Immerhin ist die Kunst für eine *Ruhe*pause im Kampf, nicht für den Kampf selbst: für jene Minuten, wo man rückblickend und vorblickend alles symbolisch versteht, wo eine leise Müdigkeit uns befällt. Die Kunst ist der Traum für den Schlaf des Kämpfers, der erquickende Traum für den erquickenden Schlaf des Kämpfers. Der Tag bricht gleich wieder an, die heiligen Schatten verschweben, und da ist die Kunst fern. Aber ihre *Tröstung* liegt über dem Menschen von der Frühstunde her. So ist sie die höchste Weltbeglückerin, obschon ihr Glück wie ein Schatten ist. So ist die Kunst eine höhere Stufe der Religion, ohne deren gemeine Grundmotive, Betteln bei den Göttern und Abkaufen von etwas, ohne die niedrige Sucht nach Gewinn. Und so erscheint auch historisch die Kunst am Aussterben der Religionen; freilich werden dann gewöhnlich die Religionen noch durch die Kunst konserviert, durch Tempel, Festaufzüge, Ritual, dramatische Schaustellungen; dazu die vererbte Dankbarkeit gegen die mythischen Gestalten, welche der Kunst zugute kommen. Ein Zustand der Menschen, welcher die Kunst und Religion entbehren könnte, ist vielleicht keine Unmöglichkeit, aber wir können ihn uns noch nicht einmal imaginieren. Die beiden größten Leiden – 1) die Unsicherheit des *Wissens,* die Nichtgemeinschaft desselben bei allen Menschen und 2) die Ungleichheit des *Könnens* – diese Leiden sind kunst*bedürftig*. Man kann nicht glücklich sein, solange um uns herum alles leidet: man kann nicht sittlich sein, solange der Gang der Dinge durch Macht und Gewalt und Ungerechtigkeit bestimmt wird; man kann nicht einmal weise sein, solange nicht die ganze Menschheit im Wetteifer nach Weisheit gerungen hat. Überall findet der Einzelne sein *Ungenügen;* wie sollte er es aushalten können, ohne zugleich in seinem Kampfe und Streben und Untergange etwas *Erhabenes* und *Bedeutungsvolles* zu erkennen? Das zeigt ihm die Tragödie; sie hat Lust am Rhythmus der Leidenschaft und am Opfer derselben; sie erhält die tragische Gesinnung aufrecht und zeigt sie in allem Wechsel der Sitten und Religionen als vorhanden. Lieber sterben als seinem innersten Zuge, seiner Leidenschaft, deren Verkörperung wir sind, untreu werden! Wehe der Menschheit, wenn dieser tragische Sinn ihr je entschwände! Nur ist die Kunst *keine direkte* Lehrerin und Erzieherin für das Handeln; die Objekte, die die tragischen Helden erstreben, sind nicht ohne weiteres erstrebenswerte Dinge. Es ist wie im Traum; was wir während der Bezauberung der Kunst für erstrebenswert halten, so daß der Tod lieber zu wählen ist als darauf zu verzichten, das ist nicht oder selten im Leben zu gebrauchen; dafür ist die Kunst für die Ruhe und Rast, für den Schlaf des Tätigen; ihre Probleme sind *vereinfacht,* erleichtert, es sind lauter *Abkürzungen* der unendlich komplizierten Rechnung des wirklichen Lebens. Aber gerade darin liegt ihre Größe und Unentbehrlichkeit, daß sie den Schein einer *einfacheren* Welt, einer *präziseren Lösung seiner Rätsel* erregt. Niemand kann diesen Schein entbehren; je komplizierter die Erkenntnis von den Gesetzen des Daseins wird, um so inbrünstiger begehren wir nach jener Vereinfachung, wenn auch nur für Augenblicke; um so größer wird die *Spannung* zwischen Erkenntnis und Einzelnem; *damit der Bogen nicht breche,* ist die Kunst da. Da aber diese Kluft immer größer wird und dem Einzelnen eine immer höhere Spannung zugemutet wird, im Zeitalter der untergehenden Religionen, so kommen wir in *eine Periode der Kunst,* wie sie noch nie *nötig war* und noch nie da war.

Vom Theater und der Zerstreuungssucht. Der Mensch hält das Gewohnte für das Rechte. Unser ganzes Leben und Wesen ist eigentlich höchst ungewöhnlich und nachdenkenswert – korrupt!
– Wagner, ein *umgekehrter Alexander:* nicht ein Verbreiter der Kultur, sondern ein Konzentrierer, ein Hohlspiegel, ein Zusammenzieher alles möglichen Kulturhaften, aus der Weite in die Enge, aus der Zerstreutheit in einen Mittelpunkt zusammen. Seine Kraft zeigt sich darin, die Fäden zu ziehen, die so schlaff geworden sind. Das Adstringierende.
Wagner als Küstenfahrer
Märchen für Kinder und Weiber
Bayreuth Kampf mit den Elementen

Die Geschichte der Entwicklung der Kultur seit den Griechen ist kurz genug, wenn man den eigentlichen zurückgelegten Weg in Betracht zieht und das Stillstehen, Zurückgehen, Zaudern, Schleichen gar nicht mitrechnet. Die Hellenisierung der Welt und die Orientalisierung des Hellenischen – die Aufgabe des großen Alexanders – ist immer noch das letzte große Ereignis; die Übertragung einer fremden Kultur immer noch das Problem, an dem wir herumrechnen. Inzwischen ist der *Alexandrinismus* in immer höherer Kraft hervorgetreten; das verdummende Zwischenspiel des Christentums – das rhythmische Spiel der beiden Faktoren gegeneinander, an dem die Welt zu leiden hatte – natürlich abgerechnet, ist der Gang der Wissenschaft weiter geworden. Aber bei der unendlichen Zerstreuung des hellenischen Geistes ist die eigentliche Kulturwirkung des Hellenischen auch immer fadenscheiniger und blässer; vor allem fehlt jede Einheit, es ist ein verwirrtes Wogen. So ist denn jetzt eine Reihe von *Gegenalexandern* nötig geworden, die die ungeheure Kraft haben, zusammenzuziehn und zu binden, die entferntesten Fäden heranzulangen und das Gewebe vor dem Zerblasenwerden zu bewahren. Nicht den gordischen Knoten der griechischen Kultur zu lösen, so daß seine Enden nach allen Weltrichtungen hinflattern, sondern ihn zu binden, nachdem er gelöst war – das ist *jetzt* die Aufgabe. In Wagner erkenne ich einen solchen Gegen-Alexander. Er hat, medizinisch zu reden, etwas *Adstringierendes,* er bannt und schließt zusammen, was vereinzelt und schwach, lässig war, insofern gehört er zu den ganz großen Kulturgewalten und ist der erste einer neuen Reihe von Menschen. Er waltet über den Religionen, über den Künsten, über den Wissenschaften der Geschichte und ist doch der Gegensatz eines Polyhistor, eines zusammentragenden, zusammenrechnenden und ordnenden Talentes (wie Aristoteles für die Natur es war). Er ist ein Zusammenbildner und Beseeler des Zusammengebrachten, ein *Vereinfacher der Welt.* Dabei hat er so viel Menschheitsstufen in sich, um auch ganz in eine sofortige gegenwärtige Aufgabe sich hineinzudenken; er verbindet nicht nur die entferntesten Punkte des großen Meeres, sondern er *kann* auch, wenn er will, Küstenfahrer sein und sich der kleineren zeitgemäßen Arbeit gewachsen zeigen.

Eine Reform des Theaters – es sieht für den oberflächlichen Beschauer fast lächerlich aus. Gut, es sei reformiert, was ist denn damit geschehn? wird er sagen. Nun, damit wäre der moderne Mensch verändert und reformiert; so notwendig hängt hier alles zusammen. Es ist gar nicht möglich, die Würde der Kunst herzustellen, ohne nicht überall, in Sitte und Staat, mit Gerechtigkeit und Liebe zu *neuern*. Schon um zu begreifen, inwiefern die Stellung der Kunst entartet ist, inwiefern unsere Theater eine Schmach sind – muß man willig umlernen und das Herrschende, Alltägliche einmal als etwas sehr Ungewöhnliches und Kompliziertes verstehn. Die seltsamste Barbarei, gemeinste Ergötzlichkeit, gelehrtenhafte Absichten, Wichtigtun und Schauspielerei mit dem Ernst der Kunst, Geldgewinn, Eitelkeit der Gesellschaft, ermüdete Sinne – alles das trifft im Theater zusammen. Wirklich hat man nur das *griechische* dagegen zu halten, um zu sehn, wie gemein und dazu auf barocke Art gemein unsre Einrichtungen sind. Gesetzt, wir wüßten nichts von den Griechen, so wäre unserm Zustand vielleicht gar nicht beizukommen, und man hielte die Einwendungen für utopistische Träumereien. »Wie die Menschen einmal sind, gebührt ihnen eine solche Kunst – sie sind nie anders gewesen« – würde man sagen. An demselben Orte weihevolle Ergriffenheit und Sammlung, den Höhepunkt unseres Glückes, die höchste Bestärkung der edelsten Menschen, die hingebendste Aufopferung der Künstler, dies Schauspiel aller Schauspiele selbst, den siegreichen Schöpfer eines solchen Werkes zu sehen – ist es nicht Zauberei, das zustande gebracht zu haben? Müssen nicht die Menschen, die das erleben können, schon verwandelt und erneuert sein? Ist nicht ein Hafen in der wüsten Weite des Meeres gefunden, eine Stille über den Wassern? Sehe ich von dort aus zurück, wie kahl und ekelhaft kommt mir dann die moderne Art, mit der Kunst zu verkehren, vor, wie entwürdigend das Singen und Musizieren in unsern Konzerten und Geselligkeiten, das Lesen und Sprechen in unsern gelehrten Kreisen vor! Und wie erbärmlich ist die Stellung des modernen Staates, der sich noch dazu »Kulturstaat« nennen läßt! Nur *einen* Wunsch habe ich bei einem solchen Blick, nie in diese flache Welt zurückkehren zu müssen oder so sehr als möglich gegen sie verteidigt zu sein; während ich allen den wirklichen Leidenden Hoffnung machen möchte, daß es noch Menschen gibt, welche *für* sie *gegen* die unterdrückenden Elemente eines luxusartigen Triebes kämpfen werden. Mit dem Handwerker, Bauer und Arbeiter will ich lieber zusammen wohnen als mit dem jetzigen »Gebildeten«, mit dem frommen schlichten Manne ohne Gelehrsamkeit lieber als mit dem Gelehrten, ja selbst mit dem unverstellten Diener der Selbstsucht eher noch als mit dem maskierten.

Wagner zeigt seine *Macht* besonders darin, wie er die Widerwilligen unterjocht. Kein begabter Musiker ist mehr, der nicht innerlich auf ihn hinhorchte und ihn hörenswerter fände als ⟨die⟩ übrige Musik zusammen. Viele, die durchaus etwas bedeuten wollen, ringen geradezu mit diesem sie überwältigenden inneren Reize, aber wo sehe man einen, der jetzt noch sich frei erhalten hätte? – sie werden kleinlicher, suchen schlechte Bundesgenossen und Freunde, schmeicheln der Zeit und verderben so: zumal aber wenn sie die große Form affektieren, sind sie nicht mehr ehrlich, sondern wollen täuschen. Bestenfalls sind sie fleißig und lernen das, was in der Musik zu lernen ist: im Vertrauen darauf, daß die »Gebildeten« den schwierigen Unterschied zwischen Original und Kopie, zwischen Erlernbarem und Unlernbarem nicht merken, schaffen sie darauf los. Ihnen allen sei, wenn sie durchaus komponieren wollen, die *kleinste Form* anempfohlen, etwas, was ich mit freiem Ausdrucke das musikalische Epigramm nennen möchte, dafür reicht vielleicht der Witz und die Gestaltungskraft, und sie können ehrlich sein, dabei kann noch Herrliches entstehn, wie bei den Griechen, die sich auch auf die kleinste Form warfen, als die großen vorweggenommen waren.
Wagner selber will keine Komponistenschule.

Da knüpft man sich an die früheren Meister mit ängstlicher Beflissenheit an, hält die Ohren zu und will lieber Schubert oder Händel oder irgend einen Charakter tragen als den Wagners. Unmöglich! Dieselbe Unentrinnbarkeit bei den schriftstellerischen Gegnern; von den eigentlichen Stroh- und Holz- und Zahlenköpfen abgesehn, ist jetzt jeder selbst nur mäßig begabte überwunden; und der Neid und Haß oder gar die Not um Brot und Geld, die Verpflichtung, die man gegen Zeitungen eingegangen ist, die Furcht vor dem Publikum, die Anstandsfrage, wie man sich einen schicklichen Rückzug bereite, alles das gibt jetzt alledem, was über Wagner gesprochen und geschrieben wird, so einen ekelhaften Charakter. Hier und da bricht die eigentliche Wut aus, und man ist so weit gegangen, alles, was teuflisch ist in Verführungskünsten, Berauschungen, mit dem Namen »Wagner« zu bezeichnen. Alles neue Mittel, jene Macht zu mehren! Ob man in Japan oder in den Prärien Amerikas von Kunst redet, so kommt immer nur *eine* Stellung in Betracht, die zu Wagner. Und vielleicht konzentriert sich die ganze moderne Kunstgeschichte, die letzten Jahrhunderte vorher und die nächsten nachher, um *diesen einen Namen.*

Wie Wagner es versteht *abzuschließen,* zeigt seine Beschäftigung mit der deutschen Mythologie. Alle Gelehrten haben nur für ihn gearbeitet; jetzt nachdem das Werk der Wiederauferstehung des deutschen Mythus vollendet ist, ist jene Gelehrten-Gattung überflüssig geworden. Und so *sollen* sich Gelehrte überflüssig machen lassen! Nur im Hinblick auf solche endgültige Beseitigung ihrer Gattung durch einen Genius arbeiten sie ja! Als solche, die auf Erlösung hoffen, verzaubert zur unterirdischen sonnenlosen mühsamen Arbeit! – Wer hätte jetzt noch viel über Äschylus und Soph⟨okles⟩ zu sagen! Das Größere ist da, der Inbegriff auch *ihrer* Kunst, zugleich die höchste Rechtfertigung der Verehrung, welche sie genossen haben, fast auf Treu und Glauben hin. Ebenso ist die Religionsgeschichte an einen Wendepunkt gestellt, ebenso die Kunstgeschichte; eine ungeheure Summe von Wissen kann man jetzt wegwerfen, nachdem das erlösende Wort gesprochen ist; ein guter Teil von Gelehrsamkeit und Geschichte (Ästhetik namentlich) ist veraltet, zum Trödel geworden. Wie es andere verstehn, nicht abzuschließen, zeigt z. B. die Beschäftigung mit dem deutschen Märchen; das war durch Gelehrte wieder entdeckt und den alten Weibern und Kindern abgelauscht worden. Statt nun den hohen Grad von *Erniedrigung* zu empfinden, der in der Verwandlung des Männermythus zum Altweibermärchen liegt, und diesen Bann zu brechen, beschäftigte man sich mit alberner Kindlichkeit mit künstlerischer Verarbeitung des Märchens, wie z. B. Schwind; und unsere blasierten Großstädter taten kindlich! Die ganze deutsche Romantik war eine Gelehrtenbewegung, man wollte gern ins *Naive* zurück und wußte, daß man's so gar nicht war. Wer jetzt nicht heldenhaft ist, kann nicht ins Einfache und Naive hindurch; aber jene meinten, durch Verweichlichung, Vergreisung, Altjungferhaftes und eine Art von absichtlicher »zweiter Kindheit« dahin zu kommen. Man muß dem Volkslied nicht nachsingen, sondern *vor*singen können, um ein volkstümlicher Sänger zu sein. Und das versteht Wagner, er ist volkstümlich in jeder Faser.

Wagner's *Diadochen:* er vermacht sein Reich auch »dem Stärksten«, aber hier ist nicht von nach-Wagnerischer *Kunst* die Rede; man wird auf lange hinaus mit dem Musikschaffen vorsichtig werden, das Produzieren und Dilettieren ist vorbei. Er erweist sich eben als eine ganz große Kulturmacht darin, daß man gar nicht sagen kann, *wo alles* noch sein Einfluß ausbrechen kann. Er hat, nicht durch Begriffe allein, sondern durch die *Tat,* ein Fragezeichen vor unsere ganze modern sich nennende Kultur gesetzt. Sie ist nicht modern, sondern alt und ganz verdorben bereits. Hier ist mächtig zu erobern und zu siegen; die größten Reiche stehen offen; wer z. B. wird das Reich der Erziehung als morsch erkennen und niederwerfen? (Wenn man die stillen, unzufriedenen, tiefen Gelehrten zur offenen Empörung und Erklärung treiben könnte, so wäre das an dem bisherigen Gesamtbildungswesen der empfindlichste Aderlaß. Übrig blieben alle politisch Angesteckten unter den Gelehrten und die literatenhaften Menschen aller Art.) Er hat erraten und verraten, daß vieles *sehr schwach* ist; und der Widerstand der bisherigen Machtinhaber, z. B. der Gelehrten, dürfte nicht viele Schlachten aushalten können. Mit dem Namen »Bayreuth« bezeichne ich eine der tiefsten Niederlagen, welche die deutschen Gebildeten erlitten; sie waren nicht dabei, sie waren wütend dagegen, die Verachtung der Kommenden wird sie treffen.

Die *sittliche Grundnatur* Wagners entfaltet sich immer leuchtender. Auch sie braucht Sonnenschein, d. h. den Erfolg im Streben. Ein großes Ziel bringt große Gefahren! und die Unzulänglichkeit dazu und folglich auch die mangelnde Einsicht in diese Unzulänglichkeit – mitunter in den Umständen liegend? – macht *böse,* man sucht die Gründe in anderen für das Mißlingen, geht Neben- und Schleichwege, immer im Glauben an sein Ziel und behandelt alle Welt als schuldig, wird gleichsam unterschwürig und reizbar, ungerecht; so geschieht es, daß gute Naturen verwildern, auf dem Wege zum Besten. – Selbst unter denen, welche der sittlichen Reinigung nachjagten, unter Mönchen und Einsiedlern, finden sich verwilderte und über und über erkrankte Menschen. – Wagner durch Mißlingen ausgehöhlt und zerfressen wäre eine fürchterliche Natur; es würde ihn die finstere Melancholie eines Umsturz-Dämons einhüllen. Man soll nur mit schamhafter Zurückhaltung vor dem unenthüllbaren Heiligen des Innern reden: aber ist es nicht zu fühlen, wie im Grunde des Rienzi, des Holländers, Tannhäuser, Lohengrin, Tristan, Hans Sachs, Wotan, Brünnhilde ein verbindender unterirdischer Strom der sittlichen Veredlung fortläuft, und wie immer reiner und heller dieser Strom flutet? Welcher Künstler bietet uns ein ähnliches Bild? Vielleicht Schiller. Aber doch ist der Maßstab großartiger bei Wagner, der Weg auch viel ausgedehnter. Die Musik, nicht nur der Mythus spricht diese Läuterung aus: und im Ring des Nibelungen ist eine Höhe und Heiligkeit der Stimmung erreicht, daß wir an das Glühen der Eis- und Schneegipfel denken müssen. Wie eine wilde Naturkraft, dunkel und unruhig, begann Wagner, suchte stürmisch Befriedigung, dort wo sie die meisten finden, floh mit Ekel zurück, versuchte es mit Neuem, erstrebte Macht, berauschenden Erfolg, Taumel und wieder Entsagung, versuchte die Last von sich zu werfen, zu vergessen, neu zu beginnen; der gesamte Strom stürzte sich bald in dieses, bald jenes Tal, kroch in die dunkelsten Schluchten, riß ungestüm Felsen und Wälder an sich, zertrümmerte, tobte – in der Nacht dieses halb unterirdischen Wühlens stand ein Stern über ihm: die Treue, die selbstlose *Treue*. In immer neuen Bildern prägte er sie aus, Elisabeth zu Tannhäuser, der Bruder zur Schwester im Rienzi, Freund zum Freund, Diener zum Herrn, Elsa zu Lohengrin, Senta zum fliegenden Holländer, Brünnhilde zu Wotans innerstem Wunsch, Brünnhilde zu Siegfried: warum leuchtete ihm dies Wort gerade heller und gab ihm unaufhörlich zu denken und in Vorgängen zu dichten? Es ist dies das Urgeheimnis Wagners: das Verhältnis der beiden innersten Kräfte seines Wesens zu einander, Wille und Intellekt – daß diese sich treu bleiben, ist die große Notwendigkeit, das *eine,* was für ihn *not* tut, wodurch er *ganz* bleibt; während er die schrecklichen Gefahren der Untreue, der Verführungen dazu um sich sieht. Jeder dieser Triebe strebt für sich ins Ungemessene, will Befriedigung, es ist die innerste Seelenangst Wagners, daß sie treu bleiben. Seine künstlerischen Begabungen sollen sich ebenfalls treu bleiben, und doch lockt die edelste Art der Neugierde beiseite, es lockt z. B. die Verführung zur symphonischen Form: fühlt Ihr's nicht, wie oft Wagner sich mit grausamem Entschlusse dem dramatischen Ganzen, das wie ein Schicksal unerbittlich ist, unterwirft und wie der Musiker nicht durchgeht, wozu er große Lust hätte? – Diese Treue gegen sich selbst oder gegen ein höheres Selbst, eines Weiblichen zu einem Männlichen ist das innerste Problem Wagners; von da aus versteht er die *Welt*. Man denke nur an die Überfülle von Talenten, die alle für sich *wollen!* Die *Treue* ist bei Wagner sogar der universalere Begriff, unter den die Liebe fällt, die Geschlechts- Geschwister- Kindesliebe. Das ganze Thema der Treue ist bei ihm ausgeschöpft: das Herrlichste ist wohl Brünnhilde, die *gegen* den Befehl Wotans Wotan Treue bewahrt und dadurch die Erlösung der Welt möglich macht – ein mythischer Gedanke vom höchsten Range und ganz ihm zueigen. Da ist aber auch das Gefühl der erlittenen *Untreue* das Furchtbarste, was je ein Künstler erdacht hat: der Schwur »bei des Speeres Spitze« durch Brünnhilde das Herzzerschneidenste, was es gibt; wie mit Tigertatzen fällt uns da die Leidenschaft an. Die vielen *tragischen* Möglichkeiten, die in der Treue liegen, hat Wagner für die Kunst erst *entdeckt*. Sein eigenes Leben ging durch diese Möglichkeiten hindurch und war dadurch eines der schwersten Leben, das gelebt werden kann. Auf der größten Hälfte seines Lebens liegt das *Nicht-Hoffen;* darum auch das Nichtverzweifeln; aber wie ein Wanderer mit schwerer Bürde durch die Nacht zieht, allein, so mag ihm oft zumute gewesen sein; ein plötzlicher Tod erschien ihm dann nicht als ein schreckendes, sondern ein verlockendes, liebreizendes Gespenst. Last, Weg und Nacht – alles mit einem Male fort! Die *Treue* hielt ihn und stritt mit dem Gespenst.

Als *Musiker* hat Wagner etwas von *Demosthenes,* den furchtbaren Ernst um die Sache und den Griff und die Gewalt des Griffs, so daß er jedesmal die Sache faßt; er schlägt seine Hand darum, im Nu, und sie hält, als ob sie aus Erz wäre. Er verbirgt wie jener die Kunst, er macht sie vergessen, und doch ist er, wie jener, die letzte und höchste Erscheinung unter einer ganzen Reihe von gewaltigen Kunstgeistern. Er hat nichts Epideiktisches an sich, was alle früheren Musiker haben, die gelegentlich alle mit ihrer Kunst spielen und sich zeigen: man denkt bei Wagner weder an das Interessante, noch Ergötzliche, sondern fühlt nur das *Notwendige*. Dazu gehörte eine ungeheure Willenskraft und die höchste künstlerische Reinheit des Charakters. Keiner hat sich so *strenge Gesetze* auferlegt wie Wagner, man erwäge nur das Verhältnis der Singstimme zur ungesungenen Rede und wiederum der Melodie der Stimme zum ganzen symphonischen Zusammenhang der Musik, um ein wahres Wunderwerk zu sehen! Und ist nicht jede Partitur Wagners eine Art von Beweis dafür, daß es *vor ihm* gar keine rechte Anstrengung und Arbeit und Gewissenhaftigkeit gab? Der Fleiß und die Erfindsamkeit im Einzelnsten ist geradezu ein Ideal. Wie erscheint einem da ein Dichter! Wie etwas sehr Bequemes und Sorgenfreies, wie ein mit vielen Mußestunden beglückter Mensch, der die Arbeit scheut. Damit hat Wagner alle ausübenden Musiker hoch hervorgehoben, sie alle können mit ihrer Seele in ihrem Vortrage sein, weil ihre Aufgabe eine Seele fordert. Der virtuose Handwerker der Kunst ist durch Wagner abgetan; er reizt nicht mehr. Durch seine Mühe und Last und Zwang hat Wagner denen, die die Kunst ausüben, es leichter gemacht, er hat sie vor dem Gefühl, entwürdigt zu sein, geschützt. Und so hat Wagner allen denen *geholfen,* die sich mit Kunst abgeben; es wird bald nicht mehr möglich sein, daß der *leichtfertige* Betrieb der Kunst durch unsre Höfe, Stadttheater, Konzertgesellschaften, weichliche Kunstfreunde und alle Art von »stillem Trunk ergebenen Leuten«, die Kunst auf ihrem Kämmerlein in weichlicher Selbstbefriedigung treiben, sich vor der allgemeinen *Verachtung* rettet. Wir, die wir wissen, was alles an der einmal richtig erfaßten Kunst hängt, welches Geflecht von Pflichten – verachten wenigstens alle bestehenden Einrichtungen der Kunstpflege auf das Tiefste. Der *Gegensatz* ist freilich ins Ungeheure aufgerissen! und es ist möglich, daß die Nachkommen zu schwach sind, um ihn zu überwinden. Mit Demosthenes war es vorbei. Aber es sind noch genug Menschen da, welche das fruchtbare Land sind, auf welchem Wagner säen kann – genug, welche wenigstens zu kämpfen und zu arbeiten verstehen: Bayreuth beweist es. Da haben wir für die kommenden Tage schöne Arbeit, mit Sicheln und Sensen dem Unkraute beizukommen. Durch diese *Arbeit* adeln wir uns; denn bisher war es in meinen Augen eine fast verächtliche Sache, ein »Kunstfreund« zu heißen, und ich schätze die deutlich erkennbaren Kunstfeinde mehr; denn bei ihnen verriet sich doch häufig das Gefühl, daß dies eine Beschäftigung einer üppigen und selbstsüchtigen Klasse sei, fern von der Not des Volkes und im Grunde ein Mittel, sich gerade vom Volke zu »distinguieren«. Nieder mit der Kunst, welche nicht in sich zur Revolution der Gesellschaft, zur Erneuerung und Einigung des Volkes drängt!

Das *Improvisatorische*. Wagner hat zur Erklärung Shakespeares darauf hingewiesen, wie er als improvisierender Schauspieler zu denken sei, der die Besonnenheit habe, seine Improvis⟨ation⟩ zu fixieren; und ähnlich bezeichnet er sich als Musiker. »Selbstentäußerung« als Wesen dieser Künste – Eingehen in fremde Seelen, Lust an dieser Vertauschung; ein solcher Seelenwechsel bei dem Musiker ist nun ein Phänomen höchster Art: das Nicht-Subjektive des Musikers etwas ganz Neues. So stellt Wagner die Meistersinger neben den Tristan – die herb-freudige Meisterschaft des Tristan, die durchgegorne goldhellere Meisterschaft der Meistersinger: von einer solchen Möglichkeit hatten die älteren Musiker gar keine Vorstellung; wenn diese nicht *ihre* Stimmung, *ihre* Leidenschaft aussprechen wollten, waren sie steif oder spielten mit den überkommenen melodischen Typen. Besonders muß man acht geben, wie mitunter die Musik entschieden im Gegensatz zu Wagners persönlicher Stimmung steht: so ist Hagen als Hochzeitrufer eine der verwegensten Selbstentäußerungen Wagners. Es versuche nur einer, das nachzumachen, nachdem er erst mit der Seele Partei ergriffen hat! Das Höchste ist vielleicht Mime. Und dann sehe man, wenn es Wundertaten gibt, wie sehr da die Musik an diese Wunder *glaubt*, z. B. wenn Siegfried sein Schwert schmiedet; wozu eine Kraft der Entäußerung von der Zeit besteht, wovon unsre »Dichter« auch keine Ahnung haben. Wenn ⟨sie⟩ diese Wunder vorbringen, so schwindeln sie; wie unsere Philosophaster schwindeln, wenn sie sich in »Mystik« tauchen. Das ist aber der Fluch der jetzigen Philosophierer, daß sie sich mit ihrem phantasieleeren, nüchternen und zugleich verworrenen Kopfe anstellen, als seien sie zur Mystik überhaupt befähigt; weshalb zu raten ist, jedem, der mystische Wendungen macht, als einem unehrlichen Gesellen sechs Schritt fern zu bleiben; am wenigstens bedenklich ist es, wenn es nur Verlegenheits-Mystik ist, dort wo der Verstand unsicher wird, das Auge sich trübt, und der Besonnene sich zurückzieht – fast jeder Denker streift an solche Grenzen an. Wagner taucht in fremde Köpfe, Sinne, Zeiten hinein und hinab und macht uns nichts vor. Ein Riese, ein Höhlenwurm, Rheintöchter – das wäre alles für unsre »Dichter« Lügnerei und läppische Tändelei: sie haben den Zauber nicht im Leibe, um die Natur zu beseelen und das Belebte in der Welt zu mehren! Es sei nur auf einen Augenblick – aber er *war* diesen Augenblick verwandelt, und trug den Eindruck davon: man höre, wie die *Kröte* kriecht!

Da uns nicht allzu beglückten Menschen dieser Zeit einmal ein ganz großer Mensch geschenkt ist, so sollen wir uns darüber von Herzen freuen und es auch *zeigen*, daß wir uns freuen; denn hassenswürdig ist die Freude, die keine Genossen sucht, sondern sich ins Kämmerlein versteckt. Vielleicht vermögen wir so das Glück in der Welt etwas zu mehren; und bei dem vielen Haß und Eifer, von dem wir voll sind und häufig genug überfließen, sollten wir doch am wenigsten unser Glück den andern vorenthalten; es ist unsre Gegengabe, und ich wünsche sehr, daß noch ein Überschuß dabei bleibt. Wenn die Wahrheit meist bitter ist und doch gesagt wird, so wäre es grausam und böse, die süße Wahrheit im Stillen für sich zu verspeisen und niemandem einen Anteil zu gönnen.

Daß die Kunst nicht die Frucht des Luxus von Klassen oder einzelnen ist, sondern gerade einer *vom Luxus befreiten Gesellschaft* zugehört und ihre Entstehung zu verdanken hat, ist der neue Gedanke. Wie eine solche Gesellschaft beschaffen sein müsse, zeigt im mythischen Bilde Wagner in den Nibelungen: wo die Götter vernichtet, die Macht und das Geld seine fluchbeladene Bahn zu Ende gelaufen ist, wo der Geist der Treue, Liebe unter den Menschen herrscht. Die bisherige Kunst ist die Frucht des Luxus (doch nicht die kirchliche); auch die Musik hat einen Anteil daran gehabt und einen spielerischen Charakter erhalten, bis sie durch Beethoven zur Besinnung kam und von Wagner *gereinigt* wurde. Denn er ist der kathartische Mensch für die

Kunst. Es sind wirklich die Armen und Schlechtbegüterten, auch die Wenig-Unterrichteten, an denen Wagners Kunst ihren festesten Schutz hat. – Wagner hat ganz recht: wo die Politiker und die Weisen aufhören, da fängt der Künstler an, als Seher und Ahner der neuen Gedanken. Die nächste ungeheure Sphäre, die zu erobern ist, ist die Erziehung; und erst, wenn eine genügende Masse Menschen so im Widerspruche zu allen bestehenden Mächten sich fühlen, werden sie auch die Schultern gegen das Gebälk stemmen. Es ist eine sektiererische Kunst und wird eine sektiererische Erziehung sein, aber mit dem höchsten Streben, über die Sekte hinauszukommen. Es liegt in ihrem Wesen, nicht eine Grenze, eine Klasse abzusondern, nur durch äußere Gewalt kann sie eine Zeit Sekte sein. Solange es noch Menschen gibt, die nicht neu erzogen sind, haben die Neu-Erzogenen zu leiden. »Wir sollen alle *Genies* sein«, Wagner.

Wagners *Prosa-Schriften,* außerordentlich gedrängt den Gedanken nach, sind schwer zu verstehen, weil er nicht akzentuieren will und weil im größeren Satzgefüge er Hochton und Tiefton nicht gegeneinander abwägt; es ist ihm alles so wichtig, als ob alles unterstrichen wäre. Man wird diese Schriften bei weitem deutlicher finden, wenn man sie gut vorgetragen hört; denn sie sind im Sprechstil, nicht im Schreibstil geschrieben. Es ist ein unruhiger Rhythmus in ihnen, eine Ungleichmäßigkeit des Zeitmaßes, wodurch sie, als Prosa, in Verwirrung setzen; die Dialektik ist vielfach gebrochen, durch Gefühlssprünge und oft mit einer Art von Widerwilligkeit vorgetragen, gleichsam versteckt; gleichsam als ob der Künstler sich des begrifflichen Demonstrierens schämte. Am meisten beschwert den nicht ganz Vertrauten die Art der autoritativen Würde, die ganz eigen und schwer zu beschreiben ist; mir kommt es so vor, als ob Wagner häufig gleichsam *vor Feinden* spreche, mit denen er keine Vertraulichkeit haben mag und denen gegenüber er sich nicht natürlich, sondern zurückhaltend, abhaltend zeigt. Nun bricht häufig genug die fortreißende Leidenschaft durch diesen absichtlichen Faltenwurf hindurch; dann zerbricht die künstliche, schwere und mit

Nebenworten reich geschwellte Periode, und es entschlüpfen ihm Sätze und ganze Seiten, die zu dem Schönsten gehören, was die deutsche Prosa hat: so namentlich im »Beethoven«. Im ganzen fehlte ihm, wenn er Prosa schrieb, der Leser; an das Volk dachte und als Volk fühlte er, wenn er als Künstler schuf; aber als prosaischer Erklärer – an wen richtete er sich da! Ja sollte er den »Gebildeten« vor Augen haben, den Gelehrten? Fast mußte er es; und daher das Erzwungene, Sich-zwingende. Die Not gab ihm seine theoretischen Schriften ein, er schildert es selbst: man nahm ihm ja sein schönstes Mittel, sich mitzuteilen, das Beispiel. Immerhin möchte ich wissen, bis zu welchem Grad der Verwirrung das Reden über Wagner und über Musik geraten wäre, wenn er nicht geschrieben hätte; und gewissen Schriften wie dem »Beethoven«, »Schauspieler und Sänger«, »Über das Dirigieren« wohnt eine *verstummen* machende Kraft bei, wie sich das im Fortgange unserer Gesittung immer deutlicher zeigen muß. Hier ist ein ganz Großer, der von Erlebtem redet; was hätten die Kleinen, die nichts erlebt haben, unsere Ästhetiker und Kunsthistoriker noch zu sagen! Aber selbst die älteren namhaften ästhetischen Schriften sind seitdem im Werte gesunken; man bedarf jetzt der Wagnerischen Schriften mehr als des Lessingschen Laokoon und der Schillerschen Prosaschriften. Dabei sind sie reicher, auch leichter zu verstehen als Schillers ästhetische Schriften, auch viel prinzipieller; und verdienen deshalb viel mehr als die Schillerschen an den Schulen und Universitäten gelesen und erklärt zu werden. Sie sind überhaupt die wichtigsten ästhetischen Schriften, die es gibt – schlimm daß man so etwas überhaupt noch sagen muß! Das ist alles – Problem und Lösung – erlebt, erlitten und siegreich errungen, kein albernes Heiligsprechen und Schwören auf Aristoteles, wie selbst bei Lessing, tritt dazwischen. Zudem sind sie ein treffliches Übungsmittel in einer der schönsten Aufgaben, einen großen Künstler im Werden zu belauschen, zu sehn, wie er sich selbst verbessert – auch wenn er stolpert, schlägt er noch Feuer heraus –, befreit, verdeutlicht und »verinhaltlicht« aus dem Unbestimmten heraus kommt. Diese Schriften haben gar nichts

Kanonisches, Strenges, sondern das Kanonische liegt in den Werken. Es sind Versuche, das Erlebnis zu begreifen, in Begriffen abzuhäuten. Wer es besser kann, tue es besser; es war ein schlimmer Zwang für Wagner, es überhaupt tun zu müssen. Es nahm ihm ja keiner Zeit seines Lebens eine Last ab.

Zum *Schlusse*.
Die *große Begabung* ist das herrlichste Schauspiel von der Welt; wo sie erscheint, wird die Erde zu einem sommerlichen Garten und die Rosensträuche wollen gar nicht zu blühen aufhören. Alles muß ihr zum Heile werden, so schwere Schulen sie auch durchgeführt wird. Sie nährt sich von Gift und wird gesund und stark dabei, wenn ein Andres daran auch verderben sollte. Jede Gefährlichkeit macht sie beherzter, jeder Sieg sie besonnener. Das Gespött der umgebenden Welt ist ihr Reiz und Stachel, sie genießt es wie Lob und Balsam; schläft sie, so »schläft sie nur neue Kraft sich an«; verirrt sie sich, so kommt sie mit der wundersamsten Beute aus Irrnis und Verlorenheit wieder heim. Sie macht den Leib immer gesunder und zehrt nicht am Leben, je mehr sie lebt; sie waltet über dem Menschen wie eine beschwingte Leidenschaft und läßt ihn gerade dann fliegen, wenn der Fuß im Sande ermüdet oder am Gestein wund worden ist. Sie kann nicht anders als mitteilen, und jeder darf an ihrem Dufte teilhaben; mildtätig und barmherzig ist sie ohne alles Nachdenken, sie sieht die Person nicht an und geizt nicht mit ihren Gaben. Zurückgewiesen, schenkt sie reichlicher, gemißbraucht von dem Beschenkten, gibt sie auch das kostbare Kleinod, das sie hat, noch hinzu; und noch niemals waren die Beschenkten der Gabe ganz würdig: so lautet die älteste und die jüngste Erfahrung. Dadurch ist die große Begabung das rätselvollste Ding, ein Abgrund, in dem Kraft und Güte gepaart ruhen, eine Brücke zwischen Selbst und Nichtselbst; wer möchte den *Zweck* nennen, wozu sie überhaupt da ist? Sollte wirklich das Größere des Geringen wegen vorhanden sein, die größte Begabung um der kleinsten willen, die große Tugend und Heiligkeit um der Gebrechlichen willen? Wäre dies der Fall – nur einen Augenblick

gönne man uns so eine überschwängliche Möglichkeit –, so würde dies wie ein sonniger Strahl von Liebe sein, in dem das ganze Erdenleben vergoldet glänzte.

Es ist durch Wagner wieder einmal bewiesen, daß der Einzelne, während eines gewöhnlichen Menschenlebens, etwas *ganz Neues* zeigen kann, daß einem, der auf den Kanon der Allmählichkeit der Entwicklung schwört, Hören und Sehen vergeht. Alle begabten Menschen sind sehr geschwind – ich will einmal sehen, wie lange es dauert, bis unsere nichtgeschwinden Zeitgenossen nachgekommen sind; ihr Glaube an die Langsamkeit und an die Ameisenarbeit vieler ist keine Schmeichelei auf ihre eigne Begabung. Von einem solchen Werk wie den Nibelungen, von einem Unternehmen wie dem Bayreuther, gab es keine Vorzeichen, keine Übergänge, keine Vermittlungen. Den langen Weg zum Ziele und das Ziel selbst wußte keiner außer Wagner; es ist eine Weltumsegelung im Reich der Kunst, wobei, wie es scheint, nicht nur eine neue Kunst, sondern die *wahre* Kunst selber entdeckt wurde. Alle bisherigen modernen Künste sind dadurch als vereinzelte, als Einsiedler- oder Luxus-Künste entwertet; die halbtoten Erinnerungen an die wahre Kunst, die wir Neueren von den Griechen her hatten, dürfen nun ruhen. Es ist für vieles an der Zeit, jetzt abzusterben. Alle spielsüchtige verweichlichte Kunst ist tödlich erschrocken, alle mönchisch-einsame, verkümmerte Kunst erlöst. Das viele Reden und Lärmen, welches die moderne Bildung von der Kunst gemacht hat, wird als eine schamlose Zudringlichkeit empfunden werden, jetzt wo jeder Jünger der neuerstandenen Kunst sich zu einem fünfjährigen pythagoreischen Schweigen verpflichtet. Er verlangt nach heiligeren Wassern und nach Weihungen; denn wer hätte nicht an dem widerlichen Götzendienst der bisherigen Kunst Hände und Gemüt besudelt! *Schweigen und Reinsein* – das gelobt er sich.

Hervorragend ist Wagners Trieb zur *Mitteilung* und seine Erfindsamkeit im Mitteilen. Ein Gedanke, wie der seinige, in der höchsten Kraft empfangen und zur Schönheit geboren, würde verurteilt erscheinen, ein Hirngespinst zu bleiben, wenn Wagner nicht diese biegsame und unersättliche Mitteilbarkeit besäße. Er denkt seinen Gedanken in die jedesmaligen Umstände und Zeiten hinein, und erscheint dann der Ausdruck desselben verkümmert, so ist er trotzdem selbst in Wagners Kopf und Herz rein und groß geblieben. Wo eine kleine oder bedeutende Gelegenheit sich von ferne zeigte, seinen Gedanken durch ein Beispiel zu zeigen, war er bereit; wo eine halbwegs empfängliche Seele sich ihm auftat, warf er seinen Samen hinein. Er knüpft Hoffnungen an, wo der kalte Beobachter mit den Achseln zuckt; er täuscht sich hundertfach, um einmal gegen diesen Beobachter recht zu behalten – und um auf die Dauer gegen alle Skeptiker überhaupt recht zu behalten. Die kleinen und großen Orchester, die er führte, die einzelnen Musiker und Schauspieler, denen er ein Wort sagte, die Städte, die ihn im Ernste seiner Tätigkeit sahen, die Fürsten und Frauen, die halb mit Scheu halb mit Liebe etwas von ihm zu erhaschen suchten, die verschiedenen europäischen Länder, denen er zeitweilig angehörte, die auf das Eifrigste weitergesprochenen Nachrichten, die er von seinen Plänen gab (und von denen schon seit Jahrzehnten die ästhetischen Berichterstatter der Zeitungen fast gelebt haben), die Schriften, mit denen er sich half, wenn er nicht zur Tat kommen konnte, die Schüler, die er sich erzog – überall ein Echo seines Gedankens, oft absichtlich entstellt, aber tausendfältig; und man braucht nicht lange mehr zu warten, so entspricht der Übermacht jenes gewaltigen Tones, den er in die Welt hineinrief, auch die Übermacht des Echos. Dann ist es nicht mehr möglich, ihn nicht zu hören. Während er so durch alle hindurchgeht, wird er nicht der Sklave derer, welchen er sich mitteilt; er selber schreitet höher und bleibt nicht im Banne des einmal ausgesprochenen Worts, und überhaupt irgendeiner eigenen Vergangenheit. Man überlege nur, und schaudere bei dieser Überlegung: was stand auf dem Spiele, wenn Wagner jenen Gedanken nie durch ein solches Beispiel hätte zeigen können, wie er es jetzt in Bayreuth zeigt! Und wie groß war selbst die Wahrscheinlichkeit, daß ein Gedanke, von dem die anderen Menschen sich nicht träumen lie-

ßen, auch nur ein Traum im Kopfe dessen geblieben wäre, der ihn erdachte, und daß an Stelle von Bayreuth man von einem »Utopien« spräche. Es ist ja erstaunlich, was behagliche Menschen alles Utopien nennen: hier aber wären die unbehaglichsten und kühnsten Menschen fast im Recht gewesen, von Utopien zu sprechen. Ein höherer Grad von Ekel und Verzweiflung an den Menschen, eine trotzigere Selbstigkeit des Erfinders hätte genügt; und im Grunde haben Wagners Zeitgenossen auch alles getan, um ihn zum Ekel zu bringen und in sich selber zurückzudrängen. Aber er wurde nicht müde und blieb gütig in seinem Willen, mitzuteilen.
Er verschmerzte das Ungeschick und die prüde Beklemmtheit, mit der man hier und da sich herbeiließ, seine Kunst zu fördern, als ob der nächtliche Volksauflauf in den Straßen Nürnbergs (in den Meistersingern) durch Ballettänzer wiederzugeben sei; er vertrug es, obwohl oft mit dem bittersten Zwange, daß sein Werk gerade unter den von ihm bekämpften Namen und Formen, in der Entstellung zur »Oper«, Besitz von den Menschen ergriff; er erduldete selbst das Herbste – der große Dulder –, seine Freunde von »Erfolgen« und »Siegen« berauscht zu sehen, wo sein einzig-hoher Gedanke gerade mitten hindurch zerknickt und verleugnet war. Zum Entgelt für alle diese tiefsten Nöte sagte er endlich: mein großes Werk ist fertig, jetzt sollt ihr es sehn – dort auf dem Hügel bei Bayreuth. Das war seine Rache: er teilte sein höchstes Besitztum mit, den angesammelten Schatz von zwanzig Meisterjahren! – Aber der, welchem gegeben wird, muß auch annehmen können; und der große Sinn des Gebens fordert einen großen Sinn des Nehmens. Hier ist aber der Schatz fast übergroß; um ihn zu heben, mußte Wagner auch seine Kraft, sein Vertrauen, sein Wagen, sein blitzartiges Erfassen, sein treues Benehmen auf uns alle *übertragen;* und diese dämonische Übertragbarkeit der ganzen Wagnerischen Natur ist fast noch eben so wunderbar als seine Natur selbst. An jedem Orchester, das Wagner führt, kann man ein Beispiel sehen; die von ihm benannte und zuerst geübte »Modifikation des Tempos« ist im Grunde die Übertragung des Wagnerischen Seelenrhythmus auf

die Seelen der von ihm geleiteten Musiker; und wie so die Seelen der Musiker erlöst und ins Hohe verwandelt sind, ist auch wiederum die Seele der Musik aus dem eisernen Gitterwerk der mathematisch zerteilten Zeit erlöst und redet nun erst vernehmlich zu uns. Und so, wie Wagner sich den Musikern mitteilt, wird sich der Geist und Rhythmus seines Bayreuther Werkes den Schauern und Hörern mitteilen müssen, so daß ihre Seele ausgeweitet, ihre Bogen schon ausgespannt sind, wie nie zuvor; nur dann erst wird das Ungeheure ganz getan sein, wenn es auch ins Ungeheure wirkt und eine Furche hinter sich aufreißt, welche nicht wieder zugefüllt werden kann. *Wohin* diese Furche sich reißt, nach welcher Richtung – wer möchte es ganz erraten? Aber eine Vermutung, eine einzelne neben anderen, darf jetzt schon laut werden.
(Damit Übergang zum letzten Kapitel: ἀνάγκη, Bedeutung der Kunst, Fortsetzung, ihre Stellung in der wiederhergestellten Gesellschaft, Erziehung.)

Wagner ist groß, damit wir alle groß werden.

Man könnte auch die *Freunde* Wagners zu seinen *Gefahren* rechnen; es ist höchst wunderbar, wie er fast unbewußt jeder Parteigestaltung sein Lebenlang ausgewichen ist, wie sich andrerseits hinter jeder Phase seiner Kunst ein Kreis von Anhängern zusammenschließt, scheinbar ihn einschränkend. Er geht mitten durch sie hindurch und läßt sich nicht binden. Sein Weg ist zu lang gewesen, als daß so leicht ein Einzelner ihn von Anfang an hätte mitgehen können; und so ungewöhnlich und steil – fast allen ging einmal der Atem aus. Fast zu allen Lebensperioden Wagners hätten ihn seine Freunde gern *dogmatisieren* mögen, seine Feinde ebenfalls; und wenn eine geringere Art von Herrschsucht in ihm gewesen wäre, so hätte er viel zeitiger zum Herrn der deutschen Musikzustände werden können.
Der unselige Glaube, daß sich an ihn eine Schule von Komponisten anlehnen müsse und werde, ist, wie ich vermute, nie der Glaube Wagners gewesen; wozu er als Musiker erziehn wollte

und erzog, das ist zu meisterhaften Dirigenten und Vortragskünstlern, zu wahrhaft dramatischen Sängern. Sonst ist es ja in der Entwicklung der Musik der Augenblick, wo eine bei weitem höhere Kraft und künstlerische Sittlichkeit sich darin offenbart, ein tüchtiger Meister der Darstellung und Ausübung zu werden als wieder fortzukomponieren, d. h. das wahrhaft Große in seinen Wirkungen zu verflachen, dadurch daß man es nachmacht und seine Wirkungen vervielfältigt. Es ziemt sich ein viel weihevolleres Befassen mit Musik und gerade deshalb eine Beschneidung des albernen Produktionstriebs; während die Aufgabe, die große Kunst Beethovens und Wagners vorzutragen, eben erst gestellt ist und bei begabtesten Talenten unerhörten Fleiß und Charakter in Anspruch nehmen wird. Sodann das Volk zu erziehen zu dieser Höhe; was wiederum nur durch das Beste geschehn kann. Jetzt freilich hat der widerliche Betrieb unserer gebildeten Musikanstalten jenen größten Skandal nicht verhindert, welchen die Deutschen in der Kunst begangen haben – daß ein großer Krieg eine »Volksweise« als seinen musikalischen Ausdruck fand wie »die Wacht am Rhein«; ein so süßliches und gemeines Ding, daß jeder Landsknecht eines deutschen Heeres davor aus⟨ge⟩spuckt hätte. Und dann die Pflege des Männergesangs, wo man das glacierte Volkslied mit zuckriger Harmonie und Tempokünsten einlernt! und deutsche Sängerfeste feiert, unserer großen Musik ins Gesicht lachend!

Muße und Arbeit bei Wagner: es gibt für große Kulturbewegungen immer Raststätten und Ruhepausen, und denen entsprechen auch wohl einzelne Begabungen ganz; so ist innerhalb der weihevollen und keuchenden Reformationsbewegung Montaigne ein solches In-sich-zur-Ruhe-Kommen ein friedliches Dasitzen und Ausatmen; so las ihn gewiß Shakespeare. Ich empfinde mitunter diese Wohltat bei Horaz, und es gibt Stimmungen, in denen solche Sätze eine zauberhafte Sänftigung in sich tragen. So weilt Wagner in der Historie; und es ist kein Zweifel, daß ihr heute diese Mission zufällt, im ungeheuren Ringen nach neuen Zielen einmal aufatmen zu können und sich gleichsam abgeschieden zu fühlen. Wenn die Deutschen seit einem Jahrhundert besonders den historischen Studien obgelegen haben, so zeigt dies, daß sie in der Bewegung der modernen Zeit die aufhaltende, hemmende, verzögernde und beruhigende Macht sind: was vielleicht einige zu ihrem Lobe wenden dürften. Im Ganzen ist es ein höchstgefährliches Anzeichen, wenn das geistige Ringen eines Volkes vornehmlich der Historie zugewandt ist, ein Merkmal von Erschlaffung, von Rück- und Hinfälligkeit, von Müdegewordensein; dies stellen unsere Gelehrten in der Geschichte des modernen Geistes dar im Gegensatz zu allen Reformations- und Revolutions-Bewegungen, sie haben sich nicht die stolzeste Aufgabe zugestellt, aber eine eigene Art friedfertigen Glücks sich gesichert. Jeder freiere männlichere Schritt führt freilich an ihnen vorüber, ein schaffender Mensch kann sich bei ihnen nur, wenn er einmal müde ist, aufhalten. So verhält sich Wagner zur Historie und Philologie; sie ist ihm ein Labsal auf der ungestümen Reise. Vielleicht wird die Historie dies nicht einmal sein können, wenn sie, wie es einst geschehen muß, in einem strengeren und tieferen Sinne und aus einer mächtigen Seele heraus geschrieben wird, als die deutschen Gelehrten bis jetzt getan haben; es liegt etwas Beschönigendes, Unterwürfiges und Zufriedenstellendes auf allen ihren Arbeiten, und der Gang der Dinge ist ihnen recht. Es ist schon viel, wenn einer merken läßt, daß er gerade noch zufrieden sei weil es noch schlimmer hätte kommen können, die meisten glauben unwillkürlich, daß alles sehr gut sei, so wie es nun einmal gekommen ist. Wäre die Historie nicht immer noch eine verkappte christliche Theodizee, wäre sie mit mehr Gerechtigkeit und inbrünstigem Mitgefühl geschrieben, so würde sie zu einem furchtbaren Werkzeug der Revolution; während sie jetzt als Opiat gegen alles Umwälzende gedient hat. Ähnlich steht es mit der Philosophie, aus welcher ja die meisten nichts andres lernen wollen als die Dinge ungefähr zu verstehen, um sich dann in sie zu schicken: und selbst in ihren edelsten Gestaltungen wird ihre stillende und tröstende Macht so stark hervorgehoben, daß die Ruhesüchtigen und Trägen meinen müssen, sie suchten dasselbe, was die Philosophie suche.

Mir scheint dagegen die wichtigste Frage aller Philosophien zu sein, wie weit die Dinge einen unabänderlichen Charakter haben, um dann, wenn diese Frage beantwortet ist, mit der rücksichtslosesten Tapfkerkeit auf *die Verbesserung* der *als veränderlich erkannten Seite* der Welt loszugehen. Das lehren sie auch selber durch die Tat, dadurch daß sie an der Verbesserung der sehr veränderlichen Einsicht der Menschen arbeiteten und ihre Weisheit nicht für sich behielten; das lernen auch die wahren Jünger wahrer Philosophien, welche, wie Wagner, aus ihnen nur gesteigerte Tapferkeit und Entschiedenheit für ihren Gang, aber keine Einschläferungssäfte zu saugen verstehen. Wagner ist dort am meisten Philosoph, wo er am tatkräftigsten und heldenhaftesten ist; und vielleicht gibt es keine kühnere Symbolik für das heldenhafte und philosophische Verhalten zur Welt als das Wort Siegfrieds zu den Rheintöchtern, als er die Erdscholle über sein Haupt wirft: »So werf ich es weit von mir.« Es ist dies die Philosophie, welche die Götter vernichtet, an der Wotans Speer zerschellt.

Wie er als *Lernender* dann wieder Herr wird über das Erlernte in Hinsicht auf Historie. Überkommt Wagner dann wieder seine bildende Kraft, dann ist ihm die Historie etwas anderes geworden; die Vergangenheit hat sich gleichsam geballt, verdichtet; er steht zu ihr wie der Grieche zu seinem Mythus, als zu etwas, an dem man mit Liebe und scheuer Andacht formt und weiterspinnt; sie ist biegsamer, wandelbarer als eine Wirklichkeit geworden und trägt doch mehr Zeichen der einstmaligen Wirklichkeit als irgend ein vergangnes Ereignis. Wo ist das ritterliche Mittelalter so mit Fleisch und Geist in ein Gebilde übergegangen, wie dies im Lohengrin geschehen ist? Und werden nicht die Meistersinger noch zu den spätesten Zeiten von dem deutschen Wesen erzählen, ja mehr als erzählen; werden sie nicht vielmehr eine der reifsten Früchte jenes Wesens sein, das immer reformieren, nicht revolvieren kann und das auf dem breiten Grunde seines Behagens auch das edelste Unbehagen der *erneuernden Tat* nicht verlernt hat?

Zu erinnern, wie allein *in der Musik überhaupt das völlig Gelehrtenhafte überwunden* ist – es ist der *höchste* Triumph des modernen Geistes, und der erste Musiker Wagner zeigt wieder in nuce dieselbe überwindende Kraft.

Die Sprache der Dichtungen. Wagner leidet an der Entartung und Schwächung unserer Sprache, an den Sünden und Verlotterungen früherer Jahrhunderte, an den Hülfszeitwörtern, den vielfältigen Verlusten und Verstümmelungen der Casusbezeichnungen, an dem schwerfälligen Partikelwesen unserer Syntax; während er mit tiefem Stolze sich der uralten Ursprünglichkeit und Unerschöpflichkeit, der tonvollen Kraft ihrer Wurzeln erfreut, an welchen er, im Gegensatz zu den höchst abgeleiteten und künstlich-rhetorischen Sprachen der romanischen Stämme, eine wunderbare Nähe und Vorbereitung zur Musik, zur wahren Musik empfand. Es geht eine Lust an dem Deutschen durch Wagners Dichtungen, eine Herzlichkeit und Freimütigkeit im Verkehre mit ihm, wie so etwas außer bei Goethe wohl bei keinem Deutschen sich nachfühlen läßt. Man sollte jdes Wort singen können, und Götter und Helden sollten es in den Mund nehmen; das war eine ungeheure Anforderung, die Wagner an seine sprachliche Phantasie ⟨stellte,⟩ bei der jeder andere hätte verzagen müssen; denn unsere Sprache ist fast zu betagt und verwittert; und doch rief sein Schlag mit dem Stabe geben den Felsen eine reichliche Quelle hervor. Verwegene Gedrängtheit, Leiblichkeit des Ausdrucks, Gewalt und rhythmische Vielartigkeit, ein merkwürdiger Reichtum von starken und bedeutenden Wörtern, Vereinfachung der Satzgliederung, eine fast einzige Erfindsamkeit in der Sprache des wogenden Gefühls, der Ahnung, eine mitunter ganz rein und frisch sprudelnde Volkstümlichkeit und Sprüchwörtlichkeit – solche Eigenschaften würden aufzuzählen sein, und doch wäre dann immer noch die mächtigste und wunderwürdigste vergessen. Wer hintereinander zwei solche Dichtungen wie Tristan und die Meistersinger liest, wird in Hinsicht der Wort-Sprache ein ähnliches Erstaunen empfinden müssen, wie hinsichtlich der Musik: wie nämlich es möglich sei, über zwei Welten, so verschieden an Farbe, Form, Figur als an Seele, schöpferisch zu gebieten. Dies ist das Mächtigste an der Wagnerischen Begabung, etwas, was nur einem großen Meister gelingen wird: für jedes Werk eine eigenartige Sprache auszuprägen und der neuen Innerlichkeit auch einen neuen Leib, einen neuen Klang zu geben. Gegenüber einer solchen allerseltensten Macht, wird der Tadel immer nur kleinlich und unfruchtbar bleiben, der sich auf einzelnes Übermütiges und Absonderliches oder auf die häufigen Dunkelheiten bezieht; für die freilich, welche bisher am lautesten getadelt haben, war im Grunde nicht sowohl die Sprache als die Seele, die Art zu empfinden und zu leiden anstößig, nämlich ganz und gar unzugänglich und unerhört. Wir wollen warten, bis diese selber eine andere Seele haben, dann werden sie selber auch eine andere Sprache sprechen: und dann wird es, wie mir scheint, auch mit der deutschen Sprache überhaupt besser stehn als es jetzt steht: etwas Wagnerischer nämlich, und nicht mehr so David-Straussisch!

Der rhythmische Sinn im Großen. Die Anlage jedes Wagnerischen Dramas ist von einer Einfachheit, welche noch größer ist als die der antiken Tragödie; und dabei ist die dramatische Spannung die höchste. Dies liegt in der Wirkung der großen Formen, ihrer Gegensätze, ihrer einfachen Bindungen, das ist das Antike an dem Bau dieser Dramen. – Man durchdenke die Einleitungen der drei einzelnen Akte, das Verhältnis der drei Akte zu einander; hier zeigt sich eine schlichte Größe des Baumeisters, welche in der neueren Dichtung überhaupt nicht ihresgleichen hat. Die Spannung beruht auf den Höhenverhältnissen der Leidenschaften, niemals auf dem Effekt des neuen und überraschenden Schauspiels. Ich wünschte mir den Grad von rhythmischer Augen-Begabung, um über das ganze Nibelungenwerk in gleicher Weise hinschauen zu können, wie es in einzelnen Werken mir mitunter gelingt; aber ich ahne da noch eine besondere Gattung rhythmischer Freuden des höchsten Grades. Die Rheintöchterszene mit Siegfried im letzten Akt des letzten Dramas und die Rheintöchterszene mit Alberich im ersten Akt des ersten Dramas, der Liebesjubel der sich findenden Siegfrieds und Brünnhildens im letzten Akt des Siegfried und der Abschiedsjubel der sich Trennenden im ersten Akt der Götterdämmerung usw. Dann wieder die Nornenszene im Anfange des ersten Akts (Vorspiels) der Götterdämmerung. Im Tristan Liebessehnsucht (2. Akt), Todessehnsucht im dritten Akt. Im einzelnen Akt ist der Schluß oftmals (Tristan 1, Walküre 1, Siegfried 1) ein Sich-stürzen eines Stromes mit immer schnellerem Rauschen, die zunehmende Breite und zugleich Schnelligkeit der Empfindung, mit der höchsten Sicherheit. Andre Akte haben eine Katastrophe und darauf eine Erschütterung und *Stillstehen* der Empfindung über das Ungeheure, was geschehen: so Marke im 2ten Akt des Tristan; der Zug der Mannen mit Siegfrieds Leiche.

Ein *heftiger Wille,* der gleichsam auf allen Wegen, Höhlen und Schluchten ans Licht will, springend, kletternd, fliegend, wild an die Wände stoßend und flatternd; eine jähe elementare Strömung, die unbefriedigt nach allen Seiten über das Strombett hinausschießt; eine auf verborgenen Felsen unruhig ruhende, wund und wild gewordene Meeresgottheit, die am Sturme mehr Lust hat als an der glatten Spiegelung des Himmels – dies ist die eine Seite der Wagnerischen Natur, furchtbar und friedlos, sich und anderen zur Qual (mir gab die Norn den Geist, der stets »unbefriedigt«). Dieser Wille, mit einem engen Geiste verbunden und zufällig Macht gewinnend, wäre ein Verhängnis geworden. Nur ein ganz hoher und freier Geist konnte dieser wilden Natur einen Weg ins Gute und Hülfreiche weisen und sie davor bewahren, daß sie gegen sich selber zerstörerisch wütete. Dieser Geist, der sich auf Wagner niederließ, und der wie eine Flamme dem hin und her geworfenen Seefahrer beim Unwetter die Richtung zeigte, war der Geist der Musik; er führte ihn, ohne ihn erst in Fesseln geschlagen zu haben; wie es zum Beispiel der Geist der Politik getan haben würde, wenn er sich mit einer solchen Natur hätte paaren wollen. So durfte er frei bleiben, denn es war ein liebevoller, mit Güte und Süßigkeit überschwänglich mild zuredender Geist, dem die Gewalttat und das Machtwort verhaßt ist und der niemanden in Fesseln sehen will. Es gab Stunden und Zeiten, wo ihn auf eine schreckliche Weise der Zweifel heimsuchte, ob ihm dieser Geist noch treu geblieben sei; und wenn er dann seinen edel-mächtigen Flügelschlag um sich fühlte, so drang eine tiefe heiße Dankbarkeit und eine Fülle von ungesprochenen Gelöbnissen zu ihm empor: *Treue gegen den Geist der Musik* wurde seine Religion. – Wie aber die Musik zu Wagners Willen redete, erschließen wir zu halbem Wege daraus, wie Musik zu uns spricht; wer könnte aber hierüber ganz deutlich reden? Genug, daß fast *alle* andere Musik uns – nicht bloß mir, denn ich brauche wahrhaftig nicht von mir allein zu reden –, daß fast alle andere Musik uns nur wie eine veräußerlichte, befangene, unfreie Sprache klingt, als ob gespielt werden sollte, vor solchen, die des Ernstes nicht würdig wären, oder als ob gelehrt und demonstriert werden sollte, vor solchen, die nicht einmal des Spieles würdig wären. Es gibt in *aller andren* Musik eben nur kurze Stunden, wo plötzlich jene Sprache zu uns dringt, die wir *immer* in Wagners Musik hören: seltne, sie gleichsam überfallende Augenblicke der Vergessenheit, wo die Musik mit sich selber redet und den Blick aufwärts richtet, wie die Raffaelsche Caecilia, weg von den Hörern, die Zerstreuung und Lustbarkeit oder Gelehrsamkeit von ihr fordern. Ich wüßte nicht, auf welchem Wege ich je des *reinsten* sonnenhellen Glücks teilhaftig geworden wäre als durch Wagners Musik, und dies, obwohl sie durchaus nicht immer vom Glück redet, sondern von den furchtbaren und unheimlichen unterirdischen Kräften des Menschentreibens, von dem Leiden in allem Glücke und von der Endlichkeit unseres Glücks; es muß also in der Art, wie sie redet, das Glück liegen, das sie ausströmt. – Man rechne nur nach, woran Wagner seine eigentliche Lust und Wonne hat, an was für Szenen, Konflikten, Katastrophen – da begreift man, was er ist und was die Musik für ihn ist. Wotans Verhältnis zu Siegfried ist etwas Wundervolles, wie es keine Poesie der Welt hat: die Liebe und die erzwungene Feindschaft und die Lust an der Vernichtung. Dies ist höchst symbolisch für Wagners Wesen: Liebe für das, wodurch man erlöst, gerichtet und vernichtet wird; aber ganz göttlich empfunden!

Bei strömendem Regen und verfinstertem Himmel war der Grundstein gelegt worden. Im Zurückfahren zur Stadt schwiegen wir, und Wagner sah mit einem Blick in sich lange hinein, der mit einem Wort nicht zu bezeichnen ist. Er begann an diesem Tage sein sechzigstes Lebensjahr. Ein beschleunigtes, zusammendrängendes Schauen.
Alexander, der Asien und Europa kredenzt – sein innerer Blick – dies zu sehen!
Ich möchte diesem innerlichen Schauen nachschauen; von da aus nimmt sich das Bayreuther Werk am wundervollsten aus.
Die, welche fallen, sollen in unglaublicher Schnelligkeit ihr ganzes Leben an sich vorüberfliegen sehen. So auch die, welche in einem bestimmten Ereignis ihr Lebenswirken besiegeln: die Bedeutung des Grundsteins. Dieses *unendlich beschleunigte innerliche Schauen Wagners* ist gewiß das höchste Schauspiel.
Wagner geschildert, wie er auf sein Werk in Bayreuth blickt: die Qual und Besorgnis vom ersten bis letztem Augenblick, das Gift in der Verunstaltung der Grundgedanken, es ist so vieles abzuwägen gegeneinander!

Das Gefühl Wagners, als der Grundstein gelegt war. Wer sein Gefühl bei der Aufführung zu dem Wagners *konzentrieren* kann, hat gewiß das Höchste mit hinweggenommen.

Ein großes Ereignis ist nur für den *großen* Beobachter groß. Das Bayreuther Ereignis macht mir Sorge: wo sind die Augen, um alles zu sehen? Zumal ist vielleicht das höchste Schauspiel, Wagner selbst, erst von einer viel weiteren Warte zu überschauen. Und doch, um uns nun ganz *freuen* zu können, müssen wir nicht nur von uns aus, sondern *von Wagner aus* auf diese Bayreuther Tat schauen, uns *in ihn* versetzen.

Die Deutschen sind ein *lernendes* Volk; und wenn ausnahmsweise einmal eine große Begabung unter ihnen auftritt, so zeigt sie auch diese Begabung in einem Maße, das für andere Völker unbegreiflich ist. Wagners Kunst und Wollen bleibt gegenwärtig für Nichtdeutsche schon deshalb etwas Unbemeßbares, weil sie auf eine solche Polyphonie des verschiedenartigsten Wissens an ihren Künstlern nicht eingewöhnt sind und weil sie sich überhaupt schon durch die weite Spannung des deutschen Wissens noch mehr belästigt als verwundert fühlen. Um ein Meister in der Musik zu werden, ist jetzt fast jedes Menschenleben schon zu kurz; man lernt kaum aus, wenn man sich das Gebiet zerteilt und zum Beispiel sein Vollenden in der Kunst des Vortrags sucht. Wagner wurde ein allseitiger Meister der Musik und der Bühne und in jeder ihrer technischen Vorbedingungen ein Erfinder und Mehrer. Aber er wurde viel mehr, und um dies zu werden, war es ihm so wenig wie irgend jemandem erspart, auf dem Gebiete, wo er schaffen und erfinden sollte, sich lernend die höchste Kultur anzueignen. Wagner der Erneuerer des einfachen Dramas, der Entdecker der Stellung der Kunst in der wahren menschlichen Gesellschaft, der dichtende Erklärer vergangener Lebensbetrachtungen, der Philosoph, der Historiker, der Ästhetiker Wagner, der deutsche Mytholog, der zum ersten Male einen Ring um das herrliche uralte Gebilde schloß und die Runen seines Geistes darauf eingrub – welche Fülle von Wissen hatte er zusammenzubringen und zu umspannen, um dies alles werden zu können! Und doch erdrückte weder diese Summe seinen Willen zur Tat, noch leitete das Einzelne und Anziehendste ihn abseits; um das Ungeheure eines solchen Charakters zu messen, nehme man zum Beispiel das große Gegenbild Goethes, der wie ein vielverzweigtes Stromnetz erscheint, welches aber seine ganze Kraft nicht zum Meere trägt, sondern mindestens ebensoviel auf seinen Wegen und Krümmungen verliert und verstreut als es am Ausgange mit sich führt. Es ist wahr, ein solches Wesen hat und macht mehr Behagen, es liegt etwas Mildes und Edel-Verschwenderisches um ihn herum, während Wagners Kunst und Stromgewalt vielleicht erschrecken und abschrecken kann. Mag aber sich fürchten, wer will, wir anderen wollen dadurch nur um so mutiger werden, dadurch daß wir einmal einen Helden mit Augen sehen, der »das Fürchten nicht gelernt hat«. Er geht nicht nur durch das Feuer, sondern auch durch den Dampf des Wissens und der Gelehrsamkeit hindurch und findet sein ihm vorbestimmtes Werk.

Gegen den Hochmut der Wissenden und ihre Albernheit nimmt er die Partei des *Volks;* er verbindet, er erinnert an die Unmöglichkeit eines Lebens im Wissen.
Davon weiß ich eine Viertelstunde eher was als viele; aber wenn ich alt bin, werde ich mit allen etwas Gemeinsames haben.

Wer so glücklich ist, sich darüber Rechenschaft geben zu können, *was Wagner ist,* der hat auch bis zu irgendeinem Grade an dem unvergleichlichen Glück teilgenommen, das Wagner selbst in sich trägt: an dem Glück seiner Begabung. Diese ist ein aufwachsender Wald, ein Aufschießen der mannigfaltigsten Kräfte, die sich gegenseitig in Schranken halten, so daß sie freudig und geradezu aufwärtssteigen und alle zusammen ein Ganzes bilden. Einheit im Verschiedenen fühlen, um das Verschiedene innig zu lieben – das ist sein Geheimnis: sein Auge ist von Natur auf Beziehungen gerichtet, nicht nur auf die Beziehung der Künste zueinander, sondern auch auf die Verbindung von Staat, Gesellschaft und Kunst; also im stärksten Maaße darf ihm eine gesetzgeberische Befähigung zugesprochen werden. Er übersieht große Verhältnisse mit einem Blick und läßt sich nicht durch das Kleine befangen.
Wie die innere Schauwelt des Epos der Plastik vorausgehen muß, so auch die innere *Nachahmungs*welt der Musik der Schauspielkunst.
Ein leidenschaftliches Verlangen nach Luxus und Glanz in Wagner: gerade von da aus war er befähigt, diesen Trieb im Innersten zu verstehn, zu verurteilen. Sein äußeres Leben verhielt sich zu diesem Hange wie ein neckendes Possenspiel mit seinem Wechsel von Dürftigkeit und Luxus. Mit der Kunst des Luxus kritisierte er sich selbst und durchschaute sich.

Mitteilung an die Freunde (ohne unterjocht zu werden), an die Feinde (unterjochend).
Und wie es seinen Freunden nicht gelang, ihn mit ihrer Liebe zu unterjochen, so gelang es seinen Feinden nicht, sich durch ihre Feindschaft gegen das Unterjochtwerden zu schützen.

Der Gott will Macht: Verträge, Schuld, Unfreiheit;
er sucht einen Helden, der frei für ihn kämpfe (gegen ihn), um seine Macht zu behaupten.
Wandlung des Willens. –
nachher: nur um seine Schuld los zu werden.
Als Siegfried stirbt, wird Wotan seine Schuld ledig und wählt den Untergang.

Das, was die Musik schon ahnt, das erfährt der Held erst an einem Ende seiner Bahn: sein Leben, der bemitleidenswerteste Vorgang der Welt, die Musik, die die mitleidigste Sache derselben ist, folgt ihm auf jedem Schritt. *Wie vermag sie das?* – Dies zu begreifen, müssen wir in das Wesen des dithyrambischen Dramatikers einen Einblick zu erlangen suchen. –

Wagner hat ein großes Reich Innen-Natur aufgeschlossen, auch historisch, und über die ganze Entstehung der Kunst einsichtig gemacht.
In einer entnüchterten Welt weist er auf die Kräfte hin, woraus alles Gute und Große selbst für diese entnüchterte Welt gewachsen ist.
Er läßt einen neuen Strom solcher Urkräfte über uns hinströmen und zeigt die Unversiegtheit der inneren Quelle der Mensch⟨en-⟩Natur.

Es gibt vielleicht ein paar ganz unaufmerksame Leute, die jetzt noch gar nichts von Bayreuth und den Dingen, welche sich jetzt an diesen Namen knüpfen, wissen; und dann zahllose, die viel Falsches davon wissen und erzählen. Aber auch das Wahre und Herrliche, was davon zu berichten bliebe, wie matt lebt es in den Empfindungen und Worten derer, die ehrlich genug sind, es anzuerkennen; und wiederum, wie unaussprechbar muß es ebendenselben erscheinen, welche ganz von dem Feuer jenes Geistes durchglüht sind, der hier zum ersten Mal zu der Menschheit reden will. Zwischen den Schwachempfindenden und den Sprachlosen stehe ich selber in der Mitte; dies zu bekennen ist weder vermessen noch allzubescheiden, sondern nur schmerzlich; weshalb gerade das, braucht niemand zu wissen. Wohl aber entnehme ich aus meiner Mittenstellung ein Gefühl von Pflicht, zu reden und einiges deutlicher zu sagen, als es bis jetzt in Bezug auf diese Ereignisse geschehen ist. Ich verzichte aus Not darauf, die sehr verschiedenen Erwägungen, zu denen ich mich gedrängt fühle, in Form und Zusammenhang zu bringen; man könnte wohl den Eindruck eines Ganzen und Geschlossenen mit einiger Kunst der Täuschung hervorbringen; ich will ehrlich bleiben und sagen, daß ich es jetzt nicht besser machen kann, als ich es hier mache, ob ich es freilich schlecht genug mache.

Zukunft *von den Bayreuther Sommern:* Vereinigung aller wirklich lebendigen Menschen; Künstler bringen ihre Kunst heran, Schriftsteller ihre Werke zum Vortrage, Reformatoren ihre neuen Ideen. Ein allgemeines *Bad der Seelen* soll es sein; dort erwacht der neue Genius, dort entfaltet sich ein Reich der Güte.

Wagners Musik macht den Eindruck *erhabener Arbeit,* im Vergleich zu der flacheren Manier der älteren.
Das *»Unbeugsam-Unbändige«.*

Wagners *Nachwirkung* – alle Gefahren, denen er als Künstler entging, wird man völlig erst erkennen, wenn es Nachahmer geben sollte – hier ist nun *aufzuzählen.*

Wie durch Wagner die ästhetischen Gegensätze »subjektiv«, »objektiv«, romantisch, klassisch, naiv, sentimentalisch ganz aufgehoben sind; sie *passen* nicht.

Vielleicht übertreibt unsere Empfindung etwas: wir sind genötigt, *zuviel* Nöte durch *eins* wieder gut zu machen, durch Bayreuth.
Das ist eine *Revolution,* was jetzt in Bayreuth vor sich geht, die Konstitution einer neuen Macht, die fern davon ist, sich nur ästhetisch zu fühlen.

Kindheit [Wagners] – etwas Altes, Altkluges – die Jugend des Menschen, seine Naivetät viel später bei Modernen.
Leipzig – geistiges Anschmecken, Ungründlichkeit der Empfindung, geschmeidiges Wesen, schlechte herrschende Neigungen der Literatur.
Er schien zu dilettantisieren, zu lüsteln und genüßeln ohne Genuß.
Über Mangel an Erfahrungen soll sich keiner beklagen, sondern höchstens über den Überfluß.
Im Tannhäuser kann die bessere Natur für die andere eigentlich nur leiden und bitten, sie sind getrennt.
Im Lohengrin Sehnsucht aus Macht zur Liebe, zur fraglosen Treue.
Im Holländer das düstere Schweifen, das zum Fluch wird: das Leid des Heimwehs.
Begehren nach Macht, Taumel der Sinne – Zurückschrecken vor der ekelhaften Sittlichkeit und Verlogenheit.
Er landete an der Theaterwelt, der leichtfertigen, besonders nichtigen.
Unruhig, große Dürftigkeit – immer mit einem äußersten Mittel bereit.
Er wuchs aus keiner Kunstschule heraus, ohne Lehrer.

Er will selbst mit helfen, die politische Veränderung herbeizuführen; großer *Irrtum,* er wähnt den Augenblick zur Herstellung des Volkes vor der *Tür!* Revolutionär zu Gunsten der Theater! Wirkung durch Schriften, nachhelfend! Die Wirkung wird immer noch als *sofortige* erstrebt. Auch *als Künstler nimmt er darauf* noch Rücksicht (Tannhäuser)!!

Er propagierte seinen Glauben als Künstler (auch als Schriftsteller), was am stärksten auf ihn wirkte und ihn bewegte, das faßte er zu Kunstwerken zusammen. Tannhäuser Lohengrin. Es war eine *Frage:* gibt es noch *andre* Wagner?

Er schloß von der tiefsten Wirkung, die er empfand, auf die, welche er machen werde. Kunstwerke wurden zu *Fragen* – fühlt ihr so, wie ich fühle, so werdet ihr auch gleich *bedürfen.* Dabei entdeckte er das *Mißverhältnis – furchtbare Vereinsamung.* Er hatte keinen Wunsch mehr für den Bestand der politischen Welt.

Er nahm die *Musik* aus.

Dann, wenn eine Vielheit so leidet, wie er leidet – das wäre Volk. Dann würde sie auch gleich *bedürfen.* Denn auch sein Streben nach Macht war naturwüchsig, volksmäßig. Er sah sein Kunstwerk näher vor sich und glaubte auch das Volk *nahe.* Er fand auf sich die *tiefste Wirkung* vom Volksglauben und vom dramatischen Gesange. Dies paarte er. Was auf ihn wirkte, werde einmal auf das Volk wirken: es werden die sein, welche eine *gemeinsame Not* verbindet. Er *multiplizierte sich zum Volk.*

Dritte Periode: die Zeit erscheint ihm nichtig, er hat sich ganz auf sich zurückgezogen, die Wirkung liegt ihm fern, er legt Partitur neben Partitur hin, entsagt der Macht; die Zukunft wird ganz fern. Treue. Schopenhauer. Er wird einsam.

Es melden sich die *Freunde,* die Vorboten veränderter Zeiten und Sinne, Herberge gebend – er entdeckt, die unvergleichliche Wirkung schon getan zu haben.

Gefahr von seiten der Freunde auf der früheren Stufe.

Er sieht in dem Kriege einen Kampf gegen die »Zivilisation« und das Vertrauen auf die deutsche Tapferkeit.

Er begreift: seine Kunst ist das Kunstwerk der Zukunft und eine Vorläuferin, eine Anregung zur neuen Gesellschaft. Er versteht seine Stellung zum Kommenden anders als auf der früheren Stufe.

Treue.

Wenn eine Vielheit dieselbe Not erlitte, wie er sie leidet – das wäre Volk, sagt er sich. Dann würden ihre gleichen Bedürfnisse

auch gleich befriedigt. Sieht er nun zu, was ihn selbst in seiner Not am tiefsten tröstet und beseligt, so findet er den Mythus und die Musik: hier empfängt er die tiefste Befriedigung, also muß er hier auch am tiefsten bedürfen, und Not sein. Die Musik ist nun eine Ausnahmekunst, nicht dem Luxus dienstbar, sondern entstanden wie ein Trost der Niedrigen und Schlichten, er findet eine herrliche Zusammengehörigkeit beider und fühlt seine Kraft zum Drama als verbindende Kraft zwischen diesen Sphären. Sein Kunstwerk, das auf ihn jetzt so unvergleichlich wirkt, stellt er als eine Frage auf: wo sind die, auf welche es gleich wirkt? Diese werden auch gleich leiden und bedürfen wie ich. Eine Vielheit von uns ist das Volk, das wir ersehnen. Nun erlebt er eine schreckliche Enttäuschung, obwohl er durch Schriften nachhilft; alles ist befremdet, man mißt nach alten Maßstäben, man kritisiert nach alter Weise herum, man fühlt nicht die neue Frage. Er verzweifelt, denn das Volk ist nicht da, seine Not wird nicht empfunden, sein Kunstwerk ist eine Mitteilung an Taube und Blinde, die Aussicht auf Wirkung und Macht ist hoffnungslos. Er taumelt und gerät ins Schwanken. Die Möglichkeit eines Umsturzes der Dinge steht als Hoffnung vor ihm, vielleicht daß hinterher wieder zu pflanzen ist. – In Kürze ist er politischer Flüchtling und im Elend. Es ist die zweite große Krisis.
Vereinsamt, die Zeit erscheint ihm nichtig, er hat sich ganz auf sich zurückgezogen, keine Hoffnung mehr. Er streift jetzt jede Rücksicht auf Wirkung ab, alles Verführerische und Anfragende, das Verständnis Erleichternde, und spricht nur mit sich. Sein Weltblick wendet sich in die Tiefe, er sieht das Leiden im Fundament und reinigt sich von allem Optimismus. Sehnsucht aus dem Tag in die Nacht, Tristan. Er findet die deutsche lutherische Heiterkeit wieder, die andere Völker nicht begreifen, durchgegorne Meisterschaft der M⟨eister⟩singer. Es kommen Freunde heran; viele beinahe gefährlich, sie wollen ihn dogmatisieren usw. Er geht hindurch, unberührt, es handelt sich nicht mehr um Ästhetik und Musik für ihn. Ein ungeheures Werk, der Gesamtausdruck seiner Einsicht und Aussicht, mit einem wunderbaren metaphysischen Schwanken am Schluß. Macht resi-

gniert aus Liebe. Er will dieses Werk zeigen, das Kunstwerk der Zukunft: während das Jetzt nicht die *Zukunft* ist, auf die er rechnet. Der Krieg, symbolisch verstanden, gibt Mut.

Das Streben und Wollen der Macht ist jetzt unpersönlich geworden, ist rein ins Schaffen übergetreten. Seine Kunst der höchsten Vollkommenheit und Ausdrucksfähigkeit: er denkt nicht mehr an eine zu *erlebende* Wirkung. Er will das Werk hinterlassen, legt Partitur neben Partitur.
Über Nacht kam es plötzlich anders. Der deutsche Krieg wurde von ihm eigen nachempfunden, wie sonst nicht in Deutschland. Er bekam Glauben an eins, während er gar keinen mehr in Betreff von Deutschen hatte, die deutsche Tapferkeit mit Besonnenheit und Dauer verbunden, er sah etwas seinem Schaffen Verwandtes und war hoch beglückt. Vielleicht finde ich jetzt – nicht das Volk, sondern nur so viel Freunde und Mitleidende, denen ich das Werk zeigen kann, wie es gemeint ist. Es war ihm um Begründung des *Stils,* der Tradition zu tun, für eine sehr ferne Zukunft. – Wenn wir »das Kunstwerk der Zukunft« jetzt sehen, so sollen wir doch immer sagen, es ist nicht diese Zeit, welche Wagner mit jener »Zukunft« gemeint hat! Was Wagner sein *wird,* das ist noch etwas ganz andres als er jetzt sein kann.

Und nun trat in immer neuem Glanz der herrschende Gedanke seines Lebens vor ihn hin, fast verwandelt, aber beinahe noch mächtiger, reizvoller. Wirkung, unvergleichliche Wirkung! – womit! auf wen! Nicht mehr auf das Publikum der Theater, wie es ist, nicht mehr auf den modernen Menschen überhaupt, wie er zur Kunst sich eben verhält. Auch nicht mehr mit den Mächten der bisherigen Erfolge. In diesem Zeitpunkt des entscheidenden »Nicht mehr« begriff er das Wesen des *Volkes* und seinen Gegensatz, die Gesellschaft des Luxus.

Um zu erklären, was ich unter Wagners zusammenziehender Kraft, unter dem Wort, er sei ein Vereinfacher der Welt, verstehe, schicke ich dies voraus. Er fand zwei neue Probleme, das der Musik und das des Dramas; er fand sie dort, wo alle großen Probleme liegen, auf der Gasse, vor jedermanns Füßen und doch allen Augen verborgen. Was bedeutet es, daß der neueren Zeit gerade eine solche Kunst wie die der Musik ersteht? Ist dies nicht ein Widerspruch für jeden, der das Bild dieser Zeit sich vor die Seele stellt? Muß er nicht sagen: aus dieser Zeit *konnte* die Musik nicht entstehn; was ist dann ihre Existenz? Ein Zufall? Aber erst könnte ein einzelner Meister zufällig sein, das Erscheinen einer solchen Reihe von Leuchten und Sonnen zeigt doch wahrlich, daß nicht an Kometen-Erscheinung zu denken ist. Wagner gibt nun eine Antwort: die Existenz der Musik hängt mit der Stärke der modernen Zeit zusammen, diese aber hat ungeheure Schwächen anderer Organe mit sich gebracht; und dieser erkrankte und erschöpfte Zustand ist es, dem in der Musik ein Heilmittel erwächst. Einmal hat sie ein Verhältnis zur Sprache, als eine universal vorwortliche Sprache zu der ganz ausgeraubten entkräfteten, rhetorisch und poetisch vernützten Sprache: die allgemeine Erkrankung aller Sprechenden, die Unfähigkeit, sich noch wirklich miteinander zu verständigen; wenn schon die Poesie für jeden jetzt dichtet, so denkt jetzt die Sprache für jeden, er ist der Sklave derselben und niemand hat noch Individualität in diesem ungeheuren Zwang. Man muß, durch Musik gehoben, einmal sich so fern gestellt fühlen, daß man in allem, was gesprochen wird, geschrieben wird, das typisch Gleichartige wahrnimmt; dann kommt es einem so vor, als ob alle individuelle Bildung *unmöglich* sei, weil sie versucht, auf dem Wort sich zu gründen; und das reißt jetzt jeden in die alten Bahnen. Zweitens fühlte Wagner die Stellung der Musik zu der jetzt sichtbaren Erscheinungswelt des modernen Lebens: sie ist bildlos und deshalb antagonistisch allem Gebilde. Nun zeigt ⟨sich⟩ ebenfalls in allem, worin der Mensch jetzt an der Erscheinung herumbildet, eine unsägliche Erschöpfung: alles Dagewesene, alles schöner dagewesen, selbst das Häßliche ist erhabner dagewesen. Das Gehen, Stehen und sich Bewegen, die Form der Geselligkeit, die Manieren der öffentlichen Sprecher, die Gebärden der Jünglinge, die Künste der Frauen: alles, alles, worin frühere

Zeiten den Leib gebildet haben und zum Spiegel schöner oder großer Bewegungen gemacht haben, ist ganz verkommen oder späte Nachahmung; bestenfalls ist alles Renaissance und zwar Nachblüte derselben (die französische Zivilisation). Faßt man hier die Musik als den Antagonisten der Gymnastik, so ist in ihr jedenfalls ein Punkt gewonnen, von wo aus einem das moderne Leben widerlich barbarisch vorkommt. Denn der, welcher in dem rhythmischen Gange der großen Musik lebt, erkennt zuerst an sich und von da aus an allen andern, wie unfähig er für gewöhnlich ist, diesem reinen und erhöhten und doch machtvoll bewegten Innenleben der Musik etwas entgegenzustellen, was als Bild, als Erscheinung, dazu gehöre; während er gewöhnlich nur den peinlichen Eindruck bei diesem Suchen hat, daß er in ein Durcheinander von Verzerrungen und Übertreibungen hineinblicke. Nun ist der Eindruck der Musik selbst so stark, daß nicht nur der Rhythmus der Gymnastik vor ihm sich auszuweisen hat; alles, was ein rhythmisches Verhalten an sich hat, die ganze Lebensordnung von Individuen, die Politik von Völkern, das Verhalten der Handelsinteressen zueinander, der Kampf der Stände, das Widerspiel zwischen Volk und Nichtvolk – unwillkürlich wird es der mit Musik erfüllte Mensch an der Musik messen und verurteilen, er begreift es, was es heißen will, einen Staat auf Musik zu gründen, was die Griechen nicht nur begriffen hatten, sondern auch forderten. Und zwar ist es auch nicht allein das Rhythmische; auch das Seelenvolle, Ehrliche in der unpersönlichen Leidenschaft und doch das aus unerschöpflicher Tiefe aufquellende *ruhige* Feuer der Musik – dies alles wird ihm zum Richter seiner modernen Welt.

So verurteilt Wagner diese Welt, weil sie dem Ideal, das er nicht als Bild, aber als Seele der Musik in sich trägt, nicht entspricht. Er würde sie verneinen und aufheben müssen, wenn er *nur* Musiker wäre. Und in der Tat ist es sein tiefer Gegensatz gegen alle sonstigen Musiker unserer Zeit, daß sie von sich aus nicht diese Verneinung und Aufhebung wollen; er schließt daraus, daß sie jenes Feuer eben nicht im Leibe haben und infolgedessen keine rechten Musiker sind. Entweder verneint euch als Musi-

ker, hört auf, welche zu sein, oder hebt die Welt vermöge eurer inneren Kraft aus den Angeln – so ruft er ihnen zu.
Diese Verneinung kann nun verschiedenartig gedacht werden: revolutionär oder asketisch. Im ersten Falle wird der Musiker zuerst darauf sinnen, der Musik eine einflußreiche Stellung zu verschaffen, er wird ihre Verkümmerungen, ihre verächtliche Lage, ihren Mißbrauch zu leeren, folgenlosen Unterhaltungen bekämpfen: indem er durch seine ernste Musik die Individuen weiht und zu Werkzeugen der umwälzenden Macht der Musik macht, wird er hoffen können, überall hin seinen Einfluß zu tragen; wer möchte z. B. zweifeln, daß eine Gesellschaft, die den wahren Geist Beethovenscher Musik in sich aufgenommen hat, unserer jetzigen Gesellschaft, in Staatsform, Erziehung usw., sehr wenig ähnlich sehen würde! Zweitens kann jede Verneinung der gegenwärtigen Erscheinung leicht noch zu einer weiteren Stufe der Verneinung führen. Wer, wie Schopenhauer, in der Musik eine Welt hinter dieser Welt sieht, die noch nicht in die Form der Individuation eingegangen ist, und wer andererseits gerade den gebrechlichen, tief hoffnungslosen Charakter des Lebens aus der trennenden Gewalt der Indiv⟨iduation⟩ ableitet, muß in der Musik, die, wenngleich begriffs- und bildlose, Konzeption einer besseren Welt machen, einer unschuldigen, liebevollen, heiter-tiefsinnigen.
Ganz auf diese Welt sich zurückziehend steht der Musiker dann, wie Wagner es an Beethoven geschildert hat, beinahe in der Sphäre der Heiligkeit: die unvergleich⟨liche⟩ Reinheit, Bewegtheit, Glut, die kindliche Unmittelbarkeit, der völlige Mangel der Verstellung, die Abwesenheit der Konvention, das ist der Musik eigen, nicht den andern Künsten, die eben der Erscheinungswelt als Abbilder zu nahe stehen.
Hiermit könnte es nun erscheinen, daß ein Nebeneinander der Musik und der Erscheinungswelt eben ein Mißgebilde sein müsse, daß ihre *Unverträglichkeit* gerade feststünde. Hier nun machte Wagner seinen zweiten Fund, er fand das Problem des *Dramas* wieder. Der Mensch, der die Seele der Musik in sich aufgenommen hat und von diesem Erfülltsein aus auf die allge-

meine Natur und das Los der Menschen zu allen Zeiten hinblickt, tut dies nicht mit Ekel, mit Haß, sondern so wie Beethoven die Natur in der Pastorale sieht, mit Liebe, mit einem alles verstehenden Mitleid. In größeren Bildern des menschlichen Wollens sieht er die Art seines eigenen Wollens, nur mit Wahn und trügerischen Zielen vor sich, so daß er das tragische Ergebnis dieses individuellen Wollens vorhersehen kann. Als Seele der Musik faßt er gerade die Liebe; und gerade das, was er am meisten in seiner Hoffnungslosigkeit des Strebens durchschaut, muß er am meisten lieben. Andererseits ist der große Musiker als Abbild des universalen Willens, in einer natürlichen Sympathie für das Individuum, das sich in der Ausdehnung seines Wollens dem universalen Willen nähert; das Feuer, das ihn durchs Leben führt, erkennt er als verwandt dem Feuer der in ihm waltenden Musik an; nur daß der Wille, der in der Musik erscheint, reiner unschuldiger und trugloser ist und bereits als unpersönlich gewordener Wille dem Eingang zur Selbstverneinung und dem Zustand der Heiligkeit sich nähert, von dem der ringende Held noch ferne ist; zwar vielleicht nicht so weit, denn gerade wegen der Heftigkeit seines Ringens kann er plötzlich einmal von der Einsicht in die Erfolglosigkeit überrascht werden.

Die gewohnte Leichtfertigkeit – oder ist es gar die törichte Überhebung der modernen Menschen? – bringt es mit sich, daß den tief spürenden, der reichsten Erfahrung nachgehenden Einreden Platos gegen die Kunst jetzt kein Gehör mehr geschenkt wird; wer aber noch belehrbar ist, muß sehr bestimmt einsehen, daß das Walten einer mächtigen Kunst auch eine Menge Gefahren mit sich führt und daß gerade die größten Künstler eine Nachwirkung gehabt haben, welche den besorgteren Denkern fast bei jedem neuen Erscheinen solcher Mächte Furcht einflößen muß. Allzu leicht erscheint es so, als ob die Kunst die Ziele des tätigen Lebens selber hinzustellen hätte, und mit gefährlichstem Mißverstande wird dann der Künstler als unmittelbarer Erzieher verstanden. Wird dagegen seine wundervolle Aufgabe mit Recht so begriffen, daß er für das kämpfende und zielesetzende Leben *einzuweihen* hat, so ist man ebenso im Recht, ihn sich auf das Schärfste vom Leben selber abgetrennt zu denken und seinen Nachwirkungen ein Strombett anzuweisen, welches nicht den Gang des Lebens durchkreuzt und bestimmt. Man würde Platos Meinung treffen, wenn man mit einiger Härte darauf bestünde, daß es gleichgültig sei, was ein Künstler in sozialer und politischer Hinsicht denke: daß es z. B. für die Athener ohne Gewicht sein mußte, ob Äschylus sich für oder gegen die Beschränkung des Areopag erklärte; ja ich glaube sogar, erst dadurch, daß man in dem Künstler gerade etwas Überzeitliches verehrt, wird man sich gegen das Gefährliche, was in seiner direkten Wirkung auf die Zeit liegt, einigermaßen schützen können. Ich will in diesem Zusammenhange darauf aufmerksam machen, daß es überaus nahe liegt und deshalb gefährlich ist, Wagner *nicht als* Künstler zu verstehen oder anders ausgedrückt: aus seinen Kunstwerken bestimmte Winke über die Gestaltung des Lebens entnehmen zu wollen. Es liegt dies so nahe, weil Wagner selber in verschiedenen Perioden den Versuch gemacht hat, bestimmtere Antworten auf die Frage nach dem Zusammenhang seiner Kunst mit dem Leben zu finden. Es gibt Aufsätze von ihm, die ganz von dem magischen Lichte eines seiner Kunstwerke überströmt sind – und jedes Kunstwerk hat ein ihm eigentümlich gefärbtes Licht.

Wagner als Reiniger der Kunst, ihrer Stellung zum Leben – selbst als Schriftsteller (zu schreiben, was ich leide).

Der Vereinfacher der Welt, wie in der Philosophie.
Er sieht sie unter einem einzigen aber notwendigen Sehwinkel: wie steht es mit der Kunst? Da *verkürzt* er die Geschichte sehr.
Er *reinigt:* er verscheucht die Vorstellung, daß die Welt organisch *alt* geworden sei.
Die Quelle der Natur noch eben so frisch, der Mensch noch unausgeschöpft.
Man muß nur Begriffswolken verscheuchen, falsche Beängstigungen, als ob der Mensch schon verarmt sei.

Der Haß gegen die weichlichen Kunstfreunde.
Das Wesen der *Musik* gibt ihm das Licht; sie steht im Gegensatz zu unsrer begrifflichen und literarischen Welt (die Welt des *Scheins* unfruchtbar, Hillebrand mit seinen Hoffnungen lächerlich). Wagner bildet die innere Phantasie aus.
Schopenhauer faßt sie als etwas Metaphysisches, Wagner fragt: gibt es ein *Leben,* welches der Musik einmal entsprechen wird? (Griechen gründeten ihre Staaten auf Musik)
Daß es *eine solche Welt geben* muß, ersieht er als *Dramatiker* (das Drama ist keine Kunst*art,* kein Literatur*zweig*).
Er sieht Phänomene vor sich gleichsam mit drei Dimensionen – hörbar, schaubar, begreifbar.
Wo hat er dies Phänomen zuerst gesehen? In der *Oper.*
Schillers Ahnung.
Der moderne Künstler hat immer erst zu *reinigen,* ehe er schaffen kann – meistens wird die Reinigung zuerst eine persönliche sein.

Wagners Kampf im Kunstwerk.
Rienzi – Gegensatz zur »Ordnung«, der Reformator.
Holländer – das Mythische gegen das Historische.
Tannhäuser, Lohengrin – das Katholische gegen das Protestantische (das Romantische gegen die Aufklärung).
Meistersinger – Gegensatz zur Zivilisation, das Deutsche gegen das Französische.
Tristan – Gegensatz zur Erscheinung. Das Metaphysische gegen das Leben.
Nibelungen – freiwilliges Verzichten der bisherigen Weltmächte: Gegensätze von Weltperioden – mit Umwandlung der Richtung und der Ziele.

Goethe nennt all sein Wirken symbolisch.
So verstehe man auch den Lebensgang Wagners symbolisch.
Er beginnt in einer verdorbenen Kunst und zwar den einzigen Punkt entdeckend, wo Kraft ist.
Von da aus reinigt er seine Vorstellung von dieser Kunst und sich selbst.

– – – Er geht nicht nur durch das Feuer, sondern auch durch den Dampf des Wissens und der Gelehrsamkeit hindurch – mit jener *Treue* gegen ein höheres Selbst oder, noch richtiger, durch die Treue eines höheren Selbst gegen ihn, welches ihn aus seinen schwersten Gefahren immer wieder herausführte. Dieses höhere Selbst verlangte von ihm nur *Gesamttaten* seines polyphonen Wesens, und hieß ihn leiden und lernen, um jene Taten tun zu können, es führte ihn zur Prüfung und Stärkung an immer schwereren Aufgaben vorbei. Die höheren Gefahren und Prüfungen aber nahten ihm nicht als dem persönlich Unbefriedigten und Leidenden, nicht als dem Lernenden, sie erwuchsen aus einer Verbindung von Leiden und Lernen, aus dem heftigen Triebe, dem eignen Leide, das er in immer höherer Verallgemeinerung empfand und zu dessen Verständnis er Historie und Philosophie hinzunehmen mußte, einen rettenden Gedanken entgegenzustellen: es sind die Gefahren der *Absichten,* durch welche der Künstler die Reinheit seines Werdens kreuzte; seine Kunst sollte diesen Absichten dienen, sie sollte mehr leisten und sofort leisten, als eine Kunst, noch dazu eine dunkel ans Licht ringende neue Kunst vermag; indem er sie der Reihe nach zum Heilmittel seiner selbst, des modernen Menschen und endlich des Lebens überhaupt bestimmte, verfiel er in die schwerste Krankheit, in welche ein Künstler verfallen kann, in die der bestimmten Absichten. Zuerst begehrte er von ihr alles das, was ihm sein persönliches Schicksal nicht bot: hier enttäuscht, verlangte er von ihr Befriedigung und Ersatz für jene ungeheuren Mängel, an denen die neuere Menschheit und jeder Einzelne in ihr leidet: auch hier enttäuscht und zur Hoffnungslosigkeit verurteilt, ersah er in seiner Kunst die Religion, den Trost für das Dasein überhaupt. Und erst hier war das Absichtliche in seinem Wollen so ins Unbegrenzte gehoben, daß seine Kunst und alles Unabsichtliche seines Wesens sich völlig frei und ungehemmt ergehen konnte. –

Darüber nachzudenken, *was Wagner ist,* an allen Lebens- und Machtäußerungen seiner vielspältig-einheitlichen Natur betrachtend vorüberzugehn: das wird die Heilung und Erholung sein, welche jedermann begehren muß, der darüber, wie Wagner wurde, gedacht und gelitten hat. Ein solches wahrhaft großes, wahrhaft frei gewordenes Können und Dürfen ist das herrlichste Schauspiel von der Welt; wo eine solche Begabung erscheint, wird die Erde, für den Betrachter wenigstens, zu einem sommerlichen Garten. Er kann, von dem Glück dieses Schauspiels aus, kaum anders als selbst in jenes leidvolle Werden eine verklärende und beinahe rechtfertigende Zweckmäßigkeit hineinzulegen; zu erwägen, wie der großen Natur alles zum Heil und Gewinn werden muß, so schwere Schulen sie auch durchgeführt wird: wie sie sich von Gift nährt und gesund und stark dabei wird, wie jede Gefährlichkeit sie beherzter, jeder Sieg sie besonnener gemacht hat.

Es gibt nichts Hoffnungsloseres, als von solchen komplizierten und seltenen Zuständen der Seele zu anderen zu sprechen, wenn diese nicht selber durch die Erinnerung an eigne ähnliche, wenn auch vielfach schwächere Zustände und durch ein beschauliches Suchen in ihrem Innern dem Sprechenden auf halbem Wege entgegenkommen. Solche bereite Zuhörer aber vorausgesetzt, halte ich es allerdings für möglich, den ganz eigenen und einzigen Eindruck einer großen Begabung allmählich so deutlich für die Empfindung auszuprägen, daß wir von der entscheidenden Sicherheit dieses Eindrucks aus unwillkürlich auf jenen Zustand zurückschließen, in welchem der Künstler sich zum Schaffen gedrängt fühlt, d. h. den Eindruck der Welt auf sich als einen Anruf seiner eigensten Kraft empfindet. Auf ein *Mitwissen um diesen Zustand* kommt aber alles an, und jede Beschäftigung mit Kunst kann bei dem Nichtkünstler nur dies Ziel haben, zuletzt einen Eingang zu jenen sonst verborgenen Seelen-Mysterien zu entdecken, in denen das Kunstwerk geboren wird. Der Künstler ist nur gerade als Mitteilender über diese Mysterien Künstler; er will uns durch seine Art zu sprechen und sich mitzuteilen zu Mit-Eingeweihten machen, er will mit seinem Werke auf etwas hinweisen, was vor dem Werk, hinter dem Werk ist. »Die Natur ist nach Innen zu viel reicher, gewaltiger, seliger, furchtbarer, ihr kennt sie nicht, so wie ihr gewöhnlich lebt!« ruft uns der Künstler zu, »nun folgt mir einmal und laßt das trüberleuchtete Stück Natur und Leben, welches ihr allein als wirklich zu kennen scheint, hinter euch. Ich führe euch in ein Reich, das ebenfalls wirklich ist: ihr selber sollt sagen, wenn ihr aus meiner Höhle in euren Tag zurückkommt, welches Leben *wirklicher* ist!«

Wenn bis zu irgendeinem Grade dies die Stimme jedes großen Künstlers an uns ist, so doch vor allem die Stimme Wagners. Das, wozu sie uns ladet, ist Rückkehr zur Natur; und in diesem Zusammenhang darf man am wenigsten fürchten, Mißverständnisse mit solch einem Worte zu erregen. Es handelt sich wahrhaftig nicht um eine bequeme Entschließung, sich einmal natürlich zu geben und in einer idyllischen Schlichtheit zu lustwandeln; so harmlos war jene Aufforderung nicht gemeint. Der Künstler weiß recht wohl, daß wir alle, wenn er nicht den Weg uns zeigt, niemals den Eingang in die noch unbekannt gebliebene Urwelt der Natur finden werden. Denn übermächtig ist die Last, die auf uns liegt; ein Schleier aus kalten und künstlichen Begriffen und Lehrmeinungen gesponnen hält unser Auge; unser Gefühl regt sich kaum gegen die Gewohnheit der verwickeltsten und härtesten Gesetzbarkeiten oder regt sich in falschem Takte, wir haben auch die Sprache des Gefühls verlernt; so sind wir viel zu schwach und können gar nicht so weit aus eignen Kräften gehen, um die Natur zu finden. Aber auch die Hand unseres Ermahners und Befreiers ist übermächtig; er führt uns, ohne daß wir sehen, wohin, bis wir plötzlich fühlen und hören und mit allen Sinnen auf einmal wissen, wo wir stehen – *in der freien Natur,* und selber verwandelt zu *natürlich Freien.*

– – Mußte die wahre Musik erklingen, weil die Menschen sie am wenigsten verdienten, aber am meisten ihrer bedurften? Man versenke sich nur einmal in das überschwängliche Wunder dieser Möglichkeit: schaut man von da aus auf das Leben zurück, so leuchtet es, so trübe und umnebelt es vorher auch erscheinen mochte; es wird selber zum Abbild und Gleichnis der Musik

Beethovens und spricht in der Form der Erscheinung von Erlösung und wiedergewonnener Unschuld. »Nie hat eine Kunst der Welt etwas so Heiteres geschaffen als diese Symphonien in a-Dur und f-Dur, mit allen ihnen so innig verwandten Tonwerken des Meisters aus der göttlichen Zeit seiner völligen Taubheit. Die Wirkung hiervon auf den Hörer ist Befreiung von aller Schuld – die Wirkung des Heiteren geht hier sofort über alle Befriedigung durch das Schöne weit hinaus. Jeder Trotz der erkenntnisstolzen Vernunft bricht sich hier sofort an dem Zauber der Überwältigung unsrer ganzen Natur; die Erkenntnis flieht mit dem Bekenntnis ihres Irrtums, und die ungeheure Freude dieses Bekenntnisses ist es, in welcher wir aus tiefster Seele aufjauchzen, so ernsthaft auch die gänzlich gefesselte Miene des Zuhörers sein Erstaunen über die Unfähigkeit unseres Sehens und Denkens gegenüber dieser wahrhaftigsten Welt uns verrät. – Aller Schmerz des Daseins bricht sich an diesem ungeheuren Behagen des Spieles mit ihm; der Weltenschöpfer Brahma lacht über sich selbst, da er die Täuschung über sich selbst erkennt; die wiedergewonnene Unschuld spielt scherzend mit dem Stachel der gesühnten Schuld, das befreite Gewissen neckt sich mit seiner ausgestandenen Qual. – Jetzt warf er den Blick auch auf die Erscheinung, die, durch *sein* inneres Licht beschienen, in wundervollem Reflexe sich wieder seinem Innern mitteilte. Jetzt spricht wiederum nur das Wesen der Dinge zu ihm und zeigt ihm diese in dem ruhigen Lichte der Schönheit. Jetzt versteht er den Wald, den Bach, die Wiese, den blauen Äther, die heitre Menge, das liebende Paar, den Gesang der Vögel, den Zug der Wolken, das Brausen des Sturmes, die Wonne der selig bewegten Ruhe. Da durchdringt all sein Sehen und Gestalten diese wunderbare Heiterkeit, die erst durch ihn der Musik zueigen geworden ist. Selbst die Klage, so innig ureigen allem Tönen, beschwichtigt sich zum Lächeln: die Welt gewinnt ihre Kindesunschuld wieder. ›Mit mir seid heute im Paradiese‹ – wer hörte sich dieses Erlöserwort nicht zugerufen, wenn er der Pastoral-Symphonie lauschte?«

1. Wotan strebt nach *Macht,* wird unfrei, in Schuld und Fluch verflochten: er *bedarf* des *Freien.*
2. Muß dem Liebsten widerstreben, es vernichten – muß die treueste Liebe (und Brünnhilde) bestrafen.
3. Ihn faßt *Ekel* vor der *Macht.*
4. Die *Liebe* zu dem herrlichen *freien* Siegfried kehrt ihn um, er weist ihm die Welt, *verzichtet.*
5. Er sieht den Fluch auch auf das Liebste loskommen und leidet schrecklich, er *sehnt* sich nach dem *Nichtsein.*
6. Erst der *Tod* des Freien *löst* die Welt und die Götter vom *Fluche:* der Gerechtigkeit ist Genüge getan – der Gott kann *sterben.*

– Der Gott wird immer größer, je mehr er zurück tritt.
– Siegfried, der freie Furchtlose, entsteht aus dem Bündnis wider das Gesetz und die Sitte, seine Erzeuger gehen zugrunde.
– Er, der Freieste, wird durch Vergessenheit unfrei und treulos; die Freiheit des Menschen ist durch das Vergessen der Vergangenheit verwirkt: das Böse und der Fluch, durch Vergessen kommt der Fluch.
– Brünnhilde verliert, durch Liebe, ihr persönliches Wissen, und gerät in das tiefste Leid, aus dem sie sich nicht helfen kann. Aber aus ihrem Schicksal entnimmt ein allerhöchstes Wissen: »Trauernder Liebe tiefstes Leid schloß die Augen mir auf.«
– Eine Zeit die nicht nur um Freiheit des Gedankens gekämpft hat, sondern sich von aller Vergangenheit zu lösen gesucht, im Kampf mit der Notwendigkeit: das wird das *Volk* werden, für welches das Kunstwerk der Zukunft (im Widerspruch gegen alles Vergangene erzeugt) bestimmt ist.

Seine [Wagners] Schriften nicht volkstümlich.
Wohl aber seine Kunst: sie überwindet den Gegensatz von Volk und Gebildeten.

Das scheidet sie von aller Renaissance-Kultur (Goethe als Nachzügler, Philolog-Poet – auch »Faust«).
Schon dadurch scheint er auf eine Zukunft hinzudeuten – nach Schillers Wort.

Nur soweit er für die *Sicherstellung* seiner Kunst sorgt, wendet er sich an bestehende Mächte, an den Gebildeten, an das Nationale – er denkt im Bunde mit dem mächtigsten Volke, dem der Reformation, fortzuleben, dem er die Mission zuerteilt, »das Meer der Revolution in das Bette des ruhig fließenden Stromes der Menschheit abzudämmen«.
Aber der Gedanke seines Kunstwerkes ist, wie der Gedanke jedes guten Deutschen, *überdeutsch* und nicht national: wie seine Reformation.

Er steht vor der Religion so unbefangen wie Äschylus vor verschiedenen Zeusen.
Wesentlich unreligiös.

Zukunft einer Gesellschaft von Wagners – insofern er ein ganz moderner Mensch ist, ist es auch Kunst der Gegenwart.

Was er sein wird?
Der in eine Vergangenheit Zurückschauende und sie Deutende – diese Vergangenheit hat er vorweggenommen.
Einzelne Phasen in Wotan: um die Macht – Ekel – sie fahren lassen – dem *freien Menschen* sie weihen.

Siegfried, aus einem Bunde wider alle Sitte
der freie Mensch, ohne Furcht
wird unfrei, treulos, durch Vergessenheit
noch in seinem Tode erlöst er die Welt vom Fluche

Die Etymologien bei Wagner sind echt künstlerisch, obschon unwissenschaftlich: das ist das rechte Verhältnis zur Natur.

[. . .] Wir haben keine höfische Beredsamkeit und auch keine öffentliche wie die Griechen; deshalb ist es mit der Rede im Drama nichts, es ist Naturalisieren. Goethe im Tasso geht auf das Vorbild der Renaissance zurück. Schiller hängt von den Franzosen ab. Wagner gibt die Kunst der Rede ganz auf.

»LOSLÖSUNG« VON WAGNER
(1877-1883)

1877

Es gibt kürzere und längere Bogen in der Kulturentwicklung. Der Höhe der Aufklärung entspricht die Höhe der Gegen-Aufklärung in Wagner.

Dem Meister und der Meisterin
Entbietet Gruß mit frohem Sinn,
Beglückt ob einem neuen Kind,
Von Basel Friedrich Freigesinnt.
Er wünscht, daß sie mit Herzbewegen
Aufs Kind die Hände prüfend legen
Und schauen ob es Vaters Art
– Wer weiß? selbst mit 'nem Schnurrenbart –
Und ob es wird, auf Zween und Vieren
Sich tummeln in den Weltrevieren.
In Bergen wollt' zum Licht es schlüpfen,
Gleich neugebornen Zicklein hüpfen,
So gleich zu suchen eignen Gang
Und eigne Freude, Gunst und Rang.
Oder vielleicht Einsiedlers Klaus
Und Waldgetier sich wählet aus?
Was ihm auf seinem Erdenwallen
Beschieden sei: es will gefallen
Nicht vielen: fünfzehn an der Zahl
Den andern werd' es Kreuz und Qual,
Daß nur, zur Abwehr ärgster Tücke
Des Meisters Treuaug segnend blicke!
Daß nur den Weg zur ersten Reise
Der Meisterin kluge Gunst ihm weise!

Epikurs Stellung zum Stil ist typisch für viele Verhältnisse. Er glaubte, zur Natur zurückzukehren, weil er schrieb, wie es ihm einfiel. In Wahrheit war so viel Sorge um den Ausdruck in ihm vererbt und an ihm großgezogen, daß er nur sich gehenließ und doch nicht völlig frei und ungebunden war. Die »Natur«, die er erreichte, war der durch Gewohnheit anerzogene Instinkt für den Stil. Man nennt dies Naturalisieren; man spannt den Bogen etwas schlaffer, z. B. Wagner im Verhalten zur Musik, zur Gesangskunst. Die Stoiker und Rousseau sind im gleichen Sinne Naturalisten: Mythologie der Natur.

Wenn ich die Dinge nach dem Grade der Lust ordne, welche sie erregen, so steht obenan: die musikalische Improvisation in guter Stunde, dann das Anhören einzelner Sachen Wagners und Beethovens, dann vor Mittag gute Einfälle im Spazierengehen haben, dann die Wollust usw.

Da die *Kunst* immer *seelenvoller* wird, so bemerken die späteren Meister, daß die Kunstwerke der früheren Zeit ihnen nicht entsprechen und dies veranlaßt sie, da etwas nachzuhelfen und zu glauben, daß es nur die technischen Bedingungen sind, welche damals den alten Meistern fehlten. So denkt Wagner, daß Beethoven besser, d. h. seelenvoller instrumentiert haben *würde,* wenn die Instrumente besser gewesen wären; namentlich aber in der Modifikation des Tempos, denkt er, daß jener, wie alle früheren, nur ungenügend in der Bezeichnung gewesen wäre. In Wahrheit ist die Seele aber noch nicht so zart bewegt, so lebendig in jedem Augenblick gewesen. Alle ältere Kunst war starr, steif, in Griechenland wie bei uns. Die Mathematik, der strenge Takt herrschten. – Soll man den modernen Musikern das Recht geben, ältere Werke mehr zu *beseelen?* – Ja, denn nur dadurch, daß wir ihnen unsere Seele geben, leben sie noch fort. Wer die dramatische, seelenvolle Musik kennt, wird Bach ganz anders vortragen, unwillkürlich. Hört er ihn anders vortragen, so versteht er ihn nicht mehr. Ist ein historischer Vortrag überhaupt *möglich?*

Wenn Richard Wagner Beethoven zum Vortrag bringt, so versteht es sich von selber, daß Wagners Seele durch Beethoven hindurch klingen wird und daß Tempo, Dynamik, Ausdeutung einzelner Phrasen, Dramatisierung des Ganzen Wagnerisch und nicht Beethovenisch ist. Wer daran Ärgernis nehmen will, dem ist es zu gönnen; Beethoven selbst aber würde gesagt haben: »Es ist Ich und Du, aber es klingt gut zusammen; so sollte es immer sein.« Dagegen wenn die Kleinmeister Beethoven vortragen, so wird Beethoven etwas von der Seele der Kleinmeister annehmen – denn der Duft der Seele hängt sich sofort an die Musik und läßt sich nicht von ihr fortblasen. – Ich fürchte, Beethoven hätte keine Freude daran und sagte: »Das ist Ich und Nicht-Ich, hol's der Teufel!«

Musik als Austönen einer Kultur. Wagner

1878

Ich sagte als Student: »Wagner ist Romantik, nicht Kunst der Mitte und Fülle, sondern des letzten Viertels: bald wird es Nacht sein.« Mit dieser Einsicht war ich W⟨agnerianer⟩, ich *konnte* nicht anders, aber ich *kannte* es besser.

Der starke freie Mensch ist *Nicht*-Künstler. (Gegen Wagner.)

Ob Wagner imstande ist, über sich selbst Zeugnis abzulegen??

Wir stehen der Musik zu nahe, wir deuten nur hin, spätere Zeiten werden unsere Schriften über Musik gar nicht verstehen.

Was ist Frivolität? Ich verstehe sie nicht. Und doch ist Wagner im Widerspruch zu ihr erwachsen.

Menschen die vergebens versuchen, aus *sich* ein *Prinzip* zu machen (wie Wagner).

Die *Dramatiker entlehnen* – ihr Hauptvermögen – künstlerische Gedanken aus dem Epos (Wagner auch noch aus der klassischen Musik).

Dramatiker sind *konstruktive* Genies, nicht auffindende und originale wie die Epiker.
Drama steht *tiefer* als Epos – roheres Publikum – demokratisch.

Ich freue mich, daß die Natur *nicht* romantisch ist; die Unwahrheit ist allein menschlich: sich so weit als möglich von ihr lösen, heißt erkennen, den Menschen in die Natur und ihre Wahrheit *zurückübersetzen*. Was liegt mir da an der Kunst! – Aber kräftige Luft, Schutz vor der Sonne und der Nässe, Abwesenheit der Menschen – das ist *meine* Natur.

Die Liebe für Wagners Kunst in Bausch und Bogen ist genau so *ungerecht* als die Abneigung in Bausch und Bogen.

Seiner Musik fehlt, was seinen Schriften fehlt – Dialektik. Dagegen Kunst der *Amplifikation* sehr groß.
Seine Werke erscheinen wie gehäufte Massen großer *Einfälle;* man wünscht einen größeren Künstler herbei, sie zu *behandeln.*
Immer auf den *extremsten* Ausdruck bedacht – bei jedem *Wort;* aber das Superlativische schwächt ab.
Eifersucht gegen alle Perioden des *Maßes:* er verdächtigt die Schönheit, die Grazie, er spricht dem »Deutschen« nur *seine Tugenden* zu und versteht auch alle seine Mängel darunter.

Es ist wirklich die *Kunst* der *Gegenwart;* ein ästhetischeres Zeitalter würde sie ablehnen. Feinere Menschen lehnen sie auch *jetzt* ab. *Vergröberung* alles Ästhetischen. – Gegen Goethes Ideal gehalten, tief zurückstehend. Der moralische Kontrast dieser hingebenden, glühend-treuen Naturen Wagners wirkt als *Stachel,* als Reizmittel; selbst diese Empfindung ist zur *Wirkung* benutzt. Ich nannte »sittlichste Musik« die Stelle, wo es am *ekstatischsten* zugeht. Charakteristisch!

Wagner *gegen* die Klugen, die Kalten, die Zufriedenen – hier seine Größe – unzeitgemäß – gegen die Frivolen und Eleganten, – aber auch *gegen* die Gerechten, Mäßigen, an der Welt sich Freuenden (wie Goethe), gegen die Milden, Anmutigen, wissenschaftlichen Menschen – hier seine Kehrseite.

Epische Motive für die innere Phantasie: viele Szenen wirken viel schwächer in der Versinnlichung (der Riesenwurm und Wotan).

Wagner kann mit seiner Musik nicht *erzählen,* nicht *beweisen,* sondern überfallen, umwerfen, quälen, spannen, entsetzen – was seiner Ausbildung fehlt, hat er in sein Prinzip genommen. Die *Stimmung* ersetzt die Komposition; er geht zu direkt zu Wege.

An *un*künstlerische Menschen sich wendend, mit *allen* Hülfsmitteln soll *gewirkt* werden, nicht auf *Kunst*wirkung, sondern auf *Nervenwirkung* ganz allgemein ist es abgesehen.

Nach einem *Thema* ist Wagner immer in Verlegenheit, wie *weiter.* Deshalb *lange* Vorbereitung – Spannung. Eigene Verschlagenheit, seine Schwächen als Tugenden umzudeuten. So das Improvisatorische.

Was aus unserer Zeit drückt Wagner aus? Das Nebeneinander von Roheit und zartester Schwäche, Naturtrieb-Verwilderung und nervöser Über-Empfindsamkeit, Sucht nach Emotion aus Ermüdung und Lust an der Ermüdung. – Dies verstehen die Wagnerianer.

Ich vergleiche mit Wagners Musik, die als Rede wirken will, die Relief-Skulptur, die als Malerei wirken will. Die höchsten Stilgesetze sind verletzt, das Edelste kann nicht mehr erreicht werden.

Das größte Pathos erreichte ich, als ich den Schopenhauerischen Menschen entwarf: den *zerstörenden* Genius, gegen alles Werdende.

Als Gegenbedürfnis brauchte ich den aufbauenden, metaphysischen Künstler, der einen schön träumen macht in solchem unheimlichen Tagewerk.
Unzufriedenheit am *tragischen Denken* gesteigert.
Gegenmittel: pessimistische Kritik des Denkens und der *Lust* am Denken. Kritik des Genius.

1. Phase: Strauss. Unbefriedigung. Dagegen *Lust* am Kampf.
2. Phase: *Versuch* die *Augen* zu *schließen* gegen die Erkenntnis der Historie.
3. Phase: Lust der Zerstörung.
4. Phase: Lust der Betäubung.

Mein Irrtum über Wagner ist nicht einmal individuell, sehr viele sagten, mein Bild sei das richtige. Es gehört zu den mächtigen Wirkungen solcher Naturen, den Maler zu täuschen. Aber gegen die Gerechtigkeit vergeht man sich ebenso durch Gunst als durch Abgunst.

Bei Wagner ehrgeizigste *Kombination* aller Mittel zur stärksten Wirkung, während die älteren Musiker still die einzelnen Arten fortbildeten.

Das psychologische Gesetz in der Entwicklung der Leidenschaft (Handlung, Rede, Gebärde) und der musikalischen Symphonie decken sich nicht; die Wagnerische Behauptung kann als widerlegt gelten, durch seine Kunst. – Alles Große ist da, wo die Musik dominiert, oder dort, wo die Dramatik dominiert – also *nicht* im Parallelismus.

Mir schien es nach dem Kriege, daß Macht Pflicht sei und eine Verschuldung in sich enthalte.
Ich sah in Wagner den Gegner der Zeit, auch in dem, wo diese Zeit Größe hat und wo ich selber in mir Kraft fühlte.
Eine Kaltwasserkur schien mir nötig. Ich knüpfte an die Verdächtigung des Menschen an, an seine Verächtlichkeit, die ich früher benützte, um mich in jenen übermütigen metaphysischen

Traum zu heben. Ich *kannte* den Menschen gut genug, aber ich hatte ihn falsch *gemessen* und beurteilt; der Grund zum Verwerfen fehlte.

Mein Gemälde Wagners ging über ihn hinaus, ich hatte ein *ideales Monstrum* geschildert, welches aber vielleicht imstande ist, Künstler zu entzünden. Der wirkliche Wagner, das wirkliche Bayreuth war mir wie der schlechte allerletzte Abzug eines Kupferstichs auf geringem Papier. Mein Bedürfnis, wirkliche Menschen und deren Motive zu sehen, war durch diese beschämende Erfahrung ungemein angereizt.

Wagner erinnert an die Lava, die ihren eigenen Lauf durch Erstarrung hindert und plötzlich sich durch Blöcke gehemmt fühlt, die sie selbst bildet. Kein Allegro con fuoco bei ihm.

Anmut und Innigkeit gesellt sind auch *deutsch.*

Seine Seele *singt* nicht, sie *spricht,* aber so wie die höchste Leidenschaft spricht. *Natürlich* ist bei ihm der Ton, Rhythmus, Gebärdenfall der Rede; die Musik ist dagegen nie ganz natürlich, eine Art *erlernter* Sprache mit mäßigem Vorrat von Worten und einer *anderen* Syntax.

Aber hinterdrein wurde mir der Blick für die *tausend* Quellen in der Wüste geöffnet.
Jene Periode sehr nützlich gegen eine vorzeitige Altklugheit.

Jetzt tagte mir das Altertum und Goethes Einsicht der großen Kunst; und *jetzt* erst konnte ich den *schlichten* Blick für das *wirkliche* Menschenleben gewinnen; ich hatte die *Gegenmittel* dazu, daß kein vergiftender Pessimismus draus wurde. Schopenhauer wurde »historisch«, *nicht* als Menschenkenner.

Armut an Melodie und in der Melodie *bei* Wagner. Die Melodie ist ein *Ganzes* mit vielen schönen Proportionen. Spiegelbild der geordneten Seele. Er *strebt* darnach; *hat* er eine Melodie, so erdrückt er sie fast in seiner Umarmung.

Unsere Jugend empörte sich gegen die *Nüchternheit* der Zeit. Sie warf sich auf den Kultus des Exzesses, der Leidenschaft, der Ekstase, der schwärzesten herbsten Auffassung der Welt.

Wagner kämpft gegen die »Frivolität« in sich, zu der ihm, dem Unvornehmen (gegen Goethe), die Freude an der Welt wurde. V⟨ide⟩ v⟨orher⟩

Wagner ahmt sich vielfach selber nach – Manier. Deshalb ist er auch am schnellsten unter Musikern nachgeahmt worden. Es ist leicht.

Wagner hat nicht die Kraft, den Menschen im Umgange frei und groß zu machen; er ist nicht sicher, sondern argwöhnisch und anmaßend. Seine *Kunst* wirkt so auf Künstler; sie ist neidisch gegen Rivalen.

Widerspruch der Roheit im Handeln und der Überzartheit im Empfinden.

Unklarheit der letzten Ziele, unantike Verschwommenheit.

Die Kunst der Orchester-Farben, mit feinstem Ohre den Franzosen, Berlioz, abgehört (frühzeitig).

Tannhäuser und Lohengrin keine *gute* Musik. Das Ergreifende, Rührende wird aber durchaus nicht von der reinsten und höchsten Kunst am sichersten erreicht. *Vergröberung.*

Es fehlt die natürliche Vornehmheit, die Bach und Beethoven ⟨haben⟩, die schöne Seele (selbst Mendelssohn) – eine Stufe tiefer.

Auch in der Musik gibt es eine *Logik* und eine *Rhetorik* als Stilgegensätze.
Wagner wird Rhetor, wenn er ein Thema behandelt.

Tiefgehendes *Mißtrauen* gegen *seine* musikalische Erfindung in der Dialektik. Er maskiert auf alle Weise den Mangel.

Wagners *»musikalischer Euphuismus«* (Liszt)

Rheintöchtermusik – Herbstschönheit

Problem: der Musiker, dem der Sinn für Rhythmus abgeht. Hebräischer Rhythmus (Parallelismus), Überreife des rhythmischen Gefühls, auf primitive Stufen zurückgreifend.
Mitte der Kunst vorüber.

Platos Neid. Er will Sokrates *für sich* in Beschlag nehmen. Er durchdringt ihn mit sich, meint ihn zu verschönern, καλὸς Σωκράτης, allen Sokratikern zu entziehn, sich als Fortlebenden zu bezeichnen. Aber er stellt ihn ganz unhistorisch dar, auf die gefährlichste Kante (wie Wagner es mit Beethoven und Shakespeare macht).

Stelle Taines über die Semiten. – Übrigens habe ich den Leser irregeführt: die Stelle gilt gar nicht Wagner – sollte Wagner ein Semite sein? Jetzt verstehen wir seine Abneigung gegen die Juden.

Der *Schopenhauersche Mensch* trieb mich zur Skepsis gegen alles Verehrte, Hochgehaltene, bisher Verteidigte (auch gegen Griechen, Schopenhauer, Wagner), Genie, Heilige – Pessimismus der Erkenntnis. Bei diesem *Umweg* kam ich auf die *Höhe,* mit den frischesten Winden. – Die Schrift über Bayreuth war nur eine Pause, ein Zurücksinken, *Ausruhen. Dort* ging mir die *Unnötigkeit* von Bayreuth für mich auf.

Wagner kämpft gegen das Monumentale, aber glaubt an das allgemein Menschliche!
Stil-Tradition – hier will er *monumentalisieren* – wo es am wenigsten erlaubt ist – im tempo! –

Wozu sind Wagners Torheiten und Ausschweifungen, und die seiner Partei *nutz?* Oder sind sie nützlich zu *machen?* Er trägt eine *lärmende Glocke* durch sie mit herum. Ich wünsche ihn nicht anders.

Wagner rennt der einen Verrückheit nach, die Zeit einer andern; beide im selben Tempo, ebenso blind und unbillig.

Alle »Ideen« Wagners werden sofort zur harten Manier, er wird durch sie *tyrannisiert*. Wie sich *nur ein solcher Mann so tyranniseren lassen kann!* Z. B. durch seinen Judenhaß. Er macht seine Themata wie seine »Ideen« *tot* durch eine wütende Lust an der Wiederholung. Das Problem der übergroßen Breite und Länge – er plagt uns durch *sein* Entzücken.

Ich kann Glocken läuten (Schrift über Richard Wagner).

Alles Ausgezeichnete hat *mittlere* Natur. Richard Wagner ist Musik für überreife Musikperiode.

Beethoven hat es besser gemacht als Schiller. Bach besser als Klopstock. Mozart besser als Wieland. Wagner besser als Kleist.

Bei Wagners Verwerfung der Formen fällt einem Eckermann ein: »Es ist keine Kunst geistreich zu sein, wenn man vor nichts Respekt hat.«

Wirkung meiner Schriften: dagegen sehr *skeptisch*. Ich sah *Parteien*. »Ich will warten, bis Wagner eine Schrift anerkennt, die *gegen* ihn gerichtet ist«, sagte ich.

Das Orchester in Bayreuth zu tief, schon von der Mitte aus mußte man die musikalische Richtigkeit auf Treu und Glauben hinnehmen.

Wagner hat den Sinn der Laien, die eine Erklärung aus *einer* Ursache für besser halten. So die Juden: *eine* Schuld, so *ein* Erlöser. So vereinfacht er das Deutsche, die Kultur. Falsch, aber kräftig.

Ich habe gesagt, »man könne sehr viel über die Entstehung des Kunstwerks aus Wagners Schriften lernen«. Nämlich die tiefe Ungerechtigkeit, Selbstlust und Überschätzung, die Verachtung der Kritik usw.

Seine Fehler als Tugenden auszudeuten, versteht niemand besser als Wagner. Eine tiefe *Verschlagenheit seines Künstler-Sinnes* zeigt sich hier. Alle Künstler haben etwas davon, die *Frauen* auch.

Warum fehlten die Gelehrten in Bayreuth? Sie hatten es nicht *nötig*. Das hätte ich ihnen früher zum Vorwurf gemacht. Jetzt –

Wiederschöpfung des Porträts aus Ahnung, angesichts der Werke. (»Richard Wagner«: wie das Werk das Bild des Lebenden verzaubert – es gibt Idealbildung.)

Wagners Kunst für Gelehrte, die nicht Philosophen zu werden wagen – Mißbehagen über sich, gewöhnlich dumpfe Betäubung – von Zeit zu Zeit im *Gegenteile* baden.

Anscheinende Kunst *für alle* (bei Wagner), weil gröbere und feinere Mittel zugleich. Doch *sehr* an bestimmte musikalisch-ästhetische Erziehung gebunden – namentlich *moralische* Gleichgültigkeit.

Wagnerianer wollen nichts an sich ändern, leben im Verdruß über Fades, Konventionelles, Brutales – die Kunst soll *zeitweilig* magisch sie darüber hinausheben. Willensschwäche.
Wagners Kunst *nicht mehr* nötig haben oder *noch nötig* haben –

Ungeheure Antriebe sind in ihr – *sie treibt über sich hinaus.*

Wagners Kunst für solche, welche sich eines wesentlichen *Fehlers* in ihrer Lebensführung bewußt sind: entweder eine große Natur durch niedrige Tätigkeit eingeklemmt zu haben oder durch Müßiggang vergeudet oder durch Konventionsehen usw. Weltflüchtig ist hier = *Ich-flüchtig.*

Mein Fehler war der, daß ich nach Bayreuth mit einem Ideal kam: so mußte ich denn die bitterste Enttäuschung erleben. Die Überfülle des Häßlichen, Verzerrten, Überwürzten stieß mich heftig zurück.

Ein Dramatiker spielt, wenn er von sich redet, eine Rolle; es ist unvermeidlich. Wagner, der von Bach und Beethoven redet, redet als der, als welcher er gelten möchte. Aber er überredet nur die Überzeugten, seine Mimik und ein eigentliches Wesen streiten gar zu ingrimmig gegen einander.

Wagners Kunst auf Kurzsichtige berechnet – allzugroße Nähe nötig (Miniatur), zugleich aber fernsichtig. Aber kein normales Auge.

Ich wünsche, daß billig denkende Menschen dieses Buch als eine Art Sühne dafür gelten lassen, daß ich früher einer gefährlichen Ästhetik Vorschub leistete: deren Bemühen war, alle ästhetischen Phänomene zu »Wundern« zu machen – – ich habe dadurch Schaden angestiftet, unter den Anhängern Wagners und vielleicht bei Wagner selbst, der alles gelten läßt, was seiner Kunst höhern Rang verleiht, wie begründet und wie unbegründet es auch sein mag. Vielleicht habe ich ihn durch meine

Zustimmung seit seiner Schrift »Über die Bestimmung der Oper« zu größerer Bestimmtheit verleitet und in seine Schriften und Wirken Unhaltbares hineingebracht. Dies bedaure ich sehr.

Die Angst, daß man den Wagnerischen Figuren nicht glaubt, daß sie *leben;* sie gebärden sich deshalb so toll.

Ich habe dabei das Los der Idealisten gezogen, welchen der Gegenstand, aus dem sie so viel gemacht haben, dadurch verleidet wird – ideales Monstrum: der wirkliche Wagner schrumpft zusammen.

Wie wurmstichig und durchlöchert das Menschenleben sei, wie ganz und gar auf Betrug und Verstellung aufgebaut, wie alles Erhebende, wie die Illusionen, alle Lust am Leben dem Irrtum verdankt werden – und wie insofern der Ursprung einer solchen Welt nicht in einem moralischen Wesen, vielleicht aber in einem Künstler-Schöpfer zu suchen sei, wobei ich meinte, daß einem solchen Wesen durchaus keine Verehrung im Sinne der christlichen (welche den Gott der Güte und Liebe aufstellt) gebühre, und sogar die Andeutung nicht scheute, ob dem deutschen Wesen diese Vorstellung, wie sie gewaltsam inokuliert, auch gewaltsam wieder entrissen werden konnte. Dabei meinte ich in Wagners Kunst den Weg zu einem deutschen Heidentum entdeckt zu haben, mindestens eine Brücke zu einer spezifisch unchristlichen Welt- und Menschenbetrachtung. »Die Götter sind schlecht und wissend: sie verdienen den Untergang, der Mensch ist gut und dumm – er hat eine schönere Zukunft und erreicht sie, wenn jene erst in ihre endliche Dämmerung eingegangen sind«, – so werde ich damals mein Glaubensbekenntnis formuliert haben, während ich jetzt ——

Wir müssen der falschen Nachahmung Wagners widerstreben. Wenn er, um den Parcival schaffen zu können, genötigt ist, aus der religiösen Quelle her neue Kräfte zu pumpen, so ist dies kein Vorbild, sondern eine Gefahr.

Wagner hat kein rechtes Vertrauen zur *Musik:* er zieht verwandte Empfindungen heran, um ihr den Charakter des Großen zu geben. Er stimmt sich selber an *Anderen,* er läßt seinen Zuhörern erst berauschende Getränke geben, um sie glauben zu machen, die *Musik habe sie berauscht.*

Heilsamste Erscheinung ist Brahms, in dessen Musik mehr deutsches Blut fließ als in der Wagners – womit ich viel Gutes, jedoch keineswegs *allein* Gutes gesagt haben möchte.

Er ist schwer, im einzelnen Wagner angreifen und nicht Recht zu behalten; seine Kunstart, Leben, Charakter, seine Meinungen, seine Neigungen und Abneigungen, alles hat wunde Stellen. Aber als Ganzes ist die Erscheinung jedem Angriff gewachsen.

Platos Abwendung von der Kunst symbolisch-typisch am Schluß.

Wenn Wagner hierüber anders denken sollte: nun, so wollen wir bessere Wagnerianer sein als Wagner.

Die *höchste Aufgabe* am Schluß, Wagner und Schopenhauer öffentlich zu *danken* und sie gleichsam gegen sich Partei nehmen zu machen.

Man wird es Wagner nie vergessen dürfen, daß er in der zweiten Hälfte des 19. Jahrhunderts in seiner Weise – die freilich nicht gerade die Weise guter und einsichtiger Menschen ist – die Kunst als eine wichtige und großartige Sache ins Gedächtnis brachte.

Schreck, bis zu *welchem* Grade ich selbst an Wagners Stil Vergnügen haben konnte, der so nachlässig ist, daß er eines solchen Künstlers nicht würdig ist.
Wagners Stil. Die allzuzeitige Gewöhnung, über die wichtigsten Gegenstände ohne genügende Kenntnisse mitzureden, hat ihn

so unbestimmt und unfaßbar gemacht; dazu der Ehrgeiz, es den witzigen Feuilletonisten gleich zu tun – und zuletzt die Anmaßung, die sich gern mit Nachlässigkeit paart: »Siehe, alles war sehr gut.«

Ich habe die Besorgnis, daß Wagners Wirkungen zuletzt in den Strom einmünden, der jenseits der Berge entspringt und der auch über Berge zu fließen versteht.

Vergleich mit der Symphonie: III. Akt Tristan, »Geburt der Tragödie« – undeutlich und hochtrabend, wie ich damals nach Wagners Vorbilde mich auszudrücken liebte –

Wagner hat den Gang unterbrochen, unheilvoll, nicht wieder die Bahn zu gewinnen.
Mir schwebte eine sich mit dem Drama *deckende Symphonie* vor. Vom Liede aus sich erweiternd.
Aber die Oper, der Effekt, das Undeutsche zog Wagner anderswohin. Alle nur denkbaren Kunstmittel in der höchsten Steigerung.

Völlige Abwesenheit der Moral bei Wagners Helden. Er hat jenen wundervollen Einfall, der einzig in der Kunst ist: der Vorwurf des Sünders an den Schuldlosen gerichtet: »o König« – Tristan an Marke.

Man höre den zweiten Akt der Götterdämmerung *ohne* Drama: es ist verworrene Musik, wild wie ein schlechter Traum und so entsetzlich deutlich, als ob sie vor Tauben noch deutlich werden wollte. Dies *Reden, ohne etwas zu sagen:* ist beängstigend. Das Drama ist die reine Erlösung. – Ist das ein *Lob,* daß diese Musik allein unerträglich ist (von einzelnen, absichtlich isolierten Stellen abgesehen) als *Ganzes?* – Genug, diese Musik ist *ohne Drama* eine fortwährende Verleugnung aller höchsten Stilgesetze der älteren Musik; wer sich völlig an sie *gewöhnt,* verliert das Gefühl für diese Gesetze. Hat aber das Drama durch diesen Zusatz *gewonnen?* Es ist eine *symbolische Interpretation* hinzugetreten, eine Art philologischen Kommentars, welcher die immer *freie Phantasie des Verstehens* mit Bann belegt – tyrannisch! Musik ist die *Sprache des Erklärers,* der aber fortwährend redet und uns keine Zeit läßt; überdies in einer schweren Sprache, die wieder eine *Erklärung* fordert. Wer *einzeln* sich erst die Dichtung (Sprache!) eingelernt hat, dann sie mit dem Auge in Aktion verwandelt hat, dann mit Musik-Symbolik herausgesucht und verstanden hat und ganz sich hineinlebt, ja in alles dreies sich verliebt hat – der hat dann einen ungemeinen Genuß. Aber wie *anspruchsvoll!* Aber es ist unmöglich, außer für kurze Augenblicke – weil zu angreifend, diese zehnfache Gesamtaufmerksamkeit von Auge, Ohr, Verstand, Gefühl, höchste Tätigkeit des Aufnehmens, ohne *jede* produktive Gegenwirkung! – Dies tun die wenigsten; woher doch die Wirkung auf *so viele?* Weil man *intermittiert* mit der Aufmerksamkeit, ganze Strecken stumpf ist, weil man bald auf die Musik, bald auf das Drama, bald auf die Szene *allein* achtgibt – also das Werk *zerlegt.* – Damit ist über die *Gattung* der Stab gebrochen: nicht das Drama, sondern ein Augenblick ist das Resultat oder eine *willkürliche* Auswahl. Der Schöpfer einer *neuen Gattung* hat acht hier zu geben! Nicht die *Künste immer nebeneinander* – sondern die *Mäßigung* der Alten, welche der menschlichen Natur gemäß ist.

Mehrere Wege der Musik stehen noch offen (oder *standen* noch offen, ohne Wagners Einfluß). Organische Gebilde als Symphonie mit einem Gegenstück als Drama (oder Mimus ohne Worte?) und dann *absolute Musik,* welche die Gesetze des organischen Bildes wiedergewinnt und Wagner nur benützt als Vorbereitung. Oder Wagner *überbieten: dramatische Chormusik.* – Dithyrambus. Wirkung des Unisono.
Musik aus geschlossenen Räumen ins Gebirge und Waldgehege.

Einsicht in die *Ungerechtigkeit des Idealismus,* darin, daß ich mich für meine getäuschten Erwartungen an Wagner rächte.

Wagner, der in seinen Prosaschriften mehr bewundert als verstanden werden will.

Wagners Natur macht zum *Dichter,* man erfindet eine noch höhere Natur. Eine seiner herrlichsten Wirkungen, welche *gegen ihn* zuletzt sich wendet. So muß jeder Mensch sich über sich erheben, die Einsicht *über* sein Können sich erheben: der Mensch wird zu einer Stufenfolge von Alptentälern, immer höher hinauf.

Es entschlüpfen ihm kurze Stellen *guter* Musik: fast immer im Widerspruch zum Drama.

Betäubung oder *Rausch*-Wirkung gerade aller Wagnerischen Kunst. Dagegen will ich die Stellen nennen, wo Wagner *höher* steht, wo reines Glück ihm entströmt.

Einzelne Töne von einer unglaubwürdigen Natürlichkeit wünsche ich nie wieder zu hören; ja sie auch nur vergessen zu können – Materna.

Wagners Musik interessiert *immer* durch irgend etwas; und so kann bald die Empfindung, bald der Verstand ausruhen. Diese gesamte Ausspannung und Erregung unseres Wesens ist es, wofür wir so dankbar sind. Man ist schließlich geneigt, ihm seine Fehler und Mängel zum Lobe zu rechnen, weil sie uns selber produktiv machen.

Wagner, dessen Ehrgeiz noch größer ist als seine Begabung, hat in zahllosen Fällen gewagt, was über seine Kraft geht – aber es erweckt fast Schauer, jemanden so unablässig gegen das Unbesiegbare – das Fatum in ihm selber – anstürmen zu sehen.

Über Wagner wie über Schopenhauer kann man unbefangen reden, auch bei ihren Lebzeiten – ihre Größe wird, was man auch gezwungen ist, in die andere Wagschale zu legen, immer siegreich bleiben. Um so mehr ist gegen ihre *Gefährlichkeit* in der Wirkung zu warnen.

Das Wogende, Wallende, Schwankende im *Ganzen* der Wagnerischen Musik.

Ich rate jedem, sich vor gleichen Pfaden (Wagner und Schopenhauer) nicht zu fürchten. Das ganz eigentlich *unphilosophische* Gefühl, die Reue, ist mir ganz fremd geworden.

Mir ist zu Mute, als ob ich von einer Krankheit genesen; ich denke mit unaussprechlicher Süßigkeit an Mozarts Requiem. Einfache Speisen schmecken mir wieder.

Schopenhauer verherrlicht im Grunde doch den Willen (das Allmächtige, dem alles dient). Wagner *verklärt* die Leidenschaft als Mutter alles Großen und selbst Weisen.
Wirkung auf die *Jugend*.

Dies alles hat sich Wagner oft genug im heimlichen Zwiegespräch selber eingestanden; ich wollte er täte es auch öffentlich. Denn worin besteht die Größe eines Charakters, als darin, daß er, zu Gunsten der Wahrheit, im Stande ist, auch *gegen sich* Partei zu ergreifen?

Tiefsinn an eine unklare aber hochtrabende Wendung Wagners (»zum Raum wird hier die Zeit«) verwendet.
»Auge Wotans« rührend, Mundwinkel des Philologen zucken – aber Unwille über feinere Köpfe, aus denen nur der Parteisinn redet und welche die Nachlässigkeit wohl merken.

Barockstil – es muß gesagt werden.
Den Gang der inneren Entwicklung Wagners zu finden sehr schwer – auf seine eigene Beschreibung innerer Erlebnisse ist nichts zu geben. Er schreibt Parteischriften für Anhänger.

Untergang der *letzten Kunst* erleben wir – Bayreuth überzeugte mich davon –

Die Wagnerischen Götter, von denen keiner »etwas taugt«.

Schillers Satz: »gegen das Vortreffliche keine Rettung als Liebe« recht wagnerisch. Tiefe Eifersucht gegen alles Große, dem er *eine* Seite abgewinnen kann – Haß gegen das, wo er nicht heran kann (Renaissance, französische und griechische Kunst des Stils).

Bei *Wagner blinde Verleugnung* des Guten (wie *Brahms*), bei der Partei (Fr⟨au⟩ W⟨agner⟩) *sehende* Verleugnung (Lipiner Rée).

Was ist *Partei,* was Frivolität? Von letzterer aus verstand ich Wagner nicht.

Anwandlungen der *Schönheit:* Rheintöchterszene, gebrochene Lichter, Farbenüberschwang wie bei der Herbstsonne, Buntheit der Natur; glühendes Rot, Purpur, melancholisches Gelb und Grün fließen durcheinander.

Vernunft- und Welt-flüchtige Bestrebungen.

Wer wollte Wagner auf den Gipfel seiner Eitelkeit folgen, den er immer *dort* erreicht, wenn er vom »deutschen Wesen« redet – übrigens der Gipfel seiner Unklugheit; denn wenn Friedrichs des Großen Gerechtigkeit, Goethes Vornehmheit und Neidlosigkeit, Beethovens edle Resignation, Bachs dürftig verklärtes Innenleben, wenn Schaffen ohne Rücksicht auf Glanz und Erfolg, ohne Neid die eigentlich *deutschen* Eigenschaften sind, sollte Wagner nicht fast beweisen wollen, daß er kein Deutscher sei?

»C'est la rage de vouloir penser et sentir au delà de sa force.« Doudan. – Die Wagnerianer.

Furchtbare Wildheit, das Zerknirschte, Vernichtete, der Freudenschrei, die Plötzlichkeit, kurz die Eigenschaften, welche den Semiten innewohnen – ich glaube, semitische Rassen kommen der Wagnerischen Kunst verständnisvoller entgegen als die arische.

Das *kreatürliche Leben,* das wild genießt, an sich reißt, an seinem Übermaße satt wird und nach *Verwandlung* begehrt – *gleich* bei Schopenhauer und Wagner.
Zeitentsprechend bei beiden: keine Lüge und Konvention, keine Sitte und Sittlichkeit mehr tatsächlich – ungeheures Eingeständnis, daß der wildeste *Egoismus* da ist – Ehrlichkeit – *Berauschung,* nicht *Milderung.*

Weder so heftig am Leben leiden, noch so matt und emotionionsbedürftig, daß uns Wagners Kunst *notwendig* als Medizin wäre. – Dies ist der Hauptgrund der *Gegnerschaft,* nicht unlautere Motive, man kann etwas, wozu uns kein Bedürfnis treibt, was wir nicht *brauchen,* nicht so hoch schätzen.

Zeit – elementarische, *nicht* durch Schönheit verklärte Sinnlichkeit (wie die der Renaissance und der Griechen), *Wüstheit* und *Kaltsinn* sind die Voraussetzungen, gegen welche Wagner und Schopenhauer kämpfen, *auf* welche sie wirken – der *Boden ihrer Kunst. Brand* der Begierde, *Kälte* des Herzens – Wagner will Brand des Herzens, *neben* dem Brand der Begierde, Schopenhauer will Kühle der Begierde *neben* der Kühle des Herzens (der Schopenhauer des Lebens, nicht der der Philosophie).

Goethe – »Byrons Kühnheit, Keckheit und Grandiosität, ist das nicht alles bildend? Wir müssen uns hüten, es stets im entschieden Reinen und Sittlichen suchen zu wollen. Alles *Große* bildet, sobald wir es gewahr werden.«
Dies auf Wagners Kunst anzuwenden.

Nach dem Kriege mißfiel mir der *Luxus,* die *Franzosen*verachtung, das Nationale – so wie Wagner an die Franzosen, Goethe an Franzosen und Griechen. Wie weit zurück gegen Goethe – ekelhafte Sinnlichkeit.

Plan.

Einsicht in die Gefährdung der *Kultur*.
Krieg. Tiefster Schmerz, *Brand des Louvre*.
Schwächung des *Kulturbegriffs* (das Nationale), Bildungsphilister.
Historische Krankheit.
Wie bekommt der Einzelne gegen die Epidemie Halt?

1) Schopenhauers Metaphysik, überhistorisch; heldenhafter Denker. Standpunkt fast religiös.
2) Wagners Verteidigung seiner Kunst gegen den Zeitgeschmack.

Daraus *neue Gefahren:* das Metaphysische treibt zur Verachtung des *Wirklichen;* insofern zuletzt *kulturfeindlich* und fast gefährlicher.
Überschätzung des Genius.
Die Kultur der Musik lehnt die Wissenschaft, die Kritik ab; vieles Beschränkte aus Wagners Wesen kommt hinzu. Roheit neben überreizter Sensibilität.
Das Deuteln und Symbolisieren nimmt überhand bei den Wagnerianern.
Ich entfremdete mich der Kunst, Dichtung (lernte das Altertum mißverstehen) und der Natur, verlor fast mein gutes Temperament. Dabei das schlechte Gewissen des Metaphysikers.
Bedeutung von Bayreuth für mich.
Flucht.
Kaltwasser-Bad.
Die Kunst, die Natur, die Milde kommt wieder.

Zweck der Mitteilung
Freunde.

Das *Undeutsche* an Wagner:
es fehlt die deutsche Anmut und Grazie eines Beethoven, Mozart, Weber, das flüssige heitere Feuer (allegro con brio) Beethovens, Webers, der ausgelassene Humor ohne Verzerrung.

Mangel an Bescheidenheit, die lärmende Glocke. Hang zum Luxus.
Kein guter Beamter wie Bach. Gegen Nebenbuhler nicht Goethisch ruhig.

Damals glaubte ich das Christentum im Verschwinden zu sehen, Wagner sandte ihm auch einige böse Worte nach – dumpfer Aberglaube – jetzt – jenseits der Berge.

Die große Oper aus französischen und italienischen Anfängen. Spontini, als er die Vestalin schuf, hatte wohl noch keine Note eig⟨gentlich⟩ deutscher Musik gehört. Tannhäuser und Lohengrin – für sie hat es noch keinen Beethoven, allerdings einen Weber gegeben. – Bellini, Spontini, Auber gaben den dramatischen *Effekt;* von Berlioz lernte er die Orchestersprache; von Weber das romantische Kolorit. –

Was sich alles als Kraft, Inspiration, Gefühls-Überfluß *geben* möchte – Kunstmittel der *Schwäche* (der überreizten Künstler), um zu *täuschen.*

Der *Luxus* der Mittel, der Farben, der Ansprüche, des Symbolischen. Das *Erhabne* als das Unbegreifliche, Unausschöpfliche in Bezug auf Größe. Appell an alles *andere* Große.

Ich zweifle nicht, daß dieselben Dinge, in einen dicken, süßen Brei eingehüllt, williger geschluckt werden. – Wahrheiten über Wagner.

Diese wilden Tiere mit Anwandelungen eines sublimierten Zart- und Tiefsinns – haben nichts mit uns zu tun. Dagegen z. B. Philoktet.

Wotan – die Welt vernichten, weil man Verdruß hat.
Brünnhilde – die Welt vernichten lassen, weil man liebt.

Wotan, wütender Ekel – mag die Welt zugrunde gehen.
Brünnhilde liebt – mag die Welt zugrunde gehen.
Siegfried liebt – was schiert ihn das Mittel des Betrugs. Ebenso Wotan. Wie ist mir dies alles zuwider!

Wie Meister *Erwin* von Steinbach von seinen französischen Mustern und Meistern abhängig ist, frei und sie überragend, so Wagner von den Franzosen und Italienern.

Bei Goethe ist der größte Teil der Kunst in sein Wesen übergegangen. Anders unsere Theaterkünstler, die im Leben unkünstlerisch und nur Theater-Mitleiden – – – Theater Tassos.

Die Wirkungen der Wagnerischen Rhetorik sind so heftig, daß unser Verstand hinterdrein *Rache* übt – es ist wie beim Taschenspieler. Man kritisiert Wagners *Mittel* der Wirkung *strenger*. Im Grunde ist es ein Verdruß darüber, daß Wagner nicht *feinere* Mittel *nötig* fand, um *uns* zu fangen.

Wagners Nibelungen-Ring sind strengste *Lesedramen,* auf die innere Phantasie rechnend. Hohes Kunstgenre, auch bei den Griechen.

Widerspruch im vorausgesetzten Zuhörer. Höchst *künstlerisch* als Empfänger und völlig *unproduktiv!* Die Musik tyrannisiert die Empfindung durch allzupeinliche Ausführung des Symbolischen, die Bühne tyrannisiert das Auge. Etwas Sklavenhaft-Untertäniges und doch ganz Feuer und Flamme zugleich bei dieser Kunst – *deshalb* eine Parteizucht sondergleichen nötig. *Deshalb* Judentum usw. als Hetzpeitsche.

1879

Gegen Wagner bekommt man leicht zu sehr Recht.
Richard Wagner sucht die Musik zu den Empfindungen, welche

er beim (inneren) Anblick dramatischer Szenen hat. Nach dieser Musik zu schließen, ist er der ideale Zuschauer des Dramas.

1880

Wagner trägt für mich – zu viele falsche Diamanten.

Die Deutschen haben den betrunkenen Scharfsinn der Hegelianer erlebt, welche Goethe zu erklären vermeinten, indem sie ihn in Schemen zerschlugen, und die widerliche Beschränktheit der Anhänger Wagners, welche aus jeder Schwäche ihres Meisters ein Dogma und eine Aufforderung machten, daß hier jeder schwach sein sollte.

Was auf jetzige Deutsche wie *berauschend* wirkt, das sehe man aus den Themata W[agner]s; was auf frühere, aus Schillers Themata. Man gedenke Corneilles.

»Nehmt meine Kunst an, denn dann habt ihr Deutschen eine Kunst, die sich neben der der anderen Nationen sehen lassen kann, »*die* deutsche Kunst«, – zunächst zwar nur »*eine* d⟨eutsche⟩ K⟨unst«⟩, aber nun soll *bewiesen* werden, *wie* gerade diese Kunst dem Wesen der Deutschen entspricht, aus ihm gewachsen ist, Stoffe, Gedanken, Musik usw. – Dies ist Wagners Art, für *seinen* Ruhm zu sorgen: er will, eine *Nation* solle für ihn eintreten und ihn in sich und ihren »Ruhm« aufnehmen. Dies Spiel ist noch nie so offen gespielt worden – Grund, warum es bis jetzt nicht gelungen ist. Später, wenn Wagner tot und seine Schriften vergessen sind, ist so etwas möglich. Inzwischen bemächtigen sich die Musiker aller Völker seiner Musik, und in Kürze wird es nicht mehr wie deutsche, sondern wie »Musik« klingen. – Es ⟨ist⟩ die Musik der *großen Oper*.

Wagner bewirbt sich darum, der *deutsche* Künstler zu heißen, aber ach, weder die große Oper noch sein Charakter sind spezifisch deutsch; weshalb er bis jetzt dem Volke nicht lieb wurde, sondern einer Klasse von Vornehmen und Überbildeten – dem Kreise, dem im vorigen Jahrhundert etwa Rousseau zusagte.

Welche Triebe konstituieren das Individuum? Bei einem Grade von Dummheit gehen die I⟨ndividuen⟩ aneinander zugrunde. Ebenso bei einem *Schwinden* der fundamentalen Triebe und Ersetzung derselben durch Altruism. Bei gewissen Eigenschaften der anderen I⟨ndividuen⟩ muß man den Gegensatz oder Fremdheit fühlen oder sie gar nicht fühlen oder harmonische Nebenklänge oder grundlegende Bewegungen, an denen unsere Bewegungen erst ein Maß bekommen. Die »Musik der Individuen«, die »Kontrapunktik«. Reizvoll kann sein: das Parallellaufen, das Zulaufen zweier Linien in einen Winkel usw., die Arabeske der Linie, die öfter wie neckend die andere gerade Linie berührt und sofort verläßt. Mit W⟨agner⟩ habe ich mich gekreuzt: wir liefen mit großer Inbrunst aufeinander zu, es gab ein Aufleuchten, und darauf mit der gleichen Schnelligkeit wieder auseinander, immer mehr.

Die Anhänger Wagners wollen an ihre Befähigung der Exaltation und Expansion glauben machen – in einem *nüchternen* Zeitalter kein geringer Ehrgeiz! Aber es *ist* kein nüchternes: so müssen sie exzedieren.

der servile Idealismus Gellerts, der schwärmerische Schillers, der lebens- und tatenlüsterne des Jungen Deutschlands, der malerisch-mystische Wagners, der Idealismus der Unterweltschatten: der *meine!*

1880/81

Die Liebe bei R⟨ichard⟩ W⟨agner⟩ vampyrisch geschildert, mit dem Trumpf, die ganze Welt im Glück auszustechen – und gleichsam arm zu machen, alles *mögliche* Glück für sich in Besitz zu nehmen und gleichsam sich an allem, was ist, zu rächen (wofür? dafür daß es uns nicht ebenso liebt wie diese Senta, Brünnhilde usw.)

Die Deutschen haben Mißtrauen, daß man ihnen Leidenschaften zutraue – deshalb machen sie sofort Grimassen und Exzesse, *nicht* aus der Stärke des Affektes, sondern um sich Glauben zu verschaffen. Derart sind selbst die Leidenschaften bei R⟨ichard⟩ W⟨agner⟩: so, daß man im Leben jeden für toll halten müßte, der dergestalt seinen Empfindungen nachläuft (Ekel genügt, um jemand zu töten) Es fehlt ganz der Genuß, den man ehedem moralisch nannte: daß einer sein Pferd zu reiten verstehe, daß es schön, kühn, leidenschaftlich sei wie sein Reiter, letzterer aber die Schönheit, Kühnheit, Leidenschaft durch seine Vernunft *hindurch* leuchten lasse, welche alles mäßigt und zum Ansehen erträglich macht. Bei dem wahnsinnigen Jagen jener Rosse hat man Schwindel und Erschöpfung.

Wagner, dessen Fehler ist, nicht stolz genug zu sein, um die Schmeichler zu verabscheuen.

Die Musik hat noch keinen zürnenden Gott dargestellt. – W⟨agner⟩s Wotan leidet an der Schwäche des deutschen Charakters, er will zu vielerlei und nichts völlig bestimmt. Sein Zorn ist gar nicht zu nennen neben dem des Michelangeloschen Gottes – dafür hatte dieser auch nur diesen *einen* Gedanken im Kopfe.

Als ich Schopenhauer gleich meinem Erzieher feierte, hatte ich vergessen, daß bereits seit langem keines seiner Dogmen meinem Mißtrauen standgehalten hatte; es kümmerte mich aber nicht, wie oft ich »schlecht bewiesen« oder »unbeweisbar« oder »übertrieben« unter seine Sätze geschrieben hatte, weil ich des mächtigen Eindrucks dankbar genoß, den Schopenhauer selber, frei und kühn vor die Dinge, gegen die Dinge hingestellt, auf mich seit einem Jahrzehnt geübt hatte. Als ich später Richard Wagner meine Verehrung bei einem festlichen Anlaß darbrachte, hatte ich wiederum vergessen, daß seine ganze Musik für mich auf einige hundert Takte, hierher und dorther entnommen, zusammengeschrumpft war, welche mir am Herzen lagen und denen ich am Herzen lag – es wird wohl noch jetzt der Fall sein –, und nicht weniger hatte ich vergessen über dem Bilde dieses Lebens – dieses mächtigen, in eigenem Strome und gleichsam den Berg hinanströmenden Lebens – zu sagen, was ich von Richard Wagner in Ansehung der Wahrheit hielt. Wer möchte nicht gern anderer Meinung als Schopenhauer sein, habe ich immer gedacht – im Ganzen und Großen: und wer *könnte* einer M〈einung〉 mit Richard Wagner sein, im Ganzen und im Kleinen!

W〈agner〉 der erste unserer Zeit, der hohe Ziele aus der *Vereinigung* der Künste erstrebt. Er hat das Experimentieren auf diesem Gebiete angefangen.

1881

Die große Form eines Kunstwerks wird ans Licht treten, wenn der Künstler die große Form in *seinem Wesen* hat! An sich die große Form ist albern und verdirbt die Kunst, es heißt den Künstler zur Heuchelei verführen oder das Große und Seltene zur Konventionsmünze umstempeln wollen. Ein ehrlicher Künstler, der diese gestaltende Kraft in seinem *Charakter* nicht hat, ist *ehrlich,* sie auch nicht in seinen Werken haben zu wollen: – wenn er sie überhaupt leugnet und verunglimpft, so ist dies begreiflich und mindestens zu entschuldigen: er *kann* da nicht über sich. So Wagner. Aber die »unendliche Melodie« ist ein hölzernes Eisen – »die nicht Gestalt gewordene, fertig gewordene Gestalt« – das ist ein Ausdruck für das Unvermögen der Form und eine Art Prinzip aus dem Unvermögen gemacht. Dramatische Musik und überhaupt Attitüden-Musik verträgt sich freilich am besten mit der formlosen, fließenden Musik – ist deshalb aber *niederer* Gattung.

In Lohengrin gibt es viele *blaue* Musik. Wagner kennt die opiatischen und narkotischen Wirkungen und braucht sie gegen die ihm gut bewußte nervöse Zerfahrenheit seiner musikalischen Erfindungskraft.

Verdi ist arm an den Erfindungen schöner Sinnlichkeit und läßt gar noch merken, daß er äußerst sparsam mit ihnen umzugehen hat. Aber er hält sein Publikum mit seinen paar Einfällen fest – sie sind alle ärmer geworden wie er und wollen trotzdem nichts anderes, ganz wie er – so ist er ihr Mann und Meister. Auch W⟨agner⟩ hat eine arme Sinnlichkeit und eine in Bezug auf Melodie ans Verrückte streifende Widerspenstigkeit in der Armut – aber wie hat er daraus sich eine Brücke zum Ideal zu bauen gewußt!

W⟨agners⟩ Musik gleicht der Wolke – und man muß von der Art der Rosenkranz und Güldenstern sein, um, gleich einigen Ästhetikern, in dieser Wolke ein *Kamel* zu sehen und nicht mehr.

Wir wollen es nicht machen wie Wagners Wotan, der mit ungeheurer Wichtigkeit die alte Erda aus ihrem Schlafe weckt, um ihr zu sagen, daß sie weiter schlafen könne. Und auch nicht wie Wagners Parsifal – ein Arzt, der zwar seine Patientin heilt, doch so, daß diese gleich nach der Heilung stirbt – und zwar mit rückwirkender Kraft; denn irgend ein alter Großvater muß auch deshalb noch sterben. Ja, wir wollen Aufwecker und Ärzte sein, doch so, daß die Aufgeweckten nicht wieder einschlafen müssen und die Geheilten nicht an der Heilung zugrunde gehen.

⁂ Es sind vorläufige Abrechnungen mit dem, was mich am meisten im Leben gehemmt und gefördert hat, Versuche, von einigem loszukommen, dadurch daß ich es verunglimpfte oder verherrlichte – ach, die Dankbarkeit im Guten und Bösen hat mir immer viel zu schaffen gemacht!
So weit ich etwas von meinen Zeitgenossen weiß, habe ich von Schopenhauer und Wagner den besten Gebrauch gemacht; viel-

leicht nicht zu ihrem Vorteil, denn ich habe sie um einen Zoll zu tief kennengelernt.
Ich könnte sie Juvenilia et Juvenalia nennen, deutlich genug wie ich meine, aber in einer Latinität, welche mich erröten macht. Viel Jugendliebe und Jugendhaß ist darin, in allen Arten.

Geburt der Tragödie
1) gegen Wagners Satz »die Musik ist Mittel zum Zweck« und zugleich Apologie meines Geschmacks an Wagner
2) gegen Schopenhauer und die moralische Deutung des Daseins – ich stellte *darüber die ästhetische, ohne die moralische zu leugnen* oder zu ändern.

1882/83

W⟨agner⟩, der übrig bleiben wird als ein M⟨ensch⟩, der im Ungeschmack der Anmaßung am weitesten gegangen ist.

[. . .] Mir schien W⟨agner⟩ ein Mittel, die D⟨eutschen⟩ dem Christentum zu entfremden. Sein altersmüdes Werk Parsifal spricht auch nicht dagegen, noch weniger die blindwütigen Verehrer mit ihren geschundenen Knien und Gehirnen. ⟨. . .⟩

SPÄTE WAGNER-APHORISMEN
(1883-1888)

1883

Wagner hat viele Wohltaten von seinen Zeitgenossen empfangen; aber er meinte, die grundsätzliche Ungerechtigkeit gegen Wohltäter gehöre zum »großen Stile«; er lebte immer als Schauspieler und im Wahne der Bildung, wie sie Schauspieler zu haben pflegen. Ich selber bin vielleicht sein größter Wohltäter gewesen. Es ist möglich, daß in diesem Falle das Bild länger lebt als der, welchen es abschilderte; das liegt darin, daß in meinem Bilde noch Raum ist für eine ganze Anzahl wirkliche Wagners, und vor allem für viel reicher begabte und reiner wollende.

W⟨agner⟩ wendet sich an die, welche man mit Gründen mißtrauisch macht, aber mit erhabenen Gebärden überzeugt.

Cherubini von Gluck und Haydn, Spontini von Gluck, Beethoven, als Dramatiker, von Cherubini abhängig, Gluck von Lully und Rameau. Wagner von Euryanthe (während er Gluck *vorgibt*).

Hinter meiner *ersten Periode* grinst das Gesicht des *Jesuitismus,* ich meine: das bewußte Festhalten an der Illusion und zwangsweise Einverleibung derselben als *Basis der Kultur*. Oder aber *Buddhismus* und Verlangen ins Nichts [. . .]. Der ersten Gefahr ist W⟨agner⟩ erlegen.

Die Losreißung an meiner Trennung von Wagner zu schildern.

1883/84

In Bezug auf deutsche Kultur habe ich das Gefühl des *Niedergangs* immer gehabt.

[...]
Wagner – französischer Kultus des Gräßlichen und der großen Oper, *Paris* und Flucht in *Urzustände*. (Die Schwesterehe)

[...]
Stil des *Verfalls* bei *Wagner:* die einzelne *Wendung* wird *souverän,* die Unterordnung und Einordnung wird zufällig. Bourget p 25.

1884

Delacroix eine Art Wagner.

R⟨ichard⟩ W⟨agner⟩ gehört in die französische Bewegung: Helden und Monstra, extreme Passion und dabei lauter Einzelheiten, momentaner *Schauder*.

Vielheit der Eigenschaften und deren Band – *mein* Gesichtspunkt. Die Doppel-Zwillingskräfte z.B. bei Wagner Poesie und Musik; bei den Franzosen Poesie und Malerei; bei Plato Poesie und Dialektik usw. Die Vereinzelung einer Kraft ist eine *Barbarei* – »umgekehrte Krüppel«.

Die Zukunft unserer Erziehungsanstalten
der *recht* verstandene R. Wagner
der recht verstandene Schopenhauer. Ihn ekelt an, was mich anekelt.

Mit dem Schlusse seines Lebens hat R⟨ichard⟩ W⟨agner⟩ sich durchgestrichen: *unfreiwillig* gestand er ein, daß er verzweifelte und sich vor dem Christentum *niederwarf*.

Ein Überwundener! – Das ist ein *Glück,* denn welche Konfusion hätte sonst sein Ideal noch hervorgebracht! Die Stellung zum *Christentum* entschied mich – zugleich über allen Schopenh⟨auerianismus⟩ und den Pessimismus.
W⟨agner⟩ hat vollkommen *recht,* wenn er sich vor *jedem* tiefen Christen in den Staub wirft: er steht wirklich viel tiefer als solche Naturen! – Nur soll er sich nicht beikommen lassen, die ihm überlegenen *höheren Naturen* zu seiner Attitüde herabzuziehen! Sein Intellekt, ohne Strenge und Zucht, war *sklavisch* an Sch⟨openhauer⟩ gebunden: gut!

[. . .] – Über R⟨ichard⟩ W⟨agner⟩. Schluß ein vae victis! Menschen der Art tun recht, sich vor dem Kreuze zu erniedrigen.

Sich niederwerfen vor dem, was man nicht hat, wenn man sich schlecht fühlt bei dem, *was* man hat, z. B. Wagner: er glaubt an Glück der *unbegrenzten* Hingebung, des unbegrenzten *Zutrauens,* das Glück des Mitleidenden, des Keuschen – *alles* das kennt er nicht aus Erfahrung! Daher die Phantasterei!

Die schlechte Manier zu verehren, etwa Shakespeare und Beethoven, um den Gedanken vorzubereiten, *er* sei die Vereinigung von beiden.

Der arme Schopenhauer! E. von Hartmann hat ihm die Beine, auf denen er einherging, und Richard Wagner gar noch den Kopf abgeschnitten!

Wie Winckelmann am Laokoon gleichsam am Ende des Altertums den Sinn für dasselbe sich erwarb, so R⟨ichard⟩ W⟨agner⟩ an der Oper, der *schlechtesten* aller Kunstgattungen, den Sinn für Stil, d. h. Einsicht, daß es nicht möglich ist, Künste zu *isolieren.*

– der demagogische Charakter der Kunst Wagners: zuletzt mit der Konsequenz, daß er sich vor Luther beugte, um Einfluß zu bekommen.

Alles, was ich über R⟨ichard⟩ W⟨agner⟩ gesagt hatte, ist falsch. Ich empfand es 1876: »Es ist an ihm alles unecht; was echt ist, wird versteckt oder dekoriert. Es ist ein Schauspieler, in jedem schlimmen und guten Sinne des Worts.«

Ich habe mich in eine gute, helle Höhe gehoben, und mancher, der mir, als ich jung war, wie ein Stern über mir leuchtete, ist mir nun fern – aber *unter* mir, z. B. Sch⟨openhauer⟩, W⟨agner⟩.

R⟨ichard⟩ W⟨agner⟩ zu beschreiben – Versuch einer Diktatur. Aber zuletzt *strich er sich selbst durch,* unfähig zu einer Gesamtkonzeption. Die »Entzückungen« des protestantischen Abendmahls verführten ihn!

Das falsche Germanentum bei R⟨ichard⟩ W⟨agner⟩ (und die gründliche psychologische Falschheit dieser höchst »modernen« Mischung von Brutalität und Verzärtelung der Sinne) ist mir ebenso zuwider wie das falsche Römertum bei David oder das falsche englische Mittelalter Walter Scotts.

Die intellektuelle Charakterlosigkeit

Als Richard Wagner mir gar von dem Genusse zu sprechen begann, den er dem christlichen Abendmahle (dem protestantischen) abzugewinnen wisse, da war es aus mit meiner Geduld. Er war ein großer Schauspieler, aber ohne Halt, und inwendig die Beute von allen Sachen, welche stark berauschen. Er hat alle Wandlungen durchgemacht, welche die guten Deutschen seit den Tagen der Romantik durchgemacht haben: Wolfsschlucht und Euryanthe, Schauer-Hoffmann, dann »Emanzipation des Fleisches« und Durst nach Paris, dann den Geschmack für große Oper, für Meyerbeersche und Bellinische Musik, Volkstribune, später Feuerbach und Hegel – die Musik sollte aus der »Unbewußtheit« heraus, dann die Revolution, dann die Enttäuschung, und Schopenhauer, und eine Annäherung an deutsche Fürsten, dann Huldigungen vor Kaiser und Reich und Heer, dann auch vor dem Christentum, welches seit dem letzten Kriege und seinen vielen »Totenopfern«

wieder in Deutschland zum guten Geschmack gehört –, mit Verwünschungen gegen die »Wissenschaft«.

Der Schauspieler.

Der historische Sinn: davon hat Plato und alle Philosophie keinen Begriff. Es ist eine Art von *Schauspieler*-Kunst, zeitweilig eine fremde Seele anzunehmen: Folge der großen *Rassen- und Völker-Mischungen,* vermöge deren in jedem ein Stück von allem ist, das war. Ein Künstler-Sinn, auf dem Gebiete der Erkenntnis. Zugleich ein Zeichen von *Schwäche* und Mangel der *Einheit.*
Exotismus, Kosmopolitismus usw. Romantik. Der Sinn hat sich *verschärft,* z. B. jetzt ist Walter Scott uns nicht mehr möglich. Ebensowenig Richard Wagner.
Rousseau, George Sand, Michelet, Sainte-Beuve – ihre Art von Schauspielerei. Die einen vor dem Volke, andere (wie Voltaire) vor der Gesellschaft.
Ganz andere Schauspieler die Mächtigen, wie Napoleon, Bismarck.

Wissen Sie, was ein Sumpf ist? – Der Zufall erlaubte es mir, wieder alles das beieinander zu sehen, was Richard Wagner und seine Leute zusammen in Worten gepredigt haben: in den übel berufenen Bayreuther Blättern. Sehen Sie, das ist ein Sumpf: Anmaßung, Unklarheit, Unwissenheit und – Geschmacklosigkeit durcheinander. Wie der Alte singt, so zwitschern die Jungen; darüber wird sich niemand wundern. Und wäre es nur ein Gesang! Aber es ist ein Gewinsel, die Wichtigtuerei eines alten Oberpriesters, der sich vor nichts mehr fürchtet als vor hellen, deutlichen Begriffen. Und das will in Dingen der Philosophie und Historie mitreden! – Il faut être sec, sagt, mir nach dem Herzen, mein Freund Stendhal. Man soll den Morast nicht aufrühren. Man soll auf Bergen wohnen: also sprach mein Sohn Zarathustra.

In meiner Jugend, wo ich vielerlei war, zum Beispiel auch Maler, habe ich einmal ein Bild von Richard Wagner gemalt, unter dem

Titel: Richard Wagner in Bayreuth. Einige Jahre später sagte ich mir: »Teufel! es ist gar nicht ähnlich«. Noch ein paar Jahre später antwortete ich: »um so besser! um so besser!« – In gewissen Jahren des Lebens hat man ein Recht, Dinge und Menschen falsch zu sehen, – Vergrößerungsgläser, welche die Hoffnung uns gibt.
Als ich 21 Jahre alt war, war ich vielleicht der einzige Mensch in Deutschland, der diese zwei, der zugleich Richard Wagner und Schopenhauer mit *einer* Begeisterung liebte. Einige meiner Freunde wurden angesteckt.
Als Knabe liebte ich Händel und Beethoven: aber Tristan und Isolde kam, als ich 17 Jahre alt war, hinzu, als eine mir verständliche Welt. Während ich damals den Tannhäuser und Lohengrin als »unterhalb meines Geschmacks« empfand: Knaben sind in Sachen des Geschmacks ganz unverschämt stolz.

»Die Attitüde (Drama) ist das Ziel; die Musik nur ein Mittel zur Verstärkung ihres Eindrucks« – ist die Praxis Richard Wagners.

Man muß zu heftigen Bewunderungen fähig sein, und mit Liebe vielen Sachen ins Herz kriechen: sonst taugt man nicht zum Philosophen. Graue, kalte Augen wissen nicht, was die Dinge wert sind; graue, kalte Geister wissen nicht, was die Dinge wiegen. Aber freilich, man muß eine Gegenkraft haben: einen Flug in so weite hohe Fernen, daß man auch seine bestbewunderten Dinge tief, tief unter sich sieht, und sehr nahe dem, was man vielleicht verachtete. – Ich habe meine Proben gemacht, als ich mich nicht durch die große politische Bewegung Deutschlands, noch durch die künstlerische Wagners, noch durch die philosophische Schopenhauers von meiner Hauptsache habe abspenstig machen lassen, doch ward es mir schwer, und zeitweilig war ich krank daran.

Eine gute Anzahl höherer und besser ausgestatteter Menschen wird, wie ich hoffe, endlich so viel Selbstüberwindung haben, um den schlechten Geschmack für Attitüden und die sentimentale Dunkelheit von sich abzutun, und gegen Richard Wagner ebenso sehr als gegen Schopenhauer ⟨sich wenden⟩. Diese Deutschen verderben uns, sie schmeicheln unseren gefährlichsten Eigenschaften. Es liegt in Goethe, Beethoven und Bismarck eine kräftigere Zukunft vorbereitet, als in diesen Abartungen der Rasse. Wir haben noch keine Philosophen gehabt.

An Richard Wagner.

Der du an jeder Fessel krankst,
Friedloser, freiheit-dürst'ger Geist,
Siegreicher stets und doch gebundener,
Verekelt mehr und mehr, zerschundener,
Bis du aus jedem Balsam Gift dir trankst –
Weh! Daß auch du am *Kreuze* niedersankst,
Auch du! Auch du – ein Überwundener!

Vor diesem Schauspiel steh' ich lang
Gefängnis atmend, Gram und Groll und Gruft,
Dazwischen Weihrauch-Wolken, Kirchen-Huren-Duft
Hier wird mir bang:
Die Narrenkappe werf' ich tanzend in die Luft!
Denn ich entsprang – –

1884/85

Geburt der Tragödie.

Im Anfang des Jahres 1872 erschien in Deutschland ein Buch, das den befremdlichen Titel führte: »Die Geburt der Tragödie aus dem Geiste der Musik« und nicht bloß durch seinen Titel reichlichen Anstoß zu Verwunderung und Neugierde gab. Man erfuhr, daß sein Urheber ein junger Philologe sei, insgleichen, daß gegen ihn von seiten philologischer Handwerker, und vielleicht sogar auf Anregung irgend eines philologischen Schulhauptes und Kuhhirten – – –

– ein unabhängiges, selbstgenugsames Buch, dem die Zeichen einer mystischen Seele aufgeschrieben waren, ohne Absicht auf

– – –

– voll Jugend und Ungeschick, schwül, übervoll, aussi trop allemand – in dem sich fast entgegengesetzte Begabungen drängten und stießen, auch

– mit einer Geistigkeit, welche auf die Sinne wirkt

– man gesteht sich mit einigem Schauder ein (vorausgesetzt daß man an der Haut empfindlich ist –) daß hier jemand von der unheimlichen Welt der dionysischen Dinge *wie aus Erfahrung* redet, wie nach großer Nähe und Berührung zurückgekehrt aus dem fremdesten aller Länder, nicht alles sagend, nicht alles verschweigend, unter die Kutte und Kapuze des Gelehrten versteckt und nicht genug versteckt.

Und Richard Wagner erriet aus der Tiefe jenes wahrsagerischen Instinktes heraus, der so sehr in Widerspruche zu seiner mangelhaften und zufälligen Bildung stand, daß er jenem verhängnisvollen Menschen begegnet sei, der das Schicksal der deutschen und nicht nur der deutschen Kultur in den Händen habe.

1885

Ein Zeitalter der Demokratie treibt den Schauspieler auf die Höhe, in Athen, ebenso wie heute. R⟨ichard⟩ W⟨agner⟩ hat bisher alles darin überboten, und einen hohen Begriff vom Schauspieler erweckt, der Schauder erwecken kann. Musik, Poesie, Religion, Kultur, Buch, Familie, Vaterland, Verkehr – alles vorerst *Kunst,* will sagen Bühnen-Attitüde!

Brutalität und dicht dabei krankhafte Zärtlichkeit des sinnlichen Gefühls bei R⟨ichard⟩ W⟨agner⟩ – ist höchst pariserisch.

Über das »Genie«. Wie wenig Begabung z. B. bei R⟨ichard⟩ W⟨agner⟩! Gab es je einen Musiker, der in seinem 28. ⟨Jahre⟩ so arm war (nicht so unentwickelt, unaufgeschlossen, sondern so arm), daß er auf Meyerbeer neidisch war – so arg neidisch, um sich sein Leben lang darüber zu ärgern? um folglich, mit der Folgerichtigkeit »schöner Seelen«, es *ihm* sein Lebenlang nachzutragen?

Unter guten Musikern gilt Verdi für reich, gegen W⟨agner⟩ gerechnet: der Gründe hatte, sparsam zu sein und seine »Erfindungen« gut »anzulegen«, Wucher mit »Leitmotiven« zu treiben und sein »Gold« bei sich zu behalten, daß man daraufhin einen tausendfach *zu großen* Kredit genießt: hat es W⟨agner⟩ den Juden abgelernt?

Das Gemeinsame in der Entwicklung der *Europäer-Seele* ist z. B. zu merken bei einer Vergleichung Delacroix' und R⟨ichard⟩ W⟨agners⟩, der eine peintre-poète, der andere Ton-Dichter, nach der Differenz der französischen und deutschen Begabung. Aber sonst gleich. Delacroix übrigens auch *sehr* Musiker – eine Coriolan-Ouverture. Sein erster Interpret *Baudelaire,* eine Art R⟨ichard⟩ W⟨agner⟩ ohne Musik. Der *Ausdruck* (expression) von beiden vorangestellt, alles übrige geopfert. Von Literatur abhängig beide, höchst gebildete und selbst schreibende Menschen. Nervös-krankhaft-gequält, ohne Sonne.

Hegel: die Neigung der Deutschen, sich selber zu widersprechen – daraus eine Gotik, *Wagner:* der kein Ende ⟨zu⟩ finden wußte und auch dies zu einem Prinzip machte: auch eine Gotik.

Was Richard Wagner betrifft, so habe ich die Enttäuschung vom Sommer 1876 nicht überwunden, die Menge des Unvollkommenen, am Werke und am Menschen, war mir auf *ein* Mal zu groß: – ich lief davon. Später begriff ich, daß die gründlichste Loslösung von einem Künstler die ist, daß man sein *Ideal geschaut* hat. Nach einem solchen Blicke, wie ich ihn in jungen Jahren getan habe – Zeugnis ist meine übriggebliebene kleine Schrift über Richard Wagner – blieb mir nichts übrig, als, knirschend und außer mir, von dieser »unausstehlichen Wirklichkeit« – wie ich sie mit einem Male sah – Abschied zu nehmen. – Daß er, alt geworden, sich verwandelte, geht mich nichts an: fast alle Romantiker dieser Art enden unter dem Kreuze – ich liebte nur den Wagner, den ich kannte, d. h. einen rechtschaffnen Atheisten und Immoralisten, der die Figur Siegfrieds, eines sehr freien Menschen, erfunden hat. Seither hat er noch, aus dem bescheidenen Winkel seiner Bayreuther Blätter heraus, genugsam zu verstehen gegeben, wie hoch er das Blut des Erlösers zu schätzen wisse, und – man hat ihn verstanden. Viele Deutsche, viele reine und unreine Toren aller Art glauben seitdem erst an R⟨ichard⟩ W⟨agner⟩ als ihren »Erlöser«. Dies geht mir alles wieder den Geschmack. –

Es versteht sich von selber, daß ich niemandem so leicht das Recht zugestehe, diese meine Schätzung zur seinigen zu machen, und allem unehrerbietigem Gesindel, wie es am heutigen Leibe der Gesellschaft gleich Läusen wimmelt, soll es gar nicht erlaubt sein, einen solchen großen Namen, wie der R⟨ichard⟩ W⟨agner⟩s ist, überhaupt in das Maul zu nehmen, weder im Lobe, noch im Widerspruche.

Der mächtige Nachklang der tragischen Ereignisse jener französischen Generation der dreißiger und vierziger Jahre, zu der auch, mit richtigem Instinkt, sich Richard Wagner gesellt, jene prachtvolle und krankhafte Art von Unersättlichen, welcher Beethoven in Tönen, Byron in Worten präludierte: die Wirkung des Ungeheuren auf M⟨enschen⟩, deren Nerven- und Willenskraft schon zu schwach dafür war.

Jenen R⟨ichard⟩ W⟨agner⟩, welchen man heute in Deutschland verehrt und mit all dem prahlerischen Plunder der schlimmsten Deutschtümelei verehrt: jenen R⟨ichard⟩ W⟨agner⟩ kenne ich nicht, ja – daß ich einen Verdacht ausspreche – den hat es nie gegeben: das ist ein Phantom.

Ich habe manche nicht unbedenkliche Versuche gemacht, um mir Menschen heranzulocken, denen ich von so seltsamen Din-

gen reden könnte; alle meine Schriften waren bisher ausgeworfene Netze: ich wünschte Menschen mit tiefen, reichen und ausgelassenen Seelen mir dazu einzufangen.
An wen sich wenden? Meinen längsten Versuch machte ich an jenem vielfachen und geheimnisvollen Menschen, dem vielleicht von den Menschen dieses Jahrhunderts die meisten guten und schlimmen Dinge über die Seele gelaufen sind, an R⟨ichard⟩ W⟨agner⟩. Später gedachte ich die deutsche Jugend zu »verführen« – denn es ist mir gut bekannt, wie gefährlich es in den Zwanziger Jahren in einem Deutschen zugeht. Noch später machte ich mir eine Sprache für verwegene Mannsköpfe und Mannsherzen zurecht, die irgendwo in einem Winkel der Erde auf meine wunderlichen Dinge warten mochten. Endlich – doch man wird es nicht glauben, zu welchem »endlich« ich gelangte. Genug, ich erdichtete »Also sprach Zarathustra«.

Vorrede.

Es liegt mir heute wenig daran, ob ich in Bezug auf R⟨ichard⟩ W⟨agner⟩ und Schopenhauer recht oder unrecht gehabt habe: habe ich mich geirrt, nun, mein Irrtum gereicht weder den Genannten, noch mir selber zur Unehre. Gewiß ist, daß es mir, in jenen jungen Tagen, eine ungeheure Wohltat war, meine idealistischen Farben, in welchen ich die Bilder ⟨des⟩ Philosophen und ⟨des⟩ Künstlers schaute, nicht ganz ins Unwirkliche, sondern gleichsam auf vorgezeichnete Gestalten aufmalen zu können; und wenn man mir den Vorwurf gemacht hat, daß ich die Genannten mit einem *vergrößernden* Auge gesehen habe, so *freue* ich mich dieses Vorwurfs – und meiner Augen noch dazu. [...]

Was ich damals geschrieben – und weniger geschrieben als *gemalt* habe, noch dazu hitzig und, wie mich heute dünkt, in einem nicht unbedenklichen und verwegenen Alfresco: das würde dadurch noch nicht *wahrer* werden, daß ich es nunmehr, wo vielleicht Hand und Auge etwas hinzugelernt haben, noch einmal zarter, lautrer und strenger darstellte. Jedes Lebensalter versteht »Wahrheit« auf seine eigene Weise; und wer mit jungen und brausenden Sinnen und großen Ansprüchen vor jene Gemälde tritt, wird an ihnen so viel Wahrheit finden, als er zu sehn imstande ist.

Meine vier ersten U⟨nzeitgemäßen⟩ B⟨etrachtungen⟩, denen ich nunmehr, nach zehn Jahren, eine fünfte, sechste und siebente zugeselle, waren Versuche, die Art Menschen an mich heranzulocken, welche zu mir gehören: also Angelruten, ausgeworfen nach »Meines-Gleichen«. Damals war ich jung genug, um mit ungeduldiger Hoffnung auf solchen Fischfang zu gehen. Heute – nach hundert Jahren, wenn ich die Zeit nach meinem Maße messen darf! – bin ich *mir noch nicht alt* genug, um jede Hoffnung oder Geduld verloren zu haben. [. . .]
Was R⟨ichard⟩ W⟨agner⟩ betrifft, so gab es einen Augenblick meines Lebens, wo ich ihn mit Heftigkeit von mir stieß. Weg von mir! – das schrie ich. Diese Art Künstler ist gerade darin unzuverlässig, wo ich keinen Spaß verstehe. Er versuchte sich mit dem bestehenden Christentum zu »arrangieren«, indem er die linke Hand dem protestantischen Abendmahle entgegenstreckte – er hat mir von den Entzückungen gesprochen, die er dieser Mahlzeit abzugewinnen wisse – die rechte Hand aber zu gleicher Zeit der katholischen Kirche: er bot ihr seinen »Parsifal« an und gab sich für alle, die Ohren haben, als »Römling« in partibus infidelium zu erkennen.

Die Deutschen haben keine Kultur: sie sind nach wie vor von Paris *abhängig* – die Ursache ist, sie haben noch keinen Charakter. Unsere großen Menschen bezeichnen keine Rasse, sondern Einzelne.
Was ist aber das, was ich ehemals ausnahm und worauf ich Hoffnungen gründete, die *deutsche Musik?*

NB. Das Mißverständnis über Richard Wagner ist heute in Deutschland ungeheuer; und, da ich dazu beigetragen habe, es zu vermehren, will ich meine Schuld abtragen und versuchen, es zu verringern.

Es gab ein Jahrhundert lang nur einen Gegensatz von französischer und ital⟨ienischer⟩ Musik.
Im Kampfe Glucks mit Piccini verschärfte er sich und kam auf seine Spitze; Gluck wurde hierbei durchaus als Vertreter des *französischen Geschmacks* empfunden – als Vertreter des Vornehmen, Pomphaften und Rationalistischen.
Die Deutschen als Musiker haben bald nach Frankreich bald nach Italien hingehorcht; einen eigenen *deutschen* Geschmack in der Musik gibt es auch heute noch nicht.
Es scheint mir, daß Wagner noch einmal den *französischen Geschmack* zum Übergewicht über den italianisierenden gebracht hat, d. h. über Mozart, Haydn, Rossini, Bellini, Mendelssohn, aber es ist der Geschmack Frankreichs von 1830: die Literatur Herr geworden über die Musik wie über die Malerei: »Programm-Musik«, das »sujet« voran!

Welchen Wert Wagner für den Nicht-Musiker haben mag, auch fürderhin behalten mag, diese Frage soll uns für jetzt noch erspart bleiben. Richard Wagner hat ohne allen Zweifel den Deutschen dieses Zeitalters die umfänglichste Ahnung davon gegeben, was ein Künstler sein *könnte* – die Ehrfurcht vor dem »Künstler« ist plötzlich ins Große gewachsen; überall hat er neue Wertschätzungen, neue Begierden, neue Hoffnungen erweckt; und vielleicht nicht am wenigsten gerade durch das nur ankündigende, unvollständige, unvollkommene Wesen seiner Kunstgebilde. Wer hat nicht von ihm *gelernt*! Und wenn auch nicht so unmittelbar, wie die Künstler des Vortrags und die Attitüden-Menschen jeder Art, so doch mindestens mittelbar, »bei Gelegenheit von Richard Wagner«, wie man sagen dürfte. Sogar die philosophische Erkenntnis hat keinen geringen Anstoß durch sein Erscheinen bekommen, daran ist nicht zu zweifeln. Es gibt heute eine Menge ästhetischer Probleme, von welchen, vor Richard Wagner, auch die Feinsten noch keinen Geruch hatten,

– vor allem das Problem des Schauspielers und seines Verh⟨ält-nisses⟩ zu den verschiedenen Künsten, nicht zu reden von psychologischen Problemen, wie sie der Charakter Wagners und die W⟨agnersche⟩ Kunst in Fülle vorlegt. Freilich: so weit er sich selber in das Reich der Erkenntnis begeben hat, verdient er kein Lob, vielmehr eine unbedingte Zurückweisung; in den Gärten der Wissenschaft nahm er sich immer nur als der unbescheidenste und ungeschickteste Eindringling aus. Das »Philosophieren« Wagners gehört zu den unerlaubtesten Arten der Dilettanterei; daß man darüber nicht einmal zu lachen verstanden hat, ist deutsch und gehört zum alten deutschen »Kultus der Unklarheit«. Will man ihm aber durchaus auch noch als einem »Denker« zu Ehren und Statuen verhelfen – der gute Wille und die Untertänigkeit seiner Anhänger wird das sich nicht ersparen können – wohlan! so empfehle ich, ihn als den *Genius der deutschen Unklarheit* selber darzustellen, mit einer qualmenden Fackel in der Hand, begeistert und eben über einen Stein stolpernd. Wenn Wagner »denkt«, stolpert er. – Aber uns wird der M⟨usiker⟩ Wagner angehen.

Über all diese nationalen Kriege, neuen »Reiche« und was sonst im Vordergrunde steht, sehe ich hinweg; was mich angeht – denn ich sehe es langsam und zögernd sich vorbereiten – das ist das *eine* Europa. Bei allen umfänglicheren und tieferen Menschen dieses Jahrhunderts war es die eigentliche Gesamtarbeit ihrer Seele, jene neue Synthesis vorzubereiten und versuchsweise »den Europäer« der Zukunft vorwegzunehmen; nur in ihren schwächeren Stunden, oder wenn sie alt wurden, fielen sie in die nationale Beschränktheit der »Vaterländer« zurück – dann waren sie »Patrioten«. Ich denke an Menschen wie Napoleon, Goethe, Beethoven, Stendhal, Heinrich Heine, Schopenhauer; vielleicht gehört auch Richard Wagner hierher, über welchen, als über einen wohlgeratenen Typus deutscher Unklarheit, sich durchaus nichts ohne ein solches »Vielleicht« aussagen läßt. [. . .]

Ein anderes demagogisches Talent unserer Zeit ist Richard Wagner: aber der gehört nach Deutschland. – Wirklich? Lasse man einmal eine umgekehrte Schätzung zu Worte kommen. Die Pariser mögen sich gegen Richard Wagner noch so sehr sperren und sträuben, zuletzt gehört er nach Paris, und jedenfalls mehr dorthin als in irgendeine andere Hauptstadt Europas. Zugegeben, daß die ihm verwandteste Art von Franzosen jetzt erst dort selber spärlich geworden sein mag – ich meine jenen Nachwuchs des romantisme der dreißiger Jahre, unter denen er, in der entscheidendsten Zeit seines Lebens, hat *leben wollen*. Dort fühlte er sich selber verwandt und heimischer als in Deutschland, mit seiner ungeheuren Begierde nach erotischen Gerüchen und Farben und unerprobten neuen Ausschweifungen des Erhabenen, mit seinem sonnenarmen gequälten Glück an der Entdeckung des Häßlichen und Gräßlichen. Was suchten diese Romantiker anderes, was fanden und erfanden sie anderes als Richard Wagner? Waren sie nicht allesamt gleich ihm geistreich-krank, gewaltsam und ihrer selber unsicher, von der Literatur beherrscht bis in ihre Augen und Ohren, meistens sogar selber Schreibende, Dichtende, Künstler des Ausdrucks um jeden Preis, – ich hebe Delacroix hinaus –, Vermittler und Vermenger der Künste und der Sinne selber, heraufgekommene Plebejer, welche ⟨sich,⟩ gleich Balzac, im Verlangen nach Glanz und Ruhm unersättlich und eines vornehmen tempo im Leben und Schaffen – eines lento – unfähig zeigten? Man gestehe es sich doch ein: *wie viel* Wagnerisches ist doch an dieser französischen Romantik! Auch jener hysterisch-erotische Zug, den Wagner am Weibe besonders geliebt und in Musik gesetzt hat, ist am besten gerade in Paris zu Hause: man frage nur die Irrenärzte –; und nirgendswo werden einmal die hypnotisierenden Griffe und Handauflegungen, mit denen unser musikalischer Magus und Cagliostro seine Weiblein zur wollüstigen Nachtwandelei mit offnen Augen und geschlossenem Verstande zwingt und überredet, so gut verstanden werden als unter Pariserinnen. Die Nähe von krankhaften Begierden, die Brunst rasend gewordener Sinne, über welche der Blick durch Dünste und Schleier des Übersinnlichen auf gefährliche Weise getäuscht wird: wohin gehört das mehr als in die Romantik der französischen Seele? Hier wirkt ein Zauber, der unvermeidlich einmal noch die Pariser zu Wagner bekehren wird. – Wagner aber soll durchaus der eigentlich *deutsche* Künstler sein: so dekretiert man heute in Deutschland, so verehrt man ihn, in einer Zeit, welche wieder einmal die prahlerische Deutschtümelei auf die Höhe bringt. Diesen »eigentlich deutschen« Wagner *gibt es gar nicht;* ich vermute, *der* ist die Ausgeburt sehr dunkler deutscher Jünglinge und Jungfrauen, welche sich mit diesem Dekrete selbst verherrlichen wollen. Daß irgend etwas an Wagner deutsch sein mag, ist wahrscheinlich; aber was? Vielleicht nur der Grad, nicht die Qualität seines Wollens und Könnens? Vielleicht nur, daß er alles stärker, reicher, verwegener, härter gemacht hat als irgendein Franzose des neunzehnten Jahrhunderts machen könnte? Daß er gegen sich selber strenger und den längsten Teil seines Lebens in deutscher Weise, *auf eigne Faust*, als unerbittlicher Atheist, Antinomist und Immoralist gelebt hat? Daß er die Figur eines *sehr* freien Menschen, des Siegfried, erdichtete, welche in der Tat zu frei, zu hart, zu wohlgemut, zu unchristlich für den lateinischen Geschmack sein mag? – Freilich hat er auch diese Sünde wider die französische Romantik am Ende wieder quitt zu machen gewußt: der letzte Wagner in seinen alten Tagen ist mit seiner Siegfried-Karikatur, ich meine mit seinem Parsifal, nicht nur dem romantischen, sondern geradezu dem römisch-katholischen Geschmack entgegengekommen, bis er zuletzt gar noch mit einer Kniebeugung vor dem Kreuze und mit einem nicht unberedten Durste nach »dem Blute des Erlösers« Abschied genommen hat. Auch von sich selber! Denn es gehört bei altgewordnen Romantikern zur leidigen Regel, daß sie am Schlusse ihres Lebens sich selber »verleugnen« und verkennen und ihr Leben – *durchstreichen!* – Zuletzt sei noch gesagt: wenn jenes Geschlecht der dreißiger Jahre in Blut und Nerven die Erben und noch mehr die *Opfer* jener tragischen Erschütterungen jener napoleonischen Zeit sind – Beethoven hat diesem Geschlechte in Tönen und Byron in Worten präludiert –, wird es nicht erlaubt sein, an eine ähnliche Abkunft der Seele Richard Wagners zu denken? Er ist 1813 geboren.

[...] Was von Dichtern jetzt in Frankreich blüht, steht unter Heinrich Heines und Baudelaires Einfluß, vielleicht Leconte de Lisle ausgenommen; denn in gleicher Weise wie Schopenhauer jetzt schon mehr in Frankreich geliebt und gelesen wird als in Deutschland, ist auch der Kultus Heinrich Heines nach Paris übergesiedelt. Was den pessimistischen Baudelaire betrifft, so gehört er zu jenen kaum glaublichen Amphibien, welche ebensosehr deutsch als pariserisch sind; seine Dichtung hat etwas von dem, was man in Deutschland Gemüt oder »unendliche Melodie« und mitunter auch »Katzenjammer« nennt. Im übrigen war Baudelaire der Mensch eines vielleicht verdorbenen, aber sehr bestimmten und scharfen, seiner selbst gewissen Geschmacks; damit tyrannisiert er die Ungewissen von heute. Wenn er seiner Zeit der erste Prophet und Fürsprecher Delaxroix' war: vielleicht, daß er heute der erste »Wagnerianer« von Paris sein würde. Es ist viel Wagner in Baudelaire.

Ich habe seltsame Dinge in Bezug auf Wirkung von meinen Büchern erlebt. Kürzlich traf der Brief eines alten vornehmen Holländers ein, welcher Menschliches Allzumenschliches als seinen treuesten Lebensgesellen betrachtet; die Geburt der Tragödie hat vielleicht im Leben R⟨ichard⟩ W⟨agner⟩s den größten Glücks-Klang hervorgebracht, er war außer sich, und es gibt wunderschöne Dinge in der Götter-Dämmerung, welche er in diesem Zustande einer unerwarteten äußersten Hoffnung hervorgebracht hat.

Es liegt jetzt noch wenig daran, daß man wisse, *was* ich damals eigentlich von Richard Wagner wollte (obwohl der Leser meiner Geburt der Tragödie darüber nicht im Unklaren sein sollte), ja daß ich, durch ein Verlangen dieser Art, allerdings auf das Gründlichste bewiesen habe, wie sehr ich mich über ihn und sein Vermögen im Irrtum befand. Genug, daß mein Irrtum – eingerechnet den Glauben an eine gemeinsame und zusammengehörige Bestimmung – weder ihm noch mir zur Unehre gereicht, und, unter allen Umständen, uns beiden damals, als zwei auf sehr verschiedene Weise Vereinsamten, keine kleine Erquickung und Wohltat war. [. . .]

Künstler-Pessimismus. – Es gibt sehr unterschiedliche Arten von Künstlern. Wenn Richard Wagner Pessimist sein muß, so zwingt ihn hierzu der Widerwille gegen sich selbst, der Wurm vielfacher Selbstverachtung, die Notwendigkeit von Berauschungsmitteln eingerechnet seine Kunst, um das Leben überhaupt auszuhalten, und wieder der Ekel hinter dem Rausche, zu alledem das Bewußtsein der Schauspielerei, der Druck der Unfreiheit, an welcher jeder leidet, der sich verkleiden muß, weil er sich selber nackt nicht aushält –, andrerseits der unersättliche Hunger nach Lob und Lärm, weil solche Komödianten sich den Glauben an sich immer erst von außen her und immer nur auf Augenblicke schenken lassen müssen; es steht ihnen gar nicht frei, auf Lob und Lärm zu verzichten! Aber was helfen auch die wonnevollsten Augenblicke der vanitatum vanitas, was hilft aller Weihrauch, alle Selbst-Vergötterung! Gleich darauf gräbt der alte Gram von Neuem! und über alle Stimmen der Leidenschaft, oder der als Leidenschaft maskierten Unenthaltsamkeit, wird zuletzt immer wieder eine innere, schwache, zögernde Stimme hervortönen, eine verurteilende Stimme: Solche Künstler verherrlichen in ihrer Kunst unwillkürlich und unvermeidlich ihr »Nicht-Ich« und alles, was den äußersten Gegensatz zu ihnen macht; da also, im Falle Wagners, alle ausschweifenden Tugenden, z. B. die unbedingte Treue oder die unbedingte Keuschheit oder die Einfalt des Kindes oder die asketischen Selbst-Opferungen, so daß bis zu einem gewissen Grade man ein Recht hat, gegen den Charakter jenes Künstlers argwöhnisch zu sein, der immer gerade nur ausschweifende Tugenden verherrlicht; denn damit will er von sich los und verneint sich selber! Aber seien *wir* doch damit zufrieden! Zuletzt lobt und preist solch ein Künstler bei allem seinem Willen zur Weltverneinung etwas, das eben doch *in dieser Welt möglich ist: die Kunst kann nichts anderes sein als Welt-Bejahung!* – Und euer Einwand, meine Freunde, war kein Einwand.

Also mein Freund: man wird es seinem Urteile anmerken, selbst wenn man demselben nicht beipflichtet, daß er Wagner sehr geliebt hat; denn ein Gegner nimmt seinen Gegenstand niemals so tief. Es ist kein Zweifel, daß, indem er an Wagner leidet, er auch mit Wagner leidet.

Ich habe mir lange Zeit die allerbeste Mühe gegeben, in R. W⟨agner⟩ eine Art von Cagl⟨iostro⟩ zu sehn; man vergebe mir diesen nicht unbedenklichen Einfall, der zum mindesten nicht vom Haß und der Abneigung eingegeben ist, sondern von der Bezauberung, welcher dieser unvergleichliche Mensch auch auf mich ausgeübt hat; hinzugerechnet, daß nach meiner Beobachtung die wirklichen »Genies«, die Echten höchsten Ranges, allesammt *nicht* dergestalt »bezaubern«, so daß »das Genie« allein mir nicht zur Erklärung jenes geheimnisvollen Einflusses auszureichen schien.

Neue unzeitgemäße Betrachtung

1. Man verehrt und verachtet in jungen Jahren wie ein Narr und bringt wohl seine zartesten und höchsten Gefühle zur Auslegung von Menschen und Dingen dar, welche nicht zu uns gehören, so wenig als wir zu ihnen gehören. *Jugend* selber ist etwas Fälschendes und Betrügerisches. Es scheint, daß das Ehrfürchtige und Zornige, was der Jugend eignet, durchaus keine Ruhe hat, als bis es sich Menschen und Dinge so zurecht »gefälscht hat«, bis es an denselben seine Affekte entladen kann. Später, wo man stärker, tiefer, auch »wahrhaftiger« geworden ist, erschrickt man zu entdecken, wie wenig man damals die Augen offen gehabt hat, als man auf diesen Altären opferte. Man zürnt sich, all das Eitle, Übertreibende, Unechte, Geschminkte,

Schauspielerische an unseren geliebten Götzen nicht gesehn zu haben, – man zürnt sich wegen dieser Selbst-Verblendung, wie als ob sie eine unredliche Blindheit gewesen sei. In diesem Übergange nimmt man Rache an sich, durch Mißtrauen; man ist auf der Hut gegen seine »begeisterten Gefühle«– ja das »gute Gewissen« selber erscheint einem schon wie eine Gefahr, wie eine Selbst-Verschleierung und Ermüdung der inneren Redlichkeit. Wieder ein Jahrzehnt später und man begreift, daß auch dies alles noch – *Jugend* war.

2. – Was ich selber einstmals, in meinen »jungen Jahren«, über Schopenhauer und Richard Wagner schrieb und weniger schrieb als *malte* – vielleicht in einem allzuverwegenen übermütigen, überjugendlichen al fresco – das will ich am wenigsten heute auf »wahr« und »falsch« hin ins einzelne prüfen. Gesetzt aber, ich hätte mich damals geirrt, mein Irrtum gereicht zum mindesten weder den Genannten noch mir selber zur Unehre! Es *ist* etwas, sich *so* zu irren; es *ist* auch etwas, gerade *mich* dergestalt zum Irrtum zu verführen. Auch war es mir in jedem Falle eine unschätzbare Wohltat, damals als ich »den Philosophen« und »den Künstler« und gleichsam meinen eigenen »kategorischen Imperativ« zu malen beschloß, meine neuen Farben nicht ganz ins Unwirkliche hinein, sondern gleichsam auf vorgezeichnete Gestalten aufmalen zu können. Ohne daß ich es wußte, sprach ich nur für mich, ja im Grunde nur von mir. Indessen: alles, was ich damals erlebt habe, das sind für eine gewisse Art von Menschen typische Erlebnisse, welchen zu einem Ausdruck zu verhelfen – – – Und wer mit einer jungen und feurigen Seele jene Schriften liest, wird vielleicht die schweren Gelöbnisse erraten, mit denen ich damals mich für mein Leben band, – mit denen ich mich zu *meinem* Leben entschloß; möchte er einer jener wenigen sein, die sich zu einem gleichen Leben und zu gleichen Gelöbnissen entschließen – *dürfen!*

3. Es gab einen Zeitpunkt, wo ich im Geheimen anfing, über Richard Wagner zu lachen, damals als er zu seiner letzten Rolle

sich anschickte und mit den Gebärden eines Wundermannes, Heil-Verkünders, Propheten, ja sogar Philosophen vor den lieben Deutschen auftrat. Und da ich noch nicht aufgehört hatte, ihn zu lieben, so biß mich mein eignes Gelächter noch ins Herz; wie es zur Geschichte eines jeden gehört, der von seinem Lehrer unabhängig wird und endlich seinen eignen Weg findet. In dieser Zeit entstand der hier folgende lebhafte Aufsatz, aus dem, wie mir scheint, mancher junge Deutsche auch heute noch seinen Gewinn ziehen kann – ich selber, so wie ich jetzt gesinnt bin, würde alles geduldiger, auch herzlicher und schonender gesagt wünschen. Inzwischen erriet ich allzuviel von der schmerzlichen und schauerlichen Tragödie, welche hinter dem Leben eines solchen Menschen, wie Richard Wagner es war, verborgen liegt.

4. Richard Wagner hat ohne allen Zweifel den Deutschen usw.

5. Aber der Musiker Richard Wagner? – »Richard Wagner und kein Ende«: das ist heute die Lösung.
Aber wir Freunde der Musik sind damit am Ende unserer Geduld. Wir haben so lange die beste Miene zum bösen Spiele der Wagnerei gemacht und mit Hülfe aller Tugenden und Ästhetiken uns einen ganzen langen Regentag hindurch zugeredet und ermahnt: »Wie schön ist auch das schlechte Wetter! Wie viel Reize liegen in den Falten des Unwetters versteckt! Wie fein sich der Regen auf die »unendliche Melodie« versteht! Wie unvergleichlich leuchtet ein Blitz inmitten langer grauer Trübsal! Und gar der Donner: wie schön ist die Chromatik des Donners!« Aber endlich, endlich wollen wir auch den aufgeklärten Himmel wieder sehn und zum mindesten den *schönen Abend* haben, den wir verdienen, nach einem so tugendhaften, aber so bösen Tage! – Wirklich? Den Abend? Will es denn wirklich schon »Abend werden«? Geht nun auch noch unsre beste Kunst, die Musik, auf die Neige? Meine Freunde, hier ist einer, der nicht mehr daran glaubt! Es ist noch lange nicht Zeit für den Abend! Und Wagner bedeutete weder den Tag, noch den Abend unserer Kunst, –

sondern nur einen gefährlichen Zwischenfall, eine Ausnahme und ein Fragezeichen, *welches unser Gewissen auf die Probe gestellt hat!* Noch zur rechten Zeit lernten wir Nein! sagen; jeder rechtschaffne und tiefe Musiker sagt heute Nein zu Wagner und zu sich selber, so weit er noch »wagnerisiert« – und zwar je gründlicher gerade er bei Wagner in die Schule gegangen, bei Wagner gelernt hat.

6. Um so schlimmer mag es freilich um die geringer begabten, auch um die geld- und ehrgeizigen Musiker bestellt sein: es gibt gerade für sie ausgesuchte Verführungen in der Art Wagners, Musik zu machen. Es ist nämlich *leicht*, mit Wagnerischen Mitteln und Kunstgriffen zu komponieren, es mag auch, bei dem demagogischen Verlangen heutiger Künstler nach Aufregung der »Massen«, lohnbringender sein, nämlich »wirkungsvoller«, »überwältigender«, »schlagender«, »packender«, und wie die verräterischen Lieblingsworte des Theaterpöbels und der dilettantischen Schwärmer lauten. Aber was bedeutet zuletzt, in Sachen der Kunst, der Lärm und die Begeisterung von »Massen«! *Gute* Musik hat niemals ein »Publikum« – sie ist und kann niemals »öffentlich« sein, sie gehört den Ausgesuchtesten zu, sie soll immer und allein – im Gleichnisse gesprochen – *für die »camera«* da sein. »Massen« fühlen den heraus, der ihnen am besten zu schmeicheln versteht; sie sind auf ihre Art allen demagogischen Talenten dankbar und geben es ihnen zurück, so gut sie können. (Wie »Massen« zu *danken* verstehen, mit welchem »Geiste« und »Geschmacke«, dafür gab der Tod Victor Hugos ein belehrendes Zeugnis: ist in allen Jahrhunderten Frankreichs zusammen so viel Frankreich entwürdigender Unsinn gedruckt und geredet worden, wie bei dieser Gelegenheit? Aber auch bei dem Begräbnisse Richard Wagners verstiegen sich die Schmeicheleien der Dankbarkeit bis hinauf zu dem »frommen« Wunsche: »Erlösung dem Erlöser!« –)
NB. Es ist kein Zweifel, daß die W〈agnerische〉 Kunst heute auf die Massen wirkt; daß sie das kann – sollte damit nicht über diese Kunst selber etwas ausgesagt sein? – Für drei gute Dinge in der

Kunst haben »Massen« niemals Sinn gehabt, für Vornehmheit, für Logik und für Schönheit – pulchrum est paucorum hominum –; um nicht von einem noch besseren Dinge, vom *großen Stile* zu reden, zu welchem bisher auch die höchstgearteten Künstler der neueren Zeit weder Ja noch Nein sagen durften – sie haben noch kein Recht auf ihn gehabt, sie fühlen sich vor ihm ferne und beschämt, und diese Scham war gerade noch ihre höchste Höhe. Vom großen Stile steht Wagner am fernsten: das Ausschweifende und Heroisch-Prahlerische seiner Kunstmittel steht geradezu im *Gegensatze* zum großen Stile; und ebenso das Zärtlich-Verführerische, das Vielfältig-Reizende, das Unruhige, Ungewisse, Spannende, Augenblickliche, Heimlich-Überschwängliche, die ganze »übersinnliche« Maskerade kranker Sinne, und was nur alles im typischen Sinne »Wagnerisch« heißen darf. Und dennoch, trotz dem gründlichsten Unvermögen dazu: Wagner *schielt* nach dem großen Stile, er, der nicht einmal die gewöhnliche, rechte, echte *Logik* vermag! Er weiß dies gut genug, er erkannte es zeitig; aber sofort ging er daran, mit der unbedenklichen Schauspieler-Gewandtheit, die seine Meisterschaft ausmacht, sich seinen Mangel zum Vorteile auszulegen. Es liegt im Unlogischen, Halblogischen viel Verführerisches – das hat Wagner gründlich erraten –, namentlich für Deutsche, bei denen Unklarheit als »Tiefe« empfunden wird. Die Männlichkeit und Strenge einer logischen Entwicklung war ihm versagt, aber er fand »Wirkungsvolleres«! »Die Musik, hat er gelehrt, ist immer nur ein Mittel, der Zweck ist das Drama.« Das Drama? Nein die Attitüde! – *so* verstand es Wagner bei sich selber. Vor allem und zuerst die ergreifende Attitüde! Etwas, das umwirft und schaudern macht! Was liegt am »zureichenden Grunde«! Eine Art Vieldeutigkeit, selbst in der rhythmischen Phrasierung, gehört insgleichen unter seine liebsten Kunstmittel, eine Art Trunkenheit und Traumwandeln, welches nicht mehr zu »folgern« weiß und einen gefährlichen Willen zum blinden Folgen und Nachgeben entfesselt.

Man sehe nur unsre *Frauen* an, wenn sie »wagnetisiert« sind: welche »Unfreiheit des Willens«! Welcher Fatalismus im erlöschenden Blicke! Welches Geschehen-Lassen, Über-sich-ergehen-Lassen! Vielleicht ahnen sie sogar, daß sie, in diesem Zustande des »ausgehängten« Willens, einen Zauber und Reiz *mehr* für manche Männer haben? – welcher Grund *mehr* zur Anbetung ihres Cagliostro und Wundermannes! Bei den eigentlichen »Mänaden« der Wagner-Anbetung darf man unbedenklich sogar auf Hysterie und Krankheit schließen; irgend etwas ist in ihrer Geschlechtlichkeit nicht in Ordnung; oder es fehlt an Kindern, oder, im erträglichsten Falle, an Männern.

7. Was die *Jünglinge* betrifft, welche Wagnern huldigen, so sind sie gemeinhin schlecht musikalisch. (Einer von den besten sagte mir sogar einmal treuherzig »ich verstehe *gar nichts* von Musik, aber Wagner vereinigt alles Gute, was es heute gibt – er ist Antisemit, Vegetarianer und verabscheut die Vivisektion«.) Die Wagnerischen Jünglinge, in manchem Betracht eine sehr erquickliche und edle Art von Jünglingen, – verehren in Wagnern ungefähr das Gleiche, was die leidenschaftlichen Jünger Victor Hugos gegen 1828 in ihrem Abgotte verehrten: vor allem den Meister großer Worte und Gebärden, den Fürsprecher aller schwellenden Gefühle, aller erhabenen Instinkte, sodann den wagenden Neuerer und Kettenlöser im Kampfe und Gegensatze zur älteren strengeren, vielleicht beschränkteren Kunstschulung, den Eröffner neuer Zugänge, neuer Ausblicke, neuer Fernen, neuer Tiefen und Höhen, endlich, und nicht am wenigsten: diese deutsche Jugend verehrt an Wagnern das Befehlerische, die Fähigkeit, lärmend zu kommandieren, auf sich allein zu stehen, auf sich allein zurückzuweisen, hartnäckig zu sich selber Ja zu sagen, und immer im Namen des »auserwählten Volks«, der Deutschen! – kurz, das Volkstribunenhafte und Demagogische an Wagner. Von welchem schlechten, ja abscheulichen Geschmacke diese ganze »Selbst-in-Szene-Setzung« Wagners ist, davon sehen solche begeisterte Jünglinge noch nichts; die Jugend *hat* einmal das Recht zum schlechten Geschmack, – es ist *ihr* Recht. Will man aber kennen lernen, *wohin* die Unschuld und die unbedenkliche Bereitwilligkeit von Jünglingen durch einen

alten umgetriebenen Rattenfänger geführt und verführt werden kann, so werfe man einen Blick auf jenen literarischen Sumpf, aus welchem zuletzt der altgewordene Meister mit seinen »Jungen« zu singen liebt (ist »Singen« das rechte Wort?) ich meine die übel berufenen »Bayreuther Blätter«. Das ist wirklich ein *Sumpf*: Anmaßung, Deutschtümelei und Begriffswirrwarr im trübsten Durcheinander, ein unausstehlicher Zucker »süßesten« Mitleidens darübergegossen, dazwischen jene schon angedeutete Neigung für grüne Gemüse und jene zweckbewußte Salbung und Rührseligkeit zu Gunsten der Tiere, *dicht* neben dem ungeschminkten, echten und gründlichen Hasse auf die Wissenschaft und überhaupt der Verhöhnung und Beschimpfung alles dessen, was Wagnern im Wege steht und stand – wie stand seinem Einflusse die *vornehmere* Natur Mendelssohns, die *reinere* Natur Schumanns im Wege! – dabei ein kluges Ausschielen nach neuen Hülfstruppen, ein »Entgegenkommen« nach der Seite mächtiger Parteien hin, zum Beispiel das vollends unsaubere Spielen und Äugeln mit *christlichen* Symbolen – Wagner, der alte Atheist, Antinomist und Immoralist, ruft sogar einmal salbungsvoll das »Blut des Erlösers« an! – im Ganzen die Frechheit eines alten dick-umräucherten Oberpriesters, der über alle erdenklichen, gerade ihm gänzlich entzogenen und verbotenen Bereiche des Denkens seine dunklen Gefühle wie Offenbarungen verlautbart; und dies alles in einem Deutsch, einem eigentlichen Sumpf-Deutsch und Unklarheit und Übertreibung, wie es vielleicht selbst von den deutschfeindlichsten Schülern Hegels nicht erreicht worden ist!

8. Vielleicht, daß nunmehr erst deutlich gemacht werden kann, *wohin* Wagner gehört: nämlich *nicht* in die große Reihe der Eigentlichen und Echten höchsten Ranges, *nicht* in diesen olympischen »Hof der Höfe«. Vielmehr gebührt Wagner ein ganz anderer Rang und eine ganz andere Ehre – und in der Tat, keine kleine und gemeine: Wagner ist eines von jenen drei Schauspieler-Genies der Kunst, von welchen die *Menge* in diesem Jahrhundert – und es ist ja das »Jahrhundert der Menge«! – beinahe erst

den Begriff »Künstler« *gelernt* hat; ich meine jene drei wunderlichen und gefährlichen Menschen Paganini, Liszt, Wagner, welche, fragwürdig in die Mitte gestellt zwischen »Gott« und »Affe«, ebensosehr zum »Nachmachen« als zum Erfinden, zum Schaffen *in der Kunst des Nachahmens selber* vorherbestimmt waren, und deren Instinkt alles erraten hat, was zum Zweck des Vortrags, des Ausdrucks, der Wirkung, der Bezauberung, der Verführung ausfindig und ausgiebig gemacht werden kann. Als dämonische Mittler und Kunst-Interpreten wurden sie – und *sind* sie heute die Meister aller Künstler der Interpretation überhaupt; jedermann in diesen Kreisen hat von ihnen gelernt; – unter Schauspielern und ausübenden Spielleuten jeder Art wird man deshalb auch den Herd und insgleichen die Herkunft des eigentlichen »Wagner-Kultus« zu suchen haben. Abgesehen aber von diesen Kreisen, denen man alles Recht zu ihrem Glauben und Aberglauben zusprechen darf, und im Hinblick auf die gesamte Erscheinung jener drei Schauspieler-Genies und ihren geheimsten und allgemeinsten Sinn, komme ich bei mir nicht darüber hinweg, immer dieselbe Frage wieder aufzuwerfen: was sich in jenen dreien scheinbar neu ausdrückt, ist das vielleicht doch nur der alte und ewige »Cagliostro«, nur neu verkleidet, neu in Szene gesetzt, »in Musik gesetzt«, in Religion gesetzt, – wie es dem Geschmack des neuen Jahrhunderts – dem Jahrhundert der *Menge*, wie gesagt, – am besten entsprechen mag? Also *nicht* mehr wie der letzte Cagliostro als der Verführer einer vornehmen und ermüdeten Kultur, sondern – als *demagogischer* Cagliostro? – und unsre Musik, mit deren Hülfe hier »gezaubert« wird: – was, ich bitte und frage euch, bedeutet unsere d⟨eutsche⟩ M⟨usik⟩!

9. Dieser *letzte* Wagner, im Grunde ein zerbrochner und überwundener Mensch, der aber die große Schauspielerei nicht lassen konnte, dieser Wagner, der zuletzt gar noch von den »Entzückungen« sprach, die er dem protestantischen Abendmahle abzugewinnen wisse, während er zu gleicher Zeit mit seiner Parsifal-Musik allem eigentlich *Römischen* die Hände entgegen-

streckte: dieser überallhin sich anbietende Schmeichler aller deutschen Eitelkeiten, Unklarheiten und Anmaßungen, – dieser *letzte* Wagner sollte der letzte und höchste Gipfel unsrer Musik und der Ausdruck der endlich erreichten Synthesis der »deutschen Seele« sein, *der* Deutsche selber? – Es war im Sommer 1876, daß ich *diesem* Glauben bei mir abschwor; und damit begann jene Bewegung des deutschen Gewissens, von der sich heute immer ernstere, immer deutlichere Zeichen zu erkennen geben, – und der *Rückgang* der Wagnerei!

Die deutsche Philosophie als Ganzes – Leibniz, Kant, Hegel, Schopenhauer, um die Großen zu nennen – ist die gründlichste Art *Romantik* und Heimweh, die es bisher gab: das Verlangen nach dem Besten, was jemals war. Man ist nirgends mehr heimisch, man verlangt zuletzt nach dem zurück, wo man irgendwie heimisch sein kann, weil man dort allein heimisch sein möchte: und das ist die griechische Welt! Aber gerade dorthin sind alle Brücken abgebrochen, – *ausgenommen* die Regenbogen der Begriffe! Und die führen überall hin, in alle Heimaten und »Vaterländer«, die es für Griechen-Seelen gegeben hat! Freilich man muß sehr fein sein, sehr leicht, sehr dünn, um über diese Brücken zu schreiten! Aber welches Glück liegt schon in diesem Willen zur Geistigkeit, fast zur Geisterhaftigkeit!

Wer die Begierden einer hohen und wählerischen Seele hat und nur selten *seinen* Tisch gedeckt, *seine* Nahrung bereit findet, dessen Gefahr ist heute keine geringe. In ein lärmendes und pöbelhaftes Zeitalter hineingeworfen, mit dem er nicht aus *einer* Schüssel essen mag, kann er leicht vor Hunger und Durst, oder, falls er endlich doch »zugreift« –, *vor Ekel* zugrunde gehn. Dies war die Gefahr meiner Jugend, einer ungesättigten, selbstsüchtigen, vereinsamten Jugend; und die Gefahr kam auf die Höhe, als ich eines Tages begriff, *was* für Speisen ich zuletzt doch mir zugeführt und *wozu* mich der ungestüme Hunger und Durst meiner Seele verlockt hatte. Es war im Sommer 1876. Damals stieß ich, wütend vor Ekel, alle Tische von mir, an denen ich bis

dahin gesessen hatte, und gelobte mir, lieber zufällig und schlecht, lieber von Gras und Kraut und unterwegs, wie ein Tier, lieber gar nicht mehr zu leben als meine Mahlzeiten mit dem »Schauspieler-Volk« und den »höheren Kunstreitern des Geistes« – solche harte Ausdrücke gebrauchte ich damals – zu teilen; denn ich schien mir unter lauter Cagliostros und unechte Menschen geraten zu sein, und zürnte und tobte darüber, dort geliebt zu haben, wo ich hätte verachten sollen.
[. . .]

1885/86

Wir wissen es besser als wir es uns eingestehen, daß W⟨agner⟩ arm ist, daß ihm selten ein Gedanke kommt, daß er selber am meisten über sein Erscheinen erschreckt, entzückt, umgeworfen ist und eine überlange Zeit nicht müde wird, diese Wunder von Gedanken zu streicheln und herauszuputzen. Er ist zu dankbar und kennt die kalte Leutseligkeit der Reichen nicht, noch weniger ihren zärtlichen Ekel, die Müdigkeit solcher, welche nichts tun als verschenken – gleich Mozart, gleich Rossini: nur die überreichen Quellen springen und tanzen.

Die alten Romantiker fallen um und liegen eines Tags, man weiß nicht wie, vor dem Kreuze ausgestreckt: das ist auch Richard Wagner begegnet. Die Entartung eines solchen Menschen mitanzusehen, gehört zum Schmerzhaftesten, was ich erlebt habe; – daß man es in D⟨eutschland⟩ *nicht* schmerzhaft empfunden hat, war ein starker Anstoß für mich, jenem Geiste, der jetzt in D⟨eutschland⟩ herrscht, noch mehr zu mißtrauen.

Ich verstehe nicht, was die Laien an R⟨ichard⟩ W⟨agner⟩ haben: vielleicht erregt er ihre romantischen Gefühle und alle Schauer und Kitzel des Unendlichen und der romantischen Mystik – wir Musiker sind entzückt und verführt.

Ich habe Richard Wagner mehr geliebt und verehrt als irgend sonst jemand; und hätte er zuletzt nicht den schlechten Geschmack – oder die traurige Nötigung – gehabt, mit einer mir unmöglichen Qualität von »Geistern« gemeinsame Sache zu machen, mit seinen Anhängern, den Wagnerianern, so hätte ich keinen Grund gehabt, ihm schon bei seinen Lebzeiten Lebewohl zu sagen: ihm, dem Tiefsten und Kühnsten, auch Verkanntesten aller Schwer-zu-erkennenden von heute, dem begegnet zu sein, meiner Erkenntnis mehr als irgendeine andere Begegnung förderlich gewesen ist. Vorangestellt, was voran steht, daß seine Sache und meine Sache nicht verwechselt werden wollte, und daß es ein gutes Stück Selbstüberwindung bedurfte, ehe ich dergestalt »Sein« und »Mein« mit gebührendem Schnitte zu trennen lernte. Daß ich über das außerordentliche Problem des Schauspielers zur Besinnung gekommen bin – ein Problem, das mir vielleicht ferner liegt als irgendein andres, aus einem schwer aussprechbaren Grunde – daß ich den Schauspieler im Grunde jedes Künstlers entdeckte und wiedererkannte, das Typisch-Künstlerhafte, dazu bedurfte es der Berührung mit jenem ⟨Manne⟩ – und es scheint mir, daß ich von beiden höher und – schlimmer denke als frühere Philosophen. – Die Verbesserung des Theaters geht mich wenig an, seine »Verkirchlichung« noch weniger; die eigentliche Wagnersche Musik gehört mir nicht genug zu – ich würde sie zu meinem Glücke und zu meiner Gesundheit entbehren können (quod erat demonstrandum et demonstratum). Was mir am fremdesten an ihm war, die Deutschtümelei und Halbkirchlichkeit seiner letzten Jahre – – –

– ein Irrtum, daß das, was W⟨agner⟩ geschaffen hat, eine Form sei – es ist eine Formlosigkeit. Die Möglichkeit eines *dramatischen* Baus ist immer noch zu finden. Schauspieler-Musik und Musiker-Musik.

[. . .] Ich erkannte mit einem Blick, daß Wagner zwar sein Ziel erreicht, aber nur so wie Napoleon sein Moskau erreicht hatte – an jeder Etappe war so viel verloren, unersetzbar verloren, daß

gerade am Ende des ganzen Aufmarsches und scheinbar im Augenblick des Siegs das Schicksal schon entschieden war. Verhängnisvoll die Verse Brünnhildes. So kam Napoleon nach Moskau (R. Wagner nach Bayreuth –)
Sich mit keinen krankhaften und von vornherein besiegten Mächten verbünden –
Hätte ich mir selber mehr getraut: mir hat die Wagner⟨sche⟩ Unfähigkeit zu *gehn* (noch mehr zu *tanzen* – und ohne Tanz gibt es für mich keine Erholung und Seligkeit) immer Not gemacht.
Das Verlangen *nach* vollständigen Passionen ist verräterisch: wer ihrer fähig ist, verlangt den Zauber des Gegenteils, d. h. der *Skepsis*. Die von Grund aus Gläubigen haben ihre gelegentliche Wohltat und Erholung in der Skepsis.

Wagner von den Entzückungen redend, die er dem christlichen Abendmahle abzugewinnen wisse: das entschied bei mir, er galt mir als *besiegt*. – Es kam hinzu, daß ein Mißtrauen bei mir erwachte, ob er nicht für möglich hielte, zum Zweck seiner neuen Einbürgerung in Deutschland etwas den Christen und Neubekehrten zu spielen; dies Mißtrauen schadete ihm noch mehr bei mir als der Verdruß, auf einen alt werdenden Romantiker Hoffnungen gesetzt zu haben, dessen Knie schon müde genug zum Niederfallen vor dem Kreuze waren.

Ich fing an mit einer metaphysischen Hypothese über den Sinn der Musik; aber zu Grunde lag eine *psychologische Erfahrung*, welcher ich noch keine genügende *historische* Erklärung unterzuschieben wußte. Die Übertragung der Musik ins Metaphysische war ein Akt der Verehrung und Dankbarkeit; im Grunde haben es alle religiösen Menschen bisher so mit ihrem Erlebnis gemacht. – Nun kam die Kehrseite: die unleugbar *schädliche* und zerstörerische Wirkung eben dieser verehrten Musik auf mich – und damit auch das Ende ihrer religiösen Verehrung. Damit gingen mir auch die Augen auf für das moderne Bedürfnis *nach* Musik (welches gleichzeitig in der Geschichte erscheint mit dem zunehmenden Bedürfnis nach Narcoticis) Gar das »Kunstwerk der Zukunft« erschien mir als Raffinement des Aufregungs- und Betäubungsbedürfnisses, wobei alle Sinne zugleich ihre Rechnung finden wollen, eingerechnet der idealistische, religiöse, hypermoralische Widersinn – als eine Gesamt-Excitation der ganzen nervösen Maschinerie. Das Wesen der Romantik ging mir auf: der *Mangel* einer fruchtbaren Art von Menschen ist da zeugend geworden. Zugleich die Schauspielerei der Mittel, die Unechtheit und Entlehntheit aller einzelnen Elemente, der Mangel an Probität der künstlerischen Bildung, die abgründliche *Falschheit* dieser modernsten Kunst, welche wesentlich Theaterkunst sein möchte. Die psychologische Unmöglichkeit dieser angeblichen Helden- und Götterseelen, welche zugleich nervös, brutal und raffiniert sind gleich den Modernsten unter den Pariser Malern und Lyrikern. – Genug, ich stellte sie mit hinein in die moderne »Barbarei«. – Damit ist über das *Dionysische* nichts gesagt. In der Zeit der größten Fülle und Gesundheit erscheint die Tragödie, aber auch in der Zeit der Nervenerschöpfung und -Überreizung. Entgegengesetzte Deutung. – Bei Wagner ist bezeichnend, wie er schon dem Ring des Nibelungen einen nihilistischen (ruhe- und endesüchtigen) Schluß gab.

1886/87

Vorspiel des P〈arsifal〉, größte Wohltat, die mir seit langem erwiesen ist. Die Macht und Strenge des Gefühls, unbeschreiblich, ich kenne nichts, was das Christentum so in der Tiefe nähme und so scharf zum Mitgefühl brächte. Ganz erhoben und ergriffen – kein Maler hat einen so unbeschreiblich schwermütigen und zärtlichen *Blick* gemalt wie Wagner.

die Größe im Erfassen einer furchtbaren Gewißheit, aus der etwas wie Mitleiden quillt:

das größte Meisterstück des Erhabenen, das ich kenne, die Macht und Strenge im Erfassen einer furchtbaren Gewißheit, ein unbeschreiblicher Ausdruck von Größe *im* Mitleiden darüber; kein Maler hat einen solchen dunklen, schwermütigen Blick gemalt wie Wagner in dem letzten Teile des Vorspiels. Auch Dante nicht, auch Lionardo nicht.

Wie als ob seit vielen Jahren endlich einmal jemand zu mir über die Probleme redete, die mich bekümmern, nicht natürlich mit den Antworten, die ich eben dafür bereit halte, sondern mit den christlichen – welche zuletzt die Antwort stärkerer Seelen gewesen ist als unsere letzten beiden Jahrhunderte hervorgebracht haben. Man legt allerdings beim Hören dieser Musik den Protestant wie ein Mißverständnis beiseite; so wie die Musik Wagners in Montecarlo mich dazu brachte, wie ich nicht leugnen will, auch die sonst gehörte *sehr gute* Musik (Haydn, Berlioz, Brahms, Reyers Sigurd-Ouvertüre) ebenfalls wie ein Mißverständnis der Musik beiseite zu legen. Sonderbar! Als Knabe hatte ich mir die Mission zugedacht, das Mysterium auf die Bühne zu bringen; – – –

[. . .] Meine Festrede zu Ehren Richard Wagners, bei Gelegenheit seiner Bayreuther Siegesfeier – Bayreuth bedeutet den größten Sieg, den je ein Künstler errungen hat – war zugleich ein Lossage- und Entfremdungs-Akt. Wagner selbst täuschte sich darüber nicht. »Jeder, der sich genau prüft, weiß, daß selbst zum Betrachten eine geheimnisvolle *Gegnerschaft*, die des *Entgegenschauens* gehört«, heißt es p. 46 der genannten Schrift. [. . .]

Ich bin für diese ganze romantische Musik (Beethoven eingerechnet) nicht glücklich genug, nicht gesund genug. Was ich nötig habe, ist Musik, bei der man das Leiden vergißt; bei der das animalische Leiden sich vergöttlicht und fühlt und triumphiert; bei der man tanzen möchte; bei der man vielleicht, zynisch gefragt, gut verdaut? Die Erleichterung des Lebens durch *leichte*, kühne, selbstgewisse, ausgelassene Rhythmen, die Vergoldung des Lebens durch *goldene*, zärtliche, gütige Harmonien – das nehme ich mir aus der ganzen Musik heraus. Im Grunde sind mir wenige Takte genug.

Wagner vom Anfang bis Ende ist mir unmöglich geworden, weil er nicht *gehen* kann, geschweige denn tanzen.
Aber das sind keine physiologische Urteile mehr, keine ästhetische; nur – habe ich keine Ästhetik mehr!
Kann er gehen?
Kann er tanzen?
[...]
– die moralischen und poetischen Substitutionen bei W⟨agner⟩, die eine Kunst als Notbehelf für Mängel in den anderen.

1887

Gegen 1876 hatte ich den Schrecken, mein ganzes bisheriges Wollen *kompromittiert* zu sehn, als ich begriff, wohin es jetzt mit Wagner hinauswolle; und ich war sehr fest an ihn gebunden, durch alle Bande der tiefen Einheit der Bedürfnisse, durch Dankbarkeit, durch die Ersatzlosigkeit und absolute Entbehrung, die ich vor mir sah.
[...]

Das was ich an W⟨agner schätzte,⟩ war das gute Stück Antichrist, das er mit seiner Kunst und Art vertrat (oh so klug!)
Ich bin der Enttäuschteste aller Wagnerianer; denn in dem Augenblick, wo es anständiger als je war, Heide zu sein, wurde er Christ ... Wir Deutschen, gesetzt daß wir uns je in ernsten Dingen ernst genommen haben, sind ja deutsche Atheisten und Spötter allesamt: W⟨agner⟩ war es auch.

Wagner, ein Stück Aberglaube schon bei Lebzeiten, hat sich inzwischen so in die Wolk⟨en⟩ des Unwahrscheinlichen eingewickelt, daß in bezug auf ihn nur das Paradoxe noch Glaube findet.

Niedergang des *Protestantism:* theoretisch und historisch als Halbheit begriffen. Tatsächliches Übergewicht des Katholizism;

das Gefühl des Protestantism so erloschen, daß die stärksten *antiprotestantischen* Bewegungen nicht mehr als solche empfunden werden (z. B. Wagners Parsifal). [. . .]

– das Laster mit etwas entschieden Peinlichem so verknüpfen, daß zuletzt man vor dem Laster flieht, um von dem loszukommen, was mit ihm verknüpft ist. Das ist der berühmte Fall Tannhäusers. Tannhäuser, durch Wagnersche Musik um seine Geduld gebracht, hält es selbst bei Frau Venus nicht mehr aus; mit einem Male gewinnt die Tugend Reiz; eine thüringische Jungfrau steigt im Preise; und um das Stärkste zu sagen, er goutiert sogar die Weise Wolfram von Eschenbachs . . .

[. . .] Was die elementaren Bedingungen zu einem Genie betrifft, so war O⟨ffenbach⟩ genialer als Wagner . . .

Es gibt heute auch einen Musiker-Pessimismus selbst noch unter Nicht-Musikern. Wer hat ihn nicht erlebt, wer hat ihm nicht geflucht – dem unseligen Jüngling, der sein Klavier bis zum Verzweiflungsschrei martert, der eigenhändig den Schlamm der düstersten graubraunsten Harmonien vor sich herwälzt? Damit ist man *erkannt*, als Pessimist. – Ob man aber damit auch als musikalisch erkannt ist? Ich würde es nicht zu glauben wissen. Der Wagnerianer pur sang ist unmusikalisch; er unterliegt den Elementarkräften der Musik ungefähr wie das Weib dem Willen seines Hypnotiseurs unterliegt – und um dies zu *können*, darf er durch kein strenges und feines Gewissen in rebus musicis et musicantibus mißtrauisch gemacht sein. Ich sagte »ungefähr wie« – aber vielleicht handelt es sich hier um mehr als ein Gleichnis. Man erwäge die Mittel zur Wirkung, deren sich Wagner mit Vorliebe bedient (die er zu einem guten Teile sich erst hat erfinden müssen): Wahl der Bewegungen, der Klangfarben seines Orchesters, das abscheuliche Ausweichen von der Logik und Quadratur des Rhythmus, das Schleichende, Streichende, Geheimnisvolle, der Hysterismus seiner »unendlichen Melodie« – sie ähneln in einer befremdlichen Weise den Mitteln, mit denen der Hypnotiseur es zur Wirkung bringt. Und ist der Zustand, in welchen zum Beispiel das Lohengrin-Vorspiel den Zuhörer und noch mehr die Zuhörerin versetzt, wesentlich verschieden von der somnambulischen Ekstase? – Ich hörte eine Italienerin nach dem Anhören des genannten Vorspiels sagen, mit jenen hübsch verzückten Augen, auf welche sich die Wagnerianerin versteht: »come *si dorme* con questa musica!« –

1887/88

Frau Cosima Wagner ist das einzige Weib größeren Stils, das ich kennengelernt habe; aber ich rechne ihr es an, daß sie Wagnern *verdorben* hat. Wie das gekommen ist? Er »verdiente« solch ein Weib nicht; zum Dank dafür *verfiel* er ihr. – Der Parsifal W⟨agner⟩s war zu allererst- und anfänglichst eine Geschmacks-Kondeszendenz W⟨agner⟩s zu den katholischen Instinkten seines Weibes, der Tochter Liszts, eine Art Dankbarkeit und Demut von seiten einer schwächeren, vielfacheren, leidenderen Kreatur hinauf zu einer, welche zu schützen und zu ermutigen verstand, das heißt zu einer stärkeren, bornierteren – zuletzt selbst ein Akt jener ewigen *Feigheit* des Mannes vor allem »Ewig-Weiblichen«. – Ob nicht alle großen Künstler bisher durch anbetende Weiber *verdorben* worden sind? Wenn diese unsinnig-eitlen und sinnlichen Affen – denn das sind sie fast allesamt – zum ersten Male und in nächster Nähe den *Götzendienst* erleben, den das Weib in solchen Fällen mit allen ihren untersten und obersten Begehrungen zu treiben versteht, dann geht es bald genug zu Ende; der letzte Rest von Kritik, Selbstverachtung, Bescheidenheit und Scham vor dem Größeren ist dahin: – von da an sind sie jeder *Entartung* fähig. – Diese Künstler, die in der herbsten und stärksten Zeit ihrer Entwicklung Gründe genug hatten, ihre Anhängerschaft in Bausch und Bogen zu verachten, diese schweigsam gewordenen Künstler werden unvermeidlich das *Opfer* jeder ersten *intelligenten* Liebe (– oder vielmehr jedes Weibs, das intelligent genug ist, sich in

Hinsicht auf das Persönlichste des Künstlers intelligent *zu geben,* ihn als leidend »zu verstehen«, ihn »zu lieben« . . .)

Wie viel uneingeständliche und selbst unwissende Befriedigung alter religiöser Bedürfnisse ist im Gefühlsmischmasch der deutschen Musik rückständig! Wie viel Gebet, Tugend, Salbung, Jungfräulichkeit, Weihrauch, Muckerei und »Kämmerlein« redet da noch mit! Daß die Musik selbst vom Worte, vom Begriff, vom Bilde absieht: oh wie sie davon ihren Vorteil zu ziehen weiß, die arglistige weibliche »Ewig-Weibliche«! Auch das redlichste Gewissen braucht sich nicht zu schämen, wenn jener Instinkt sich befriedigt – es bleibt außerhalb. Dies ist gesund, klug und, insofern es Scham vor der Armseligkeit alles religiösen Urteils ausdrückt, ein gutes Zeichen . . . Trotz alledem bleibt es eine Tartüfferie . . .

Stellt man dagegen, wie es W⟨agner⟩ in seinen letzten Tagen mit gefährlicher Verlogenheit tat, die religiöse Symbolik daneben, wie im Parsifal, wo er auf den abergläubischen Unsinn des Abendmahls anspielt und nicht nur anspielt, so erregt eine solche Musik Entrüstung . . .

Was R⟨ichard⟩ W⟨agner⟩ wert ist, das wird der erst uns sagen, der von ihm den besten Gebrauch gemacht hat. Einstweilen versucht man an einen Wert Wagners zu glauben, an den er selbst gar zu gern hätte glauben mögen . . .

Die Wagnersche Kunst: ein Kompromiß zwischen den drei modernsten Bedürfnissen: nach Krankhaftem, nach Brutalem und nach Unschuldigem (Idiotischem) . . .

Warum kulminiert die deutsche Musik zur Zeit der deutschen Romantik? Warum fehlt Goethe in der deutschen Musik? Wie viel Schiller, genauer wie viel »Thekla« ist dagegen in Beethoven!

– Schumann hat Eichendorff, Uhland, Heine, Hoffmann, Tieck in sich.

– Richard Wagner hat Freischütz, Hoffmann, Grimm, die romantische Sage, den mystischen Katholizismus des Instinkts, den Symbolismus, die »Freigeisterei der Leidenschaft«, Rousseaus Absichten.
Der »fliegende Holländer« schmeckt nach Frankreich, wo le ténébreux 1830 der Verführer-Typus war.
– *Kultus der Musik:* die revolutionäre Romantik der Form.
Wagner *resümiert* die Romantik, die deutsche und die französische –

Der Exotism Wagners unter den Anhängern der »Deutschtümelei«

Der Wagnerianer, mit seiner voreiligen Bewunderung für alles, was an Wagner durchaus nicht wunderbar ist, vielmehr »Wagnerisch« –

– diese unsinnige Überladung mit Details, diese Unterstreichung der kleinen Züge, der Mosaik-Effekt: Paul Bourget
Der Ehrgeiz des großen Stils – und dabei Nicht-Verzicht-leisten-wollen auf das, was er besser machte, auf das Kleine, das Kleinste; dieses Überladen mit Details; diese Ziseleur-Arbeit in Augenblicken, wo niemand für Kleines Augen haben *dürfte*; diese Unruhe des Auges, welches bald für Mosaik und bald für verwegen hingeworfene Wandfresken eingestellt werden soll.
Ich habe die eigentümliche Qual, welche mir das Anhören Wagn⟨erscher⟩ Musik erregt, darauf zurückgeführt, daß diese Musik einem Gemälde gleicht, welches mir nicht erlaubt, auf *einem* Platz zu bleiben . . . daß beständig das Auge, um zu verstehen, sich anders einstellen muß: bald myopisch, damit ihm die raffiniertesten Mosaik-Ziseleurarbeit nicht entgeht, bald für verwegene und brutale Fresken, welche sehr aus der Ferne gesehen werden wollen. Das Nicht-festhalten-Können einer bestimmten Optik macht den Stil der Wagnerschen Musik aus: Stil hier im Sinne von Stil-Unfähigkeit gebraucht.

Wagner:

1) nicht sich täuschen lassen durch die *deutsche* Tendenz
   – seine Sensibilität ist so wenig deutsch als möglich; dagegen um so deutscher seine Art Geist und Geistigkeit (den Stil eingerechnet)
   – er hat die tiefste Sympathie für die großen Symbole des *mittelalterlichen* Europa und sucht deren »Träger« –
   – Der Typus seiner Helden ist so wenig deutsch als möglich: Tannhäuser, der fliegende Holländer, Rienzi, Lohengrin, Elsa, Tristan, Siegfried, Parsifal: man versuche doch die
   – – –: bleibt der »Meistersinger«
   – der Kultus der »Passion« ist nicht deutsch
   – der Kultus des »Dramas« ist nicht deutsch; er hat eine ungeheure Überzeugungskraft durch Wucht und Furchtbarkeit der Gebärde.
2) was ist deutsch?
   – die ungewisse Symbolik, die Lust am Ungenau-Gedachten, der falsche »Tiefsinn«, das Willkürliche, der Mangel an Feuer, Witz und Anmut, die Unfähigkeit zur *großen Linie*, zum Notwendigen in – – –
3) man muß in der Hauptsache sich nicht irreführen lassen: das musikalische Drama W⟨agner⟩s ist ein Rückschritt, schlimmer, eine Decadence-Form der Musik –
   – er hat alles Musikalische, die Musik geopfert, um aus ihr eine Kunst des Ausdrucks, der Verstärkung, der Suggestion, des Psychologisch-Pittoresken zu machen

der außerordentliche Schauspieler- und Theater-Instinkt war bisher insgleichen nicht deutsch (– man versteht nichts von Wagner, wenn man nicht in diesem Instinkt seine faculté maîtresse, seinen dominierenden Instinkt begreift)

die deutsche Tiefe, Vielheit, Willkür, Fülle, Ungewißheit; die großen Symbole und Rätsel, mit sanftem Donner aus ungeheurer Ferne laut werdend; der deutsche graue und bösartige Himmel, der das Glück nur als Karikatur und Wunsch kennt –

Woher nimmt er seinen Anhang? Aus der Überzahl der Unmusikalischen, Halbmusikalischen, Dreiviertel-Gebildeten beiderlei Geschlechts, deren Eitelkeit es schmeichelt, Wagner zu verstehen

Sieg des unmusikalischen, halbmusikalischen Bildungs-Schwärmers, dem die große Attitüde Wagners schmeichelt, wie als ob es ein Zeichen von Superiorität sei, hier zu »verstehen«

er appelliert an die schönen Gefühle und den gehobenen Busen

er erregt namentlich das, was eine schwärmerische – die deutsche – Naturempfindung – – –

– er hypnotisiert die mystisch-erotischen Weibchen, indem seine Musik den Geist eines Magnetiseurs bis in ihr Rückenmark hinein fühlbar macht (– man beobachte das Lohengrin-Vorspiel in seinen physiologischen Einwirkungen auf die Sekretion und – – –

– er erreicht jedes Mal die Höhe des Pathos zugleich mit einer Breite und Strom-Ausdehnung, welche ihn in Gegensatz zu allen Kurzatmigen und Augenblicks-Dramatikern stellt

1888

Geburt der Tragödie.

[. . .]

Diese Schrift ist antimodern: sie glaubt an die moderne Kunst, sonst an nichts, und im Grunde auch nicht an die moderne Kunst, sondern an die moderne Musik, und im Grunde nicht an die moderne Musik überhaupt, sondern nur an Wagner . . . Und im Grunde vielleicht nicht einmal an Wagner, es sei denn faute de mieux.

Religion in der Musik.

Wie viel uneingeständliche und selbst unverstandene Befriedigung aller religiösen Bedürfnisse ist noch in der Wagnerschen Musik! Wie viel Gebet, Tugend, Salbung, »Jungfräulichkeit« »Erlösung« redet da noch mit! . . . Daß die Musik vom Worte, vom Begriffe absehen darf – oh wie sie daraus ihren Vorteil zieht, diese arglistige Heilige, die zu allem zurückführt, *zurückverführt*, was einst geglaubt wurde! ... Unser intellekt⟨uelles⟩ Gewissen braucht sich nicht zu schämen, – es bleibt außerhalb – wenn irgend ein alter Instinkt mit zitternden Lippen aus *verbotenen* Bechern trinkt ... Das ist klug, gesund und, insofern es Scham vor der Befriedigung des religiösen Instinktes verrät, sogar ein gutes Zeichen ... Heimtückische Christlichkeit: Typus der Musik des »letzten Wagner«.

Die Verhäßlichung der Musik.

die Herrschaft des Abstrakten: »das bedeutet«:
gleichgültig gegen den »Sumpf«, zu dem die Sinne gar nicht Ja sagen sollen ...
Musik soll durchaus etwas bedeuten, was *nicht* Musik ist:
dabei wird aus ihr
der Rhythmus
die Melodie
die Farbe
der Bau
der falsche Tiefsinn als Stille der Gedanken; die Wut, die Reue, der Krampf, die Ekstase – alles leichte Dinge, Spielereien, die man noch immer vermischen kann bis zur Vollendung

Die Mittel, mit denen der Schauspieler obenauf kommt
Die Gefahr des Theaters als Ort der Verderbnis *aller* Künste.
Das Überflüssige aller Neuerungen Wagners, selbst in der Oper
Carmen: und die deprimierende Wirkung Wagners: *physiologische Einsprache* gegen Wagner.
Die große Zweideutigkeit der *tragischen Tendenz* bei Wagner: mein *Realismus* in aestheticis ...
Wiederherstellung des Begriffs »tragisch«
Die Bedeutung dieses psychologisch-ästhetischen Phänomens für die Geschichte der »modernen Seele«.
:wesentlich *un*deutsch, – darin liegt seine *Auszeichnung* ...
:Kritik der »Romantik«.

Wagner als Problem
Ein Wort zur Aufklärung
Von
Friedrich Nietzsche

– – – dessen Klugheit zur rechten Zeit mit dem deutschen Wesen Frieden machte, den Kaisermarsch dichtete, General-Kapellmeister-Stellungen ambitionierte
der zu jedem Schmutz kondeszendierte, mit dem sich der deutsche Geist, dieser so korrupte deutsche Geist, befleckt hat
der mit seinem Parsifal allen Feigheiten der modernen Seele zuredete.
Diese sehr zweideutig gewordene Personnage, auf deren Grab nichtsdestoweniger ein Wagner-Verein – der Münchener – einen Kranz mit der Inschrift niederlegte:

Erlösung dem Erlöser! . . .

Man sieht, das Problem ist groß, das Mißverständnis ungeheuer.
Wenn Wagner zum Erlöser werden konnte,
Wer erlöst uns von dieser Erlösung?
wer erlöst uns von diesem Erlöser? . . .
Es gibt Instrumente, mit denen man die Eingeweide überredet, andere haben ihren Erfolg im Rückenmark . . . Man hat mir verraten, daß die Wirkung Wagnerischer Musik am stärksten nach einer Kur in Karlsbad ist . . .

Aber Wagner ist nicht nur hier ein Vorbild . . . Und man hat ihn in der ganzen Welt verstanden . . . Man macht seit Wagner eine *neue* Musik, man macht sie in Rußland, in Paris, in Südamerika, man macht sie selbst in Deutschland . . . Ich selbst wüßte Unterricht zu geben, wie man diese neue Musik macht. Will man eine kleine Lektion? . . .

Unter Musikern

Wir sind späte Musiker. Eine ungeheure Vergangenheit ist in uns vererbt. Unser Gedächtnis zitiert beständig. Wir dürfen unter uns auf eine fast gelehrte Weise anspielen: wir verstehen uns schon. Auch unsere Zuhörer lieben es, daß wir anspielen: es schmeichelt ihnen, sie fühlen sich dabei gelehrt.

Erster Satz aller Theater-Optik: was als wahr wirken soll, darf nicht wahr sein.
Der Schauspieler hat das Gefühl nicht, das er darstellt; er wäre verloren, wenn er es hätte.
Man kennt, wie ich hoffe, die berühmten Ausführungen Talmas.

Mozart – eine zärtliche und verliebte Seele, aber ganz achtzehntes Jahrhundert, auch noch in seinem Ernste ... Beethoven der erste große Romantiker, im Sinne des *französischen* Begriffs Romantik, wie Wagner der letzte große Romantiker ist ... beides instinktive Widersacher des klassischen Geschmacks, des strengen Stils, – um vom »großen« hier nicht zu reden ...

Modernität
Die deutsche *romantische* Musik, ihre *Ungeistigkeit*, ihr Haß *gegen die »Aufklärung« und »Vernunft«*
Verkümmerung der Melodie das Gleiche, wie das Verkümmern der »Idee«, der Dialektik, der Freiheit geistigster Bewegung, – wie viel Kampf gegen *Voltaire* ist in der deutschen Musik! ...
Wie viel Plumpheit, Gestopftheit, was sich zu neuen Begriffen und selbst zu Prinzipien entwickelt –
Man hat immer die Prinzipien seiner Begabung

Gegen die höhere Tragödie und spöttische Geistigkeit, gegen das Buffo

Ich habe Biertrinker und Militärärzte gesehen, die Wagner »verstanden« ...

Wagners Ehrgeiz, auch die Idioten zu zwingen, Wagner zu verstehen

Der Held, wie ihn Wagner konzipiert, wie modern! wie kühn! wie geistreich-komplex hat er ihn konzipiert! Wie verstand Wagner, den drei Grundbedürfnissen der modernen Seele mit seinen Helden entgegenzukommen – sie will das Brutale, das Krankhafte und das Unschuldige ...
Diese prachtvollen Ungetüme, mit Leibern aus Vorzeiten und Nerven von Übermorgen; diese blonden Heiligen, deren kaum präexistente Sinnlichkeit den Frauen so viel zarte Neugierde inspiriert und so viel Entgegenkommen *erlaubt* ... Beaumarchais hat Cherubin, Wagner hat Parsifal den schönen Frauen zum Geschenk gemacht.
Und was die hysterisch-heroischen Wesen angeht, die Wagner als Weib konzipiert hat, *vergöttlicht* hat, den Typus Senta, Elsa, Isolde, Brünnhilde, Kundry: so sind sie im Theater interessant genug – aber wer *möchte* sie? ...
Daß dieser Typus selbst in Deutschland nicht gänzlich degoutiert hat, hat darin seinen Grund (wenn auch noch lange nicht sein Recht), daß bereits ein unvergleichlich größerer Dichter als Wagner, der edle Heinrich von Kleist, ihm daselbst die Fürsprache des Genies gegeben hatte.

Der Mut

1.

Ich unterscheide den Mut vor Personen, den Mut vor Sachen und den Mut vor dem Papier. Letzterer war zum Beispiel der Mut David Straußens. Ich unterscheide nochmals den Mut vor Zeugen und den Mut ohne Zeugen; der Mut eines Christen, eines Gottgläubigen überhaupt kann niemals Mut ohne Zeugen sein – er ist damit allein schon degradiert. Ich unterscheide endlich den Mut aus Temperament und den Mut aus Furcht vor der Furcht; ein Einzelfall der letzteren Species ist der moralische Mut. Hierzu kommt noch der Mut aus Verzweiflung.

Wagner als Verführer.

2.

Wagner hatte diesen Mut. Seine Lage hinsichtlich der Musik war im Grunde verzweifelt. Ihm fehlte beides, was zum *guten* Musiker befähigt: Natur und Kultur, die Vorbestimmung für Musik und die Zucht und Schulung zur Musik. Er hatte Mut: er schuf aus diesem Mangel ein Prinzip, – er erfand sich eine Gattung Musik. Die »dramatische Musik«, wie er sie erfand, ist die Musik, welche *er machen konnte* . . . ihr Begriff sind die Grenzen Wagners.
Und man hat ihn mißverstanden – Hat man ihn mißverstanden? . . . Fünf Sechstel der modernen Künstler sind in seinem Falle. Wagner ist ihr Retter; fünf Sechstel sind übrigens die »geringste Zahl«. Jedesmal, wo die Natur sich unerbittlich gezeigt hat und wo andrerseits die Kultur ein Zufall, eine Tentative, ein Dilettantismus blieb, wendet sich jetzt der Künstler mit Instinkt, was sage ich? mit Begeisterung an Wagner: »halb zog er ihn, halb sank er hin«, wie der Dichter sagt.

2.

Der Erfolg Wagners ist ein großer *Verführer*. Setzen wir einmal den Fall, daß dieser Verführer reden lernt, daß er sich in Gestalt eines klugen Freundes und Gewissensrats zu jungen Musikern gesellt, die in der Tiefe ihres Ichs ein kleines Verhängnis tragen – und schon hören wir ihn reden, zutraulich, biedermännisch, von einer engelhaften Toleranz für alle »kleinen Verhängnisse« . . .

Man hat den geschmacklosen Versuch gemacht, Wagner und Schopenhauer unter die Geisteskranken zu subsumieren; was der Wahrheit ganz entsprach, war, die scharfe Betonung der physiologischen décadence in ihrem Typus hervorzuheben . . .

1. Die Eruption der Kunst Wagners: sie bleibt unser letztes großes Ereignis in der Kunst. Wie vulkanisch geht es überall seitdem zu! Sehr laut vor allem; man hat heute die Ohren nicht mehr wie ehemals, *um* zu verstehen! . . . Man hat sie beinahe, um nichts mehr zu verstehen! . . . Wagner selbst vor allem bleibt unverstanden. Er ist immer noch eine terra incognita. Man betet

ihn einstweilen an. Will man auch ihn verstehen? Der typische Wagnerianer, ein in jedem Betreff viereckiges Wesen, glaubt an Wagner; ersichtlich auch an einen viereckigen Wagner ... aber Wagner war alles Andere als viereckig: Wagner war »Wagnerisch«. Ich habe mich gefragt, ob überhaupt schon Jemand dagewesen ist, modern, morbid, vielfach und krumm genug, um als vorbereitet für das Problem Wagner zu gelten? Höchstens in Frankreich: Ch. Baudelaire z. B. Vielleicht auch die Gebrüder Goncourt. Die Verfasser der »Faustine« würden sicherlich einiges an Wagner erraten ... aber es fehlte ihnen die Musik im Leibe. – Hat man begriffen, daß die Musiker allesamt keine Psychologen sind? Das Hier-*nicht*-wissen-Wollen gehört bei ihnen zum Handwerk, sagen wir, zum Genie ihres Handwerks ... sie würden sich nicht mehr trauen, wenn sie sich verstünden ... Man sagt nicht umsonst den Begriffen und den Worten Valete: man will ins Unbewußte ... Daraus folgt etwas Betrübendes: entweder ist jemand Musiker und dann versteht er die Herren Musiker nicht (sich selbst eingerechnet) – wohl aber die Musik. Oder aber er ist Psycholog, und dann versteht er wahrscheinlich die Musik nicht genug und folglich auch nicht die Herren Musiker ... Das ist die *Antinomie*. Und deshalb gibt es über Beethoven so gut wie über Wagner, den *Musiker*, bisher nur Geschwätz. –

2. Glücklicherweise ist Wagner nur zu einem Bruchteil Musiker gewesen; der ganze Wagner war etwas anderes als ein Musiker und sogar eher noch dessen Gegensatz. In ihm haben die Deutschen das außerordentlichste Schauspiel- und Theater-Genie geschenkt bekommen, das es bisher gegeben hat. Man versteht nichts von Wagner, wenn man ihn nicht von dieser Seite aus versteht. Ob Wagner gerade mit diesen Instinkten deutsch war? ... Aber das Gegenteil liegt auf der Hand. Die Deutschen bekommen ihre großen Männer als Ausnahme und Gegensatz selbst zu ihrer *Regel*: Beethoven, Goethe, Bismarck, Wagner – unsere vier letzten großen Männer –: man kann aus ihnen zusammen auf das strengste deduzieren, was von Grund aus *nicht* deutsch, undeutsch, antideutsch ist ...

3. Wagner war so wenig Musiker, daß er alle musikalischen Gesetze und, bestimmter geredet, den *Stil* überhaupt in der Musik geopfert hat, um aus ihr eine Art Rhetorik, ein Mittel des Ausdrucks, der Verstärkung, der Suggestion, des Psychologisch-Pittoresken zu machen. Wagners Musik, *nicht* von der Theater-Optik und -Massivität aus abgeschätzt, sondern als Musik an sich, ist einfach *schlechte* Musik, Unmusik; ich habe keinen Menschen kennen gelernt, der das nicht wußte. Die Naiven glauben ihm etwas zu Ehren zu sagen, wenn sie dekretieren, Wagner habe den *dramatischen Stil* der Musik geschaffen. Dieser »dramatische Stil« ist, ohne Umschweife geredet, die Stil-losigkeit, Stil-widrigkeit, Stil-Impotenz zum Prinzip gemacht; dramatische Musik, so verstanden, ist nur ein Synonym für die »schlechteste aller möglichen Musiken« . . . Man tut Wagner Unrecht, wenn man aus ihm einen Musiker machen will.

4. Die Musik Wagners als solche ist unerträglich; man braucht das Drama, zur Erlösung von dieser Musik. Und dann versteht man mit einem Mal die Magie, welche noch mit einer gleichsam zerschnittenen und elementarisch gemachten Kunst ausgeübt werden kann! Wagner hat ein beinahe unheimliches Bewußtsein von allem Elementarischen in der Wirkung der Musik; man darf ihn ohne Übertreiben den größten Meister der Hypnotisierung, selbst noch für unser Zeitalter der Hühner und Zauberer, nennen. Er bewegt sich, er sucht, er streicht, er macht Gebärden: – er wird verstanden . . . die Weiblein sind bereits kalt . . . Wagner rechnet nie als Musiker von irgendeinem Musiker-Gewissen aus; er will eine Wirkung, er rechnet aus der Optik des Theaters . . . Nichts ist ihm gegensätzlicher als die monologische heimliche Göttlichkeit der Musik Beethovens, das Selbsterklingen der Einsamkeit, die Scham noch im Lautwerden . . . Wagner ist unbedenklich, wie Schiller unbedenklich war, wie alle Theatermenschen unbedenklich sind; unter Umständen braucht er den Glauben des Zuhörers, eben eine solche *andere* Musik zu hören – er macht sie. Es *scheint* uns, daß er sie macht; wir Untiere selbst werden betrogen . . . Hinterdrein begreifen wir gut ge-

nug, daß wir betrogen sind; aber was geht einen Theater-Künstler das »Hinterdrein« an! . . . Er hat den Augenblick für sich: Wagner überredet unbedingt. »Es gibt nirgendswo echten Kontrapunkt bei Wagner« – so spricht das Hinterdrein. Aber wozu auch! wir sind im Theater, und es genügt zu glauben, daß es ihn gibt . . .

5. Die Wirkung der Wagnerischen Kunst ist tief, sie ist vor allem *schwer*; woran liegt das? Zunächst nicht, wie angedeutet, an der Musik; man hielte diese Musik nicht einmal aus, wenn man nicht bereits durch etwas anderes überwältigt und gleichsam *unfrei* geworden wäre. Das andere ist das Wagnerische *Pathos*, zu dem er sich seine Musik nur hinzuerfunden hat. Es ist die ungeheure Überzeugungskraft dieses Pathos, sein Atemanhalten, sein Nicht-Mehr-loslassenwollen eines extremen Gefühls, es ist die erschreckende *Länge* dieses Pathos, mit der Wagner über uns siegt und immer siegen wird – so daß er uns zuletzt noch gar zu seiner Musik überredet . . . Ob man mit einem solchen Pathos ein Genie ist? Oder auch nur sein *kann*? . . . Man hat bisweilen unter Genie eines Künstlers seine höchste Freiheit unter dem Gesetz, seine göttliche Leichtigkeit, Leichtfertigkeit im Schwersten verstanden. Dürfte man sagen: »Wagner ist schwer, zentnerschwer: folglich – kein Genie?« Aber vielleicht hat man ein Unrecht, die leichten Füße zum Typ des Gottes zu machen. – Eine andere Frage, auf die eine bestimmtere Antwort auf der Hand liegt, ist die: ob Wagner gerade mit einem solchen Pathos *deutsch* ist? ein *Deutscher* ist? Nie und nimmermehr! Vielmehr eine Ausnahme aller Ausnahmen . . .!

6. Die Sensibilität Wagners ist nicht deutsch; um so deutscher ist seine Art Geist und Geistigkeit. Ich weiß es sehr gut, warum es deutschen Jünglingen auf eine unvergleichliche Weise wohl bei ihm zu Mute wurde, inmitten der Wagnerischen Tiefe, Vielheit, Fülle, Willkür, Ungewißheit im Geistigen: damit sind sie bei sich selbst zu Hause! Sie hören mit Entzücken, wie die großen Symbole und Rätsel aus ungeheurer Ferne her mit sanf-

tem Donner laut werden. Sie werden nicht ungehalten, wenn es bisweilen grau, gräßlich und kalt hergeht, sind sie doch samt und sonders verwandt mit dem schlechten Wetter, dem *deutschen* Wetter! ... Sie vermissen nicht, was wir *anderen* vermissen: Witz, Feuer, Anmut; die große Logik; die übermütige Geistigkeit; das halkyonische Glück; den glänzenden Himmel mit seinen Sternbildern und Lichtschaudern ...

7. Die Sensibilität Wagners gehört nicht nach Deutschland; man trifft sie wieder unter den Nächstverwandten Wagners, den französischen Romantikern. Die Leidenschaft, so wie sie Wagner versteht, ist jedenfalls das Gegenstück der »Freigeisterei der Leidenschaft«, mit Schiller zu reden, der deutsch-romantischen Sensibilität. Schiller ist ebenso deutsch als Wagner Franzose. Seine Helden, seine Rienzi, Tannhäuser, Lohengrin, Tristan, Parsival – das hat Blut im Leibe, kein Zweifel –, und gewiß kein deutsches Blut! Und wenn sie lieben, diese Helden – werden sie deutsche Mädchen lieben? ... Ich zweifle daran; aber noch mehr bezweifle ich, daß sie gerade Wagnerische Heldinnen lieben würden, was ein armes Volk ist und ein Präparat zu allerlei neurotisch-hypnotisch-erotischen Experimenten Pariser Psychologen! Hat man wohl schon bemerkt, daß keine je ein Kind gebar? – Sie *können's* nicht! ...

8. Man will es heute noch am wenigsten Wort haben, wie viel Wagner Frankreich verdankt, wie sehr er selbst nach Paris gehört. Der Ehrgeiz großen Stils bei einem Künstler – selbst der ist noch französisch an Wagner ... Und die große Oper! Und der Wettlauf mit Meyerbeer! Und sogar mit Meyerbeerschen Mitteln! Was ist daran deutsch? ... Zuletzt erwägen wir doch das Entscheidende: was charakterisiert die Wagnersche Künstlerschaft? der Histrionismus, das in-Szene-Setzen, die Kunst der étalage, der Wille zur Wirkung um der W⟨irkung⟩ willen, das Genie des Vortragens, Vorstellens, Nachmachens, Darstellens, Bedeutens, Scheinens: ist das in irgend einem Genre eine *deutsche* Art Begabung? ... Wir haben an dieser Stelle, wir wissen es zu

gut! bisher unsere Schwäche gehabt – und wir wollen uns keinen Stolz aus dieser Schwäche zurechtmachen! ... *Aber es ist das Genie Frankreichs!* ...

Zur Kritik Wagners

Die Musik Wagners ist *antigoethisch*.

In der Tat fehlt Goethe in der deutschen Musik, wie er in der deutschen Politik fehlt. Dagegen: wie viel Schiller, genauer geredet wie viel *Thekla* ist in Beethoven!

Viel Biedermännerei, viel Salbung:

Wagner hat keine Gedanken, ganz wie V. Hugo: aber er weiß mit einem Zeichen an Stelle eines Gedankens uns dermaßen zu terrorisieren – – –

Ich suche die Ursachen für die *extreme Erschöpfung*, welche Wagners Kunst mit sich bringt:
die veränderliche Optik
der physiologische Widerstand
Atem
Gang
die beständige Übertreibung
die tyrannische Hinterabsicht
die Reizung der morbiden Nerven und
der Zentren durch terroristische Mittel
sein *Zeit*-Sinn

Vergeben Sie mir! Das ist alles das alte Spiel von 1830. Wagner hat an die Liebe geglaubt, wie alle Romantiker dieses tollen und zuchtlosen Jahrzehnts. Was blieb davon zurück? Diese unsinnige Vergötterung der Liebe, und, nebenbei, auch der Ausschweifung und selbst des Verbrechens – wie falsch scheint uns das heute! Wie verbraucht vor allem, wie überflüssig! Wir sind strenger geworden, härter, ungeduldiger gegen solche Vulgär-Psychologie, welche sich gar noch damit »idealistisch« glaubte, – wir sind zynisch selbst gegen diese Verlogenheit und Romantik des »schönen Gefühls« –

Man muß nur zurückgeblieben (oder zurück*gegangen*) sein, um heute noch an die Probleme Wagners zu glauben! Gar nicht zu reden von Wagnerischen Weibern!

Das ist alles krankhaftes Volk, mit all seiner prahlerischen Muskulatur ... Haben Sie bemerkt, daß keine je ein Kind gebiert? ... Sie *können's* nicht ... Und wenn es eine Ausnahme gibt, wozu greift Wagner, um die Ausnahme glaublich zu machen? ... Sie wissen es – – an diesem Punkt allein hat Wagner die alte Sage *korrigiert* ...

Oder halten Sie die Wagnerschen Helden aus? alle diese Unmöglichen, wie er sie auf die Szene gestellt und in Musik gesetzt hat? Mit Muskeln aus Vorzeiten und mit Nerven von Übermorgen? heroisch zugleich und – *nervös*! Jeder Physiologe sagt dazu: das ist falsch!

Freilich – er hat sich dadurch die alten und die jungen Frauen bei Seite gebracht: das liebt solche Helden, – das liebt vielleicht auch das Unmögliche ...

Das liebt jedenfalls die blonden Heiligen, den Typus Parsifal, – alles, worin es *präexistente* Sinnlichkeit gibt ... Wie viel zarte Neugierde inspiriert doch solch ein Fall! Wie viel Entgegenkommen *erlaubt* er! ... Kurz, Beaumarchais machte den Frauen seinen Cherubin zum Geschenk, Wagner – seinen Parsifal ... der Klügere –

Wagner als Vorbild
Wagner als Gefahr
Wagner und die *Juden*
Wagners »Weib«: er kennt nur das hysterische Frauenzimmer.
Warum gerade hier die *Illusion* immer unmöglicher wird?
Wagner und die dramatische Form
Wagners Verhältnis zu Frankreich – »europäisch«
Wagners Verhältnis zu Christentum und Kultur:
– der Romantiker und der Nihilist –
typische Verwandlung, mit dem normalen schließlichen Zurückkehren zum Christentum.

Christentum . . .

absolute Bestimmtheit des *Nein* . . .

Daß ich Wagner seinen Parsifal aus einem anderen Grunde nicht verzeihe, wissen Sie. Das ist eine Frage der Redlichkeit – und wenn Sie wollen der Rangordnung. Man gehört hierher, man gehört dort, je nachdem.

Wer mir in seinem Verhältnis zum Christentum heute zweideutig wird, dem gebe ich nicht erst den letzten Finger meiner zwei Hände. Hier gibt es nur *eine* Rechtschaffenheit: ein unbedingtes Nein, ein Nein des Willens und der Tat . . . Wer zeigt mir noch etwas Widerlegteres, etwas von allen höheren Wertgefühlen so endgültig Gerichtetes als das Christentum? In ihm die Verführung als Verführung erkannt zu haben, in ihm die große Gefahr, den Weg zum Nichts, der sich als Weg zur Gottheit zu geben wußte – diese ewigen Werte als Verleumder-Werte erkannt zu haben – was anders macht unseren Stolz, unsere Auszeichnung vor zwei Jahrtausenden aus? . . .

Die typischen décadents, die sich *notwendig* fühlen in ihrer Verderbnis des Stils, die damit einen höheren Geschmack in Anspruch nehmen und den *anderen* ein Gesetz auflegen möchten, die Goncourts, die Richard Wagner, sind zu unterscheiden von den décadents mit schlechtem Gewissen, die *widerspenstigen* décadents –

Die beste moderne Oper ist die Oper meines Freundes Heinrich Köselitz, die einzige, die von W⟨agner⟩-Deutschland frei ist: eine Neukomposition des »matrimonio segreto«. Die zweitbeste Oper ist Bizets Carmen – die beinahe davon frei ist; die drittbeste Wagners Meistersinger: ein Meisterstück des Dilettantismus in der Musik. Versuch einer Umwertung der Werte.

Wagner hat lauter Krankheitsgeschichten in Musik gesetzt, lauter interessante Fälle, lauter ganz moderne Typen der Degenereszenz, die uns gerade deshalb verständlich sind. Nichts ist von den jetzigen Ärzten und Physiologen besser studiert als der hysterisch-hypnotische Typus der Wagnerschen Heldin; Wagner ist hier Kenner, er ist naturwahr bis zum Widerlichen darin – seine Musik ist vor allem eine psychologisch-physiologische Analyse kranker Zustände – sie dürfte als solche ihren Wert noch behalten, selbst wenn [. . .] sie als Musik nicht mehr erschölle. Daß die lieben D⟨eutschen⟩ dabei von Urgefühlen germanischer Tüchtigkeit und Kraft zu schwärmen verstehen, gehört zu den scherzhaften Anzeichen der psychologischen Kultur der Deutschen – wir anderen sind bei W⟨agners⟩ Musik im Hospital und, nochmals gesagt, sehr interessiert . . . Die Krankhaftigkeit ist bei Wagner nicht gewollt, nicht Zufall, nicht Ausnahme – sie ist die Essenz seiner Kunst, ihr Instinkt, ihr »Unbewußtes«, sie ist ihre *Unschuld*; die Sensibilität, das tempo des Affekts, alles hat an ihr Teil, das Reich der [–] ist von ungeheurer Breite.

Senta, Elsa, Isolde, Brünnhilde, Kundry: eine artige Galerie von Krankheitsfällen – wie instinktiv Wagner das Weib als krankes Weib versteht, gibt die sonst natürlicher geratene Eva aus den M⟨eistersingern⟩ zu verstehen: Wagner kann nicht umhin ihr eine zwanzig Minuten lange Attitüde zu geben, derenwegen wir das artige Geschöpf unfehlbar unter psychiatrische Aufsicht stellen würden. Gegen die Helden Wagners ist zunächst einzuwenden, daß sie allesamt einen krankhaften Geschmack haben – sie lieben lauter Weiber, die ihnen zuwider sein müßten . . . Sie lieben lauter unfruchtbare Weiber – alle diese »Heldinnen« verstehen sich nicht darauf, ein Kind zu machen – die Ausnahme ist interessant genug: um ⟨Sieglinde⟩ zu einem Kinde zu verhelfen, hat Wagner der Sage Gewalt angetan – und vielleicht nicht nur der Sage; nach Wagnerscher Phy⟨si⟩ologie ist nur die Blutschande eine Gewährschaft für Kinder . . .

Über die Wirkung der Musik Wagners

Eine Musik, bei der man nicht im Takte atmen kann, ist ungesund. Wenn die Musik mit einer heiteren Göttlichkeit und Gewißheit daherkommt, feiern auch unsere Muskeln ein Fest – wir werden stärker, es ist erlaubt, dies Wachstum von Kraft sogar zu messen. Wie kommt es eigentlich, daß Wagners Musik mich depotenziert, daß sie mir eine physiologische Ungeduld erregt, welche sich zuletzt in einem sanften Schweiße kundgibt? Nach einem, höchstens nach zwei Akten Wagner laufe ich davon. – Man halte fest, daß jede Kunst, welche die Physiologie gegen sich hat, eine widerlegte Kunst ist ... Die Musik Wagners kann man physiologisch widerlegen ...

Wir entbehren in der Musik einer Ästhetik, die den Musikern Gesetze aufzuerlegen verstünde und ein Gewissen schüfe; wir entbehren, was eine Folge davon ist, eines eigentlichen Kampfes um »Prinzipien« – denn als Musiker lachen wir über die Herbartschen Velleitäten auf diesem Gebiete ebenso sehr, als über die Schopenhauers. Tatsächlich ergibt sich hieraus eine große Schwierigkeit: wir wissen die Begriffe »Muster«, »Meisterschaft«, »Vollkommenheit« nicht mehr zu *begründen* – wir tasten mit dem Instinkte alter Liebe und Bewunderung blind herum im Reich der Werte, wir glauben beinahe: »gut ist was *uns* gefällt« ... Es erweckt mein Mißtrauen, wenn ganz unschuldig Beethoven allerwärts als »Klassiker« bezeichnet wird; ich würde streng aufrechterhalten, daß man in anderen Künsten unter einem Klassiker einen umgekehrten Typus als der Beethovens ist, begreift. Aber wenn gar noch die vollkommene und in die Augen springende Stilauflösung Wagners, sein sogenannter dramatischer Stil als »Vorbild«, als »Meisterschaft«, als »Fortschritt« gelehrt und verehrt wird, so kommt meine Ungeduld auf ihren Gipfel. Der dramatische Stil in der Musik, wie ihn Wagner versteht, ist die Verzichtleistung auf Stil überhaupt unter der Voraussetzung, daß etwas ⟨anderes⟩ hundertmal wichtiger ist als Musik, nämlich das Drama. Wagner kann malen, er benutzt die Musik nicht zur Musik, er verstärkt Attitüden, er ist Poet; endlich, er hat an die »schönen Gefühle« und »gehobenen Busen« appelliert gleich allen Theaterkünstlern – mit dem allen hat er die Frauen und selbst die Bildungsbedürftigen zu sich überredet; aber was geht Frauen und Bildungsbedürftige die Musik an! Das hat alles kein Gewissen für die Kunst;

das leidet nicht, wenn alle ersten und unerläßlichsten Tugenden einer Kunst zugunsten von Nebenabsichten, als ancilla dramaturgica, mit Füßen getreten und verhöhnt werden. – Was liegt an aller Erweiterung der Ausdrucksmittel, wenn das, was da ausdrückt, die Kunst selbst für sich selbst das Gesetz verloren hat? Die malerische Pracht und Gewalt des Tons, die Symbolik von Klang, Rhythmus, Farbentönen der Harmonie und Disharmonie, die suggestive Bedeutung der Musik, in Hinsicht auf andere Künste, die ganze mit Wagner zur Herrschaft gebrachte *Sinnlichkeit* der Musik – das alles hat Wagner an der Musik erkannt, herausgezogen, entwickelt. Victor Hugo hat etwas Verwandtes für die Sprache getan; aber schon heute fragt man sich in Frankreich im Fall Victor Hugos, ob nicht zum Verderb der Sprache ... ob nicht, mit der Steigerung der Sinnlichkeit in der Sprache, die Vernunft, die Geistigkeit, die tiefe Gesetzlichkeit in der Sprache heruntergedrückt worden ist? Daß die Dichter in Frankreich Plastiker, daß die Musiker in Deutschland Schauspieler und Kultur-Anpinseler geworden sind – sind das nicht Zeichen der *décadence*?

Wagner macht alles Mögliche mit Hülfe der Musik, was nicht Musik ist: er gibt Schwellungen, Tugenden, Leidenschaften zu verstehen.

Musik ist ihm Mittel.

Ist ihr nicht alle geistigere Schönheit abhanden gekommen, die hohe übermütige Vollkommenheit, welche im Wagnis noch die Anmut umarmt, der hinreißende Sprung und Tanz der Logik, der – – –

Richard Wagner bleibt, bloß in Hinsicht auf seinen Wert für Deutschland und deutsche Kultur abgeschätzt, ein großes Fragezeichen, ein deutsches Unglück vielleicht, ein Schicksal in jedem Falle: aber was liegt daran? Ist er nicht sehr viel mehr, – als bloß ein deutsches Ereignis? ... Es will mir sogar scheinen, daß er nirgendswo weniger hingehört als nach Deutschland; nichts ist daselbst auf ihn vorbereitet, sein ganzer Typus steht unter Deutschen einfach fremd, wunderlich, unverstanden, unverständlich da. Aber man hütet sich, das sich einzugestehen; dazu ist man zu gutmütig, zu viereckig, zu deutsch. »Credo quia absurdus est«: so will es und wollte es auch in diesem Fall deutscher Geist – und so glaubt er einstweilen alles, was Wagner über sich selbst geglaubt haben wollte. Der deutsche Geist hat zu allen Zeiten in psychologicis der Feinheit und Divination ermangelt. Heute, wo er unter dem Hochdruck der Vaterländerei und Selbstbewunderung steht, verdickt und vergröbert er sich zusehends; wie sollte er dem Problem Wagner gewachsen sein!

Im Grunde ist auch Wagners Musik noch Literatur, so gut es die ganze französische Romantik ⟨ist⟩; der Zauber des Exotismus, fremder Zeiten, Sitten, Leidenschaften, ausgeübt auf empfindsame Eckensteher; das Entzücken beim Hineintreten in das ungeheure, ferne, ausländische, vorzeitliche Land, zu dem der Zugang durch Bücher führt, wodurch der ganze Horizont mit neuen Farben und Möglichkeiten bemalt war . . . Die Ahnung von noch ferneren, unaufgeschlossenen Welten; der Dédain gegen die Boulevards . . . Der Nationalismus nämlich, man lasse sich nicht täuschen, ist auch nur eine Form des Exotismus . . . Die romantischen Musiker erzählen, was die exotischen Bücher aus ihnen gemacht haben; man möchte gern Exotica erleben, Leidenschaften im florentinischen und venetianischen Geschmack; zuletzt *begnügt man sich*, sie im *Bilde* zu suchen . . . Das Wesentliche ist die Art von *neuer* Begierde, ein Nachmachenwollen, Nachleben-wollen, die Verkleidung, die Verstellung der Seele . . . Die romantische Kunst ist nur ein Notbehelf für eine manquierte »Realität« . . .

Die Romantiker, welche alle, wie ihr deutscher Meister Friedrich Schlegel, in Gefahr sind (mit Goethe zu reden) »am Wiederkäuen sittlicher und religiöser Absurditäten zu ersticken.«
Das Schillersche an Wagner: er bringt »leidenschaftliche Beredsamkeit, Pracht der Worte, als Schwung edler Gesinnungen« – Legierung mit geringerem Metall.

Die Wirkung der Wagnerschen Kunst ist tief, sie ist vor allem schwer, zentnerschwer; woran liegt das? Zunächst gewiß nicht an der Wagnerschen Musik; man hält diese Musik sogar erst aus, wenn man bereits durch etwas anderes überwältigt und gleichsam *unfrei* geworden ist. Dies andere ist das Wagnersche Pathos, zu dem er sich seine Kunst bloß hinzuerfunden hat, es ist die ungeheure Überzeugungskraft dieses Pathos, sein Atemanhalten, sein Nichtmehrloslassenwollen eines extremen Gefühls, es ist die erschreckende *Länge* dieses Pathos, mit dem Wagner siegt und siegen wird, so daß er uns zuletzt selbst noch zu seiner Musik überredet ... Ob man mit einem solchen Pathos ein »Genie« ist? Oder auch nur sein kann? Wenn man unter Genie eines Künstlers die höchste Freiheit unter dem Gesetz, die göttliche Leichtigkeit, Leichtfertigkeit im Schwersten versteht, so hat Offenbach (Edm⟨ond⟩ Audran) noch mehr Anrecht auf den Namen »Genie« als Wagner. Wagner ist schwer, schwerfällig; nichts ist ihm fremder als Augenblicke übermütigster Vollkommenheit, wie sie dieser Hanswurst Offenbach fünf, sechs Mal fast in jeder seiner bouffon⟨n⟩eries erreicht. – Aber vielleicht darf man unter Genie etwas anderes verstehen. – Eine andere Frage, auf die ich ebenfalls erst ⟨zu⟩ antworten gedenke: ob Wagner, gerade mit einem *solchen* Pathos, deutsch ist? ein Deutscher ist? ... Oder nicht vielmehr die Ausnahme der Ausnahmen? ...

Wagner vor allen Dingen tüchtig zusammenstreichen, so daß drei Viertel übrig bleibt; vor allem sein recitativo, das den Geduldigsten zur Verzweiflung bringt ... Es ist ein bloßer Ehrgeiz Wagners, seine Werke als notwendig bis ins Kleine und Einzelne zu *lehren* ... das Gegenteil ist wahr, es ist des Überflüssigen, Willkürlichen, Entbehrlichen viel zu viel ... Es fehlt ihm die Fähigkeit selbst der Notwendigkeit: wie sollte er sie uns *auferlegen können?*

Wagner ist ein *kapitales Faktum* in der Geschichte des »europäischen Geistes« der »modernen Seele«, wie Heinrich Heine ein solches Faktum war. Wagner und Heine: die beiden größten Betrüger, mit denen Deutschland Europa beschenkt hat.

Ich habe mich von Wagner entfernt, als er seinen Rückzug zum deutschen Gott, zur deutschen Kirche und zum deutschen Reich nahm; andere hat er eben damit an sich gezogen.

Was das hysterisch-heroische Weib betrifft, das Richard Wagner erfunden ⟨und⟩ in Musik gesetzt hat, ein Zwittergebilde zweideutigsten Geschmacks:
daß dieser Typus selbst in Deutschland nicht gänzlich degoutiert hat, hat darin seinen Grund, wenn auch durchaus noch nicht sein Recht, daß bereits ein unvergleichlich größerer Dichter als Wagner, der edle Heinrich von Kleist, ihm daselbst die Fürsprache des Genies gegeben hatte. Ich bin fern davon, Wagner selbst hier abhängig von Kleist zu denken: Elsa, Senta, Isolde, Brünnhilde, Kundry sind vielmehr Kinder der französischen Romantik [. . .]

Wagners Stil hat auch seine Jünger angesteckt: das Deutsch der Wagnerianer ist der verblümteste Unsinn, der seit dem Schellingschen geschrieben worden ist. Wagner selbst gehört als Stilist noch in jene Bewegung, gegen die Schopenhauer seinen Zorn ausgelassen hat – und der Humor kommt auf die Spitze, wenn er sich als »Retter der deutschen Sprache« gegen die Juden aufspielt. – Um den Geschmack dieser Jünger zu zeichnen, gestatte ich mir ein einziges Beispiel. Der König von Bayern, der ein bekannter Päderast war, sagte einmal zu Wagner: Also Sie mögen die Weiber auch nicht? sie sind so langweilig . . . Nohl (der Verfasser eines in sechs Sprachen übersetzten »Leben Wagners«) findet diese Meinung »jugendlich umfangen«.

Hier sind zwei Formeln, aus denen ich das Phänomen Wagners begreife. Die eine heißt:
die Prinzipien und Praktiken Wagners sind allesamt zurückführ-

bar auf physiologische Notstände: sie sind deren Ausdruck (»Hysterismus« als Musik).
Die andere heißt:
die schädliche Wirkung der W⟨agnerschen⟩ Kunst *beweist* deren tiefe organische Gebrechlichkeit, deren *Korruption*. Das Vollkommene macht gesund; das Kranke macht krank. Die physiologischen Notstände, in die Wagner seine Hörer versetzt (unregelmäßiges Atmen, Störung des Blutumlaufs, extreme Irritabilität mit plötzlichem Koma) enthalten eine *Widerlegung* seiner Kunst.
Mit diesen zwei Formeln ist nur die Folgerung jenes allgemeinen Satzes gezogen, der für mich das Fundament aller Ästhetik abgibt: daß die ästhetischen Werte auf biologischen Werten ruhen, daß die ästhetischen Wohlgefühle biologische Wohlgefühle sind.

Fälle, wo man *nicht* die Leidenschaft, sondern die Peitschenschläge hört, welche Wagner mit beleidigender Grausamkeit an seinen armen Gaul Pegasus verschwendet.

Tristan und Isolde, wirklich miterlebt, sind beinahe eine Ausschweifung.
Man kann in Wirklichkeit jungen Frauen nicht ernst genug diese Gewissensalternative stellen: aut Wagner aut liberi.

Wagner hat nie gehen gelernt. Er stürzt, er stolpert, er mißhandelt den armen Pegasus mit Peitschenschlägen. Lauter falsche Leidenschaft, lauter falscher Kontrapunkt. Wagner ist *unfähig* jedes Stils. –

Der Fall Wagner
Ein Musikanten-Problem
von
F. N.

Unter diesem Titel erscheint in meinem Verlage ein geniales Pamphlet gegen Wagner, das bei Freund und Feind auf das lebhaftigste diskutiert werden wird. Herr Prof. Nietzsche, dem jedermann zugestehen wird, der tiefste Kenner der Bay⟨reuther⟩ Bewegung zu ⟨sein⟩, faßt hier das *Wert-Problem*, das jene Bewegung in sich schließt, an den Hörnern; er beweist, *daß* es Hörner hat. Die Widerlegung W⟨agners⟩, welche diese Schrift gibt, ist nicht bloß eine ästhetische: sie ist vor allem eine physiologische. Nietzsche betrachtet Wagner als eine Krankheit, als eine öffentliche Gefahr.

Zur Vernunft des Lebens. – Eine relative Keuschheit, eine grundsätzliche und kluge Vorsicht vor Eroticis selbst in Gedanken, kann zur großen Vernunft des Lebens auch bei reich ausgestatteten und ganzen Naturen gehören. Der Satz gilt in Sonderheit von den *Künstlern*, er gehört zu deren bester Lebensweisheit. Völlig unverdächtige Stimmen sind schon in diesem Sinne laut geworden; ich nenne Stendhal, Th. Gautier, auch Flaubert. Der Künstler ist vielleicht seiner Art nach mit Notwendigkeit ein sinnlicher Mensch, erregbar überhaupt, zugänglich in jedem Sinne, dem Reize, der Suggestion des Reizes schon von ferne her entgegenkommend. Trotzdem ist er im Durchschnitt, unter der Gewalt seiner Aufgabe, seines Willens zur Meisterschaft, tatsächlich ein mäßiger, oft sogar ein keuscher Mensch. Sein dominierender Instinkt *will* es so von ihm; er erlaubt ihm nicht, sich auf diese oder jene Weise auszugeben. Es ist ein und dieselbe Kraft, die man in der Kunstkonzeption und die man im geschlechtlichen Actus ausgibt: es gibt nur *eine* Art Kraft. *Hier* zu unterliegen, *hier* sich zu verschwenden, ist für einen Künstler verräterisch; es verrät den Mangel an Instinkt, an Wille überhaupt, es kann ein Zeichen von décadence sein – es entwertet jedenfalls bis zu einem unausrechenbaren Grade seine Kunst. Ich nehme den unangenehmsten Fall, den Fall Wagner. – Wagner, im Banne jener unglaubwürdig krankhaften Sexualität, die der Fluch seines Lebens war, wußte nur zu gut, was ein Künstler damit einbüßt, daß er vor sich die Freiheit, die *Achtung* verliert. Er ist verurteilt, Schauspieler zu sein. Seine Kunst selbst wird ihm zum beständigen Fluchtversuch, zum Mittel des Sich-

Vergessens, des Sich-*Betäubens* – es verändert, es bestimmt zuletzt den Charakter seiner Kunst. Ein solcher »Unfreier« hat eine Haschisch-Welt nötig, fremde, schwere, einhüllende Dünste, alle Art Exotismus und Symbolismus des Ideals, nur um *seine* Realität einmal loszusein, – er hat Wagnersche Musik nötig ... Eine gewisse Katholizität des Ideals vor allem ist bei einem Künstler beinahe der Beweis von Selbstverachtung, von »Sumpf«: der Fall Baudelaires in Frankreich, der Fall Edgar Allan Poes in Amerika, der Fall Wagners in Deutschland. – Habe ich noch zu sagen, daß Wagner seiner Sinnlichkeit auch seinen *Erfolg* verdankt? daß seine Musik die untersten Instinkte zu sich, zu Wagner überredet? daß jener heilige Begriffsdunst von Ideal, von Drei-Achtel-Katholizismus eine Kunst der Verführung *mehr* ist? (– er erlaubt, unwissend, unschuldig, *christlich* »den Zauber« auf sich wirken zu lassen ...) Wer wagte das Wort, das *eigentliche* Wort für die ardeurs der Tristan-Musik? – Ich ziehe Handschuhe an, wenn ich die Partitur des Tristan lese ... Die immer mehr um sich greifende Wagnerei ist eine leichtere Sinnlichkeits-Epidemie, die »es nicht weiß«; gegen Wagnersche Musik halte ich jede Vorsicht für geboten. –

[...] Ich gestehe mir keine Sachenfeindschaft, solange die geringste Personenzwiespältigkeit noch mitspielt. Wenn ich dem Christentum den Krieg mache, so steht mir dies einzig deshalb zu, weil ich nie von dieser Seite aus Trübes oder Trauriges erlebt habe, – umgekehrt, die schätzenswertesten Menschen, die ich kenne, sind Christen ohne Falsch gewesen, ich trage es den Einzelnen nicht nach, was das Verhängnis von Jahrtausenden ist. [...] Ein anderer Fall: ich habe aus meinen Beziehungen zu Wagner und zu Frau Wagner nur die erquicklichsten und erhebendsten Erinnerungen zurückbehalten: genau dieser Umstand erlaubte mir jene Neutralität des Blicks, das Problem Wagner überhaupt als Kulturproblem zu sehn und vielleicht zu lösen ...

BRIEFE

BRIEFWECHSEL NIETZSCHES MIT WAGNER BIS ZUM ERSCHEINEN DER »GEBURT DER TRAGÖDIE«

Nietzsche an Wagner

Basel, 22. Mai 1869

Sehr verehrter Herr, wie lange habe ich schon die Absicht gehabt, einmal ohne alle Scheu auszusprechen, welchen Grad von Dankbarkeit ich Ihnen gegenüber empfinde; da sich tatsächlich die besten und erhobensten Momente meines Lebens an Ihren Namen knüpfen und ich nur noch einen Mann kenne, noch dazu Ihren großen Geistesbruder Arthur Schopenhauer, an den ich mit gleicher Verehrung, ja *religione quadam* denke. Ich freue mich, Ihnen an einem festlichen Tage dies Bekenntnis ablegen zu können und tue dies nicht ohne ein Gefühl des Stolzes. Denn wenn es das Los des Genius ist, eine Zeitlang nur *paucorum hominum* zu sein: so dürfen doch wohl diese *pauci* sich in einem besonderen Grade beglückt und ausgezeichnet fühlen, weil es ihnen vergönnt ist, das Licht zu sehen und sich an ihm zu wärmen, wenn die Masse noch im kalten Nebel steht und friert. Auch fällt diesen wenigen der Genuß des Genius nicht so ohne alle Mühe in den Schoß, vielmehr haben sie kräftig gegen die allmächtigen Vorurteile und die entgegenstrebenden eignen Neigungen zu kämpfen; so daß sie, bei glücklichem Kampfe, schließlich eine Art Eroberungsrecht auf den Genius haben.

Nun habe ich es gewagt, mich unter die Zahl dieser *pauci* zu rechnen, nachdem ich wahrnahm, wie unfähig fast alle Welt, mit der man verkehrt, sich zeigt, wenn es gilt, Ihre Persönlichkeit als Ganzheit zu fassen, den einheitlichen, tiefethischen Strom zu fühlen, der durch Leben Schrift und Musik geht, kurz, die Atmosphäre einer ernsteren und seelenvolleren Weltanschauung zu spüren, wie sie uns armen Deutschen durch alle möglichen politischen Miseren, durch philosophischen Unfug und

vordringliches Judentum über Nacht abhandengekommen war. Ihnen und Schopenhauer danke ich es, wenn ich bis jetzt festgehalten habe an dem germanischen Lebensernst, an einer vertieften Betrachtung dieses so rätselvollen und bedenklichen Daseins.
Wie viele rein wissenschaftliche Probleme sich mir durch den Hinblick auf Ihre so einsam und merkwürdig dastehende Persönlichkeit allmählich erklärt haben, möchte ich Ihnen lieber einmal mündlich sagen, wie ich es auch gewünscht hätte, alles was ich eben geschrieben habe, nicht *schreiben* zu müssen. Wie gern würde ich an dem heutigen Tage in Ihrer See- und Bergeinsamkeit erschienen sein, wenn nicht die leidige Kette meines Berufes mich in meiner Basler Hundehütte zurückhielte.
Schließlich habe ich noch die Bitte auszusprechen, der Frau Baronin von Bülow bestens empfohlen zu werden und mich selbst zeichnen zu dürfen

als Ihren treusten und ergebensten Anhänger und Verehrer

Dr. Nietzsche, Prof. in Basel

Wagner an Nietzsche

Luzern, 3. Juni 1869

Geehrtester Freund, haben Sie – wenn auch etwas spät – großen und herzlichen Dank für Ihren schönen und bedeutenden Brief! Hatte ich damals gewünscht, daß Sie mich besuchten, so wiederhole ich Ihnen heute eindringlich die frei gemeinte Einladung, welche ich bei unserm Abschied vor dem »Rößli« mündlich an Sie richtete.
Kommen Sie doch – nur mit einer Zeile vorangehender Meldung – zum Beispiel Sonnabend Nachmittag, bleiben Sie Sonntag, und kehren Sie Montag früh zurück; das vermag doch etwa jeder Handwerker, um so viel mehr doch ein Professor. Sie steigen dann bei mir ab, und schlafen die beiden Nächte im Tribschener Fideikommißhaus. Nun lassen Sie sehen, wie Sie sind. Viel wonnige Erfahrungen habe ich noch nicht an deut-

schen Landsleuten gemacht. Retten Sie meinen nicht ganz unschwankenden Glauben an das, was ich – mit Goethe und einigen andern – deutsche Freiheit nenne. –
Herzlichen Gruß von Ihrem ergebenen

Richard Wagner

Wagner an Nietzsche

Tribschen, 3. Dez. 1869

Vortrefflichster Freund, ich begehe einen Akt des ausschweifendsten Vertrauens in Sie, indem ich Ihnen mit diesen Zeilen eine ziemliche Masse von Manuskript wertvollster Art, nämlich den Anfang meiner Diktate von meiner Lebenserzählung, zusende. Meine Absicht dabei ist zwiefach: – Ich wünsche, daß Sie diesen Teil durchlesen, damit wir – wenn Sie uns hoffentlich auf längere Zeit wieder besuchen – hier, bis wohin ich bei Pohls Besuch mit der Vorlesung gekommen bin, in Ihrer Gegenwart dann mit ähnlichen Vorlesungen fortfahren können. Zweitens aber wünsche ich, daß Sie noch vor Weihnachten etwa einen Bogen im Druck fertig machen lassen könnten, welchen ich dann unserer verehrten Freundin mit bescheren möchte. In diesem Betreff bin ich mit Ihren Vorschlägen gänzlich einverstanden. Es kommt nur darauf an, das Manuskript, wie es ist, zum Druck zu verwerten. Ich habe diese Diktate selbst bereits einmal ein wenig durchgenommen, um sie zu einer Kopie der Freundin für den König zurecht zu machen. Weitere Ausfeilungen behalte ich mir nun erst für die Korrektur vor, da sie doch dann erst mit der gehörigen Deutlichkeit eingetragen werden können. Eine Überschrift bekommt die erste Seite nicht weiter. Ich behalte mir dagegen es vor, über den Seiten etwa die Jahreszahl oder wohl auch paragraphistische Notizen eben in die Korrektur einzutragen. Ein Titel ist natürlich das letzte. Kleine Allotria am Rande (Data oder Diktattage usw.) fallen natürlich aus. Lateinischen Druck, alles nobel (wie der Berliner sagt). Das versteht sich.

5 Exemplare auf schönes Velinpapier abgezogen; 10 dito auf gutes Schreibpapier – dies wäre alles, was hiervon zutage gefördert werden soll. – Sie würden natürlich dem Buchdrucker immer nur das knapp nötige Manuskript zustellen. –
Was meinen Sie zum Anfang? –
Sehen wir Sie nicht *vor* Weihnachten? –
Heute haben wir Schnee, was sich recht gut ausnimmt. Im Ganzen tauge ich nicht übermäßig viel: katarrhalische und Unterleibsleiden greifen oft in meine Nornenweberei ein. Doch geht's manchmal auch gut, und mein Vorsatz, ein sehr hohes Alter zu erreichen, ist bereits unerschütterlich geworden. Das wird dann noch viel Buchdruckerkosten verursachen!

Allerschönste Grüße!

Ihr

RW.

Wagner an Nietzsche

Luzern, 19. Dez. 1869

Teuerster! Sie haben gut griechisch reden – *ich* habe erst noch Übersetzungswust um mich! – Daß wir einen Romanen zum Setzer haben, läßt sich übrigens auch merken. Ich bedaure, verehrter Freund, daß Sie mit Korrekturen usw. vermutlich unerwartete Bemühungen erhalten. Ich schicke die erste Korrektur ausdrücklich wieder mit zurück, damit man sehe, wie nachlässig diese von seiten des Setzers revidiert war.
Schönen Dank für die Transparente über dem Text; ein paar mal glaubte ich ändern zu müssen. Die Jahreszahlen oben – gut! – Die Chiffre erwies sich gut gedacht, aber nicht als stichfähig. Dafür hier das Wappen. (Vortrefflicher Einfall!) Wird natürlich vergrößert? Die Leute sollen nur mit der Bogennummer immer auch die Nummer des Bandes (I. B.) unten geben. – Nun, das Alles wird ja nächstens bereits recht mühelos abgehen.
Sie sind doch vermutlich nicht Abonnent der Neuen Zeitschrift für Musik? Soll ich Ihnen die Nummern mit meinem Aufsatze

schicken? Ein Wink! – Das Ganze soll noch als Broschüre erscheinen; und gedenke ich als solche es der Berliner Akademie zuzuschicken. –

Im Ganzen nicht recht auf dem Zeug, – Föhn, – u. dgl. – doch geschieht immer etwas –.

Sie bleiben doch jedenfalls bis zu Neujahr hier? Darauf wird sehr *bestimmt* gerechnet. Rüsten Sie sich mindestens wie Falstaff zu seinem Kriegszuge. Müssen Sie denn auch gerade erst Freitag um 3 Uhr kommen? – Nun, nun! Ich will nicht zanken. –

»Lobet Gott den Herrn!«

Besten Gruß! Ihr

Richard Wagner

Hier (bitte!!) an
Bonfantinininini!

Wagner an Nietzsche

Tribschen, 14. Jan. 1870

Mein lieber Freund, Ihr Schweigen befremdet mich: doch werden Sie hoffentlich die Befremdung zerstreuen. –

Für heute – beiläufig – ein Anliegen!

Aus den Briefen meiner Familie aus alter Zeit, welche mir als Weihnachtsgeschenk zukamen, ersah ich einen chronologischen Fehler in meiner Biographie. Hoffentlich ist der erste Bogen noch nicht definitiv abgezogen, und dann bitte ich Sie (außer einigen restierenden Setzfehlern, welche Sie bei einer geneigten abermaligen Durchlesung des Bogens leicht finden werden) die chronologischen Angaben über den Seiten zu berichtigen.

Jetzt seien Sie mir hierüber nicht bös! –

Ich wollte Ihnen – als Zurückgebliebener – eigentlich nichts von mir eher melden, als bis Sie, der Fortgegangene, sich vernehmen ließen. Aber da nun die Chronologie es so gefügt hat, will ich Ihnen noch zum Überfluß melden, daß auf Tribschen alles ein wenig auf der Nase liegt. Husten, Schnupfen, Katarrh – oder wie es geschrieben wird? – strecken alles darnieder. Nun habe ich die

Nornen wieder aufgenommen. Auch hat sich der König wieder – in seiner wild gewohnten Weise – vernehmen lassen; – es ist *möglich,* daß ich dieses Jahr in München Rheingold und Walküre aufführe: daß alles geschieht, wie ich es will, ist aber *nicht wahrscheinlich.* So steht dieses.
Aus Berlin kam die akademische Bestallung: ich meldete Jakob, daß er nur solche zu empfangen habe, welche nach dem »Herrn ordentlichen auswärtigen Mitgliede R. W.« frügen. Dies mein neuester Titel.
Nun aber kein Wort weiter, denn Sie sind mir bedenklich geworden.

Ihr

RW.

Wagner an Nietzsche

Tribschen, 16. Jan. 1870

Liebster Unbedenklicher, es gibt Leute, die immer noch etwas bedenklich sind. Das wird sich finden. Für jetzt wünsche ich Ihnen allerhand gute Entbindungen und übermache Ihnen auch, zur Stillung der Wehen, die beiden neuesten Nummern »Über das Dirigieren«.
Das Wappen ist sehr gut ausgefallen, und wir haben allen Grund Ihnen bestens für die hierauf verwendete Sorgfalt zu danken. Nur ist mir gerade hierbei wieder mein alter Einwurf gegen den *Geier* aufgestiegen, welcher von jedem gewiß zunächst für einen Adler genommen wird, bis ihm aus der Naturgeschichte erklärt wird, daß es einen »Mönchsgeier« gibt, welcher dem Adler sehr ähnelt. Da es nun aber – der Beziehung wegen – gerade darauf ankommt, daß sogleich recht bestimmt eben der »Geier« erkannt wird, bitten wir Sie den Graveur zu vermögen, daß er – mit Hilfe des ersten besten Bildes solch einer Bestie, unserem Vogel noch die charakteristische Geier-Krause umhänge. Das wird zwar ohne einige Veränderung des Halses nicht gut abgehen, aber vielleicht gelingt es doch.

Mit dem Papier bin ich ganz einverstanden für *alle* Exemplare, von denen wir doch im ganzen nur

Zwölf

abziehen lassen wollen. Ich finde, es ist dies für meinen Zweck gerade genug, da ich, neben der Sorge für die Erhaltung dieser Diktate nur noch die der Verhütung jedes Mißbrauches derselben haben kann. Diese 12 Exemplare sollen dann eben etwas zu bedeuten haben. –

Hier ist jetzt nichts wie Katarrh und Grippe heimisch; feige Witterung, mit einer Atmosphäre wie eine schlechtgelüftete Bauernstube. Mit dem Arbeiten geht es trübe und langsam.

Mit meinem jungen Monarchen bin ich wieder in Not: ich verhoffe nichts Gutes und besorge wieder großen Ärger erfahren zu müssen. Die Akademie hat geschickt – das wissen Sie wohl schon? Dafür soll ihr auch das »Dirigieren« *nicht* dediziert werden.

Im übrigen verhoffe ich eine baldige und befriedigende Ordnung manches schwierigen Verhältnisses, über welches wohl selbst »die Welt« nicht lange mehr den Kopf zu schütteln haben wird. Einstweilen hilft wieder Platon: gestern beendigten wir den Theatetos. Dem Sokrates Euripides werden wir demnach im Februar näher in das Gesicht sehen: herzlich freue ich mich darauf. – Also gutes Mutes, wer ein echter preußischer Kavallerist ist!

Herzlichen Gruß

Ihr

RW.

Wagner an Nietzsche

27. Jan. 1870

Freund! Beschwere ich Sie mit diesen Korrektur-Besorgungen nicht zu sehr?

Ich schicke das heutige Specimen doch lieber durch Sie an Herrn Bonfantininini, als direkt an diesen, weil mir an der Einschärfung gewisser Korrekturen (oder Abänderungen) für die Herstellung liegt, und ich mit diesen welschen Druckern und Setzern noch nicht recht vertraut mich dünken kann, – das wird sich alles nun nächstens wohl machen! –

Ihre Vorlesung vor den »Müttern« hat mich sehr gegruselt. Trösten Sie sich mit dem, der sein lebenlang mit den »Vätern« zu tun hat, denen er nun schon einige Zeitlang Allerhand unnützerweise zum Besten gibt.

Lassen Sie bald wieder hören

Ihren ergebenen

Ich arbeite ziemlich gut! RW.

Wagner an Nietzsche

4. Febr. 1870

Teuerster Herr Friedrich, gestern abend las ich der Freundin Ihre Abhandlung vor. Darnach hatte ich sie längere Zeit zu beruhigen: Sie waren ihr mit den ungeheuren Namen der großen Athener in überraschender Weise modern umgegangen; ich selbst glaubte sie daran erinnern zu müssen, daß das Vorlesungs- und heutige elegante Buchschreibungswesen den gebräuchlichen Ausdruck gelegentlich der Besprechung unsrer großen antiken Muster herabgedrückt und auf ein Niveau mit der Weise der Abfertigung dezidiert moderner Erscheinungen gebracht habe. (Mommsens – Cicero als Feuilletonist mußte dabei auftauchen.) Das ward denn bald als aus einer Schwäche der Zeit fließend begriffen und entschuldigt. Ich für meinen Teil empfand zumeist einen Schreck über die Kühnheit, mit welcher Sie so kurz und kategorisch einem vermutlich nicht eigentlich zur Bildung aufgelegten Publikum eine so neue Idee mitteilen, daß man zu Gunsten Ihrer Absolution nur auf das gänzliche Unverständnis derselben von jener Seite zu rechnen hat. Selbst in meine Ideen Eingeweihte dürften wieder erschrecken, wenn sie mit diesen Ideen in Konflikt mit ihrem Glauben an Sophokles und selbst Aischylos gerieten. Ich – für meine Person – rufe Ihnen zwar zu: so ist es! Sie haben das Rechte getroffen und den eigentlichen Punkt auf das Schärfste genau bezeichnet, so daß ich nicht anders als verwunderungsvoll Ihrer ferneren Entwicklung, zur Überzeugung des gemeinen dogmatischen Vorurteils, entgegensehe. – Doch habe ich Sorge um Sie, und wünsche von ganzem Herzen, daß Sie sich nicht den Hals brechen sollen. Deshalb möchte ich Ihnen raten, diese sehr unglaublichen Ansichten nicht mehr in kurzen, durch fatale Rücksichten auf leichten Effekt es absehenden Abhandlungen zu berühren, sondern wenn Sie so tief – wie ich es erkenne – davon durchdrungen sind, sich zu einer größeren umfassenderen Arbeit darüber sammelten. Dann werden Sie gewiß auch das richtige Wort für die göttlichen Irrtümer des Sokrates und Platon finden, welche so überwältigend schöpferischer Natur waren, daß wir, obwohl uns von ihnen bekehrend, sie doch anbeten müssen. O Freund! Wo die hymnischen Worte hernehmen, wenn wir aus *unsrer* Welt auf jene unbegreiflich harmonischen Wesen blicken! Und wie hoch dann wieder von uns selbst denken und hoffen, wenn wir tief und klar fühlen, daß wir etwas können sollen und müssen, was jenen versagt war! –

Vor allen Dingen hoffe ich ganz bestimmt, daß Sie über *meine* Meinung in Betreff Ihres Sokrates und and. nicht in Ungewißheit sind, denn ich sagte Ihnen soeben, wie ich darüber denke. –

Ihr

RW.

Wagner an Nietzsche

Tribschen, 7. Febr. 1870 (?)

Lieber Freund, es ist doch gut, wenn man sich solche Briefe schreiben kann! Ich habe jetzt niemand, mit dem ich es so ernst nehmen könnte, als mit Ihnen – die Einzige ausgenommen. Gott weiß, wie ich es sonst anfange! Wenn ich, so recht vom Unmut zernagt, schließlich doch immer wieder auf meine Arbeit zurückkomme, muß ich wohl öfters besonders guter Laune werden, weil ich es wirklich kaum begreifen kann und darüber dann lachen muß. Die Erkenntnis des Grundes hiervon geht mir dann wohl auch blitzartig auf, nur fühle ich dann sogleich, wollte ich ihr nachhängen, um sie ganz in das »sokratische Wissen« umzusetzen, ich grenzenlos viel Zeit haben und nichts Besseres vorhaben müßte: denn – das Wissen solcher Gründe anderen begreiflich zu machen, erfordert mindestens die Verzichtleistung auf alles Schaffen. Da ist nun aber Teilung der Arbeit gut. Sie könnten mir nun viel ja ein ganzes Halbteil meiner Bestimmung abnehmen. Und dabei gingen Sie vielleicht ganz *Ihrer* Bestimmung nach. Sehen Sie, wie elend ich mich mit der Philologie abgefunden habe und wie gut es dagegen ist, daß Sie sich ungefähr ebenso mit der Musik abgefunden haben. Wären Sie Musiker geworden, so würden Sie ungefähr das sein, was ich geworden wäre, wenn ich mich auf die Philologie obstiniert hätte. Nun liegt mir aber die Philologie – als bedeutungsvolle Anlage – immer in den Gliedern, ja sie dirigiert mich als »Musiker«. Nun bleiben Sie Philolog, um als solcher sich von der Musik dirigieren zu lassen. Was ich hier sage, ist ernstlich gemeint. Das habe ich von Ihnen selbst, wie unwürdig der Kreis ist, in welcher solch ein Fach-Philolog sich heute herumdrehen kann, – und von mir werden Sie kennen gelernt haben, in welchem Zahlenkram im Grunde ein absoluter Musiker (besten Falls!) jetzt sich vertut. Nun zeigen Sie denn, zu was die Philologie da ist und helfen Sie mir, die große »Renaissance« zustande bringen, in welcher Platon den Homer umarmt, und Homer, von Platons Ideen erfüllt, nun erst recht der allergrößte Homer wird. –

Das sind nun so Gedanken, die mir ankommen, aber – hoffnungsvoll, seit ich Sie lieb gewonnen habe, und nie so klar – und (wie Sie sehen) zur Mitteilung bestimmend – als seit Ihrer Vorlesung von den »Centauren«. Seien Sie also nicht unsicher über den Eindruck, den mir diese Arbeit gemacht hat: er hat mir einen tiefen ernstlichen Wunsch erweckt. Den werden Sie verstehen: denn wenn er nicht Ihr eigener ist, werden Sie ihn auch nicht erfüllen können. –

Aber schwatzen wollen wir etwas darüber. Darum denke ich – kurz und gut – Sie kommen nächsten Samstag nach Tribschen: die Schlafstube, die »Gallerie« – ist da, »der Rauchfang ist Dir auch gewiß« – also: auf Wiedersehen! –

Von Herzen Ihr

RW.

Wagner an Nietzsche

Tribschen, 10. Mai 1870

Wertester Freund, für heute schicke ich Ihnen nur den Bogen für Bonfantini zurück. In Betreff des von diesem gewünschten neuen Manuskripts bin ich in einige Unruhe geraten: ich finde nämlich, daß in meinem Vorrate von dem heute zurückgeschickten Bogen bis zur Seite 149 eine Lücke ist, und muß daher annehmen, daß das mir fehlende Manuskript von mir damals Ihnen übergeben worden ist, und demnach sich jetzt zur Disposition des Druckers in Basel befindet. Irre ich hierin nicht, so bitte ich Bonfantini mich zu benachrichtigen, ob er über pag. 148 hinaus sofort noch Manuskript nötig hat: natürlich werde ich dann sogleich ihn zu versorgen mir angelegen sein lassen.

Im übrigen wünsche ich recht sehr, daß Bonfantini sich gewöhnt mit mir direkt zu verkehren: es ist nicht recht seine Freunde mit Nebendingen zu ermüden; jede Ihrer Mitteilungen aber zeigt uns, wie sehr Sie in Anspruch genommen sind, und mir muß der Selbstvorwurf, Ihnen – wenn auch im allerfreundlichsten Sinne – lästig zu werden, nahe treten. –

Ich freue mich, daß der Ausflug an den Genfer See Sie erheitern konnte. Dieselben Stellen, die Sie jetzt dort betraten und betrachteten, haben sich in verschiedenen Perioden meines Lebens auch mir bedeutungsvoll eingeprägt. Im Hotel Byron in Villeneuve, erlebte ich eine sonderbare Katastrophe meines Schicksals; in Montreux machte ich eigentümliche Erfahrungen an einem jungen, sehr begabten Freunde; in Vevey suchte ich vor 4½ Jahren mitten im Winter Asyl, und unterhielt mich dort mit dem Großherzog von Baden auf Spaziergängen über die deutsche Politik usw. –

Jetzt, wo – wie ich ersehe – die Philologie »grau und leibhaftig« sich Ihrer Lebensregel bemächtigt hat, und selbst belustigende Exkursionen in das Reich der »Style« Ihnen beschwerlich fallen dürften, lassen Sie auch mich von Allotrien schweigen: vielleicht trage ich so etwas dazu bei, Sie von manchen verirrenden Eindrücken wieder abzuleiten, die Ihnen aus einer Sphäre sich zudrängten, in welcher mit ganzem Willen die Welt zu ersehen wiederum ein anderer sich für berufen erachten kann – oder muß. –

Ich arbeite langsam aber »sicher« an meinem Werke fort und gebe mich dem Behagen des Bewußtseins davon hin, daß ich mit den Meistersingern zum letzten Male in Berührung mit dem Theater und der Oper kam. –

Von Herzen grüßt Sie

Ihr
ergebener
Richard Wagner

Nietzsche an Wagner

Basel, 21. Mai 1870

Pater Seraphice, wie es mir voriges Jahr nicht beschieden war, Augenzeuge Ihrer Geburtstagsfeier zu sein, so hält mich auch jetzt wieder eine ungünstige Konstellation davon ab; die Feder drängt sich mir heute widerwillig in die Hand, während ich gehofft hatte eine Maienfahrt zu Ihnen machen zu können.

Gestatten Sie mir, daß ich den Kreis meiner Wünsche heute so eng und persönlich wie nur möglich fasse. Andere mögen im Namen der heiligen Kunst, im Namen der schönsten deutschen Hoffnungen, im Namen Ihrer eigensten Wünsche ihre Gratulationen zu bringen wagen; mir genüge der subjektiveste aller Wünsche: mögen Sie mir bleiben, was Sie mir im letzten Jahre gewesen sind, mein Mystagog in den Geheimlehren der Kunst und des Lebens. Mag ich auch zeitweilig durch die grauen Nebel der Philologie hindurch Ihnen etwas entfernt erscheinen, ich bin es nie, meine Gedanken sind immer um Sie herum. Wenn es wahr ist, was Sie einmal – zu meinem Stolze geschrieben haben, daß die Musik mich dirigiere, so sind Sie jedenfalls der Dirigent dieser meiner Musik; und Sie haben es mir selbst gesagt, daß auch etwas Mittelmäßiges, *gut* dirigiert, einen befriedigenden Eindruck machen könne. In diesem Sinne bringe ich den seltensten aller Wünsche: es mag so bleiben, der Augenblick verharre: er ist so schön! Ich verlange nur dies vom nächsten Jahre, daß ich mich selbst Ihrer unschätzbaren Teilnahme und Ihres tapferen Zuspruchs nicht unwürdig erweisen möge. Nehmen Sie diesen Wunsch mit unter die Wünsche auf, mit denen Sie das neue Jahr beginnen!

Einer »der seligen Knaben«

Wagner an Nietzsche

Tribschen, 4. Juni 1870

Mein werter Freund, von teurer Hand wurde Ihnen bereits berichtet, wie sehr der »selige Knabe« dem »Pater Seraphicus« willkommen war: gewiß zweifeln Sie am wenigsten daran. Auch von der seligen Viertelstunde ward Ihnen erzählt, welche in ihren Eindrücken auf mich so lange andauern wird, als ich Empfindung habe. Von allem dem »Seligen« melde ich Ihnen daher nichts, und berichte nur, was aus einer andren Lebenssphäre her mich zur Mitteilung nötigt. Diesmal ist es ein italienischer Brief Bonfantinis, welchen ich französisch zu beantworten hatte, um ihm zu sagen, daß ich Ihnen Meldung von der Abkunft machen würde, welche ich – infolge seines Schreibens von neuem dazu gedrängt – im Betreff der zukünftigen Korrektur Besorgung von meiner Biographie mit ihm traf. Der Mann kommt entschieden nicht vom Flecke, und es ist ihm vielleicht lieb der Schwierigkeit seines Verkehrs mit einem so stark beschäftigten gelehrten Herren, wie zur Zeit Sie es sind, sich als

Vorwand für seine Langsamkeit bedienen zu können. Das begreife ich wohl. Doch sehe auch *ich* ein, daß es mit dieser Belästigung für Sie nicht mehr so fortgehen darf: ich schrieb Ihnen dieses schon das letzte Mal und bitte Sie nun herzlich, dieser Bemühung für durchaus entbunden sich halten zu wollen. Kommen Sie zu Zeiten bei unsrem Italiener einmal »vorbei«, so werden Sie mich immer sehr verbinden, wenn Sie seinen Umgang mit meinem Manuskript ein wenig inspizieren.

Sonderbar genug ist es immer, daß ich in Sachen des Druckes dieser urgermanischen Lebensdiktate einen *italienischen* Brief zu übersetzen hatte! Daß ich Ihnen, Wertester! nie die Einsicht in diese Blätter vorenthalten werde, bezweifeln Sie wohl um so weniger, als Sie wissen, daß Sie von mir vorzüglich mit dazu bestimmt sind, über meinen Tod hinaus ein Wächter über diese Andenken an mich zu sein. – Hier geht es gut. Morgen gedenke ich die Skizzen des I. Aktes von Siegfried (Götterdämmerung – wollte ich sagen) zu beendigen. Übermorgen feire ich den ersten Geburtstag meines Sohnes, und zugleich den Gedächtnistag Ihres ersten Aufenthaltes in meinem Hause. Mögen die Sterne über dieser doppelten Gedächtnisfeier gütig walten! Mir schien es damals, Sie hätten meinem Sohne Glück gebracht. – Seitdem ist ein schwieriges, innerlich aber reich beglückendes Jahr vorübergegangen, und endlich scheint es, daß dem Gestirne meiner Geburt – dem Stiere – auch Rechnung getragen werden soll: dem Ausdauernden wird sein Teil werden. In wenigen Monaten darf ich hoffen, die großherzige Mutter meines Sohnes als Gattin auch mir angetraut zu sehen. – Leben Sie wohl, und seien Sie vor allem heiter, und zwar alt-, nicht neu-griechisch! –

Von Herzen grüßt Sie Ihr ergebener

Richard Wagner

Basel, 19. Juni 1870

Verehrteste Frau Baronin, wir haben Ihnen zwei herrliche Tage zu danken, *ich* sogar im Grunde vier, weil ich alles, was meinen Freund Rohde berührt, mitempfinde und somit diesmal doppelt genießen konnte. R. der am Tage darauf von Basel abreiste, gestand mir den Höhepunkt seiner ganzen fünfzehnmonatlichen Reise ins »Blaue« in Tribschen erlebt zu haben; er hat eine Verehrung und Bewunderung der ganzen gesamten dortigen Existenz mit davongetragen, die durchaus etwas Religiöses hat. Ich verstehe, wie die Athener ihrem Äschylus und Sophokles Opferstätten errichten konnten, wie sie dem Sophokles den Heroennamen »Dexion« gaben, weil er die Götter in seinem Hause aufgenommen und bewirtet habe. Dies Dasein der Götter im Hause des Genius erweckt jene religiöse Stimmung, von der ich berichtete. –

Hier sind die beiden Aufsätze, recht *spät:* aber der Abschreiber hat etwas gebummelt und der Buchbinder sich nicht beeilt. –

Meine Arbeitsnot ist noch etwas gesteigert worden. Wenn nur meine Wünsche in Erfüllung gehen, und ich meinen Freund Rohde als Kollegen in die Nähe bekomme (nach Freiburg) –

In Sachen Bayreuths habe ich mir überlegt, daß es für mich das Beste sein dürfte, wenn ich auf ein paar Jahre meine Professoren-Tätigkeit einstelle und auch mit ins Fichtelgebirge wallfahre. Das sind so Hoffnungen, denen ich mich gern hingebe. –

Über *Fidi* habe ich mich sehr gefreut: es war das erste Mal, daß ich ihn in der rechten Umgebung und Beleuchtung der freien Natur sah, und wie gesund und hoffnungsreich erschien er mir da!

– – Ich muß schnell schließen: man kommt, wohl irgendein »Scholar«. In treulichem Gedenken Ihr ergebenster F. N.

Erlangen, 11. September 1870

Lieber und verehrter Meister, so ist denn, mitten im Ungewitter, Ihr Haus fertig geworden und fest begründet. Ich habe auch in der Ferne dieses Ereignisses immer unter Segenswünschen gedacht und bin sehr beglückt, aus den Zeilen Ihrer von mir so geliebten Frau Gemahlin zu ersehen, daß die Möglichkeit, diese Feste zu begehen, schließlich doch noch schneller kam als vielleicht – bei unserem letzten Zusammensein – zu argwöhnen war.

Sie wissen, welcher Strom mich aus Ihrer Nähe fortgerissen hat, so daß ich nicht Augenzeuge so heiliger und ersehnter Handlungen sein konnte. Meine Hilfstätigkeit hat einen einstweiligen Abschluß gefunden, leider durch Krankheit. Meine mannigfachen Aufträge und Verpflichtungen führten mich bis in die Nähe von Metz; es wurde mir und meinem – sehr bewährten – Freunde Mosengel möglich, den größten Teil unserer Aufgaben mit Glück zu erledigen. In Ars sur Moselle übernahmen wir die Pflege von Verwundeten und kehrten dann mit diesen nach Deutschland zurück. Dieses dreitägige und dreinächtige Zusammensein mit Schwerverwundeten war der Höhepunkt unserer Anstrengungen. Ich hatte einen elenden Viehwagen, in dem 6 Schwerleidende lagen, allein während jener Zeit zu besorgen, zu verbinden, zu verpflegen usw. Alle mit zerschossenen Knochen, mehrere mit 4 Wunden; dazu konstatierte ich bei zweien noch Wunddiphtheritis. Daß ich es in diesen Pestdünsten aushielt, selbst zu schlafen und zu essen vermochte, erscheint mir jetzt wie ein Zauberwerk. Kaum aber hatte ich meinen Transport an ein Karlsruher Lazarett abgeliefert, stellten sich auch bei mir ernstliche Zeichen von Unwohlsein ein. Mit Mühe kam ich nach Erlangen, um meinem Vereine über verschiedenes Bericht zu erstatten. Dann legte ich mich zu Bett und liege bis jetzt. Ein tüchtiger Arzt erkannte als mein Leiden einmal eine sehr starke Ruhr und sodann Rachendiphtheritis. Wir sind aber mit der größten Energie gegen beide ansteckenden Übel vorgegangen,

und es ist heute gute Hoffnung zu melden. Mit zwei jener berüchtigten Lazarettseuchen habe ich also auf eins Bekanntschaft gemacht; sie haben so schwächend und entkräftigend auf mich in kurzer Zeit gewirkt, daß ich zunächst alle meine Hilfstätigkeitspläne aufgeben muß und an meine Gesundheit allein zu denken veranlaßt werde. So bin ich nach einem kurzen Anlauf von 4 Wochen, ins allgemeinere zu wirken, bereits auf mich selbst wieder zurückgeworfen – recht elend!
Über die deutschen Siege möchte ich kein Wort sagen: das sind Feuerzeichen an der Wand, *allen* Völkern verständlich.
Heute darf ich nicht mehr schreiben; mein nächster Brief gilt Ihrer verehrten Frau Gemahlin, der ich meine innigsten Glückwünsche zu Füßen lege. Dem Täufling ein fröhliches Glückauf! Glückauf dem ganzen Tribschener Haus!

Ihr getreuer Friedr. Nietzsche

Nietzsche an Wagner

Basel, 10. Nov. 1870

Verehrtester Meister, in dem ersten Ansturme des neuen Semesters, der diesmal, nach meiner langen Abwesenheit, besonders heftig ist, konnte mir nichts Erquicklicheres geschehen als die Übersendung Ihres »Beethoven«. Wie viel mir daran liegen mußte, Ihre Philosophie der Musik – und das heißt doch wohl: *die* Philosophie der Musik kennenzulernen, könnte ich Ihnen besonders an einem Aufsatze deutlich machen, den ich für mich in diesem Sommer schrieb, betitelt »die dionysische Weltanschauung«. In der Tat habe ich durch dies Vorstudium erreicht, daß ich die Notwendigkeit Ihrer Beweisführung vollständig und mit tiefstem Genusse einsehe, so entlegen der Gedankenkreis, so überraschend und in Staunen versetzend alles und namentlich die Ausführung über Beethovens eigentliche *Tat* ist. Doch fürchte ich, daß Sie den Ästhetikern dieser Tage als ein Nachtwandler erscheinen werden, dem zu folgen nicht rätlich, ja gefährlich, vor allem unmöglich gelten muß. Selbst die Kenner

Schopenhauerscher Philosophie werden der größten Zahl nach außerstande sein, den tiefen Einklang zwischen Ihren Gedanken und denen ihres Meisters sich in Begriffe und Gefühle zu übersetzen. Und so ist Ihre Schrift, wie es Aristoteles von seinen esoterischen Schriften sagt »zugleich herausgegeben und nicht herausgegeben«. Ich möchte glauben, daß Ihnen, dem Denker, zu folgen, in diesem Falle nur für den möglich ist, dem der »Tristan« vornehmlich sich entsiegelt hat.
Deshalb betrachte ich die wirkliche Erkenntnis Ihrer Tonphilosophie als ein kostbares *Ordens*-besitztum, das einstweilen nur sehr wenigen zugute kommt. –
In dem Manuskript sind gelegentlich einige doppelt zu setzende Buchstaben nur einfach geschrieben, z. B. in »appellieren, Apperzeption, supplieren«, was für den Setzer zu bemerken wäre. –

Ihr dankbarer und getreuer Friedrich Nietzsche

Wagner an Nietzsche

Tribschen, 16. Okt. 1871

Mein werter lieber Freund, ich bitte Sie recht herzlich, mir, als Ihrem wahrhaftigen Freunde, unumwunden die Gründe anzugeben, die Sie bewogen haben, Ihr von mir so erwartungsvoll hochgehaltenes Manuskript dem Musikhändler Fritzsch anzubieten. Daß Sie von Engelmann zurücktraten, gibt mir zu Vermutungen Anlaß, in deren Betreff ich aus reiner Teilnahme an Ihnen gern Ihre vertrauten Mitteilungen wünsche.
Wenn Sie hierbei ein gewisses Zögern meinerseits gegenüber Fritzsche erblicken wollen, so seien Sie sicher, daß meine Beklemmung nur aus meiner Sorge für Ihr allerehrenvollstes und bedeutendstes Auftreten entspringt.
Verstehen Sie mich auf das Allerfreundlichste, und seien Sie herzlichst gegrüßt!

Ihr
Richard Wagner

Basel, 18. Nov. 1871

Verehrtester Meister, heute endlich hat mir unser Fritzsch aus Leipzig Nachricht gegeben, nachdem ich lange in gänzlicher Befremdung über sein Schweigen dahin gelebt habe, ohne recht zu wissen, was ich zu tun hätte. Jetzt erfahre ich, daß er mein Manuskript sofort, noch bevor Ihre empfehlenden Zeilen eingetroffen waren, an einen Mitarbeiter seines Blattes zur kritischen Einsicht übersandt hatte: als welcher Bummler dasselbe bis zum 16. November zurückgehalten hat. Jetzt soll nun schnell losgedruckt werden; in welcher Beziehung Fritzsch vortreffliche Versprechungen macht. Dann kommt ein Passus, den Sie mir vielleicht mit einem Worte erklären können. Fritzsch schreibt mir: »Über die Honorarfrage werden Sie unterdes selbst nachgedacht haben, vielleicht, daß Ihnen in dieser Hinsicht Herr Wagner einige Andeutungen gemacht hat.«

Hier würden Sie mich gänzlich in ungeheure Inschriftenwerke versteckt finden, aus denen ich für meine Studenten eine lateinische Epigraphik zusammenbraue oder von Hunderten von platonischen Schriften umringt, mit deren Hilfe ich meine Zuhörer in das Studium Platos einführe. Hebe ich das Ohr einmal aus diesem Bücherhaufen empor, so höre ich sofort etwas, was in Bologna vorgeht oder in der Stadtverordnetenversammlung von Bayreuth beraten ist, oder die »Academy« präsentiert sich mir mit einem neuen Aufsatz von Franz Hüffer, dem verkappten Engländer, oder auch ein erstaunliches Inserat mit dem Namen meines Freundes Gersdorff oder eine Besprechung von Fuchs' Präliminarien der Tonkunst usw. Kurz, auch nur ein mäßiges Hinhorchen genügt jetzt, um über die großen äußeren Züge Ihrer Existenz unterrichtet zu bleiben.

Von meinem letzten Tribschener Besuche habe ich die wärmste und herzlichste Erinnerung und weiß, was ich meinen *Dämonen* schuldig bin: denen ich neulich ein Dankopfer brachte, mit einer Spende roten Weines und den gesprochenen Worten Χαίρετε

Δαίμονες: eine Feierlichkeit, die zugleich in Basel, Berlin und Kiel stattfand und bei deren Vollziehung wohl jeder von uns auch Ihrer gedacht hat: denn was bitten wir von den Dämonen, was danken wir ihnen, was nicht mit Ihnen auf das Innigste und Nächste zusammenhängt?

Ihr getreuer
Friedrich Nietzsche

Wagner an Nietzsche

Tribschen, 21. Nov. 1871

Verehrtester Freund, Fritzsch hat mir in keiner Weise Andeutungen gemacht, welche ich Ihnen etwa zu übermitteln hätte, und ich glaube, er hat durch jenen Passus nur seine eigne Verlegenheit auf Sie abwälzen wollen. Mein eigenes Verhalten zu Fritzsch im Betreff der Honorarfrage ist ganz gelegentlich durch den okkasionellen Charakter der Quasi-Festschrift über Beethoven eingegeben worden, wobei mich das ungeheure Aufsehen der Judenbroschüre und die hierdurch erweckte Aufmerksamkeit auf meine Schriften zugleich mit bestimmt hatte, auf einen lebhaften und schnellen Absatz zu rechnen. Es käme nun darauf an, welcher Stimmung Sie im Betreff des erwarteten Absatzes Ihrer Schrift sind; ist diese zuversichtlich, so würden Sie sich für die Honorarforderung von den meinerseits hierfür befolgten und Ihnen ja bekannt gewordenen Ansichten über das Verhältnis der Auflagen zu der Honorierung leiten lassen. – Allerdings wäre es gut, wenn in dieser Hinsicht eine feste Konvention bestünde, welche, sobald überhaupt etwas zum Drucke angenommen wurde, ein für allemal das Verhältnis bestimmte, und zwar ohne alle Rücksicht auf den Erfolg des »Geschäftes«, statt dessen – wie ich es erfahren habe – bei jeder solchen Abmachung es aussieht, als ob soeben zum allerersten male seit dem Bestehen der Welt ein Buch herausgegeben werden sollte. –

Viel Glück zu Epigraphik und Platon, welchen letzteren man

jetzt auf Tribschen ebenfalls traktiert. Wir sind sonst ziemlich wohl und alles grüßt Sie herzlichst. –

Ihr
Richard Wagner

(Vorgestern wurde auch ein gewisser 2. Akt fertig.)

Wagner an Nietzsche

Tribschen, 26. Nov. 1871

Verehrtester Freund, mein Haus ist gegenwärtig von einem brandenburgischen Gesangslehrer aus Zürich angefüllt, den ich für ein ungeheures Honorar geworben habe, und der mir nun bereits zwei Tage lang das schwierige Manuskript kopiert. – Durch Ihre Mitteilung gerührt, sann ich lange darüber nach, wie ich den Schwaben aus der Wolfsschlucht erlösen könnte; gerade jetzt aber, sobald jene dringende Kopie besorgt ist, habe ich gar keine irgend nützliche Arbeit für solch einen Musiker, was erst wieder der Fall sein wird, wann ich an das Instrumentieren komme, und das geschieht nicht vor nächstem Sommer. – Somit kann ich dem armen Menschen nichts anderes zuwenden als eine kleine Unterstützung, welche ich Sie ersuche, in der Gestalt von 20 Fr. in meinem Namen und für meine Rechnung ihm zuzustellen. –

Meine Meisterin hat Ihnen heute von dem Mannheimer Abenteuer geschrieben; vielleicht haben wir Hoffnung, Sie daran teilnehmen zu sehen? –

Haben Sie den »Auber« im Wochenblatt zu Gesicht bekommen? Wenn nicht, so kann ich Ihnen damit dienen.

Gegenwärtig befasse ich mich mit einem Berichte über die Schicksale meiner Nibelungenarbeit für den 6. Band meiner Schriften.

Gern wären wir beide bei Ihren Vorträgen über Platon; der »Staat« hat uns schließlich zur Rebellion gebracht: wir wurden Sempers Meinung über das weitschweifige Partikelwesen und wünschten schließlich, dieses hochberühmte Opus nur in einem

geistreichen Auszuge kennen zu lernen. Das hat sich nun Platon nicht geträumt, als er diese Studie für seine Schüler aufsetzte! Jedoch, wem passiert nicht schließlich auf Tribschen etwas Unangenehmes?
Dagegen blicke ich nun mit großer Hoffnung auf Nietzsche, wenn ihn Fritzsch nur ordentlich bedient! Noch dieser Tage schweifte mein Blick von dem Genellischen Dionysos unter den Musen mit wahrem Erstaunen, wie über einen plötzlich verstandenen Orakelspruch, auf Ihre letzte Arbeit (d. h. so weit ich sie kenne!). Das ist ein merkwürdiger, ja wunderbarer Zusammenhang, ich möchte sagen meines ganzen Lebens mit sich selbst, welchen ich in Ihrem Gedanken, von jenem Bilde ab, mir dargestellt sehe. – Können Sie noch einmal am Sonnabend abkommen, ehe ich verreise, was etwa am 9. Dezember geschehen wird, so wäre dies gewiß recht schön. Doch – wie Sie wissen – lade ich Sie nicht mehr ein: jederlei Beklemmung ist Ihnen daher erspart, wenn Sie *nicht* kommen. – Von Herzen grüßt Sie

Ihr RW.

Nietzsche an Wagner

Basel, 2. Januar 1872

Verehrtester Meister, endlich kommt mein Neujahrswunsch und meine Weihnachtsgabe: freilich sehr spät, doch ohne Fritzschens und meine Schuld. Die mitunter unberechenbare Post gehört aber zu »des Geschickes Mächten«, mit denen kein ewger Bund zu flechten ist. Am 29. Dez. ist bereits das Paket von Leipzig abgegangen, und stündlich habe ich bis jetzt auf seine Ankunft gewartet, um Ihnen mit ihm zusammen meine Glück- und Segenswünsche zuschicken zu können.
Möge meine Schrift wenigstens in irgendeinem Grade der Teilnahme entsprechen, die Sie ihrer Genesis bis jetzt, wirklich zu meiner Beschämung, zugewandt haben. Und wenn ich selbst meine, in der Hauptsache Recht zu haben, so heißt das nur so viel, daß *Sie* mit *Ihrer Kunst* in Ewigkeit recht haben müssen. Auf

jeder Seite werden Sie finden, daß ich Ihnen nur zu danken suche, für alles das, was Sie mir gegeben haben: und nur der Zweifel beschleicht mich, ob ich immer recht empfangen habe, was Sie mir gaben. Vielleicht werde ich manches später einmal besser machen können: und »später« nenne ich hier die Zeit der »Erfüllung«, die Bayreuther Kulturperiode. Inzwischen fühle ich mit Stolz, daß ich jetzt gekennzeichnet bin und daß man mich jetzt immer in einer Beziehung zu Ihnen nennen wird. Meinen Philologen gnade Gott, wenn sie jetzt nichts lernen wollen.
Ich werde beglückt sein, verehrtester Meister, wenn Sie diese Schrift, am Beginn des neuen Jahres, als ein gutes und freundliches Wahrzeichen entgegennehmen wollen.
In kurzer Zeit werde ich für Sie und Ihre Frau Gemahlin gebundene Exemplare nachschicken.
Unter Segenswünschen für Sie und Ihr Haus und mit heißem Danke für Ihre Liebe bin ich, der ich war und sein werde

Ihr getreuer Friedrich Nietzsche

Wagner an Nietzsche

Tribschen, Anfang Januar 1872

Lieber Freund, Schöneres als Ihr Buch habe ich noch nichts gelesen! Alles ist herrlich! Nun schreibe ich Ihnen schnell, weil die Lektüre mich übermäßig aufregt und ich erst Vernunft abwarten muß, um es *ordentlich* zu lesen. – Zu Cosima sagte ich, nach ihr kämen gleich Sie: dann lange kein anderer, bis zu *Lenbach,* der ein ergreifend richtiges Bild von mir gemalt hat! –
Beachten Sie, was sie Ihnen schrieb – übrigens im Betracht der Sache, Gleichgültiges. –
Adieu! Kommen Sie bald auf ein Husch herüber, dann soll es dionysisch hergehen!

Ihr

R. W.

Tribschen, 10. Jan. 1872

Mein Freund!

Wie schwer machen Sie es mir, Ihnen meine Freude über Sie zu bezeugen! Daß Sie krank sind, hat mich recht übel betroffen. Sie müssen es uns verzeihen, wenn wir den Peripetien – nicht Ihrer Entwicklungs-, aber sozusagen der Feststellungs-Phasen Ihres Berufes, soweit diese sich auf Ihr inneres Gemütsleben beziehen, oft mit großer Beklemmung zusehen. Wir haben in Ihnen, seit unserer Bekanntschaft, auffällige Beunruhigungen wahrgenommen, zu deren Erklärung Sie zwar oft sehr vertraulich beitrugen, welche Sie dennoch aber – in fast regelmäßigen Perioden – so bestimmt wiederholten, daß wir uns schließlich zu einer ernst freundschaftlichen Vorsicht für unseren Verkehr mit Ihnen angehalten fühlten. Nun veröffentlichen Sie eine Arbeit, welche ihresgleichen nicht hat. Jeder Einfluß, der etwa auf Sie ausgeübt worden wäre, ist durch den ganzen Charakter dieser Arbeit fast auf Nichts zurückgeführt: was Ihr Buch vor allen andren auszeichnet ist die vollendete Sicherheit, mit welcher sich eine tiefsinnigste Eigentümlichkeit darin kundgibt. Wie anders hätte sonst mir und meiner Frau der sehnlichste Wunsch erfüllt werden können, einmal von außen Etwas auf uns zutreten zu sehen, das uns vollständig einnehmen möchte? Wir haben Ihr Buch – früh jedes für sich – abends gemeinsam – doppelt durchgelesen; wir bedauern, nicht bereits die uns verheißenen doppelten Exemplare zur Verfügung zu haben. Um das eine Exemplar streiten wir uns. Ich brauche es immer noch, um zwischen Frühstück und Arbeit mich in die rechte Stimmung zu bringen; denn seit der Lektüre komponiere ich wieder an meinem letzten Akte. Einsam, oder gemeinsam, ist unsere Lektüre stets von Exklamationen begleitet. Ich für mein Teil begreife nicht, wie ich so etwas erleben durfte. – So etwa steht es bei uns. –

Nun blickten wir auf Sie, und – es bangte uns.

Während uns die wunderlichsten Mutmaßungen überschlichen und wir fast zu der Annahme gelangten, die Veröffentlichung

Ihres Buches, ja, die ganze Abfassung desselben könnte Sie – wenigstens für eine Zeitlang – in eine, fast wie reumütig aussehende Stimmung versetzen, melden Sie uns, nach längerem Schweigen, Ihre Erkrankung. Und diese Erkrankungen haben uns schon oft erschreckt, nicht weil sie uns ernstliche Befürchtungen für Ihren physischen, sondern für Ihren Seelen-Zustand erweckten.

Möchten Sie uns bald durch ein frohes Wort, am besten durch einen – wenn auch kurzen – Besuch beruhigen können!

Freund! Was ich sage, ist nicht derart, daß es durch eine lachende Versicherung verscheucht werden könnte. Sie sind tief, und gewiß ersehen Sie in meinem Verkehr mit Ihnen keine Oberflächlichkeit. Ich verstehe Sie auch mit dem Sinne der musikalischen Komposition, mit welcher Sie uns so sinnig überraschten. Nur fällt es mir schwer, mein Verständnis Ihnen mitzuteilen. Und daß ich diese Schwierigkeit empfinde, beklemmt mich eben.

Und hinwiederum, mein Freund, was hätte ich Ihnen zu sagen, das Sie nicht wüßten und aus Ihrem Innersten sich selbst sagen könnten? Sie sehen und erkennen ja alles, so daß mit Ihren Augen zu sehen und zu erkennen für mich eben eine so neue, ganz ungeahnte Lust war. Ich verstehe Sie jetzt auch in so vielem anderem, was Sie, als zu Ihrem Beruf gehörig, immer wieder ernstlich beschäftigt, wie Ihre mir gemachten Andeutungen im Betreff des pädagogischen Wesens. Tief und weit blicke ich mit Ihnen, und unabsehbar weite Gebiete hoffnungsvollster Tätigkeit eröffnen sich vor mir – vor mir – mit Ihnen zur Seite.

Aber Sie sind krank. Sind Sie auch mißmutig, o! so wünschte ich Ihren Mißmut zerstreuen zu können. Wie soll ich das anfangen? Genügt Ihnen mein grenzenloses Lob? Dies bezweifeln zu müssen, betrübt mich eben so sehr. Dennoch kann ich nicht anders, als es Ihnen zu spenden. Nehmen Sie es wenigstens freundlich auf, selbst wenn es Ihnen nicht genügt! –

Herzlichste Grüße von

Ihrem

Richard Wagner

RICHARD WAGNERS VERTEIDIGUNG DER »GEBURT DER TRAGÖDIE« GEGEN WILAMOWITZ-MÖLLENDORFFS PAMPHLET »ZUKUNFTSPHILOLOGIE«. ÖFFENTLICHER BRIEF

An Friedrich Nietzsche
ordentl. Professor der klassischen Philologie
an der Universität Basel

Werter Freund!
Ich habe soeben das Pamphlet des Dr. phil. *Ulrich von Wilamowitz-Möllendorff*, welches Sie mir zuschickten, gelesen, und aus dieser »Erwiderung« auf Ihre »Geburt der Tragödie aus dem Geiste der Musik« gewisse Eindrücke gewonnen, deren ich mich in der Form verschiedener, vielleicht befremdlicher Fragen an Sie entledigen möchte, und zwar in der Hoffnung, Sie durch Ihre Beantwortung zu einer ebenso ergiebigen Auskunftserklärung, wie dies im Betreff der griechischen Tragödie der Fall war, zu bewegen.
Vor allem möchte ich durch Sie ein an mir selbst wahrgenommenes Bildungsphänomen mir erklärt wissen. Ich glaube nicht, daß es einen für das klassische Altertum begeisterteren Knaben und Jüngling gegeben haben kann als mich, zu der Zeit, wo ich in Dresden die Kreuzschule besuchte; fesselten mich vor allem griechische Mythologie und Geschichte, so war es doch gerade auch das Studium der griechischen Sprache, zu welchem ich mit fast disziplinwidrigem möglichsten Umgehen des Lateinischen, mich hingezogen fühlte. Inwieweit ich hierin regelmäßig verfuhr, kann ich nicht beurteilen; doch darf ich mich auf die durch meinen feurigen Drang mir erworbene besondere Zuneigung des hoffentlich jetzt noch lebenden Dr. Sillig, meines Lieblingslehrers in der Kreuzschule, berufen, welcher mit Bestimmtheit mir die Philologie als Fach zuwies. Wie es nun meinen späteren

Lehrern an der Nikolai- und Thomasschule in Leipzig möglich wurde, diese Anlagen und Neigungen gänzlich in mir auszurotten, dies ist mir zwar erinnerlich, auch wohl aus dem Gebaren jener Herren erklärlich; dennoch mußte ich mit der Zeit in Zweifel darüber geraten, ob jene Anlagen und Neigungen wirklich tiefer begründet sein konnten, da sie so gar bald in ihr volles Gegenteil bei mir auszuarten schienen. Nur im weiteren Gange meiner Entwickelung kam an dem steten Wiederaufkommen wenigstens jener Neigungen es mir zum Bewußtsein, daß unter einer tödlich falschen Zucht wirklich etwas in mir unterdrückt worden war. Unter den aufregungsvollsten Mühen eines von jenen Studien gänzlich ablenkenden Lebens ward es mir immer wieder zur einzig befreienden Wohltat, in die antike Welt mich zu versenken, so beschwerlich mir jetzt auch das fast gänzliche Abhandenkommen der sprachlichen Hilfsmittel hierfür geworden war. Dagegen mußte ich, wenn ich nun Mendelssohn seiner fertigen Philologie willen beneidete, mich wiederum nur darüber wundern, daß diese seine Philologie ihn nicht davon abhielt, zu Sophokleischen Dramen gerade seine Musik zu schreiben, da ich trotz meiner Unfertigkeit doch mehr Achtung vor dem Geiste der Antike hatte, als er sie hierbei zu verraten schien. Auch noch andere Musiker habe ich kennengelernt, welche fertige Griechen geblieben waren, bei ihrem Kapellmeistern, Komponieren und Musizieren dennoch gar nichts damit anzufangen wußten, während ich (sonderbarerweise) aus der so schwer mir zugänglichen Antike ein Ideal für meine musische Kunstanschauung mir herausarbeitete. Dem sei nun wie ihm wolle: in mir entstand das dumpfe Gefühl davon, daß der Geist der Antike am Ende ebensowenig in der Sphäre unserer griechischen Sprachlehrer liege, als z. B. das Verständnis der französischen Kultur und Geschichte bei unseren französischen Sprachlehrern als nötige Beigabe vorausgesetzt sein kann. Dagegen behauptet nun aber der Dr. phil. U. W. von Möllendorff, daß es ganz ernstlich der Zweck der philologischen Wissenschaft sei, Deutschlands Jugend dahin abzurichten, »daß ihr das klassische Altertum jenes einzig Unvergängliche gewähre, welches die

Gunst der Musen verheißt, und in dieser Fülle und Reinheit allein das klassische Altertum geben kann, den Gehalt in ihrem Busen und die Form in ihrem Geist«.

Von diesen herrlichen Schlußworten seines Pamphlets noch ganz entzückt, blicke ich mich nun im neuerstandenen deutschen Reiche nach dem unzweifelhaft offen daliegenden Erfolge der segensreichen Wirksamkeit der Pflege dieser philologischen Wissenschaft um, welche, so vollständig ungestört und unnahbar in sich abgeschlossen, nach ihren von nirgendsher bestrittenen Maximen die deutsche Jugend bisher anleiten durfte. Zuerst dünkte es mich nun auffallend, daß alles, was bei uns von der Gunst der Musen als abhängig sich kundgibt, also unsere gesamte Künstler- und Dichterschaft, ganz ohne alle Philologie sich behilft. Jedenfalls scheint der Geist gründlicher Sprachkenntnis überhaupt, wie er doch von der Philologie als Grundlage aller klassischen Studien ausgehen soll, sich nicht auf die Behandlung der deutschen Muttersprache erstreckt zu haben, da man durch den immer üppiger anwachsenden Jargon, welcher aus unseren Zeitungen sich bis in die Bücher unserer Kunst- und Literaturgeschichtsschreiber ausbreitet, bald bei jedem zu schreibenden Worte in die Lage kommen wird, sich erst mühsam besinnen zu müssen, ob dieses Wort einer wirklichen deutschen Sprachbildung angehöre, oder nicht etwa einem Wiskonsiner Börsenblatte entnommen sei. – Doch, wenn es auf dem schöngeistigen Felde bedenklich aussieht, könnte man sich immer sagen, damit habe die Philologie nichts zu tun, indem sie unter den Musen weniger den künstlerischen als den wissenschaftlichen sich zum Dienst verpflichtet wisse. Jedenfalls müßten wir dann bei den Fakultäten unserer Hochschulen ihre Wirksamkeit antreffen? Theologen, Juristen und Mediziner leugnen aber, mit ihr zu tun zu haben. Somit sind es also wohl nur die Philologen selbst, welche sich gegenseitig instruieren, und vermutlich einzig zu dem Zwecke, immer wieder nur Philologen abzurichten, d. h. also doch wohl nur Gymnasiallehrer und Universitätsprofessoren, welche dann wieder Gymnasiallehrer und Universitätsprofessoren herauszubilden haben? Ich kann das begreifen; es heißt da, die Reinheit der Wissenschaft aufrecht und vor dieser Wissenschaft den Staat immer so in Respekt zu erhalten, daß bedeutende Besoldungen für philologische Professoren u. s. w. ihm stets zur Gewissenspflicht gemacht bleiben. Aber nein! Dr. phil. U. W. v. M. behauptet ausdrücklich, es handle sich darum, die deutsche Jugend durch allerhand »asketische« Prozeduren für »jenes einzig Unvergängliche« fertig zu machen, welches »die Gunst der Musen« verheißt. Also muß doch in der Philologie die Tendenz einer höheren, das ist: wirklich produktiven Bildung liegen? Sehr vermutlich, – so denke ich mir! Nur daß durch einen sonderbaren Prozeß, in welchen ihre Disziplin geraten ist, diese Tendenz einer völligen Zersetzung verfallen zu sein scheint. Denn so viel ist ersichtlich, daß die heutige Philologie auf den allgemeinen Stand der deutschen Bildung gar keinen Einfluß ausübt, während die theologische Fakultät uns Pfarrer und Konsistorialräte, die juristische Richter und Anwälte, die medizinische Ärzte liefert, lauter praktisch nützliche Bürger, liefert die Philologie immer nur wieder Philologen, welche rein nur sich unter sich selbst von Nutzen werden.

Man sieht, die indischen Brahmanen waren nicht erhabener gestellt, und darf man daher von ihnen wohl dann und wann ein Gotteswort erwarten. Und wirklich erwarten wir dies: wir erwarten nämlich, daß einmal aus dieser wundervollen Sphäre ein Mensch heraustrete, um ohne Gelehrtensprache und gräßliche Zitate uns zu sagen, *was* denn die Eingeweihten unter der Hülle ihrer uns Laien so unbegreiflichen Forschungen gewahr werden, und ob dieses der Mühe der Unterhaltung einer so kostbaren Kaste wert sei. Aber das müßte dann etwas Rechtes, Großes und weithin Bildendes sein, nicht dieses elegante Schellengeklingel, mit dem wir ab und zu in den beliebten Vorlesungen vor »gemischter« Zuhörerschaft abgefertigt werden. Dieses Große, Rechte, was wir erwarten, scheint nun aber sehr schwer auszusprechen zu sein; hier muß eine sonderbare, fast unheimliche Scheu herrschen, als ob man befürchte, gestehen zu müssen, daß, wenn man einmal ohne alle die geheimnisvollen Attribute der philologischen Wichtigkeit, ohne alle Zitate, Noten und gehörigen gegenseitigen Bekomplimentierungen großer und kleiner Fachgenossen einfach den Inhalt aller dieser Zurüstung an den Tag legen wollte, eine betrübende Armseligkeit der ganzen Wissenschaft, wie sie ihr etwa zueigen geworden wäre, aufgedeckt werden müßte. Ich kann mir denken, daß für den, der so etwas unternehmen würde, nichts übrig bleiben dürfte, als aus dem rein philologischen Fache in bedeutender Weise hinauszugreifen, um Belebung ihres unergiebigen Inhaltes aus den Quellen menschlicher Erkenntnis herbeizuholen, welche bisher vergebens wiederum auf Befruchtung durch die Philologie warteten.

Vermutlich würde es nun aber einem Philologen, der sich zu solcher Tat entschlösse, etwa so ergehen, wie es Ihnen, werter Freund, jetzt ergeht, nachdem Sie sich zu der Veröffentlichung Ihrer tiefsinnigen Abhandlung über die Herkunft der Tragödie entschlossen haben. Auf den ersten Blick ersahen wir hier, daß wir es mit einem Philologen zu tun hatten, der zu uns, nicht aber zu den Philologen spreche; deswegen ging uns denn auch einmal das Herz auf und wir faßten einen Mut, welchen wir durch die Lektüre der gewöhnlichen, so zitatenreichen und so tödlich inhaltsarmen philologischen Abhandlungen, z. B. über Homer, die Tragiker u. dgl., bereits gänzlich verloren hatten. Diesmal hatten wir Text, aber keine Noten; wir blickten von der Bergeshöhe in die weiten Ebenen hinaus, ohne von dem Geprügel der Bauern in der Schenke unter uns gestört zu werden. Aber es scheint, nachträglich soll uns nichts geschenkt sein: die Philologie bleibt dabei, Sie stünden auf ihrem Boden, seien daher keinesweges ein Emanzipierter, sondern nur ein Abtrünniger, und die Notenprügel seien Ihnen, wie uns, nicht zu erlassen. Wirklich ist der Hagel hereingebrochen: ein Dr. phil. hat zu dem gehörigen philologischen Donnerkeile gegriffen. Doch leben wir jetzt in der Jahreszeit, wo solch ein Unwetter bald vorübergeht; solange es wütet, bleibt ein Vernünftiger wohl ruhig zu Hause; dem losgelassenen Stiere weicht man aus und hält es mit Sokrates für absurd, den Huftritt des Esels mit einem mensch-

lichen Fußtritte erwidern zu wollen. Doch uns, die wir dem Vorgange nur zuschauten, bleibt etwas zur Erklärung übrig, da wir nicht alles an ihm verstanden.
Deshalb wende auch ich mich eben mit Fragen an Sie.
Wir haben nicht geglaubt, daß es im »Dienste der Musen« so grob hergehe, und daß ihre »Gunst« eine solche Ungebildetheit zurücklasse, wie wir sie hier an einem »jenes einzig Unvergängliche« Besitzenden wahrnehmen mußten. Ein klassischer Sprachgelehrter, der einem »meinthalben« in demselben Satze noch ein »meinthalb« nachschickt, erscheint uns noch fast wie ein vom Biere zum Schnaps taumelnder Berliner Eckensteher aus der alten Zeit: genau dieses gibt uns aber der Dr. phil. U. W. v. M., pag. 18 seines Pamphlets zum besten. Wer nun nichts von Philologie versteht, wie wir, weicht allerdings ehrfurchtsvoll den Behauptungen eines solchen Herren aus, wenn sie sich auf ungeheuere Zitate aus dem Dokumentenarchive der Zunft stützen; aber wir geraten in den vollsten Zweifel, nicht etwa an der Unabsichtlichkeit des Nichtverständnisses Ihrer Schrift seitens jenes Gelehrten, sondern an seiner einfachsten Befähigung, nur überhaupt das Allerklarste zu verstehen, wenn er z. B. den Sinn Ihres Goetheschen Zitates: »Das ist deine Welt! das heißt eine Welt!« dahin auffaßt, als führten Sie diese Worte im optimistischen Sinne an, und Ihnen deshalb (mit Entrüstung darüber, daß Sie nicht einmal Goethe verstehen könnten!) erklären zu müssen glaubt, daß »Faust so in bitterer Ironie frage«. Wie soll man so etwas nennen? Eine auf öffentlichem, literarischem Wege vielleicht schwer zu beantwortende Frage!
Mir, für mein Teil, tut eine solche Erfahrung, wie ich sie an dem vorliegenden Falle mache, herzlich leid. Sie wissen, mit welchem Ernste ich noch in meiner Abhandlung über »Deutsche Kunst und Deutsche Politik« vor einigen Jahren für die Pflege der klassischen Studien mich ereiferte und einer immer übeleren Wendung unserer nationalen Bildung aus der zunehmenden Vernachlässigung derselben von seiten unserer Künstler und Literaten entgegensehen zu müssen glaubte. Was nützt es aber nun, wenn man sich auf dem Felde der Philologie Mühe gibt?

Dem Studium J. Grimms entnahm ich einmal ein altdeutsches »Heilawac«, formte es mir, um für meinen Zweck es noch geschmeidiger zu machen, zu einem »Weiawaga« (einer Form, welche wir heute noch in »Weihwasser« wiedererkennen), leitete hiervon in die verwandten Sprachwurzeln »wogen« und »wiegen«, endlich »wellen« und »wallen« über und bildete mir so, nach der Analogie des »Eia popeia« unserer Kinderstubenlieder, eine wurzelhaft syllabische Melodie für meine Wassermädchen. Was begegnet mir? Von unserer journalistischen Straßenjugend werde ich bis in die »Augsburger Allgemeine« hinein verhöhnt, und es begründet nun ein Dr. phil. auf dieses ihm sprichwörtlich gewordene »wigala weia« – wie er es anführt – seine Verachtung vor meiner »s. g. Poesie«! Und dies geschieht alles mit der urdeutschen Orthographie seines Pamphlets, während andererseits kein affektiertes Theaterstückmachen unserer Modeliteraten fade und leicht genug ist, um z. B. von philologischen Erklärern des Nibelungenmythus (wie ich dies kürzlich antraf) nicht für bewundernswerte Abschlüsse der alten Volkspoesie angesehen zu werden.
In Wahrheit, mein Freund, Sie sind uns hierüber einige Aufklärungen schuldig. Sie treffen in denen, welche ich *wir* nenne, nämlich auf solche, die von der schwärzesten Sorge für die *deutsche Bildung* erfüllt sind. Was diese Sorge vermehrt, liegt in dem sonderbar günstigen Rufe, in welchem diese Bildung bei den mit ihrem einstigen Blütenansatze spät erst bekannt gewordenen Ausländern steht, und der auf uns wie mit narkotischer Betäubung, bis zu welcher wir uns gegenseitig beräuchern, zurückwirkt. Gewiß hat jedes Volk einen Keim zur Kretinisierung in sich: bei den Franzosen sehen wir, daß der Absinth jetzt dort fertig bringt, was die Akademie eingeleitet hat, nämlich, daß über alles Unverstandene, und deshalb von dieser Akademie aus der nationalen Bildung Ausgeschiedene, endlich wie von albernen Kindern nur noch gelacht wird. Nun hat zwar unsere Philologie noch nicht die Macht jener Akademie, auch ist unser Bier nicht in der Weise gefährlich wie der Absinth; dennoch dürften andere Eigenschaften des Deutschen hinzutreten, die,

wie seine Scheelsucht und dieser entsprechende hämische Begeisterungslust, verbunden mit einer um so verderblicheren Unwahrhaftigkeit, als ihr aus alten Zeiten der Anschein von Biederkeit anhaftet, so sehr bedenklicher Natur sind, daß die uns abgehenden Gifte durch sie nicht unleicht sich ersetzen dürften.

Wie steht es um unsere deutschen Bildungsanstalten?

Darnach fragen wir gerade Sie, der Sie so jung berufen und von einem ausgezeichneten Meister der Philologie vor vielen bevorzugt wurden, den Lehrstuhl einzunehmen, und hier sich schnell ein so bedeutendes Vertrauen erwarben, daß Sie es wagen konnten, mit kühner Festigkeit aus einem vitiosen Zusammenhange herauszutreten, um mit schöpferischer Hand auf seine Schäden zu deuten.
Wir geben Ihnen hierzu Zeit. Nichts drängt Sie, am wenigsten wohl jener Dr. phil., welcher Sie einlädt, von Ihrem Lehrstuhle herabzusteigen, was Sie gewiß selbst aus Gefälligkeit gegen diesen Herren nicht tun würden, weil voraussichtlich wohl gerade er dort, wo Sie gewirkt, nicht zum Nachfolger erwählt werden dürfte. Was wir von Ihnen erwarten, kann nur die Aufgabe eines ganzen Lebens sein, und zwar des Lebens eines Mannes wie er uns auf das höchste nottut, und als welchen Sie allen denen sich ankündigen, welche aus dem edelsten Quelle des deutschen Geistes, dem tief innigen Ernste in allem, wohin er sich versenkt, Aufschluß und Weisung darüber verlangen, welcher Art die deutsche Bildung sein müsse, wenn sie der wiedererstandenen Nation zu ihren edelsten Zielen verhelfen soll.

Von Herzen grüßt sie der Ihrige

Bayreuth, 12. Juni 1872. Richard Wagner

BRIEFE NIETZSCHES
AN RICHARD WAGNER
Januar 1872 - September 1876

Basel, 24. Januar 1872

Mein verehrter Meister, soeben habe ich einen Brief an Ihre Frau Gemahlin abgesandt; es ist kaum eine Stunde nach Ihrer Abreise von Basel, so daß ich hoffen kann, wie schon morgen früh die gute Nachricht in Tribschen ist.

Es scheint jetzt der Moment zu sein, in dem der Bogen endlich gespannt wird – nachdem er lange mit schlaffen Sehnen da hing. Daß Sie es aber auch sein müssen, der dies tut! Daß doch alles zuletzt auf Sie zurückgeht! Ich empfinde meine jetzige Existenz als einen Vorwurf und frage Sie aufrichtig an, ob Sie mich brauchen können. Außer dieser Anfrage wüßte ich augenblicklich nichts zu berichten – aber viel, sehr viel zu wünschen, zu hoffen, mein verehrter Meister!

In Treue Ihr Friedrich Nietzsche

Basel, Mitte November 1872

Geliebter Meister, nach allem, was mir in der letzten Zeit widerfahren ist, habe ich wahrhaftig am allerwenigsten ein Recht, irgendwie mißmutig zu sein, denn ich lebe wirklich inmitten eines Sonnensystems von Freundesliebe, trostvollem Zuspruch und erquickenden Hoffnungen. Doch gibt es einen Punkt, der mich augenblicklich sehr beunruhigt: unser Wintersemester hat begonnen und ich habe gar keine Studenten! Unsre Philologen sind ausgeblieben! Es ist eigentlich ein *Pudendum* und ängstlich vor aller Welt zu verschweigen. Ihnen, geliebter Meister, erzähle ich es, weil Sie alles wissen sollen. Das Faktum ist nämlich so leicht zu erklären – ich bin unter meiner Fachgenossenschaft plötzlich so verrufen geworden, daß unsre kleine Universität Schaden leidet! Das quält mich sehr, weil ich wirklich derselben sehr ergeben und dankbar bin und am allerwenigsten ihr schaden möchte; jetzt aber feiern meine philologischen Kollegen, auch der Ratsherr Vischer, etwas, was er in seiner ganzen akademischen Laufbahn noch nicht erlebt hat. Bis zum letzten Halbjahr war die Philologenzahl immer im Wachsen – jetzt plötzlich wie weggeblasen! Doch entspricht es dem, was mir aus andern Universitätsstädten zu Ohren kommt. Leipzig natürlich blüht wieder in Scheelsucht und Dünkel, alles verurteilt mich und selbst diejenigen, »die mich kennen«, kommen nicht über den Standpunkt hinaus, mich wegen dieser »Absurdität« zu bemitleiden. Ein von mir sehr geachteter Philologieprofessor in Bonn hat seine Studenten einfach damit beschieden, mein Buch sei »barer Unsinn«, mit dem man rein nichts anfangen könne; jemand, der so etwas schreibe, sei wissenschaftlich tot. So ist mir denn auch von einem Studenten berichtet worden, der erst nach Basel kommen wollte, dann in Bonn zurückgehalten wurde und nun an einen Baseler Verwandten schrieb, er danke Gott, nicht an eine Universität gegangen zu sein, wo *ich* Lehrer sei. Glauben Sie nun, daß *Rohdes* edelmütige Tat etwas anderes erzeugen wird als Haß und Mißgunst zu verdoppeln und gegen uns zwei zu richten? Das nämlich erwarten wir, Rohde und ich, mit der größten Bestimmtheit. Das wäre aber allenfalls noch zu ertragen, aber der einer kleinen Universität von mir erwiesene Schaden, einer Universität, die mir viel Vertrauen geschenkt hat, schmerzt mich sehr und dürfte auf die Dauer mich zu Entschlüssen drängen, die bei mir schon aus andern Rücksichten immer von Zeit zu Zeit einmal auftauchen. – Übrigens kann ich dieses Winterhalbjahr gut benutzen, da ich jetzt nur noch, als einfacher Schulmeister, auf das Pädagogium angewiesen bin.

Das also war der »dunkle Punkt«, sonst nämlich ist alles Licht und Hoffnung. Ich müßte ein sehr moroser Maulwurf sein, wenn ich nicht durch solche Briefe, wie Sie sie mir schicken, zum Freudesprung begeistert würde. Also Sie kommen! Ich preise mein Glück und den Zahnarzt, denn diese Überraschung hätte ich nie zu träumen gewagt. Wollen Sie es diesmal vielleicht mit den »Drei Königen« versuchen? Ich halte sie für besser als Euler,

in diesem Sommer habe ich mit meiner Schwester dort gegessen und einen sehr vergnügten Tag mit Fräulein von Meysenbug und dem Brautpaar Herzen-Monod verlebt.
Ihre herrliche Schrift über Schauspieler und Sänger hat bei mir wieder die Sehnsucht erregt, es möge jemand einmal aus Ihren ästhetischen Forschungen und Feststellungen einen zusammenfassenden Bericht machen, um zu zeigen, daß inzwischen sich die ganze Kunstbetrachtung so verändert, vertieft und bestimmt hat, daß von der traditionellen »Ästhetik« im Grunde nichts mehr übrig bleibt. Ich hatte auf dem Splügen gerade auch über die choreographische Bestimmtheit der griechischen Tragödie nachgedacht, über den Zusammenhang der Plastik mit der Mimik und Gruppenbildung der Schauspieler: gerade auch dies glaubte ich erkannt zu haben, wie viel Äschylus selbst jenes *Beispiel* gegeben hat, von dem Sie reden: so daß selbst in unsren Texten durch wundersame Zahlensymmetrien sich Symmetrien der Bewegung erraten lassen; und ich knüpfte an Ihre Tragödien die herrliche Hoffnung, daß von hier aus Maß, Ziel und Regel für einen deutschen Stil der Bewegung, der plastischen Wirklichkeit sich finden müsse. Mit diesen vorbereitenden Gedanken las ich Ihre Schrift wie eine Offenbarung. –
Nun kam Rohdes Schrift: nicht wahr, ich hatte ein Recht zu behaupten, nach dem Erscheinen des Pamphlets, daß ich selbst im kleinsten Nebenpunkte recht habe? Es ist doch immer hübsch, wenn man dies dann durch einen zweiten bewiesen liest. Denn mitunter wird man gegen sich selbst mißtrauisch, wenn die ganze Fachgenossenschaft so einmütig in feindseligem Widerspruche ist. Was hat aber der arme Freund leiden müssen, um sich so lange mit einem solchen »Troßbuben« herumzuschlagen! Wenn er es ausgehalten hat, so hat ihm der Hinblick auf Sie, geliebter Meister, den Mut und die Kraft gegeben. Wir sind nun beide so glücklich, *ein* Vorbild zu haben – und wie beneidenswert stehe ich da, einen solchen Freund wie Rohde zu besitzen, nicht wahr?
Als *Kuriosum* erzähle ich noch, daß ich neulich von einem Musiker über einen *Operntext* zu Rate gezogen wurde, im Grunde mit

dem Wunsche, ich möge ihn selbst machen. Ich habe ihm eine weise Epistel geschrieben und sehr abgeraten: dagegen solle er eine gute *Kantate* komponieren, nämlich die »Walpurgisnacht« Goethes noch einmal, *nur besser als Mendelssohn!* Ob er wohl folgen wird? – Das Ganze ist aber doch sehr spaßhaft. –
In der Hoffnung, daß Sie, bei Ihrer Wanderung im lieben niederträchtigen Deutschland, den bewährten Bayreuther Glücksgriff haben, und mit dem Wunsche, recht bald eine Weisung zu erhalten, was etwa für Ihren hiesigen Aufenthalt vorzubereiten wäre, sage ich Ihnen heute von ganzem Herzen Lebewohl! und auf Wiedersehn!

Ihr alter Getreuer F. N.

Basel, den 18. April 1873

Verehrtester Meister, ich lebe in fortwährendem Angedenken an die Bayreuther Tage dahin, und das viele in kürzester Zeit neu Gelernte und Erfahrene breitet sich in immer größerer Fülle vor mir aus. Wenn Sie nicht zufrieden mit mir bei meiner Anwesenheit schienen, so begreife ich es nur zu gut, ohne etwas daran ändern zu können, denn ich lerne und perzipiere sehr langsam und erlebe dann in jedem Moment bei Ihnen etwas, woran ich nie gedacht habe und was mir einzuprägen mein Wunsch ist. Ich weiß es recht wohl, teuerster Meister, daß Ihnen ein solcher Besuch keine Erholung sein kann, ja mitunter unerträglich sein muß. Ich wünschte mir so oft wenigstens den Anschein einer größeren Freiheit und Selbständigkeit, aber vergebens. Genug, ich bitte Sie, nehmen Sie mich nur als Schüler, womöglich mit der Feder in der Hand und dem Hefte vor sich, dazu als Schüler mit einem sehr langsamen und gar nicht versatilen Ingenium. Es ist wahr, ich werde täglich melancholischer, wenn ich so recht fühle, wie gern ich Ihnen irgendwie helfen, nützen möchte und wie ganz und gar unfähig ich dazu bin, so daß ich nicht einmal etwas zu Ihrer Zerstreuung und Erheiterung beitragen kann.
Oder vielleicht doch einmal, wenn ich das ausgeführt habe, was ich jetzt unter den Händen habe, nämlich ein Schriftstück gegen

den berühmten Schriftsteller David *Strauß*. Ich habe dessen »alten und neuen Glauben« jetzt durchgelesen und mich ebenso über die Stumpfheit und Gemeinheit des Autors wie des Denkers verwundert. Eine schöne Sammlung von Stilproben der abscheulichsten Art soll öffentlich einmal zeigen, wie es mit diesem angeblichen »Klassiker« steht.

In meiner Abwesenheit ist die Schrift meines Hausgenossen *Overbeck* »Über die Christlichkeit unserer Theologie« tüchtig vorgerückt, sie hat einen so offensiven Charakter gegen alle Parteien, und ist andererseits so unwiderlegbar und so ehrlich, daß auch er, nach ihrer Veröffentlichung, verfemt sein wird, als einer, nach Prof. Brockhausens Ausdrucke, der »seine Karriere ruiniert hat«. Basel wird allmählich recht anstößig.

Vom Freunde Rohde habe ich mich in Lichtenfels getrennt (in dessen Bahnhofsrestauration Ihre Büste stand). Wir machten am Ostersonntag noch einen Morgenspaziergang miteinander, nach Vierzehnheiligen, das eine Stunde von Lichtenfels entfernt ist. Nicht wahr, ich habe doch vortreffliche Freunde?

Der verehrungswürdigsten Frau Gemahlin schicke ich heute, mit den besten Grüßen, den Paulus von Rénan; die versprochene Schrift von Paul de Lagarde werde ich zusammen mit der Overbeckschen, wenn diese fertig ist, ankommen lassen.

Es tut mir so leid, daß wir den Dekan nicht noch einmal gesehen haben.

Leben Sie wohl! Leben Sie wohl, teuerster Meister, mit Ihrem ganzen Hause.

Ihr getreuer Friedrich Nietzsche

Basel, 20. Mai 1873

Geliebter Meister, nun sind es wirklich zwei Menschenalter, daß die Deutschen Sie haben – und gewiß gibt es viele, die, wie ich samt meinen Freunden, den nächsten Himmelfahrtstag als den Tag Ihrer Erdenfahrt feiern, zugleich sich sagend, welches das Los eines jeden zur Erde fahrenden Genius sein wird, ein Los, das wahrlich noch mehr an eine Höllenfahrt erinnert. Ein solcher Tag sollte aber nicht von vielen, sondern von allen gefeiert

werden, und das ist wirklich immer das Schmerzlichste, daß die Menschen sich so unglaublich langsam zur Dankbarkeit anschicken, und daß erst nach zwei Generationen eine blasse Ahnung dieser höchsten Dankbarkeits-Verpflichtung gefühlt wird. Was wären wir denn, wenn wir Sie nicht haben dürften, und was wäre ich zum Beispiel anderes (wie ich jeden Augenblick empfinde) als ein totgebornes Wesen! Mich schaudert immer bei dem Gedanken, ich könnte vielleicht abseits von Ihnen liegen geblieben sein: und dann lohnte sich wahrlich nicht zu leben, und ich wüßte gar nicht, was ich mit der nächsten Stunde beginnen sollte. Jetzt lernte ich doch eins: daß irgendwann die Deutschen anfangen müssen, für Sie ein »Publikum« zu bilden: und ich wünsche samt meinen Freunden zu diesem Publikum gerechnet zu werden. Freilich gehören wir mehr zur dritten als zur zweiten Generation und kommen somit spät genug. Das wiedergutzumachen, müssen wir's recht ernst nehmen mit unsrer Aufgabe, Publikum zu sein: damit wir von der dumpfen Ahnung zur Klarheit kommen, zu begreifen, weshalb Ihr Genius gerade zu den Deutschen gekommen ist.
Hier in Basel werden wir dies feiern, denn hier haben Sie wirklich eine kleine Schule. Da gibt es meinen Freund Gersdorff (seit vorgestern hier), Overbeck, Romundt, dann des letzteren Freund Rée, der auch diesen Sommer hier bleibt, dann ein paar Studenten, die gläubig auf mich hören, wenn ich von Ihnen erzähle. Daß Overbeck jetzt mit der Fritzschischen Signatur auftritt, ist himmlisch, und ich danke Ihnen von Herzen, dies möglich gemacht zu haben. Ich wollte Ihnen aber eigentlich mit der Zusendung meines Anti-Strauß danken, der seit Wochen in der ersten Niederschrift fertig ist. Aber jetzt, in der ersten Not des neuen Semesters, geht es mit der Umarbeitung langsam, zumal ich sehr an plötzlicher und schmerzhafter Augenschwäche leide und besorgt genug bin. Ich hatte gehofft, Ihnen zum Geburtstag mein Manuskript schicken zu können, aber es ging nicht, und ich bitte Sie, mir noch ein Weilchen Zeit zu geben. Inzwischen sende ich Ihnen und der verehrtesten Frau Gemahlin meine herzlichsten Grüße; und wenn das ganze Haus Sie feiert

und die guten Kinder gratulieren, so denken Sie, daß wir hier in der Ferne Neunte Symphonie und Kaisermarsch spielen und mitfeiern und mitgratulieren.

Ihr treulich ergebener Gratulant Friedrich Nietzsche

Basel, den 24. Mai 1875

Meine Wünsche kommen hinterdrein gehinkt, Sie müssen es schon einmal verzeihen, geliebter Meister. Ich gedenke dabei meiner leiblichen Unsicherheit und Schwäche, und bewundere Ihre Rüstigkeit, mit der Sie sich in den letzten Jahren durch das Gewirr von neuen Aufgaben, Beschwerden, Ärger, Ermüdung hindurchgeschlagen haben; so daß ich nicht einmal das Recht habe, Ihnen in dieser Beziehung irgend etwas anzuwünschen. (Wenn ich doch lieber etwas von Ihnen lernen könnte!) Ich habe immer, wenn ich an Ihr Leben denke, das Gefühl von einem *dramatischen* Verlaufe desselben: als ob Sie so sehr Dramatiker seien, daß Sie selber nur in dieser Form leben und jedenfalls erst am Schlusse des fünften Aktes sterben könnten. Wo alles zu einem Ziele hin drängt und stürmt, da weicht der Zufall aus, er fürchtet sich, scheint es. Alles wird notwendig und ehern, bei der größten Bewegtheit: so, wie ich Ihren Ausdruck auf dem schönen Medaillon wiederfinde, mit dem ich neulich beschenkt worden bin. Wir andern Menschen flackern immer etwas, und so bekommt nicht einmal die Gesundheit etwas Stetiges.
Nun will ich nur erzählen, daß ich eine merkwürdig schöne Prophezeiung gefunden habe, welche ich Ihnen gerne zu Ihrem Geburtstage hätte schicken mögen. Sie lautet so:

O heilig Herz der Völker, o Vaterland!
Allduldend gleich der schweigenden Mutter Erd'
und allverkannt, wenn schon aus deiner
Tiefe die Fremden ihr Bestes haben.

Sie ernten den Gedanken, den Geist von dir,
Sie pflücken gern die Traube, doch höhnen sie
die ungestalte Rebe, daß du
schwankend den Boden und wild umirrest.

Du Land des hohen ernsteren Genius!
Du Land der Liebe! Bin ich der Deine schon,
oft zürnte ich weinend, daß du immer
blöde die eigene Seele leugnest.
Noch säumst und schweigst du, sinnest ein freudig Werk,
das vor dir zeuge, sinnest *ein neu Gebild,*
das einzig, wie du selber, das aus
Liebe geboren, und gut, wie du, sei.
Wo ist dein Delos, wo dein Olympia,
daß wir uns alle finden am höchsten Fest?
Doch wie errät dein Sohn, was du den
Deinen, Unsterbliche, längst bereitest? –

Das sagt alles der arme Hölderlin, dem es nicht so gut wurde wie mir und der es nur in der Ahnung trug, was wir trauen und schauen werden.

Wahrhaftig, geliebter Meister, Ihnen zum Geburtstag schreiben, heißt immer nur: *uns* Glück wünschen, *uns* Gesundheit wünschen, um an Ihnen recht teilnehmen zu können. Denn ich sollte wirklich meinen: es ist das Kranksein, und der in der Krankheit lauernde Egoismus, wodurch sie gezwungen werden, immer an sich zu denken: während der Genius, in der Fülle seiner Gesundheit, immer nur an die andern denkt, unwillkürlich segnend und heilend, wo er nur seine Hand hinlegt. Jeder kranke Mensch ist ein Schuft, las ich neulich; und woran sind die Menschen nicht alles krank! Auf Ihren Reisen durch Deutschland werden Sie manches gehört haben, z. B. von der ganz allgemeinen Krankheit des »Hartmannianismus«.

Leben Sie wohl, verehrter Meister, und bleiben Sie das, was wir nicht sind, gesund.

Treuergeben Ihr Friedrich Nietzsche

[Entwurf] Basel, Juli 1876

Hier, geliebtester Meister, ist eine Art von Bayreuther Festpredigt. Ich habe den Mund nicht halten können und mehreres heraussagen müssen. Denen, welche sich jetzt *freuen,* werde ich

die Freude gewiß vermehrt haben – das ist heute mein Stolz und mein Vertrauen. Wie Sie selber diese Bekenntnisse aufnehmen werden, kann ich diesmal gar nicht erraten.
Meine Schriftstellerei bringt für mich die unangenehme Folge mit sich, daß jedesmal, wenn ich eine Schrift veröffentlicht habe, irgend etwas in meinen persönlichen Verhältnissen in Frage gestellt wird und erst wieder, mit einem Aufwand von Humanität, eingerenkt werden muß. Inwiefern ich dies heute ganz besonders empfinde, mag ich gar nicht deutlicher aussprechen. Überlege ich, was ich diesmal gewagt habe, so wird mir hinterdrein schwindlig und befangen zumute und es will mir wie dem Reiter auf dem Bodensee ergehen.
Wenn ich nur um ein weniges anders über Sie dächte, so würde ich diese Schrift nicht veröffentlicht haben. Aber Sie haben mir einmal, in Ihrem allerersten Briefe an mich, etwas vom Glauben an die deutsche Freiheit gesagt: an diesen Glauben wende ich mich heute: wie ich auch nur aus ihm den Mut finden konnte, das zu tun, was ich getan habe.
Mit ganzem, vollen Herzen Ihnen zugehörig Fr. N.

Basel, den 27. Sept. 1876

Hochverehrter Freund! Sie haben mir durch den kleinen Auftrag, welchen Sie mir erteilten, Freude gemacht: es erinnerte mich an die Tribschener Zeiten. Ich habe jetzt Zeit, an Vergangenes, Fernes wie Nahes, zu denken, denn ich sitze viel im dunkelen Zimmer, einer Atropin-Kur der Augen wegen, welche man nach meiner Heimkehr für nötig fand. Der Herbst, nach *diesem* Sommer, ist für mich, und wohl nicht für mich allein, *mehr* Herbst als ein früherer. Hinter dem großen Ereignisse liegt ein Streifen schwärzester Melancholie, aus dem man sich gewiß nicht schnell genug nach Italien oder ins Schaffen oder in beides retten kann. Wenn ich Sie mir in Italien denke, so vergegenwärtige ich mir, daß Ihnen dort die Inspiration zum Anfange der Rheingold-Musik kam. Möge es für Sie immer das Land der Anfänge bleiben! Sodann werden Sie die Deutschen eine Zeit-

lang los, und es scheint dies hie und da nötig zu sein, um etwas Ordentliches für sie tun zu können.
Sie wissen vielleicht, daß ich auch im nächsten Monat nach Italien gehe, aber nicht, wie ich meine, als in ein Land der Anfänge, sondern des Endes meiner Leiden. Diese sind wieder auf einem Höhepunkte; es ist wirklich die höchste Zeit: meine Behörden wissen, was sie tun, wenn sie mir ein ganzes Jahr Urlaub geben, obgleich dieses Opfer für ein so kleines Gemeinwesen unverhältnismäßig groß ist; sie würden mich nämlich auf eine oder die andere Weise verlieren, wenn sie mir nicht diesen Ausweg eröffneten; ich habe in den letzten Jahren, dank der Langmütigkeit meines Temperamentes, Schmerzen über Schmerzen eingeschluckt, wie als ob ich dazu und zu nichts weiterem geboren wäre. Der Philosophie, welche dies etwa lehrt, habe ich praktisch meinen Tribut in reichem Maße gezahlt. Diese Neuralgie geht so gründlich, so wissenschaftlich zu Werke, sie sondiert förmlich, bis zu welcher Grenze ich den Schmerz aushalten kann, und nimmt sich zu dieser Untersuchung jedesmal dreißig Stunden Zeit. Alle vier bis acht Tage muß ich auf eine Wiederholung dieses Studiums rechnen: Sie sehen, es ist die Krankheit eines Gelehrten; – aber nun habe ich es satt, und ich will gesund leben oder nicht mehr leben. Völlige Ruhe, milde Luft, Spaziergänge, dunkele Zimmer – das erwarte ich von Italien; mir graut davor, dort etwas sehen oder hören zu müssen. Glauben Sie nicht, daß ich morose bin; nicht die Krankheiten, nur die Menschen vermögen mich zu verstimmen, und ich habe immer die hilfbereitesten, rücksichtsvollsten Freunde um mich. Zuerst nach meiner Rückkehr den Moralisten Dr. Rée, jetzt den Musiker Köselitz, denselben, der diesen Brief schreibt; auch Frau Baumgartner will ich unter den guten Freunden nennen; vielleicht freut es Sie zu hören, daß die französische Übersetzung meiner letzten Schrift (*Richard Wagner in Bayreuth*) von der Hand dieser Frau im nächsten Monat gedruckt wird.
Käme der »Geist« über mich, so würde ich Ihnen einen Reisesegen dichten; aber dieser Storch hat sein Nest neuerdings nicht auf mir gebaut: was ihm zu verzeihen ist. So nehmen Sie denn

mit den herzlichsten Wünschen fürlieb, die Ihnen als gute Begleiter folgen mögen: Ihnen und Ihrer verehrten Frau Gemahlin, meiner »edelsten Freundin«, um dem Juden Bernays einen seiner unerlaubtesten Germanismen zu entwenden.

Treulich, wie immer der Ihrige Friedrich Nietzsche

BRIEFE NIETZSCHES ÜBER RICHARD WAGNER
1877-1888

An Carl Fuchs

Rosenlauibad, Ende Juli 1877

Lieber Herr Doktor, ich war von Rosenlaui ein paar Wochen abwesend: bei der Rückkehr fand ich mich durch Sie so reich beschenkt, daß ich zwei drei Tage laufen lassen mußte, um den Schatz ganz zu heben. Es ging mir alles so recht zu Herzen und Sinnen, was Sie schrieben; namentlich danke ich Ihnen für die Schilderung des »Abends« und der Vorbereitung dazu: ich glaube sogar, es flossen meine Tränen dabei, – was ich Ihnen nur erzähle, um zu beweisen, daß ich Ihnen *nicht sehr fern* stehe, mag geschehen und gesagt worden sein, was da wolle. Überhaupt: mir scheint doch dabei etwas Gutes herausgekommen zu sein, daß ich damals, in einer so unerquicklichen und harten Weise, mein Herz erleichterte: denn ich fühle es jetzt zu deutlich, daß meine Empfindung für Sie verändert ist, ins Hoffnungsreiche, Freudige. (Ein Skeptiker würde sagen: da sieht man, was einige Gran Unrecht in der einen Waagschale nützen können.) Das übrige wollen wir nun einer persönlichen Begegnung überlassen, welche hoffentlich nicht mehr in weiter Ferne zu suchen ist. Komme ich nach Basel (Anfang September, denke ich), so soll auch meinerseits an Volkland ein Wort gerichtet werden. Es *war* zweifelhaft, ob ich wieder zurückkehren würde: denn ich habe, noch in diesem Frühjahr, ernstlich in Erwägung ziehen müssen, ob nicht meine Baseler Stellung aufzugeben sei; auch jetzt stehe ich mit Besorgnis vor dem nächsten Winter und seiner Tätigkeit: es wird ein Versuch, ein letzter sein. Von Oktober bis Mai war ich in Sorrent, zusammen mit drei Freunden und – meinen Kopfschmerzen. Ich nenne Ihnen die verehrte Freundin, welche mütterlich dort für mich sorgte: es ist die Verfasserin der anonym erschienenen »Memoiren einer Idealistin« (bitte, *lesen* Sie dies ganz und gar ausgezeichnete Buch und geben Sie es Ihrer Frau Gemahlin!)

Ihre rhythmische Taktzählung ist ein bedeutender Fund reinen Goldes, Sie werden viele gute Münzen daraus schlagen können. Mir fiel ein, daß ich, beim Studium der antiken Rhythmik, 1870, auf der Jagd nach fünf- und siebentaktigen Perioden war und die Meistersinger und Tristan durchzählte: wobei mir einiges über Wagners Rhythmik aufging. Er ist nämlich so abgeneigt gegen das Mathematische, streng Symmetrische (wie es im kleinen der Gebrauch der *Triole* zeigt, ich meine sogar das Übermaß im Gebrauch derselben), daß er mit Vorliebe die Viertaktperioden in fünftaktige *verzögert,* die sechstaktigen in siebentaktige (in den Meistersingern, III. Akt, kommt ein Walzer vor: sehen Sie zu, ob da nicht die Siebenzahl regiert). Mitunter – aber es ist vielleicht *crimen laesae majestatis* – fällt mir die Manier Berninis ein, der auch die Säule nicht mehr einfach erträgt, sondern sie von unten bis oben durch Voluten wie er glaubt *lebendig* macht. Unter den gefährlichen Nachwirkungen Wagners scheint mir »das Lebendig-machen-wollen um jeden Preis« eine der gefährlichsten: denn blitzschnell wird's Manier, Handgriff.

Ich habe immer gewünscht, es möchte einer, der es kann, einmal Wagners verschiedne Methoden innerhalb seiner Kunst einfach beschreiben, historisch-schlicht sagen, wie er es hier, wie dort macht. Da erweckt nun das aufgezeichnete *Schema,* welches Ihr Brief enthält, alle meine Hoffnungen: gerade so einfach *tatsächlich* müßte es beschrieben werden.

Die andern, welche über Wagner schreiben, sagen im Grunde nicht mehr, als daß sie großes Vergnügen gehabt und dafür dankbar sein wollen; man lernt nichts. Wolzogen scheint mir nicht Musiker genug zu sein; und als Schriftsteller ist er zum Totlachen, mit seiner Konfusion artistischer und psychologischer Sprechweise. Könnte man übrigens, an Stelle des unklaren Wortes »Motiv«, nicht sagen »Symbol«? Etwas anderes ist's ja nicht. – Wenn Sie an Ihren »musikalischen Briefen« schreiben, so wenden Sie doch so wenig als möglich Ausdrücke aus der Schopenhauerschen Metaphysik an; ich glaube nämlich – Ver-

zeihung! ich glaube, ich *weiß* es –, daß sie falsch ist, und daß alle Schriften, welche mit ihr abgestempelt sind, bald einmal unverständlich werden möchten. Später darüber mehr, und auch dies nicht brieflich. – Über verschiedne meiner Bayreuther Eindrücke, ästhetische Grundprobleme berührend, möchte ich auch mit Ihnen mündlich mich verständigen, zum Teil mich von Ihnen beruhigen lassen. Ihren »Briefen« sehe ich mit solcher hungriger Erwartung entgegen, daß ich nicht einmal mich entscheiden kann, ob ich lieber Ihre Aufschlüsse über Beethovens Stil, Takt, Dynamik usw. *zuerst* in Händen hätte oder Ihren Lehr- und Leit*faden* durch die Nibelungen-Not (denn Not macht alles, was nibelungenhaft ist). Am allerliebsten speiste ich beide Bissen auf einmal und wollte mich dann gerne, der Boa gleich, in die Sonne legen, um still einen Monat lang zu verdauen.
Aber nun sagen die Augen: höre auf! Können Sie die Blätter noch eine Zeit entbehren? Oder ist's besser, daß ich sie gleich schicke? – Ich bleibe noch vier Wochen in Rosenlaui.
Mehr noch *nach* wie vor *Ihr* F. Nietzsche

An Mathilde Maier

Interlaken, 15. Juli 1878

Verehrtestes Fräulein, es ist nicht zu ändern: ich muß allen meinen Freunden Not machen – eben dadurch, daß ich endlich ausspreche, wodurch ich mir selber *aus* der Not geholfen habe. Jene metaphysische Vernebelung alles Wahren und Einfachen, der Kampf mit der Vernunft *gegen* die Vernunft, welcher in allem und jedem ein Wunder und Unding sehen will, – dazu eine ganz entsprechende Barockkunst der Überspannung und der verherrlichten Maßlosigkeit – ich meine die Kunst Wagners –, dies beides war es, was mich endlich krank und kränker machte und mich fast meinem guten Temperamente und meiner Begabung entfremdet hätte. Könnten Sie mir nachfühlen, in welcher reinen *Höhenluft,* in welcher milden Stimmung gegen die Menschen, die noch im Dunst der Täler wohnen, ich *jetzt* hinlebe, mehr als je

entschlossen zu allem Guten und Tüchtigen, den Griechen um hundert Schritt näher als vordem: wie ich jetzt *selber* bis ins kleinste, nach Weisheit strebend *lebe,* während ich früher nur die *Weisen* verehrte und anschwärmte – kurz wenn Sie diese Wandelung und Krisis nur nachempfinden können, oh so *müßten* Sie wünschen, etwas Ähnliches zu erleben!
Im Bayreuther Sommer wurde ich mir dessen völlig bewußt: ich flüchtete nach den ersten Aufführungen, denen ich beiwohnte, fort ins Gebirge, und dort, in einem kleinen Walddorfe, entstand die erste Skizze, ungefähr ein Drittel meines Buches, damals unter dem Titel »Die Pflugschar«. Dann kehrte ich, dem Wunsche meiner Schwester folgend, nach Bayreuth zurück und hatte jetzt die innere Fassung, um das Schwer-Erträgliche doch zu ertragen – und *schweigend,* vor jedermann! – *Jetzt* schüttele ich ab, was nicht zu *mir* gehört, Menschen, als Freunde und Feinde, Gewohnheiten, Bequemlichkeiten, Bücher; ich lebe in Einsamkeit auf Jahre hinaus, bis ich wieder, als Philosoph des *Lebens,* ausgereift und fertig verkehren *darf* (und dann wahrscheinlich muß).
Wollen Sie mir, trotz alledem, so gut bleiben, wie Sie mir waren, oder vielmehr, werden Sie es können? Sie sehen, ich bin auf einem Grad der Ehrlichkeit angelangt, wo ich nur die allerreinlichsten menschlichen Beziehungen ertrage. Halben Freundschaften und gar Parteischaften weiche ich aus, Anhänger will ich nicht. Möge jeder (und *jede*) nur sein *eigner* wirklicher Anhänger sein!
Ihnen von Herzen dankbar zugetan F. N.

An Franz Overbeck

Interlaken, Hotel Unterseen, Dienstag 3. September 1878
Es geht vorwärts, aufwärts, nach langem Versuchen und Besinnen: jetzt heißt es nur, mit Geduld und Konsequenz bis Ende September fortfahren. Freilich muß ich dabei auf Zürich, auf Dich *verzichten.* Vor wem, liebster Freund, möchte ich mich jetzt

lieber aussprechen, als vor Dir, vor wem könnte ich es! Es geht vieles in mir um. Das von außen Kommende habe ich fast nur abzuwehren. Abscheuliche Briefe. Wagners bitterböse unglückliche Polemik gegen mich im Augustheft der Bayreuther Blätter habe ich nun auch gelesen: es tat mir wehe, aber *nicht an der Stelle,* wo Wagner wollte. – Gestern machte ich einen Rechnungsabschluß über die letzten Jahre und war glücklich dabei – ich habe in fünf, sechs wesentlichen Punkten mir Freiheit und Unabhängigkeit erobert, mit großen Opfern freilich. Nun muß die Gesundheit vorwärts, dann kommt auch wieder mehr Freude. Herzlich Dir und den Deinigen ergeben F.

An Carl Fuchs

Basel, Ende Sommer 1878

Also auch Sie, lieber Herr Doktor, sind in betreff Wagners in die Krisis geraten! Nun, so werden wir wohl die ersten sein; in meinem Buche habe ich in dieser Hinsicht die größte Schonung geübt, obwohl über zwanzig Punkte zum Entsetzen aller Wagnerianer in mir die Wahrheit *fest*steht. Irgendwann wird sie auch ans Licht müssen, – aber dringend bitte ich Sie, ja nichts zu übereilen und alle Gärung erst verbrausen zu lassen, daß es auch in diesen Dingen einen edlen hellen Wein gebe! Schreiben Sie *jetzt* nicht über Wagner! Was werden Sie noch alles entdecken! Sie sind ja in der günstigsten Unabhängigkeit von Bayreuth und den andren »Richtungen«; was Wagner und Frau Wagner von Ihnen denken, muß Ihnen ganz gleichgültig sein. Wagner selbst ist *alt* und hat keinen Frühling mehr zu erwarten: die Wahrheit aber altert nicht und muß in *diesen* Dingen ihren Frühling erst noch erleben. – Eine einzige Kombination von Fähigkeiten und Kenntnissen berechtigt Sie dazu, das Charakteristische des *Stils* bei jedem der großen Meister zu *beschreiben* – zum *ersten* Male, wie ich meine. Tun Sie dies doch *zuerst* einmal *thesen*haft, aphoristisch, in der knappsten Form und mit haarscharfem Ausdruck. Ein halbes Tausend musikalischer Einzelsätze und Beobachtungen von *Ihnen,* die Quintessenzen Ihrer Erfahrungen – das gibt Ihnen Namen und Stellung.

Nur nichts Periodisches und Kleines (seien es »Briefe« oder Aufsätze für Zeitschriften), bevor Sie sich nicht erst als *Ganzes* gezeigt haben! – Verzeihung, wenn mein Wunsch, Sie endlich in der Achtung der Achtung-Verleihenden *befestigt* zu sehen, mich in meinen Ratschlägen zudringlich erscheinen läßt. – (Mein Plan, ein *»Jahrbuch der Freunde«* herauszugeben, kann vor zwei und mehr Jahren nicht in Ausführung gebracht werden: Schmeitzners Ungeduld soll mich nicht zum Toren machen. Dies *privatissime.*) Nichts liegt mir ferner als eine Konkurrenz mit so erbarmungswürdigem Zeug, wie die »Bayreuther Blätter« sind, und überhaupt – eine Orientierung nach irgendeinem Bayreuther Sehwinkel. Auch *Sie* sprechen noch von einer »Spaltung im eignen Lager«. Was geht mich jetzt ein »Lager« an!!!! Gar noch *gegen* Wolzogen! schreiben! wie konnte Ihnen das in den Sinn kommen, lieber verehrter Herr Doktor! Ich weiß mitunter nicht, wie Sie *sich* eigentlich taxieren. – Nochmals Verzeihung!

Meinen Bekannten *mißfällt* Ihr Stil in den gedruckten Sachen. Die Gründe sind: 1. Die Sätze sind viermal zu lang. 2. Sie affektieren *Gelehrtenhaftigkeit,* recht künstlerhaft, aber eine schreckliche Geschmacksverirrung (fremde wissenschaftliche Worte und Begriffe im Überfluß). 3. Die Hauptsachen kommen nicht *stark* und *stämmig* heraus, die Neben-Einfälle überwuchern sie, Sie schneiden nicht genug weg und arbeiten nicht genug um. 4. Ihr Geist liebt es, *spitz* zu werden; es ist das Geheimnis der guten Schriftsteller, *nie* für die subtilen und spitzen zu schreiben. – –

Nicht wahr, Sie verargen mir diese *epistula didactica* nicht! – Womit sollte ich auch eine solche ehrliche Mitteilung, als Ihre letzte war, vergelten, als mit Ehrlichkeit?

Ganz Ihnen ergeben F. N.

An Carl Fuchs

Nizza, Winter 1884/85

Werter und lieber Herr Doktor, glauben Sie daran, auch ohne daß ich es schriftlich bezeuge (was mir meine Augen von Jahr zu Jahr weniger erlauben –), daß nicht leicht jemand Ihren Untersuchungen und Feinheiten mit mehr Teilnahme folgen kann, als ich. *Wenn* nur »Teilnahme« ausreichte! Aber es fehlt mir an Wissen und Können nach allen den Seiten hin, wo Ihre merkwürdig vielfältige Begabung liegt. Vor allem: es vergehen Jahre, in denen mir niemand Musik macht, ich selbst eingerechnet. Das letzte, was ich mir gründlich angeeignet habe, ist Bizets Carmen – und nicht ohne viele, zum Teil ganz unerlaubte Hintergedanken über alle deutsche Musik (über welche ich beinahe so urteile wie über alle deutsche Philosophie); außerdem die Musik eines unentdeckten Genies, welches den Süden liebt, wie ich ihn liebe, und zur Naivität des Südens das Bedürfnis und die Gabe der *Melodie* hat. Der Verfall des melodischen Sinns, den ich bei jeder Berührung mit deutschen Musikern zu riechen glaube, die immer größere Aufmerksamkeit auf die *einzelne* Gebärde des Affekts (ich glaube, Sie heißen *das* »Phrase«, mein lieber Herr Doktor?), ebenfalls die immer größere Fertigkeit im Vortrage des einzelnen, in den *rhetorischen* Kunstmitteln der Musik, in der Schauspieler-Kunst, den *Moment* so überzeugend wie möglich zu gestalten: das, scheint mir, verträgt sich nicht nur miteinander, es bedingt sich beinahe gegenseitig. Schlimm genug! man muß eben alles Gute in dieser Welt etwas *zu teuer* kaufen! Das Wagnersche Wort »unendliche Melodie« drückt die Gefahr, den Verderb des Instinkts und den guten Glauben, das gute Gewissen dabei allerliebst aus. Die rhythmische Zweideutigkeit, so daß man nicht mehr weiß und wissen *soll,* ob etwas Schwanz oder Kopf ist, ist ohne allen Zweifel ein Kunstmittel, mit dem wunderbare Wirkungen erreicht werden können: der »Tristan« ist reich daran –, als Symptom einer ganzen Kunst ist und bleibt sie trotzdem das Zeichen der Auflösung. Der Teil wird Herr über das Ganze, die Phrase über die Melodie, der Augenblick über die Zeit (auch das *tempo*), das Pathos über das Ethos (Charakter, Stil, oder wie es heißen soll –), schließlich auch der *esprit* über den »Sinn«. Verzeihung! was ich wahrzunehmen glaube, ist eine Veränderung der Perspektive: man sieht das Einzelne viel zu scharf, man sieht das Ganze viel zu stumpf – und man hat den *Willen* zu dieser Optik in der Musik, vor allem man hat das *Talent* dazu! Das aber ist *décadence,* ein Wort, das, wie sich unter uns von selbst versteht, nicht verwerfen, sondern nur bezeichnen soll. Ihr Riemann ist mir ein Zeichen davon, ebenso wie Ihr Hans von Bülow, ebenso wie Sie selbst, Sie als der feinsinnigste Interpret von Bedürfnissen und Veränderungen der *anima musica,* welche, alles in allem, zuletzt doch der beste Teil von dem sein mag, was die *âme moderne* ist. Ich drücke mich verdammt schlecht aus, zum Unterschiede von Ihnen; ich meine, es gibt auch an der *décadence* eine Unsumme des Anziehendsten, Wertvollsten, Neuesten, Verehrungswürdigsten – unsre moderne Musik zum Beispiel, und wer nur nach der Art der *drei* eben Genannten ihr treuer und tapferer Apostel ist. Verzeihung, wenn ich noch hinzufüge: wovon ein Dekadenz-Geschmack am entferntesten ist, das ist der *große Stil:* zu dem zum Beispiel der Palazzo Pitti gehört, aber *nicht* die Neunte Symphonie. Der große Stil als die höchste Steigerung der Kunst der Melodie. –

Endlich ein Wort über eine ganz große theoretische Differenz zwischen uns, nämlich in Anbetracht der antiken Metrik. Freilich: ich darf heute kaum mehr über diese Dinge mitreden, – aber 1871 hätte ich's gedurft, welches Jahr ich in der erschrecklichen Lektüre der griechischen und lateinischen Metriker verbracht habe, mit einem sehr wunderlichen Resultate. Damals fühlte ich mich als den abseits gestelltesten Metriker unter allen Philologen: denn ich demonstrierte meinen Schülern die ganze Entwicklung der Metrik von Bentley bis Westphal als Geschichte eines Grundirrtums. Damals wehrte ich mich mit Händen und Füßen dagegen, daß z. B. ein deutscher Hexameter irgend etwas Verwandtes mit einem griechischen sei. Was ich behauptete, war, um bei diesem Beispiele zu bleiben, daß ein Grieche beim

Vortrage eines homerischen Verses *gar keine andern* Akzente als die Wortakzente angewendet habe, – daß der rhythmische Reiz exakt in den *Zeitquantitäten* und deren Verhältnissen gelegen habe, und *nicht,* wie beim deutschen Hexameter, im Hopsasa des Iktus: noch abgesehn davon, daß der deutsche Daktylus auch in der Zeitquantität grundverschieden vom griechischen und lateinischen ist. Denn wir sprechen »Pfingsten, das liebliche Fest, war gekommen, es grünten und blühten« mit dem *Gefühle* von , vielleicht sogar als Triolen, gewiß aber nicht zweiteilig-feierlich mit einer langen Silbe, welche die Dauer von zwei kurzen hat. Das Strengernehmen der Dauer einer Silbe war es eben, was in der antiken Welt den Vers von der Alltagsrede abhob: was bei *uns Nordländern* ganz und gar nicht der Fall ist. Es ist *uns* kaum möglich, eine rein quantitierende Rhythmik nachzufühlen, so sehr sind wir an die Affekt-Rhythmik des Stark und Schwach, des *crescendo* und *diminuendo,* gewöhnt. Von Bentley aber (*der* ist der große Neuerer, G. Hermann ist erst der zweite), ebenso von den deutschen Dichtern, welche antike Metra nachzubilden glaubten, ist ganz unschuldig unsere Art rhythmischer Sinn als einzige und »ewige« Art, als Rhythmik an sich, angesetzt worden: ungefähr wie wir allesamt geneigt sind, unsere Humanitäts- und Mitgefühls-Moral als *die* Moral zu verstehen und sie in ältere, grundverschiedene Moralen hineinzuinterpretieren. Es ist ja kein Zweifel, daß unsre deutschen Dichter »in antiken Metren« damit vielerlei rhythmische Reize in die Poesie gebracht haben, deren sie ermangelte (das Ticktack unserer *Reim*-Poeten ist auf die Dauer fürchterlich): aber ein Alter hätte nichts von *diesen* Zaubern gehört, noch weniger aber geglaubt, dabei *seine* Metra zu hören. – Unter Franzosen versteht man die Möglichkeit einer allein zeit-quantitierenden Metrik schon leichter: sie fühlen die Zahl der Silben als Zeit. – *Ecco,* der längste Brief, den ich seit Jahren geschrieben: nehmen Sie ihn als solchen und auch in jedem andern Verstande als ein Zeichen dafür, daß auch ich »die Dankbarkeit« nicht vergesse, mein werter Herr Doktor, der Sie mich nun schon zweimal mit ganz ausgesuchten Gerichten bewirtet haben. – Wo um alles in der Welt haben Sie Ihr Talent zum *causer en littérature* her? ist etwas französisches Blut in Ihren Adern? –

Schließlich ein Wort des Zorns gegen Ihren Verleger und Drucker. Wie! »Hefte«? Hefte, die nicht haften, die nicht geheftet sind! *lucus a non lucendo!* Halten Sie diesen Scherz einem alten Philologen zugute und bleiben Sie trotzdem wohlgesinnt

Ihrem ergebensten Dr. Friedrich Nietzsche, weiland Prof. der klassischen Sprachen, insgleichen der Metrik.

Lesen Sie, ich bitte, ein Buch, das wenige kennen, *Augustinus de musica,* um zu sehen, wie man damals Horazische Metren verstand und genoß, wie man dabei »taktierte«, welche Pausen man einschob usw. (Arsis und Thesis sind bloße Taktzeichen).

Meine Adresse ist, ein für allemal: Naumburg an der Saale. Von da aus wird mir alles nachgeschickt. Ich selbst bin »unstet und flüchtig« auf Erden – –

An Peter Gast

Nizza, 21. Januar 1887

Lieber Freund, es ist mir eine wahre Erleichterung, Sie wieder in Venedig zu wissen. Ihr Brief – oh, was er mir wohl tat! Es war mir wie ein Versprechen darin, daß es auch bei mir nun wieder *besser* gehen solle – besser, das heißt heller, heiterer, südlicher, unbekümmerter, hoffentlich auch »unliterarischer«: denn diese ganze In-Szenesetzung meiner alten Literatur hat mich gräulich malträtiert und »persönlich« gemacht. Ich tauge nicht fürs »Wiederkäuen« des Lebens. Jetzt ergötze und erhole ich mich an der kältesten Vernunft-Kritik, bei der man unwillkürlich blaue Finger bekommt (und folglich die Lust verliert, zu *schreiben* –). Ein Generalangriff auf den gesamten »Kausalismus« der bisherigen Philosophie kommt dabei heraus, auch einiges Schlimmere noch. –

Hätten Sie doch ein Stück Ihrer Oper zur Aufführung gebracht! Man muß, wenn man *sich* produzieren will das am meisten Charakteristische, also Fremdeste produzieren. Daß Sie dem

Levi Ihr Septett vorführten, ist, nach meinen Gefühle, mehr *Höflichkeit* als etwas anderes (etwas »Sachse« – Vergebung, alter Freund!). Das Beste an der Geschichte ist, daß Ihr Septett so aufgenommen wurde, wie Sie schreiben; hätte es gefallen, so hätte ich an eine *Verwechslung* geglaubt. –
Levi hat mir vom Frühling her den besten Eindruck hinterlassen. Auch was mir von anderer Seite inzwischen aus München gemeldet wurde, bestätigt, daß er eine Art Zusammenhang mit mir (er nennt's Dankbarkeit) weder verloren hat, noch verlieren *will:* was übrigens von allen Wagnerianern gilt (ob ich es schon mir nicht recht zu erklären weiß). Man hat mich letzten Herbst in München erwartet »mit fieberhafter Spannung«, wie Seydlitz (jetzt Präsident des Wagner-Vereins) meldete. Im Engadin, beiläufig gesagt, hatte ich als Tischnachbarin die Schwester des Barbiers von Bagdad: Sie verstehen diese abgekürzte Redeweise?
Zuletzt – neulich hörte ich zum ersten Male die Einleitung zum Parsifal (nämlich in Monte-Carlo!). Wenn ich Sie wiedersehe, will ich Ihnen genau sagen, was ich da *verstand.* Abgesehn übrigens von allen unzugehörigen Fragen (wozu solche Musik dienen *kann* oder etwa dienen *soll?*), sondern rein ästhetisch gefragt: hat Wagner je etwas *besser* gemacht? Die allerhöchste psychologische Bewußtheit und Bestimmtheit in bezug auf das, was hier gesagt, ausgedrückt, *mitgeteilt* werden soll, die kürzeste und direkteste Form dafür, jede Nuance des Gefühls bis aufs Epigrammatische gebracht; eine Deutlichkeit der Musik als deskriptiver Kunst, bei der man an einen Schild mit erhabener Arbeit denkt; und, zuletzt, ein sublimes und außerordentliches Gefühl, Erlebnis, Ereignis der Seele im Grunde der Musik, das Wagnern die höchste Ehre macht, eine Synthesis von Zuständen, die vielen Menschen, auch »höheren Menschen« als unvereinbar gelten werden, von richtender Strenge, von »Höhe« im erschreckenden Sinne des Wortes, von einem Mitwissen und Durchschauen, das eine Seele wie mit Messern durchschneidet – und von Mitleiden mit dem, was da geschaut und gerichtet wird. Dergleichen gibt es bei *Dante,* sonst nicht. Ob je ein Maler einen

so schwermütigen Blick der Liebe gemalt hat, als W. mit den letzten Akzenten seines Vorspiels? –

Treulich Ihr Freund Nietzsche

An Peter Gast

Nizza, 26. Febr. 1888

Lieber Freund, trübes Wetter, Sonntag Nachmittag, große Einsamkeit: ich weiß nichts Angenehmeres mir zu erfinden, als etwas zu und mit Ihnen zu reden. Eben merke ich, daß die Finger blau sind: meine Schrift wird nur dem errätlich sein, der die Gedanken errät ...

Was Sie über den Stil Wagners in Ihrem Briefe sagen, erinnert mich an eine eigne irgendwo geschriebene Auslassung darüber: wie sein »dramatischer Stil« nichts weiter ist als eine Spezies des *schlechten* Stils, ja sogar des *Nicht*-Stils in der Musik. Aber unsre Musiker sehn darin einen *Fortschritt* ... Eigentlich ist alles ungesagt, ja wie ich argwöhne, fast ungedacht auf *diesem* Bereiche von Wahrheiten: Wagner selber, als Mensch, als Tier, als Gott und Künstler geht tausendfach über den Verstand und Unverstand unsrer Deutschen hinaus. Ob auch über den der Franzosen? –

Ich hatte heute das Vergnügen, mit einer Antwort recht zu bekommen, wo schon die Frage außerordentlich hasardiert scheinen konnte: nämlich – »wer war bisher am besten vorbereitet für Wagner? wer war am naturgemäßesten und innerlichsten wagnerisch, trotz und ohne Wagner?« – Darauf hatte ich mir seit lange gesagt: das war jener bizarre Dreiviertels-Narr *Baudelaire,* der Dichter der *Fleurs du Mal*. Ich hatte es bedauert, daß dieser grundverwandte Geist Wagnern nicht bei Lebzeiten entdeckt habe; ich habe mir die Stellen seiner Gedichte angestrichen, in denen eine Art *Wagnerscher Sensibilität* ist, welche sonst in der Poesie keine Form gefunden hat (– Baudelaire ist *libertin,* mystisch, »satanisch«, aber vor allem wagnerisch). Und was muß ich heute erleben! Ich blättere in einer jüngst erschienenen

Sammlung von *Oeuvres posthumes* dieses in Frankreich aufs tiefste geschätzten und selbst geliebten Genies: und da, mitten unter unschätzbaren *Psychologicis* der *décadence* (*»mon coeur mis à nu«* von der Art, wie man sie im Falle Schopenhauers und Byrons *verbrannt* hat) springt mir ein unedierter Brief *Wagners* in die Augen, bezüglich auf eine Abhandlung Baudelaires in der *Revue européenne*, April 1861. Ich schreibe ihn ab:

Mon cher Monsieur Baudelaire, j'étais plusieurs fois chez vous sans vous trouver. Vous croirez bien, combien je suis désireux de vous dire quelle immense satisfaction vous m'avez preparée par votre article qui m'honore et qui m'encourage plus que tout ce qu'on a jamais dit sur mon pauvre talent. Ne serait-il pas possible de vous dire bientôt, à haute voix, comment je m'ai senti enivré en lisant ces belles pages qui me racontaient – comme le fait le meilleur poème – les impressions que je me dois vanter d'avoir produites sur une organisation si supérieure que la vôtre? Soyez mille fois remercié de ce bienfait que vous m'avez procuré, et croyez-moi bien fier de vous pouvoir nommer ami. A bien-tôt, n'est-ce pas?

Tout à vous Richard Wagner

(Wagner war damals 48 Jahre alt, Baudelaire 40: der Brief ist rührend, obschon in miserablem Französisch.)

Im selben Buche finden sich Skizzen Baudelaires, in denen er auf eine leidenschaftliche Weise Heinrich *Heine* gegen französische Kritik (Jules Janin) in Schutz nimmt. – Man hat, in der letzten Zeit seines Lebens noch, wo er halb irre war und langsam zugrunde ging, *Wagner*sche Musik wie *Medizin* an ihm angewandt; und selbst, wenn man nur Wagners Namen nannte, *»il a souri d'allégresse«*. (– Einen Brief dieser Art Dankbarkeit und selbst Enthusiasmus hat, wenn mich nicht alles trügt, Wagner nur noch einmal geschrieben: nach dem Empfang der Geburt der Tragödie.)

(Aus einem Briefe Baudelaires: »Ich wage nicht mehr von Wagner zu reden: man hat sich zu sehr über mich lustig gemacht. Diese Musik ist eine der ganz großen Freuden meines Daseins gewesen: ich habe gut fünfzehn Jahre keine solche Erhebung – vielmehr *enlèvement* – gefühlt.« –)

– Wie geht es jetzt, lieber Freund? Ich habe mir geschworen, eine

Zeitlang nichts mehr ernst zu nehmen. Auch dürfen Sie ja nicht glauben, daß ich wieder »Literatur« gemacht hätte: diese Niederschrift war *für mich;* ich will alle Winter von jetzt ab hintereinander eine solche Niederschrift *für mich* machen – der Gedanke an »Publizität« ist eigentlich ausgeschlossen.
Der Fall Fritzsch ist telegraphisch in Ordnung gebracht. – Herr Spitteler hat geschrieben, nicht übel, sich für seine »Unverschämtheit« (– so sagt er selbst) entschuldigend.
Der Winter ist hart; es fehlt mir aber augenblicklich nichts, es wäre denn eine göttliche und stille Musik, *Ihre* Musik, lieber Freund! Ihr N.
Die Zeitungen und Zeitschriften, welchen Fritzsch durch ein artiges Zirkular letzten Herbst ein Gesamt-Exemplar meiner Schriften angeboten hatte, zum Zweck einer Besprechung, haben ihm samt und sonders nicht geantwortet. –
Overbecks Vater ist gestorben, 84 Jahre alt. Overbeck selbst ist dazu nach Dresden gereist: wie ich fürchte, zum Nachteil seiner eignen Gesundheit, die diesen Winter wieder Schwierigkeiten macht.
Schneestürme überall, Eisbär-Humanität.

An Carl Fuchs

Turin, 27. Dezember 1888

Alles erwogen, lieber Freund, hat es von jetzt ab keinen Sinn mehr, *über* mich zu reden und zu schreiben; ich habe die Frage, *wer ich bin,* mit der Schrift, an der wir drucken, *»Ecce homo«,* für die nächste Ewigkeit *ad acta* gelegt. Man soll sich fürderhin nie um mich bekümmern, sondern um die Dinge, derentwegen ich da bin. [– –] Zunächst wird *»Nietzsche contra Wagner«* herauskommen: wenn alles gerät, auch noch französisch. Das Problem unsres Antagonismus ist hier so tief genommen, daß eigentlich auch die Frage Wagner *ad acta* gelegt ist. Eine Seite »Musik« über Musik in der genannten Schrift ist vielleicht das merkwürdigste, was ich geschrieben habe ... Das, was ich über Bizet sage,

dürfen Sie nicht ernst nehmen; so wie ich bin, kommt Bizet tausendmal für mich nicht in Betracht. Aber als ironische *Antithese* gegen Wagner wirkt es sehr stark; es wäre ja eine Geschmacklosigkeit ohnegleichen gewesen, wenn ich etwa von einem Lobe Beethovens hätte ausgehen wollen. [– –]
Die stupide Taktlosigkeit Fritzschs, mich in seinem eignen Blatte zu verhöhnen, hat den großen Nutzen, daß sie mir einen Anlaß bot, Fritzsch zu schreiben: »*wie viel* wollen Sie für meine ganze Literatur? In aufrichtiger Verachtung Nietzsche«. Antwort: c. 11 000 Mark. – Gesetzt, daß ich auf diese Weise im letzten Augenblick Alleinbesitzer meiner Werke werde (– denn auch C. G. Naumann besitzt nichts von mir), so war die Dummheit Fritzschs ein Glücksfall ersten Rangs. – Ich will schon dafür Sorge tragen, daß Sie zur rechten Zeit alle meine Schriften, die Ihnen fehlen, zugeschickt bekommen: warten Sie nur noch ein wenig! – Der Gedanke mit Rostock, gesetzt auch, daß es ein Interim-Gedanke von zwei Jahren wäre, scheint mir sehr vorzüglich, namentlich in der Übung und Einübung der eigentlichen Dirigenten-Qualitäten, – auch sonst . . .
Lieber Freund, ich bitte Sie dringend darum, Ihre Schrift über Wagner an meinen Verleger Herrn C. G. Naumann zu schicken: Sie dürfen sie mir mit einer kleinen Vorrede widmen. – Wir müssen die Deutschen durch *esprit* rasend machen . . .
Den *Tristan* umgehn Sie ja nicht: er ist das *kapitale* Werk und von einer Faszination, die nicht nur in der Musik, sondern in allen Künsten ohnegleichen ist. –
Ich schlage vor, den ausgezeichneten Aufsatz des Herrn Gast über mich als *Vorrede* zu ihrer Schrift gegen Wagner voranzudrucken: macht einen prachtvollen Eindruck.

Titel: Der Fall Nietzsche

von Peter Gast und Carl Fuchs

NIETZSCHE IN DEN TAGEBÜCHERN COSIMA WAGNERS

17. Mai 1869

Zu Tisch ein Philologe Professor Nietzsche, welchen R. [Richard] bei Brockhausens hat kennengelernt und welcher R.'s Werke gründlich kennt und selbst aus »Oper und Drama« in seinen Vorlesungen zitiert. Ein ruhiger angenehmer Besuch, um vier fahren wir bei leichtem Regen in die Stadt.

20. Mai 1869

Dann den Professor Nietzsche zu R.'s Geburtstag eingeladen.

23. Mai 1869

R. hatte Gratulations-Briefe von Nohl, Lang [. . .], vom Philologen *Nietzsche* (sehr schöner Brief) und vom Postmeister Wickerle aus Schwerin. Alle sonstigen Freunde und Verwandten haben geschwiegen.

5. Juni 1869

Der Philologe Prof. Nietzsche meldet sich an, R. wollte ihm absagen, ich meine, es ist besser, daß er kommt. [. . .]

* Mit Nietzsche den Abend erträglich zugebracht. Gegen 11 Uhr Gute Nacht gesagt.

[* in der Handschrift Richard Wagners]

6. Juni 1869

* Um 1 Uhr zu Richard hinunter, um ihn zu unterrichten und zunächst zu bestimmen, kein Aufsehen zu machen, keine Abänderung der beschlossenen Tagesordnung eintreten zu lassen u. Nietzsche zum Mittagessen mit den Kindern zu behalten.

[. . .]

Um Mittag mußte mich R. verlassen, um mit dem Gaste (Nietzsche) u. den Kindern das Mittagsmahl abzuhalten.

[* in der Handschrift Richard Wagners]

2. Juli 1869
(An Pr. Nietzsche geschrieben und ihm den elenden Aufsatz von Lübke über die M[eister]singer zurückgeschickt.)

31. Juli 1869
Besuch des Professor Nietzsche; ein wohlgebildeter und angenehmer Mensch.

1. August 1869
Zu Tisch den Pr. Nietzsche, der sehr angenehm ist und sich auf Tribschen wohl fühlt. Nachher mit den Kindern und R. ihn nach Hergeschwyl begleitet; er besteigt den Pilatus.

2. August 1869
Über die h. Elisabeth sagte mir Nietzsche gestern, es sei mehr Weihrauch als Rosenduft.

19. August 1869
Wie ich mit den Kindern arbeite, kommt eine Sendung des Professor Nietzsche: der Vortrag Sempers über die Baustile.

21. August 1869
Abends Besuch des Professor Nietzsche, immer sehr angenehm.

22. August 1869
Wie ich dem Pr. Nietzsche von unseren Münchener Erlebnissen sprach, sagte er, es sei wahrhaftig grauenerregend.

26. August 1869
Sehr freundlicher Brief des Professor Nietzsche, welcher uns einen Vortrag über Homer zuschickt.*
[. . .]
Den Aufsatz von J. Mendès wieder gelesen, er ist viel besser, als ich ihn, in der ersten Aufregung und Empörung über R.'s Persönlichkeit gedruckt gelesen, mir vorstellte. Nietzsche's Vortrag dagegen vortrefflich.

[. . .]
An Pr. Nietzsche noch geschrieben.

* [Homer und die klassische Philologie. Ein Vortrag, Basel 1869 (Nietzsches Antrittsvorlesung)]

10. September 1869
Brief des Professor Nietzsche, welcher meldet, daß alle Zeitungen voll von Schändlichkeiten seien, von einem vollständigen Bruch *W.'s* mit dem König sprechen etc., er bittet um Nachrichten, die ich ihm dann gebe.

18. September 1869
Abends Besuch des Professor Nietzsche, welcher mir das Zügelloseste von den Zeitungen meldet. Unter anderm wird behauptet, die Aufführung des Rheingoldes hänge mit einem Komplott zusammen, dessen Fäden in den Tuilerien zu suchen seien.

19. September 1869
Kaffee mit Pr. Nietzsche; leider verdrießt dieser R. sehr durch ein Gelübde, das er getan hat, kein Fleisch und nur Vegetabilien zu essen. R. hält dies für Unsinn, auch für Hochmut, und wie ihm der Pr. sagt, es sei doch von ethischer Wichtigkeit, keine Tiere zu essen usw., antwortet R., unsere ganze Existenz ist ein Kompromiß, den man nur dadurch sühnen kann, daß man etwas Gutes zustande bringe. Das bloße Milchtrinken tut es nicht, dann werdet Asketen. Um etwas Gutes zu tun in unserem Klima, bedürfen wir einer guten Nahrung u.s.w. Da der Pr. Richard recht gibt und doch bei seiner Abstinenz bleibt, wird R. böse.

29. September 1869
R. geht spazieren, ich übe das Quartett. Abends bringt er mir einen Brief von Pr. Nietzsche. Dieser schickt mir eine Zeitung, in welcher Zitate aus einer Korrespondenz R.'s mit einem »liebsten« Freund vorkommen. Wer dieser letztere ist, wird nicht gesagt, und ich kann es nicht erraten. Mich entsetzt aber diese neueste Schamlosigkeit. Ich schreibe abends an Pr. N., um ihn zu

ersuchen, durch ein Inserat bekannt zu machen, daß R. von diesem Unfug nichts weiß. R. sage ich nichts von dem.

5. November 1869

Eine Pariser Zeitung meldet unsre Heirat in sehr anständigen Ausdrücken, ein Herr Beckmann ist gegen häßliche Gerüchte aufgetreten. R. lacht, umarmt mich und sagt: »Ja ja, du kommst noch in das Gerede mit mir.« Dann nimmt er Siegfried auf den Arm und spielt eine lange Zeit mit ihm; er sagt mir, »wir werden Siegfried weggeben müssen, zur Zeit, wo er zum Mann wird, muß er unter Menschen kommen, da muß er die Adversität kennenlernen, sich herumbalgen, die Ungezogenheiten begehen, sonst wird er zum Phantasten, vielleicht zum Crétin, wie wir so etwas an dem König von Bayern sehen«. »Aber wo.« »Bei Nietzsche – da, wo Nietzsche Professor sein wird, wir werden von weitem zusehen, wie Wotan der Erziehung von Siegfried zusieht. Er wird bei Nietzsche zweimal die Woche Freitisch haben, und alle Sonnabende werden wir Berichte erwarten.«

14. November 1869

Abends sprechen R. und Pr. Nietzsche über die ersten Begriffe der Sprache, was ersterer scherzhaft Urphilologie treiben nennt.

24. Dezember 1869

Professor Nietzsche kommt am Morgen und hilft mir, das Puppentheater mit *Iftekhar** herzurichten. Nachmittags muß ich noch einiges besorgen, währenddem macht R. die Probe von Knecht Ruprecht und Christkindchen. Ich komme heim, es wird begonnen. Ich mit dem Professor bei den Kindern, fordere Loulou auf, den »Kampf mit dem Drachen« vorzusagen um ihre Geisteskräfte in Anspruch zu nehmen; sie sagt es bis zum *das Kirchlein kennst du, Herr,* da tritt Hermine herein und sagt, sie habe so brüllen hören, plötzlich ist unser Knecht Ruprecht da und brüllt: furchtbarer Schrecken der Kinder, R. besänftigt ihn allmählich, er wirft seine Nüsse aus, großer Jubel der Kinder. Während sie aufklauben, steht das Christkindchen glänzend beleuchtet da.

[. . .]
Nach der Bescherung bete ich vor dem ausgelöschten Baum mit den Kindern. Professor Nietzsche gibt mir die Widmung seines Vortrages über Homer.

[* Richard Wagner vom Bei von Tunis verliehener Orden]

25. Dezember 1869
Kindertisch; nachher mit Pr. Nietzsche Parzival gelesen, erneuerter furchtbarer Eindruck.

3. Januar 1870
Die meiste Zeit mit Pr. Nietzsche verbracht, welcher uns gestern verlassen hat.

17. Januar 1870
An Pr. Nietzsche geschrieben. Dieser schickt mir Gervinus über Händel [. . .]

25. Januar 1870
An mich Brief des Professor Nietzsche und Zusendung einer Semperschen Zeichnung.
[. . .]
Auch ein philosophisches Buch (Hartmann) hatte mir Pr. N. geschickt, welches einen großen Widerwillen erregt.

1. Februar 1870
Sende Pr. N. seine Bücher (Gervinus und Hartmann) zurück.

3. Februar 1870
Briefe des Pr. N., dazu Sendung seines Vortrages über Sokrates.
[. . .]
Abends liest mir R. den Vortrag vor, was uns sehr anregt. »Traute Musik«, der Traum Sokrates' bringt R. wiederum auf das Thema des Musikers.

4. Februar 1870

Abends liest mir R. »Die Frösche« von Aristophanes vor, in Folge unsrer Gespräche über den Vortrag (Sokrates und die gr. Tragödie).

7. Februar 1870

Er [Richard Wagner] schreibt an Pr. N., welcher ihm und mir sehr hübsche Briefe über seinen Vortrag sandte.

12. Februar 1870

Nachmittags [. . .] kommt Pr. Nietzsche an. Eingehendes Gespräch über dessen Vortrag. Dann spielt R. uns aus Mozarts »Entführung« und »Figaro« – die alten Ausgaben von Simrock machen ihm Freude –; wie Pr. N. bemerkt, man sagte, Mozart habe die Intrigen-Musik erfunden, sagt R., im Gegenteil, er hat die Intrigen in Melodie aufgelöst. Man muß nur das übrigens ausgezeichnete Stück von Beaumarchais mit den Opern Mozarts vergleichen, dort sind es schlaue witzige, berechnende Menschen, die geistvoll miteinander handeln und reden, bei Mozart sind es verklärte, leidende, klagende Wesen.

13. Februar 1870

Den Vormittag mit Pr. Nietzsche verbracht; vielerlei besprochen, u. a. erzählt er, Kapellmeister Dorn habe ein Buch herausgegeben, dessen ganzer Sinn eigentlich ein Schmähen auf R. sei. Die Schurkerei, die Dorn in Riga ausgeübt, sucht er damit zu verdecken, daß er allerlei Lügen erzählt. Leider hat er manch einen Brief aus der Jugend R.'s, welchen er veröffentlicht, R. spricht als Kind förmlich zu ihm – wie schnöde dies preisgegeben! Ich bitte Pr. N., nichts davon R. zu sagen. Kindertisch. Nachdem Abschied von Pr. N.

17. Februar 1870

Abends Brief von Pr. Nietzsche, welcher uns freut, da seine Stimmung uns Besorgnis eingeflößt hatte. In Bezug hierauf sagte R., er besorge, daß die Philosophie Schopenhauers am

Ende einen schlimmen Einfluß auf solche jungen Leute habe, weil sie den Pessimismus, welcher eine Form des Denkens, der Anschauung sei, auf das Leben nun wenden und sich daraus eine praktische Hoffnungslosigkeit bilden.

1. März 1870

Brief des Pr. Nietzsche mit Einschluß eines andren vom Buchhändler Lesimple, dieser meldet, daß auf seine Anregung (durch Pr. N.) in Bonn die Frage lebhaft diskutiert wird, R. die Direktion des Musikfestes zu geben. R. sagt mir, daß er sie annehmen wird, wenn ich mit ihm hingehe.

15. März 1870

Brief des Pr. Nietzsche, in Bonn haben sie *einstimmig* F. Hiller zum Dirigenten des Musikfestes erwählt!

10. April 1870

Brief des Pr. Nietzsche, welcher seine Ernennung zum Pr. *ordinarius* meldet und von Zeitungsnotizen spricht, welche R. zum Generalmusikdirektor in Berlin machen.

11. Juni 1870

Heimgekommen finde ich Pr. Nietzsche und seinen Freund Herrn Rohde, auch Philologe, welche sich gestern bereits angemeldet haben. Heiter ernste Unterhaltung, Pr. N. liest uns abends seinen Vortrag über das griechische Musikdrama, über welche Benennung R. ihn anhält und sie ihm mit Gründen verweist. Der Vortrag ist schön und zeigt, daß er das griechische Kunstwerk recht empfunden hat. (Pr. N. hat mir die »Melancholie« von Dürer gebracht.)

12. Juni 1870

Allgemeines Frühstück; dann mit den Gästen zum Löwen, während R. arbeitet. [. . .] Um fünf Uhr bringen wir die Gäste zum Bahnhof.

21. Juni 1870
Pr. Nietzsche schreibt sehr schön von dem Eindruck, welchen Tribschen auf ihn und seinen Freund gemacht, und widmet mir seine Vorträge über Sokrates und das Kunstwerk der Griechen.

16. Juli 1870
Brief des Pr. Nietzsche, der aus Rücksicht gegen uns nicht nach München zur Walküre gegangen, ich antworte ihm und suche ihn möglichst für das *deutsche Recht* der Preußen zu begeistern.

18. Juli 1870
Brief des Pr. Nietzsche, welcher, wie es scheint, um den Franzosen wie den Deutschen zu entrinnen, nach dem Auxenstein wandert.

29. Juli 1870
Den Vormittag mit Pr. N. zugebracht, R. liest aus seinem Aufsatz über Beethoven, ich wundre mich, daß ich ihm so folgen kann, da ich keine philosophischen Studien gemacht habe. Nach Tisch stellt mir Herr N. seine Schwester vor, ein bescheidnes artiges Mädchen.

30. Juli 1870
Pr. Nietzsche geht mit seiner Schwester ins Maderaner Tal.

9. August 1870
Brief des Pr. Nietzsche, welcher beschlossen hat, sich zur Armee zu begeben. Ich antworte ihm, daß jetzt noch nicht der Moment da sei.

16. August 1870
Ich erhalte zwei Briefe von Pr. Nietzsche, der eine verspätet aus Basel, der andere aus Erlangen, wo er bereits Verwundete pflegt. In ein paar Tagen geht er nach Metz.

21. August 1870
Brief von Pr. Nietzsche; er komponiert im Lazarette.

1. September 1870
In der Stadt erfahren wir, daß Mac Mahon in Beaumont geschlagen worden ist. Herrliches Gefühl, einzig durch einige Zeilen von Pr. Nietzsche (aus Hagenau) niedergedrückt, welcher den gräßlichen Zustand und die Ungenügendheit der Verpflegung auf den Schlachtfeldern mitteilt. Ist es nun endlich vorbei? ... Pr. N. berichtet, die Franzosen redeten noch immer von der Eroberung des Rheins!

13. September 1870
Pr. Nietzsche schreibt an R., er ist zurück nach Erlangen und krank.

16. September 1870
Brief von Pr. Nietzsche, der schwer erschüttert zu sein scheint.

24. Oktober 1870
Brief von Pr. Nietzsche, der wieder genesen nach Basel zurückgekehrt ist; er meldet Befürchtungen für die kommende Zeit, daß der Militarismus, und vor allem der Pietismus auf allem drücken werde. R. sehr aufgebracht bei diesem Gedanken, alles gestatte ich, ruft er aus, Gendarm, Soldat, Knebelung der Presse, Reduktion des Parlamentarismus, nur keinen Obskurantismus.

14. November 1870
Pr. Nietzsche sendet den »Beethoven« zurück, indem er bemerkt, daß wohl wenige R. würden folgen können.

24. November 1870
Abends Brief des Pr.'s N., der sich für Sonnabend ankündigt und furchtbar schwarzsichtig ist in Bezug auf Deutschland.

27. November 1870
Frühstück mit Richter und dem Pr.; ich in großer Sorge; die Loire-Armee wird als sehr bedeutend (120 000) geschildert, und sie soll gut geführt sein. Pr. Nietzsche erzählt, daß sie in Basel, seine deutschen Kollegen und er, in äußerster Besorgnis seien!

4. Dezember 1870
Pr. Nietzsche schickt das Burckhardtsche Buch über Renaissance und eine kleine Abhandlung über Schopenhauers Farbentheorie durch Pr. Czermak; wir lesen sie am Abend, wobei der eigentümliche Dünkel der Naturforscher gegen die Philosophen R. unangenehm berührt.

16. Dezember 1870
Brief von Pr. Nietzsche, ein Basler Pr. hat ihn gefragt, ob der »Beethoven« von Wagner *gegen* Beethoven geschrieben sei!

24. Dezember 1870
Um fünf Uhr bringt R. Pr. Nietzsche von der Stadt mit, um 7 Uhr zünden wir an. Es ist das erste Weihnachten, an welchem ich R. nichts beschere und nichts von ihm erhalte – und so ist es recht.

26. Dezember 1870
Abends liest uns R. im Manuskript, das mir Pr. Nietzsche als Geburtstagsgabe dargereicht hat, sie ist betitelt »Die Entstehung des tragischen Gedankens« und ist von höchstem Wert; die Tiefe und Großartigkeit der in gedrängtester Kürze gegebenen Anschauung ist ganz merkwürdig; wir folgen seinem Gedankengang mit größtem und lebhaftestem Interesse. Besondere Freude gewährt es mir, daß R.'s Ideen auf diesem Gebiet ausgedehnt werden können.

28. Dezember 1870
Nachmittags Musik aus Tristan für mich und Pr. Nietzsche von Richter gespielt. [. . .]

(Gestern Besuch des guten Studenten Schobinger, der von Basel kommt und mir versichert, er habe mehr Freude gehabt, mich wieder zu sehen, als alle seine Verwandten. Pr. N. hat ihm zu seinem Stipendium verholfen.)

29. Dezember 1870

Abends liest R. die Dichtung* uns vor; wir wecken aber damit Fidi auf und wandern durch das ganze Haus, um irgendwo den dritten Akt zu lesen, unten ist es kalt; in der Denkstube, jetzt Pr. Nietzsche eingeräumt, lassen wir uns nieder, allein R. findet es zu absurd, und er beschließt, den 3ten Akt mit gedämpfter Stimme zu lesen. Furchtbarer Eindruck des Ganzen auf mich.

[* Tristan und Isolde]

31. Dezember 1870

Gegen elf entfernen sich die Musiker, wir bleiben auf, Pr. Nietzsche, der gute Richter und wir beide. Die Mitternacht kommt, wir wünschen uns das neue Jahr. Gott gebe uns allen Friede!

1. Januar 1871

Kindertisch; gegen 4 Uhr nimmt Pr. N. Abschied von uns.

[. . .]

Wie heute der Besuch kam, hatte R. seine große Nadel (der Bauer als Millionär) an einen hellgrünen Schlips geheftet; wie er mir erzählt, es habe ihn ein wenig geniert, erwidere ich ihm, er solle doch nur ruhig sein, den Fremden erscheine er ja wie eine Art Ordinar *Lindhorst,* R. lacht, der Name bleibt ihm, mich nennt er die Feuerlilie, und Pr. Nietzsche wird zum Studenten Anselmus.

2. Januar 1871

In Torgau singen die Soldaten aus der Walküre »Götternot, nur Knechte knete ich mir«, wie Pr. Nietzsche uns erzählte.

3. Januar 1871
Brief an Pr. Nietzsche, welcher die Berufung *unsres* Neffen Fritz Brockhaus nach Basel erwirkt hat. [. . .] Wir besprechen nochmals abends die Abhandlung von Pr. Nietzsche, und R. kann sie nicht genug loben.

5. Januar 1871
Über E. T. A. Hoffmann wieder zu reden beginnend, sagt R., das Dilettantische interessiere ihn in Deutschland immer, denn bis zu einem gewissen Grade seien alle unsre größten Dichter Dilettanten, die immer wie Versuche anstellten, im Vergleich zu den Griechen, bei denen alles vollendet und sicher erscheint. Das führt uns auf die Arbeit von Pr. N. zurück, und R. sagt: »Er ist der einzige Mitlebende mit Constantin Frantz, der mir etwas gebracht hat, eine positive Bereicherung meiner Anschauung.«

19. Januar 1871
Brief von Pr. Nietzsche, er führt sehr schöne Worte seines Freundes Rohde über den Beethoven an.

1. Februar 1871
Unser Freund Pr. Nietzsche ist krank; der andere Freund, Schuré, schickt eine wütende Broschüre (von sich) gegen Deutschland.

10. Februar 1871
Der Abend aber verfiel einer wehmütigen Stimmung; [. . .] ein Brief von Pr. Nietzsche, der nach Italien reist, ohne von mir Abschied zu nehmen, bringt R. auf trübe Vorstellungen, und schließlich: Richter gibt sich uns beinahe als lebensmüde zu erkennen.

3. April 1871
Bei unsrem Frühstück meldet man uns plötzlich Pr. Nietzsche, welcher von Lugano ankommt und hier einige Tage zubringen wird. Er scheint sehr leidend.

5. April 1871

Pr. N. liest mir aus einer Arbeit vor (Ursprung und Ziel der gr. Tragödie), die er R. widmen will; große Freude daran; man sieht hier einen sehr begabten Menschen von R.'s Gedanken auf eigene Weise durchdrungen. Wir verbringen diese Tage in lebhafter Besprechung unserer Pläne.

8. April 1871

Pr. N. verabschiedet sich, nachdem er die Kinder mit einer grünen Schlange beglückt hat.

11. Mai 1871

Abends Gesellschaft bei Brockhausens, [. . .]. Ich erfahre an diesem Abend durch Clemens Br. [Brockhaus], daß Pr. Nietzsche seinen Homer, den er mir gewidmet hatte, mit demselben Gedicht nun auch seiner Schwester gewidmet hat. Ich muß zuerst darüber lachen, dann aber, mit R. darüber sprechend, hier einen bedenklichen Zug, wie eine Sucht des Verrats, gleichsam um sich gegen einen großen Eindruck zu rächen, erkennen.

15. Mai 1871

Um 8 Uhr in Basel, wo wir im Hotel einen hübschen Abend mit Pr. Nietzsche und unsrem Neffen Friedrich Brockhaus verleben.

22. Mai 1871

Bei der Heimkehr Pr. Nietzsche zu Hause gefunden. [. . .] Pr. N. erzählt, er beabsichtige die Gründung eines Blattes, unter R.'s Auspizien, für in zwei Jahren, bis dahin wolle er alles vorbereiten.

24. Mai 1871

Nachmittags Besuch von Professor Nietzsche, Richard begleitet ihn zum Bahnhof.

27. Mai 1871

Pr. Nietzsche kommt nicht, die Ereignisse in Paris haben ihn zu sehr erschüttert.

28. Mai 1871

Zu Mittag Ankunft von Pr. Nietzsche (mit Schwester), welchen Richard telegraphisch (Lindhorst unterzeichnet) zitiert hat. R. spricht nun heftig über den Brand* und seine Bedeutung, »wenn ihr nicht fähig seid, wieder Bilder zu malen, so seid ihr nicht wert, sie zu besitzen«. Pr. N. sagt, daß für den Gelehrten die ganze Existenz aufhöre bei solchen Ereignissen. Von Bakunin gesprochen, ob dieser mit ansteckt?

[* Brand von Paris und des Louvre]

29. Mai 1871

Nach Tisch Gespräch über Aischylos, ›er sei trunken gewesen‹, lautet der mißverstandne Spruch, und Schauspieler, wie auch Sophokles eine Zeitlang. Und die Tragödie sei ganz entschieden aus der Improvisation entstanden. Dies alles von Pr. Nietzsche mitgeteilt, mit dem Spruch Sophokles' über Aischylos: ›Er tue das Rechte ohne es zu wissen‹, was R. mit dem Spruch Schopenhauers über den Musiker [vergleicht]: Er spräche die höchste Weisheit in einer Sprache, die seine Vernunft nicht versteht.

18. Juni 1871

Pr. Nietzsche schickt »Siegfried's Tod« zurück, er hat ihn selbst kopiert! Auch seine Abhandlung schickt er mit.*

[* Sokrates und die griechische Tragödie]

25. Juni 1871

Broschüre des Pr. N. mit großem Interesse gelesen, er ist jedenfalls der bedeutendste unter unsren Freunden.

15. Juli 1871

Brief von Pr. Nietzsche. Auch in dieser Lebensbeziehung hat R. mehr Liebe verschwendet als er empfangen.

3. August 1871

Morgenpromenade mit den Gästen und den Kindern, zur Einsiedelei auf dem Hügel gegenüber. Mittagsmahl wie gestern: fünf Uhr verlassen uns Herr von G. [Gersdorff] und Pr. Nietzsche. Letzterer sicher der begabteste unsrer jungen Freunde, doch in vielem recht unerfreulich durch eine nicht ganz natürliche Zurückhaltung seines Benehmens. Es ist gleichsam, als ob er sich gegen den überwältigenden Eindruck von Wagners Persönlichkeit wehrte.

5. August 1871

– Gestern hatte mir R. einen Kummer bereitet; Pr. Nietzsche hat mich um das Idyll gebeten, [um] es durchzulesen; nachdem ich R. gefragt, lieh ich es ihm, bei seinem Fortgang bat ich ihn, es mir zurückzugeben, er vergaß dies; nun frug nach seinem Fortgang R. danach, dieser hatte in der Annahme, ich hätte etwas versäumt, das Werkchen, das unser zerstreuter Freund auf dem Klavier liegen gelassen, verdrossen zu sich genommen; mich schmerzt dies tief, da ich hier durch nichts andres gefehlt als durch die Annahme, Pr. N. habe dies Manuskript an seinen Platz – den er kennt – auf meine Bitte zurückgelegt. Bald jedoch ist die kleine Verstimmung überstanden.

17. August 1871

Ich schicke Pr. Nietzsche den Siegfried und mache die Kopie für den König.

28. August 1871

Brief von Pr. Nietzsche, daß Dr. Liebermeister in Basel sehr zu Eisen und Kalk für Fidi rät.

21. Oktober 1871

Brief von Pr. Nietzsche, er wünscht sein Buch bei Fritzsch herauszugeben. [. . .] Abends Carlyle, nachdem R. an Fritzsch das Manuskript von Pr. Nietzsche warm empfohlen hat.

27. Oktober 1871
Nachmittags überrascht uns Pr. Nietzsche aus Basel; er nennt den Titel seines Buches, das »Die Entstehung der Tragödie aus der Musik« heißen wird.

5. November 1871
R. arbeitet, »immer blutdürstig«, neulich sagte er zu Pr. Nietzsche, »daran, daß ich jetzt nichts wie Blutdurst komponiere, kann man sich abnehmen, ob ich beim Tristan in verliebter Stimmung gewesen bin«.

26. November 1871
Pr. N. empfielt einen armen Musiker, das ist nun zu spät; freilich hätten wir den armen Schlucker lieber als den glatten Spiegel. Dem ist nun nicht zu helfen.

16. Dezember 1871
In Basel um 9 Uhr; Abend mit Fritz Br. [Brockhaus] und Pr. Nietzsche.

17. Dezember 1871
Kaffee mit den zwei Basler Professoren, [. . .]. Ankunft in Mannheim.

18. Dezember 1871
Ahnung, daß dies das letzte Konzert sei, das R. dirigiere [. . .]. Ankunft von Pr. Nietzsche, der förmlich von Basel fortgelaufen.

25. Dezember 1871
Schöner Brief von Pr. Nietzsche, der mir eine Komposition geschickt hat.

3. Januar 1872
Sendung des Buches von Pr. Nietzsche.*
[. . .] Den Vormittag bei Lulu zugebracht; zu Mittag treffe ich R. sehr auf- und angeregt durch Pr. Nietzsches Buch, er ist glück-

lich, dies erlebt zu haben; er sagt, nach mir käme N. und dann Lenbach, der sein Bild gemacht, und meint, wie öde sein Leben gewesen wäre, wenn er vor zehn Jahren gestorben wäre; in welchem Welten-Chaos (»in dieses Lokal verlege ich jetzt gern vieles!«) wäre sein Andenken geblieben. Mich nennt er seine Priesterin des Apollon, ich sei das apollinische, er das dionysische Element, wir hätten aber unseren Bund geschlossen, unseren Vertrag, daraus sei Fidi entsprungen!
[. . .]
Abends lesen wir in der Nietzscheschen Schrift, die wirklich herrlich ist, R. gedenkt der Leute, die jetzt das große Wort in Deutschland führen, und frägt sich, welches Schicksal dieses Buch nun haben wird, hofft in Bayreuth eine Revue zu gründen, deren Redakteur Pr. Nietzsche sein würde. –

[* Die Geburt der Tragödie aus dem Geiste der Musik, Leipzig 1872]

4. Januar 1872

Abends wieder in der Nietzscheschen Schrift gelesen, von der R. immer befriedigter ist, wir fragen uns aber, welches Publikum hierfür sich finden wird. – R. beschließt den Tag, indem er mir sagt, »ich liebe dich dionysisch und apollinisch«.

6. Januar 1872

Ernst gestimmt lasen wir noch gestern in dem neuen Buch und immer mit wachsender Freude. – Zwei Probleme beschäftigten uns noch, der Bau des Theaters, wie ein Theater eigentlich sein sollte; die Zeichnung Sempers betrachtend, und nicht befriedigt mit der Lösung nach außen, sagt R., am Ende sei es ein Glück gewesen, daß es nicht zur Ausführung kam! Ich frage R., warum nicht mit einer Kuppel, kirchenartig, daß der Bühnen-Teil nicht so abstünde? . . . – Dann sagt er mir, er wolle noch meine Bitte mir erfüllen und die große Messe von Beethoven aufführen, nur habe er seinen eignen Gedanken hierüber, er wolle das Orchester in der Mitte des Saales aufstellen und den Chor ringsherum circusartig, alles müsse mitsingen (den lateinischen Text aber kaum hörbar), denn diese Musik sei nicht zum Zuhören, den eigentlichen Eindruck habe nur, wer mit rase, er habe das bei der 9ten Symphonie in Dresden erfahren; überhaupt sei alle Musik für die Ausübenden gemacht, die Sonate für den Spieler, das Trio dito, die Fürsten haben die Musiker ausgehalten, aber die Musiker haben ihr Schnippchen gemacht und für sich Musiker geschrieben.

[...]

Das Buch von Pr. Nietzsche abends vollendet; »das ist das Buch, was ich mir ersehnt habe«, sagt R.

7. Januar 1872

[...] viel über das Nietzschesche Buch gesprochen.

10. Januar 1872

Pr. Nietzsche schreibt, daß er krank sei, worauf ihm R. einen herzlich rührenden Brief schreibt.

16. Januar 1872

Pr. N. schickt die Prachtexemplare. Wir überlegen, wie das Buch vor Totschweigen zu bewahren ist.

18. Januar 1872

Ich schreibe an Pr. Nietzsche, während R. arbeitet; [...] Brief von Clemens [Brockhaus], das Nietzschesche Besuch ist dort nicht verstanden worden; R. antwortet ihm ausführlich, was er von dem Buche und seinem Autor hält.

20. Januar 1872

[...]

nachmittags, wie wir, ich mit den Kindern, R. an den Korrekturen, arbeiten, überrascht uns Pr. Nietzsche, dessen Besuch uns sehr erfreut. Viel durchgesprochen; Pläne für künftige Zeiten, Reform der Schule usw.; er spielt uns seine Komposition sehr schön vor.

21. Januar 1872
Unser Freund ist uns sehr wert.

31. Januar 1872
Abends in dem Nietzscheschen Buche gelesen.

4. Februar 1872
Pr. Nietzsche schreibt mir, daß Hans [von Bülow] ihm für die Zusendung des Buches gedankt und ihm seinen Besuch in Basel für Monat März gemeldet hat.

6. Februar 1872
Pr. Nietzsche schickt mir das Buch »Caroline«*, wohl das Insipideste, was man sich vorstellen kann.

[* Caroline [von Schelling]. Briefe aus der Frühromantik, hrsg. v. Georg Waitz, 1871]

7. Februar 1872
Abends ein wenig in »Caroline« geblättert; sehr erbärmliches Zeug!

9. Februar 1872
[Diktat der »Reiseerlebnisse« Richard Wagners vom 24. Januar bis 5. Februar 1872]
Am 24ten Januar über Basel, wo ich mit Nietzsche und Fritz B. [Brockhaus] einige Stunden verkehrte, mit dem Nachtzug nach Berlin; obwohl ich vor den beiden gute Miene zu behaupten suchte, verriet mir doch N. durch einen mir nachfolgenden Brief von ihm, daß er üble Nötigung zu meiner Reise erkannt hatte und darüber aufrichtigen Kummer empfand.

11. Februar 1872
Von »Oper und Drama«, das er [R. W.] korrigiert, sagt er: »Ich weiß, was Nietzsche darin nicht paßte, das ist auch das, was Kossak aufnahm und Schopenhauer gegen mich aufbrachte, was ich über das Drama sagte; damals wagte ich noch nicht zu sagen,

daß die Musik das Drama produziert habe, obgleich ich es in mir wußte.«

18. Februar 1872
Wie wir heimgekommen sind, werden wir durch den Besuch von Pr. Nietzsche überrascht, dem dann R. seine Reise-Erlebnisse mitteilt.

19. Februar 1872
R., der eine gute Nacht gehabt, spielt am Morgen nach dem Frühstück unserem Freunde die erste Szene [der »Götterdämmerung«] vor, und das bekommt ihm so schlecht, daß er den Tag über nichts genießen kann und sehr angegriffen ist. Trotzdem wird die Reform der Bildungs-Anstalten viel besprochen, auch das deutsche Wesen, »vorläufig«, sagt R., »sind wir groß in der *Wehr* gewesen, das Zurückwerfen des Fremden, daß wir uns nicht assimilieren können; der Teutoburger Wald ist eine Abwehr der Römischen gewesen, die Reformation auch eine Abwehr, unsere große Literatur auch eine Abwehr gegen den französischen Einfluß; Positives haben wir bis jetzt nur unsre Musik – Beethoven«. »Der ›Faust‹«, frage ich. »Es ist doch eine Art Skizze«, sagt R., »die Goethe selbst mit Verwunderung betrachtet, als ein sonderbares Produkt, als vollendetes Kunstwerk gab er es nicht aus.«

3. März 1872
Pr. Nietzsche schickte mehrere Briefe, unter anderem einen von Pr. Ritschl an ihn, sehr ironischen Tones.

10. März 1872
Pr. Nietzsche schickt die Polemik vom Hase* und einen Brief des Vaters an ihn, der Golgatha und Tabor gegen Helikon und Parnaß hervorhebt.

[* Karl August von Hase, Handbuch der protestantischen Polemik gegen die römisch-katholische Kirche, 1863]

21. März 1872
Gegen Mittag kommt unser Neffe Fritz zu allgemeiner Zufriedenheit an. [. . .] Er bringt uns die Vorträge von Pr. Nietzsche in Basel.*

[* Über die Zukunft unserer Bildungsanstalten]

23. März 1872
Abends die zwei ersten Vorträge des Pr. Nietzsche in Basel gelesen.

24. März 1872
Abends den dritten Vortrag des Pr. N. gelesen.

25. März 1872
Pr. N. meldet seinen Besuch an. [. . .] Der 4te Vortrag ergreift uns sehr.

28. März 1872
Gegen Mittag Ankunft des Professor Nietzsche, welcher Lulu von ihrem Vater 100 Franken-Stücke bringt. Er hat Hans in Basel viel gesehen und ihn behaglich und guter Dinge gefunden. Abends liest er uns den 5ten Vortrag vor.

29. März 1872
Karfreitag. [. . .] Lulu ist unwohl, ich lege sie zu Bett und bleibe bei ihr, während R. mit Pr. N. ausgeht.

30. März 1872
Vormittag bei schönem Frühlingswetter mit Pr. Nietzsche ausgegangen, während R. arbeitet.

31. März 1872
Lulu ist wieder aufgestanden, und mit Hülfe des Pr.'s verstecke ich den Kindern Eier. [. . .] Nachmittags musiziere ich mit Pr. Nietzsche.

1. April 1872
Pr. Nietzsche entfernt sich; gestern hatten wir noch ohne Erfolg versucht, einen Tisch zu rücken; wir hatten zu Mittag darüber gesprochen. R. hat die Sache aus der Tätigkeit des Willens, ich aus Betrug erklärt.

3. April 1872
In der italienischen Rivista das erste öffentliche Wort über Pr. Nietzsches Buch.

21. April 1872
Wir erwarten Pr. Nietzsche, der nicht kommt.

24. April 1872
Abends Depesche R.'s aus Bayreuth, er ist glücklich angekommen.

25. April 1872
Gegen 6 Uhr plötzlich Pr. Nietzsche, aus Montreux kommend.

26. April 1872
Abends etwas Musik, Pr. N. spielt mir vor.

27. April 1872
Pr. Nietzsche fort. Große Mattigkeit!

18. Mai 1872
Keine eigentliche Erinnerung an den Vormittag, nachmittags Ankunft von Pr. Nietzsche, Herrn v. Gersdorff und Ritters. Auch Heckel aus Mannheim da, bleibt mit Richter die Nacht auf Fantaisie. Gemütlich heitere Stimmung, alle gehören zu einander: Viele Musiker schon da.

4. Juni 1872
Briefe von H. v. Gersdorff; ein Philologe, Herr von Wilamowitz, hat das Pamphlet gegen das Nietzschesche Buch geschleu-

dert, unter dem Titel »Zukunftsphilologie«. Es soll nichtswürdig sein.

9. Juni 1872
Brief von Pr. N., der das Pamphlet des H. von Wilamowitz gegen ihn schickt. Betrachtungen, die sich an diese neue Gemeinheit knüpfen; R. erkennt den jetzigen Zustand der Welt als einen trostlosen; die Professoren, die wieder Spezial-Professoren bilden, keine humane Bildung, die sich verbreitet, der Jurist z. B. denkt nicht daran, Philologie und Philosophie zu studieren, alles nur Spezialitäten.

10. Juni 1872
R. liest das Pamphlet des Herrn von Wilamowitz und wird dadurch bestimmt, an Pr. Nietzsche einen öffentlichen Brief zu schreiben, den er mir abends vorliest.

11. Juni 1872
R. arbeitet an seinem Brief, den er auch vollendet und der mir ganz meisterlich dünkt.

30. Juni 1872
M. M. [Mathilde Maier?] schreibt aus München, wo der Tristan gewesen ist; mich befällt immer eine bittere Empfindung, wenn ich an diese Aufführungen denke, ohne uns, die unsere Freunde erfreuen. (Pr. Nietzsche und Herr v. G. [Gersdorff] auch zugegen.) »N. hat da seinen tragischen Menschen serviert bekommen«, sagt R. von Tristan.

1. Juli 1872
Hoffnungen auf Pr. N.; Bedauern, daß jetzt das Bedeutendste eigentlich keinen Eindruck, namentlich kein Aufsehen erregt. Ob es je anders war? Kants »Kritik der reinen Vernunft« schiene doch sehr großes Aufsehen erregt zu haben.

5. Juli 1872
Herr v. Gersdorff teilt mir den Plan eines Aufrufes mit, den Pr. Nietzsche aufsetzen will zum Zwecke einer Sammlung, an welcher sich alle diejenigen beteiligen könnten, welche keine Patronatscheine nehmen könnten und mit einzelnen Beiträgen sich nicht an die Wagner-Vereine anschließen möchten. Unser Abendtisch wird durch einen Herrn Krebs aus Frankfurt a/M erweitert, welcher, artig und wohlgebildet, mit einem seltsamen Anliegen hierher gekommen ist. Er bringt ein Blatt, die griechische Tragödie vom Wagnerschen Genius erweckt, das merkwürdig kindisch entworfen in Riesengröße ausgeführt werden soll (wie das Symposion von Feuerbach!), und dazu will er R.'s Zustimmung haben. R. rät ihm, das Nietzschesche Buch zu lesen, und gibt es ihm mit. Er bringt seltsame Reden heraus, daß man Ideen jetzt malen müsse usw. Wie er fort ist, können wir uns über diese seltsame Erscheinung nicht genug wundern und müssen schließlich über alle diese Konfusionen sehr lachen.

27. Juli 1872
Pr. Nietzsche schreibt R. daß er nach München zur Universitätsfeier (d. h. zum Tristan) geht.

9. November 1872
An R. Brief von Pr. Nietzsche, welcher meldet, daß seine sämtlichen Studenten für dieses Semester ausgeblieben sind! Also ist der Bann seines Buches wegen auf ihn gelegt, wir sind tief davon affiziert, denn es ist dies sehr stark und macht die Stellung unsres Freundes unmöglich! – – – Wir ergehen uns in Plänen, Gedanken, Studenten nach Basel schicken; von Bismarck eine Berufung nach Berlin erzwingen, allerlei Unmögliches. R. hofft auf seine Reise auch in dieser Beziehung. »Hier wäre der Fall, wo der Adel schön eintreten könnte.«

21. November 1872

[. . .] um 5 Uhr in Stuttgart, erste überraschende Begegnung Marie Muchanoff; viele gegenseitige Freude. Wir speisen zusammen im »Hotel Marquard« mit einem Dr. Hemsen, Bibliothekar des Königs, der mir erzählt, er und der König läsen fleißig die gesammelten Schriften, und er habe das Nietzschesche Buch für die Bibliothek angeschafft. Die Königin aber ist in Herrn Lübkes Händen – also auch hier nichts, denn der König ist schüchtern und gilt für dumm.

22. November 1872

[. . .] um 6 Uhr in Straßburg. Unser Neffe Major Kessinger stellt sich ein, gleich darauf Freund Nietzsche. Er sieht rüstig und wohl aus, und ist munter mutig (trotz aller Erfahrungen).

23. November 1872

Nachmittags geht R. mit unserem Freund spazieren, sucht einen ehemaligen Bayreuther Pfarrer, jetzt Straßburger Zeitungsredakteur, auf, den der Dekan uns empfohlen. Ich schreibe unterdessen an Pr. Rohde, der nun auch völlig verfemt und gänzlich aussichtslos und vereinsamt ist.

24. November 1872

In München, erzählt mir Pr. Nietzsche, hat ein Dr. Puschmann, Privatdozent an der dortigen Universität, eine Schrift soeben herausgegeben, in welcher er psychiatrisch beweist, daß R. wahnsinnig. Daß so etwas möglich ist, geduldet wird!*

[* Richard Wagner, eine psychiatrische Studie, 1872]

4. Dezember 1872

Brief von Pr. Nietzsche, der mir ein höchst merkwürdiges Schreiben von Hans an ihn – über eine Komposition unsres Freundes – mitteilt, die dieser ihm mitgeteilt (eigentlich zu unsrer Verwunderung).*

[* Nietzsches Manfred-Meditation]

1. bis 4. Januar 1873

Neujahrshin und -her; verschiedene Sendungen, unter andrem ein Heft von Pr. Nietzsche mit Manuskripten, Vorworte zu ungeschriebenen Büchern. [. . .]
Abends lesen wir die Vorreden von Pr. N. [. . .]
Das Manuskript von Pr. N. erheitert uns auch nicht, eine ungeschickte Schroffheit spricht sich zuweilen darin aus, bei immer großem Tiefsinn des Empfundenen. Wir wünschten, er beschäftige sich vorzüglich mit griechischen Themas.

6. Januar 1873

Nachts wieder viel über das Wesen der Kunst nachgedacht, in Folge der Vorworte von Pr. N.

1. Februar 1873

Fr. Nietzsche schickt an R. eine Abhandlung über Hesiod.

9. Februar 1873

In der Kahntischen Zeitung wird ein Preis für die beste Arbeit über den Ring des Nibelungen ausgeschrieben, die Preisrichter sind Karl Simrock in Bonn, der Germanist Dr. Moritz Heyne und Freund Nietzsche, der Preis besteht in einem Patronatsschein. Die Art, wie die Aufgabe gestellt, wie die ganze Idee ist vortrefflich.

5. April 1873

R. sagt: Ich habe den Tag mit einem Witz begonnen, ich werde morgen die Freunde, die wir erwarten, Nietzsche und Rohde, zu den Quellen des Jamblichus zu führen als Spaziergang vorschlagen.

6. April 1873

In die Kirche, und wiederum eine lange öde Predigt. Kindertisch, und nachher zuerst ganz unerwartet Herr Gedon, Lenbachs Freund, Bildhauer aus München, dem wir die Ausschmückung unseres Hauses anvertrauen wollten, den wir aber nicht so rasch erwarteten. Nach ihm kommen dann Pr. Nietzsche und Rohde, Besuch des Hauses, das Gedon nicht genug rühmen kann. Besprechungen des Theaters abends, R. liest seine neueste Schrift vor.

7. April 1873
Fußübel; R. geht mit den Freunden zum Theater, das Gedon sehr schön auch findet. Zu Mittag die beiden Professoren, der Bürgermeister und der Dekan, welcher uns eine schöne Anrede an die drei »Zukunftsmänner«, wie er R. und die jungen Freunde nennt, [hält], – was ihnen beschieden ist in Leid und Freud. Sehr ergreifend.
[. . .] Abends liest Pr. Nietzsche uns eine neue interessante Arbeit über vorplatonische Philosophen vor.

8. April 1873
Unsere Freunde zu Mittag und Abend; ich muß meines Fußes wegen immer liegen. Abends Fortsetzung der Vorlesung. – Pr. Nietzsche erzählt mir von einem Pr. Paul Lagarde, welcher durch eine Schrift: »Kirche und Staat«, völlig verfemt worden ist.

9. April 1873
Abends [hatten wir], wie R. scherzt: »die Söhne des *Thales*«, d. h. Anaximander, Heraklit, Parmenides in der Arbeit des Pr. N. vornehmen wollen, allein das Gespräch hatte uns so tief in die Erfahrungen geführt, welche wir bei Gelegenheit unseres Bayreuther Unternehmens gemacht, daß die trübe Stimmung nicht zu überwältigen ist.

11. April 1873
Abends liest Pr. N. den Schluß einer Abhandlung vor. [. . .] Uns verdrießt ein wenig die musizierende Spielerei unseres Freundes, und R. ergeht sich über die Wendung, welche die Musik genommen.

28. April 1873
R. sprach heute viel mit Fritzsch über das neue Literatur-Blatt; Pr. Nietzsche bereitet einen Aufsatz gegen D. Strauß vor und schlägt Fritzsch vor ein theologisches Werk von Pr. *Overbeck*, das kein Verleger seiner Offenherzigkeit wegen herausgeben will.

5. Juni 1873
Abends liest mir R. die Abhandlung über den Ursprung der Sprache, und ich muß wiederum die großen Geister segnen – diese Abhandlung und die Gespräche mit R., die sich daran knüpfen, befreien mich förmlich von der Last der trüben Gedanken. – – – Wie können nur die Menschen ohne geistige Beschäftigung ihre Sorgen ertragen? . . . Wie wir uns trennen, sagt mir R.: »Nun holst du deine Decke? Das tust du aber nur, wenn Nietzsche da ist.« Zärtliches Gedenken dieser Zeiten.

8. August 1873
Die Broschüre von Pr. Nietzsche gegen Strauß ist angekommen, eifriges Lesen darin.
[. . .] Abends im »Strauß«« von Nietzsche gelesen; R. bemerkt, daß noch dazu die Verherrlichung des Philisters dem Englischen nachgemacht sei.

13. August 1873
Meine Anmerkungen zu der Schrift unseres Freundes Nietzsche bringen uns auf deutschen Stil zu sprechen, und R. sagt, vor allem müßte man in den Schulen sprechen lernen, dann ergäbe sich das Schreiben ganz von selbst.

20. August 1873
[. . .] abends in Nietzsches Broschüre für die Freundin [Malwida von Meisenbug] gelesen, mit Betrübnis, einen unerfreulichen Eindruck von vielem darin erhalten.

20. September 1873

Brief von Pr. Nietzsche an R., nach langer Zeit; sein Augenübel ist aber noch nicht gehoben.

22. September 1873

R. erwidert Pr. Nietzsche, über dessen Broschüre ein hübscher Aufsatz in der A.A.Z. [Augsburger Allgemeine Zeitung] steht.

25. September 1873

Abends hat R. sein Kränzchen und liest den guten Leuten eigentlich zu ihrem Entsetzen zwei Kapitel der Nietzscheschen Flugschrift vor.

28. September 1873

Im Garten mit Kindern und Verwandten; beinahe heftiges Aneinandergeraten mit Ottilie in Bezug auf Pr. Nietzsche; sie ist dermaßen im Universitätswesen verfangen, daß sie über das Buch »Die Geburt der Tragödie« spricht, ohne zu bedenken, daß N. für ihren Bruder seine Karriere auf das Spiel gesetzt hat und daß eine Roheit darin liegt, uns in solcher Weise die verachtenden und verfemenden Urteile der hohen Gelehrten mitzuteilen; wie selbst das beste Herz aufhört, warm zu schlagen, wenn die Macht unaufhörlich ihm gegenübersteht, erseh ich aus diesen Empfindungen von W.'s Schwester gegen den treusten Anhänger ihres Bruders! Mittagessen und Fahrt nach Eremitage in Gemeinschaft.

5. Oktober 1873

R. rühmt auch an der Nietzscheschen Schrift seine Bemerkung über die *Suchenden,* wir haben keine Klassiker gehabt, d. h. keine Blüteperiode, hinter welcher abzuschließen sei; »mit dem Worte Epigonentum beruhigen sie sich alle und bestärken sich in der Lumperei«.

28. Oktober 1873
Professor Nietzsche schickt seinen »Mahnruf an die Deutschen« – wer wird ihn aber unterzeichnen wollen?

30. Oktober 1873
Nachmittags Begegnung mit Pr. Nietzsche auf der Straße – er, vollständig verfemt, erzählt Unglaubliches, die Internationale rechne ihn zu den Ihrigen, dazu von einem Grenzbötler aufgefordert, welcher in einem Aufsatz: Herr Nietzsche und die deutsche Kultur, alles Maß überschreitet und unseren Freund förmlich denunziert!

31. Oktober 1873
Den sehr schönen »Mahnruf« mit Pr. Nietzsche durchgegangen – ist es klug, diesen zu erlassen, doch was helfe uns Klugheit? Uns hilft nur Glauben und Wahrheit. Sie behaupten hier (der Dekan u. andre), das Circular R.'s habe entmutigend gewirkt; und ich bin so froh, daß es erlassen sei, es sagt die Wahrheit! [. . .] Abends kleines Bankett in der »Sonne« mit Delegierten und Verwaltungsrat. Die Sitzung hat das Aufgeben des Mahnrufes beschlossen; die Vereine fühlen sich nicht berechtigt zu der kühnen Sprache, und wer außer ihnen würde das unterzeichnen?

1. November 1873
Mittagessen mit Pr. N., Freund Heckel und Malwida [von Meisenbug], sehr heiter und hübsch; Nachmittag gehen wir zum Theater, welches sich herrlich darstellt. Abends dieselbe Gesellschaft mit Dr. Stern dazu; sehr heitere Laune R.'s, im Ernste spricht er dann über die deutsche Sprache, ihre aufgehaltene Entwickelung, die großen Geister, sich nach fremden Mustern umsehend – »ist es möglich, noch jetzt auf den Quell zurückzugehen? des Reichtums der Flexionen sich wieder zu besinnen u.s.w.«. Freund Nietzsche teilt uns allerlei Trauriges über des vortrefflichen Fritzschs Lage, seine Gesundheit und sein Geschäft [mit]. Auch teilt der Freund mit, daß er seitens der Internationale gepeinigt würde, eine Frau Nilsson, Freundin

von Mazzini, hat sich ihm angezeigt als Dienerin des Dionysus-Kultus, sie will auch Fritzsch Geld vorschießen und womöglich dessen Geschäft an sich ziehen. Unser Freund über die Seltsamkeit in großer Aufregung! Er hat die zudringliche Frau zur Türe gewiesen, diese habe gedroht u.s.w. – Unserem Kieler Pr. Rohde ist angezeigt worden, daß er niemals ordentlicher Pr. würde. Seltsame Lage.

2. November 1873

Abschied von Freund Nietzsche, der uns tiefe Sorge einflößt.

24. Dezember 1873

Um 5 ½ Uhr Bescherung; auch mir beschert R. gar Schönes, von Chaillou Hausprächtigkeiten, und freut sich, daß sie mir stehen und gefallen. Der Baum, hoch und breit, leuchtet lange, alles ist heiter und froh; nachdem er erloschen ist, lesen wir im »Hyperion«; Malwida hat R. Hölderlins Werke geschenkt. R. und ich erkennen mit einiger Besorgnis den großen Einfluß, den dieser Schriftsteller auf Pr. Nietzsche ausgeübt; rhetorischer Schwulst, unrichtige angehäufte Bilder (der Nordwind welcher die Blüten versengt u.s.w.), dabei ein schöner edler Sinn; nur, sagt R., könne er nicht gut an solche Neugriechen glauben, er erwarte immer, er würde plötzlich sagen: Ich studierte in Halberstadt u.s.w.

4. Januar 1874

R. hatte eine unruhige Nacht und ist leidend, dazu kommt Pr. Overbeck, den ich nun allein zu empfangen und zu bewirten habe, bis abends R. hinzukommt. Wir erhalten einen guten Eindruck von dem gelehrten Mann. Er berichtet aber nicht sonderlich Gutes von der Gesundheit unseres Freundes Nietzsche.

22. Februar 1874

Abends beginnen wir die neu angekommene Broschüre von Freund Nietzsche über den Nutzen der Geschichte, es fängt sehr abstrakt an, und dadurch erhält es etwas Willkürliches.

23. Februar 1874
Wir fahren in der Broschüre unseres Freundes fort und freuen uns ihrer, großer Mut, große Inbrunst, große Schärfe des Urteils. An R.'s Beispiel ist ihm die ganze jetzige Welt in ihrer Nichtigkeit erschienen.

24. Februar 1874
Abends die Broschüre mit vielem Interesse beendigt.

25. Februar 1874
Die Schrift unseres Freundes bildet den Gegenstand unserer Gespräche, der feurige Witz, mit welchem sie geschrieben ist, ist ganz erstaunlich.

20. März 1874
Vormittags Brief an Pr. Nietzsche über seine Schrift [. . .].

4. April 1874
Einige Briefe; Gouvernanten-Angelegenheit, und einen sehr wehmütigen unseres Freundes Nietzsche, der sich vergrämelt; R. ruft aus: »Er muß heiraten oder eine Oper schreiben, freilich wird letztere auch derart sein, daß sie nie zur Aufführung kommt, und das führt ihn auch nicht in das Leben.«

9. April 1874
R. liest am Morgen die jüngste Schrift von unserem Freund Nietzsche und faßt sein Urteil also zusammen: »Es ist die Schrift eines sehr bedeutenden Menschen, und wenn er sehr berühmt werden sollte, wird auch diese Schrift einst beachtet werden. Sie ist aber noch sehr unreif, alle Anschaulichkeit fehlt ihr, weil er niemals Beispiele aus der Geschichte gibt und doch viele Wiederholungen und keine eigentliche Einteilung hat. Diese Schrift ist zu schnell erschienen. Ich weiß niemanden, dem ich sie zur Lektüre geben könnte, weil ihm kein Mensch folgen kann. Die Grundidee hat Schopenhauer schon ausgesprochen, N. hätte sie viel mehr vom pädagogischen Standpunkte aus beleuchten sollen.«

5. August 1874
Nachmittags meldet ein Zettelchen, daß Pr. Nietzsche hier sei, aber schon krank danieder liege, in der »Sonne«. R. geht hin und bringt ihn gleich in unser Haus. Er erholt sich bald und wir verleben einen heiteren Abend zusammen.

6. August 1874
Pr. N. erzählt von einem Verleger, welcher aus Schloß-Chemnitz sich ihm angeboten habe, er soll der Sozialdemokratischen Partei dienen, jedoch sowohl N. als auch Pr. Overbeck nehmen das Anerbieten an, da in ganz Deutschland kein Verleger sich für sie finden würde, ja, wenn sie ihre Professuren niederlegten, sie wahrscheinlich brotlos wären, selbst keine Hauslehrer-Stelle sich ihnen eröffnete. Die Neue Freie Presse leitet einen Aufsatz von Karl Hillebrand über die Historie von Nietzsche mit dem Bemerken [ein], daß sie nur des werten Mitarbeiters wegen die Schrift eines Autors beachte, welcher durch seinen Angriff auf Strauß sich zur Genüge gestempelt habe u.s.w. – Pr. N. erzählt, daß Herr Du Bois-Reymond in Berlin den Vorschlag zu einer Akademie gemacht habe, worin Goethe als die deutsche Sprache verderbend, Lessing gegenüber, geschildert wird! . . .
[. . .]
Unser Freund N. bringt das Triumphlied von Brahms, R. lacht laut auf, daß Musik auf das Wort *»Gerechtigkeit«* gemacht würde.

8. August 1874
Nachmittags spielen wir das Triumphlied von Brahms, großer Schrecken über die Dürftigkeit dieser uns selbst von Freund Nietzsche gerühmten Komposition, Händel, Mendelssohn und Schumann in Leder gewickelt; R. wird sehr böse und spricht von seiner Sehnsucht, etwas zu finden in der Musik auch von der Überlegenheit des Christus, wo doch ein Gestaltungstrieb, eine Empfindung, welche zur Empfindung spreche, vorhanden sei.

9. bis 22. August 1874
Lauter Besuche verhindern mich daran, in mein Tagebuch zu schreiben. Freund Klindworth beendigte den Klavierauszug und nahm Abschied *Freitag 14ten;* tags darauf entfernte sich Pr. N., nachdem er R. manche schwere Stunde verursacht. Unter anderem behauptet er, keine Freude an der deutschen Sprache zu finden, lieber lateinisch zu sprechen u.s.w. R. gibt seine Grundsätze betreffs der Behandlung der deutschen an, sagt, zuerst zu untersuchen, ob ein fremder Begriff durchaus notwendig auszudrücken ist; ist er es, dann nur keck und kühl das fremde Wort – unübersetzt gebrauchen. [. . .] *Sonnabend 15ten* Pr. Overbeck, dessen Besuch uns herzlich willkommen ist.
[. . .]
Traurigstes über die Lage unseres Freundes N. erfahren, welcher vor drei, vier unbefähigtsten Studenten die ganze Literaturgeschichte der Griechen vorzutragen habe! Der ganze Bann der Universität liegt auf ihm.

1. September 1874
Abends den Aufsatz von Karl Hillebrand in der Neuen Presse über die Nietzschesche Schrift gelesen. Einiges Gute kurz, vieles Dumme ganz breit ausgeführt. »Es gehört etwas dazu, um an den Deutschen zu glauben«, sagt R.

23. Oktober 1874
Während R. zur Ruhe ging, beginne ich die Schrift von Pr. Nietzsche: »Schopenhauer als Erzieher«, welche R. schon gelesen hat und welche uns im höchsten Grade fesselt. Abends lese ich R. daraus vor.

24. Oktober 1874
Von der Reise erkältet, kann ich nicht viel tun, außer die Broschüre des Professors weiterlesen, welche mich wirklich tief erregt.

25. Oktober 1874
R. arbeitet, ich fühle mich ziemlich unwohl und benutze der Kinder Spiel-Tag, um mich auszuruhen und die schöne Schrift von Pr. Nietzsche zu beendigen.

15. Mai 1875
Sehr hübscher Brief von O. [Otto] Bach und sehr schöner von Freund Nietzsche über die Götterdämmerung.

21. Januar 1876
Immer mehr bedenken wir, R. und ich, die Erziehungsfrage; Gedanken der Errichtung einer Musterschule, mit Nietzsche, Rohde, Overbeck, Lagarde. Ob der Schutz des Königs dafür zu erlangen? . . .

1. bis 12. Juli 1876
Malwida Meysenbug angekommen und eine herrliche Schrift von Nietzsche: »R. Wagner in Bayreuth«.

21. Juli 1876
Schöne Depesche vom König, dankend für die Nietzschesche Broschüre.

24. Oktober 1876 [Sorrent]
Besuch von Malwida, welche für Freund Nietzsche Wohnung machen will, Umschau nach verschiedenen Häusern. Sie fährt abends nach Neapel zurück.

27. Oktober 1876
[. . .]
mit R. auf unsrer Terrasse lange gesessen und auf das Meer geblickt. Darauf Besuch von Malwida, Dr. Rée und unserm Freund Nietzsche, letzterer sehr angegriffen und mit seiner Gesundheit sehr beschäftigt.

2. November 1876
Allerseelen, wieder schönes Wetter, wir machen einen schönen Spaziergang, und den Abend verbringen wir mit unseren Freunden Malwida und Pr. Nietzsche.

13. Oktober 1877
Freund Nietzsche schickt ein hübsches Manuskript eines Dr. Eyser aus Frankfurt; meldet aber Schlimmes von seiner Gesundheit.

23. Oktober 1877
Nachmittags schreibt er [sc. R. Wagner] einen langen Brief an Dr. Eyser in Frankfurt, welcher einen eingehenden Bericht über den Gesundheitszustand unseres Freundes Nietzsche geschrieben hat; R. sagt: »Er wird (N.) auf den befreundeten Arzt eher hören als auf den arztenden Freund.«

2. Dezember 1877
Wir sprechen noch lange von dem Dichter [Shakespeare], der alles alles sieht, empfindet, wiedergibt, ohne jemals ein Zeichen von seiner Empfindung dabei zu geben. An Freund Nietzsche denken wir, der gegen Sh. sich aufbäumte – »er will eine gewisse Art Form«, sagt R., »dies hier ist ein Mißwuchs von Erhabenheit und Offenbarung«.

30. März 1878
Die griechischen Lyriker erinnern ihn [Richard Wagner] an Nietzsches »außerordentliche« Auslassungen über eben diese Lyrik.

25. April 1878
Um Mittag Ankunft einer neuen Schrift von Freund Nietzsche* – banges Gefühl davor nach einem kurzen Einblick; R. meint, er erweise dem Autor ein Gutes, wofür ihm dieser später danken würde, wenn er es nicht lese. Mir erscheint viel Ingrimm und Verbissenheit darin, und R. lacht herzlich, wie ich ihm sage, daß,

wenn unter allen Menschen einer, der hiermit gefeierte Voltaire die »Geburt der Tragödie« nicht verstanden haben würde.

[* Menschliches, Allzumenschliches: Ein Buch für freie Geister]

27. April 1878

Fester Entschluß, Freund Nietzsches Buch nicht zu lesen, dessen Seltsamkeit gar pervers beim ersten Blick erscheint.

29. April 1878

Es fällt schwer, nicht zuweilen von dem traurigen Buch von Freund N. zu sprechen, trotzdem wir beide seinen Inhalt aus einzelnem mehr ahnen als wie kennen!

9. Mai 1878

Arge Ahnung, Licht über Nietzsche seitens R.

23. Mai 1878

R. schrieb an Pr. Overbeck, um ihm zu danken für seinen hübschen Brief; er erwähnt darin auch *N.'s* und sagt bedeutungsvoll, er hoffe, daß Nietzsche es ihm dereinst danken würde, daß er sein Buch nicht gelesen.

28. Mai 1878

R. wollte sich den Spaß machen, an Pr. Nietzsche zu Voltaire's Geburtstag telegraphisch zu gratulieren, ich rate aber ab und befürworte hier auch wie nach mancher Seite hin das Schweigen.

30. Mai 1878

Zum Kaffee kommt er [Richard Wagner] auf Pr. Nietzsche und sein Buch zurück, das so unbedeutend ihm erscheint, während das Gefühl, welches es eingab, so böser Art ist.

12. Juni 1878

Abends Besuch unseres armen Freundes Hagen, welcher ernstlich auf meine ruhig[en] Fragen davon spricht, daß ein 4tes Dimensional-Wesen ihm Gedankenstörungen verursache. R.

sucht ihm klarzumachen, daß alles in unserem Inneren vor sich gehe und es keine Anfechtungen von außen gäbe, doch ist dies wohl vergeblich. »Ich habe nette Parteigänger«, lacht R., »Hagen und Nietzsche hätte ich miteinander spazierengehen sehen mögen!«

21. Juli 1878
Nachmittags liest mir R. zuerst mit großer Heiterkeit den Spaß über N. und dann den Anfang von Bhagavad-gita.

24. Juli 1878
R. liest etwas in dem neuesten Buch von Nietzsche, um über die prätentiöse Gewöhnlichkeit zu erstaunen. »Ich begreife, daß Rée's Umgang ihm mehr behage als wie der meinige.« Und wie ich bemerke, daß diesem Buch nach die früheren Schriften *N.'s* nur Reflexe waren, sie kamen nicht aus seinem Innern, sagt er: »Jetzt sind es *Réekleckse!*«

25. Juli 1878
R. hatte eine gute Nacht; er geht in den Hof-Garten mit Kindern und Hunden spazieren und ruht dann mit dem durch seinen nichtigen Gehalt sehr anwidernden Buch von Pr. Nietzsche.

26. Juni 1878
[. . .] [Richard Wagner] macht seinen Brunnenspaziergang mit den Kindern; dann liest er weiter in Pr. N.
[. . .]
Abends lesen wir etwas im traurigen N. (»es macht mir keine große Ehre, daß dieser mich gelobt!«)
[. . .]

28. Juni 1878
Er [Richard Wagner] ruht sich aus, liest N., während ich den Kindern Unterricht gebe.

29. Juni 1878
Die Kur strengt ihn an, er klagt über Ohrensausen. Ich beklage, daß er das schlechte Buch von N. dabei liest, trotzdem er behauptet, daß es ihn nicht affiziere. R. läßt sich eine Jacke ähnlich wie mein Négligé machen, was mich sehr freut, er frug, »ob es schicklich sei«. – Beigelegter Witz von meinem Vater macht ihm viel Freude, »das ist einzig«, sagt [er], »von deinem Vater kann man sagen, er sei frei« (an N. anspielend), »imperturbabel im Zickzack seines Lebens«. »Blind sein und an kein Inneres glauben, das ist schlimm«, sagt R. immer in Bezug auf das Buch, dessen Schluß mit fast lyrischem Schwunge er mir vorliest.

30. Juni 1878
Dann sagt mir R.: »Du wirst doch nur ein wenig Ruhe haben, wenn die Kinder alle erwachsen sind, es fehlt dir entschieden die *Philosophie des Vormittags*.«* Viel Heiterkeit hierüber.

[* Anspielung auf Menschliches, Allzumenschliches Bd. 1, Aph. 638]

1. Juli 1878
Der Verleger Schmeitzner hat wirklich den B. Blättern Auszüge aus N.'s Buch als Beilage beigegeben, Km. L. [Kapellmeister Levi] meint, ein Mann wie N. sei zu gut dafür, R. lacht über das Qui pro quo.

3. Juli 1878
Abends kommt R. auf N. zurück; man kann es nicht so leicht vergessen, R. meint, der Kreis sei zu klein, um daß man nicht immer wieder auf dieselben Erfahrungen zurückkäme.

21. Juli 1878
R. hat in der Frühe anhaltend an seinem Aufsatz und mit Vergnügen gearbeitet, er sagt, er nehme Nietzsche vor, aber ohne daß irgendeiner, der nicht ganz eingeweiht sei, etwas merke.

24. Juli 1878
R. spricht mit zurückgehaltener Entrüstung von Nietzsches Annahme des Mißlingens hier und der Folgerung, daß wir nicht mehr den Bedürfnissen der Zeit entsprächen, während der eigentliche Versuch noch gar nicht angestellt sei, denn die Bedürftigen sind eben arm und machtlos.

27. Juli 1878
Abends Lektüre von Manuskripten für B. Blätter, mit nicht vielem Vergnügen daran. Das Leugnen der Inspiration an den Beispielen aus den Skizzen von Beethoven seitens Nietzsche bespricht R. mit Unwillen; es wäre besser, solche Skizzen nicht herauszugeben. Als ob das Suchen nach der Form für die Inspiration diese leugnete!

2. August 1878
Alles hat dieser schlechte Mensch [Nietzsche] von einem, selbst die Waffen, die er nun gegen mich führt.

18. August 1878
Abends liest R. mir in »Oper & Drama« vor, Antigone; wie ich bewundernd von diesem Werke ihm spreche, sagt R.: »Ich war damals ganz besessen, ich hätte nichts komponieren können, so nahm mich dies ein.« Der arme Freund Nietzsche scheint gar manches aus seiner ›Menschlichkeit‹ daraus entnommen zu haben.

5. September 1878
Nachts bemerkte ich, daß R. nicht mehr bei mir liege, ich stieg auf, um nach ihm zu sehen, er saß in seiner Arbeitsstube, »Les ducs de Bourgogne« lesend: er habe Kongestionen, sagte er. In der Frühe erzählte er mir den Traum, der ihn geweckt; es seien immer mehr Leute in sein Haus gedrungen, u. a. Klindworth, zuletzt Nietzsche, welcher ihm lauter schmähliche Malicen gesagt und ihn auf die Melodie des Pilgerchors aus »Tannhäuser« verhöhnt habe, d. h. ein Hohngedicht auf ihn gesungen; er habe

ihm gesagt: Sie behandeln mich wohl so, weil ich unbewaffnet bin? – Ich habe durch ein Fenster gefragt, was es sei, und um mich nicht zu beängstigen, habe er gesagt, Nietzsche lese ihm sein neues Gedicht vor; über die Größe und Unheimlichkeit der Bedrängnis sei er aber erwacht. Er sieht den Tag über angegriffen aus, doch arbeitet er ein wenig [. . .].

7. September 1878

Allerhand Gespräche in der frühen Stunde, über Nietzsche, daß wir aus dieser Knolle eine Blume getrieben hätten, nur bliebe die Knolle eigentlich ein garstiges Ding.

7. November 1878

Ein Wort von Renan über unsere Zeit, daß ohne Glauben sie, wie bei dem Tier, dem das Gehirn entnommen, eine Weile lang die Funktionen weiter dauern, auch weiter so lebt, aber daß das nicht lange dauern könne, macht auf R. einen großen Eindruck.

8. November 1878

R. schlief gut trotz des Schnupfens; beim Frühstück, wie er auf den Gedanken von Renan zurückkommt und ich ihm sage, daß ich mir nicht vorstellte, daß einer von unseren jetzigen berühmten deutschen Schriftstellern diesen Gedanken hätte ausgesprochen, sagt er: »Sie sind zu schwierig, zu sehr in dem *›Fortschritt‹* befangen.« »Nietzsche«, fügt er hinzu, »hätte ihn haben können.« Ich erzähle ihm, daß dieser sich die Zusendung der Blätter verbeten habe, »das freut mich«, sagt R., »daß er sich getroffen fühlt«.

9. Dezember 1878

In der Frühe kommt R. auf die Schuld des Daseins zu reden, daß, wenn Nietzsche alles unschuldig fände, so wäre das in Bezug auf das *operare* richtig, aber das Sein sei die Schuld, der Wille zum Leben, und der sündenlose Gott ist der, dem das Leben ein Opfer ist und dessen Leben dadurch zur Offenbarung wird.

[. . .]

R. erzählt von seinem »Freund« Schmitt, daß dieser nun gegen ihn in den Zeitungen auftrete! »Ich habe hübsche Freunde gehabt« ([er] denkt an K. Ritter, Nietzsche etc.), »und [man muß] sich dabei sagen, daß die draußenstehenden Bösen gleich das Hohle eines sich noch so glühend anlassenden Verhältnisses durchschauen und sich freuen.«

8. Januar 1879
Ein Brief von E. Nietzsche bringt auch die Erfahrung an ihrem Bruder wieder vor. Daß er, N., die Aufführung von *Parsifal* wünscht, bringt R. ein bitteres Lächeln: »Die glauben nun, daß ich nichts anderes im Sinn habe, als wieder so eine Aufführung zu Stande zu bringen«, während er nur darauf sinnt, wie er ihr entgehen kann. Ich: »Man braucht sie nur nicht zu wollen.« R.: »Ach, man möchte wohl, aber man will nicht«, seufzt er, und hier liegt der traurige Zwiespalt unserer Lage.

28. Januar 1879
Später bringt ein guter Brief von E. Nietzsche das Gespräch auf das traurige Buch ihres Bruders, und R. führt den Gedanken aus, ›wie mit der Verehrung alles schwindet, sie sei die eigentliche Religion; nicht kann ich sündenlos sein wie Jesus, aber ich kann die Sündenlosigkeit verehren, meinem Ideal Abbitte tun, wenn ich ihm untreu werde. Aber unsrer Zeit fehlt der Sinn für das Große, sie weiß einen großen Charakter nicht zu erkennen. Es entsteht kein Band zu ihm.‹

22. März 1879
Gestern, bevor wir uns zum Spiel begaben, stieg wieder vor R.'s Geist das Bild von Nietzsches Benehmen. Er sagt: »N. hat unzeitgemäße Betrachtungen geschrieben, also damit bekannt, daß das, was er bewundert, nicht in unsere Zeit paßt und darüber hinausgeht, und nun entnimmt er aus dem Umstand, daß mein Unternehmen nicht zeitgemäß sei, die Kritik desselben! Kann man sich etwas Schlechteres denken!«

7. Mai 1879

Wie ich hinunter zum Abendbrot komme, sagt er: Ich habe Philologie getrieben; er hat im Griechischen, Lateinischen, Englischen und Französischen nachgesehen, wie die Stelle, wo Luther das Wort »barbaros« mit »undeutsch« übersetzt, heißt; die Franzosen am allerunglücklichsten mit dem abstrakten Wort »barbare«, welches auch noch so mißverständlich ist, die Engländer schon besser; herrlich aber Luther! R. kann nicht genug darauf bestehen, was dieser Zug ihm sage; er kommt noch spät abends darauf zurück und sagt: »Diese Jugend! Entsinnst du dich, daß ich diese Stelle Rohde und Nietzsche zeigte und daß sie ihnen eigentlich nichts sagte. Dieser Mangel an Verständnis und Phantasie!«

9. September 1879

Abends bringt Rub. [Rubinstein] das Gespräch auf Nietzsche, und die Betrachtung dieser ganzen Erfahrung erregt R. sehr, der sich über die Perversität einer solchen Natur nicht beruhigen kann [. . .].

1. Oktober 1879

Aber R. schläft wiederum nicht am Nachmittag und sieht abends sehr angegriffen aus. Er liest etwas in der Schrift von H. v. Hagen, ich erblicke darin das Zitat von Nietzsche und muß mit Tränen gewahren, was an ihm uns verlorenging.

2. Oktober 1879

Vor dem Whist gibt ein Zitat aus Nietzsches Buch in Hagen Gelegenheit, wiederum einmal zu staunen über diesen Abfall; ich glaube, hier wurde die einzige Sünde, von welcher es hieß, sie sei nicht zu sühnen, begangen: die Sünde gegen den h. Geist. Keine Worte können ergreifender sein als diejenigen dieses Zitates!

19. Oktober 1879

R. schrieb an Pr. Overbeck, um Nachrichten von Freund Nietzsche zu haben.

26. Oktober 1879

Brief von Pr. Overbeck über unseres armen Freund Nietzsches trostlosen Zustand – und da nichts tun *dürfen*, nicht nur nicht können!

20. November 1879

Der Aufruf des Herrn Schön gibt Gelegenheit, den Mahnruf an die Deutschen von Nietzsche wieder zu lesen, der gar zu thukydideische Beginn desselben gefällt R. gar nicht, aber er stimmt meiner Bewunderung des Ganzen bei [. . .].

29. November 1879

Wie R. mich zu Tisch abholt, spricht er von der Arbeit von K. Ritter, welche einerseits mit vielem Verstand und in gutem Stile abgefaßt sei, andrerseits da z. B., wo er von Nietzsches Theorie der Tragödie sagt, es müsse ein Witz sein, von solcher verschrobenen Albernheit zeuge, daß es am besten wäre, sich nicht damit abzugeben. »Nur um das eine nicht zuzugeben, werden sie dumm«, ruft er aus.

28. Dezember 1879

Gestern abend hatte er [Richard Wagner] mir einiges aus dem neuen Buche des armen Nietzsche* vorgelesen, und ihm kam das Wort von E. Schuré in den Sinn: Nihilisme écœurant. »Für solche eine erhabene, einnehmende Erscheinung wie Christus nichts andres zu haben als wie Hohn!« ruft R. empört aus. Er fährt heute darin fort und liest noch einiges (z. B. über »Faust«), was grauenerregend ist.

[* Der Wanderer und sein Schatten]

16. Januar 1880

Er [Richard Wagner] kommt auf Nietzsche, der aus bloßer Malice gegen ihn die Stelle in seinem »Beethoven«, worin er sagt, er habe auf die Volkweisen gehorcht, verdreht, um B. herabzusetzen; »dabei nicht zu beachten, daß Beethoven der größte Melodiker war, der je gelebt; es war wie die Kondeszendenz eines Gottes; wie das Mädchen aus der Fremde, die zu dem Hirten kommt, daß er die Volksweise aufnimmt und dem Volk verklärt wiedergibt. Und ihn gleichsam deshalb unter Schubert stellen; was Schubert war, hatte B. [sich] längst an den Schuhen abgelaufen. Schändlich, und so dumm.«

21. Februar 1880

Gestern sprach R. von dem eigentümlichen Zug der Kaiserin, das zu verfolgen, wofür sie einst geschwärmt, ähnlich bei Nietzsche, und sagte: Man könne irrtümlich Neigungen aufgeben, wie z. B. ich die meinige für Feuerbach, aber doch nicht sie beschimpfen.

26. März 1880

R. unwohl – ich glaube, mehr der Ärger als die etwaige Erkältung in der Kirche –, er hält sich ruhig den Tag über, liest in den »Nouvelles Napolitaines« von Marc Monnier mit vielem Vergnügen, rühmt die Franzosen und sagt: Er würde ganz wie Nietzsche!

6. April 1880

Ich erzählte R. von einem Besuch, den ich einer Putzmacherin abgestattet, und von den lächerlich übertriebenen Preisen, welche die Toilette angenommen, und dabei die Unmöglichkeit, die Sachen lange zu tragen. R. erinnert sich bei dieser Gelegenheit, daß Nietzsche den französischen Moden das Wort spricht: »Nur, um von mir sich zu befreien, ergibt er sich allen Platitüden.« Abends bringt der Katalog einer Autographen-Sammlung den Brief von Hölderlin an Schiller; mich erinnernd, daß Hölderlin der Liebling von N. war, lese ich den Brief und teile ihn R. mit, der ihn so bezeichnend findet, daß er mich ersucht, ihn aufzubewahren.

5. Juli 1880

Vor dem Diktat sagt er [Richard Wagner] mir, daß er überall förmlich Nietzsche höre; sein Urteil über Beethoven sei schändlich, und über die Juden.

15. Juli 1880

Gestern las er [Richard Wagner] uns aus dem Tagblatt eine lächerliche Kritik des »Faust«, die ihn an das Nietzschesche »Nähmamsell« erinnert; nachdem er die Absurdität und Nichtswürdigkeit solcher Kritiken erwogen, geht er weiter und sagt: »Es ist etwas daran an der Lieblosigkeit des Faust; so wie es einem peinlich ist, daß Egmont Klärchen dem Ferdinand empfiehlt, während sie an ihrer Liebe stirbt; doch kommt es nicht verletzend vor, und die Wahrhaftigkeit des Dichters tritt dabei besonders hervor.«

28. August 1880

Wir lesen in Burckhardt einiges über den Dom nach und finden in dem hochnäsigen, kalt absprechenden Ton Spuren des Einflusses auf Nietzsche. R. sagt: »Woher entnimmt er denn die Regeln, um die Erbauer des Domes z. B. zu kritisieren.«

14. August 1881

Wir haben einen Nachmittag bei Jouk. [Joukowsky]. R. kommt herüber, betrachtet die Photographie der Sixtina, gedenkt der kindischen und boshaften Bemerkungen Nietzsches darüber – »was der Mensch schlecht ist, nur um etwas zu sein«.

19. August 1881

Abends spielt und singt er [Richard Wagner] »An die entfernte Geliebte« zu unsrer größten Rührung, »der ganze Schubert ist da angegeben«, sagt er und kommt dadurch auf die Schlechtigkeit Nietzsches (über Schubert und Beeth.) und die ganze traurige Erfahrung! Die ewig verneinenden, kopfschüttelnden Bäume geben uns ein trauriges Bild des Lebens – entbehren sollst du, sollst entbehren.

1. Dezember 1881
Die Zopf-Kirche Domenico mit der Säule des Heiligen hat ihn [Richard Wagner] angewidert, »dahin führte die Renaissance«; ich meine, es sei ebensowenig ihr der Vorwurf zu machen, als der Palestrinaschen Musik die Entstehung der Opern-Arie zuschulden zu legen, aber er bleibt dabei, die griechische Kunst habe noch lange nach ihrem Untergang die Welt beeinflußt, aber mit dieser Beflissenheit, es schön zu machen, das Herbe zu meiden, wäre man zum Rokoko gekommen. Es sei im Keim der Sache etwas Verderbtes gewesen. »Die Leute wie Nietzsche, durch den Renaissance-Mann Burckhardt, sprächen es ja aus, was sie wollen: Erasmus, Petrarca, sie sind mir verhaßt.«

28. Dezember 1881
Leider fühlt sich R. nicht sehr wohl, das Menu war nicht richtig gestellt heute, und Gott weiß durch welches Zusammenwirken, aber wie wir abends zusammensitzen und er über München zu sprechen kommt und u. a. den Wagen, welchen der König damals machen ließ, bricht er in Wut gegen bildende Kunst und Künstler aus; er beschreibt, wie kindisch sie sich, Gedon, Lenbach, über diesen goldenen Wagen gefreut hätten, während er mit seinen Plänen verlassen wurde. Gleich nach den Kurtisanen kämen diese bildenden Künstler. »Aber auch meine Mama, die ist nicht weit davon, sich über so etwas wie den Wagen zu freuen.« – Ich weiß so genau, daß, wenn er so heftig und böse wird und wie er sucht, dem einen oder dem andren wehzutun, das Unbehagen bei ihm übermächtig ist und daß jede Rede, auch eine beschwichtigende, nur Öl in das Feuer ist, daß ich mich auf eine Weile entferne. Er kommt mir nach, ist bald besänftigt, erklärt seine nur zu triftigen Gründe zur Bitterkeit, und wir spielen Whist, nachdem ich mich in meinen Beziehungen zu den Menschen dafür entschuldigt habe, daß mir die Fähigkeit fehle,

die schlimmen Erfahrungen gegenwärtig zu haben; z. B. mit Nietzsche entsänne ich mich nur der freundlichen Züge, auch Lenbach, Gedon u. s. w. R. sagt, es sei dies die Folge meiner Erziehung, des Einflusses des späteren Bischofs, meines Beichtvaters, dem verdankte ich, was er die »fromme Heiterkeit« nennt.

29. Dezember 1881

Gute Nacht für R., aber dennoch beim Aufstehen einen Brustkrampf. Er erholt sich aber bald, und wir frühstücken heiter im Glashaus. Wir besprechen heiter seinen Ausfall gegen die bildenden Künstler, gedenken der Heftigkeiten, die Nietzsche so kränkten [. . .].

14. Januar 1882

Man spricht von Portraits, und in heitrer Laune sagt er [Richard Wagner]: Man solle ihn und mich darstellen, wie ich ihm den Apfel des Vegetarianismus anbiete. Ich sage: Seitdem ich ihn auf das heftigste gegen Nietzsche über dieses Thema hätte eifern hören, hätte ich nicht mehr den Mut, Vegetarierin zu sein; R. erzählt: »Ja, wie er kam, nichts bei uns aß, sagte: ›Ich bin Vegetarier‹, ›Sie sind ein Esel‹, sagte ich.«

23. Juni 1882

Abends erscheint wiederum Nietzsche unserem Andenken, nachdem wir freudig Richters gedacht.

24. Juni 1882

Johannis-Tag! Wir beginnen ihn im Turm. Eine Broschüre, von Ollivier mir geschickt, über den Papst bringt uns auf das gedruckte Haranguir-Unwesen der Franzosen und von da zu Marc Antons Rede an der Leiche von Cäsar; wir staunen darüber, wie Shakespeare, der uns soeben den leidenschaftlich hinreißenden Menschen in seinem Schmerz gezeigt hat, auch die Kraft hat, ihn als Politikus zu zeigen, bei derselben Leiche gerade den Ton anzuschlagen, der für das Volk der eindringlichste sein muß.

Wie wenige eigentlich Shakespeare wirklich lesen, und dabei Nietzsches gedacht, dessen seltsames Wesen wir darin zusammenfassen, daß er eigentlich keine Intelligenz hatte, aber zu magnetisieren war.

26. Oktober 1882

In meiner Stube wandle ich auf und ab, höre dann, daß R. in der seinigen ist, und treffe ihn dann nach einiger Zeit sitzend, schweigsam. Gewiß wir beide in gleichen Gedanken! Nach einer Weile frägt er sich, wo wohl Nietzsche – von dessen neuestem Buche, »Die fröhliche Wissenschaft«, Wolz. [H. v. Wolzogen] mir erzählte – sich aufhielte. »Das Schlimme ist«, fügt er hinzu, »daß diejenigen, welche diese Torheiten erwidern, einem auch wie Narren vorkommen.«

7. November 1882

Wie schlecht die heutige Welt sei, das, sagt R., kann man daran erkennen, daß so rasch Menschen wie Nietzsche, die etwas versprechen, in ihr schlecht werden.

7. Januar 1883

In der Frühe kommen wir, ich weiß nicht wie, auf Gambetta und gedenken der »Kapitulation« und daß z. B. Nietzsche gar kein Verständnis dafür hatte. R. sagt, es sei die vollständige Phantasielosigkeit, welche das Verständnis verhindere.

17. Januar 1883

Er [Richard Wagner] geht heute so weit, sich zu fragen, ob man nicht alles aufgeben sollte und möglichst viele Mittel zu gewinnen suchen, um unabhängig zu leben! [. . .] Dann geht er die treulosen Freundschaften durch: Nietzsche, Gersdorff, meint, es sei förmlich eine Schande für uns, daß wir sie nicht besser zu fesseln wußten. Und innerlich sich wohl sagend, daß es auch keine Menschen in seinem Sinne waren, singt er: »Cilie, in deinem Bett ist eine große Maskje!«

3. Februar 1883
In der Schmeitznerschen Monatsschrift steht ein Aufsatz über Nietzsches »Fröhliche Wissenschaft«; ich spreche davon, und R. blickt hinein, um seinen ganzen Widerwillen dagegen kund zu geben. Alles sei von Schopenhauer entlehnt, was Wert habe. Und der ganze Mensch sei ihm widerwärtig.

CHRONIK DER BEZIEHUNGEN NIETZSCHES ZU RICHARD WAGNER

1861

Gustav Krug macht den siebzehnjährigen Nietzsche mit dem Klavierauszug des *Tristan* bekannt.

1866

Nietzsche beschäftigt sich mit dem Klavierauszug der *Walküre*: »sehr gemischte Empfindungen«.

1868

28. Oktober: beim Anhören der *Tristan-* und *Meistersinger-*Ouvertüre »Bekehrung« zu Richard Wagner; Brief an Erwin Rohde: »Ich bringe es nicht übers Herz, mich dieser Musik gegenüber kritisch kühl zu verhalten; jede Faser, jeder Nerv zuckt an mir, und ich habe lange nicht ein solches andauerndes Gefühl der Entrücktheit gehabt als bei letztgenannter Ouvertüre.« 8. November: erste Begegnung mit Richard Wagner im Hause des Orientalisten Hermann Brockhaus zu Leipzig. Ausführlicher Bericht Nietzsches im Brief an Erwin Rohde vom 9. November 1868. »Ich werde Richard vorgestellt und rede zu ihm einige Worte der Verehrung; er erkundigt sich sehr genau, wie ich mit seiner Musik vertraut geworden sei, schimpft entsetzlich auf alle Aufführungen seiner Opern, mit Ausnahme der berühmten Münchener und macht sich über die Kapellmeister lustig, welche ihrem Orchester im gemütlichen Tone zurufen: ›Meine Herren, jetzt wird's leidenschaftlich‹, ›Meine Gutesten, noch ein bißchen leidenschaftlicher!‹ Wagner imitiert sehr gern den Leipziger Dialekt. [. . .] Vor und nach Tisch spielte Wagner, und zwar alle wichtigen Stellen der *Meistersinger,* indem er alle Stimmen imitierte und dabei sehr ausgelassen war. Es ist nämlich ein fabelhaft lebhafter und feuriger Mann, der sehr schnell

spricht, sehr witzig ist und eine Gesellschaft dieser privatesten Art ganz heiter macht. Inzwischen hatte ich ein längeres Gespräch mit ihm über Schopenhauer; ach, und Du begreifst es, welcher Genuß es für mich war, ihn mit ganz unbeschreiblicher Wärme von ihm reden zu hören, was er ihm verdanke, wie er der einzige Philosoph sei, der das Wesen der Musik erkannt habe; dann erkundigte er sich, wie sich jetzt die Philosophen zu ihm verhalten, lachte sehr über den Philosophenkongreß in Prag und sprach ›von den philosophischen Dienstmännern‹. Nachher las er ein Stück aus seiner Biographie vor, die er jetzt schreibt, eine überaus ergötzliche Szene aus seinem Leipziger Studienleben, an die ich jetzt noch nicht ohne Gelächter denken kann; er schreibt übrigens außerordentlich gewandt und geistreich. – Am Schluß, als wir beide uns zum Fortgehen anschickten, drückte er mir sehr warm die Hand und lud mich sehr freundlich ein, ihn zu besuchen, um Musik und Philosophie zu treiben, auch übertrug er mir, seine Schwester und seine Anverwandten mit seiner Musik bekannt zu machen: was ich denn feierlich übernommen habe.« Intensives Studium von Wagners Schriften und Dichtungen.

1869

21. Januar: bedeutender Eindruck einer *Meistersinger*-Aufführung in Dresden. Auf der Fahrt nach Basel (wo Nietzsche zum außerordentlichen Professor der klassischen Philologie ernannt worden ist) sieht er im April zu Karlsruhe seine damalige »Lieblingsoper« noch einmal. Brief an Erwin Rohde vom 22./28. Februar 1869: »Neuerdings bin ich mit meinen Ansichten über Zukunftsmusik usw. etwas hervorgetreten und werde jetzt von den Anhängern derselben stark angebohrt. Sie wünschen nämlich, daß ich mich literarisch in ihrem Interesse beteilige, ich aber für mein Teil habe nicht die geringste Lust, wie eine Henne gleich öffentlich zu gackern; und es kommt hinzu, daß meine Herren Brüder in Wagnero meistens doch gar zu dumm sind und ekelhaft schreiben. Das macht, sie sind im Grunde mit jenem Genius schlechterdings nicht verwandt und haben keinen Blick für die Tiefe, sondern nur für die Oberfläche. Daher die

Schmach, daß die Schule sich einbildet, der Fortschritt in der Musik bestünde gerade in den Dingen, die Wagners höchst eigenartige Natur wie Blasen hier und da aufwirft. Für das Buch *Oper und Drama* ist keiner der Kerle reif. – Ich habe Dir noch nichts erzählt von der ersten *Meistersinger*-Aufführung in Dresden, von dieser größten künstlerischen Schwelgerei, die mir dieser Winter gebracht hat. Weiß Gott, ich muß doch ein tüchtiges Stück vom Musiker im Leibe haben; denn in jener ganzen Zeit hatte ich die stärkste Empfindung, plötzlich zu Hause und heimisch zu sein, und mein sonstiges Treiben erschien wie ein ferner Nebel, aus dem ich erlöst war.« 17. Mai (Pfingstmontag): erster Besuch im Hause Wagner zu Tribschen bei Luzern. Am 5. und 6. Juni, dem Geburtstag Siegfried Wagners, weilt Nietzsche wiederum in Tribschen. Brief an Erwin Rohde vom 16. Juni: »Neulich habe ich in indiskreter Weise eine schöne Stelle aus Deinen früheren Briefen über Wagner ihm selber vorgelesen: er war sehr gerührt und hat sich eine Abschrift ausgebeten. [. . .] Er macht alles wahr, was wir nur wünschen konnten: die Welt kennt gar nicht die menschliche Größe und Singularität seiner Natur. Ich lerne sehr viel in seiner Nähe: es ist dies mein praktischer Kursus der Schopenhauerschen Philosophie.« Besuch in Tribschen am 31. Juli und 1. August. Brief an Carl von Gersdorff vom 4. August über die Beschäftigung mit der vorplatonischen Philosophie: »Dazu habe ich einen Menschen gefunden, der wie kein anderer das Bild dessen, was Schopenhauer ›das Genie‹ nennt, mir offenbart und der ganz durchdrungen ist von jener wundersam innigen Philosophie. Dies ist kein anderer als Richard Wagner, über den Du kein Urteil glauben darfst, das sich in der Presse, in den Schriften der Musikgelehrten usw. findet. Niemand kennt ihn und kann ihn beurteilen, weil alle Welt auf einem andern Fundamente steht und in seiner Atmosphäre nicht heimisch ist. In ihm herrscht eine so unbedingte Idealität, eine solche tiefe und rührende Menschlichkeit, ein solcher erhabner Lebensernst, daß ich mich in seiner Nähe wie in der Nähe des Göttlichen fühle. Wie manche Tage habe ich nun schon in dem reizenden Landgute am Vierwaldstättersee verlebt, und immer neu und unerschöpflich ist diese wunderbare Natur. So las ich noch gestern ein Manuskript, das er mir übergeben hatte *Über Staat und Religion*; ein größerer tiefsinniger Aufsatz, dazu bestimmt, seinen ›jungen Freund‹, den kleinen Bayernkönig über seine innere Stellung zu Staat und Religion aufzuklären. Nie ist in würdigerer und philosophischerer Weise zu einem König geredet worden; ich war ganz erhoben und erschüttert von dieser Idealität, die durchaus dem Geiste Schopenhauers entsprungen schien.« Vom 21. bis 23. August in Tribschen. Brief an Paul Deussen vom 25. August: »Neuerdings beglückende Annäherung der wärmsten und gemütvollsten Art an Richard Wagner, das will sagen: den größten Genius und größten Menschen dieser Zeit, durchaus inkommensurabel! Alle zwei, drei Wochen verlebe ich ein paar Tage auf seinem Landgute am Vierwaldstätter See und erachte diese Annäherung als die größte Errungenschaft meines Lebens, nächst dem, was ich Schopenhauer verdanke.« Nietzsche schickt seinen Vortrag *Homer und die klassische Philologie* nach Tribschen. Dieser wird von Wagner und Cosima »mit größtem Interesse gelesen«. Cosima an Nietzsche, 26. August: »Nun dürfen Sie nicht nur den großen Aeschylos, sondern auch Ihren Homeros auf Tribschen suchen. Sie werden ihn lebend und nachhaltig wirkend dort finden. Herr Wagner läßt Ihnen dankend sagen, daß er mit allen Ihren Ansichten betreffs ästhetischer Fragen nur übereinstimmen könne.« Am 28. und 29. August mit Hermann und Ottilie Brockhaus (Wagners Schwester) in Tribschen. Brief an Rohde vom 3. September: »Übrigens habe ich auch mein Italien, wie Du; nur daß ich mich bis dahin immer nur die Sonnabende und Sonntage retten kann. Es heißt Tribschen und ist mir bereits ganz heimisch. In letzter Zeit bin ich, kurz hintereinander, vier Mal dort gewesen, und dazu fliegt fast jede Woche auch ein Brief dieselbe Bahn. Liebster Freund, was ich dort lerne und schaue, höre und verstehe, ist unbeschreiblich. Schopenhauer und Goethe, Aeschylus und und Pindar leben noch, glaub es nur.« Beim Besuch am 18. und 19. September in Tribschen kommt es zwischen Wagner und Nietzsche wegen dessen Vegetariertum

zu einer Auseinandersetzung (vgl. das Tagebuch Cosimas vom 19. September). Nietzsche distanziert sich daraufhin in seinem Brief an Carl von Gersdorff vom 28. September vom Vegetariertum. »Ich verlebte nämlich wieder, wie ich es jetzt häufig tue, ein paar Tage bei einem, der jahrelang dieselbe Abstinenz geübt hat und davon reden darf, nämlich bei Richard Wagner. Und er hat mir, nicht ohne wärmste Beteiligung seines Gemüts und mit kräftigster Ansprache, alle die inneren Verkehrtheiten jener Theorie und Praxis vorgeführt. [. . .] Einer seiner Freunde ist sogar das Opfer des Experiments geworden, und er selbst glaubt längst nicht mehr zu leben, wenn er in jener Ernährungsart fortgefahren wäre. Der Kanon, den die Erfahrung auf diesem Gebiete gibt, ist der: geistig produktive und gemütlich intensive Naturen *müssen* Fleisch haben. Die andre Lebensweise bleibe den Bäckern und Bauern, die nichts als Verdauungsmaschinen sind.«
13. und 14. November in Tribschen. Cosima am 13. November: »Nachmittags Besuch des Professor Nietzsche, welcher mir erzählt, daß es ganz unglaublich sei, was für Lügen über Richard gedruckt und gesprochen kursieren (wie z. B. daß er sich vor den Spiegel stellt, um ein Pendant zu Goethe und Schiller zu bilden – dann über seinen Luxus, seinen Harem, über seine Intimität mit dem König von Bayern, dem er alle seine Verkehrtheiten angibt usw.). Wir fragen uns, wie sein Bild zur Nachwelt kommen wird?« Nietzsche betreut im Auftrag Wagners (Brief vom 3. Dezember) den Druck von *Mein Leben* bei Bonfantini (von Wagner scherzhaft Bonfantinini genannt) in Basel. Außerdem macht er für Cosima Besorgungen zum Weihnachtsfest in Tribschen, zu dem er geladen ist. Vom 24. Dezember bis 2. Januar in Tribschen.

1870

Öffentlicher Vortrag über *Das griechische Musikdrama* in Basel. Dazu Cosima am 27. Januar: »Seien Sie aus innigstem Herzen gelobt, daß Sie das Kunstwerk der Zukunft durch das der Vergangenheit haben auferstehen lassen.« Wagner kritisiert freilich den Begriff des »Musikdramas«, den Nietzsche in späteren

Schriften daraufhin nicht mehr verwendet. Auch der Vortrag *Sokrates und die Tragödie* wird in Tribschen eingehend erörtert. Vgl. Wagners Brief an Nietzsche vom 4. Februar. Am 12./13. Februar Besuch in Tribschen. Gespräch mit Wagner über Mozart. Brief Nietzsches an Gersdorff vom 11. März 1870: »Daß wir nun auch über Richard Wagner einig sind, ist mir ein überaus schätzenswerter Beweis unseres Zusammengehörens. Denn es ist nicht leicht und erfordert einen tüchtigen Mannesmut, um hier nicht bei dem fürchterlichen Geschrei irre zu werden. Auch trifft man mitunter sehr wackere und intelligente Leute in der Gegenpartei. Schopenhauer muß uns über diesen Konflikt theoretisch hinwegheben: wie es Wagner praktisch, als Künstler, tut. Zweierlei halte ich mir immer vor: der unglaubliche Ernst und die deutsche Vertiefung in der Welt- und Kunstanschauung Wagners, wie sie aus jedem Tone quillt, ist den meisten Menschen unsrer ›Jetztzeit‹ ein Greuel, wie Schopenhauers Askesis und Verneinung des Willens. Unsern ›Juden‹ – und Du weißt, wie weit der Begriff reicht – ist vornehmlich verhaßt die idealistische Art Wagners, in der er mit Schiller am stärksten verwandt ist: dies glühende hochherzige Kämpfen, auf daß der ›Tag der Edlen‹ endlich komme, kurz das Ritterliche, was unserm plebejisch politischen Tageslärm möglichst widerstrebend ist. Schließlich finde ich auch bei vortrefflichen Naturen oftmals eine Anschauung der Indolenz, als ob eine eigne Bemühung, ein ernstes eingehendes Studium, um einen solchen Künstler und solche Kunstwerke zu verstehn, gar nicht nötig sei. Wie habe ich mich gefreut, daß du *Oper und Drama* so angelegentlich studierst! Ich habe es sogleich meinen Tribschener Freunden berichtet. Überhaupt sind ihnen meine Freunde keine Fremdlinge: und wenn Du etwa nach der ersten *Meistersinger*-Aufführung einen ausführlichen Brief an Richard Wagner schreiben willst, so wird dies große Freude erregen und man wird bereits des genauern wissen, wer der Schreiber des Briefes ist. Auch versteht es sich, daß wir, wenn Du mich einmal besuchst, nach Tribschen reisen. Es ist eine unendliche Bereicherung des Lebens, einen solchen Genius wirklich nahe kennenzulernen. Für mich knüpft sich alles Beste und Schönste an die Namen Schopenhauer und Wagner, und ich bin stolz und glücklich, hierin mit meinen nächsten Freunden gleichgestimmt zu sein. Kennst Du schon *[Deutsche] Kunst und [deutsche] Politik?* Auch kündige ich Dir das Erscheinen einer kleinen Schrift von Richard Wagner an *Über das Dirigieren,* die am besten mit dem ›Philosophieprofessoren‹-Aufsatz Schopenhauers zu vergleichen ist.« Am 11. und 12. Juni Nietzsche mit Rohde in Tribschen. Am 19. Juni schickt Nietzsche seine beiden Vorträge über die griechische Tragödie zusammengebunden und mit einem Begleitschreiben an Cosima. Er äußert hier, daß er plane, sich ein paar Jahre beurlauben zu lassen und sich ganz Wagners Bayreuther Unternehmen zu widmen. Vom 28. bis 30. Juli Besuch Nietzsches und seiner Schwester Elisabeth in Tribschen. Vom Krankenlager in Erlangen aus (er war als Krankenpfleger im deutsch-französischen Krieg an Ruhr erkrankt) gratuliert Nietzsche am 11. September Wagner zu seiner kirchlichen Trauung mit Cosima (25. August). Lektüre von Wagners *Beethoven*-Festschrift. Brief an Gersdorff vom 7. November: »Wagner hat mir vor ein paar Tagen ein wundervolles Manuskript zugeschickt, *Beethoven* betitelt. Hier haben wir eine überaus tiefe Philosophie der Musik im strengen Anschluß an Schopenhauer. Diese Abhandlung erscheint zu Ehren Beethovens – als die höchste Ehre, die ihm die Nation erweisen kann.« Vgl. auch Nietzsches Brief an Wagner vom 10. November. An Gersdorff, 12. Dezember: »Von mir empfange die neueste Schrift Wagners über *Beethoven,* als ein Symbol unserer innigen Gemeinsamkeit unseres Strebens und Denkens unter *einer* Fahne, unter derselben, auf welche als auf die allein zum Ziele führende Wagner in dieser Schrift hinweist. Ich habe sie in erhobener und ehrfürchtiger Stimmung gelesen. Es sind tiefe Geheimnisse darin, schön und schrecklich, wie die Musik selbst in ihren höchsten Äußerungen sich offenbart.« In einem Brief an Rohde vom 15. Dezember entwickelt Nietzsche den Plan eines Bruchs mit der jetzigen Universität zugunsten einer mit Wagners Bayreuther Projekt verbundenen »neuen griechischen Akademie«. Nietzsche verbringt wiederum das Weihnachtsfest in

Tribschen und wohnt der Uraufführung des *Siegfried-Idylls* anläßlich von Cosimas Geburtstag bei. Nietzsches eigenes Geburtstagsgeschenk: das Manuskript *Die Geburt des tragischen Gedankens*. Am Neujahrstag kehrt Nietzsche nach Basel zurück.

1871

Vom 3. bis 8. April in Tribschen. Wagners Neffe Friedrich Brockhaus wird, nicht zuletzt auf die Fürsprache Nietzsches hin, als Jurist nach Basel berufen. Nietzsche bietet dem Leipziger Verleger Engelmann eine Broschüre über »Musik und Tragödie« an, deren »eigentliche Aufgabe« es sein soll, »Richard Wagner, das sonderbare Rätsel unsrer Gegenwart, in seinem Verhältnis zu der griechischen Tragödie zu beleuchten« (20. April). Bei der Rückkehr von ihrer Deutschlandreise treffen Richard und Cosima Wagner am 15. Mai mit Nietzsche und Fritz Brockhaus in Basel zusammen. Nietzsche am 22. Mai aus Anlaß von Wagners Geburtstag in Tribschen. Plan einer Zeitschrift »unter Richards Auspizien« (Cosima). Am 28./29. Mai (Pfingsten) weilt Nietzsche zusammen mit seiner Schwester und Fritz Brockhaus erneut in Tribschen. Gespräche über die soeben blutig unterdrückte Pariser Kommune und über Aischylos. Wagner beauftragt Nietzsche, einen Kopisten für die Abschrift von *Siegfrieds Tod* (1848) zu finden. Nietzsche kopiert die Dichtung selber und schickt sie mit dem Privatdruck seines Aufsatzes *Sokrates und die griechische Tragödie* nach Tribschen (vgl. Cosima, 18. Juni). Unter dem Eindruck der Lektüre des Aufsatzes schreibt Cosima am 25. Juni über Nietzsche ins Tagebuch: »Er ist jedenfalls der bedeutendste unter unsren Freunden.« 31. Juli bis 3. August in Tribschen (zusammen mit Gersdorff und Brockhaus). Cosima am 3. August über Nietzsche: »Es ist gleichsam, als ob er sich gegen den überwältigenden Eindruck von Wagners Persönlichkeit wehrte.« 27./28. Oktober in Tribschen. Seit 18. Dezember weilt Nietzsche anläßlich eines von Wagner dirigierten Konzertes in Mannheim. Am 21. Dezember Rückkehr nach Basel; dort verbringt Nietzsche einen Abend mit dem Ehepaar Wagner. Brief an Rohde um den 23. Dezember: »Übrigens fühle ich mich in meinen Erkenntnissen der Musik wunderbar befestigt und von deren Richtigkeit überzeugt – durch das, was ich diese Woche in Mannheim, mit Wagner zusammen, erlebte. Ach, mein Freund! Daß Du nicht dabei sein konntest! Was sind alle sonstigen künstlerischen Erscheinungen und Erfahrungen, gemessen an diesen allerletzten! Mir ging es wie einem, dem eine Ahnung sich endlich erfüllt. Denn genau das ist Musik und nichts sonst! Und genau das meine ich mit dem Wort ›Musik‹, wenn ich das Dionysische schildere, und nichts sonst! Wenn ich mir aber denke, daß nur einige hundert Menschen aus der nächsten Generation das von der Musik haben, was ich von ihr habe, so erwarte ich eine völlig neue Kultur! Alles, was übrig bleibt und sich gar nicht mit Musikrelationen erfassen lassen will, erzeugt bei mir freilich mitunter geradezu Ekel und Abscheu. Und wie ich vom Mannheimer Konzert zurückkam, hatte ich wirklich das sonderbar gesteigerte übernächtige Grauen vor der Tageswirklichkeit: weil sie mir gar nicht mehr wirklich erschien, sondern gespenstisch.« Nietzsche fordert Rohde zur Mitarbeit an den geplanten *Bayreuther Blättern* auf. Trotz »herzlicher Einladungen« verzichtet Nietzsche diesmal aus Arbeitsgründen auf das Weihnachtsfest in Tribschen. Er schickt seine Komposition *Sylvesternacht* als Geburtstagsgeschenk an Cosima. Diese schreibt am 30. Dezember an Nietzsche: »Sie haben uns bei unsrem Baume recht gefehlt; das Freundliche wird so gern zur Gewohnheit, und wie ich Ihre mich so erfreuenden Zeilen las, war es mir, als ob Sie dieselbe Empfindung als wir gehabt hätten.« Aus Nietzsches Brief an Gustav Krug vom 31. Dezember 1871: »Auch der Schmerz muß von einer solchen Glorie dithyrambischen Entzückens umflossen sein, daß er darin gewissermaßen ertrinkt: wie ich dies am allergrößten Beispiele, am dritten Akt des *Tristan* empfinde.«

1872

Die Geburt der Tragödie aus dem Geiste der Musik erscheint Anfang des Jahres. Begeisterte Aufnahme in Tribschen. »Das ist das Buch, was ich mir ersehnt habe« (Wagner am 6. Januar zu

Cosima). »Schöneres als Ihr Buch habe ich noch nichts gelesen!« (Wagner an Nietzsche). Ausführliche Dankbriefe Wagners (10. Januar) und Cosimas (18. Januar). 20./21. Januar in Tribschen. Nietzsche spielt seine *Sylvesternacht* »sehr schön vor« (Cosima). Wagner trifft auf der Durchreise am 24. Januar mit Nietzsche in Basel zusammen. Nietzsche am 28. Januar an Rohde: »Ich habe mit Wagner eine Allianz geschlossen. Du kannst Dir gar nicht denken, wie nah wir uns jetzt stehen und wie unsre Pläne sich berühren.« Wagner am 5. Februar an Nietzsche: »Fast war ich doch erschrocken, in Basel so deutlich von Ihnen verstanden worden zu sein!« 18. Februar: Nietzsche in Tribschen. Brief an Rohde, Mitte Februar: »Ich erzähle Dir zum Schluß von dem 22. Mai, d. h. Wagners Geburtstag, Grundsteinlegung vom Theater in Bayreuth, desgleichen vom Wagnerschen Haus, endlich klassische Aufführung der Neunten Symphonie – also ›Alle nach Konnewitz!‹ Wirklich treffen wir alle für die Pfingstwoche in Bayreuth ein. Lieber Freund, es ist fast notwendig, auch für Dich, dort zu sein. Ich meine dies so ernst als möglich und denke mir, daß es Dir auch so scheinen wird. Fünfzig Jahre später würden wir es für unverzeihlich, für verrückt halten, nicht dabeigewesen zu sein – also überwinden wir die bewußten Unbequemlichkeiten – Basel und Kiel wird wohl in Bayreuth seine *Mitte* haben. Ich beschwöre Dich wirklich bei unserm Allerheiligsten, der Kunst – komme dorthin! Wir müssen dies zusammen erleben, ebenso wie nächstes Jahr die ›Bühnenfestspiele‹. Schreib mir recht bald, mein lieber, treuer, guter Freund und denke an mich wie an einen, der mit einem ungeheuren Schallrohr Dir zuruft: Bayreuth!!« Nietzsches Vorträge *Über die Zukunft unserer Bildungsanstalten* werden in Tribschen mit großer Anteilnahme gelesen. 28. März bis 1. April: Nietzsche verbringt das Osterfest in Tribschen. Brief an Rohde vom 11. April: Nietzsche verkündet den Entschluß, »den nächsten Winter herumzuziehn im deutschen Vaterland, d. h. eingeladen von den Wagnervereinen der größeren Städte, um Vorträge über die Nibelungen-Bühnenfestspiele zu halten – es muß eben jeder tun, was seine Pflicht ist, und, im Kollisionsfalle, was seine Pflicht *mehr* ist.« Nietzsche will zu diesem Behuf seine Baseler Professur aufgeben. »Wir haben nun einmal für das Beste und Edelste, was wir wollen, keinen anderen Patronus: weshalb ihm von Rechts wegen alles als Opfergabe zukommt, was auf unserem eigenen Ackerlande wächst. Wenn ich etwas schwer vermisse, so ist es gerade deshalb Deine Nähe: wir sollten immer zusammen uns an ihm erbauen und in der Erkenntnis seiner Werke fortschreiten. Das Nibelungenwerk taucht immer mehr vor meinen erstaunten Blicken auf – als etwas Unglaublich-Gigantisches und Vollendetes, und ohnegleichen. Aber es ist schwer, solchen Werken sich zu nähern: weshalb der, der viel davon empfunden und verstanden zu haben glaubt, davon auch reden muß – daher mein Winterplan. Zu Deinem Sendschreiben an Wagner wünsche ich Dir frohes und glückliches Gelingen. Denke, ich bitte Dich, daran, in welcher Zeit Du Wagner das erweist: später kann ich Dir einmal deutlich machen, inwiefern es einer der kompliziertesten und aufregendsten Momente war, in dem jedes wahre Zeichen von Verständnis und Teilnahme lindernder Balsam ist.«

Am 21. April, am Tag vor Wagners Abreise nach Bayreuth, erwarten er und Cosima vergeblich die Ankunft Nietzsches in Tribschen. Dieser trifft erst am 25. April ein. Abschied von Tribschen am 27. April. Brief an Gersdorff vom 1. Mai: »Vorigen Sonnabend war trauriger und tiefbewegter Abschied von Tribschen. Tribschen hat nun aufgehört: wie unter lauter Trümmern gingen wir herum, die Rührung lag überall, in der Luft, in den Wolken, der Hund fraß nicht, die Dienerfamilie war, wenn man mit ihr redete, in beständigem Schluchzen. Wir packten die Manuskripte, Briefe und Bücher zusammen – ach, es war so trostlos! Diese drei Jahre, die ich in der Nähe von Tribschen verbrachte, in denen ich 23 Besuche dort gemacht habe – was bedeuten sie für mich! Fehlten sie mir, was wäre ich! Ich bin glücklich, in meinem Buche [*Geburt der Tragödie*] mir selbst jene Tribschener Welt petrifiziert zu haben. [...] Unsre schönsten Hoffnungen und Pläne laufen nun in *einer* Bahn. Ich höre mit herzlicher Freude, daß Du an den Klavierauszügen Dich erbaust: wir müssen unsre Nibelungenstudien jetzt höchst ernsthaft beginnen, um uns für so unerhörte Dinge würdig zu machen.« Nietzsche weilt mit Gersdorff und Rohde anläßlich der Grundsteinlegung des Festspielhauses vom 18. bis 23. Mai in Bayreuth. Ende Mai erscheint Wilamowitz-Möllendorffs Pamphlet gegen die *Geburt der Tragödie,* unter dem Titel *Zukunftsphilologie.* Wagner schreibt einen öffentlichen Brief an Nietzsche, der am 23. Juni in der *Norddeutschen Allgemeinen Zeitung* erscheint. Dankschreiben Nietzsches an Wagner vom 24. Juni: »Einer großen Gefahr bin ich in meinem Leben entgangen, Ihnen niemals nahe zu treten und weder Tribschen noch Bayreuth geschaut zu haben.« Klagen über seine schlechte Gesundheit. Antwort Wagners am 25. Juni: »Genau genommen sind Sie, nach meiner Frau, der einzige Gewinn, den mir das Leben zugeführt; nun kommt zwar glücklicherweise noch Fidi [sein Sohn Siegfried] dazu, aber zwischen dem und mir bedarf es eines Gliedes, das nur Sie bilden können, etwa wie der Sohn zum Enkel. Für Fidi habe ich keine Angst, aber für Sie, und insofern auch für Fidi. Und diese Sorge ist recht gemein bürgerlich: ich möchte Ihr recht ordinäres Wohlergehen, da das übrige mir vollkommen bei Ihnen gesichert scheint. Ich hab' jetzt gerade Morgen für Morgen die *Geburt* noch einmal recht aufmerksam durchgelesen; und da sage ich mir nur immer: ›wenn er nur recht gesund wird und bleibt, und dabei es ihm sonst recht gut geht, – denn, sehr schlecht darf es ihm nicht gehen!‹ Da möchte man nun gern etwas dazu beitragen.« Ende Juni Nietzsche mit Gersdorff zu einer *Tristan*-Aufführung unter Bülow in München. Brief an Gustav Krug vom 24. Juli: »Da fällt mir ein, Dir noch nicht gesagt zu haben, daß der *Tristan* unbedingt von Dir gehört werden muß. Es ist ein grenzenlos großartiges Werk und verleiht dem Menschen das höchste Glück, die höchste Erhabenheit, die höchste Reinheit.« An Bülow, 20. Juli: »Sie haben mir den Zugang zu dem erhabensten Kunsteindruck meines Lebens erschlossen.« Konzeption eines öffentlichen Aufrufs zugunsten Bayreuths. Studien zu *Homers Wettkampf,* von Wagner und Cosima mit gespanntem Interesse verfolgt. Cosima an Nietzsche, 22. August: »Die Philologie ist der feste Boden, den Sie immer wieder umfassen müssen, um Ihre Kraft zu erneuern, die in der Himmelluft der Musik und der Wassertiefe der Philosophie gar leicht sich verlieren könnte.« Rohdes Replik auf die Streitschrift von Wilamowitz erscheint: *Afterphilologie [...] Sendschreiben eines Philologen an Richard Wagner*. Brief Nietzsches an Rohde, 25. Oktober: »Auch aus Wagners Seele heraus bin ich stolz und glücklich – denn Deine Schrift bezeichnet einen merkwürdigen Wendepunkt in seiner Stellung zu den wissenschaftlichen Kreisen Deutschlands. Kürzlich soll die Nationalzeitung so frech gewesen sein, mich unter die ›literarischen Lakaien Wagners‹ einzurechnen; welches Erstaunen, wenn auch Du Dich zu ihm bekennst! Das ist wohl etwas wichtiger noch, als daß Du an meine Seite trittst? Nicht wahr, alter Freund? Und das, gerade das, macht den heutigen Tag mir zu dem glücklichsten, den ich lange erlebt, ich sehe, was Du, in Deiner Freundestat für mich, *für Wagner getan hast!* [...] Du kennst doch Wagners neuste Schrift *Über Schauspieler und Sänger?* Ein ganz neu entdecktes Bereich der Ästhetik! Und wie fruchtbar gewendet erscheint mancher Gedanke aus der *Geburt der Tragödie*. Ich unterhalte mich mit dieser neuen Schrift, als ob ich mit Wagner zusammen wäre, dessen Nähe ich jetzt nun, so lange schon, entbehre. [...] Ich für mein Teil gebe für einen solchen Zuschauer, wie Wagner ist, alle Ehrenkränze, die die Gegenwart spenden könnte, preis; und ihn zu befriedigen reizt mich mehr und höher als irgendeine andre Macht. Denn es ist schwer – und er sagt alles, ob es ihm gefällt oder nicht, und ist für mich wie ein gutes Gewissen, strafend und belohnend.« Auf Bülows vernichtendes Urteil über Nietzsches Komposition *Manfred-Meditation* hin (dieser habe seine Freizeit nicht schlimmer totschlagen können, »als in ähnlicher Weise Euterpe zu notzüchtigen«) schreibt er Ende Oktober einen Antwortbrief an den Dirigenten. Er versichert, die »halb psychiatrische Musikerregung«, aus welcher seine Komposition, in ihrer »Mischung von Pathos und Bosheit«, hervorgegangen sei, bilde keineswegs den Standpunkt, von dem aus er »Wagnersche Musik zu beurteilen und zu verehren« pflege. »Von meiner Musik weiß ich nur eins, daß ich damit Herr über eine Stimmung werde, die, ungestillt, vielleicht schädlicher ist. An jener verehre ich gerade diese höchste Notwendigkeit – und wo ich sie als mangelhafter Musiker nicht begreife, setze ich sie gläubig voraus. Was mir aber an der letzten Musik besonders vergnüglich war, das war gerade, bei dem tollsten Überschwang eine gewisse Karikatur jener Notwendigkeit. [. . .] Aber ich bitte Sie nur um eins, machen Sie für meine Sünde nicht den *Tristan* verantwortlich. *Nach* dem Anhören des *Tristan* hätte ich gewiß solche Musik nicht mehr konzipiert – er heilt mich für lange Zeit von meiner Musik. Daß ich ihn wieder hören könnte!« In Bayreuth löst Bülows schroffes Urteil über Nietzsches Komposition Befremden aus. Das Ehepaar Wagner ist überdies betroffen über Nietzsches Verfemung von seiten der Zunftphilologie aufgrund der *Geburt der Tragödie* (vgl. Cosima, Tagebuch vom 9. November). An Malwida von Meysenbug, die er im Mai in Bayreuth kennengelernt hat, am 7. November: »Für die dritte Woche des November, und zwar für acht Tage, ist mir ein herrlicher Besuch angekündigt – hier in Basel! Der ›Besuch an sich‹, Wagner und Frau.« Nietzsche ist tatsächlich vom 22. bis 24. November mit beiden – in Straßburg – zusammen. Darüber Brief an Malwida von Meysenbug am 20. Dezember: »Unser Zusammentreffen hat stattgefunden, in beglückendster Weise, aber nicht hier in Basel, sondern in Straßburg, [. . .] wo wir mit- und beieinander zwei und einen halben Tag verlebten, ohne alle sonstigen Geschäfte, sondern erzählend und spazierengehend und Pläne machend und der herzlichsten Zusammengehörigkeit uns gemeinsam erfreuend.« Weihnachtsferien bei Mutter und Schwester in Naumburg. Wagner durch Nietzsches Fernbleiben von Bayreuth »gekränkt«. Auch die (von Wagner und Cosima wegen der »Schroffheit« einiger Passagen kritisch aufgenommenen) *Fünf Vorreden zu fünf ungeschriebenen Büchern,* Nietzsches Geburtstagsgeschenk für Cosima, bieten keinen Ersatz für seine Abwesenheit (vgl. Cosimas Tagebuch vom 1./4. Januar 1873). Am 26. Dezember hört Nietzsche in Weimar zum erstenmal den *Lohengrin.*

Der Allgemeine Deutsche Musikverein ernennt Nietzsche und die Germanisten Moritz Heyne und Karl Simrock zu Preisrichtern für eine ausgeschriebene Preisarbeit über Wagners *Ring des Nibelungen.* Nietzsche vermittelt dem Pianisten und Musikschriftsteller Carl Fuchs, mit dem er bis 1888 einen intensiven Briefwechsel führt, eine Begegnung mit Richard Wagner in Berlin. Brief an Gersdorff, 24. Februar: »Von dem Meister und Frau Wagner habe ich herrliche Briefe, es kam zutage, was ich gar nicht wußte, daß Wagner über mein Nichtkommen zu Neujahr sehr gekränkt gewesen ist – das hast Du gewußt, liebster Freund, aber mir verschwiegen. Aber alle Wolken sind verscheucht [. . .]. Gott weiß übrigens, wie oft ich dem Meister Anstoß gebe: ich wundere mich jedesmal von neuem und kann gar nicht recht dahinterkommen, woran es eigentlich liegt. Um so glücklicher bin ich, daß jetzt wieder Frieden geschlossen ist. Kennst Du die wundervolle Schrift Wagners, die jetzt zum erstenmale gedruckt ist *Über Staat und Religion,* vom Jahre 1864, zuerst als privatestes Memoire an den bayerischen König verfaßt? Sie gehört zu dem tiefsten aller seiner literarischen Produkte und ist im edelsten Sinne ›erbaulich‹. – Sage mir doch Deine Ansicht über das wiederholte Anstoßgeben. Ich kann mir gar nicht denken, wie man Wagner in allen Hauptsachen mehr Treue halten könne und tiefer ergeben sein könne als ich es bin: wenn ich es mir denken könnte, würde ich's noch mehr sein. Aber in kleinen untergeordneten Nebenpunkten und in einer gewissen für mich notwendigen, beinahe ›sanitarisch‹ zu nennenden Enthaltung von *häufigerem* persönlichen Zusammenleben muß ich mir eine Freiheit wahren, um nur jene Treue in einem höheren Sinne halten zu können. Darüber ist natürlich kein Wort zu sagen, aber es fühlt sich doch – und es ist dann verzweifelt, wenn es gar Verdrießlichkeiten, Mißtrauen und Schweigen nach sich zieht. Ich hatte diesmal keinen Augenblick daran gedacht, solchen heftigen Anstoß gegeben zu haben; und ich fürchte immer durch solche Erlebnisse noch ängstlicher zu werden als ich es schon bin.« Wagner an Nietzsche, 27. Februar:

»Es kommen die Momente, wo ich mich tief besinne, und dann kommen Sie gewöhnlich auch mit vor – so zwischen mir und Fidi. Aber es dauert kurz, und dann drehen sich Wagner-Vereine und Wagner-Konzerte im lieblichen Zirkel vor mir herum. Also – Geduld! Wie ich sie ja auch mit Ihnen habe!« Brief Nietzsches an Gersdorff, 5. April, einen Tag vor seinem Besuch mit Rohde in Bayreuth (6.-12. April): »Schon jetzt wandelt mich Rührung und Ergriffenheit an, wenn ich mir denke, wie wir selbander auf dem Bahnhofe dieses Ortes ankommen und nun jeder Schritt Erinnerung [an die Grundsteinlegung im Vorjahr] sein wird. Ich glaube doch, es waren die glücklichsten Tage, die ich gehabt habe. Es lag etwas in der Luft, das ich nirgends sonst spürte, etwas ganz Unsagbares, aber Hoffnungsreichstes. [. . .] Meine Freude ist heute eine ganz unsinnige, denn es scheint mir, daß alles wieder so schön zustande kommt, wie ein Gott es nicht besser wünschen könnte.« Nietzsche liest in Bayreuth an mehreren Abenden seine Abhandlung über die *Philosophie im tragischen Zeitalter der Griechen* vor. Lebhaftes Interesse Wagners – doch »uns verdrießt ein wenig die musizierende Spielerei unseres Freundes« (Cosima, 11. April). Nietzsche arbeitet an der ersten seiner *Unzeitgemäßen Betrachtungen: David Strauß der Bekenner und der Schriftsteller*. Briefentwurf mit Widmung an Cosima (April). Nietzsche bittet Wagner, sich bei seinem Verleger Fritzsch für den Druck von Overbecks *Christlichkeit unserer Theologie* einzusetzen. Wagner geht, wie sein Brief an Nietzsche vom 30. April zeigt, auf diesen Vorschlag engagiert ein. Im August erscheint die erste *Unzeitgemäße Betrachtung,* »eifriges Lesen« derselben in Bayreuth. Am 18. September schreibt Nietzsche nach einem »ganzen halben Jahre« seinen »ersten längeren Brief« an Richard Wagner, er entschuldigt sich mit seiner Krankheit, die ihm das Lesen und Schreiben kaum erlaubte. Wagner antwortet am 21. September: »Das war eine schöne Überraschung, einmal wieder Ihre Handschrift zu sehen! Und doch empfand ich bei dem Anblick zumeist nur Sorge, wie Sie mir überhaupt jetzt mehr Sorge als Freude verursachen – und das will viel sagen, denn niemand kann sich wiederum über Sie so freuen als ich. [. . .]

Was Sie betrifft, so wiederhole ich Ihnen den Einfall, den ich kürzlich einmal gegen die meinigen äußerte; nämlich, daß ich die Zeit voraussehe, in welcher ich Ihr Buch gegen Sie zu verteidigen haben würde. – Ich habe wieder darin gelesen und schwöre Ihnen zu Gott zu, daß ich Sie für den einzigen halte, der weiß, was ich will.« In Bayreuth Auseinandersetzung mit Ottilie Brockhaus, Wagners Schwester, die sich die Urteile der Fachwelt über Nietzsches Tragödienschrift zu eigen macht, obwohl ihr Bruder Fritz Nietzsche z. T. seine Karriere verdankt (vgl. Cosimas Tagebuch vom 28. September). Nietzsche verfaßt am 22. Oktober einen Aufruf zugunsten Bayreuths: *Mahnruf an die Deutschen*. Er bringt einige gedruckte Abzüge zur Versammlung der Delegierten der Patronatsvereine in Bayreuth mit (30. Oktober bis 2. November). Die Delegierten lehnen den Mahnruf jedoch ab. Zu den Gründen vgl. Cosimas Tagebuch vom 31. Oktober und 1. November. Besorgnis in Bayreuth wegen Nietzsches Gesundheitszustand und seiner schlechten psychischen Verfassung.

1874

Das Bayreuther Unternehmen gerät in Schwierigkeiten. »Leiden um Bayreuth«: Nietzsche im Brief an Malwida von Meysenbug, 11. Februar. »Denn, ach, unsere Hoffnungen waren zu groß!« Durch Vorschüsse des Königs von Bayern wird das Unternehmen wieder beflügelt. Die zweite *Unzeitgemäße Betrachtung* erscheint und wird in Bayreuth sogleich (im Februar) mit lebhaftem Interesse gelesen. Vgl. Wagners abschließendes Urteil laut Tagebuch Cosimas vom 9. April (nach erneuter Lektüre). Besorgt wegen Nietzsches Gesundheitszustand, verfällt man in Bayreuth auf ernsthafte Heiratspläne. »Ich meinte, Sie müßten heiraten oder eine Oper komponieren [. . .]. Das Heiraten halte ich für besser.« (Wagner an Nietzsche, 6. April). Im Brief an Wagner vom 20. Mai berichtet Nietzsche, zwar habe er keine Oper komponiert, aber einen *Hymnus auf die Freundschaft*. Die »Musikerei« habe er sich »nach dem modernen Prinzip der ›Selbsthülfe‹ verordnet«. Vom 4. bis 15. August weilt Nietzsche in Bayreuth. Wiederholt kommt es zur Verstimmung zwischen ihm und Wagner, vor allem anläßlich des von Nietzsche gerühmten *Triumphlieds* von Brahms. Im Oktober erscheint die dritte *Unzeitgemäße: Schopenhauer als Erzieher*. Begeisterte Reaktion in Bayreuth. Briefe von Richard (21. Oktober) und Cosima Wagner (26. Oktober).

1875

Cosima bittet Nietzsche, seine Schwester möchte während einer Konzertreise des Ehepaars Wagner die Kinder in Bayreuth hüten. Nietzsche erwirkt die Zusage der Schwester. Schlechtes Befinden Nietzsches. Resignierter Brief an Wagner zu dessen Geburtstag (22. Mai). Nietzsches Freunde Overbeck, Rohde und Gersdorff besuchen die *Ring*-Proben in Bayreuth. Nietzsche fehlt wegen seines schlechten Gesundheitszustandes. Der Kontakt zu Bayreuth ist unterbrochen. Mühevolle Arbeit an der vierten *Unzeitgemäßen: Richard Wagner in Bayreuth*. Resignative Stimmung: »Meine Betrachtung unter dem Titel *Richard Wagner in Bayreuth* wird nicht gedruckt, sie ist fast fertig, ich bin aber weit hinter dem zurückgeblieben, was ich von mir fordere; und so hat sie nur für mich den Wert einer neuen Orientierung über den schwersten Punkt unserer bisherigen Erlebnisse. Ich stehe nicht darüber und sehe ein, daß mir selber die Orientierung nicht völlig gelungen ist – geschweige denn, daß ich anderen helfen könnte!« (an Rohde, 7. Oktober)

1876

Im Juli erscheint *Richard Wagner in Bayreuth*. Freudige Aufnahme der Schrift in Bayreuth. Am 23. Juli Nietzsche in Bayreuth anläßlich der ersten Festspiele. Aufgrund seines schlechten Zustands während der Proben »Flucht« nach Klingenbrunn (6.-12. August). Seine Schwester Elisabeth übermittelt ihm die Bitte Wagners, nach Bayreuth zurückzukehren. Am 12. August ist er wieder dort. Am 27. August Rückreise nach Basel. Berichte der Schwester über den Abschluß der Bayreuther Festspiele. Ende Oktober mit Malwida von Meysenbug in Sorrent. Dort

Zusammentreffen mit der Familie Wagner. Letzte Begegnung Nietzsches mit Wagner.

1877

Zunehmende Entfremdung zwischen Nietzsche und dem Hause Wagner. Brief Cosimas an Malwida von Meysenbug vom 17. April: »Ich glaube, daß in Nietzsche ein dunkler, produktiver Grund ist, von dem er selbst kein Bewußtsein hat; daher stammt das Bedeutende bei ihm, was ihn selbst dann erschreckt, während alles, was er denkt und spricht, was lichterhellt ist, wirklich nicht viel wert ist. Das Tellurische an ihm ist wichtig, das Solarische unbedeutend und durch den Kampf mit dem Tellurischen selbst beängstigend und unerquicklich.« Im Oktober Briefwechsel zwischen Wagner und dem Arzt Dr. Otto Eiser über Nietzsches Krankheit, die Wagner auf übermäßiges Onanieren zurückführt. Durch eine Indiskretion erfährt Nietzsche später von diesem Briefwechsel. Brief Cosimas an Elisabeth Nietzsche, 29. Dezember: »Wir haben uns einmal wieder ganz eingesponnen, und Dein Bruder hätte das alte Tribschener Christfest hier wiedergefunden, wenn er uns hätte besuchen können, die Welt ist uns wieder einmal so fern ab, wie damals, und ihr Gutes und ihr Böses hat uns wenig an, das bewirkte Parsifal.«

1878

Am 3. Januar erhält Nietzsche Wagners *Parsifal*-Dichtung. Brief an Reinhart von Seydlitz, 4. Januar 1878: »Eindruck des ersten Lesens: mehr Liszt als Wagner, Geist der Gegenreformation; mir, der ich zu sehr an das Griechische, menschlich Allgemeine gewöhnt bin, ist alles zu christlich, zeitlich, beschränkt; lauter phantastische Psychologie; kein Fleisch und zu viel Blut (namentlich beim Abendmahl geht es mir zu vollblütig her); dann mag ich hysterische Frauenzimmer nicht; vieles, was für das innere Auge erträglich ist, wird bei der Aufführung kaum auszuhalten sein: denken Sie sich unsere Schauspieler betend, zitternd und mit verzückten Hälsen. Auch das Innere der Gralsburg *kann* auf der Bühne nicht wirkungsvoll sein, ebensowenig der verwundete Schwan. Alle diese schönen Erfindungen gehören ins Epos und, wie gesagt, fürs innere Auge. Die Sprache klingt wie eine Übersetzung aus einer fremden Zunge. Aber die Situationen und ihre Aufeinanderfolge – ist das nicht von der höchsten Poesie? Ist es nicht eine letzte Herausforderung der Musik?« Im Mai sendet Nietzsche *Menschliches, Allzumenschliches* an Wagner. Negative Reaktion vor allem von seiten Cosimas. Nietzsches Verleger Schmeitzner am 9. Mai: »Wagner hat wohl nur recht wenige Zeilen davon gelesen und das Buch beiseite gelegt, ›um den schönen Eindruck aus Ihren früheren Schriften nicht zu alterieren‹. [. . .] Es gehört eben etwas Zeit dazu, ehe *Menschliches* und Wagner zusammenkommen werden«. Nietzsche lehnt eine Mitarbeit an den *Bayreuther Blättern* ab. »Mit Parteiblättern irgendwelcher Art habe ich nie etwas zu tun« (an Schmeitzner, 16. Mai). Selbst unter den Parteigängern Wagners findet Nietzsches neue Schrift begeisterte Leser, wie Cosima Marie von Schleinitz gesteht. Malwida von Meysenbug, Schemann und selbst Wolzogen gehören angeblich zu ihnen. Wagner, der sich anfänglich weigert, das Buch zu lesen, nimmt es später doch immer wieder vor, wie die Aufzeichnungen Cosimas aus diesem Jahr belegen. Brief Nietzsches an Peter Gast, 31. Mai: »Von Bayreuth aus ist es in eine Art von Bann getan; und zwar scheint die große Exkommunikation über seinen Autor zugleich verhängt. Nur versucht man, meine Freunde doch noch festzuhalten, während man mich verliert – und so höre ich denn von manchem, was hinter meinem Rücken geschieht und geplant wird. – Wagner hat eine große Gelegenheit, Größe des Charakters zu zeigen, unbenutzt gelassen. Mich darf es nicht beirren, weder in meiner Meinung über ihn noch über mich.« Absage an die »Kunst Wagners« als an eine »Barockkunst der Überspannung und der verherrlichten Maßlosigkeit« im Brief an Mathilde Maier (eine enge Freundin Wagners) vom 15. Juli. Im Augustheft der *Bayreuther Blätter* veröffentlicht Wagner seinen Artikel *Publikum und Popularität* mit einer verdeckten Attacke auf Nietzsche. Dieser an Schmeitzner (den Verleger Nietzsches wie der

Bayreuther Blätter): »Daß Wagner gegen mich Einwendungen öffentlich macht, ist mir sehr erwünscht, ich hasse alle Dunkelei und Munkelei der Gegnerschaft; anderseits wünsche ich um alles nicht mit den Tendenzen der *Bayreuther Blätter* verwechselt zu werden« (25. August). Nach der Lektüre von Wagners Aufsatz schreibt er an Schmeitzner: »Gestern las ich Wagners bitterböse, fast rachsüchtige Seiten gegen mich. Himmel, wie ungeschickte Polemik (3. September). Vgl. auch den Brief an Overbeck vom selben Tag. Nietzsche verbittet sich die regelmäßige Zusendung der *Bayreuther Blätter*. »Wozu soll ich mich verpflichten, Monatsdosen Wagnerschen Ärgergeifers einzunehmen! Ich möchte auch fürderhin über ihn und seine Größe rein und klar empfinden: da muß ich mir sein Allzumenschliches etwas vom Leibe halten« (an Schmeitzner, 10. September).

1879

Schmeitzner an Nietzsche, 16. Januar, über Gespräche mit Joseph Rubinstein: »Rubinstein wollte von einem Riß zwischen Ihnen und Wagner gar nichts wissen. Ihr Buch sei nur ein ›Durchgangsstadium‹, und daß Wagner in einem Artikel über Publikum und Popularität auch einige Stellen aus Ihrem Buche verwendet habe, sei doch weiter nichts gewesen. *Gelesen* hat man in Bayreuth Ihr Buch, und das auch sehr oft, das sagte mir Rubinstein.« Der Versuch von Nietzsches Schwester, Wagner wieder mit ihrem Bruder zu versöhnen, scheitert nicht zuletzt an Cosima. Nietzsche an Schmeitzner, 13. Februar: »In Betreff von Bayreuth halten Sie wacker Stand; ich tue es auch, wie Sie wohl sehen – ruhig und milde in der Form: was die Sache betrifft, so strebe ich nach Gerechtigkeit, wie sie auch laute und wie sie in fremde Ohren hineinklingen möge: da lasse ich mich keinen Schritt breit von dem abdrängen, was mir jetzt die Wahrheit über die große Erscheinung der Wagnerschen Kunst erscheint.« Die Nachricht von Nietzsches Amtsniederlegung aus Krankheitsgründen erregt auch in Bayreuth Mitleid. Brief Cosimas an Gersdorff, 6. Juli: »Die traurigsten Nachrichten kamen zu uns über Nietzsche. Sichere Erblindung in Aussicht, Niederlegung der Professur, Furcht vor äußerster Not! Gott, mit wie offenen Herzen und Armen hätten wir unser Heim angeboten, und wie hätte er noch an unserer Sache als bedeutendster Faktor sich betätigen können! Diese Freude durfte uns aber nicht werden, denn das Leben ist grausam!« Wagner an Overbeck, 19. Oktober: »Daß ich aber so gänzlich davon ausgeschlossen sein soll, an Nietzsches Leben und Nöten teilzunehmen, betrübt mich. Würde ich unbescheiden sein, wenn ich Sie herzlich ersuchte, mir einige Nachricht über unseren Freund zukommen zu lassen?«

1880

Nietzsche an Malwida von Meysenbug, 14. Januar: »Hören Sie Gutes von Wagners? Es sind drei Jahre, daß ich nichts von ihnen erfahre: die haben mich auch verlassen, und ich wußte es längst, daß Wagner von dem Augenblicke an, wo er die Kluft unsrer Bestrebungen merken würde, auch nicht mehr zu mir halten werde. Man hat mir erzählt, daß er gegen mich schriebe. Möge er damit fortfahren: es muß die Wahrheit auf jede Art ans Licht kommen! Ich denke in einer dauernden Dankbarkeit an ihn, denn ihm verdanke ich einige der kräftigsten Anregungen zur geistigen Selbständigkeit. Frau Wagner, Sie wissen es, ist die sympathischste Frau, der ich im Leben begegnet bin. – Aber zu allem Verkehren und gar zu einem Wiederanknüpfen bin ich ganz untauglich. Es ist zu spät.« An Peter Gast, 20. August: »Ich für mein Teil leide abscheulich, wenn ich der Sympathie entbehre; und durch nichts kann es mir z. B. ausgeglichen werden, daß ich in den letzten Jahren der Sympathie Wagners verlustig gegangen bin. Wie oft träume ich von ihm, und immer im Stile unsers damaligen vertraulichen Zusammenseins! Es ist nie zwischen uns ein böses Wort gesprochen worden, auch in meinen Träumen nicht, aber sehr viele ermutigende und heitere, und mit niemandem habe ich vielleicht so viel zusammen gelacht. Das ist nun vorbei – und was nützt es, in manchen Stücken gegen ihn recht zu haben! Als ob damit diese verlorne Sympathie aus dem Gedächtnis gewischt werden könnte!«

1882

Nietzsche in Naumburg, um seine Schwester auf die Uraufführung des *Parsifal* in Bayreuth vorzubereiten. Ihr gegenüber behauptet er, seinem Brief an Peter Gast vom 25. Juli zufolge: »Ganz diese Art Musik habe ich als Knabe gemacht, damals als ich mein [Weihnachts-]Oratorium machte«. Er habe daraufhin seine Partitur seiner Schwester wieder vorgespielt. »Die Identität von Stimmung und Ausdruck war märchenhaft! Ja, einige Stellen [. . .] schienen uns beiden ergreifender als alles, was wir aus dem *Parsifal* vorgeführt hatten, aber doch ganz parsifalesk! Ich gestehe: mit einem wahren Schrecken bin ich mir wieder bewußt geworden, wie nahe ich eigentlich mit Wagner verwandt bin. [. . .] Sie verstehen mich wohl, lieber Freund, daß ich damit den *Parsifal* nicht gelobt haben will!! – Welche plötzliche décadence! Und welcher Cagliostrizismus!«

1883

13. Februar: Tod Wagners. Nietzsche schreibt einen Brief an Cosima. An Malwida von Meysenbug nach dem 13. Februar: »Wagners Tod hat mir fürchterlich zugesetzt; und ich bin zwar wieder aus dem Bett, aber keineswegs aus der Nachwirkung heraus. – Trotzdem glaube ich, daß dies Ereignis, auf die Länge gesehn, eine Erleichterung für mich ist. Es war hart, sehr hart, sechs Jahre lang jemandem Gegner sein zu müssen, den man so verehrt und geliebt hat, wie ich Wagner geliebt habe; ja, und selbst als Gegner sich zum Schweigen verurteilen zu müssen – um der Verehrung willen, die der Mann als ganzes verdient. Wagner hat mich auf eine tödliche Weise beleidigt – ich will es Ihnen doch sagen! –, sein langsames Zurückgehn und -schleichen zum Christentum und zur Kirche habe ich als einen persönlichen Schimpf für mich empfunden: meine ganze Jugend und ihre Richtung schien mir befleckt, insofern ich einem Geiste, der dieses Schrittes fähig war, gehuldigt hatte. Dies so stark zu empfinden – dazu bin ich durch unausgesprochene Ziele und Aufgaben gedrängt. Jetzt sehe ich jenen Schritt als den Schritt des alt werdenden Wagner an; es ist schwer, zur rechten Zeit zu

sterben. Hätte er noch länger gelebt, oh was hätte noch zwischen uns entstehen können! Ich habe furchtbare Pfeile auf meinem Bogen, und Wagner gehörte zu der Art Menschen, welche man durch Worte töten kann. – Dies war der bei weitem härteste und qualvollste Winter meines Lebens, und mein Leid ging außerordentlich in die Tiefe und die Abgründe; die Anlässe dazu sind fast gleichgültig. Es gab irgendeine große Notwendigkeit für mich, einmal gemartert zu werden und zu sehn, ob mein Ziel mich leben läßt und am Leben festhalten läßt. Der Tod Wagners gab in diese Empfindungen hinein einen tiefen dumpfen Donner; aber vielleicht geht mein Ungewitter jetzt seinem Ende zu.« An Peter Gast, 19. Februar: »Ich glaube sogar, daß der Tod Wagners die wesentlichste Erleichterung war, die mir jetzt geschafft werden konnte. [. . .] Zuletzt war es der altgewordne Wagner, gegen den ich mich wehren mußte; was den eigentlichen Wagner betrifft, so will ich schon noch zu einem guten Teile sein Erbe werden (wie ich es oft gegen Malwida gesagt habe). Im letzten Sommer empfand ich, daß er mir alle die Menschen weggenommen hatte, auf welche in Deutschland zu wirken überhaupt Sinn haben kann, und sie in die verworrene, wüste Feindseligkeit seines Alters hineinzuziehn begann.« An Franz Overbeck, 22. Februar: »Wagner war bei weitem der vollste Mensch, den ich kennenlernte, und in diesem Sinne habe ich seit sechs Jahren eine große Entbehrung gelitten. Aber es gibt etwas zwischen uns beiden wie eine tödliche Beleidigung; und es hätte furchtbar kommen können, wenn er noch länger gelebt haben würde.«

1884

Brief an Overbeck, 7. April: »Himmel! Ich bekomme jetzt nachgerade eine hübsche Gattung von Briefen – diese Art von Verehrungsstil hat Richard Wagner in die deutsche Jugend hineingetragen; und es beginnt schon, was ich lange prophezeit habe, daß ich in manchen Stücken der Erbe Richard Wagners sein werde.« An Heinrich von Stein, 22. Mai: »Ich sprach vor zwei Jahren mit einer Art Ingrimm davon, daß ein Ereignis wie der *Parsifal* ferne von mir, gerade von mir, vorübergehen mußte; und auch jetzt wieder [. . .] habe ich Zweifel daran, ob ich hinkommen darf. Nämlich: das Gesetz, das über mir ist, meine Aufgabe, läßt mir keine Zeit dafür.«

1885

Brief an Malwida von Meysenbug, 13. März: »Was Musik angeht: so habe ich letzten Herbst gewissenhaft und neugierig die Probe gemacht, wie ich jetzt zu Richard Wagners Musik stehe. Was mir diese wolkige, schwüle, vor allem schauspielerische und prätentiöse Musik zuwider ist! So sehr zuwider als – als – als tausend Dinge, zum Beispiel Schopenhauers Philosophie. Das ist Musik eines mißratenen Musikers und Menschen, aber eines großen Schauspielers – darauf will ich schwören. Da lobe ich mir die tapfere und unschuldige Musik meines Schülers und Freundes Peter Gast, eines echten Musikers: der mag einmal für seinen Teil dafür sorgen, daß die Herrn Schauspieler und Scheingenies nicht mehr zu lange den Geschmack verderben.«

1886

Der Wagner-Verleger E. W. Fritzsch verhandelt mit Schmeitzner, um nach Nietzsches Worten (Brief an Overbeck, Ende Juni) »den ›ganzen Nietzsche‹ so wie den ganzen Wagner in seinem Verlag zu haben: eine Nachbarschaft, die auch mir von Grund aus wohl tut. Denn, alles in allem gerechnet, war Richard Wagner der einzige bisher, mindestens der erste, der ein Gefühl davon gehabt hat, was es mit mir auf sich habe. [. . .] Dafür, daß einer (wie ich) diu noctuque incubando von frühester Jugend an zwischen Problemen lebt und da allein seine Not und sein Glück hat, wer hätte dafür ein Mitgefühl! Richard Wagner, wie gesagt, hatte es: und deshalb war mir Tribschen eine solche Erholung, während ich jetzt keinen Ort und keine Menschen mehr habe, die zu meiner Erholung taugten.« Zum Tode von Franz Liszt am 31. Juli in Bayreuth schreibt Nietzsche an Malwida von Meysenbug: »So hat sich denn der alte Liszt, der sich aufs Leben und Sterben verstand, nun doch noch gleichsam in die Wagnersche

Sache und Welt hinein begraben lassen: wie als ob er ganz unvermeidlich und unabtrennlich hinzugehörte. Dies hat mir in die Seele Cosimas hinein weh getan: es ist eine Falschheit mehr um Wagner herum, eins jener fast unüberwindlichen Mißverständnisse, unter denen heute der Ruhm Wagners wächst und ins Kraut schießt. Nach dem zu urteilen, was ich bisher von Wagnerianern kennengelernt habe, scheint mir die heutige Wagnerei eine unbewußte Annäherung an Rom, welche von innen her dasselbe tut, was Bismarck von außen tut« (24. September).

1887

Nietzsche hört zum ersten Mal in Monte Carlo das *Parsifal*-Vorspiel. Brief an Peter Gast, 21. Januar: »Abgesehn übrigens von allen unzugehörigen Fragen (wozu solche Musik dienen kann oder etwa dienen soll?), sondern rein ästhetisch gefragt: hat Wagner je etwas besser gemacht?« Absage an das »gegenwärtige Deutschland, so sehr es auch igelmäßig in Waffen starrt« im Brief an Reinhart von Seydlitz vom 24. Februar. »Es repräsentiert die stupideste, verkommenste, verlogenste Form des ›deutschen Geistes‹, die es bisher gegeben hat, – und was hat dieser ›Geist‹ sich schon alles an Geistlosigkeit zugemutet! Ich vergebe es niemandem, der mit ihm seinen Kompromiß macht, heiße er selbst Richard Wagner, und namentlich nicht, wenn er so schändlich zweideutig und vorsichtig gemacht wird, wie dies der kluge, allzukluge Verherrlicher der ›reinen Torheit‹ in seinen letzten Jahren bewerkstelligt hat –« An Overbeck, 12. November: »Wenn ich Richard Wagner ausnehme, so ist mir niemand bisher mit dem Tausendstel von Leidenschaft und Leiden entgegengekommen, um mich mit ihm ›zu verstehn‹; ich war dergestalt schon als Kind allein, ich bin es heute noch, in meinem 44sten Lebensjahre.«

1888

In einer Vita, die er für Georg Brandes aufsetzt, schreibt Nietzsche: »Eine noch größere Gunst [als die zuvor gewürdigte Beziehung zu Jacob Burckhardt], daß ich vom Anfang meiner

Baseler Existenz an in eine unbeschreiblich nahe Intimität mit Richard und Cosima Wagner geriet, die damals auf ihrem Landgute Tribschen bei Luzern wie auf einer Insel und wie abgelöst von allen früheren Beziehungen lebten. Wir haben einige Jahre alles Große und Kleine gemeinsam gehabt, es gab ein Vertrauen ohne Grenzen.« Nietzsche verweist auf Wagners Sendschreiben an ihn anläßlich der *Geburt der Tragödie* (10. April). Nietzsche verbringt das Frühjahr in Turin. Hier entsteht *Der Fall Wagner*. Brief an Karl Knortz, 21. Juni: »Mit Richard Wagner und Frau Cosima Wagner war ich einige Jahre, die zu den wertvollsten meines Lebens gehören, in tiefem Vertrauen und innerstem Einvernehmen verbunden. Wenn ich jetzt zu den Gegnern der Wagnerischen Bewegung gehöre, so liegen, wie es sich von selbst versteht, dahinter keine mesquinen Motive.« An Malwida von Meysenbug, Ende Juli 1888: »Der alte Verführer Wagner nimmt mir, auch nach seinem Tode noch, den Rest von Menschen weg, auf die ich wirken könnte.« An Carl Fuchs, 29. Juli: »Gestern kam ein Brief aus Bayreuth an mich an, aus vollem *Parsifal* heraus geschrieben. Ein mir unbekannter Wiener Verehrer, der mich seinen ›Meister‹ nennt (oh !!!) und mich zu einer Art Großmutsakt gegen den *Parsifal* auffordert: – ich sollte großmütiger sein als Siegfried gegen den alten Wanderer.« In einem Brief an Hans von Bülow vom 10. August setzt Nietzsche sich für Peter Gasts Oper *Der Löwe von Venedig* ein. Sie sei geprägt von der »Fähigkeit, aus dem Ganzen zu gestalten, fertig zu werden und nicht zu fragmentisieren (vorsichtiger Euphemismus für ›wagnerisieren‹). [. . .] Jetzt, wo Wagner von St. Petersburg bis Montevideo die Theater beherrscht, gehört ein Bülowscher Mut dazu, gute Musik zu riskieren . . .« Brief an Carl Fuchs, 26. August: »Dieses Beseelen, Beleben der kleinsten *Redeteile* der Musik [. . .], wie sie in der Musik zur Praxis Wagners gehört und von da aus zu einem fast herrschenden Vortragssystem (selbst für Schauspieler und Sänger) geworden [. . .], ist ein typisches Verfallssymptom, ein Beweis dafür, daß sich das Leben aus dem Ganzen zurückgezogen hat und im Kleinsten luxuriert.« Im September/Oktober läßt Nietzsche den

Freunden den *Fall Wagner* zusenden. An Paul Deussen, 14. September: »Du wirst noch in diesem Monate eine Zusendung erhalten: eine kleine ästhetische Streitschrift, in der ich, zum ersten Male und auf die unbedingteste Weise, das psychologische Problem Wagner ans Licht stelle. Es ist eine Kriegserklärung ohne Pardon an diese ganze Bewegung: zuletzt bin ich der einzige, der Umfang und Tiefe genug hat, um hier nicht unsicher zu sein. – Daß eine Schrift von mir, ein Pamphlet, wenn man will, gegen Wagner, eine gewisse Aufregung mit sich bringt, gibt mir schon der letzte Bericht meines Verlegers zu verstehn. Bloß auf die vorläufige Ankündigung im Buchhändler-Börsenblatt hin sind so viel Bestellungen eingelaufen, daß die Auflage von 1000 Ex. als erschöpft betrachtet werden kann [. . .]. Lies die Schrift einmal auch vom Standpunkt des Geschmacks und Stils: so schreibt heute kein Mensch in Deutschland. Es würde ebenso leicht sein, die Schrift ins Französische zu übersetzen, als schwer, fast unmöglich, sie ins Deutsche zu übersetzen . . .« An Peter Gast, 27. September: »Ein Kuriosum, das Gersdorff mitteilt und das mich sehr erbaut: Gersdorff ist Zeuge eines rasenden Wutausbruchs Wagners gegen Bizet gewesen, als Minnie Hauck in Neapel war und Carmen sang. Auf dieser Grundlage, daß Wagner auch hier Partei genommen hat, wird meine Bosheit an einer gewissen Hauptstelle viel schärfer empfunden werden. [. . .] Auch in diesem Sinne wird der neue Titel *Götzen-Dämmerung* gehört werden, – also noch eine Bosheit gegen Wagner . . .« An Malwida von Meysenbug, 4. Oktober: »Sie werden sehen, daß ich bei diesem Duell meine gute Laune nicht eingebüßt habe. Aufrichtig gesagt, einen Wagner abtun, gehört, inmitten der über alle Maßen schweren Aufgabe meines Lebens, zu den wirklichen Erholungen. [. . .] Diese Schrift gegen Wagner sollte man auch französisch lesen. Sie ist sogar leichter ins Französische zu übersetzen als ins Deutsche. Auch hat sie in vielen Punkten Intimitäten mit dem französischen Geschmack: das Lob Bizets am Anfang würde sehr gehört werden. – Freilich, es müßte ein feiner, ein sogar raffinierter Stilist sein, um den Ton der Schrift wiederzugeben –: zuletzt bin ich selber jetzt der einzige raffinierte deutsche Stilist. [. . .] Die Schrift, gut ins Französische übersetzt, würde auf der halben Erde gelesen werden: – ich bin in dieser Frage die einzige Autorität und überdies Psychologe und Musiker genug, um auch in allem Technischen mir nichts vormachen zu lassen.« Reaktion Malwidas (nur fragmentarisch erhalten): »Ich bin [. . .] der Ansicht, daß man eine alte Liebe, selbst wenn sie erloschen ist, nicht so behandeln darf, wie Sie Wagner behandeln; man beleidigt sich damit selbst, denn man hat doch einmal ganz und voll geliebt, und der Gegenstand dieser Liebe war doch kein Phantom, sondern eine ganze, volle Wirklichkeit.« Grobe Antwort Nietzsches am 18. Oktober: »Verehrte Freundin, das sind keine Dinge, worüber ich Widerspruch zulasse. Ich bin, in Fragen der décadence, die höchste Instanz, die es jetzt auf Erden gibt [. . .]. Daß Wagner es verstanden hat, von sich den Glauben zu erwecken (wie Sie es mit verehrungswürdiger Unschuld ausdrücken), der ›letzte Ausdruck der schöpferischen Natur‹, gleichsam ihr ›Schlußwort‹ zu sein, dazu bedarf es in der Tat des Genies, aber eines Genies der Lüge . . . Ich selber habe die Ehre, etwas Umgekehrtes zu sein – ein Genie der Wahrheit –« Zwei Tage später eine noch gröbere Replik, die fast einer Aufkündigung der Freundschaft gleichkommt: »Also Sie haben nichts von dem Ekel begriffen, mit dem ich, mit allen anständigen Naturen, vor zehn Jahren Wagner den Rücken kehrte, als der Schwindel, mit den ersten *Bayreuther Blättern,* handgreiflich wurde? Ihnen ist die tiefe Erbitterung unbekannt, mit der ich, gleich allen rechtschaffenen Musikern, diese Pest der Wagnerischen Musik, diese durch sie bedingte Korruption der Musiker, immer weiter um sich greifen sehe? Sie haben nichts davon gemerkt, daß ich, seit zehn Jahren, eine Art Gewissensrat für deutsche Musiker bin, daß ich an allen möglichen Stellen wieder die artistische Rechtschaffenheit, den vornehmen Geschmack, den tiefsten Haß gegen die ekelhafte Sexualität der Wagnerischen Musik angepflanzt habe?« An Georg Brandes (der August Strindberg den *Fall Wagner* geschickt hat) am 20. Oktober: Brandes sei der einzige, »der ein ›gutes Gesicht‹, der überhaupt ein Gesicht zu meinem Attentat auf Wagner machte. Denn man schreibt mir nicht. Ich habe selbst bei Näheren und Nächsten einen heillosen Schrecken hervorgebracht.« Nietzsche berichtet über die Reaktionen von Seydlitz, Krug und Malwida, letztere »verwechselt nach wie vor Wagner mit Michelangelo«. Brief an Meta von Salis über Malwida, 14. November: »Verwöhnt, durch ihr ganzes Leben hindurch, sitzt sie zuletzt, wie eine kleine komische Pythia, auf ihrem Sofa und sagt: ›Sie irren sich über Wagner! Das weiß ich besser! Genau dasselbe wie Michelangelo‹ –.« Im von Fritzsch verlegten *Musikalischen Wochenblatt* erscheint eine Replik auf den *Fall Wagner,* verfaßt von dem Wagnerianer Richard Pohl: *Der Fall Nietzsche.* Bruch Nietzsches mit Fritzsch. Peter Gast bespricht den *Fall Wagner* überschwenglich im *Kunstwart.* Dort heißt es: »Ist man Wagnerianer, so hat man es als Verhängnis zu beklagen, daß gerade Nietzsche, die erste und letzte Autorität in Sachen Wagner-Interpretation, jene innere Umwandlung durchmachte, die ihn weit über die Tendenzen Wagners und unserer Zeit hinaustrug. Seine antiromantische, antichristliche, antirevolutionäre, antidemokratische Kultur, kurz seine Vornehmheit, scheidet ihn (und schied ihn) für immer von Wagners Sache.« F. Avenarius, der Herausgeber des *Kunstwart,* distanziert sich hingegen deutlich von Nietzsches Pamphlet. Nietzsche an Avenarius, 9. Dezember: »Zuletzt tut das [die satyrische Frivolität seiner Attacke] meiner persönlichen Pietät gegen Wagner am wenigsten Abbruch: noch im vorigen Monat habe ich jener unvergeßlichen Intimität zwischen uns ein Denkmal gesetzt [in *Ecce homo*], das dauern wird: in einem Werke, das jetzt im Druck ist und das jeden Zweifel über mich wegnehmen wird. Auch Ihren Zweifel, sehr werter und lieber Herr! Der ›jüngere‹ Nietzsche ist niemals über den Punkt Wagner mit dem ›älteren‹ Nietzsche in Widerspruch gewesen: es bliebe wohl zu beweisen, daß jenes Wesen, dessen Psychologie in der vierten *Unzeitgemäßen* gegeben wird, wirklich etwas mit dem Gatten von Frau Cosima zu tun hat oder . . .« Ein weiterer Brief an Avenarius folgt am 10. Dezember: »Warum haben Sie eigentlich Ihren Lesern die Hauptsache vorenthalten? Daß meine ›Sinnesänderung‹, wie Sie es nennen, nicht von gestern ist? Ich führe nunmehr seit zehn Jahren Krieg gegen die Verderbnis von Bayreuth – Wagner hielt mich seit 1876 für seinen eigentlichen und einzigen Gegner, die Spuren davon sind überreich in seinen späteren Schriften. Der Gegensatz eines décadent und einer aus der Überfülle der Kraft herausschaffenden, das heißt dionysischen Natur, der das Schwerste Spiel ist, ist ja zwischen uns handgreiflich [. . .] Wir sind verschieden wie arm und reich. Unter Musikern ist ja über die Armut Wagners kein Zweifel; vor mir, vor dem auch die Verstocktesten ehrlich werden, sind auch die extremen Parteigänger seiner Sache über diesen Punkt ehrlich geworden.« Der Brief endet mit einer Zusammenstellung der wichtigsten Äußerungen aus früheren Schriften Nietzsches, die seinen zehnjährigen Krieg gegen Wagner belegen sollen: die Keimzelle von *Nietzsche contra Wagner,* dessen Druckmanuskript am 15. Dezember fertiggestellt ist. Zuvor suchte Nietzsche Carl Spitteler für die Herausgabe einer solchen Blütenlese zu gewinnen und Carl Fuchs zu einem »Antiwagner« zu bewegen, einer Parteischrift für Nietzsche, mit der er »den Bayreuthern den Handschuh hinwürfe« (11. Dezember). Brief an Peter Gast über *Nietzsche contra Wagner:* »Es ist wesentlich eine Antipoden-Charakteristik, wobei ich eine Reihe Stellen meiner älteren Schriften benutzt und dergestalt zum *Fall Wagner* das sehr ernste Gegenstück gegeben habe.« Vorübergehend will Nietzsche auf den Druck von *Nietzsche contra Wagner* verzichten. Am 27. Dezember schlägt er Fuchs die Veröffentlichung einer Schrift gegen Wagner unter dem gleichen Titel wie Pohls Pamphlet: *Der Fall Nietzsche* vor, mit Gasts *Kunstwart*-Aufsatz als Vorrede. »Den *Tristan* umgehn Sie ja nicht: er ist das kapitale Werk und von einer Faszination, die nicht nur in der Musik, sondern in allen Künsten ohnegleichen ist.« Nietzsche relativiert seine Bemerkungen über Bizet im *Fall Wagner* als rhetorischen Kunstgriff und »ironische Antithese«. Am 30. Dezember nimmt er noch Textkorrekturen in *Nietzsche contra Wagner* vor. Am gleichen Tag Briefentwurf an Peter Gast, der deutlich Züge des Wahnsinns trägt. Am 31. Dezember antwortet er Gast, der Bedenken wegen der von ihm vorgeschlagenen Anti-Wagner-Broschüre geäußert hat: »Sie haben tausendmal recht! Warnen Sie selbst Fuchs ... Sie werden in *Ecce homo* eine ungeheure Seite über den *Tristan* finden, überhaupt über mein Verhältnis zu Wagner. Wagner ist durchaus die erste Natur, die in *Ecce homo* vorkommt.« Auch dieser Brief ist in seinen letzten Sätzen von Wahnsinn gezeichnet.

1889

2. Januar: Nietzsche verfügt endgültig, daß *Nietzsche contra Wagner* nicht publiziert wird. 3. Januar: Nietzsches Zusammenbruch. Wahnsinnszettel an die Freunde, u. a. an Cosima Wagner.

NACHWORT DES HERAUSGEBERS

Zur vorliegenden Textauswahl

Die drei großen Wagner-Schriften Nietzsches: *Richard Wagner in Bayreuth, Der Fall Wagner* und – von ihm noch im letzten Moment zurückgezogen, also zum nicht autorisierten Nachlaß gehörend: *Nietzsche contra Wagner* (hinzu kommt der *Mahnruf an die Deutschen*) bieten nur ein unvollständiges Bild von Nietzsches Verhältnis zu Richard Wagner in der Zeit ihrer Freundschaft und seit ihrer Entfremdung. Die kritische Nietzsche-Ausgabe von Giorgio Colli und Mazzino Montinari (Berlin/New York 1967 ff.), eine der bedeutendsten und von ihrem Ertrag her aufregendsten editorischen Leistungen der letzten Jahrzehnte, ermöglicht es, in diesem Taschenbuch nun zum ersten Mal sämtliche relevanten Aufzeichnungen Nietzsches über Wagner – davon eine große Zahl bisher gänzlich unbekannter oder nur in entstellter Form publizierter Fragmente – nach Perioden geordnet zusammenzustellen. Auszüge aus anderen Schriften (sowie der Abdruck des kompletten Vortrags *Das griechische Musikdrama*, einer Vorstudie zur *Geburt der Tragödie*, der zwar nicht von Wagner handelt, aber, wie zumal der Schluß zeigt, von ihm doch wesentlich inspiriert ist) sollen die Spur der Auseinandersetzung mit Wagner durch Nietzsches literarisches Werk verfolgen. *Nietzsche contra Wagner* stellt bereits eine solche Zusammenstellung wesentlicher Wagner-Aphorismen aus früheren Werken dar, auch solcher, die wir hier noch einmal nach der Originalversion abdrucken. Da sie von Nietzsche in seiner Streitschrift sämtlich mehr oder weniger überarbeitet sind, ist es wohl berechtigt, einige von ihnen an ihrem ursprünglichen Ort aufzusuchen.

Zur Vollständigkeit von Nietzsches Wagner-Bild gehören auch seine Briefe, zumal die Korrespondenz mit Richard und Cosima Wagner. Der komplette Abdruck der letzteren – er würde ein eigenes Buch füllen – hätte jedoch die Dimensionen eines Taschenbuchs gänzlich gesprengt. Wir mußten uns daher mit einer Auswahl begnügen: aus der Korrespondenz Wagners und Nietzsches bis zum Erscheinen der *Geburt der Tragödie,* also aus der Zeit ihres intensivsten Gedankenaustausches, sowie aus Nietzsches späteren Briefen an und über Wagner. Diese Briefe sind ungekürzt wiedergegeben. In der Chronik der Beziehungen Nietzsches zu Wagner sind weitere Briefe in Auszügen zitiert. Auf diese Weise wird sein Wagner-Bild hier zum erstenmal wirklich umfassend dokumentiert. Auszüge aus Cosimas Tagebüchern mit allen wichtigen Bemerkungen über Nietzsche (einige von ihnen sind in die Chronik übernommen worden) sollen die privaten Aufzeichnungen des letzteren durch die ebenso privaten Äußerungen Wagners und Cosimas komplementieren. Einige der abgedruckten Texte, vor allem aus dem Nachlaß, beziehen sich nicht unmittelbar auf Wagner, sind aber von ihm deutlich beeinflußt bzw. stellen indirekte Auseinandersetzungen mit ihm dar. Das gilt zumal für die musikästhetischen Erörterungen aus der Zeit der *Geburt der Tragödie* und der *Unzeitgemäßen Betrachtungen.*

Die Textgrundlage der vorliegenden Auswahl bilden die Nietzsche-Ausgaben von Karl Schlechta (nach der 6. Auflage München 1969) und von Colli/Montinari, für die Briefe und sonstigen Dokumente auch andere Editionen, von denen besonders die Ausgabe der Tagebücher Cosima Wagners von Martin Gregor-Dellin und Dietrich Mack (München/Zürich 1976/77) zu erwähnen ist. Nicht modernisierte Quellen wurden dem heutigen Gebrauch orthographisch angeglichen (das gilt auch für die Texte aus der Kritischen Ausgabe von Colli/Montinari). In den nachgelassenen Aufzeichnungen wurde auch die Zeichensetzung, um leichterer Lesbarkeit willen, verschiedentlich modernisiert.

Der folgende Essay bezieht sich vor allem auf die Perspektiven der Wagner-Kritik Nietzsches seit 1878. Eine philologische Analyse der Wirkungen Wagners auf Nietzsche, vor allem in dessen Frühwerk, habe ich in meinem Buch *Das Theater Richard Wagners. Idee – Dichtung – Wirkung,* Stuttgart 1982, vorgelegt.

Der Fall Wagner · Der Fall Tristan
Der Fall Nietzsche

Im Jahre 1969 kam aus dem Nachlaß von Peter Gast ein Blatt ans Licht, das von ihm selber als Kopie eines Bogens ausgegeben wird, den Nietzsche Ende Dezember 1888 aus Turin an seinen Drucker C. G. Naumann in Leipzig geschickt hat. Darauf steht ein Text, der den »bisherigen Abschnitt 3« des Kapitels »Warum ich so weise bin« in der soeben im Druck befindlichen Schrift *Ecce homo* ersetzen soll. Das Original des Bogens ist neben anderen Texten aus der gleichen Zeit von Nietzsches Mutter und Schwester vernichtet worden – begreiflicherweise, werden sie doch in diesem neuen Abschnitt, der schon deutlich Spuren des Wahnsinns trägt, als »canaille« bezeichnet, mit der ihn verwandt zu glauben »eine Lästerung auf meine Göttlichkeit« wäre. Im gleichen Abschnitt – den Giorgio Colli und Mazzino Montinari in ihrer Kritischen Ausgabe tatsächlich, Nietzsches letztem Willen gemäß, in den Text von *Ecce homo* eingefügt haben, steht auch folgende Passage: »Ich habe gegen alles, was heute noblesse heißt, ein souveränes Gefühl von Distinktion, – ich würde dem jungen deutschen Kaiser nicht die Ehre zugestehn, mein Kutscher zu sein. Es gibt einen einzigen Fall, wo ich meinesgleichen anerkenne – ich bekenne es mit tiefer Dankbarkeit. Frau Cosima Wagner ist bei weitem die vornehmste Natur; und, damit ich kein Wort zu wenig sage, sage ich, daß Richard Wagner der mir bei weitem verwandteste Mann war . . . Der Rest ist Schweigen . . .«

Zu diesem Text, der also erst seit gut einem Jahrzehnt bekannt ist, gibt es eine Vorstufe: statt der zweiten Hälfte des vorletzten Satzes, die sich auf Richard Wagner bezieht, steht in einer erst von Montinari entzifferten Aufzeichnung – die wegen ihrer schweren Lesbarkeit dem Autodafé von Mutter und Tochter Nietzsche entgangen ist und nicht lange vor dem Zusammenbruch (3. Januar 1889) entstanden sein muß – folgende ungeheuerliche Bemerkung: »und im Verhältnis zu mir, habe ich ihre [Cosimas] Ehe mit Wagner immer nur als Ehebruch interpretiert ... der Fall Tristan.« Wenige Tage später richtet Nietzsche die sogenannten Wahnsinnszettel an Cosima, in denen an die Stelle der mittelalterlichen Dreiecksbeziehung Marke, Isolde, Tristan die Konstellation des griechischen Mythos tritt: Theseus = Wagner, Ariadne = Cosima, Dionysos = Nietzsche.

Hier wie dort versetzt Nietzsche sich, so scheint es, in die Rolle dessen, der in eine bestehende erotische oder eheliche Beziehung siegreich einbricht. Doch wird bei genauem Lesen der zitierten Aufzeichnung jene Tristan-Parallele doppelsinnig wie ein Vexierbild. Spontan wird der Leser sie folgendermaßen auffassen: Cosima führt mit Wagner, wie Isolde mit Marke, eine Ehe, die im Grunde Ehebruch ist, da Cosima eigentlich für Nietzsche bestimmt ist – wie Isolde für Tristan. Marke und Wagner stehen zu den jungen Männern in dem gleichen Verhältnis väterlicher Freundschaft, beide Frauen sind den jüngeren treuen Kampfgefährten ihrer Gatten altersmäßig entschieden näher! Die Affinität der Verhältnisse scheint die Gleichsetzung Wagners mit Marke, Nietzsches mit Tristan sehr nahe zu legen. Und doch läßt sich die Aufzeichnung ganz anders – gewiß richtiger – interpretieren: Nietzsche ist der Geprellte, ihm gehört Cosima zu, ihre bürgerliche Ehe mit Wagner ist ein Bruch der eigentlichen, der mystischen, der Sternen-Ehe mit ihm. Wagner ist – in sonderbarer Umkehrung des Verhältnisses der Generationen – ein anderer Tristan! Eine moderne Kontrafaktur der mittelalterlichen Dreiecksbeziehung: nicht mehr eine die Norm sprengende Liebe setzt sich gegen die Konvention durch, sondern dem Bürger Tristan ist der erotische Sieg über den gegönnt, der die Gesetzestafeln zerbrochen, die Umwertung aller Werte verkündet hat – und doch wie Marke zur Entsagung verurteilt ist.

»Diesmal aber komme ich als der siegreiche Dionysos, der die Erde zu einem Festtag machen wird«, heißt es auf einem der Wahnsinnsbillette »an die Prinzeß Ariadne, meine Geliebte«. Aber auch der Siegreiche sieht sich in einer seiner Metamorphosen – als Richard Wagner. »Ich bin unter Indern Buddha, in Griechenland Dionysos gewesen, – Alexander und Caesar sind meine Inkarnationen, ingleichen der Dichter des Shakespeare,

Lord Bacon. Zuletzt war ich noch Voltaire und Napoleon, vielleicht auch Richard Wagner . . .« Im Anstaltsprotokoll aus Jena heißt es später: »Er will seine Kompositionen aufgeführt haben, hat für Gedanken und Stellen aus seinen Werken wenig Verständnis oder Gedächtnis« – und behauptet: »Meine Frau Cosima Wagner hat mich hierher gebracht.«
Tristan ist das erste Werk Wagners, das Nietzsche – mit siebzehn Jahren – genauer kennengelernt hat, ohne ihm freilich gleich zu verfallen. Und um *Tristan* kreisen auch wie um kein anderes Werk seine Gedanken kurz vor dem Zusammenbruch. Carl Fuchs und Peter Gast schlägt er vor, eine Schrift gegen Wagner unter dem Titel *Der Fall Nietzsche* herauszugeben und schärft Fuchs am 27. Dezember 1888 gleichwohl ein: »Den *Tristan* umgehn sie ja nicht: er ist das kapitale Werk und von einer Faszination, die nicht nur in der Musik, sondern in allen Künsten ohnegleichen ist.« Peter Gast sträubt sich gegen den Vorschlag: ihm und Fuchs stehe nicht zu, was Nietzsche selber erlaubt sei, und er bekennt: »Der Text zum zweiten Akt des *Tristan* ist und bleibt, bei allen Vorwürfen, eine ungeheure Leistung; gerade von da aus sehe ich eine terra promessa.« Nietzsches Antwort vom 31. Dezember: »Sie haben tausendmal recht! Warnen Sie selbst Fuchs . . . Sie werden in *Ecce homo* eine ungeheure Seite über den *Tristan* finden, überhaupt über mein Verhältnis zu Wagner. Wagner ist durchaus die erste Natur, die in *Ecce homo* vorkommt.« Nach diesen Sätzen verwirrt sich der Geist Nietzsches. Er sieht sich am »berühmten Rubicon« stehen – am selben Tag unterzeichnet er einen Brief an August Strindberg mit »Nietzsche Cäsar«, letzterer eine der Inkarnationen des Dionysos in dem drei Tage später an Cosima gesendeten Billet – und schließt: »Meine Adresse weiß ich nicht mehr: nehmen wir an, daß sie zunächst der Palazzo del Quirinale sein dürfte.«
Die »ungeheure Seite über den Tristan« ist der 6. Abschnitt des Kapitels: »Warum ich so klug bin«. Dort steht der Satz: »Von dem Augenblick an, wo es einen Klavierauszug des *Tristan* gab [. . .], war ich Wagnerianer.« Das trifft biographisch freilich nicht zu. Als Gustav Krug ihm 1861 diesen Klavierauszug

vorlegte, war er für *Tristan* durchaus noch nicht zu begeistern. – »Aber ich suche heute noch nach einem Werke von gleich gefährlicher Faszination, von einer gleich schauerlichen und süßen Unendlichkeit, wie der *Tristan* ist, – ich suche in allen Künsten vergebens. Alle Fremdheiten Lionardo da Vincis entzaubern sich beim ersten Tone des *Tristan*« – im Vergleich mit dessen »Entzückungen« er nun von keinem anderen Werk Wagners mehr etwas wissen will. (In der ersten Zeit seiner Wagner-Begeisterung, nach 1868, hatten die *Meistersinger* noch durchaus höher in seiner Gunst gestanden.)
Alle Fremdheiten Leonardos entzaubern sich! Das Selbstbildnis Leonardo da Vincis hat Nietzsche einem Bericht Peter Gasts zufolge mit der Gestalt Zarathustras und so mit sich selber identifiziert. Könnte der zitierte Satz nicht auch heißen: Alle Fremdheiten Zarathustras entzaubern sich beim ersten Tone des *Tristan*? Sollte Nietzsche wiederum den Zauber Tristan-Wagners über seinen eigenen siegen sehen? Im Abschnitt 4 von »Warum ich so klug bin« spielt Nietzsche übrigens mit dem Gedanken, was wohl geworden wäre, wenn er seinen *Zarathustra* ebenso auf den Namen Richard Wagners getauft hätte wie – davon ist er überzeugt – Lord Bacon seine dramatische Dichtung auf den Namen Shakespeares: »der Scharfsinn von zwei Jahrtausenden hätte nicht ausgereicht, zu erraten, daß der Verfasser von *Menschliches, Allzumenschliches* der Visionär des Zarathustra ist ...« Hier deutet sich, noch als artistisch-histrionisches Gedankenspiel, die Selbstidentifizierung Nietzsches mit Wagner in der Zeit der geistigen Umnachtung an.
Auf demselben Manuskriptblatt, das die Vorstufe zu der »ungeheuren Seite« über *Tristan* enthält, findet sich der Entwurf eines Begleitschreibens an Cosima: »Verehrte Frau, im Grunde die einzige Frau, die ich verehrt habe – ... lassen Sie es sich gefallen, das erste Exemplar dieses *Ecce homo* entgegenzunehmen. Es wird da im Grunde alle Welt schlecht behandelt, Richard Wagner ausgenommen – und noch Turin. [...] Der Antichrist.« Bereits im Kapitel »Warum ich so klug bin« wird Cosima als »bei weitem die erste Stimme in Fragen des Geschmacks, die ich gehört habe«

gerühmt. Und im selben Kapitel lesen wir (Abschnitt 5): »Hier wo ich von den Erholungen meines Lebens rede, habe ich ein Wort nötig, um meine Dankbarkeit für das auszudrücken, was mich in ihm bei weitem am tiefsten und herzlichsten erholt hat. Dies ist ohne Zweifel der intimere Verkehr mit Richard Wagner gewesen. Ich lasse den Rest meiner menschlichen Beziehungen billig; ich möchte um keinen Preis die Tage von Tribschen aus meinem Leben weggeben, Tage des Vertrauens, der Heiterkeit, der sublimen Zufälle – der *tiefen* Augenblicke ... Ich weiß nicht, was andre mit Wagner erlebt haben: über unsern Himmel ist nie eine Wolke hinweg gegangen.« Im nächsten Abschnitt scheut er sich nicht – »stark genug, um mir auch das Fragwürdigste und Gefährlichste noch zum Vorteil zu wenden und damit stärker zu werden« – Wagner »den großen Wohltäter meines Lebens« zu nennen. In ähnlichem Sinne hat er sich auch in Briefen geäußert. Vor allem die Tribschener Jahre werden von ihm in der letzten Lebensphase vor dem Zusammenbruch zu einer Goldenen Zeit idealisiert. (Daß über seinen und Wagners Himmel nie eine Wolke gegangen sei, das läßt sich freilich den Tagebüchern Cosimas zufolge ebensowenig halten wie die Behauptung in *Ecce homo,* er hätte seine Jugend »nicht ausgehalten ohne Wagnerische Musik«.)

Kein Zweifel, Nietzsche hat sich in den letzten Monaten vor der Umnachtung wieder mit einer Mischung aus leidenschaftlicher Liebe und Eifersucht, welche jener Liebe doch keinen Abbruch tut, sie eher schmerzhaft steigert, der Musik und der erinnerten Person Wagners zugewandt, mit einer Passion, die nach einem Jahrzehnt der heftigen Kritik den oberflächlichen Leser verwundern oder befremden mag. Doch hat die Rühmung Wagners in einigen Teilen des *Ecce homo* Nietzsche ja nicht gehindert, in *Nietzsche contra Wagner* eine Summe seiner Kritik am Phänomen Wagner zu präsentieren – eine Summe, auf deren Druck er allerdings am Tage vor seinem Zusammenbruch ausdrücklich verzichtet hat. *Nietzsche contra Wagner* ist keine offizielle Schrift Nietzsches, sondern ein Werk des Nachlasses. Diese Entscheidung gegen die Veröffentlichung seiner letzten Streitschrift zeugt gewiß davon, daß Liebe und Faszination in seinem Verhältnis zu Wagner letztenendes über die Kritik gesiegt haben. (Das zeigt ja auch schon der zitierte Brief an Peter Gast vom letzten Tag des Jahres 1888.) Freilich brauchte diese Liebe die Kritik – nicht zuletzt die Wagner-Passagen in *Ecco homo* beweisen es –, sie zehrte förmlich von ihr, wie umgekehrt Nietzsches Kritik die Liebe nie ganz verleugnet hat, ihre Bitterkeit oft aus dem Schmerz über die verlorene Sympathie Wagners zieht. »Ich für mein Teil leide abscheulich, wenn ich der Sympathie entbehre; und durch nichts kann es mir z. B. ausgeglichen werden, daß ich in den letzten Jahren der Sympathie Wagners verlustig gegangen bin. [. . .] Das ist nun vorbei – und was nützt es, in manchen Stücken gegen ihn recht zu haben! Als ob damit diese verlorne Sympathie aus dem Gedächtnis gewischt werden könnte!« So schreibt er am 20. August 1880 an Peter Gast. Und an Malwida von Meysenbug unmittelbar nach dem Tod Wagners: »Es war hart, sehr hart, sechs Jahre lang jemandem Gegner sein zu müssen, den man so verehrt und geliebt hat, wie ich Wagner geliebt habe.«

Nietzsche hat seinen Freunden gegenüber auch nach dem sogenannten Bruch kaum je verhehlt, daß sie ihm die Beziehung zu Cosima und Richard Wagner nie ersetzen können. »Frau Wagner, Sie wissen es,« schreibt er nicht eben taktvoll am 14. Januar 1880 an Malwida von Meysenbug, »ist die sympathischste Frau, der ich im Leben begegnet bin.« Und an den getreuen Franz Overbeck am 12. November 1887: »Wenn ich Richard Wagner ausnehme, so ist mir niemand bisher mit dem Tausendstel von Leidenschaft und Leiden entgegengekommen, um mich mit ihm ›zu verstehen‹«. Als der Wagner-Verleger E. W. Fritsch 1886 alle Werke Nietzsches in seinen Verlag übernehmen will, bemerkt letzterer in einem Brief an Overbeck Ende Juni, daß ihm diese Nachbarschaft zu Wagner »von Grund aus wohl tut. Denn, alles in allem gerechnet, war Richard Wagner der einzige bisher, mindestens der erste, der ein Gefühl davon gehabt hat, was es mit mir auf sich habe. [. . .] Dafür, daß einer (wie ich) diu noctuque incubando von frühester Jugend an zwischen Problemen lebt und da allein seine Not und sein Glück hat, wer hätte dafür ein Mitgefühl! Richard Wagner, wie gesagt, hatte es: und deshalb war mir Tribschen eine solche Erholung, während ich jetzt keinen Ort und keine Menschen mehr habe, die zu meiner Erholung taugten.« Das die Worte an einen seiner treuesten Freunde und gewiß hervorragendsten Geister der Zeit!

Für Nietzsche ist Wagner, das verraten Äußerungen wie diese, der einzig ebenbürtige unter den Zeitgenossen, der einzige auch – ein immer wiederholter Gedanke –, der wie er an und in seiner Zeit gelitten hat. Daher erfüllt es ihn mit Genugtuung, wenn beider Schriften im gleichen Verlag erscheinen oder wenn junge Anhänger von Wagners Musik auch ihm huldigen – dem Gegengott gleichsam Ehrengeschenke darbringen wie die Apollopriester dem Dionysos. Das bestärkt ihn nach Wagners Tod in der Überzeugung, »daß ich in manchen Stücken der Erbe Richard Wagners sein werde« (an Overbeck, 7. April 1884). Die glückliche Erfahrung der Gleichrangigkeit hat freilich eine unglückliche Begleiterin: die Angst, daß Wagner ihm im Wege steht, daß er ihm die Menschen raubt, an die auch er sich richten möchte. Diese Angst erklärt die »Erleichterung«, die er trotz seiner tiefen Erschütterung über den Tod Wagners 1883 empfindet und brieflich bekundet. Über die zweiten Bayreuther Festspiele sagt er im Rückblick, in einem Brief an Malwida von Meysenbug nach dem 13. Februar 1883: »Im letzten Sommer empfand ich, daß er mir alle Menschen weggenommen hatte, auf welche in Deutschland zu wirken überhaupt Sinn haben kann«. Ist das nicht wiederum in einem übertragenen Sinne der Fall Tristan – Nietzsche in der Rolle Markes? In gleichem Sinne schreibt er fünf Jahre später, Ende Juli 1888, ebenfalls an Malwida: »Der alte Verführer Wagner nimmt mir, auch nach seinem Tode noch, den Rest von Menschen weg, auf die ich wirken könnte.« In der »Nachschrift« des *Fall Wagner* heißt es: »Ah, dieser alte Räuber! Er raubt uns die Jünglinge, er raubt selbst noch unsre Frauen [!] und schleppt sie in seine Höhle . . .« Tristan wird zum Minotaurus.

Die Geschichte der Beziehungen Wagners und Nietzsches ist die Geschichte einer unglücklichen Liebe, an der beide gelitten haben. Nach der Grundsteinlegung des Bayreuther Festspielhauses, am 25. Juni 1872, schreibt Wagner an Nietzsche, besorgt wegen dessen schlechter Gesundheit, die unerhörten Sätze: »Genau genommen sind Sie, nach meiner Frau, der einzige Gewinn, den mir das Leben zugeführt; nun kommt zwar glücklicherweise noch Fidi [Wagners Sohn Siegfried] dazu, aber zwischen dem und mir bedarf es eines Gliedes, das nur Sie bilden können, etwa wie der Sohn zum Enkel.« Wagner nimmt Nietzsche an Sohnes Statt an. König Marke und Tristan! Ein Liebesbekenntnis, das sich in den nächsten Sätzen in der rührendsten Weise bekundet: in der »Angst« um Nietzsches Gesundheit, in der »recht gemein bürgerlichen« Sorge um sein »recht ordinäres Wohlergehen«. »Ich hab' jetzt gerade Morgen für Morgen die *Geburt [der Tragödie]* noch einmal recht aufmerksam durchgelesen; und da sage ich mir nur immer: ›wenn er nur recht gesund wird und bleibt, und dabei es ihm sonst recht gut geht, – denn, sehr schlecht darf es ihm nicht gehen!‹ Da möchte man nun gern etwas dazu beitragen.«

Zu den Gemeinplätzen der Viertelgebildeten gehört die Ansicht, Wagner habe Nietzsche – wie alle Menschen – ausgenutzt, sich für ihn nur interessiert, insoweit er mit seinen Schriften zum Ruhme des ›Meisters‹ beitrug. Da sei es Nietzsche wie Schuppen von den Augen gefallen und er habe mit Wagner gebrochen, der von dem Moment an auch nichts mehr von ihm wissen wollte.

Kein Wort davon ist wahr. Die Tagebücher Cosimas dokumentieren, daß in Tribschen und Bayreuth jede neue Schrift Nietzsches nicht nur gelesen, sondern wiederholt studiert und erörtert wurde, auch wenn sie keinerlei Bezug zu Wagner hatte, wie die philologischen Studien und die zweite *Unzeitgemäße Betrachtung*. Wagner und Cosima haben von Nietzsche keineswegs ideologisch-schriftstellerische Zubringerdienste erwartet, sondern ihm nachdrücklich die Philologie ans Herz gelegt. Schon vor Erscheinen der *Geburt der Tragödie* sind sie sich einig: »Er ist

jedenfalls der bedeutendste unter unsren Freunden« (Cosima, Tagebuch vom 25. Juni 1871).
Daß Wagner auf den Abbruch der Beziehungen Nietzsches zu ihm nicht mit großzügiger Gelassenheit reagiert hat, daß er, um Nietzsches eigene, etwas gönnerhafte Worte aus dem Brief an Peter Gast vom 31. Mai 1878 zu zitieren, »eine große Gelegenheit, Größe des Charakters zu zeigen, unbenutzt gelassen« hat, ist ihm das zu verübeln? Kann beleidigte Liebe – zumal eines solchen Gefühlsexzentrikers, wie Richard Wagner es gewesen ist – anders reagieren? Trotz aller Verbitterung, die leider auch aus der letzten Äußerung über den Abtrünnigen wenige Tage vor Wagners Tod spricht: »der ganze Mensch sei ihm widerwärtig« (Cosima, 3. Februar 1883) – Nietzsche hat sich mit seinen letzten Äußerungen über *Tristan* in diesem epochalen Agon gewiß einen besseren Abgang verschafft –, hat Wagner doch den weiteren Lebensweg des verlorenen Sohnes mit schmerzlicher Anteilnahme verfolgt, wie er auch wider seinen anfänglichen Vorsatz *Menschliches, Allzumenschliches* sehr wohl gelesen hat. Über die verbliebenen gemeinsamen Freunde suchte er immer wieder Näheres von ihm zu erfahren. Man liest nicht ohne Erschütterung, wie Overbeck oder Malwida von Meysenbug hier zum Medium werden, durch das die heimlichen Liebessignale der sich abhandengekommenen Freunde wie die von Zeit zu Zeit aufblitzenden Lichtsignale eines Leuchtturms durch die Finsternis der Entfremdung dringen, ohne daß doch die einmal zwischen ihnen aufgerissene Kluft durch mehr als durch die Sehnsucht überbrückt werden kann. »Die traurigsten Nachrichten kamen zu uns über Nietzsche«, schreibt Cosima anläßlich von Nietzsches Amtsverzicht in Basel am 6. Juli 1879 an Geysdorff. »Sichere Erblindung in Aussicht, Niederlegung der Professur, Furcht vor äußerster Not! Gott, mit wie offenen Herzen und Armen hätten wir unser Heim angeboten, und wie hätte er noch an unserer Sache als bedeutendster Faktor sich betätigen können! Diese Freude durfte uns aber nicht werden, denn das Leben ist grausam!« Oder Wagner in einem Brief an Overbeck vom 19. Oktober desselben Jahres: »Daß ich aber so gänzlich

davon ausgeschlossen sein soll, an Nietzsches Leben und Nöten teilzunehmen, betrübt mich. Würde ich unbescheiden sein, wenn ich Sie herzlich ersuchte, mir einige Nachricht über unseren Freund zukommen zu lassen?« Freund wird er immer noch genannt! Nietzsche wiederum in einem Brief voller Wehmut an Malwida, 14. Januar 1880: »Hören Sie Gutes von Wagners? Es sind drei Jahre, daß ich nichts mehr von ihnen erfahre: die haben mich auch verlassen«. Er denke »in einer dauernden Dankbarkeit« an die Jahre der Freundschaft zurück. »Aber zu allem Verkehren und gar zu einem Wiederanknüpfen bin ich ganz untauglich. Es ist zu spät.«
In der tiefsten Standortbestimmung seiner Freund-Feindschaft mit Wagner: im Aphorismus »Sternen-Freundschaft« der *Fröhlichen Wissenschaft,* der ursprünglich auch in *Nietzsche contra Wagner* aufgenommen werden sollte – wir wollen ihn als Epilog an das Ende dieses Bandes setzen –, heißt es: »Wir waren Freunde und sind uns fremd geworden.« Die Entfremdung ist das Gesetz, das die »allmächtige Gewalt« ihrer so verschiedenen Aufgaben ihnen aufzwingt. Doch: »Es gibt wahrscheinlich eine ungeheure unsichtbare Kurve und Sternenbahn, in der unsere so verschiedenen Straßen und Ziele als kleine Wegstrecken *einbegriffen* sein mögen, – erheben wir uns zu diesem Gedanken!« Wir dürfen behaupten, daß Nietzsche durch seine Wagner-Kritik diese Sternenbahn vorgezeichnet hat. An der ›Erdenfeindschaft‹ zwischen Nietzsche und Wagner haben heute nur noch Halbgebildete Interesse, vierschrötige Altwagnerianer, die Nietzsche seinen ›Abfall‹ nicht verzeihen und ihn als unlauteren Charakter zu entlarven suchen, oder die Gegenpartei, die das kümmerliche Flämmchen ihrer Antiwagnerei mit dem erborgten Atem Nietzsches und isolierten Zitaten anzufachen sucht. Gegen solche ›Anhänger‹ hat Nietzsche selber sich in einer Aufzeichnung des Jahres 1885 mit ungewohnt aggressiver Metaphorik verwahrt: »Es versteht sich von selbst, daß ich niemandem so leicht das Recht zugestehe, diese meine Schätzung zur seinigen zu machen, und allem unehrerbietigem Gesindel, wie es am heutigen Leibe der Gesellschaft gleich Läusen wimmelt, soll es gar nicht erlaubt

sein, einen solchen großen Namen, wie der Richard Wagners ist, überhaupt in das Maul zu nehmen, weder im Lobe noch im Widerspruche.«

Wodurch aber hat Nietzsches Kritik die Sternenbahn vorgezeichnet, die seine und Wagners Richtung ›einbegreift‹? Er hat den Blick auf den anderen, den »eigentlichen Wagner« gelenkt. Im Feuer seiner Polemik ist das Phänomen Wagner auf das zusammengeschmolzen, was für uns den Zauber, die Faszination und das Glück seiner Musik, seiner gestaltenschaffenden Tonsprache bedeutet. Wenn Nietzsche im *Fall Wagner* behauptet, man müsse durch die Musik Wagners hindurchgegangen sein, um die moderne Seele zu begreifen, so möchte man umgekehrt sagen: man muß durch die Kritik Nietzsches hindurchgehen, um die Modernität Wagners begreifen, um zu ihm überhaupt ein affirmatives Verhältnis gewinnen zu können, das nicht mehr im Verdacht steht, von kruden ideologischen oder ästhetischen Vorlieben bestimmt zu sein.

Der weltanschauliche Sumpf, in dem Wagner tief eingesunken war, Deutschtümelei und Antisemitismus, die Kondeszendenz zum nationalistischen Chauvinismus nach 1870 (von dem er sich freilich, was Nietzsche verschweigt, schon nach wenigen Jahren abgekehrt hat), die intellektuell unbedarfte teutomanische Anhängerschaft, die sich um ihn scharte (siehe die *Bayreuther Blätter*), die doppelte Optik seiner ästhetischen Bestrebungen: daß er, der »die einsamste Musik gemacht hat, die es gibt«, doch auch der Theatromane ist, der nach den pompösen Wirkungen der »Massenkunst« sucht – dies und anderes hat Nietzsche gnadenlos bloßgelegt. Er hat Wagner damit doch nicht vernichten wollen, sondern ihm in Hinblick auf die Nachgeborenen den größten Liebesdienst erwiesen – den Dienst der »Sternenfreundschaft«. Denn seine Polemik legt zugleich den anderen, den seiner Meinung nach eigentlichen Wagner frei: den »Kosmopolitismus« seiner Kunst, die artistische »délicatesse«, die »psychologische Morbidität« und die dem Theatromanischen, der Massenberedsamkeit »entgegengesetzte Optik«. Wagner ist einer, der »am liebsten still in den Winkeln zusammengestürzter Häuser sitzt:

da, verborgen, sich selber verborgen, malt er seine eigentlichen Meisterstücke«. Den »Meister des ganz Kleinen« nennt Nietzsche ihn, den »Orpheus alles heimlichen Elends« – das bewegendste Wort, das er vielleicht für ihn gefunden hat –, »unsern größten Melancholiker der Musik, voll von Blicken, Zärtlichkeiten und Trostworten, die ihm keiner vorweggenommen hat«, »unsern größten Miniaturisten der Musik, der in den kleinsten Raum eine Unendlichkeit von Sinn und Süße drängt« – all das Formulierungen aus den letzten Antiwagneriana. Immer wieder betont er – das ist fast eine fixe Idee, die auch in den nachgelassenen Aufzeichnungen unermüdlich wiederholt wird –, daß Wagner »unter Deutschen bloß ein Mißverständnis ist«, daß er eigentlich nach Paris gehört, in die Gesellschaft von Delacroix, Berlioz oder Baudelaire, in den Kreis der französischen Spätromantiker oder décadents.

Hier freilich liegt ein anderer Ansatzpunkt der Kritik, hier trifft sie nicht den sich selbst entfremdeten Wagner, sondern aus Nietzsches Sicht die Substanz seines Werks: es gehört zu jener Richtung der modernen Kunst, die Nietzsche seit seinem *Parsifal*-Brief an Peter Gast vom 25. Juli 1882 als »décadence« bezeichnet und der er die dionysische Kunst als Kunst der Lebenssteigerung entgegensetzt. Der *Fall Wagner,* so schreibt er in *Ecce homo,* sei aus dem Leiden am »Schicksal der Musik« hervorgegangen: »daran, daß die Musik um ihren weltverklärenden, jasagenden Charakter gebracht worden ist, daß sie décadence-Musik und nicht mehr die Flöte des Dionysos ist . . .« Auf die Seite der décadence aber gehören auch jene subtilen Züge in Wagners Musik, die er in den oben zitierten Äußerungen beschreibt. Das zeigt bereits, wie ambivalent Nietzsches Einstellung zur décadence ist. Er selbst hat diese Ambivalenz in der paradoxen Formulierung zum Ausdruck gebracht: »Abgerechnet nämlich, daß ich ein décadent bin, bin ich auch dessen Gegensatz.« *(Ecce homo)* Er ist dessen Gegensatz, weil er durch Reflexion, durch Selbstbeschreibung als décadent zu demselben in Distanz tritt – anders als Wagner, der nach Nietzsche ein décadent ist, es aber nicht wahrhaben will. So heißt es im

»Vorwort« zum *Fall Wagner:* »Ich bin so gut wie Wagner ein Kind dieser Zeit, will sagen ein décadent: nur daß ich das begriff, nur daß ich mich dagegen wehrte.« Das aber ist nicht nur typisch für Nietzsche, sondern für das décadence-Bewußtsein überhaupt – seit Baudelaire, auf den die Umwertung des bis dahin rein pejorativen Begriffs der décadence zurückgeht. Jenes Bewußtsein ist ein sentimentalisches, denn es schließt das Gefühl für das, was fehlt – Willenskraft, nervliche Widerstandsfähigkeit, Zuversicht zum ›Leben‹ –, und das Bedürfnis nach Gesundung ein. In diesem Sinne gehört Nietzsche zu dem von Thomas Mann in den *Betrachtungen eines Unpolitischen* beschriebenen, »über ganz Europa verbreiteten Geschlecht von Schriftstellern« – Thomas Mann zählt sich ihm selbst zu –, »die, aus der décadence kommend, zu Chronisten und Analytikern der décadence bestellt, gleichzeitig den emanzipatorischen Willen zur Absage an sie – sagen wir pessimistisch: die Velleität dieser Absage im Herzen tragen und mit der Überwindung von décadence und Nihilismus wenigstens *experimentieren*.« Velleität, das ist kraftloses Wollen, der Wille, der nicht zur Tat wird. In dieser Velleität gründet aber auch Nietzsches Nicht-los-kommen-Können von Wagner: dem décadent par excellence.

Die Ambivalenz des décadence-Begriffs bei Nietzsche ist unbedingt im Auge zu behalten, wenn man seine Wagner-Kritik adäquat erfassen will. Daß Wagner nach Nietzsches Überzeugung das Bewußtsein, ein décadent zu sein, verdrängte, hatte nämlich nicht nur zur Folge, daß er ihr als einer vis a tergo um so mehr verfiel, die Flöte des Dionysos nicht mehr zu hören vermochte, sondern daß er auf der anderen Seite auch ihre Tugenden – die Tugenden des ›eigentlichen‹ Wagner – verleugnete, daß er sich mit dem arrangierte, wogegen sich die décadence gerade wehrte: mit der Banalität der bürgerlichen (zumal der ›deutschen‹) Lebens- und Kunstanschauung oder mit der Brutalität der Macht vor allem in der wilhelminischen Ära. Wagner, von Natur aus diesen Mächten feind, ›kondeszendierte‹ doch zu ihnen (so Nietzsche) durch die »Lüge des großen Stils«, durch das »Alfresco« und die Monumentalität seiner Kunst –

deren Eigentliches vielmehr in den Schatten, verschwiegenen Winkeln oder heimlich-elenden Hinterhöfen des pompösen Gebäudes seines Musikdramas zu finden ist. Nietzsche ruft also immer wieder gerade den décadent in Wagner gegen die monumentale Attitude auf!

Denselben décadent macht er ihm anderseits zum Vorwurf, namentlich im Hinblick auf sein angebliches Niedersinken vor dem Kreuz, d. h. seinen Abfall zur décadence-Religion schlechthin: zum Christentum. Der *Parsifal*-Choc soll die Wende in seinem Verhältnis zu Wagner gebracht haben. So die dramaturgische Erfindung Nietzsches. In Wirklichkeit kannte er längst durch gemeinsame Lektüre mit Cosima am 25. Dezember 1869 Wagners *Parsifal*-Entwurf von 1865; noch am 10. Oktober 1877 schrieb er an Cosima: »Die herrliche Verheißung des Parcival mag uns in allen Dingen trösten, wo wir Trost bedürfen.« Und schließlich: Wagners sehr unkonfessionelles Alterschristentum war ihm spätestens seit seinem ersten Weihnachtsfest in Tribschen 1869 wohl bekannt.

Die Ablehnung des *Parsifal* ist nichts anderes als die Distanzierung Nietzsches von dem décadent in sich selbst. Als er im Juli 1882 seine Schwester und Lou Salomé auf die bevorstehende *Parsifal*-Aufführung in Bayreuth vorbereitet (daß er selbst sich die Teilnahme an den Festspielen versagen muß, »daß ein Ereignis wie der *Parsifal* ferne von mir, gerade von mir, vorübergehen mußte«, das erfüllt ihn, wie er zwei Jahre später Heinrich von Stein in einem Brief gesteht, »mit einer Art Ingrimm«), wird es ihm »mit einem wahren Schrecken« bewußt, »wie nahe ich eigentlich mit Wagner verwandt bin. [. . .] Sie verstehen mich wohl, lieber Freund, daß ich damit den *Parsifal* nicht gelobt haben will!! – Welche plötzliche décadence!« (an Peter Gast, 25. Juli 1882) Und doch lobt er *Parsifal* überschwenglich, als er Anfang Januar 1887 in Montecarlo das Vorspiel zum erstenmal hört. Er redet in seinen Aufzeichnungen von der »größten Wohltat, die mir seit langem erwiesen ist. Die Macht und Strenge des Gefühls, unbeschreiblich, ich kenne nichts, was das Christentum so in der Tiefe nähme und so scharf zum Mitgefühl brächte. Ganz erhoben und ergriffen – kein Maler hat einen so unbeschreiblich schwermütigen und zärtlichen *Blick* gemalt wie Wagner.« Noch emphatischer der Brief an Peter Gast vom 21. Januar 1887 (»hat Wagner je etwas besser gemacht?«) Und auch im *Fall Wagner* steht – in einem ironischen Kontext und doch nicht allein aus ihm heraus erklärbar –: »Ich bewundere dies Werk, ich möchte es selbst gemacht haben; in Ermangelung davon *verstehe ich es* . . . Wagner war nie besser inspiriert als am Ende.«

Wie ist dieser Widerspruch in der Einschätzung des *Parsifal* erklärbar? Er gründet in der Dialektik des décadence-Bewußtseins. »Die Erscheinung der décadence«, schreibt Nietzsche im Nachlaß, »ist so notwendig wie irgendein Aufgang und Vorwärts des Lebens; man hat es nicht in der Hand, sie abzuschaffen – sie ist absolut notwendig und jeder Zeit und jedem Volke eigen.« In seinem Brief an Carl Fuchs vom Winter 1884/85 (er ist in unserer Briefauswahl enthalten) beschreibt Nietzsche eingehend den musikalischen décadence-Stil: den »Verfall des melodischen Sinns«, das Übergewicht der »rhetorischen Kunstmittel der Musik«, die Akzentuierung des Einzelnen, den Verfall des rhythmischen Sinnes, den Sieg des Teils über das Ganze, der »Phrase« über die »Melodie«, des »Augenblicks« über die chronometrische »Zeit« usw.; doch dann betont er, der Begriff décadence sei »ein Wort, das, wie sich unter uns von selbst versteht, nicht verwerfen, sondern nur bezeichnen soll« – und: »ich meine es gibt auch in der décadence eine Unsumme des Anziehendsten, Wertvollsten, Neuesten, Verehrungswürdigsten«.

Nietzsches Verhältnis zur décadence – und damit auch zu Richard Wagner – ist also nur in Widersprüchen faßbar. Jede Isolierung einer kritischen Äußerung über ein décadence-Symptom ist unzulässig, man muß sofort die komplementäre positive Wertung hinzudenken und umgekehrt. Wer isolierte Zitate für seine Zwecke und Gesinnungen bei Nietzsche sucht, der ist bei seinen Schriften fehl am Ort. »Wer Nietzsche ›eigentlich‹ nimmt, wörtlich nimmt, wer ihm glaubt, ist verloren«, sagt Thomas Mann in seinem Essay *Nietzsches Philosophie im Lichte unserer Erfahrung*. Wenn es etwa im Nachlaß von 1888 heißt: »Wagner und Heine: die beiden größten Betrüger, mit denen Deutschland Europa beschenkt hat« – soll man Nietzsche hier ›glauben‹? Hat er nicht fast gleichzeitig in *Ecce homo* geschrieben: »Man wird einmal sagen, daß Heine und ich bei weitem die ersten Artisten der deutschen Sprache gewesen sind«? Ein solches Umschlagen der Wertung, das Vexierspiel mit sich und dem Leser prägt insbesondere die Wagner-Kritik Nietzsches. Einer nachgelassenen Aufzeichnung zufolge zählt er sich zu den »décadents mit schlechtem Gewissen«, den »*widerspenstigen* décadents«, im Gegensatz zu denen, »die sich *notwendig* fühlen in ihrer Verderbnis des Stils, die damit einen höheren Geschmack in Anspruch nehmen und den *anderen* ein Gesetz auflegen möchten« – zu ihnen aber rechnet er ausdrücklich Richard Wagner. Ein widerspenstiger décadent, immer mit sich und seinen Wertungen im Streit: das ist Nietzsche. Seine Streitschriften gegen Wagner bewegen sich in einem ständigen dialektischen Lichtwechsel. Greller Hohn schlägt plötzlich bei der Erläuterung ein und desselben Sachverhalts durch Austausch des Wertungsvorzeichens in emphatische Rühmung – oder Lob in Schmähung um. Fast immer wenn er den décadent Wagner angreift, läßt seine Kritik sich auch gegen den Strich lesen, als versetzte oder umgestülpte Rühmung. Niemand hat das deutlicher erkannt als Thomas Mann. In *Leiden und Größe Richard Wagners* bekennt er, die »unsterbliche Wagnerkritik Nietzsches« habe er »immer als einen Panegyrikus mit umgekehrtem Vorzeichen, als eine andere Form der Verherrlichung empfunden. Sie war Selbsthaß, Selbstkasteiung.« Nie lasse sich verkennen, daß Wagners Kunst »die große Liebesleidenschaft von Nietzsches Leben« gewesen sei. Gewiß, so konzediert Thomas Mann, »er hat ihn sehr gehaßt, aus geistigen, kulturmoralischen Gründen [. . .]. Aber es wäre seltsam, wenn ich allein stände mit der Erfahrung, daß Nietzsches Polemik gegen Wagner der Begeisterung eher ein Stachel ist, als daß sie sie zu lähmen vermöchte.«

Thomas Mann hätte sich in dieser Ansicht noch bestärkt gefühlt, wenn ihm die nachgelassenen Aufzeichnungen über Nietzsche in vollem Umfang bekannt geworden wären. Sie sind, so dürfen wir heute aufgrund der kritischen Ausgabe von Colli und Montinari vielleicht behaupten, der bedeutendste Teil der Reflexion Nietzsches über Wagner – und das nicht ohne Grund. Bis zu den *Unzeitgemäßen Betrachtungen* hat Nietzsche sich in seinen Publikationen einer eigentlichen Wagner-Kritik enthalten, nicht aber in seinen privaten Aufzeichnungen. Liest man *Richard Wagner in Bayreuth* – eine »Festrede« (Nietzsche), die dem epideiktischen Genus und Anlaß gemäß die Kritik ausspart –, so mag man es kaum für möglich halten, daß in den Vorstudien zu dieser Schrift eminent kritische, ja fast schon polemische Töne zu hören sind, die – bereits 1874 – nahezu alle Punkte der späteren Wagner-Kritik (sieht man von der décadence-Analyse ab) vorwegnehmen, ja dieselben, da das sardonisch Übertreibende, die paradoxen Zuspitzungen und ironischen Brechungen noch fehlen, nüchterner und objektiver artikulieren als die späteren Antiwagneriana. Da wird Wagner schon als »versetzter Schauspieler« charakterisiert (freilich konzediert Nietzsche hier noch, daß er es »*nie* im persönlichen Leben« sei), da finden wir die später immer wiederkehrende typologische Gleichsetzung Wagners mit Schiller, da steht in Ansätzen die Kritik an der histrionischen Kunst, welche – das Stigma der modernen Kunst überhaupt – die verschiedensten geistigen Welten *(Tristan, Meistersinger, Ring)* nacheinander wie Masken an- und ablegt, da ist von Wagner als »Dilettanten« die Rede, und wir lesen die Feststellung: »Keiner unserer großen Musiker war in seinem 28. Jahr ein noch so schlechter Musiker wie Wagner«. Fast alle später hervorgehobenen Charakterschwächen Wagners werden, freilich noch in versöhnlicherem Licht, in den Aufzeichnungen von 1874 bereits dargestellt: daß er keine Individualität neben sich gelten läßt, die »Neigung zu Pomp und Luxus«, seine Eifersucht gegenüber anderen Künstlern, die Maßlosigkeit im alltäglichen Verhalten, seine fragwürdige Anhängerschaft und auch sein Antisemitismus (den Nietzsche 1878 mit einem möglichen jüdischen Selbsthaß begründet: »sollte Wagner ein Semite sein? Jetzt verstehen wir seine Abneigung gegen die Juden«).

Vor diesem Hintergrund liest man die »Festrede« von 1876 mit anderen Augen, und man glaubt es ihm, wenn er 1886 diese Rede als einen »Lossage- und Entfremdungsakt« bezeichnet, denn, so zitiert er aus ihr: »Jeder, der sich genau prüft, weiß, daß selbst zum Betrachten eine geheime *Gegnerschaft,* die des *Entgegenschauens* gehört«. Es stimmt zwar, daß *Richard Wagner in Bayreuth* »eine äußerst geschickte Mosaikarbeit von Zitaten aus Wagnerschen Schriften« ist (Montinari) – das gilt sogar schon für einige Teile der *Geburt der Tragödie,* die ohne den eminenten Einfluß der Wagnerschen Kunstschriften kaum interpretierbar ist –, aber man wird Montinari doch nicht beipflichten können, wenn er behauptet: »Wagner wird durch Wagner dargestellt und erklärt.« Trotz der Integration Wagnerscher Formulierungen, die Nietzsche einfach in Fleisch und Blut übergegangen, von ihm schwerlich mit höchstem Kalkül in seine Schrift montiert worden sind, läßt sich die Meta-Ebene nicht übersehen, von der aus er argumentiert und wertet. Es sei nur an das grandiose zweite Kapitel erinnert, in dem Nietzsche die künstlerische Ausgangssituation Wagners – als eine für den modernen Künstler repräsentative – hellsichtig analysiert: es ist die Situation des »Dilettantisierens«, der »gefährlichen Lust an geistigem Anschmecken«, der »unkräftigen Vielseitigkeit des modernen Lebens« – aus der es Wagner nach Vereinfachung drängt, nach »Treue« zu einer gebundenen künstlerischen Existenz, die sich in der Treuethematik seiner Musikdramen spiegelt. Erkennen wir in dem hier umrissenen Typus ästhetischer Entwicklung nicht auch z. B. den künstlerischen Werdegang Hugo von Hofmannsthals wieder?

Erst in Verbindung mit dem Nachlaß stellt sich uns das Verhältnis Nietzsches zu Wagner in der Zeit ihrer Freundschaft objektiv dar. Selbst in den Vorstudien zur *Geburt der Tragödie* finden sich schon Ansätze zu einer – freilich rein musikästhetischen – Distanzierung von Wagner. Deutlich zeigt sich hier schon – und die Aufzeichnungen von 1874 führen diese Linie konsequent fort –, daß Nietzsche ein Apologet der »absoluten Musik« ist, die Wagner (der Begriff ist von ihm geprägt worden!) theoretisch verworfen hat. Nietzsche zieht aus Schopenhauers Philosophie der Musik die radikale Konsequenz, daß auch die Musik des Dramas »absolute Musik« sein muß. In den Aufzeichnungen von 1870/71 behauptet er, auch der Wert einer Oper werde »um so höher sein, je freier, unbedingter, dionysischer die Musik sich entfaltet und je mehr sie alle sogenannten dramatischen Anforderungen verachtet«. Nietzsche setzt den Begriff »dramatische Musik« – bis in seine späten Aufzeichnungen – immer in Anführungszeichen, um dessen illusorischen Charakter, den Abstand zu dem, was Musik (»reine Musik«) an und für sich ist, hervorzuheben. Damit widerspricht er der Kernthese von Wagners theoretischer Hauptschrift *Oper und Drama,* daß das Drama der Zweck sei, zu dem die Musik als Mittel hinführen müsse. Gewiß ist das nicht mehr die Ansicht des späten Wagner, wie Nietzsche selber immer wieder zugegeben hat, aber in seiner Praxis habe sich eben doch die Vorherrschaft des Dramas, des Theaters durchgesetzt. »Musik *dürfe* unter Umständen nicht Musik, sondern Sprache, sondern Werkzeug, sondern ancilla dramaturgica sein.« Dies sei gewissermaßen Wagners Voraussetzung, behauptet Nietzsche im *Fall Wagner*. (Daß das seit Wagners Schopenhauer-Rezeption zumindest theoretisch nicht mehr gilt, hat Nietzsche andernorts, so in seiner Schrift *Zur Genealogie der Moral,* sehr wohl erkannt; im *Fall Wagner* verschweigt er es.) Nietzsches Kritik am Sprachcharakter, am ›Bedeutenden‹, am »Rhetorischen« der Wagnerschen Musik, an der Theatro- und Mimomanie geht jedenfalls in Ansätzen bereits auf die Vorstudien zur *Geburt der Tragödie* zurück.

Die Bedeutung des Nachlasses für das Verständnis der Wagner-Kritik Nietzsches kann aber auch für die Zeit seit der »Loslösung« von Wagner nicht hoch genug veranschlagt werden. Zu Lebzeiten des letzteren bleibt Nietzsches Kritik in seinen Publikationen vielfach verdeckt, ihr Gegenstand wird selten beim Namen genannt. Solche Zurückhaltung brauchte er sich in seinen privaten Aufzeichnungen nicht aufzuerlegen. Doch auch der Nachlaß bestätigt, daß er die Faszination, die Wagners Person und Werk auf ihn ausgeübt hat, nie verleugnet. Wie sehr gerade die schärfsten Pfeile, die er auf ihn richtet, Liebespfeile sind, das zeigt eine höchst aufschlußreiche Bemerkung aus dem Jahre 1885: »Ich habe mir lange Zeit die allerbeste Mühe gegeben, in Richard Wagner eine Art Cagliostro zu sehn; man vergebe mir diesen nicht unbedenklichen Einfall, der zum mindesten nicht vom Haß und von der Abneigung eingegeben ist, sondern von der Bezauberung, welche dieser unvergleichliche Mensch auch auf mich ausgeübt hat.« Im *Fall Wagner* heißt es (unter Anspielung auf die Ableitung des Wortes »zynisch« vom griechischen kyon = Hund): »Man muß Zyniker sein, um hier nicht vorgeführt zu werden, man muß beißen können, um hier nicht anzubeten. Wohlan, alter Verführer! Der Zyniker warnt dich – cave canem . . .«

In einer Aufzeichnung um die Jahreswende 1885/86 bekennt Nietzsche: »Ich habe Wagner mehr geliebt und verehrt als irgend sonst jemand; und hätte er zuletzt nicht den schlechten Geschmack – oder die traurige Nötigung – gehabt, mit einer mir unmöglichen Qualität von ›Geistern‹ gemeinsame Sache zu machen, mit seinen Anhängern, den Wagnerianern, so hätte ich keinen Grund gehabt, ihm schon bei seinen Lebzeiten Lebewohl zu sagen: ihm dem Tiefsten und Kühnsten, auch Verkanntesten aller Schwer-zu-erkennenden von heute, dem begegnet zu sein, meiner Erkenntnis mehr als irgendeine andere Begegnung förderlich gewesen ist.« Nietzsches Trennung von Wagner, so sieht er es selber, ist eine Trennung von den Tendenzen, die Wagner sich selbst entfremdeten. Seine Kritik ist im ursprünglichen Sinne Unterscheidung: Unterscheidung des wahren von dem falschen Wagner. Die Trennung von diesem hat Nietzsche die Reinigung des Bildes ermöglicht, das er von Richard Wagner im Grunde seines Herzens trägt. Seine Feindschaft, seine Polemik gegen ihn ist die Via dolorosa, an deren Ziel er nur eines zu finden hofft: *Sternenfreundschaft*.

»Wir waren Freunde und sind uns fremd geworden. Aber das ist recht so und wir wollen's uns nicht verhehlen und verdunkeln, als ob wir uns dessen zu schämen hätten. Wir sind zwei Schiffe, deren jedes sein Ziel und seine Bahn hat; wir können uns wohl kreuzen und ein Fest miteinander feiern, wie wir es getan haben, – und dann lagen die braven Schiffe so ruhig in *einem* Hafen und in *einer* Sonne, daß es scheinen mochte, sie seien schon am Ziele und hätten *ein* Ziel gehabt. Aber dann trieb uns die allmächtige Gewalt unserer Aufgabe wieder auseinander, in verschiedene Meere und Sonnenstriche und vielleicht sehen wir uns nie wieder, – vielleicht auch sehen wir uns wohl, aber erkennen uns nicht wieder: die verschiedenen Meere haben uns verändert! Daß wir uns fremd werden müssen, ist das Gesetz *über* uns: ebendadurch sollen wir uns auch ehrwürdiger werden! Ebendadurch soll der Gedanke an unsere ehemalige Freundschaft heiliger werden! Es gibt wahrscheinlich eine ungeheure unsichtbare Kurve und Sternenbahn, in der unsere so verschiedenen Straßen und Ziele als kleine Wegstrecken *einbegriffen* sein mögen, – erheben wir uns zu diesem Gedanken! Aber unser Leben ist zu kurz und unsere Sehkraft zu gering, als daß wir mehr als Freunde im Sinne jener erhabenen Möglichkeit sein könnten. – Und so wollen wir an unsere Sternen-Freundschaft *glauben,* selbst wenn wir einander Erden-Feinde sein müßten.«

Biographien, Monographien

Lou Andreas-Salomé. Lebensrückblick
Grundriß einiger Lebenserinnerungen. Aus dem Nachlaß herausgegeben von Ernst Pfeiffer. it 54

Alban Berg. Leben und Werk in Daten und Bildern
Herausgegeben von Erich Alban Berg. it 194

Arnold Böcklin. Leben und Werk in Daten und Bildern
Herausgegeben von Lutz Tittel in Zusammenarbeit mit Wolfgang Grindenau, Roland Jaeger und Cornelius Steckner. it 284

Marian Brandys. Maria Walewska
Napoleons große Liebe. it 24

Chateaubriand. Das Leben des Abbé de Rancé
Herausgegeben und aus dem Französischen übersetzt von Emil Lerch. Mit einem Vorwort von Roland Barthes und zeitgenössischen Bildern. it 240

Jean Cocteau. Colette/Fernand Desoray. Cocteau
Zwei Reden aus Anlaß der Aufnahme von Jean Cocteau in die Académie Royale de Langue et de Littérature Françaises de Belgique. Herausgegeben von Edwin Maria Landau. it 306

Duff Cooper, Talleyrand
Aus dem Englischen übertragen von Karl Lerbs. Mit Bilddokumenten, einem Nachwort, einer Bibliographie und einer Zeittafel. it 397

Hölderlins Diotima Suzette Gontard
Herausgegeben von Adolf Beck. Mit zeitgenössischen Illustrationen. it 447

Adele Gundert. Marie Hesse
Ein Lebensbild in Briefen und Tagebüchern. Mit einem Essay von S. Greiner. Illustriert von Gunter Böhmer. it 261

Marie Luise Kaschnitz. Die Wahrheit, nicht der Traum
Das Leben des Malers Courbet. Mit acht Abbildungen. it 327

Justinus Kerner. Bilderbuch aus meiner Knabenzeit
Mit vielen zeitgenössischen Illustrationen. Herausgegeben und erläutert von Günter Häntzschel. it 338

Biographien, Monographien

Heinrich von Kleist. Geschichte meiner Seele
Das Lebenszeugnis der Briefe. Herausgegeben von Helmut Sembdner. it 281

– Leben und Werk im Bild
Herausgegeben von Eberhard Siebert. it 371

Max Klinger. Leben und Werk in Daten und Bildern
Herausgegeben von Stella Wega Mathieu. it 204

Michelangelo. Leben und Werk in Daten und Bildern
Herausgegeben von Harald Keller. it 148

Heinrich W. Petzet. Das Bildnis des Dichters. Rainer Maria Rilke/ Paula Becker-Modersohn
Eine Begegnung. Mit farbigen Abbildungen it 198

Ludwig Richter. Lebenserinnerungen
Mit Holzschnitten von Ludwig Richter. it 464

Philipp Otto Runge. Leben und Werk in Daten und Bildern
Herausgeber Stella Wega Mathieu. Mit farbigen Abbildungen it 316

George Sand. Geschichte meines Lebens
Aus ihrem autobiographischen Werk. Ausgewählt und mit einer Einleitung versehen von Renate Wiggershaus. it 313

Voltaire. Geschichte Karls XII.
Aus dem Französischen übersetzt von Theodora van der Mühll. Mit einem Nachwort von Carl J. Burckhardt und alten Illustrationen. it 317
– Leben und Werk in Daten und Bildern
Herausgegeben von Rudolf von Bitter. Voltaire 1694–1778 zum 200. Todestag. it 324

Richard Wagner. Leben und Werk in Daten und Bildern
Herausgegeben von Dietrich Mack und Egon Voss. it 334

Leben und Werk

Bertolt Brecht. Leben und Werk im Bild. it 406

Hans Carossa, Leben und Werk im Bild
Herausgegeben von Eva Kampmann-Carossa. it 348

Hermann Hesse. Leben und Werk im Bild
Von Volker Michels. Mit dem »Kurzgefaßten Lebenslauf« von Hermann Hesse. it 36

Hölderlin. Chronik seines Lebens mit ausgewählten Bildnissen
Herausgegeben von Adolf Beck. it 83
– Dokumente seines Lebens
Briefe, Tagebuchblätter, Aufzeichnungen. Herausgegeben von Hermann Hesse und Karl Isenberg. it 221

Ödön von Horváth. Leben und Werk in Daten und Bildern
Herausgegeben von Traugott Krischke und Hans F. Prokop. it 237

Gertrud von le Fort. Leben und Werk in Daten, Bildern und Zeugnissen. Von Gisbert Kranz. it 195

Novalis. Dokumente seines Lebens und Sterbens
Herausgegeben von H. Hesse und K. Isenberg. it 178

Rainer Maria Rilke. Leben und Werk im Bild
Mit einer biographischen Einführung und einer Zeittafel.
Von Ingeborg Schnack. it 35

Schiller. Leben und Werk in Daten und Bildern
Ausgewählt und erläutert von Bernhard Zeller und Walter Scheffler. it 226

Reinhold Schneider. Leben und Werk im Bild
In Selbstzeugnissen und Worten der Mitlebenden von Edwin Maria Landau, Maria van Look, Bruno Stephan Scherer. it 318

Essays, betrachtende Prosa

Mein altes Zauberbuch
Herausgegeben und mit einem Nachwort versehen von Alexander Adrion. Mit Taschenspieler-Bildern aus der Sammlung Alexander Adrion. it 421

Alt-Kräuterbüchlein
Nach dem »New-Kreuterbüchlein« des Leonhart Fuchs. Herausgegeben von A. von Bernus. Nachwort von E. Mittler. it 456

Walter Benjamin. Aussichten
Illustrierte Aufsätze. Mit Abbildungen. it 256

Jean Anthèlme Brillat-Savarin. Physiologie des Geschmacks
Ausgewählt, übersetzt und eingeleitet von Emil Ludwig. Mit Holzschnitten der Ausgabe von 1864. it 423

Jean Cocteau. Colette/Fernand Desoray. Cocteau
Zwei Reden aus Anlaß der Aufnahme von Jean Cocteau in die Académie Royale de Langue et de Littérature Françaises de Belgique. Herausgegeben von Edwin Maria Landau. it 306

Christoph Columbus. Das Bordbuch.
it 476

Theodor Fontane. Wanderungen durch die Mark Brandenburg
Reisebilder. it 465

Manuel Gassers Köchel-Verzeichnis
Kulinarische Erinnerungen und Erfahrungen mit vielen seltenen Rezepten. Mit Illustrationen von Heinz Edelmann. Vierfarbendruck. it 96
– Die Küche meiner Tante Mélanie
Französische Hausmannskost von anno dazumal. Mit Illustrationen von Boris von Borodine. it 192

Johann Wolfgang Goethe. Dichtung und Wahrheit
Mit zeitgenössischen Illustrationen, ausgewählt von Jörn Göres. Drei Bände in Kassette. it 149/150/151
– Italienische Reise
Mit vierzig Zeichnungen des Autors. Herausgegeben und mit einem Nachwort von Christoph Michel. Zwei Bände. it 175

Essays, betrachtende Prosa

– Maximen und Reflexionen
Text der Ausgabe von 1907 mit den Erläuterungen und der Einleitung Max Heckers. Nachwort von Isabella Kuhn. it 200
– Reise-, Zerstreuungs- und Trostbüchlein
Herausgegeben von Christoph Michel. it 400
– Über die Deutschen
Erweiterte Ausgabe mit Illustrationen, einem Nachwort, Nachweisen und Register. Herausgegeben von Hans J. Weitz. it 325
– Goethes Letzte Schweizer Reise
Dargestellt von B. Schnyder-Seidel. Mit zeitgenössischen Abbildungen. it 375

Werner Helwig. Capri. Magische Insel
Mit Fotos von Benedikt Blatter, Herbert List und Werner Helwig. it 390

Hermann Hesse. Dank an Goethe
Betrachtungen, Rezensionen, Briefe. Mit einem Essay von Reso Karalaschwili. it 129
– Schmetterlinge
Betrachtungen, Erzählungen, Gedichte. Zusammengestellt und mit einem Nachwort versehen von Volker Michels. it 385

Erhart Kästner. Griechische Inseln
Mit einem Nachwort von Heinrich Gremmels. it 118
– Kreta
Aufzeichnungen aus dem Jahre 1943. Mit einem Nachwort von Heinrich Gremmels. it 117
– Die Lerchenschule
Aufzeichnungen von der Insel Delos. it 57
– Ölberge, Weinberge
Ein Griechenland-Buch. Mit Zeichnungen von Helmuth Kaulbach it 55
– Die Stundentrommel vom heiligen Berg Athos. it 56
it 117/118 in farbiger Kassette.
it 55/56/57 in farbiger Kassette.

London. Eine europäische Metropole in Texten und Bildern. Herausgegeben von Norbert Kohl. it 322

Louis Sébastien Mercier. Mein Bild von Paris
Mit 43 Wiedergaben nach zeitgenössischen Kupferstichen. Mit einem Nachwort von Jean Villain. it 374

Essays, betrachtende Prosa

Michel de Montaigne. Essais
Herausgegeben und mit einem Nachwort versehen von Ralph-Rainer Wuthenow. Revidierte Fassung der Übertragung von Johann Joachim Bode. it 220

Karl Philipp Moritz. Götterlehre
oder Mythologische Dichtungen der Alten
Mit Abbildungen nach antiken Vorlagen. it 419

Moskau
Von der Siedlung im Wald zu der Kapitale einer Weltmacht
Von Heddy Pross. it 467

Kakuzo Okakura. Das Buch vom Tee
Übertragen und mit einem Nachwort versehen von Horst Hammitzsch. Mit Fotos aus Japan und einem Essay von I. Schaarschmidt-Richter. it 412

Blaise Pascal. Größe und Elend des Menschen
Aus den ›Pensées‹. Auswahl, Übersetzung und Nachwort von Wilhelm Weischedel. it 441

Rainer Maria Rilke. Über den jungen Dichter
und andere kleine Schriften aus den Jahren 1906 bis 1926 in zeitlicher Folge. it 340

Reden und Gleichnisse des Tschuang-Tse
Ausgewählt und mit einem Nachwort von Martin Buber. it 205

Karl Friedrich von Rumohr. Geist der Kochkunst
Vorwort von Wolfgang Koeppen. it 326

Hans Schumacher. Ein Gang durch den Grünen Heinrich
Mit zeitgenössischen Illustrationen. it 184

Urgroßmutters Kochbuch
Aus dem Kochbuch der Frau Rath Schlosser. Herausgeber A. von Bernus. Nachwort E. Mittler. Mit alten Illustrationen. it 457

Insel taschenbücher
Alphabetisches Verzeichnis

Die Abenteuer Onkel Lubins 254
Adrion: Mein altes Zauberbuch 421
Adrion: Die Memoiren des Robert Houdin 506
Aladin und die Wunderlampe 199
Ali Baba und die vierzig Räuber 163
Allerleirauh 115
Alte und neue Lieder 59
Alt-Kräuterbüchlein 456
Andersen: Märchen (3 Bände in Kassette) 133
Andersen: Märchen meines Lebens 356
Andreas-Salomé, Lou: Lebensrückblick 54
Apulejus: Der goldene Esel 146
Arnim, Bettina von: Armenbuch 541
Arnim/Brentano: Des Knaben Wunderhorn 85
Arnold: Das Steuermännlein 105
Artmann: Christopher und Peregrin 488
Aus der Traumküche des Windsor McCay 193
Austen: Emma 511
Balzac: Beamte, Schulden, elegantes Leben 346
Balzac: Die Frau von dreißig Jahren 460
Balzac: Das Mädchen mit den Goldaugen 60
Baudelaire: Blumen des Bösen 120
Bayley: Reise der beiden Tiger 493
Bayley: 77 Tiere und ein Ochse 451
Beaumarchais: Figaros Hochzeit 228
Bédier: Der Roman von Tristan und Isolde 387
Beecher-Stowe: Onkel Toms Hütte 272
Beisner: Adreßbuch 294
Benjamin: Aussichten 256
Berg: Leben und Werk im Bild 194
Berthel: Die großen Detektive Bd. 1 101
Berthel: Die großen Detektive Bd. 2 368
Bertuch: Bilder aus fremden Ländern 244
Bierbaum: Zäpfelkerns Abenteuer 243
Bierce: Mein Lieblingsmord 39
Bierce: Wörterbuch des Teufels 440
Bilibin: Märchen vom Herrlichen Falken 487
Bilibin: Wassilissa 451
Bin Gorion: Born Judas 533
Blake: Lieder der Unschuld 116
Die Blümlein des heiligen Franziskus 48
Boccaccio: Das Dekameron (2 Bände) 7/8
Böcklin: Leben und Werk 284
Borchers: Das Adventbuch 449
Bote: Eulenspiegel 336
Brandys: Walewska, Napoleons große Liebe 24
Brecht: Leben und Werk 406
Brentano: Fanferlieschen 341
Brentano: Gockel Hinkel Gackeleia 47
Brillat-Savarin: Physiologie des guten Geschmacks 423
Brontë: Die Sturmhöhe 141
Bruno: Das Aschermittwochsmahl 548
Das Buch der Liebe 82
Das Buch vom Tee 412
Büchner: Der Hessische Landbote 51
Bürger: Münchhausen 207
Busch: Kritisch-Allzukritisches 52
Campe: Bilder Abeze 135
Carossa: Kindheit 295
Carossa: Leben und Werk 348
Carossa: Verwandlungen 296
Carroll: Alice hinter den Spiegeln 97
Carroll: Alice im Wunderland 42
Carroll: Briefe an kleine Mädchen 172
Carroll: Geschichten mit Knoten 302
Caspari: Die Sommerreise 416
Caspari: Wenn's regnet 494
Cervantes: Don Quixote (3 Bände) 109

Chamisso: Peter Schlemihl 27
Chateaubriand: Das Leben des Abbé de Rancé 240
Chinesische Liebesgedichte 442
Chinesische Volkserzählungen 522
Claudius: Wandsbecker Bote 130
Cocteau: Colette 306
Cooper: Lederstrumpferzählungen (5 Bände) 179–183
Cooper: Talleyrand 397
Cortez: Die Eroberung Mexikos 393
Dante: Die Göttliche Komödie (2 Bände) 94
Daudet: Briefe aus meiner Mühle 446
Daudet: Tartarin von Tarascon 84
Daumier: Macaire 249
Defoe: Robinson Crusoe 41
Denkspiele 76
Deutsche Heldensagen 345
Deutsche Volksbücher (3 Bände) 380
Dickens: David Copperfield 468
Dickens: Oliver Twist 242
Dickens: Weihnachtserzählungen 358
Diderot: Erzählungen und Dialoge 554
Diderot: Die Nonne 31
Dostojewski: Der Spieler 515
Droste-Hülshoff: Die Judenbuche 399
Dumas: Der Graf von Monte Christo (2 Bände) 266
Dumas: König Nußknacker 291
Eastman: Ohijesa 519
Eichendorff: Aus dem Leben eines Taugenichts 202
Eichendorff: Gedichte 255
Eisherz und Edeljaspis 123
Enzensberger: Edward Lears kompletter Nonsens I 480
Enzensberger: Edward Lears kompletter Nonsens II 502
Ernst, Paul: Der Mann mit dem tötenden Blick 434
Die Erzählungen aus den Tausendundein Nächten (12 Bände in Kassette) 224
Fabeln und Lieder der Aufklärung 208
Fabre: Das offenbare Geheimnis 269
Der Familienschatz 34
Feuerbach: Merkwürdige Verbrechen 512
Ein Fisch mit Namen Fasch 222
Flach: Minestra 552
Flaubert: Bouvard und Pécuchet 373
Flaubert: Lehrjahre des Gefühls 276
Flaubert: Madame Bovary 167
Flaubert: November 411
Flaubert: Salammbô 342
Flaubert: Die Versuchung des heiligen Antonius 432
Fontane: Effi Briest 138
Fontane: Der Stechlin 152
Fontane: Unwiederbringlich 286
le Fort. Leben und Werk im Bild 195
France: Blaubarts Frauen 510
Frank: Das kalte Herz 330
Friedrich, C. D.: Auge und Landschaft 62
Gackenbach: Betti sei lieb 491
Gasser: Kräutergarten 377
Gasser: Spaziergang durch Italiens Küchen 391
Gasser: Tante Melanie 192
Gassers Köchel-Verzeichnis 96
Gebete der Menschheit 238
Das Geburtstagsbuch 155
Gernhardt, R. u. A.: Was für ein Tag 544
Gerstäcker: Die Flußpiraten des Mississippi 435
Geschichten der Liebe aus 1001 Nächten 38
Gesta Romanorum 315
Goessmann: Die Kunst Blumen zu stecken 498
Goethe: Dichtung und Wahrheit (3 Bände) 149–151
Goethe: Die erste Schweizer Reise 300
Goethe: Faust (1. Teil) 50
Goethe: Faust (2. Teil) 100
Goethe: Gedichte in zeitlicher Folge (2 Bände) 350
Goethe: Gespräche mit Eckermann (2 Bände) 500
Goethe: Hermann und Dorothea 225
Goethe: Italienische Reise 175
Goethe: Das Leben des Benvenuto Cellini 525

Goethe: Die Leiden des jungen Werther 25
Goethe: Liebesgedichte 275
Goethe: Maximen und Reflexionen 200
Goethe: Novellen 425
Goethe: Reineke Fuchs 125
Goethe/Schiller: Briefwechsel (2 Bände) 250
Goethe: Tagebuch der italienischen Reise 176
Goethe: Trostbüchlein 400
Goethe: Über die Deutschen 325
Goethe: Wahlverwandtschaften 1
Goethe: West-östlicher Divan 75
Goethe: Wilhelm Meisters Lehrjahre 475
Goethes letzte Schweizer Reise 375
Gogh: Briefe 177
Gogol: Der Mantel 241
Gontscharow: Oblomow 472
Grandville: Beseelte Blumen 524
Grandville: Staats- und Familienleben der Tiere (2 Bände) 214
Greenaway: Butterblumengarten 384
Greenaway: Mutter Gans 28
Grimmelshausen: Courasche 211
Grimms Märchen (3 Bände) 112/113/114
Grimm, Gebr.: Deutsche Sagen 481
Günther: Ein Mann wie Lessing täte uns not 537
Gundert: Marie Hesse 261
Gundlach: Der andere Strindberg 229
Hauff-Märchen (2 Bände) 216/217
Hawthorne: Der scharlachrote Buchstabe 436
Hebel: Bildergeschichte vom Zundelfrieder 271
Hebel: Kalendergeschichten 17
Heine: Memoiren des Herren von Schnabelewopski 189
Heine: Buch der Lieder 33
Heine: Reisebilder 444
Heine: Romanzero 538
Heine: Shakespeares Mädchen 331
Helwig: Capri, Magische Insel 390
Heras: Am Anfang war das Huhn 185
Heseler: Ich schenk' Dir was 556
Hesse: Dank an Goethe 129
Hesse: Geschichten aus dem Mittelalter 161
Hesse: Hermann Lauscher 206
Hesse: Kindheit des Zauberers 67
Hesse: Knulp 394
Hesse: Leben und Werk im Bild 36
Hesse: Magie der Farben 482
Hesse: Meisterbuch 310
Hesse: Piktors Verwandlungen 122
Hesse: Schmetterlinge 385
Hesse/Schmögner: Die Stadt 236
Hesse/Weiss: Der verbannte Ehemann 260
Hesse, Ninon: Der Teufel ist los 427
Hexenzauber 402
Hildesheimer: Waschbären 415
Hillmann: ABC-Geschichten 99
Hoban: Der Mausevater und sein Sohn 453
Hölderlin-Chronik 83
Hölderlin: Dokumente seines Lebens 221
Hölderlin: Hyperion 365
Höderlins Diotima Susette Gontard 447
Hofer. Leben und Werk in Daten und Bildern 363
E. T. A. Hoffmann: Elixiere des Teufels 304
E. T. A. Hoffmann: Das Fräulein von Scuderi 410
E. T. A. Hoffmann: Der goldne Topf 570
E. T. A. Hoffmann: Kater Murr 168
E. T. A. Hoffmann: Meister Floh 503
E. T. A. Hoffmann: Prinzessin Brambilla 418
E. T. A. Hoffmann: Der unheimliche Gast 245
Homer: Ilias 153
Horváth. Leben und Werk 237
Huch, Ricarda: Der Dreißigjährige Krieg (2 Bände) 22/23
Hugo: Notre-Dame von Paris 298
Ibsen: Nora 323
Idyllen der Deutschen 551
Indische Liebeslyrik 431
Jacobsen: Die Pest in Bergamo 265
Jacobsen: Niels Lyhne 44
Jan: Dschingis-Khan 461

Jan: Batu-Khan 462
Jan: Zum letzten Meer 463
Jerschow: Das Wunderpferdchen 490
Kästner: Griechische Inseln 118
Kästner: Kreta 117
Kästner: Leben und Werk 386
Kästner: Die Lerchenschule 57
Kästner: Ölberge, Weinberge 55
Kästner: Die Stundentrommel vom heiligen Berg Athos 56
Kant-Brevier 61
Kaschnitz: Courbet 327
Kaschnitz: Eisbären 4
Kasperletheater für Erwachsene 339
Keller: Der grüne Heinrich (2 Bände) 335
Keller: Hadlaub 499
Keller: Züricher Novellen 201
Kerner: Bilderbuch aus meiner Knabenzeit 338
Kin Ping Meh 253
Kinderheimat 111
Kleist: Erzählungen 247
Kleist: Geschichte meiner Seele 281
Kleist. Leben und Werk 371
Kleist: Die Marquise von O. 299
Kleist: Der zerbrochene Krug 171
Klingemann: Nachtwachen von Bonaventura 89
Klinger. Leben und Werk in Daten und Bildern 204
Knigge: Über den Umgang mit Menschen 273
Kolumbus: Bordbuch 476
Konfuzius: Materialien einer Jahrhundert-Debatte 87
Konfuzius und der Räuber Zhi 278
Kühn: Geisterhand 382
Kühn: Ich Wolkenstein 497
Laclos: Schlimme Liebschaften 12
Lamb: Shakespeare Novellen 268
Das große Lalula 91
Leopardi: Ausgewählte Werke 104
Lesage: Der hinkende Teufel 337
Leskow: Der Weg aus dem Dunkel 422
Lévi-Strauss: Weg der Masken 288
Liebe Mutter 230
Lieber Vater 231
Lichtenberg: Aphorismen 165
Linné: Lappländische Reise 102
Lobel: Die Geschichte vom Jungen 312
Lobel: Maus im Suppentopf 383
Lobel: König Hahn 279
Lobel: Mäusegeschichten 173
Löffler: Sneewittchen 489
Der Löwe und die Maus 187
London, europäische Metropole 322
London, Jack: Ruf der Wildnis 352
London, Jack: Die Goldschlucht 407
Longus: Daphnis und Chloe 136
Lorca: Die dramatischen Dichtungen 3
Märchen der Romantik (2 Bde.) 285
Märchen deutscher Dichter 13
Im Magischen Spiegel I 347
Majakowski: Werke I 16
Majakowski: Werke II 53
Majakowski: Werke III 79
Malory: König Artus (3 Bände) 239
Mandry: Katz und Maus 492
Marc Aurel: Wege zu sich selbst 190
Maupassant: Bel-Ami 280
Maupassant: Das Haus Tellier 248
Maupassant: Mont-Oriol 473
Maupassant: Pariser Abenteuer 106
Maupassant: Unser einsames Herz 357
McKee: Zwei Admirale 417
Meinhold: Bernsteinhexe 329
Melville: Moby Dick 233
Mercier: Mein Bild von Paris 374
Mérimée: Carmen 361
Mérimée: Die Venus von Ille 501
Merkprosa 283
Meyer, C. F.: Novellen 470
Michelangelo: Zeichnungen und Dichtungen 147
Michelangelo. Leben und Werk 148
Minnesinger 88
Mirabeau: Der gelüftete Vorhang 32
Mörike: Alte unnennbare Tage 246
Mörike: Die Historie von der schönen Lau 72
Mörike: Maler Nolten 404
Mörike: Mozart auf der Reise nach Prag 376
Molière: Der Menschenfeind 401
Montaigne: Essays 220
Mordillo: Das Giraffenbuch 37

Mordillo: Das Giraffenbuch II 71
Mordillo: Träumereien 108
Morgenländische Erzählungen 409
Morgenstern: Alle Galgenlieder 6
Morier: Die Abenteuer des Hadji Baba 523
Das Moritatenbuch 559
Moritz: Anton Reiser 433
Moritz: Götterlehre 419
Moskau 467
Motte-Fouqué: Undine 311
Mozart: Briefe 128
Musäus: Rübezahl 73
Die Nase: 549
Nestroy: Stich- und Schlagworte 270
Die Nibelungen 14
Nietzsche: Ecce Homo 290
Nietzsche: Unzeitgemäße Betrachtungen 509
Nietzsche: Zarathustra 145
Novalis. Dokumente seines Lebens 178
Okakura: Das Buch vom Tee 412
Orbeliani: Die Weisheit der Lüge 81
Orbis Pictus 9
Oskis Erfindungen 227
Ovid: Ars Amatoria 164
Das Papageienbuch 424
Paris 389
Pascal: Größe und Elend des Menschen 441
Paul: Der ewige Frühling 262
Paul: Feldprediger Schmelzle 505
Paul: Des Luftschiffers Gianozzo Seebuch 144
Petrarca: Dichtungen, Briefe, Schriften 486
Petronius: Satiricon 169
Petzet: Das Bildnis des Dichters Rilke, Becker-Modersohn 198
Phaïcon I 69
Phaïcon II 154
Platon: Phaidon 379
Platon: Theaitet 289
Pocci: Kindereien 215
Poe: Grube und Pendel 362
Polaris III 134
Pöppig: In der Nähe des ewigen Schnees 166
Poesie-Album 414
Polnische Volkskunst 448
Potocki: Die Handschrift von Saragossa (2 Bände) 139
Praetorius: Hexen-, Zauber- und Spukgeschichten aus dem Blocksberg 402
Prévost: Manon Lescaut 518
Quevedo: Der abenteuerliche Buscon 459
Quincey: Der Mord als eine schöne Kunst betrachtet 258
Raabe: Die Chronik der Sperlingsgasse 370
Raabe: Gänse von Bützow 388
Rabelais: Gargantua und Pantagruel (2 Bände) 77
Rache des jungen Meh 353
Die Räuber vom Liang Schan Moor (2 Bände) 191
Reden und Gleichnisse des Tschuang Tse 205
Richter: Familienschatz 34
Richter: Lebenserinnerungen 464
Rilke: Ausgesetzt auf den Bergen des Herzens 98
Rilke: Das Buch der Bilder 26
Rilke: Die drei Liebenden 355
Rilke: Duineser Elegien/Sonette an Orpheus 80
Rilke: Geschichten vom lieben Gott 43
Rilke: Neue Gedichte 49
Rilke: Späte Erzählungen 340
Rilke: Das Stunden-Buch 2
Rilke: Wladimir, der Wolkenmaler 68
Rilke: Zwei Prager Geschichten 235
Rilke. Leben und Werk im Bild 35
Robinson: Onkel Lubin 254
Römische Sagen 466
Rotterdam: Lob der Torheit 369
Rousseau: Königin Grille 332
Rousseau: Zehn Botanische Lehrbriefe für Frauenzimmer 366
Rumohr: Geist der Kochkunst 326
Runge. Leben und Werk im Bild 316
Sacher-Masoch: Venus im Pelz 469
Der Sachsenspiegel 218
Sagen der Juden 420
Sand: Geschichte meines Lebens 313
Sappho: Liebeslieder 309
Schadewaldt: Sternsagen 234

Scheerbart: Rakkóx der Billionär 196
Schiller: Der Geisterseher 212
Schiller. Leben und Werk 226
Schiller/Goethe: Briefwechsel (2 Bände) 250
Schlote: Das Elefantenbuch 78
Schlote: Fenstergeschichten 103
Schlote: Geschichte vom offenen Fenster 287
Schmögner: Das Drachenbuch 10
Schmögner: Ein Gruß an Dich 232
Schmögner: Das unendliche Buch 40
Schneider. Leben und Werk 318
Schopenhauer: Aphorismen zur Lebensweisheit 223
Schumacher: Ein Gang durch den Grünen Heinrich 184
Schwab: Sagen des klassischen Altertums (3 Bände) 127
Scott: Im Auftrag des Königs 188
Sealsfield: Kajütenbuch 392
Sévigné: Briefe 395
Shakespeare: Hamlet 364
Shakespeare: Sonette 132
Shaw-Brevier 159
Sindbad der Seefahrer 90
Skaldensagas 576
Sonne, Mond und Sterne 170
Sophokles: Antigone 70
Sophokles: König Ödipus 15
Spyri: Heidi 351
Stendhal: Die Kartause von Parma 307
Stendhal: Rot und Schwarz 213
Stendhal: Über die Liebe 124
Sternberger: Über Jugendstil 274
Sterne: Yoricks Reise 277
Stevenson: Entführt 321
Stevenson: Dr. Jekyll und Mr. Hyde 572
Stevenson: Die Schatzinsel 65
Stifter: Bergkristall 438
Storm: Am Kamin 143
Storm: Der Schimmelreiter 305
Strindberg: Ein Puppenheim 282
Der andere Strindberg 229
Swift: Ein bescheidener Vorschlag 131
Swift: Gullivers Reisen 58
Tacitus: Germania 471
Taschenspielerkunst 424
Thackeray: Das Buch der Snobs 372
Thackeray: Jahrmarkt der Eitelkeit (2 Bände) 485
Tillier: Mein Onkel Benjamin 219
Timmermanns: Dämmerungen des Todes 297
Toepffer: Komische Bilderromane (2 Bände) 137
Tolstoj: Anna Karenina (2 Bde.) 308
Tolstoj: Der Überfall 367
Tolstoj: Die großen Erzählungen 18
Tolstoj: Kindheit, Knabenalter, Jünglingsjahre 203
Traum der roten Kammer 292
Traxler: Es war einmal ein Mann 454
Tschechow: Die Dame mit dem Hündchen 174
Tschechow: Der Fehltritt 396
Tschuang-Tse: Reden und Gleichnisse 205
Turgenjew: Erste Liebe 257
Turgenjew: Väter und Söhne 64
Der Turm der fegenden Wolken 162
Twain: Der gestohlene weiße Elefant 403
Twain: Huckleberry Finns Abenteuer 126
Twain: Leben auf dem Mississippi 252
Twain: Tom Sawyers Abenteuer 93
Urgroßmutters Kochbuch 457
Varvasovszky: Schneebärenbuch 381
Voltaire: Candide 11
Voltaire: Karl XII. 317
Voltaire. Leben und Werk 324
Voltaire: Sämtliche Romane und Erzählungen (2 Bände) 209/210
Voltaire: Zadig 121
Vom Essen und Trinken 293
Vortriede: Bettina von Arnims Armenbuch 541
Vulpius: Rinaldo Rinaldini 426
Wagner: Ausgewählte Schriften 66
Wagner, Leben und Werk 334
Wagner: Lohengrin 445
Wagner: Tannhäuser 378
Walser, Robert: Fritz Kochers Aufsätze 63
Walser, Robert. Leben und Werk 264

Walser, Robert: Liebesgeschichten 263
Das Weihnachtsbuch 46
Das Weihnachtsbuch der Lieder 157
Das Weihnachtsbuch für Kinder 156
Weng Kang: Die schwarze Reiterin 474
Wie man lebt und denkt 333
Wilde: Die Erzählungen und Märchen 5
Wilde/Oski: Das Gespenst von Canterville 344
Wilde: Salome 107
Wilde. Leben und Werk 158
Wührl: Magische Spiegel 347
Der Zauberbrunnen 197
Zimmer: Yoga und Buddhismus 45
Zola: Nana 398
Zschokke: Hans Dampf in allen Gassen 443